"十四五"职业教育国家规划教材

U0866912

高等职业教育公共基础课系列教材

经典诵读与口才训练

杨现钦/主 编
赵淑芳 艾 军 王 昕 谢玉明/副主编
许丽萍 常春巧 张广玲 窦 捷 张 英/参 编

JINGDIAN SONGDU
YU KOUCAI XUNLIAN

扫码查看数字资源

北京师范大学出版集团
BEIJING NORMAL UNIVERSITY PUBLISHING GROUP
北京师范大学出版社

图书在版编目（CIP）数据

经典诵读与口才训练/杨现钦主编．—北京：北京师范大学出版社，2021.10（2024.7 重印）
ISBN 978-7-303-27294-5

Ⅰ．①经…　Ⅱ．①杨…　Ⅲ．①口才学—高等职业教育—教材　Ⅳ．①H019

中国版本图书馆 CIP 数据核字（2021）第 201398 号

图书意见反馈　gaozhifk@bnupg.com　010-58805079
营销中心电话　010-58802755　58800035
编 辑 部 电 话　010-58802751

出版发行：北京师范大学出版社　www.bnupg.com
北京市西城区新街口外大街 12—3 号
邮政编码：100088
印　　刷：北京溢漾印刷有限公司
经　　销：全国新华书店
开　　本：787 mm×1092 mm　1/16
印　　张：17
字　　数：385 千字
版　　次：2021 年 10 月第 1 版
印　　次：2024 年 7 月第 4 次印刷
定　　价：42.80 元

策划编辑：王云英　　责任编辑：梁宏宇
美术编辑：焦　丽　　装帧设计：焦　丽
责任校对：康　悦　　责任印制：马　洁　赵　龙

版权所有　侵权必究
反盗版、侵权举报电话：010-58800697
北京读者服务部电话：010-58808104
外埠邮购电话：010-58808083
本书如有印装质量问题，请与印制管理部联系调换。
印制管理部电话：010-58808284

前　言

习近平总书记在中国共产党第二十次全国代表大会报告中指出：“中华优秀传统文化源远流长、博大精深，是中华文明的智慧结晶，其中蕴含的天下为公、民为邦本、为政以德、革故鼎新、任人唯贤、天人合一、自强不息、厚德载物、讲信修睦、亲仁善邻等，是中国人民在长期生产生活中积累的宇宙观、天下观、社会观、道德观的重要体现，同科学社会主义价值观主张具有高度契合性。”近年来，进一步转变高职院校的办学指导思想，把人文素质教育与教育教学、生产实践、社会服务、技术推广结合起来，推广素质型人才培养模式，树立以能力教育为中心的理念，已经成为教育界同仁的共识。在这一背景下，以经典诵读和口才训练为依托的人文素质教育开始发挥越来越重要的作用，也是落实课程思政要求的重要通道。首先，就经典诵读而言，它既不是对中学语文的简单重复，也不是对语言文字知识的补习，更不是单纯提高学生写作能力的课程。从高职层次人才培养的角度来看，经典诵读的学习既肩负着开阔视野、提高素质、增强学生人文精神的使命，同时也是培育学生职业能力的重要途径。其次，口才训练课程作为一门公共基础课，以其鲜明的实践性和实用性，在职业人才培养中的地位日益凸显。口才训练课程是根据教育部制定的相关培养目标设置的，兼有多种教育功能。学好口才训练课程可以提高语言表达能力，提升个人形象，更能全面增强竞争力，助力于未来的发展。

鉴于此，我们组织编写了本教材。本教材编写人员均为具备多年教学经验的一线教师，对当前高职学生的情况较为熟悉，能够从教学工作的实际需要出发对相关内容进行合理安排和科学设计。本教材以习近平新时代中国特色社会主义思想为指导，重点突出实用性、趣味性、训练性、新颖性，努力在充分占有资料的基础上，做到选篇精当、结构严谨、训练经典、守正出新。

第一，本教材一共分为两大模块，分别是“经典诵读”和“口才训练”。“经典诵读”部分是框架和基础，侧重于对中国优秀传统文化的介绍，力图帮助学生完成必要的、基础的人文知识体系的构建。同时也通过诵读经典文学作品，传承中华优秀传统文化，深化爱国主义教育，坚定文化自信，砥砺成长为民族复兴的时代新人。“口才训练”部分是运用和提高，侧重于口语表达技巧的传递，着力培养学生灵活的语言组织能力和运用能力，希望切实提升学生的沟通效率和水平，为学生以后的职业生涯保驾护航。

第二，“经典诵读”部分以社会主义核心价值观为指导，依托于中国优秀传统文化，共设六个专题，这六个主题中，山水田园专题传递出的是中国传统文化中对自然环境与人类社会关系的认知和设定，天人合一思想是现在所提倡的“绿水青山就是金山银山”的最佳注脚。文史礼乐专题，强调了中华民族对历史的尊重和对秩序的重视，历史认同是民族认同的重要指征，而伦理和秩序是民族延续和社会和谐的重要基石。贵和尚中专题，表述了中华文化中“中庸”的本真意蕴和独到价值，不偏激、有理智、宽容博大、讲信修睦是修身的重要环节，也对构建现代和谐社会有不可估量的意义。忧患家国专题，更是直接唱响了爱国主义的号角。刚健有为专题，旨在塑造学生不屈不挠、自强自立的品格，倡导积极入世、乐观向上的健康明朗的生活态度。最后的直觉体悟专题，意在构建正确而全面的审美维度，以抵御某些过度商业化思潮和不良消费文化对学生的侵蚀。每个专题分别遴选五篇课文，设置课前导引、经典展示、文本注释、迷津指路、阅读延伸和能力拓展。这种安排不仅重视具体篇目的展示，也能兼顾视野拓展的需要；不仅重视知识的讲解和积累，也强调信息的检索、比对和归纳，意在引领和锻炼学生的自主学习能力、独立思考能力和分析问题能力，也为学生创新意识的养成提供了环境和路径。篇目选择以素质教育为宗旨，既考虑时代性、典型性，又要求思想性、趣味性；既保证题材的多样性，又重视体裁的互补性；内容由修德养性到社稷民生，由现实生活到诗意栖居，涵盖较广。通过对这些经典作品的学习，学生可以积累知识，了解百态人生，树立正确的世界观、人生观、价值观，而这对全面提高当代学生的综合素质，积极有效地传承中华民族优秀传统文化，培养社会需要的各种技术技能型人才均具有重要作用。

第三，“口才训练”部分本着精讲多练的原则，淡化理论知识讲授，力求准确精练。教学内容突出实例示范，重视案例分析和理论论证相结合。所用案例丰富恰切、形式多样、浅显易懂，贴近社会生活和学生实际，同时有一定的趣味性和可读性。拓展训练部分为理论基础服务，力求系统、完整、有梯度，且训练形式多样，注重“学中练、练中学”的统一。

本教材由河南农业职业学院杨现钦教授担任主编，负责编写体例、编写规范及统稿等工作，赵淑芳、艾军、王昕、谢玉明担任副主编，许丽萍、常春巧、张广玲、窦捷、张英承担了相应的编写任务。编者在编写过程中参考了大量材料，也借鉴了许多专家学者的观点，在此致以诚挚的谢意。

由于我们水平有限，经验不够，再加上时间仓促，不足之处在所难免，诚望各位专家学者批评指正，也恳请广大读者提出宝贵意见。

编　者

2022 年 11 月

目　录

模块一　经典诵读

模块二　口才训练

模块一

经典诵读

专题一

山水田园　天人合一

第一课　黍　离

课前导引

本篇选自《诗经·王风》。《诗经》是我国最早的一部诗歌总集，收录了从西周初年到春秋中叶，大约五百年间的305篇诗歌。原本名“诗”，或称“诗三百”，为儒家“六经”之一。汉代崇儒尊经，乃称之为“诗经”。

《诗经》按风、雅、颂分类编排。现代学者大多认为，由于“《诗》皆入乐”，其分类主要按照音乐的特点。风又称“国风”，包括“十五国风”，即诸侯所辖地域乐曲，犹如后世地方乐调。雅即“正”，又与“夏”通。周王畿一带原为夏人旧地，周人亦自称夏人。王畿是政治、文化中心，其言称“正声”或“雅言”，即标准音。雅指相对于各地“土音”“土乐”而言的“正声”“正乐”，是宫廷和贵族所享乐歌。雅分大雅和小雅。颂是庙堂乐章。祭祀祖宗，祈祷神明，赞颂王侯功德，是颂内容上的特点；诗、乐、舞的合一，则是颂形式上的特点。颂包括周颂、鲁颂和商颂。

《诗经》产生于漫长的时代和辽阔的地域，反映了恢宏博大的社会生活面。其内容包括民族史诗、颂歌与怨刺诗、婚恋诗、农事诗、征役诗等，可谓丰富多彩，反映了那个时代阶级剥削与压迫及社会不平，兵役徭役的痛苦，爱情和婚姻，劳动和爱国等思想内容。人们从《诗经》中归纳出赋、比、兴的表现手法，概括和总结了《诗经》的艺术技巧，揭示出古代诗歌艺术表现手法的基本特点。《诗经》的句式以四言为主，节奏为每句二拍，具有优美和谐的韵律和重章复沓的章法。《诗经》杰出的艺术成就对后世文学的发展产生了巨大而深远的影响。

诗是传统中国最重要，也是最普及的表达样式。“诗”原本又叫“诗歌”或“歌诗”，读出来的是诗，唱起来的是歌。传统的“诗”主要经历了四言诗和五言、七言诗两个阶段。四言诗阶段主要是以《诗经》为代表，并以《诗经》为源头。其实，《诗经》不仅是四言诗的开端，也是中国古代诗歌的开端，又是后世文学创作的典范，还是周代社会生活的一面镜子。其语言质朴优美，音节和谐明快，形象鲜明，寓意深刻，富于艺术感染力。最具有代表性的是其中反映农耕文化的作品，比如《王风·黍离》全诗具体物象只有黍和稷，它们在北方是随处可见的农作物，这就使诗中的环境变得具有普遍性与抽象性，开启了中国文学创作传统中的“黍离”之悲。行役至宗周，过访故庙堂。繁华已随尘去，战火难觅痕迹，宫阙万间都作土，留下这一片片黍青青，于是感慨：“知我者，谓我心忧；不知我者，谓我何求。悠悠苍天，此何人哉?”而正是这种情怀，维系每一寸河山，维系着每个人心中的家国。正因如此，《诗经》让每一个中国人有了显而不露的诗心，有了处安放灵魂的桃源。

经典展示

彼黍离离①，彼稷②之苗。行迈靡靡③，中心摇摇④。知我者谓我心忧，不知我者谓我何求。悠悠苍天，此何人哉⑤！

彼黍离离，彼稷之穗。行迈靡靡，中心如醉。知我者谓我心忧，不知我者谓我何求。悠悠苍天，此何人哉！

彼黍离离，彼稷之实⑥。行迈靡靡，中心如噎⑦。知我者谓我心忧，不知我者谓我何求。悠悠苍天，此何人哉！

（选自周振甫译注：《诗经译注》，北京，中华书局，2002）

文本注释

①黍(shǔ)：北方的一种农作物，形似小米，有黏性。离离：行列整齐的样子。

②稷(jì)：古代一种粮食作物，指粟谷子。一说高粱。

③行迈：行走。靡(mǐ)靡：慢慢移步的样子。

④中心：心中。摇摇：心神不安、情意恍惚的样子。

⑤悠悠：高远的样子。此何人哉：意为是谁造成的。

⑥实：指粮食结实、长成了。

⑦噎(yē)：堵塞。此处以食物卡在食管比喻忧伤至极，气堵而不能呼吸。

迷津指路

本篇选自《诗经·王风》，“王”指王都。周平王迁都洛邑后，王室衰微，天子位同列国诸侯，其地诗歌被称为“王风”。王风多乱离之作，特别是《黍离》一诗，历来被视为悲悼故国的代表作。据《毛诗序》说：“黍离，闵宗周也。周大夫行役，至于宗周，过故宗庙宫室，尽为禾黍。闵周室之颠覆，彷徨不忍去，而作是诗也。”意为平王东迁不久，朝中一位大夫行役至前周都城镐京，即所谓宗周。满目所见，已没有了昔日的城阙宫殿，也没有了都市的繁盛荣华，只有郁茂的黍苗在尽情地生长，也许偶尔还传来一两声野雉的哀鸣。此情此景，令诗人不禁悲从中来。

全诗共三章，每章八句。三章结构相同，取同一物象在不同时间的表现完成了对时间流逝、情景转换和心绪发展等内容的交代，在迂回往复之间刻画了主人公不胜忧郁之状。第一章写诗人过访故宗庙宫室时，所见只一片葱绿。当年的繁盛不见了，昔日的奢华也不见了，就连刚刚经历的战火也难觅印痕。“一切景语皆情语”（王国维《人间词话》），黍稷之苗本无情意，但在诗人眼中，却是勾起无限愁思的引子。他缓步行走在荒凉的小路上，不禁心旌摇摇，充满怅惘。怅惘尚能承受，令人不堪的是这种忧思不能被理解。“知我者谓我心忧，不知我者谓我何求。”这是众人皆醉我独醒的尴尬，这是超于常人者的悲哀。这种大悲哀诉诸人间是难得回应的，只能质之于天：“悠悠苍天，此何人哉！”苍天自然也无回应，此时诗人的郁懑和忧思便又加深了一层。第二章和第三章，基本场景未变，但“稷苗”已成“稷穗”和“稷实”。稷黍成长的过程颇有象征意味，与此相随的是诗人从“中心摇摇”到“如醉”“如噎”的深化。每章后半部分的感叹和呼号虽然在形式上完全一样，但又在一次次反复中加深了沉郁之气。

在形式上，《诗经》突出的重章叠句的特点，在本诗也有很好的体现。全诗各章间仅有个别字句有变化，“三章只换六字，而一往情深，低回无限”（方玉润《诗经原始》）。“苗”“穗”“实”不仅起了分章换韵的作用，而且造成景致的转换，反映了时序的迁移。“摇摇”“如醉”“如噎”生动地显示出主人公长期“行迈”而内心逐渐加重的悲伤。其余各句反复咏叹，有回环往复之妙，将强烈的悲愤之情倾吐得淋漓尽致。

关于诗作的主题，郭沫若在《中国古代社会研究》中将其定为旧家贵族悲伤自己的破产而作，余冠英则在《诗经选》中认为当是流浪者诉述他的忧思。各家说法虽多，诗中所蕴含的那份因时世变迁而产生的忧思却是无可争辩的。

阅读延伸

叶嘉莹谈赋、比、兴

《毛诗》所说的“赋、比、兴”最简单的理解就是作诗的三种方法。赋，就是“直陈其事”，直接把事情说出来；比，就是“以此例彼”，用这一件事情来比喻那一件事情，“例”就是比；兴，就是见物起兴，就是一种感发。看到一个东西，引起你内心的一种感动，这就是见物起兴。下面我们举一些《诗经》中的例证。

我们先从“兴”字说起。《诗经》第一篇《关雎》说：“关关雎鸠，在河之洲。窈窕淑女，君子好逑。”“关关雎鸠”，就是“关关”的水鸟的叫声。“在河之洲”，就在那河边的沙洲上。因为听到关关的雎鸠这样一对一对的美丽的鸟的叫声，看到这水鸟都有它们的伴侣，所以，就产生了对恋人的思念。如果说，禽鸟都有这么美好的生活，都有这么亲密的伴侣，人岂不应该也有美好的生活和亲密的伴侣吗？因为听到雎鸠鸟叫的声音，就引起人的感怀，就联想到人间的爱情，这就是“兴”。还有《硕鼠》，说：“硕鼠硕鼠，无食我黍。三岁贯女，莫我肯顾。逝将去女，适彼乐土。乐土乐土，爰得我所。”他说，大老鼠啊，不要再吃我的粮食了，我的粮食都被你们吃光了。“三岁贯女，莫我肯顾”，说三年这么长久了，我都供应你吃我的粮食，而我给你吃了我的粮食，你呢？“莫我肯顾”，你一点都不顾念我。他说“逝将去女”，第一个“逝”字，可以是个语气词的开头。他说，我现在就要离开你了，“去女”就是我就要离开你。我到哪儿去？“适彼乐土”，我要到一个快乐的土地上去。“乐土乐土”，如果我真找到这么一块快乐的土地，“爰得我所”，我就真的找到一个安身立命的地方了。这只大老鼠指的是什么呢？是指那个剥削者，上边那些收租纳赋的把老百姓的这些粮赋都收光了。所以杜甫诗句说："鞭挞其夫家，聚敛贡城阙。"(《自京赴奉先县咏怀五百字》)拿着鞭子抽抽打打的，在老百姓家搜刮，搜刮来就供应了上边。所以，这是借老鼠讽刺那些个剥削的人，是"比"也。

你看，这两首诗都是从外物开始的：一个是从鸟开始的，一个是从老鼠开始的。为什么一个是兴，一个是比呢？我前文说了，"兴"，是一个由物及心的过程，是因为你听到或看到外物的景象，然后才引起来的一种感动。"比"呢？是由心及物，是你内心中先有一种对剥削者的痛恨的那种恶劣的印象，然后你才用老鼠作比的。所以"兴"，是自然而然的感发。也许你本来没有想到要找个伴侣，可是你听到"关关"的鸟叫声，你忽然间油然动心，说"窈窕淑女"，也应该是"君子好逑"。这是由外在引起你内心的动，这就是"气之动物"。可是呢，《硕鼠》不是，硕鼠是因为你受到剥削的压迫的痛苦，你就把剥削者比成一只大老鼠。

"兴"是完全自然的感发，"比"是经过你自己的理性的安排。"赋"呢？赋是直陈其事，就直接说明，不需要一个外物的鸟兽草木的形象。我也举一个例子："将仲子兮，无逾我里，无折我树杞。岂敢爱之，畏我父母。仲可怀也，父母之言，亦可畏也。"(《诗经·郑风·将仲子》)这里没有鸟兽，也没有草木，什么都没有，直接就说了。这是一篇爱情的诗歌，是一个女子的口吻。这个女子有一个男朋友叫仲子。中国古人排行是伯仲叔季，所以，仲，就应该是排行第二的那个男孩子，仲子就是老二。可是你看，"将"是个发声的语助词，"兮"也是一个发声的语助词。没有意思你要它干什么？你要知道，说话的口气是非常重要的。如果不要这两个虚字，说"仲子"，那好，这是他爸爸在叫他，说"老二"。可是这是他的女朋友，说"将仲子兮"。有人翻译这首诗，说"我那亲爱的小二哥呀"，这倒是现在的人添油加醋的翻译。古人呢，古人就用一个"将"字，口气就完全缓和下来了。

假如我们每个人内心都有一种诗歌的感情，那我们怎么样来写呢？我告诉你有三种不同的写法：一个是由物及心，一个是由心及物，一个就是平铺直叙，即心即物。我现在不只是给大家讲一个作诗法，然后你就死板地记一个作诗法，跟一加一等于二似的，不是的。是告诉大家什么呢？你要做一个作诗的人，是"情动于中而形于言"。是你内心有所感动，才用言辞来表达你的感动。所以，重要的是什么？是你有了作诗的感动。不是你作出来就算了，而是你作出来的诗，要带着你的感动，要足以传达你的感动，这才是成功的诗。如果你自己很感动了，写出诗来，不能使读者感动，不能够传达你的感动，那就是失败的诗。如果你没作，你就没有诗；你作了，而不能传达你的感动，你就是失败的诗人。所以，怎么样传达你的感动很重要。

(选自叶嘉莹：《叶嘉莹说诗讲稿》，北京，中华书局，2008。
题目为编者所加，文字有改动)

能力拓展

1. 背诵本诗。本诗表达了诗人怎样的思想感情？学习体会诗人内心深处不被人理解的痛苦。

2.《诗经·大雅·荡》中有："荡荡上帝，下民之辟。疾威上帝，其命多辟。天生烝民，其命匪谌。靡不有初，鲜克有终。"课外诵读全诗，思考"靡不有初，鲜克有终"所蕴含的哲理。可以参考叶嘉莹关于《诗经》方面的著述及视频材料，增加个人诗词储备。

3. 诵读下面这首词，完成相关问题。

扬州慢

姜夔〔宋代〕

淳熙丙申至日，予过维扬。夜雪初霁，荠麦弥望。入其城，则四顾萧条，寒水自碧，暮色渐起，戍角悲吟。予怀怆然，感慨今昔，因自度此曲。千岩老人以为有《黍离》之悲也。

淮左名都，竹西佳处，解鞍少驻初程。过春风十里，尽荠麦青青。自胡马窥江去后，废池乔木，犹厌言兵。渐黄昏，清角吹寒，都在空城。

杜郎俊赏，算而今重到须惊。纵豆蔻词工，青楼梦好，难赋深情。二十四桥仍在，波心荡，冷月无声。念桥边红药，年年知为谁生？

将这首词与《黍离》比较，体会诗词表达的感情及其艺术方法。

第二课　西洲曲

课前导引

诗的五言、七言阶段自汉代的乐府诗开始，绵延至今。西汉初有太乐一署，其长官叫"乐府令"；汉武帝时增设乐府一署，与太乐分掌雅乐和俗乐。雅乐主要有大予乐、雅颂乐、黄门鼓吹的燕乐、短箫铙歌的军乐，合称为汉乐四品；俗乐主要是从各地搜集来的民间音乐，合称为五方之乐。乐府民歌主要是指俗乐系统的内容，比较有代表的是以丝竹相和而来的相和歌，相和歌经魏晋流传到南北朝时期，被北魏孝文帝谓之清商乐，按曲调分为平调、清调、瑟调、楚调、侧调等"相和五调"。南北朝时新增的乐府曲目有南方的"吴生西曲"和北方的"伧歌"，《西洲曲》就属于南方的西曲。

南北朝民歌是在周民歌、汉乐府民歌之后，以比较集中的方式出现的一批民间口头创作。它不仅继承了民歌反映社会现实的功用，而且创造了新的艺术形式和风格，是中国诗歌史上的新发展。南北朝民歌虽是同一时代的产物，但由于南北朝长期处于对峙的局面，在政治、经济、文化以及民族风尚、自然环境等方面存在着明显的差异，因而也呈现出不同的色彩、情调与风格。南朝民歌清丽缠绵，更多地反映了人民真挚纯洁的爱情生活；北朝民歌粗犷豪放，广泛地反映了北方动乱不安的社会现实和人民的生活风习。《乐府诗集》所谓"艳曲兴于南朝，胡音生于北俗"，正扼要地说明了这种不同。南朝民歌中的抒情长诗《西洲曲》和北朝民歌中的叙事长诗《木兰诗》，代表着南北朝民歌的最高成就。

《乐府诗集》将《西洲曲》列入"杂曲歌辞"，题作"古辞"。《玉台新咏》将其列为江淹之作，但宋本不载。明、清选本或作晋辞，或题梁武帝(萧衍)作。本诗可能原出民间，产生于梁代，经文人加工修润而成。它音节和谐流畅，语言婉转动人，呈现出成熟的艺术技巧，对后世诗人有较大的影响。

经典展示

忆梅下西洲，折梅寄江北①。单衫杏子红，双鬓鸦雏色②。西洲在何处？两桨桥头渡③。日暮伯劳飞，风吹乌臼树④。树下即门前，门中露翠钿⑤。开门郎不至，出门采红莲。采莲南塘秋，莲花过人头。低头弄莲子，莲子清如水⑥。置莲怀袖中，莲心彻底红⑦。忆郎郎不至，仰首望飞鸿⑧。鸿飞满西洲，望郎上青楼⑨。楼高望不见，尽日栏杆头。栏干十二曲，垂手明如玉。卷帘天自高，海水摇空绿⑩。海水梦悠悠⑪，君愁我亦愁。南风知我意，吹梦到西洲。

[选自曹旭：《古诗十九首与乐府诗选评(增订本)》，上海，上海古籍出版社，2019]

文本注释

①下：落下。这两句是说想起梅花落下时节的往事，因此折梅寄给江北的情人。

②鸦雏色：形容黑色。鸦雏，小乌鸦。

③“两桨”句：意思是说用两桨从桥头划船就可到。

④伯劳：鸟名。乌臼树：南方的一种树木。

⑤翠钿：翡翠镶嵌的首饰。

⑥“莲子”句：暗喻“怜子”之心，清澈如水。

⑦“莲心”句：表示自己非常真诚。

⑧飞鸿：雁，古人认为雁能传书。

⑨青楼：青漆涂饰的楼，女子所居。

⑩海水：疑指梁子湖，古人有时称湖泊为“海”。“海水摇空绿”，喻湖面广大，近于王勃《滕王阁序》所说“秋水共长天一色”。

⑪“海水”句：见了海水的广阔深远，觉得自己梦中之思亦极深广。

迷津指路

这首诗在南朝民歌中可称压卷之作。据有些考证说它的作者是江淹或梁武帝，都不可信。逯钦立先生认为它是东晋的民歌。此曲当是无名氏古辞，产生时代大抵为东晋南朝。关于“西洲”地址，余冠英先生据唐温庭筠《西洲曲》中“西洲风色好，遥见武昌楼”二句，认为在今湖北鄂州一带，较可信。

《西洲曲》是南朝民歌中少见的长篇，主要描写了一个青年女子对情人的思念之情。诗作通过穿插不同季节的景物变化，以及对女主人公动作、服饰和仪容的点染描绘，一层深过一层地展示了人物内心的情思，将那种无尽的思念表现得细腻缠绵而又委婉含蓄。此诗既保留了民歌的纯真本色和生活气息，又展现出精致巧妙的艺术表现手法，代表着南朝民歌的最高艺术成就。

诗作以梅开篇，虽写少女的四季思恋，却没有出现“春”“夏”“秋”“冬”等字样，而是以莲和飞鸿暗示时间的推移，巧妙地展现了女子之思自春及秋的绵延悠远。全诗以“下西洲”起，以“到西洲”终，首尾呼应，结构精巧。

本诗还善于通过动作描写来表达人物情感，其中写折梅、开门、采莲、望鸿、上楼等，无一不细腻感人。“采莲南塘秋”六句，是全篇的精华所在。它集中笔墨于主人公的含情姿态，借物抒情，通过“采莲”“弄莲”“置莲”三个动作，极有层次地写出人物的感情变化，真挚感人。

双关隐语的使用是本诗的显著特征。“莲”与“怜”谐音双关，“怜”又是“爱”的意思，“莲子”谐音“怜子”(爱你)。隐语极言女子对情人的爱恋。依此，“莲子清如水”暗示感情的纯洁，“莲心彻底红”象征感情的浓烈。这样的匠心巧运既含蓄蕴藉又优雅缠绵，让人回味无穷。

本诗还运用了民歌的接字法。全诗基本上以四句为一节，节与节之间用接字法相勾连，语语相承，形成了回环婉转的旋律。这种特殊的声韵造成一种似断似续的效果，读起来音调和美，声情摇曳。所以沈德潜说此诗：“续续相生，连跗接萼，摇曳无穷，情味愈出。”(《古诗源》卷十二)

阅读延伸

南朝民歌与北朝民歌

南北朝民歌呈现出不同的情调与风格。

在内容上：南朝民歌大部分保存在郭茂倩所编的《乐府诗集·清商曲辞》里，其中主要有吴歌和西曲两类。现存的南朝民歌主题比较单一，几乎全是情歌。造成这一现象的原因之一是，南朝和汉代一样设有乐府机构，负责采集民歌配乐演唱，现存的南朝民歌就是由这些乐府机构采集而保存下来的。汉代统治者采集民歌尚有“观风俗，知薄厚”的目的，而南朝统治者采集民歌则完全是为了满足其纵情声色的需要，所以乐府机构在采集民歌时会加以选择和润色，使民歌更符合统治阶级趣味，因此民间那些发于男女恋情的歌唱就被采集保存下来了。另外，南朝民歌中多清丽缠绵的情歌，与江南优美的自然环境和充足的经济条件也有着直接的联系。长江流域物产丰盛，商业发达，南朝民歌多出自都市商贾、妓女、船户和一般市民之口，与劳动相对脱离，造成了南朝民歌内容上的局限性。北朝民歌现存不多，但在内容上却广泛地反映了社会的各个方面，主要被收录在《乐府诗集·横吹曲辞》的“梁鼓角横吹曲”中。所谓“鼓角横吹曲”，是北方民族用鼓和角等乐器在马上演奏的一种军乐，其歌辞多为东晋以后北方鲜卑、氐、羌等族人所作。而且，北方少数民族以畜牧为业，善于骑射，加之战争频繁，因此，人们的尚武精神、豪迈个性和对英雄的崇拜，以及北方独特的自然风光和风俗都是北朝民歌主要的表现内容。

在语言艺术上：南朝民歌体制小巧，大多为五言四句，用词清丽婉转，如《大子夜歌》说“慷慨吐清音，明转出天然”，“不知歌谣妙，声势出口心”。清妙的歌谣随口唱来，不雕饰，不做作，将内心深处细腻缠绵的情感真切地表现了出来。南朝民歌还善于运用顶真回环手法，大量运用双关隐语，一咏三叹，使得表情达意“委婉含蓄，曲尽其妙”。北朝民歌在形式上除五言外，还有四言、杂言等，不似南朝民歌形式比较单调，并且还创造了七言，这在南朝民歌中是没有的。例如，《捉搦歌》：“华阴山头百丈井，下有流水彻骨冷。可怜女子能照影，不见其余见斜领。”在用词上，北朝民歌的语言朴素、刚健，富有力感，没有南朝民歌中的双关隐语和顶真回环手法。

在感情表现上：南朝民歌委婉哀怨，北朝民歌则直白大胆。如南朝民歌《子夜歌》表达对心爱人的感情是“我念欢的的，子行由豫情。雾露隐芙蓉，见莲不分明”，北朝民歌《地驱歌乐辞》中则是“侧侧力力，念君无极。枕郎左臂，随郎转侧”，泼辣直爽，丝毫不加掩饰。同是约会，南朝民歌是“一坐复一起，黄昏人定后，许时不来已”（《华山畿》），独自失落彷徨；北朝民歌则是“月明光光星欲堕，欲来不来早语我”（《地驱乐歌》），直接指斥情人。

南北朝民歌的不同存在于多个方面，也正是这些不同之处使它们成为中国文学史上两朵艳丽的奇葩。它们既继承了周民歌和汉乐府的现实主义精神，又在形式和风格上进行了新的发展，这对后来的诗歌发展有着显著影响。

（系编者参考相关资料后自撰）

能力拓展

1. 背诵本诗，与《诗经》开篇之作《关雎》对比，体会诗歌传达的美好感情。

2. 接字法，是民歌常用的手法之一。体会本诗运用接字法的表达效果。

3.《经典咏流传》、《中国诗词大会》等是中央电视台综合频道和央视创造传媒联合制作推出的中国大型文化节目，也是我们学习诵读诗词的重要平台。课外请欣赏其中的北朝民歌《敕勒川》等内容。

第三课　唐诗二首

课前导引

在唐代，写诗是时代潮流，是科举科目。上至帝王后妃，下至村夫农妇，雅至文人学士，俗至文盲武夫，长至耄耋老人，小至垂髫少年，人人能写，个个会吟，更不用说产生了“诗仙”李白、“诗圣”杜甫，以及王维、孟浩然、白居易、刘禹锡、李商隐、杜牧这样在中国乃至世界文学史上灿若繁星、“光焰万丈长”的群体。据统计，整个唐代，不到300年的时间里，流传至今有的诗人竟有2200多位，这是任何一个时代都不可比拟的。也正因此，唐诗最终确定了中国传统诗歌的五言、七言格式，出现了并定型了近体诗，表现了中国文化的人性精神，成为中国诗歌的最高峰，唐诗也成为中华民族的文化名片，成为我国最灿烂、最珍贵的文化遗产。唐诗以盛唐为最，除了以李杜为代表的双子星座“光芒耀万丈”，还有以高适、岑参为代表的边塞诗派和以王维、孟浩然为代表的山水田园诗派争奇斗艳。

王维(701—761)，字摩诘，号摩诘居士，唐朝著名诗人、画家。开元九年(721年)中进士，后因伶人舞黄狮受累，贬济州司仓参军。张九龄为相，擢为右拾遗，转监察御史。安史之乱，唐玄宗奔蜀，王维官给事中，护驾不及，为叛军所俘，被迫受伪职。两京收复后，以陷贼官论罪，责授太子中允，后兼迁中书舍人，官终尚书右丞，故世称"王右丞"。王维早年在政治上接近张九龄，倾向进步，后历经变乱而逐渐消沉。他信奉禅理，在辋川购得宋之问的蓝田别墅，过着亦仕亦隐的生活。

王维参禅悟理，学庄信道，精通诗、书、画、音乐等，诗尤长五言，多咏山水田园，与孟浩然合称"王孟"，有"诗佛"之称。书画特臻其妙，后人推其为南宗山水画之祖。苏轼评价王维："味摩诘之诗，诗中有画；观摩诘之画，画中有诗。"王维存诗颇多，代表作有《相思》《山居秋暝》等。著作有《王右丞集》《画学秘诀》。

孟浩然(689—740)，唐代诗人。襄州襄阳人，世称"孟襄阳"。早年有志用世，在仕途困顿、痛苦失望后，自重而不媚俗世，以隐士终身。其诗清淡，长于写景，多反映山水田园和隐逸、行旅等内容，绝大部分为五言短篇，在艺术上有独特的造诣。著有《孟浩然集》三卷。

王维和孟浩然的诗歌多以反映田园生活、描绘山水景物为主要内容，思绪闲适淡泊，色彩清雅，意境幽深；善于发掘自然美，既能概括地描写雄奇壮阔的景物，又能细致入微地刻画自然事物的动态；在自然景物的观察上别有会心，能够巧妙地捕捉适于表现其生活情趣的种种形象，构成独到的意境；多采用五言古体和五言律绝的形式。此类诗歌是对田园诗(以陶渊明为代表)和山水诗(以谢灵运、谢朓为代表)的继承和发展，在文学史上被称为"山水田园诗派"，代表人物还有储光羲、常建、韦应物、柳宗元等。

本篇所选《渭川田家》和《宿业师山房待丁公不至》是王维和孟浩然山水田园诗的代表之作。

经典展示

渭川田家①

唐　王维

斜光照墟落②，穷巷③牛羊归。
野老④念牧童，倚杖候荆扉⑤。
雉雊⑥麦苗秀，蚕眠⑦桑叶稀。
田夫荷⑧锄立，相见语依依⑨。
即此⑩羡闲逸，怅然吟《式微》⑪。

(选自杨文生：《王维诗集笺注》，成都，四川人民出版社，2003)

文本注释

①渭川：一作"渭水"。渭水源于甘肃鸟鼠山，经陕西，流入黄河。田家：农家。

②斜光：一作"斜阳"。墟落：村庄。

③穷巷：偏僻的里巷。

④野老：村野老人。

⑤倚杖：靠着拐杖。荆扉：柴门。

⑥雉雊(zhìgòu)：野鸡鸣叫。《诗经·小雅·小弁》："雉之朝雊，尚求其雌。"

⑦蚕眠：蚕蜕皮时，不食不动，像睡眠一样。

⑧荷(hè)：肩负。

⑨依依：依恋不舍。

⑩即此：指上面所说的情景。

⑪《式微》：《诗经·邶风》中的一首诗，其中有"式微式微，胡不归"之句，表归隐之意。

迷津指路

此诗写于王维隐居蓝田时期。诗作前八句描绘了一幅恬适温馨的农家晚归图。这幅生意盎然的图画上有优美的自然景色，如落日洒金，牛羊归村，雉鸣蚕眠，麦秀桑稀。更有情深的田家生活：野老倚仗门外，等候牧童归来，是慈爱和企盼；田夫荷锄相遇，互答闲谈不休，是闲散和惬意。即目所见，信手写来，不事雕绘，清新自然。此情此景，使诗人不禁发出了"即此羡闲逸，怅然吟《式微》"的喟叹。通观全诗，前八句是宾，末二句才是主，宾为主设，情因景生，宾详主略，引人深思。

诗的核心是一个"归"字。一开头，先写夕阳斜照，渲染暮色融融的闲适气氛，作为总背景统摄全篇。接着，诗人一笔落到"归"字上。牧童归、牛羊归、农夫归，这一切使作者睹物伤怀，不由联想到自己的身世和处境。自开元二十五年(737年)，宰相张九龄被排挤出朝廷，王维深感失去依傍，进退两难。在这种心绪下，诗人看到人、物皆有所归，唯独自己尚彷徨中路，不能不既羡慕又惆怅。所以诗人感慨说："即此羡闲逸，怅然吟《式微》。"此诗经"即此"一点化，不仅在意境上与首句"斜光照墟落"相照应，而且在情意上也与"归"字相呼应。写景与抒情浑然一体，主题与诗作契合无间。清人王夫之评道："通篇用'即此'二字括收前八句。前八句皆情语，非景语。属词命篇，总与建安以上合辙。"(《唐诗评选》卷二)

经典展示

宿业师山房待丁公不至①

唐　孟浩然

夕阳度②西岭，群壑倏已暝③。

松月生夜凉，风泉满清听④。

樵人⑤归欲尽，烟鸟⑥栖初定。

之子期宿来⑦，孤琴⑧候萝径。

[选自(唐)孟浩然：《孟浩然诗集笺注(增订本)》，佟培基笺注，上海，上海古籍出版社，2013]

文本注释

①业师：业禅师的简称，法名业的僧人。一作“来公”。山房：山中房舍，指佛寺。丁公：作者友人，排行老大，又称丁大。

②度：过、落。

③壑：山谷。倏：一下子；疾速，忽然。

④满清听：满耳都是清脆的响声。

⑤樵人：砍柴的人。

⑥烟鸟：雾霭中的归鸟。

⑦之子：这个人。之，此。子，古代对男子的美称。宿来：一作“未来”。

⑧孤琴：一作“孤宿”，或作“携琴”。

迷津指路

孟浩然很善于表现自然景物在时间中的运动变化。原本寻常的物象，一经作者妙笔点染，便构成一幅清丽幽美的图画。此诗描写了诗人夜宿山寺，于山径之上等待友人的情景。全诗不仅表现出山中景色从薄暮到深夜的时令特征，而且融合着诗人期盼知音的款款深情。境界清新幽静，语言委婉含蓄。

诗的前六句展示了山寺一带黄昏时的美丽景色，描绘出夕阳西下、群壑昏暝、松际月出、风吹清泉、樵人归尽、烟鸟栖定的意象，生动地渲染了环境，烘托了氛围。景致在意象中转换，时间在光影中流动，环境越来越清幽，意境越来越寂然。第七句才点出“之子期宿来”，第八句一个平心静气的“候”字，彰显了诗人不焦虑、不抱怨的儒雅风度，也从侧面表露出诗人闲适的心境和对友人的信任。

统观全诗，笔触空灵，典雅温婉，语言含蓄而不失韵味。诗人在若有若无之间，将暮色之景勾勒得极具特色，使诗中有画，画中有情，蕴藉深微，挹之不尽。

阅读延伸

李白和孟浩然的友谊

李白(701—762)，字太白，号青莲居士，又号谪仙人，是唐代伟大的浪漫主义诗人，被后人誉为“诗仙”。孟浩然，名浩，字浩然，号孟山人，唐代著名的山水田园派诗人。此二人都是唐代十分有名的诗人，李白比孟浩然小12岁，但这并不妨碍他们成为知己好友。李白在《赠孟浩然》中就深情“表白”孟浩然：“吾爱孟夫子，风流天下闻。”这样一个不愿“摧眉折腰事权贵”的狂傲诗人，在现存《李白全集》中写给孟浩然的诗歌就有五首：《赠孟浩然》《春日归山寄孟浩然》《黄鹤楼送孟浩然之广陵》《淮南对雪赠孟浩然》《游溧阳北湖望亭瓦屋山怀古赠同旅》。由此可见李白对孟浩然的情谊。

开元十六年(728年)，李白与孟浩然第一次相见。当时的李白28岁，只身出蜀，乘船从四川沿长江东下，游历至湖北襄阳，慕名拜访了隐居在此的孟浩然。二人一见如故，相互欣赏。暮春三月，孟浩然要去广陵，李白在黄鹤楼为其送别，写下千古名篇《黄鹤楼送孟浩然之广陵》：“故人西辞黄鹤楼，烟花三月下扬州。孤帆远影碧空尽，唯见长江天际流。”十年之后，李白38岁，寓居湖北，重晤孟浩然，写下《赠孟浩然》：“吾爱孟夫子，风流天下闻。红颜弃轩冕，白首卧松云。醉月频中圣，迷花不事君。高山安可仰，徒此辑清芬。”他以此表达对孟浩然的钦佩之情。

李白与孟浩然的友谊是诗坛上的一段佳话。二人彼此结识，固然不乏饮酒唱和、携手同游的乐趣，但至为重要的是，二人都在寻求灵性飘逸的同伴和知音，他们追求的是情感的共鸣。史载孟浩然曾隐鹿门山，年四十余客游京师，终以“当路无人”还归故园。李白亦有类似的经历，他少隐岷山，又隐徂徕山，后被玄宗召至京师，供奉翰林，终因小人谗毁被赐金放还。笑傲王侯，宏放飘然，邈然有超世之心，这便是两位著名诗人成为知交的根本原因。

（系编者参考相关资料后自撰）

能力拓展

1. 背诵两首诗，并将其译成现代汉语。

2. 试述两首诗所表达的思想感情。

3. 唐诗是中国诗歌史上的一座高峰。唐朝全社会都重视诗歌，喜欢诗歌，崇尚诗歌，因而成就了唐诗的恢弘气象和巨大成就。唐诗是诗中之诗。诵读诗歌，唐诗不可跨越。课外欣赏央视大型文化节目《经典咏流传》之王维《送元二使安西》、《山居秋暝》，孟浩然《春晓》等内容。

第四课　宋词二首

课前导引

词在唐代被成为“曲子”或“曲子词”，以中亚、西域等地的音乐“燕乐”作为配乐。不仅这时所配的“燕乐”与汉乐府的燕乐不同，而且配乐的方式也不同。乐府诗是“选辞配乐”，乐工要根据诗人所作诗句进行剪裁，使它适合于音乐的旋律；曲子词则是“由乐定声”，词人主动地按照音乐的节拍来确定词句的长短，所以作词又叫“填词”。通常情况下，词中押韵的地方就是“拍”的标志，用一个韵就是一拍。原则上，曲子词一阕由二拍或四拍构成，一般双阕词便是四拍或八拍，从文字上看就是押四个或八个韵脚。按唐宋人的称呼，四拍的叫作“令”，八拍的称为“慢”，后来又分别叫作“小令”和“长调”。五代时期编纂了流传至今最早的词总集《花间集》多是四拍的“令”，“慢”在词中的大量出现则是到了北宋的柳永。宋词是和唐诗可以媲美的另一种传统诗歌样式，主要有以柳永、秦观、李清照、姜夔等为代表的婉约派和以苏轼、辛弃疾、张孝祥等为代表的豪放派。

柳永(约 987—约 1053)，北宋词人，婉约派代表人物。崇安(今福建武夷山)人，原名三变，字景庄，后改名永，字耆卿，因排行第七，又称“柳七”。仁宗朝进士，官至屯田员外郎，故世称“柳屯田”。他自称“奉旨填词柳三变”，以毕生精力作词，并以“白衣卿相”自诩。其词多描绘城市风光和歌妓生活，尤长于抒写羁旅行役之情。柳永的词作重铺叙刻画，情景交融，通俗谐婉，在当时流传极其广泛，人称“凡有井水饮处，皆能歌柳词”，代表作为《雨霖铃》《八声甘州》。

张孝祥(1132—1170)，字安国，别号于湖居士，历阳乌江(今安徽和县东北)人。南宋词人，书法家。绍兴二十四年(1154 年)进士，廷试第一。因触犯秦桧而受诬陷下狱，秦桧死后方获释。孝宗时，任中书舍人。隆兴元年(1163 年)，为建康留守，主张恢复中原，反对和议，因赞助张浚北伐而被免职。后任荆湖北路安抚使，治水有政绩。晚年退居芜湖，徜徉山水。其词早期多清丽婉约之作，南渡后转为慷慨悲凉，多以抗金为主旨，激昂奔放，气势豪迈，在南宋词坛影响较大，有《于湖居士文集》《于湖词》传世。《全宋词》辑其词 223 首。

按照风格，宋词大致可分为婉约词派和豪放词派。婉约词派是指自花间词以下，以温庭筠、柳永、李清照、周邦彦等词人为代表的词派。他们的词多写儿女之情、离别之绪，表情达意含蓄婉转，充分发挥了词“专主情致”的特点，风格绮丽。豪放词派的创作视野较为广阔，恢宏雄放，喜用诗文的手法、句法，不拘格律，崇尚直率，代表人物有苏轼、辛弃疾等。

经典展示

八声甘州

宋 柳永

对潇潇①、暮雨洒江天，一番洗清秋②。渐霜风凄紧③，关河冷落，残照当楼。是处红衰翠减④，苒苒⑤物华休。惟有长江水，无语东流。

不忍登高临远，望故乡渺邈⑥，归思难收。叹年来踪迹，何事苦淹留⑦？想佳人、妆楼颙望⑧，误几回、天际识归舟⑨？争⑩知我、倚阑干处，正恁凝愁⑪！

(选自谢桃坊撰：《柳永词选评》，上海，上海古籍出版社，2002)

文本注释

①潇潇：风雨之声。

②一番洗清秋：一番风雨，洗出一个凄清的秋天。

③霜风凄紧：秋风凄凉紧迫。霜风，秋风。凄紧，一作“凄惨”。

④是处红衰翠减：到处花草凋零。是处，到处。红、翠，指花草树木。语出李商隐《赠荷花》诗：“翠减红衰愁杀人。”

⑤苒(rǎn)苒：渐渐。

⑥渺邈：遥远。

⑦淹留：久留。

⑧颙(yóng)望：抬头远望。

⑨误几回、天际识归舟：多少次错把远处驶来的船当作心上人回家的船。语出谢朓《之宣城郡出新林浦向板桥》："天际识归舟，云中辨江树。"

⑩争：怎。

⑪恁(nèn)：如此。凝愁：忧愁凝结不解。

迷津指路

这首词大约作于柳永游宦江浙之时。柳永出身士族家庭，从小接受儒家思想熏陶，有求仕用世之志。因天性浪漫，极具音乐天赋，又生逢盛世，社会安定，城市繁华，所以他常与伶工、歌伎为伍。初入仕，他因谱写俗曲歌词招致挫辱，不得伸其志。后来他浪迹天涯，用词抒写羁旅之愁和怀才不遇的愤懑，《八声甘州》即为此类词的代表。在《八声甘州》中，作者融写景抒情为一体，通过写羁旅行役之苦，表达强烈的思归情绪，语浅而情深。苏轼称赞"渐霜风凄紧，关河冷落，残照当楼"句不减唐人高处。

此词的上片写登高临远之景，融注悲凉之感。一开头，总写秋景——雨后江天，澄澈如洗。一个"对"字，写尽了登临纵目、望极天涯；一个"渐"字，领起了秋已更深，雨洗暮空。凉风忽至，其气凄然遒劲，直令衣单之游子有不可禁当之感。"是处红衰翠减，苒苒物华休。"这两句笔致思绪由苍茫悲壮转入细致沉思。自此而后，视角由仰观转至俯察，满目凋落，处处肃杀。"红衰翠减"，化用李商隐之语，倍显蕴藉。

词的下片由写景转入抒情，表达不忍登高临远，恐引乡思更生的矛盾心理。上片词义本显高远之景，下片却用"不忍登高临远"转折，并一层层抒写"不忍"的缘由。一是登高临远，触发"归思难收"；二是羁旅萍踪，深感游宦淹留；三是佳人凝望，怜惜相思太稠。"望故乡渺邈，归思难收"实际上是全词中心。"争知我"三字化实为虚，使思归之苦、怀人之情表达得更为曲折动人。

全词一层深一层，一步接一步，曲折委婉地表现了登楼凭栏、望乡思亲的羁旅之情。通篇结构严密，跌宕开阖，首尾照应，很能体现柳永词的艺术特色。

经典展示

念奴娇·过洞庭

宋　张孝祥

洞庭①青草，近中秋、更无一点风色②。玉鉴琼田③三万顷，着我扁舟一叶④。素月⑤分辉，明河⑥共影，表里俱澄澈⑦。悠然心会，妙处难与君说。

应念岭表⑧经年，孤光⑨自照，肝胆皆冰雪⑩。短发萧骚襟袖冷⑪，稳泛沧溟⑫空阔。尽挹西江⑬，细斟北斗⑭，万象⑮为宾客。扣舷独啸⑯，不知今夕何夕⑰！

[选自(清)上彊村民选编：《宋词三百首》，黄占英注释，长春，吉林大学出版社，2014]

文本注释

①洞庭：湖名，在湖南岳阳西南。

②风色：风势。

③玉鉴琼田：形容湖水莹澈，在月光下如同镜面和玉石。

④着：附着。扁舟：小船。

⑤素月：洁白的月亮。

⑥明河：天河。一作“银河”。

⑦表里：里里外外。此处指天上月亮和银河的光辉映入湖中，上下一片澄明。

⑧岭表：岭外，即五岭以南的两广地区，作者此前为官广西。一作“岭海”。

⑨孤光：指月光。

⑩冰雪：比喻光明磊落如冰雪。

⑪萧骚：稀疏。一作“萧疏”。襟袖冷：形容衣衫单薄。

⑫沧溟：青苍色的水。

⑬挹：舀。一作“吸”。西江：长江连通洞庭湖，中上游在洞庭以西，故称“西江”。

⑭北斗：星座名，由七颗星排成斗的形状。

⑮万象：万物。

⑯扣：敲击。一作“叩”。啸：撮口作声。一作“笑”。

⑰不知今夕何夕：赞叹夜色美好，使人沉醉，竟忘掉一切。

迷津指路

乾道二年(1166年)，张孝祥因受政敌谗害而被免职。后从桂林北归，途经洞庭湖，月夜泛舟，即景生情，写下此篇。

词的上片描写广阔清静、上下澄明的湖光水色，表现作者光明磊落、胸无点尘的高尚人格。作者以“风色”开篇，又把“玉鉴琼田”和“扁舟一叶”对举，既生动描绘了秋月下浩浩汤汤、一碧万顷的湖水，又有力地衬托出诗人豪爽坦荡的英雄气概。“分辉”“共影”则对境地的上下通明进行了成功构建——“表里俱澄澈”卓然于笔尖，点明全词主旨。词的下片着重抒情，写内心的澄澈。作者由洞庭景色念及岭南生活，感慨系之。他以“孤光”“冰雪”来标举自己孤高的心境和博大的胸襟，一步步加以烘托。结尾几句以挹江酌斗、宾客万象的奇思妙想和宏大气魄，表现出淋漓的兴致和凌云的气度，以及对宇宙奥秘、人生哲理的深深领悟，达到一种超越时空、宠辱皆忘、物我浑然的精神境界。

此词意象鲜明，意境深邃，结构严谨，想象瑰丽，真正做到了“宠辱不惊，闲看庭前花开花落；去留无意，漫观天外云舒云卷”。在政治上遭受挫折之后，尚能泰然自若，游于物外，殊为不易。王闿运极力推崇此词，说：“飘飘有凌云之气，觉东坡《水调》犹有尘心。”(《湘绮楼词选》)

阅读延伸

关于词牌

词最初是伴曲而唱的，曲子都有一定的旋律、节奏。这些旋律、节奏的总和就是词调。词与调之间，或按词制调，或依调填词，这些曲调即称词牌，其名称通常根据词的内容而定。宋后，词的创作经过不断的发展而产生变化，词人主要根据曲调的字数、句数、平仄、韵脚等来填词，词牌名与词的内容渐渐不再相关。当词的内容完全脱离曲调之后，词牌便仅作为文字、音韵结构的一种定式而存在，成为词的格式的名称，代表着填词用的曲调，规定了词的字数、句数、平仄和韵脚。以《沁园春·雪》为例，“沁园春”是词牌，“雪”是词的标题。再如《卜算子·咏梅》，“卜算子”是词牌名，“咏梅”是词的标题。

词的曲调有一千多个，因此，词牌的名称也有很多。这些词牌名的来源主要有以下三种。其一，本来是乐曲的名字。现代人所谓的“诗”“词”都是古时人们的歌曲，每一种词牌都代表一支曲子，一般的词人只负责“填词”就行了。例如，《菩萨蛮》据说源于唐代大中初年，女蛮国进贡。她们梳着高髻，戴着金冠，满身璎珞，宛如菩萨。当时教坊据此谱成《菩萨蛮》曲。据说唐玄宗爱唱《菩萨蛮》词，可见它风行一时。《西江月》《卜算子》《风入松》《蝶恋花》等，都属于这一类来自民间的曲调。其二，摘取词中字为词牌。例如，《忆秦娥》是因为依照这个格式写出的最初一首词开头两句为“箫声咽，秦娥梦断秦楼月”，所以就叫《忆秦娥》，又叫《秦楼月》。《忆江南》本名《望江南》，又名《谢秋娘》，但因白居易有一首咏“江南好”的词，最后一句是“能不忆江南?”，所以词牌又叫《忆江南》。《如梦令》原名《忆仙姿》，因后唐庄宗所写的《忆仙姿》中有“如梦，如梦，残月落花烟重”等句，改名《如梦令》。《念奴娇》又叫《大江东去》，这是由于苏轼有一首《念奴娇》，第一句是“大江东去”。它也叫《酹江月》，因为苏轼这首词最后三个字是“酹江月”。其三，本来就是词的题目。《踏歌词》咏的是舞蹈，《舞马词》咏的是舞马，《欸乃曲》咏的是泛舟，《渔歌子》咏的是打鱼，《浪淘沙》咏的是浪淘沙，《抛球乐》咏的是抛绣球，《更漏子》咏的是夜。这种情况是最普遍的。凡是词牌下面注明“本意”的，就是说词牌同时也是词题。

但是，绝大多数的词都已不用“本意”，因此，词牌之外还有词题。一般是在词牌下面用较小的字注出词题。在这种情况下，词题和词牌不发生任何关系。一首《浪淘沙》可以完全不讲浪，也不讲沙；一首《忆江南》可以完全不讲江南。这样一来，词牌就成为词谱的代号，如《菩萨蛮》不代表什么，只是词谱的代号。

每一种词牌的格式又被称为词谱，为了方便填词，人们把这些词谱收录成册。比较著名的词谱有《钦定词谱》《白香词谱》《诗韵新编》等。有了这些词谱，人们填词的效率也就大大提高了。

（系编者参考相关资料后自撰）

能力拓展

1. 背诵两首词。简析柳永《八声甘州》中物镜与心境相互交融的艺术特色。结合《经典咏流传》等网上相关内容，体会柳词的婉约派特点。

2. 张孝祥在南宋前期的词坛上享有很高的地位，是伟大词人辛弃疾的先驱。他为人直率坦荡，气魄豪迈，作词时笔酣兴健，顷刻即成。“表里俱澄澈”、“孤光自照，肝胆皆冰雪”写出了诗人光明磊落、心地纯洁、肝胆照人的优秀品德和俯仰之间无愧天地的人格操守。这与屈原《离骚》中的“纷吾既有此内美兮，又重之以修能；扈江离与辟芷兮，纫秋兰以为佩”强调自己内美与外美的统一一样，都是人生最高尚、最美好的追求。认真体会，并对比学习。

3. 诵读下面这首词，体会思考共产党人的人民情怀。

念奴娇·追思焦裕禄

习近平

中夜，读《人民呼唤焦裕禄》一文，是时霁月如银，文思萦系……

魂飞万里，盼归来，此水此山此地。百姓谁不爱好官？把泪焦桐成雨。生也沙丘，死也沙丘，父老生死系。暮雪朝霜，毋改英雄意气！

依然月明如昔，思君夜夜，肝胆长如洗。路漫漫其修远矣，两袖清风来去。为官一任，造福一方，遂了平生意。绿我涓滴，会它千顷澄碧。

一九九〇年七月十五日

（选自《福州晚报》，1990—07—15）。

第五课　桨声灯影里的秦淮河

课前导引

朱自清(1898—1948)，原名自华，号秋实，后改名自清，字佩弦。原籍浙江绍兴，出生于江苏省东海县(今连云港市东海县平明镇)。现代杰出的散文家、诗人、学者、民主战士。1916 年中学毕业并成功考入北京大学预科。1919 年开始发表诗歌。1928 年第一本散文集《背影》出版。1932 年 7 月，任清华大学中国文学系主任。1934 年，出版《欧游杂记》和《伦敦杂记》。1935 年，出版散文集《你我》。

朱自清的散文一是以写社会生活抨击黑暗现实为主要内容的散文。二是叙事性和抒情性的小品文，主要描写个人和家庭生活，表现父子、夫妻、朋友间的人伦之情，具有浓厚的人情味。第三，则是以写自然景物为主的借景抒情的小品文，是其代表佳作，伴随一代又一代人喜怒哀乐。后两类散文，是朱自清写得最出色的，其中《背影》《荷塘月色》更是脍炙人口的名篇。其散文素朴缜密、清隽沉郁，以语言洗炼，文笔清丽著称，极富有真情实感。

经典展示

一九二三年八月的一晚，我和平伯同游秦淮河，平伯是初泛，我是重来了。我们雇了一只“七板子”，在夕阳已去，皎月方来的时候，便下了船。于是桨声汩——汩，我们开始领略那晃荡着蔷薇色的历史的秦淮河的滋味了。

秦淮河里的船，比北京万牲园，颐和园的船好，比西湖的船好，比扬州瘦西湖的船也好。这几处的船不是觉着笨，就是觉着简陋、局促；都不能引起乘客们的情韵，如秦淮河的船一样。秦淮河的船约略可分为两种：一是大船；一是小船，就是所谓“七板子”。大船舱口阔大，可容二三十人。里面陈设着字画和光洁的红木家具，桌上一律嵌着冰凉的大理石面。窗格雕镂颇细，使人起柔腻之感。窗格里映着红色蓝色的玻璃；玻璃上有精致的花纹，也颇悦人目。“七板子”规模虽不及大船，但那淡蓝色的栏杆，空敞的舱，也足系人情思。而最出色处却在它的舱前。舱前是甲板上的一部，上面有弧形的顶，两边用疏疏的栏杆支着。里面通常放着两张藤的躺椅。躺下，可以谈天，可以望远，可以顾盼两岸的河房。大船上也有这个，但在小船上更觉清隽②罢了。舱前的顶下，一律悬着灯彩；灯的多少，明暗，彩苏的精粗，艳晦，是不一的，但好歹总还你一个灯彩。这灯彩实在是最能钩人的东西。夜幕垂垂地下来时，大小船上都点起灯火。从两重玻璃里映出那辐射着的黄黄的散光，反晕出一片朦胧的烟霭；透过这烟霭，在黯黯的水波里，又逗起缕缕的明漪。在这薄霭和微漪里，听着那悠然的间歇的桨声，谁能不被引入他的美梦去呢？只愁梦太多了，这些大小船儿如何载得起呀？我们这时模模糊糊的谈着明末的秦淮河的艳迹，如《桃花扇》③及《板桥杂记》④里所载的。我们真神往了。我们仿佛亲见那时华灯映水，画舫凌波的光景了。于是我们的船便成了历史的重载了。我们终于恍然秦淮河的船所以雅丽过于他处，而又有奇异的吸引力的，实在是许多历史的影象使然了。

秦淮河的水是碧阴阴的；看起来厚而不腻，或者是六朝金粉⑤所凝么？我们初上船的时候，天色还未断黑，那漾漾的柔波是这样恬静，委婉，使我们一面有水阔天空之想，一面又憧憬着纸醉金迷之境了。等到灯火明时，阴阴的变为沉沉了：黯淡的水光，像梦一般；那偶然闪烁着的光芒，就是梦的眼睛了。我们坐在舱前，因了那隆起的顶棚，仿佛总是昂着首向前走着似的；于是飘飘然如御风而行的我们，看着那些自在的湾泊着的船，船里走马灯般的人物，便像是下界一般，迢迢的远了，又像在雾里看花，尽朦朦胧胧的。这时我们已过了利涉桥，望见东关头了。沿路听见断续的歌声：有从沿河的妓楼飘来的，有从河上船里度来的。我们明知那些歌声，只是些因袭的言词，从生涩的歌喉里机械的发出来的；但它们经了夏夜的微风的吹漾和水波的摇拂，袅娜着到我们耳边的时候，已经不单是她们的歌声，而混着微风和河水的密语了。于是我们不得不被牵惹着，震撼着，相与浮沉于这歌声里了。从东关头转湾，不久就到大中桥。大中桥共有三个桥拱，都很阔大，俨然是三座门儿；使我们觉得我们的船和船里的我们，在桥下过去时，真是太无颜色了。桥砖是深褐色，表明它的历史的长久；但都完好无缺，令人太息于古昔工程的坚美。桥上两旁都是木壁的房子，中间应该有街路？这些房子都破旧了，多年烟熏的迹，遮没了当年的美丽。我想像秦淮河的极盛时，在这样宏阔的桥上，特地盖了房子，必然是髹漆[6]得富富丽丽的；晚间必然是灯火通明的，现在却只剩下一片黑沉沉！但是桥上造着房子，毕竟使我们多少可以想见往日的繁华；这也慰情聊胜无了。过了大中桥，便到了灯月交辉，笙歌彻夜的秦淮河，这才是秦淮河的真面目哩。

大中桥外，顿然空阔，和桥内两岸排着密密的人家的景象大异了。一眼望去，疏疏的林，淡淡的月，衬着蔚蓝的天，颇像荒江野渡光景；那边呢，郁丛丛的，阴森森的，又似乎藏着无边的黑暗：令人几乎不信那是繁华的秦淮河了。但是河中眩晕着的灯光，纵横着的画舫，悠扬着的笛韵，夹着那吱吱的胡琴声，终于使我们认识绿如茵陈如酒的秦淮水了。此地天裸露着的多些，故觉夜来的独迟些；从清清的水影里，我们感到的只是薄薄的夜——这正是秦淮河的夜。大中桥外，本来还有一座复成桥，是船夫口中的我们的游踪尽处，或也是秦淮河繁华的尽处了。我的脚曾踏过复成桥的脊，在十三四岁的时候。但是两次游秦淮河，却都不曾见着复成桥的面；明知总在前途的，却常觉得有些虚无缥缈似的。我想，不见倒也好。这时正是盛夏。我们下船后，藉着[7]新生的晚凉和河上的微风，暑气已渐渐消散；到了此地，豁然开朗，身子顿然轻了——习习的清风荏苒在面上，手上，衣上，这便又感到了一缕新凉了。南京的日光，大概没有杭州猛烈；西湖的夏夜老是热蓬蓬的，水像沸着一般，秦淮河的水却尽是这样冷冷地绿着。任你人影的憧憧，歌声的扰扰，总像隔着一层薄薄的绿纱面幕似的；它尽是这样静静的，冷冷的绿着。我们出了大中桥，走不上半里路，船夫便将船划到一旁，停了桨由它宕着。他以为那里正是繁华的极点，再过去就是荒凉了；所以让我们多多赏鉴一会儿。他自己却静静的蹲着。他是看惯这光景的了，大约只是一个无可无不可。这无可无不可，无论是升的沉的，总之，都比我们高了。

那时河里热闹极了；船大半泊着，小半在水上穿梭似的来往。停泊着的都在近市的那一边，我们的船自然也夹在其中。因为这边略略的挤，便觉得那边十分的疏了。在每一只船从那边过去时，我们能画出它的轻轻的影和曲曲的波，在我们的心上；这显着是空，且显着是静了。那时处处都是歌声和凄厉的胡琴声，圆润的喉咙，确乎是很少的。但那生涩的，尖脆的调子能使人有少年的，粗率不拘的感觉。也正可快我们的意。况且多少隔开些儿听着。因为想像与渴慕的做美，总觉更有滋味；而竞发的喧嚣，抑扬的不齐，远近的杂沓，和乐器的嘈嘈切切，合成另一意味的谐音，也使我们无所适从，如随着大风而走。这实在因为我们的心枯涩久了，变为脆弱；故偶然润泽一下，便疯狂似的不能自主了。但秦淮河确也腻人。即如船里的人面，无论是和我们一堆儿泊着的，无论是从我们眼前过去的，总是模模糊糊的，甚至渺渺茫茫的；任你张圆了眼睛，揩净了眦垢[8]，也是枉然。这真够人想呢。在我们停泊的地方，灯光原是纷然的；不过这些灯光都是黄而有晕的。黄已经不能明了，再加上了晕，便更不成了。灯愈多，晕就愈甚；在繁星般的黄的交错里，秦淮河仿佛笼上了一团光雾。光芒与雾气腾腾的晕着，什么都只剩了轮廓了；所以人面的详细的曲线，便消失于我们的眼底了。但灯光究竟夺不了那边的月色；灯光是浑的，月色是清的。在浑沌的灯光里，渗入一派清辉，却真是奇迹！那晚月儿已瘦削了两三分，她晚妆才罢，盈盈的上了柳梢头。天是蓝得可爱，仿佛一汪水似的；月儿便更出落得精神了。岸上原有三株两株的垂杨树，淡淡的影子，在水里摇曳着。它们那柔细的枝条浴着月光，就像一支支美人的臂膊，交互的缠着，挽着；又像是月儿披着的发。而月儿偶尔也从它们的交叉处偷偷窥看我们，大有小姑娘怕羞的样子。岸上另有几株不知名的老树，光光的立着；在月光里照起来，却又俨然是精神矍铄[9]的老人。远处——快到天际线了，才有一两片白云，亮得现出异彩，像是美丽的贝壳一般。白云下便是黑黑的一带轮廓；是一条随意画的不规则的曲线。这一段光景，和河中的风味大异了。但灯与月竟能并存着，交融着，使月成了缠绵的月，灯射着渺渺的灵辉；这正是天之所以厚秦淮河，也正是天之所以厚我们了。

这时却遇着了难解的纠纷。秦淮河上原有一种歌妓，是以歌为业的。从前都在茶舫上，唱些大曲之类。每日午后一时起；什么时候止，却忘记了。晚上照样也有一回，也在黄晕的灯光里。我从前过南京时，曾随着朋友去听过两次。因为茶舫里的人脸太多了，觉得不大适意，终于听不出所以然。前年听说歌妓被取缔了，不知怎的，颇涉想了几次——却想不出什么。这次到南京，先到茶舫上去看看。觉得颇是寂寥，令我无端的怅怅了。不料她们却仍在秦淮河里挣扎着，不料她们竟会纠缠到我们，我于是很张皇了。她们也乘着“七板子”，她们总是坐在舱前的。舱前点着石油汽灯光亮，眩人眼目：坐在下面的，自然是纤毫毕见了——引诱客人们的力量，也便在此了。舱里躲着乐工等人，映着汽灯的余辉蠕动着；他们是永远不被注意的。每船的歌妓大约都是二人；天色一黑，她们的船就在大中桥外往来不息的兜生意。无论行着的船，泊着的船，都要来兜揽的。这都是我后来推想出来的。那晚不知怎样，忽然轮着我们的船了。我们的船好好的停着，一只歌舫划向我们来了；渐渐和我们的船并着了。烁烁的灯光逼得我们皱起了眉头；我们的风尘色全给它托出来了，这使我不安了，那时一个伙计跨过船来，拿着摊开的歌折，就近塞向我的手里，说：“点几出吧！”他跨过来的时候，我们船上似乎有许多眼光跟着。同时相近的别的船上也似乎有许多眼睛炯炯的向我们船上看着。我真窘了！我也装出大方的样子，向歌妓们瞥了一眼，但究竟是不成的！我勉强将那歌折翻了一翻，却不曾看清了几字；便赶紧递还那伙计，一面不好意思地说：“不要，我们……不要。”他便塞给平伯，平伯掉转头去，摇手说：“不要！”那人还腻着不走。平伯又回过脸来，摇着头道：“不要！”于是那人重到我处，我窘着再拒绝了他。他这才有所不屑似的走了。我的心立刻放下，如释了重负一般。我们就开始自白了。

我说我受了道德律的压迫，拒绝了她们；心里似乎很抱歉的。这所谓抱歉，一面对于她们，一面对于我自己。她们于我们虽然没有很奢的希望；但总有些希望的。我们拒绝了她们，无论理由如何充足，却使她们的希望受了伤；这总有几分不做美了。这是我觉得很怅怅的。至于我自己，更有一种不足之感。我这时被四面的歌声诱惑了，降服了；但是远远的，远远的歌声总仿佛隔着重衣搔痒似的，越搔越搔不着痒处。我于是憧憬着贴耳的妙音了。在歌舫划来时，我的憧憬，变为盼望；我固执的盼望着，有如饥渴。虽然从浅薄的经验里，也能够推知，那贴耳的歌声，将剥去了一切的美妙；

但一个平常的人像我的，谁愿凭了理性之力去丑化未来呢？我宁愿自己骗着了。不过我的社会感性是很敏锐的；我的思力能拆穿道德律的西洋镜，而我的感情却终于被它压服着。我于是有所顾忌了，尤其是在众目昭彰的时候。道德律的力，本来是民众赋予的；在民众的面前，自然更显出它的威严了。我这时一面盼望，一面却感到了两重的禁制：一，在通俗的意义上，接近妓者总算一种不正当的行为；二，妓是一种不健全的职业，我们对于她们，应有哀矜勿喜之心，不应赏玩的去听她们的歌。在众目睽睽之下，这两种思想在我心里最为旺盛。她们暂时压倒了我的听歌的盼望，这便成就了我的灰色的拒绝。那时的心实在异常状态中，觉得颇是昏乱。歌舫去了，暂时宁静之后，我的思绪又如潮涌了。两个相反的意思在我心头往复：卖歌和卖淫不同，听歌和狎妓不同，又干道德甚事？——但是，但是，她们既被逼的以歌为业，她们的歌必无艺术味的；况她们的身世，我们究竟该同情的。所以拒绝倒也是正办。但这此意思终于不曾撇开我的听歌的盼望。它力量异常坚强；它总想将别的思绪踏在脚下。从这重重的争斗里，我感到了浓厚的不足之感。这不足之感使我的心盘旋不安，起坐都不安宁了。唉！我承认我是一个自私的人！平伯呢，却与我不同。他引周启明先生的诗，"因为我有妻子，所以我爱一切的女人；因为我有子女，所以我爱一切的孩子。"他的意思可以见了。他因为推及的同情，爱着那些歌妓，并且尊重着她们，所以拒绝了她们。在这种情形下，他自然以为听是对于她们的一种侮辱。但他也是想听歌的，虽然不和我一样。所以在他的心中，当然也有一番小小的争斗；争斗的结果，是同情胜了。至于道德律，在他是没有什么的；因为他很有蔑视一切的倾向，民众的力量在他是不大觉着的。这时他的心意的活动比较简单，又比较松弱，故事后还怡然自若；我却不能了。这里平伯又比我高了。

在我们谈话中间，又来了两只歌舫。伙计照前一样的请我们点戏，我们照前一样的拒绝了。我受了三次窘，心里的不安更甚了。清艳的夜景也为之减色。船夫大约因为要赶第二趟生意，催着我们回去；我们无可无不可的答应了。我们渐渐和那些晕黄的灯光远了，只有些月色冷清清的随着我们的归舟。我们的船竟没个伴儿，秦淮河的夜正长哩！到大中桥近处，才遇着一只来船。这是一只载妓的板船，黑漆漆的没有一点光。船头上坐着一个妓女；暗里看出，白地小花的衫子，黑的下衣。她手里拉着胡琴，口里唱着青衫[10]的调子。她唱得响亮而圆转；当她的船箭一般驶过去时，余音还袅袅的在我们耳际，使我们倾听而向往。想不到在弩末的游踪里，还能领略到这样的清歌！这时船过大中桥了，森森的水影，如黑暗张着巨口，要将我们的船吞了下去。我们回顾那渺渺的黄光，不胜依恋之情；我们感到了寂寞了！这一段地方夜色甚浓，又有两头的灯火招邀着；桥外的灯火不用说了，过了桥另有东关头疏疏的灯火。我们忽然仰头看见依人的素月，不觉深悔归来之早了！走过东关头，有一两只大船湾泊着，又有几只船向我们来着。嚣嚣的一阵歌声人语，仿佛笑我们无伴的孤舟哩。东关头转湾，河上的夜色更浓了；临水的妓楼上，时时从帘缝里射出一线一线的灯光；仿佛黑暗从酣睡里眨了一眨眼。我们默然的对着，静听那汩——汩的桨声，几乎要人睡了；朦胧里却温寻着适才的繁华的余味。我那不安的心在静里愈显活跃了！这时我们都有了不足之感，而我的更其浓厚。我们却又不愿回去，于是只能由懊悔而怅惘了。船里便满载着怅惘了。直到利涉桥下，微微嘈杂的人声，才使我豁然一惊；那光景却又不同。右岸的河房里，都大开了窗户，里面亮着晃晃的电灯，电灯的光射到水上，蜿蜒曲折，闪闪不息，正如跳舞着的仙女的臂膊。我们的船已在她的臂膊里了；如睡在摇篮里一样，倦了的我们便又入梦了。那电灯下的人物，只觉得像蚂蚁一般，更不去萦念。这是最后的梦，可惜是最短的梦！黑暗重复落在我们面前，我们看见傍岸的空船上一星两星的，枯燥无力又摇摇不定的灯光。我们的梦醒了，我们知道就要上岸了；我们心里充满了幻灭的情思。

1923 年 10 月 11 日作完，于温州。

（选自《朱自清文集》，开明书店 1953 年版）

文本注释

①本篇最初发表于 1924 年 1 月《东方杂志》第 21 卷第 2 号，收入《踪迹》。

②清隽(juàn)：清新隽永。

③《桃花扇》：传奇剧本，清孔尚任作，以明末才子侯方域和秦淮名妓李香君的爱情故事为线索，反映了南明弘光王朝的政治动乱。

④《板桥杂记》：笔记，清余怀作。作者为明朝遗老，所记都是南京旧日狎游琐事，保存了一些当时的社会生活资料。

⑤六朝金粉：三国的吴，东晋和南朝的宋、齐、梁、陈，都以建康(今南京)为首都，历史上总称六朝。金粉：脂粉。

⑥髹漆(xiū qī)：亦作“髤漆”。这里是动词，指油漆。

⑦藉着(jiè)：同“借”。

⑧眦垢(zì gòu)：眼眵。俗称眼屎。

⑨矍铄(jué shuò)：形容老年人很有精神的样子。

⑩青衫：即青衣，传统戏曲中“旦”行的一支，大都扮演青年或中年妇女，表演上重唱功，用于所扮人物大都穿青色(黑色)衣衫而得名。

迷津指路

1923 年夏的某个夜晚，朱自清和俞平伯同游秦淮河，共同写出同题散文《桨声灯影里的秦淮河》，在中国现代文学史上留下一段佳话，也为中国现当代散文领域的“同题写作”开了先河。

此时，正值五四运动过后四年，文化领域显得比较冷落。两位作家同为新文化运动的干将，想要借游览秦淮河滋润自己干枯的心灵，慰藉自己寂寞的灵魂。但是在游览的过程中，他们在灯影交辉，笙歌彻夜的秦淮河上亲身感受新旧文化的交锋，显得和这个环境很不协调。两位作家乘兴而来，惆怅而去。

作者想在秦淮美景的“梦境”里求得精神上的解脱，但终究摆脱不了现实的苦闷与怅惘。文章先有自然之景而喜，却又喜中含忧，而后又因社会之景而忧，进而不安，怅惘、幻灭。它反映了“五四”退潮后黑暗现实下青年的复杂迷惘的心情，也表达了作者勇于解剖自己的品德和对人性的思考。文中既有对“明末的秦淮河艳迹”的“神往”，对浮现着“许多历史影像”的秦淮河本身魅力的欣赏，又有对不幸沦落风尘的女子的哀怜、同情，有面对女性的诱惑时深受“道德律的压迫”而内心的困扰与冲突，其中不乏一个现代知识分子朴素而真诚的人道主义意识以及健康而稳固的传统理性。

作品语言朴素自然，雅中见丽，平中见奇，结构完整缜密。水、月、灯是作者描写的中心，描写极为细腻，形象生动。尤其是运用通感手法，将无生命的自然化为充满灵性的活物，令人陶醉。文章借助景物抒写内心感受，情景同步展开，充满诗情画意，具有一种自然真切、清新缜密的美。

阅读延伸

桨声灯影里的秦淮河

俞平伯

我们消受得秦淮河上的灯影，当圆月犹皎的仲夏之夜。

在茶店里吃了一盘豆腐干丝，两个烧饼之后，以歪歪的脚步踅上夫子庙前停泊着的画舫，就懒洋洋躺到藤椅上去了。好郁蒸的江南，傍晚也还是热的。“快开船吧！”桨声响了。

小的灯舫初次在河中荡漾；于我，情景是颇朦胧，滋味是怪羞涩的。我要错认它作七里的山塘：可是，河房里明窗洞启，映着玲珑入画的曲栏杆，顿然省得身在何处了。佩弦呢，他已是重来，很应当消释一些迷惘的。但看他太频繁地摇着我的黑纸扇。胖子是这个样怯热的吗？

又早是夕阳西下，河上妆成一抹胭脂的薄媚。是被青溪的姐妹们所熏染的吗？还是匀得她们脸上的残脂呢？寂寂的河水，随双桨打它，终是没言语。密匝匝的绮恨逐老去的年华，已都如蜜饧似的融在流波的心窝里，连呜咽也将嫌它多事，更哪里论到哀嘶。心头，宛转的凄怀；口内，徘徊的低唱；留在夜夜的秦淮河上。

在利涉桥边买了一匣烟，荡过东关头，渐荡出大中桥了。船儿悄悄地穿出连环着的三个壮阔的涵洞，青溪夏夜的韵华已如巨幅的画豁然而抖落。哦！凄厉而繁的弦索，颤岔而涩的歌喉，杂着吓哈的笑语声，噼啪的竹牌响，更能把诸楼船上的华灯彩绘，显出火样的鲜明，火样的温煦了。小船儿载着我们，在大船缝里挤着，挨着，抹着走。它忘了自己也是今宵河上的一星灯火。

既踏进所谓“六朝金粉气”的销金窟，谁不笑笑呢！今天的一晚，且默了滔滔的言说，且舒了恻恻的情怀，暂且学着，姑且学着我们平时认为在醉里梦里他们的憨痴笑语。看！初上的灯儿们一点点掠剪柔腻的波心，梭织地往来；把河水都皴得微明了。纸薄的心旌，我的，尽无休息地跟着它们飘荡，以至于怦怦而内热。这还好说什么的！如此说，诱惑是诚然有的，且于我已留下不易磨灭的印记。至于对榻的那一位先生，自认曾经一度摆脱了纠缠的他，其辩解又在何处？这实在非我所知。

我们，醉不以涩味的酒，以微漾着，轻晕着的夜的风华。不是什么欣悦，不是什么慰藉，只感到一种怪陌生、怪异样的朦胧。朦胧之中似乎胎孕着一个如花的笑——这么淡，那么淡的倩笑。淡到已不可说，已不可拟，且已不可想；但我们终究是眩晕在它离合的神光之下的。我们没法使人信它是有，我们不信它是没有。勉强哲学地说，这或近于佛家的所谓“空”，既不当鲁莽说它是“无”，也不能径直说它是“有”。或者说“有”是有的，只因无可以拟形容那“有”的光景；故从表面看，与“没有”似不生分别。若定要我再说得具体些：譬如东风初劲时，直上高翔的纸鸢，牵线的那人儿自然远得很了，知她是哪一家呢？但凭那鸢尾一缕飘绵的彩线，便容易揣知下面的人寰中，必有微红的一双素手，卷起轻绡的广袖，牢担荷小纸鸢儿的命根的。飘翔岂不是东风的力，又岂不是纸鸢的含德；但其根株却将另有所寄。请问，这和纸鸢的省悟与否有何关系？故我们不能认笑是非有，也不能认朦胧即是笑。我们定应当如此说，朦胧里胎孕着一个如花的幻笑，和朦胧又互相混融着的；因它本来是淡极了，淡极了这么一个。

漫题那些纷烦的话，船儿已将泊在灯火的丛中去了。对岸有盏跳动的汽油灯，佩弦便硬说它远不如微黄的灯火。我简直没法和他分证那是非。

时有小小的艇子急忙忙打桨，向灯影的密流里横冲直撞。冷静孤独的油灯映见黯淡的画船头上，秦淮河姑娘们的靓妆。茉莉的香、白兰花的香、脂粉的香、纱衣裳的香……微波泛滥出甜的暗香，随着她们那些船儿荡，随着我们这船儿荡，随着大大小小一切的船儿荡。有的互相笑语，有的默然不响，有的衬着胡琴亮着嗓子唱。一个、三两个、五六七个，比肩坐在船头的两旁，也无非多添些淡薄的影儿葬在我们的心上——太过火了，不至于吧，早消失在我们的眼皮上。谁都是这样急忙忙地打着桨，谁都是这样向灯影的密流里冲撞着；又何况久沉沦的她们，又何况漂泊惯的我们俩。当时浅浅的醉，今朝空空的惆怅；老实说，咱们萍泛的绮思不过如此而已，至多也不过如此而已。你且别讲，你且别想！这无非是梦中的电光，这无非是无明的幻象，这无非是以零星的火种微炎在大欲的根苗上。扮戏的咱们，散了场一个样，然而，上场锣，下场锣，天天忙，人人忙。看！吓！载送女郎的艇子才过去，货郎担的小船不是又来了？一盏小煤油灯，一舱的什物，他也忙得来像手里的摇铃，这样丁咚而郎当。

杨枝绿影下有条华灯璀璨的彩舫在那边停泊。我们那船不禁也依傍短柳的腰肢，欹侧地歇了。游客们的大船，歌女们的艇子，靠着。唱的拉着嗓子；听的歪着头，斜着眼，有的甚至于跳过她们的船头。如那时有严重些的声音，必然说：“这哪里是什么旖旎风光!”咱们真是不知道，只模糊地觉着在秦淮河船上板起方正的脸是怪不好意思的，咱们本是在旅馆里，为什么不早入睡，掂着牙儿，领略那“卧后清宵细细长”；而偏这样急急忙忙跑到河上来无聊浪荡？

还说那时的话，从杨柳枝的乱鬟里所得的境界，照规矩，外带三分风华的，况且今宵此地，动荡着有灯火的明姿。况且今宵此地，又是圆月欲缺未缺，欲上未上的黄昏时候。叮当的小锣，伊轧的胡琴，沉填的大鼓……弦吹声腾沸遍了三里的秦淮河。喳喳嚷嚷的一片，分不出谁是谁，分不出哪儿是哪儿，只有整个的繁喧来把我们包填。

仿佛都抢着说笑，这儿夜夜尽是如此的，不过初上城的乡下佬是第一次呢。真是乡下人，真是第一次。

穿花蝴蝶样的小艇子多到不和我们相干。货郎担式的船，曾以一瓶汽水之故而拢近来，这是真的。至于她们呢，即使偶然灯影相偎而切掠过去，也无非瞧见我们微红的脸罢了，不见得有什么别的。可是，夸口早哩！——来了，竟向我们来了！不但是近，且拢着了。船头傍着，船尾也傍着；这不但是拢着，且并着了。厮并着倒还不很要紧，且有人扑咚地跨上我们的船头了。这岂不大吃一惊！幸而来的不是姑娘们，还好。（她们正冷冰冰地在那船头上。）来人年纪并不大，神气倒怪狡猾，把一扣破烂的手折，摊在我们眼前，让细瞧那些戏目，好好儿点个唱。他说："先生，这是小意思。"诸君，读者，怎么办？

好，自命为超然派的来看榜样！两船挨着，灯光愈皎，见佩弦的脸又红起来了。那时的我是否也这样？这当转问他。（我希望我的镜子不要过于给我下不去。）老是红着脸终久不能打发人家走路的，所以想个法子在当时是很必要。说来也好笑，我的老调是一味的默，或干脆说个"不"，或者摇摇头，摆摆手表示"决不"。如今都已尽了。佩弦便进了一步，他嫌我的方术太冷漠了，又未必中用，摆脱纠缠的正当道路惟有辩解。好吗？听他说："你不知道？这事我们是不能做的。"这是诸辩解中简洁，最漂亮的一个。可惜他所说的"不知道"来人倒真有些"不知道"！辜负了这二十分聪明的反语。他想得有理由，你们为什么不能做这事呢？因这"为什么"，佩弦又有进一层的曲解。哪知道更坏事，竟只博得那些船上人的一哂而去。他们平常虽不以聪明名家，但今晚却又怪聪明，如洞彻我们的肺肝一样的。这故事即我情愿讲给诸君听，怕有人未必愿意哩。"算了吧，就是这样算了吧"，恕我不再写下了，以外的让他自己说。

叙述只是如此，其实那时连翩而来的，我记得至少也有三五次。我们把它们一个一个的打发走路。但走的是走了，来的还正来。我们可以使它们走，我们不能禁止它们来。我们虽不轻被摇撼，但已有一点杌陧了。况且小艇上总载去一半的失望和一半的轻蔑，在桨声里仿佛狠狠地说，"都是呆子，都是吝啬鬼！"还有我们的船家（姑娘们卖个唱，他可以赚几个子的佣金），眼看她们一个一个地去远了，呆呆地蹲踞着，怪无聊赖似的。碰着了这种外缘，无怒亦无哀，惟有一种情意的紧张，使我们从颓弛中体会出挣扎来。这味道倒许很真切的，只恐怕不易为倦鸦似的人们所喜。

曾游过秦淮河的到底乖些。佩弦告船家："我们多给你酒钱，把船摇开，别让他们来啰嗦。"自此以后，桨声复响，还我以平静了，我们俩又渐渐无拘无束舒服起来，又滔滔不断地来谈谈方才的经过。今儿是算怎么一回事？我们齐声说，欲的胎动无可疑的。正如水见波痕轻婉已极，与未波时究不相类。微醉的我们，洪醉的他们，深浅虽不同，却同为一醉。接着来了第二问，既自认有欲的微炎，为什么艇子来时又羞涩地躲了呢？在这儿，答语参差着。佩弦说他的是一种暗昧的道德意味，我说是一种似较深沉的眷爱。我只背诵岂君的几句诗给佩弦听，望他曲喻我的心胸。可恨他今天似乎有些发钝，反而追着问我。

前面已是复成桥。青溪之东，暗碧的树梢上面微耀着一桁的清光。我们的船就缚在枯柳桩边待月。其时河心里晃荡着的，河岸头歇泊着的各式灯船，望去，少说点也有十廿来只。惟不觉繁喧，只添我们以幽甜。虽同是灯船，虽同是秦淮，虽同是我们；却是灯影淡了，河水静了，我们倦了，——况且月儿将上了。灯影里的昏黄，和月下灯影里的昏黄原是不相似的，又何况入倦的眼中所见的昏黄呢。灯光所以映她的秾姿，月华所以洗她的秀骨，以蓬腾的心焰跳舞她的盛年，以饧涩的眼波供养她的迟暮。必如此，才会有圆足的醉，圆足的恋，圆足的颓弛，成熟了我们的心田。

犹未下弦，一丸鹅蛋似的月，被纤柔的云丝们簇拥上了一碧的遥天。冉冉地行来，冷冷地照着秦淮。我们已打桨而徐归了。归途的感念，这一个黄昏里，心和境的交萦互染，其繁密殊超我们的言说。主心主物的哲思，依我外行人看，实在把事情说得太嫌简单，太嫌容易，太嫌分明了。实有的只是浑然之感。就论这一次秦淮夜泛吧，从来处来，从去处去，分析其间的成因自然亦是可能；不过求得圆满足尽的解析，使片段的因子们合拢来代替刹那间所体验的实有，这个我觉得有点不可能，至少于现在的我们是如此的。凡上所叙，请读者们只看作我归来后，回忆中所偶然留下的千百分之一二，微薄的残影。若所谓"当时之感"，我决不敢望诸君能在此中窥得。即我自己虽正在这儿执笔构思，实在也无从重新体验出那时的情景。说老实话，我所有的只是忆。我告诸君的只是忆中的秦淮夜泛。至于说到那"当时之感"，这应当请教当时的我。而他久飞升了，无所存在。

……

凉月凉风之下，我们背着秦淮河走去，悄默是当然的事了。如回头，河中的繁灯想定是依然。我们却早走得远，"灯火未阑人散"；佩弦，诸君，我记得这就是在南京四日的酣嬉，将分手时的前夜。

一九二三年八月二十二日，北京

（选自俞平伯：《杂拌儿：开明文库(第一辑)》，北京，开明出版社，1992）

能力拓展

1. 南京秦淮河，风光旖旎，尤其是它蕴含着历代兴亡的历史遗迹，常常成为文人墨客歌咏凭吊的场所。其中不乏脍炙人口的名篇。梳理自己的名篇名作储备，在诵读中继续夯实基础。

2. 朱自清与俞平伯的秦淮河，是流淌在20世纪30年代的秦淮河。作为同题散文，它们是中国现代美文史上殊途同归的双璧，各有千秋，相映成趣。朱自清的文章重客观写实，而俞平伯则重主观抒发。经典让人常读常新，百读不厌。课后朗读中细细品鉴诸多妙处。

3. 两篇《桨声灯影里的秦淮河》，最可贵之处，都不同程度地写出了作者的"忏悔意识"。面对纸醉金迷五光十色的花花世界，两位大家抵御诱惑，坚守做人底线，表现出强大的"定力"。这实际是文学大家个人修为的良好体现，发人深省。

专题二

文史并茂　礼乐教化

第一课　《礼记》二篇

课前导引

《礼记》是战国到秦汉时期儒家论说或解释礼制的文章汇编，是儒家经典之一。起初，孔门弟子和其后的儒学传人在师承传授礼经（今《仪礼》）的过程中积累了大量的记录材料。西汉戴圣从这些记录中选取四十九篇，编辑成册，当时称《小戴记》，以与其叔父戴德的选辑本《大戴记》区别。至东汉郑玄为之作注，始独立成书，定名为《礼记》。汉代把孔子定的典籍称为“经”，弟子对“经”的解说是“传”或“记”，《礼记》因此得名，即对“礼”的解说。《礼记》内容博杂，大体包括对《仪礼》相应篇目的解说及有关礼制的补充增益，对礼的论述探讨，对儒家有关政治、哲学、道德修养、教育等观点的阐述等，是中华民族传统道德文化源泉的重要组成部分。

成书于西汉初年的《礼记·礼运》以优美的语言给人们描绘了一幅美好幸福生活的画卷，即大同世界。《礼记》中的大同理想社会成为千百年来中国人民追求的理想目标。“大同”一词最早可追溯到我国古典文献《尚书》：“三人占，则从二人之言。汝则有大疑，谋及卿士，谋及庶人，谋及卜筮。汝则从、龟从、筮从、卿士从、庶民从，是之谓大同”（《尚书·洪范》）。但作为一种社会理想的专有概念出自儒家经典《礼记》。从此，“大同”就成为历朝历代中国人民的精神寄托和奋斗目标。

在宋代以前，《大学》在儒家思想学术中的地位并不是很突出。由于它论述了儒家为学治世的基本原理原则、方针步骤和方法等，所以中唐以后逐渐受到儒家学者的重视。唐代韩愈、李翱始把它看作与《孟子》《易经》同样重要的“经书”。北宋时程颢、程颐竭力尊崇《大学》，把它从《礼记》中抽出，编次章句。南宋朱熹作《大学章句》，又将《大学》《中庸》《论语》《孟子》合编注释，称“四书”。从此，《大学》成为儒家经典。

经典展示

大 同[1]

昔者仲尼与于蜡宾[2]，事毕，出游于观[3]之上，喟然[4]而叹。仲尼之叹，盖叹鲁也。言偃在侧，曰："君子何叹?"孔子曰："大道[5]之行也，与三代之英[6]，丘未之逮[7]也，而有志焉。

"大道之行也，天下为公。选贤与能[8]，讲信修睦[9]，故人不独亲[10]其亲，不独子其子；使老有所终，壮有所用，幼有所长，矜寡、孤独、废疾者[11]，皆有所养；男有分[12]，女有归[13]。货，恶其弃于地也，不必藏于己[14]。力，恶其不出于身也，不必为己[15]。是故谋闭而不兴[16]，盗窃乱贼而不作[17]。故外户而不闭[18]，是谓大同[19]。

"今大道既隐[20]，天下为家，各亲其亲，各子其子，货、力为己；大人世及以为礼[21]，城郭沟池以为固[22]，礼义以为纪，以正君臣，以笃[23]父子，以睦兄弟，以和夫妇，以设制度，以立田里[24]，以贤[25]勇知，以功[26]为己。故谋用是[27]作，而兵[28]由此起。禹、汤、文、武、成王、周公，由此其选[29]也。此六君子者，未有不谨于礼者也，以著其义[30]，以考[31]其信，著有过，刑仁讲让[32]，示民有常。如有不由此者，在执者去[33]，众以为殃。是谓小康。"

（选自陈戍国校注：《礼记》，长沙，岳麓书社，2004）

文本注释

①节选自《礼记·礼运》，标题为另加。

②与：参加。蜡(zhà)：年终举行的祭祀，又称蜡祭。

③观(guàn)：宗庙门外两旁的高大建筑，又名"阙"。

④喟(kuì)然：感叹的样子。

⑤大道：指太平盛世的社会准则。

⑥三代：指夏朝、商朝和周朝。英：英杰。

⑦逮：赶上。

⑧选贤与(jǔ)能：把品德高尚的人、能干的人选拔出来。与，通"举"。

⑨讲信修睦：讲求诚信，培养和睦的气氛。

⑩亲：用如动词，以……为亲。下文"子其子"中的第一个"子"也是动词。

⑪矜：老而无妻或丧妻的人，同"鳏"。寡：五十岁无夫曰寡，今妇人丧夫皆曰寡。孤：年幼无父或父母双亡的人。独：年老无子的人。废疾：精神或肢体残废的人。

⑫分：职分，指职业。

⑬归：女子出嫁。

⑭货，恶(wù)其弃于地也，不必藏于己：对于财货，人们憎恨把它扔在地上的行为，却不一定要自己私藏。恶，憎恶。

⑮力，恶其不出于身也，不必为己：人们都愿意为公共之事竭尽全力，而不一定为自己谋私利。

⑯是故谋闭而不兴：因此奸邪之谋不会发生。谋，指阴谋诡计。

⑰盗窃乱贼而不作：盗窃、造反和害人的事情不会发生。乱，指造反。贼，指害人。作，兴起。

⑱外户：住宅外面的门，泛指大门。闭：关闭。

⑲大同：儒家理想的社会境界，人人各得其所。同，有“和”“平”的意思。

⑳隐：消逝。

㉑大人：这里指国君。世及：古代传位的两种主要方式，世指父传子，及指兄传弟。

㉒郭：外城。沟池：护城河。

㉓笃：淳厚。

㉔田里：田地与住宅。

㉕贤：尊重。

㉖功：成就功业。

㉗用是：因此。

㉘兵：指战争。

㉙选：指杰出人物。

㉚著：彰显。义：指合理的事情。

㉛考：成就。

㉜刑：典范。让：礼让。

㉝执：同“势”。去：斥退，驱逐。

经典展示

大 学

大学之道[①]，在明明德[②]，在亲民[③]，在止于至善。知止[④]而后有定，定而后能静[⑤]，静而后能安[⑥]，安而后能虑[⑦]，虑而后能得[⑧]。物有本末，事有终始。知所先后，则近道矣。

古之欲明明德于天下者，先治其国。欲治其国者，先齐其家[⑨]。欲齐其家者，先修其身[⑩]。欲修其身者，先正其心。欲正其心者，先诚其意。欲诚其意者，先致其知[⑪]。致知在格物[⑫]。物格而后知至，知至而后意诚，意诚而后心正，心正而后身修，身修而后家齐，家齐而后国治，国治而后天下平。自天子以至于庶人[⑬]，壹是皆以修身为本[⑭]，其本乱而末[⑮]治者否矣。其所厚者薄，而其所薄者厚[⑯]，未之有也[⑰]。此谓知本，此谓知之至也。

（选自陈戍国校注：《礼记》，长沙，岳麓书社，2004）

文本注释

①大学之道：大学的宗旨，大学的最终目的。“大学”一词在古代有两种含义：一指“博学”之态；二指与“小学”相对的“大人之学”。古代儿童八岁入小学，主要学习“洒扫、应对、进退、礼乐射御书数”之类的文化基础知识和基本礼节。十五岁后

可进入大学，开始学习伦理、政治、哲学等“穷理正心，修己治人”的学问。这两种含义虽有明显的区别，但都有“博学”之意。道，本指道路，引申为规律、原则等。在中国古代哲学、政治学里，也指宇宙万物的本源、个体，一定的政治观和思想体系等，在不同的语境里有不同的意思。在这里指的是在学习政治、哲学时所掌握的规律和原则。

②明明德：第一个“明”是动词，有使动的意味，彰显、发扬之意；第二个“明”是形容词，含有高尚、光辉的意思。

③亲民：一说“新民”，使人弃旧因新，弃恶扬善。新，即革新、弃旧图新，这里有引导、教化人民之意。

④知止：明确目标所在。

⑤静：心不妄动。

⑥安：所处而安。

⑦虑：处事精详。

⑧得：得其所止。

⑨齐其家：管理好自己的家庭或家族，使家族或家庭和美和睦，蒸蒸日上。

⑩修其身：修养自身的品性。

⑪致其知：让自己得到知识和智慧。

⑫格物：意为研究、认识世间万物。格，至也。

⑬庶人：普通百姓。

⑭壹是：一切。本：本源、根本。

⑮末：与“本”相对，枝节、末节之意。

⑯厚者薄：该重视的不重视。薄者厚：不该重视的却加以重视。

⑰未之有也：宾语前置句，“未有之也”，是说还不曾有过这样的做法或事情。

迷津指路

《礼记·礼运》提出的“大同”与“小康”，是中国古典思想中极为重要的概念。《礼运》以大同、小康开篇，通过比较引出政教秩序的两个典范，即德的典范与礼的典范。“大同”理想的突出特点表现为“天下为公”的社会制度、“选贤与能”的管理体制和“讲信修睦”的人际关系。“小康”理想较之“天下为公”的“大同”理想更为切近现实，是“大同”理想的次级阶段。其突出特点表现为“天下为家”的社会制度，体现为世袭制、宗法制的权力分配制度和“礼义以为纪”的管理体制。简言之，“小康”社会以尊君、任贤、民本为基础。“礼义以为纪”“刑仁讲让，示民有常”体现了《礼记》的礼法合治思想，这一思想构成了一个相对完整的关于中国古代社会治理国家的思想体系。这一思想以实现“大同”为最高的社会政治理想，以实现“小康”为一定时段的社会政治目标，以“以礼治国”为治国理政的指导思想和根本原则，以礼乐刑政、综合为治为国家治理方式，以包含德治和仁政的国家制度设计为制度载体，以礼乐教化和刑政统摄为并行不悖的治国手段，以君子为政以德、修身进德为治国理政的关键，体现了中国古代礼法合治、德主刑辅的治国理政思想。

《大学》为“初学入德之门也”(程颐语)。这里所展示的是儒学三纲八目的追求。所谓三纲，是指明德、亲民、止于至善。它既是《大学》的纲领旨趣，也是儒学“垂世立教”的目标所在。所谓八目，是指格物、致知、诚意、正心、修身、齐家、治国、平天下。八目既是为达到三纲而设计的条目工夫，也是儒学为我们展示的人生进修阶梯。纵览四书五经，我们发现，儒家的全部学说实际上都是循着这三纲八目而展开的。这一内容实际上包括两个方面，其中，修身以上，格物、致知、诚意、正心四者，专注于心性修养，属儒家的“内圣”之学；修身以下，齐家、治国、平天下系君子之行为规范及治政之事，属儒家的“外王”之学，其意主要在彰明儒家为政以德的观念和“道德转化为政治”的思想。总之，此篇概括地展示了同明德和治国、平天下相关的主要方面，深刻地揭示了它们之间的关系，使儒家学说成为条理分明的思想体系。

阅读延伸

《论语》礼乐思想新探

由《论语》所载，可看出孔子及其原始儒学对前代礼乐传统的三大贡献。其一，孔子在继承先王礼乐文化的基础上，将礼乐的核心内容凸显为社会秩序之上的人伦和谐。其二，孔子又从礼乐的两个方面，创新原有的先王礼乐文化：一则从其社会政治功能出发，进一步将传统礼乐文化重塑为以社会秩序和人伦和谐为终极目的，以礼教、乐教为主要内容，以政治伦理平民化为主要途径的礼乐教化论，儒学也由之发端；二则以仁、敬释礼乐，以发掘与开显原有先王礼乐文化的内在人性及其心理基础。其三，更为重要的是，孔子所谓的社会秩序和人伦和谐的双重实现，不但以政治伦理的平民化、普及化为中介和内容，而且离不开人们的仁、敬等人性本质。孔子将传统礼乐文化的根基，安放在“仁者爱人”的生命跃动中，也使原始儒家礼乐思想所致力的社会秩序上的人伦和谐，在“慎终追远”的血缘亲情、“为仁由己”的道德自觉与“出门如见大宾”的人伦关怀中最终得以实现。孔子这种以道德伦理为本位的新的礼乐观，既为传统礼乐找到了一个人性基础，也对礼乐的性情前提做了进一步的推究与论证。

在孔子之前，上古暨三代的宗教礼乐传统，经过周公制礼作乐的制度化、政治化改造以后，这一作为周代宗法社会等级规范的礼乐制度，便已初具伦理学意义。但是，孔子却将主要用于政治领域的西周礼乐制度，进一步伦理化而使其具有了完整的伦理学意义与社会意义，由此形成一种民族文化心理结构。西周时期的礼乐伦理化，主要体现在政治领域推行敬德宗孝等伦理观念的贵族教育，以培养有道德的统治者，巩固统治。从孔子开始，他将西周礼乐教化伦理内容扩大到人伦关系的各个方面，而且提出“有教无类”的全民教育思想，将西周以来礼乐演变的主流由礼乐政治化转向为礼乐伦理化，从而使以道德伦理为本位的礼乐观成为孔子及其儒家学说的中心。在孔子等原始儒家看来，每个人生活在这个世界上，从小到大，就必须经过礼乐熏陶。“兴于诗，立于礼，成于乐。”“不学礼，无以立。”人在礼乐诗舞浑然一体的潜移默化中，在各种人伦关系和社会场合中，体味、首肯人之成其为人之本然，进而以这种道德自觉认同现实伦理。具体说来，首先，就是要在人伦社会的大网络中，找清个体所处的位置与所扮演的特定角色，紧跟着是通过礼教、乐教等，习染先在于个体的社会所包括的各种人伦关系及由之所赋予个体的各种人之应然，后者也就是儒家所强调的各种外在的行为规范“礼”；其次，在礼乐长期的潜移默化下，将社会所赋予的这种人之应然的言行内化为道德伦理的自觉意识乃至伦理习性的自然养成；最后，各种人之应然的行为规范“礼”最终达成浑然一体的人之本然的道德伦理情感的“仁”。以道德伦理为本位的孔子礼乐观，实质是使每个个体在平时礼乐的教化中，于芸芸众生之中区别于自我而又调适于社会，自我与他人在相互对待与推己及人、换位思考中和谐相处。在君臣、父子、夫妇、兄弟等各类人伦关系中，个人主体以自觉于自身的相应道德伦理，如敬、宽、信、慈、孝、悌等，修养身心而又融洽社会。在以外在的“礼乐”养成个体的道德心性或促成主体道德自省的同时，儒家将世间的这些人伦关系及其相应伦理范畴，内化为个体的道德伦理自觉意识乃至自身的生存需要，使礼乐最终符合人类成其为一个和谐社会统一体的伦理要求与道德诉求。

如此看来，道德伦理相比于以政治秩序为中心，对孔子礼乐思想来说，前者更具有先在的优位性。且在孔子看来，依社会各成员的道德自觉而达成的社会伦理，涵盖甚或重新规范了其特定领域的政治伦理。相比于“礼不下庶人”的礼乐文化传统，这种优位性更趋明显。例如，周公的传统礼乐文化很大程度上是作为一种礼乐制度，为以姬姓各级贵族为代表的周代统治者提供了政治准则与日常生活的行为规范，而孔子礼乐思想则将礼乐施用的对象扩充为全社会成员，更为重要的是，它是在传统礼乐习染下，将外在的全社会各种对待的伦理关系，潜移默化地内化为社会各成员“仁者爱人”的道德自省与“克己复礼”的主体自觉。

孔子礼乐思想道德自省与主体自觉，更甚于重政治的秩序，并不意味着他不重视礼乐中的秩序与等级蕴涵。实际上，孔子重塑传统礼乐文化的终极目的之一就是维护社会秩序，因而孔子不能不看重礼乐文化所蕴含的社会的秩序性与政治的等级性——其理想政治是“礼乐征伐自天子出”下的“君君、臣臣、父父、子子”，其大力主张周礼的恢复和遵守，也是旨在重返周王政治权威下的社会秩序。不过，这种社会秩序与政治等级的实现和维护，在孔子看来，其实不仅需通过礼加以推行和保证，“君臣、上下、父子、兄弟，非礼不定”；而且更是以包括君臣关系在内的人伦之间的对待与和谐相处、彼此相互尊重各自人格为前提，这就是孔子所说的“君使臣以礼，臣事君以忠”。更为重要的是，孔子的这种礼乐秩序论是离不开整个社会的人伦和谐的，最终是以全方位的各种伦理之道德自觉的达成而实现的。

（选自闫春新：《〈论语〉礼乐思想新探》，载《光明日报》，2011-10-17。文字有改动）

能力拓展

1. 熟读并背诵课文。在反复诵读中，体会“大同”理想的美好，并思考“大同”理想能否实现？它与今天的“小康”社会以及习近平总书记提出的“人类命运共同体”有何异同？

2.“大道之行，天下为公”，习近平总书记在许多场合都曾引用这句话，认真体会其中所表达的共产党人的胸襟和情怀。

3. 口才训练：《礼记·大学》率先提出儒家“修身齐家治国平天下”的奋斗目标，并把个人、家庭、国家联系在一起。儒家积极入世的人生态度，崇德仁爱的价值理念，千百年来影响着无数中国人。而这一切，均要从修身开始。课外阅读儒家经典，结合社会现实、自身认知以及社会主义核心价值观，组织一次班级演讲会(参考本书《演讲口才训练》拓展训练5)。

第二课　汉乐府三首

课前导引

乐府的原意是指国家设立的诗、乐、舞相结合的音乐机构。秦设乐府，但“秦阙采诗之官，歌咏多因前式”(《宋书·乐志》)。乐府民歌的采集，是从汉代开始的。汉初设乐府令，掌宗庙祭祀之乐。汉武帝时，乐府除由文人造作的雅乐而外，还兼采各地民歌。乐府由音乐机构的名称衍变为诗歌的名称，始于六朝。后代文人用乐府古题或仿效乐府风格而写的歌词也称“乐府”。宋人郭茂倩所编的《乐府诗集》是收罗乐府诗最为完备的一部诗歌总集。它把唐以前的乐府诗分为十二类加以著录，汉代乐府民歌大多保存在“鼓吹曲辞”“相和歌辞”和“杂曲谣辞”之中。

《上邪》出自短箫铙歌系统的军乐，有所谓的铙歌十八曲，其内容大抵多言战阵之事。以“建威扬德、风敌劝士”为目的，《上邪》排在其中的第十五曲。《白头吟》，又称《白头吟行》，属于相和歌中的楚调曲。《东门行》属于相和歌中的瑟调曲。从雅俗方面来说，《上邪》属于雅乐，后两者属于俗乐。

汉乐府是继《诗经》之后，古代民歌的又一次大汇集，是五言诗体发展的一个重要阶段。汉乐府“感于哀乐，缘事而发”，开诗歌现实主义新风；反映社会现实，具有浓厚的生活气息，是汉代政治面貌和社会面貌的一面镜子。汉乐府有叙事诗，也有抒情诗，而以叙事诗的成就更为突出。其叙事详略得当，繁简有度，常用比兴和铺陈手法。句式有五言、七言和杂言，其中五言诗最为成熟。汉乐府语言朴素生动，善于通过言行表现人物性格，形式多样，风格清新，为建安诗歌的繁荣在形式上做了准备。

经典展示

上　邪

上邪[1]！我欲与君相知[2]，长命无绝衰[3]。山无陵[4]，江水为竭，冬雷震震[5]，夏雨雪[6]，天地合[7]，乃敢[8]与君绝！

[选自曹旭：《古诗十九首与乐府诗选评(增订本)》，上海，上海古籍出版社，2019]

文本注释

①上邪(yé)：天啊。上，指天。邪，语气助词，表示感叹。

②相知：相爱。

③命：令，使。衰：衰减、断绝。

④陵(líng)：山峰。

⑤震震：形容雷声。

⑥雨(yù)雪：降雪。雨，名词活用作动词。

⑦天地合：天与地合二为一。

⑧乃敢：才敢。敢，委婉的用语。

经典展示

白头吟

皑[①]如山上雪，皎若云间月。
闻君有两意[②]，故来相决绝[③]。
今日斗[④]酒会，明旦[⑤]沟水头；
躞蹀御沟上[⑥]，沟水东西流[⑦]。
凄凄[⑧]复凄凄，嫁娶不须啼；
愿得一心人，白头不相离。
竹竿何嫋嫋[⑨]，鱼尾何簁簁[⑩]。
男儿重意气[⑪]，何用钱刀[⑫]为！

[选自曹旭：《古诗十九首与乐府诗选评(增订本)》，上海，上海古籍出版社，2019]

文本注释

①皑：白。

②两意：二心，和下文“一心”相对。

③决绝：断绝。

④斗：盛酒的器具。

⑤明旦：明日。

⑥躞蹀(xièdié)：小步徘徊。御沟：流经御苑或环绕宫墙的渠水。

⑦东西流：东流。东西，偏义复词，这里偏用“东”字的意义。以上二句是设想别后在沟边独行，过去的爱情生活如沟水东流，一去不返。

⑧凄凄：悲伤状。

⑨竹竿：指钓竿。嫋(niǎo)嫋：摇动貌。

⑩簁(shī)簁：羽毛濡湿貌。在中国歌谣里，钓鱼是男女求偶的象征隐语。这里用隐语表示男女相爱的幸福。

⑪意气：情义。

⑫钱刀：钱币。古时的钱有铸成马刀形的，叫刀钱，所以钱又称“钱刀”。

经典展示

东门行[①]

出东门，不顾归[②]。来入门[③]，怅[④]欲悲。盎[⑤]中无斗米储，还视架上无悬衣[⑥]。拔剑东门去[⑦]，舍中儿母[⑧]牵衣啼：“他家[⑨]但愿富贵，贱妾与君共餔糜[⑩]。上用仓浪天故[⑪]，下当用此黄口儿[⑫]。今非[⑬]！”“咄[⑭]！行[⑮]！吾去为迟[⑯]！白发时下难久居[⑰]。”

[选自曹旭：《古诗十九首与乐府诗选评(增订本)》，上海，上海古籍出版社，2019]

文本注释

①东门行：乐府古辞，《乐府诗集·相和歌辞》录有此诗。东门，主人公所居之处的东城门。

②不顾归：决然前往，不考虑归来不归来的问题。顾，念，思。

③来入门：返回家门。

④怅：惆怅失意。

⑤盎(àng)：腹大口小的瓦罐。

⑥还视：回头看。架：衣架。

⑦“拔剑”句：主人公看到家中无衣无食，拔剑再去东门。

⑧儿母：孩子的母亲，主人公的妻子。

⑨他家：别人家。

⑩餔糜：吃粥。

⑪用：因。仓浪天：苍天。

⑫黄口儿：指幼儿。

⑬今非：今天铤而走险不对。

⑭咄(duō)：拒绝妻子的劝告而发出的呵斥声。

⑮行：走啦。

⑯吾去为迟：我已经去晚啦。

⑰下：脱落。难久居：不能再这样下去。

迷津指路

《上邪》是汉乐府中的一首情歌，是一位痴情女子对爱人的热烈表白，在艺术上匠心独具。诗的主人公在呼天为誓，直率地表示了“与君相知，长命无绝衰”的愿望之后，转而从“与君绝”的角度落墨，设想了奇特的自然变异作为“与君绝”的条件：高山夷平、江水流干、冬打雷、夏飘雪、天地合并。种种设想的不可能把主人公生死不渝的爱情强调得无以复加，以至于从根本上排除了“与君绝”的可能。这种独特的抒情方式准确地表达了热恋中人特有的绝对化心理。深情奇想，确实是“短章之神品”。全诗从二言到六言，不同句式错落间杂，加以排比，显得格外活泼奔放。

《白头吟》塑造了个性鲜明的弃妇形象，不仅反映了封建社会妇女的婚姻悲剧，而且着力歌颂了女主人公对于爱情的高尚态度和美好情操。她重视情义，鄙夷金钱；要求专一反对“两意”。得知丈夫感情不专后，她既没有丝毫的委曲求全，也没有疯狂的诅咒和极端的自毁，而是表现出女性自身的人格尊严。她把痛苦埋在心底，冷静而温和地与负心丈夫置酒告别，气度何等娴静，胸襟何等开阔。虽然她对旧情不无留恋和幻想，但更多的是深沉的人生反思。全诗多用比兴和对偶，雪、月、沟水、竹竿、鱼尾等喻象鲜明生动又耐人寻味。此外，五、六、十三、十四等句皆工对而又自然。四句一节，每节换韵，诗意亦随之顿挫，声情与辞情达到完美的统一。

《东门行》展现了穷困百姓凄苦的生活处境和悲愤的心态言行：一个赤贫家庭的男主人，虽已“白发时下”，却因生活实在难以为继，要“拔剑东门去”，铤而走险。女主人拉住他的衣服苦苦相劝，可男主人决心已下，呵斥妻子不要阻拦：“吾去为迟！白发时下难久居。”诗中女主人悲天悯人的哭劝之言和男主人悲壮苍凉的呵斥之语，无论何人听之，都会深感震撼。作者对诗中人物倾注了强烈的感情，全文没有多余的议论和抒情，只有质朴感人的对生活画面的直接描摹。作者用真切生动的笔触刻画人物，深刻地揭示和鞭挞了当时尖锐的阶级矛盾和黑暗的社会现实。

阅读延伸

汉乐府中的妇女形象

汉乐府这些“汉世街陌谣讴”所歌咏的妇女形象多为特殊境遇中自主自立、敢作敢为之人。她们的所作所为也多可称得上奇行异事，诗作对她们也多为赞扬。以下来看看具体情况。

《陌上桑》，一名《日出东南隅行》，一作《艳歌行》，一作《采桑》，一作《艳歌罗敷行》，叙写罗敷女情事。《古今注》曰：

> 《陌上桑》者，出秦氏女子。秦氏，邯郸人有女名罗敷，为邑人千乘王仁妻。王仁后为赵王家令。罗敷出采桑于陌上，赵王登台，见而悦之，因置酒欲夺焉。罗敷巧弹筝，乃作《陌上桑》之歌以自明。赵王乃止。

《乐府解题》曰：

> 古辞言罗敷采桑，为使君所遗，盛夸其夫婿为侍中郎以拒之。

无论其本事，诗中罗敷之坚贞果断与机智是肯定的。面对使君的纠缠，她是胜利者。

《相逢行》，写大户人家中妇女的气派，先述家中“兄弟两三人”，又述家中妇女：

> 大妇织绮罗，中妇织流黄。小妇无所为，挟瑟上高堂。丈人且安坐，调丝方未央。

也是赞叹其各有所安，更刻画出小妇的潇洒倜傥。

《陇西行》，《乐府解题》称曰：

始言妇有容色，能应门承宾；次言善于主馈，末言送迎有礼。

其诗末言“健妇持门户，胜一大丈夫”，是对健妇的赞颂。

《东门行》，在丈夫“拔剑东门去”的紧急关头，妻子也能表达自己的看法：

他家但愿富贵，贱妾与君共餔糜。上用仓浪天故，下当用此黄口儿。今非！

《妇病行》，妇人临死前嘱托丈夫照管怜爱孩子，歌咏为人之母的慈爱，令人感动，这是特殊境遇中的妇女形象。

《艳歌行》(其一)，写女主人对客人的照顾，丈夫见而有疑心，反衬出女主人的心地善良与光明磊落。

《白头吟》，《乐府解题》曰：

古辞云：“皑如山上雪，皎若云间月。”又云：“愿得一心人，白头不相离。”始言良人有两意，故来与之相决绝。次言别于沟水之上，叙其本情……

写女子面对被抛弃的命运时的从容镇定与自有主意，她对负心男子的责备，有对男性嘲讽的意味，旧假托为卓文君责司马相如之辞。张玉谷《古诗赏析》称赞她说：“真能使曾着犊鼻裈(指司马相如)汗出如浆，不果娶妾，宜哉!”

以上是“相和歌辞”中的例子，“杂曲歌辞”中也有汉时民间创作。其中《焦仲卿妻》，或名《古诗为焦仲卿妻作》，或名《孔雀东南飞》，全诗歌咏对封建礼教的反抗。与男主人公相比，诗中女主人公冷静而有主意，坚强而勇于反抗，形象熠熠生光。

“鼓吹曲辞”中的古辞亦大多为汉时民歌，其中《有所思》《上邪》两首当为姊妹篇，前者写女子欲与情人断绝又难断绝，后者写女子自誓，真挚且坚决。

…………

以上就是汉乐府中妇女形象的基本情况，她们刚强、机智、自主自立，敢作敢为，后世那种叙写女子软弱且依附男子的情况基本不见；或者说汉乐府中的妇女形象大都具有一种不寻常性，她们做出的多为奇行异事。但同时要提出的是，这些妇女形象是真正女性化的，所作所为并不是男子所为的，而是妇女特有的，如罗敷女的美貌是诗作着意所在，其拒绝方式，只有女性才做得出、说得出；《相逢行》中的“小妇”是女性的潇洒；《东门行》《病妇行》中的妻子考虑问题的方式是贤妻良母型的；《艳歌行》表现的是女性的热心肠与光明磊落；《白头吟》中的女子决绝时还讲出自己“愿得一心人，白头不相离”的婚姻愿望；刘兰芝的女红及对爱情的忠贞，是诗中重笔所在；《有所思》《上邪》的女主人公本来就是为爱情而抒情的。这表明，汉乐府虽然表现的是奇行异事，但强调的是女性的奇行异事，是可以有普遍意义的。从文学手法上来说，为了显现女性形象的特殊性，就越要显现女性本身特征；而显现了女性本身特征，就越使女性形象的特殊性得以突出与强调。

汉乐府显然对女子容貌的描摹未予注重，甚或在有必要描摹容貌的场合也不予描摹，如《陌上桑》写罗敷女容貌打动了众人，但具体是怎样的容貌却不予描摹，虽然可以说这是一种以效果写美的手法，但未描摹女色却是实实在在的。比较宫体诗的情况，我们说汉乐府妇女形象的特点是重行为而不重容色。唯一的例外是《孔雀东南飞》，其中描摹刘兰芝的容貌很有浓墨重彩之处，如“足下蹑丝履，头上玳瑁光，腰若流纨素，耳著明月珰。指如削葱根，口如含朱丹，纤纤作细步，精妙世无双”云云，但此诗首见于宫体诗盛行年代的《玉台新咏》，难说没有后人之增笔。

（选自胡大雷：《宫体诗研究》，北京，商务印书馆，2004。题目为编者所加，文字有改动）

能力拓展

1. 背诵三首诗。体味诗中传达出来的不同感情及其艺术表现手法。

2.《上邪》女主人公热烈、大胆、直率、纯粹，呼天发誓，生死不渝，感人至深。在时下的社会中，面对一些人过于物质化的婚恋选择，你还相信爱情吗？谈谈你的看法。

3.“愿得一心人，白首不相离”的千古名句，表达了人们对纯真爱情的无限向往。但一朝“闻君有两意，故来相决绝”，女主人公自尊、刚毅的性格，同样值得人们学习。课外诵读舒婷的《致橡树》等作品，对比分析古今女性的爱情观。

第三课　郑伯克段于鄢

课前导引

本文选自《左传·隐公元年》。《左传》，《春秋左氏传》的简称，又称《左氏春秋》或《春秋古文》。相传作者为春秋末年鲁国史官左丘明。左丘明生平不详，出身于鲁国贵族，是很有修养的瞽史，大约与孔子同时或稍前。现在一般认为，《左传》作者实难确指。此书大约是战国初年或稍后的人根据各国史料整理润色编纂而成的，与《国语》之成书同时或稍后。《左传》记事起自鲁隐公元年（前 722 年），终于鲁悼公十四年（前 453 年），相当详备地记载了春秋列国政治、经济、外交、军事和文化等方面的一些事件及有关人物的言论、活动，形象地展示了那个时代的社会生活画面。它明确提出了民为神之主的见解，表达了民为邦本的观点。书中既表达了进步的哲学观点和政治观点，也杂有儒家的保守观点和宿命论等消极落后成分。

《左传》叙事简明生动，工巧严谨，富于故事性。它特别善于描写战争，刻画人物也有一定特色。其记言则委婉含蓄，典美博奥；所记外交辞令婉而不晦，显而不露。在史学和文学上，《左传》都对后代产生了深远的影响。

本文所记乃郑庄公图谋霸业之前的一段插曲，描述郑庄公兄弟、母子之间错综复杂的矛盾和尔虞我诈的斗争，无情地撕开了罩在封建伦理关系上的温情面纱。

郑伯克段这个事件向我们展示了从西周向东周过渡的时候，实际上进入了一个礼乐崩坏的时代。儒家提倡：“君义、臣行、父慈、子孝、兄爱、弟敬”。但郑伯家庭中母子兄弟的关系又是完全错位的，为母不慈，为兄不爱，为弟不悌。西周以来的礼法规范在这里受到了严峻的挑战。孔子也好，左丘明也好，对这样的一个事实，对前部分的礼崩乐坏的现象是贬的，对后面的庄公行孝的行为是褒扬的，但是《春秋》和《左传》里面实际是没有明白说出来，而是在把褒贬暗含于描写和叙事之中，这样一种在文笔中曲折地意含褒贬的写法叫春秋笔法。

经典展示

初①，郑武公娶于申②，曰武姜③，生庄公及共叔段④。庄公寤生，惊姜氏⑤，故名曰寤生，遂恶之⑥。爱共叔段，欲立之，亟请于武公⑦，公弗许⑧。

及庄公即位⑨，为之请制⑩，公曰："制，岩邑也⑪，虢叔死焉。他邑唯命⑫。"请京⑬，使居之，谓之京城大叔⑭。祭仲⑮曰："都城过百雉⑯，国之害也⑰。先王之制，大都不过参国之一；中，五之一；小，九之一⑱。今京不度，非制也⑲，君将不堪⑳。"公曰："姜氏欲之，焉辟害㉑？"对曰："姜氏何厌之有㉒！不如早为之所，无使滋蔓。蔓难图也㉓。蔓草犹不可除，况君之宠弟乎㉔？"公曰："多行不义必自毙。子姑待之㉕。"

既而大叔命西鄙、北鄙贰于己㉖。公子吕曰："国不堪贰，君将若之何？欲与大叔，臣请事之；若弗与，则请除之，无生民心㉗。"公曰："无庸，将自及㉘。"大叔又收贰以为己邑，至于廪延㉙。子封曰："可矣。厚将得众㉚。"公曰："不义不昵，厚将崩㉛。"

大叔完聚，缮甲兵，具卒乘，将袭郑㉜。夫人将启之㉝。公闻其期，曰："可矣！"命子封帅车二百乘以伐京㉞。京叛大叔段。段入于鄢。公伐诸鄢。㉟五月辛丑，大叔出奔㊱共。

遂置姜氏于城颍而誓之曰："不及黄泉，无相见也㊲！"既而悔之。颍考叔为颍谷封人㊳，闻之，有献于公。公赐之食，食舍肉㊴。公问之，对曰："小人有母，皆尝小人之食矣，未尝君之羹，请以遗之㊵。"公曰："尔有母遗，繄我独无㊶！"颍考叔曰："敢㊷问何谓也？"公语之故，且告之悔。对曰："君何患焉！若阙地及泉，隧而相见，其谁曰不然㊸？"公从之。公入而赋："大隧之中，其乐也融融㊹！"姜出而赋："大隧之外，其乐也泄泄㊺！"遂为母子如初。

君子曰："颍考叔，纯孝也㊻。爱其母，施㊼及庄公。《诗》曰：'孝子不匮，永锡尔类㊽。'其是之谓乎㊾！"

（选自钟基、李先银、王身钢译注：《古文观止》，北京，中华书局，2012）

文本注释

①初：当初，这是回述往事时的说法。

②郑武公：姬姓，郑桓公之子，郑国第二代君主。郑国在今河南新郑一带。娶于申：从申国娶妻。申，春秋时国名，姜姓，在今河南南阳。

③曰武姜：叫武姜。武姜，郑武公之妻，"姜"是她娘家的姓，"武"是她丈夫武公

的谥号。

④庄公：指郑庄公。共(gōng)叔段：郑庄公的弟弟，名段。因排行在末，故称“叔段”。他后来出奔共邑，故又称“共叔段”。共，在今河南辉县。

⑤寤(wù)生：难产，出生时脚先下。寤，通“牾”，逆，倒着。惊：使动用法，使姜氏惊。

⑥遂恶(wù)之：因此厌恶他。遂，连词，因而。恶，厌恶。

⑦亟(qì)：屡次。请：请求。于：介词，向。

⑧公弗许：武公不答应她。弗，不。

⑨及庄公即位：到了庄公做国君的时候。及，介词，到。即位，君主登上君位。

⑩请制：请求以制为封地。制，地名。一名虎牢，又名成皋，原是东虢(guó)国属地。后东虢为郑所灭，遂为郑地。在今河南荥阳汜水西。

⑪岩邑：险要的城镇。岩，险要。邑，人所聚居的地方。

⑫虢(guó)叔：东虢国的国君。死焉：死在那里。焉，介词兼指示代词，相当于“于是”“于此”。他邑：其他城邑。唯命：“唯命是从”的省略。

⑬京：地名，在今河南荥阳东南。

⑭谓之京城大(tài)叔：京地百姓称共叔段为京城太叔。大，同“太”。大叔，是对段的尊称。

⑮祭(zhài)仲：郑国的大夫，字足，又称“祭足”或“祭仲足”。

⑯都：这里泛指一般城邑。城：指城墙。过：超过。雉(zhì)：量词，古代城墙以长三丈、宽一丈、高一丈为一雉。

⑰国之害也：将成为国家的祸害。

⑱先王：指前代君王。大都不过参(sān)国之一：大城市的城墙不超过国都城墙的三分之一。参，同“三”。中，五之一：中等城市城墙不超过国都城墙的五分之一。“五分国之一”的省略。小，九之一：小城市的城墙不超过国都城墙的九分之一。“九分国之一”的省略。

⑲不度：不合法度。非制也：不是先王定下的制度。

⑳不堪：受不了，控制不住的意思。

㉑辟：同“避”，避免。害：祸害。

㉒何厌之有：有何厌，指姜氏一直不会满足。

㉓为之所：给他安排个地方。滋蔓：这里指发展势力。难图：指难以对付。

㉔犹：尚且。况：何况。

㉕毙：倒下去，垮台。姑：姑且，暂且。

㉖既而：不久。鄙：边邑，边境上的城邑。贰于己：命令原属庄公的西部和北部的边境城邑同时也臣属于自己。贰，两属，指臣属两主。

㉗公子吕：郑国大夫，字子封。堪：承受。若之何：对它怎么办。之，指“大叔命西鄙、北鄙贰于己”这件事。欲与大叔：如果想把国家交给共叔段。与，给予。臣请事之：那么我请求去事奉他。事，动词，事奉。生民心：使动，使民生二心。

㉘无庸：不用。“庸”“用”通用，一般出现于否定句式。将自及：将自己赶上灾难。及，本义追赶上。

㉙收贰以为己邑：把两属的地方收为自己的领邑。贰，指原来贰属的西鄙、北鄙。以为，“以之为”的省略。廪(lǐn)延：地名，今河南延津北。

㉚厚：指土地广大。众：指百姓。

㉛不义：指对君不义。不昵(nì)：指对兄不亲。崩：崩溃，垮台。

㉜完：修治(城郭)。聚：聚集(百姓)。缮：整修。甲：铠甲。兵：兵器。具：准备。卒：步兵。乘(shèng)：四匹马拉的战车。袭：偷袭。

㉝夫人：指武姜。启之：给段开城门，即作内应。

㉞公闻其期：庄公听说了偷袭的日期。帅：通“率”，率领。二百乘：共甲士六百人，步卒一万四千四百人。古代每辆战车配备甲士三人，步卒七十二人。

㉟叛：背叛。入：逃入。公伐诸鄢：庄公在鄢邑攻打共叔段。鄢，地名，在今河南鄢陵北。一说“鄢”当作“邬”，“邬”为郑国之地。

㊱出奔：逃亡国外。

㊲置：放置，放逐。城颍：郑地名，即临颍，在今河南临颍西北。誓之：对她发誓。黄泉：地下的泉水，喻墓穴，指死后。

㊳颍考叔：郑国大夫，执掌颍谷(今河南登封西)。封人：管理疆界的官吏。封，聚土培植树木。古代国境以树(沟)为界，故为边界标志。

㊴赐之食：赏给他吃的。双宾语。食舍肉：吃的时候不吃肉。舍，放弃，不要。

㊵尝：吃过。羹：带汁的肉。遗(wèi)：赠送，送给。

㊶繄(yī)我独无：我却单单没有啊。繄，句首语气助词，不译。

㊷敢：表敬副词，冒昧。

㊸何患焉：担忧什么呢。阙：通“掘”，挖。及泉：直到见了泉水。隧：隧道，这里用作动词，指挖隧道。

㊹赋：赋诗。融融：和睦快乐的样子。

㊺泄(yì)泄：与“融融”意义相近，快乐舒畅的样子。

㊻君子：道德高尚的人。《左传》作者常假托“君子”发表评论，称“君子曰”。纯：真纯，纯正。

㊼施：延及，扩展。

㊽“孝子”二句：孝子的孝道无穷无尽，上天永远赐给你们幸福。《诗》，即《诗经》。其所引二句见《大雅·既醉》。匮，尽。锡，通“赐”，给予。

㊾“其是”句：说的大概就是这种情况吧。其，表推测语气。

迷津指路

本文记载了春秋初年郑国最高统治集团内部，也就是郑庄公家庭内部为争夺王位而展开的一场政治斗争。郑庄公的对手是他的亲兄弟共叔段，而共叔段的背后又有他们的亲生母亲姜氏的怂恿暗助。面对这一棘手的局面，郑庄公不动声色，静候时机，果断出兵，一举粉碎了弟弟的政变阴谋。

这是一篇典型的记事散文，具备了一般记叙文的情节结构：序幕—开端—发展—高潮—结局—尾声。叙事脉络清晰，详略安排得当。详写的地方有二，一处是庄公与祭仲、公子吕的对话，另一处是“掘地见母”。略写的地方是姜氏为共叔段“请制”“请京”和共叔段被打败的经过。这种安排，有利于主题的突出和人物的塑造。

此外，本篇对人物的刻画也极为成功。作者围绕着庄公和共叔段的王位之争，将人物置于尖锐复杂的矛盾冲突之中，通过各自言行来刻画不同人物的不同特点。除此之外，为了突出主要人物郑庄公，作者还以其他人为烘托。作者还注意进行一些细节描写，如“庄公寤生”、颍考叔“食舍肉”、庄公和姜氏“隧中相见”等。这些描写不仅使人物性格更为丰富和灵动，而且对深化主题也起到了重要作用。正如清人魏禧在《左传经世钞》中所说：“此篇写姜氏好恶之昏僻，叔段之贪痴，祭仲之深稳，公子吕之迫切，庄公之奸狠，颍考叔之敏妙，情状一一如见。”当然，对于这些人物，站在不同的角度会有不同的评价。例如，有经学家站在“礼”的角度对“郑伯克段于鄢”一事评论说：“段不弟，故不言弟；如二君，故曰克；称郑伯，讥失教也。”最具代表性的是人们对郑庄公的认知，即一般都认为他是个阴险狡诈、老谋深算、胸有城府、工于心计、善于应变的政治家。但如果站在郑庄公的立场来看待整个事件的话，很可能会得到截然相反的结论。

阅读延伸

礼崩乐坏背景下的郑庄公形象分析

郑庄公是春秋初期十分有影响力的国君，也是《左传》刻画的第一个形象生动、性格鲜明的政治家。郑庄公在位四十二年，以卓越的政治才干，使郑国以新封小国身份而在春秋初期的政治格局中率先崛起，成就“小霸”伟业。于周则初践王纲，不朝天子；对外则多谋善断，相时而动，结好大国，威服小国，终其一生每战必克。可以说郑庄公是中国历史上十分优秀的政治家。但是对于郑庄公的形象，史书及历代评论家却多以“奸诈”“狠毒”等词语加之。清高士奇说郑庄公“阴谋忮忍”，应该代表了多数论者的观点。目前对于郑庄公形象的分析论述也比较多，对于庄公性格的剖析也比较中肯，但是本人认为，脱离了春秋时期礼崩乐坏的时代背景，很难客观地再现其人物形象，也难以对历史人物曲折的经历产生共鸣。因此，本文把庄公的形象分析，置于礼崩乐坏的大环境下，着力分析其多重身份掩盖下的性格的各个层面。

一、礼崩乐坏下的母子之情、手足之义

世人对郑庄公的批评多是针对其在克段于鄢中对待弟弟共叔段和母亲姜氏的行为，但庄公是否真的像古人所说的那样阴谋忮忍、虚伪狠毒、不仁不义呢？郑庄公纵恶导叛而逐弟，恶偏私而囚母的原因又是如何，翻阅史籍不难得知……

《左传》站在礼的角度批评郑庄公纵恶导叛，后世的不少评论者也多持此论，并且诘责有过之而无不及，但是如果我们从郑庄公当时所处的险恶政治环境出发，重读克段于鄢一段，就会发现庄公的“纵恶导叛”不仅表现出了庄公在残酷斗争中培养出的思虑深远、隐忍深沉、相时而动的政治智慧，还能体会出在残酷的权力斗争、人伦悲剧中闪现的一丝人性温暖……因此在评价郑庄公这个人物的时候，如果无视其人性的一面，而只是一味地斥责其阴险狠毒，对古人显然是不公允的。后世不少评论者在这个问题上持论都不如《左传》作者公平。

二、介居尊礼与尚实之间的行为哲学

“介居”一词多被用来表现郑国在大国夹缝中艰难求存的尴尬处境，但这个词同样可以用来形容郑庄公在礼崩乐坏的时代充满矛盾的行为哲学。郑国作为与周王室血脉相连的姬姓诸侯，天然地与宗周有着特别的亲近……因此郑国统治者对于强调宗法分亲等政治伦理的礼相当重视，郑国人也给同时代的人留下了庄重严肃的印象，至今我们在形容一个人很严肃时仍然说他“郑重其事”。郑庄公对于礼也非常重视，《左传》中有不少关于庄公尊礼的记载……郑庄公在政治活动中尊礼守礼，为自己塑造了礼乐文明捍卫者的形象，在外交中占据了道德舆论的制高点，并借此最大限度地为本国谋求利益，表现出了纯熟的政治技巧。

但是，郑庄公又是一个不折不扣的实用主义者。当本国利益受到威胁或者遵礼不能够获得更多的好处时，郑庄公便会毫不犹豫地将礼的条条框框扔在一边，采取措施捍卫自己的利益。即使是周天子，一旦对己不利，郑庄公也会毫不犹豫地采取针锋相对的行动……对于周王室，郑庄公是争取与斗争并重，既可以假王师以令诸侯，又敢于与之刀兵相见，这使得庄公表现出了那个时代绝无仅有的桀骜不羁。对于诸侯，郑庄公更是于己有利则友之，有隙可乘则刀兵加之，远结大国，威服近邻……郑庄公外交手腕之灵活，行事之决绝果断、为人之恩怨分明，睚眦必报，可见一斑，全然一副毫不讲“礼”的模样。对此，《左传》也多有批评……郑庄公这种看似矛盾的人生哲学，一方面是由其自幼成长的环境造成的……另一方面郑国的社会现实要求郑庄公必须采取灵活有效的外交政策。郑国处于中原腹地，北有晋，南有楚，东面有宋、卫、齐、鲁，在春秋初期的政治格局中，已经隐隐显现出介居大国之间的危险局面。此时郑国需要的不是宋襄公之类的迂腐守礼的君主，而是一个有着强硬姿态而又手腕灵活的国君。在这种格局之下，郑庄公唯有采取一切有效措施壮大郑国实力，方能在强敌环伺下生存下来。因此郑庄公的远交近攻、假王师以讨诸侯，皆出于现实需要。最后，郑庄公之所以在尊礼的同时崇尚实用主义，最终还须在礼崩乐坏的时代背景中寻找根本原因……郑庄公正是敏锐地感知到了时代的变化，没有拘泥于旧有的思维模式，而是大胆突破礼的限制，不拘一格，以灵活圆熟的政治技巧为郑国谋求利益的最大化，最终开创了“小霸”局面。

三、时代变革中的悲剧英雄形象

郑庄公纵横春秋初政坛四十二载，数战诸侯联军，弗有不克，败王师，取其禾麦，伐宋、卫、陈、郕、鲁，战无不胜，完全是一副枭雄之姿。那么为什么说郑庄公又是时代变革中的悲剧英雄呢？

其一，郑庄公的个人缺陷使其执政多有过失，给郑国留下了巨大隐患……郑庄公在位之时，专宠祭封人仲足，使之为卿……祭仲专权及随后丧失立场改立国君，致使诸公子争立，使得郑国国势急剧衰落……艰难开创的“小霸”伟业因为一些不当操作而迅速崩溃，不可不谓悲剧。

其二，郑国的先天局限使得“庄公小霸”终不能持久。郑国位于中原腹地，土地狭小，资源贫乏，虽有较为发达的手工业、商业，但在战时，郑国缺乏自给自足的农业经济的那种持久力。而且郑国周边诸侯林立，强敌环伺，国内又无险隘之地，使得郑国成为大国间的理想战场。郑庄公去世后，郑国大乱，晋、楚相继崛起。郑国最终陷入介居大国之间的危险局面，走向了灭亡。反观晋、楚、齐等国，资源丰富，人口众多，周无强敌，便于对外扩张，有能力争霸中原。郑国先天不足的现实局限使郑庄公最终没能站到其应有的高度。

其三，郑庄公从思想倾向性上讲，是一个礼乐文化的维护者。在纯粹的个人意愿上，他尊礼，守礼，愿意服从礼所象征的秩序，对周天子始终保持尊崇。但郑庄公一生为郑国崛起所做的努力，最终都成为加速旧秩序崩溃的助力，使他成为自己所维护的旧秩序的掘墓人。这种略显荒诞的处境，带着浓浓的悲剧意味。郑庄公虽为一世之雄，却也是春秋大变革时期的一位悲剧英雄。

郑庄公的一生颇具戏剧性，其人物形象也很是复杂。在其光环与骂名之下，既有一位卓越政治家的智慧谋略，又有着寻常人的情感，还有着浓浓的悲剧色彩。我们看到的是两千多年前，一位悲剧英雄的天纵雄姿和令人叹惋的无奈。

［选自曹生昌：《礼崩乐坏背景下的郑庄公形象分析》，
载《剑南文学(经典教苑)》，2012(1)。文字有改动］

能力拓展

1. 概括郑庄公、共叔段、姜氏、颍考叔的性格特征。

2. 了解什么是“春秋笔法”，体味《郑伯克段于鄢》中的春秋笔法。

3. 课文中“掘地见母”一节，各方人物纷纷登场，一场殊死搏斗之后“其乐也融融”、“其乐也泄泄”，人物性格活灵活现。课外阅读《古文观止》，学习其叙事写人的高超艺术手法。

第四课　冯煖客孟尝君

课前导引

春秋战国时期，各国君王权要竞相收揽各种人才以备不时之需，因而养士之风盛行。著名者如史家所谓的“战国四公子”。其中孟尝君尤其出名，据说门下食客有三千之众。作为春秋战国时期的一个特定阶层，士的构成成分极为复杂，有策士、侠士、隐士等多种类别。他们中的一些佼佼者，或逞舌辩游说诸侯，出谋划策；或凭才智托身权要，排忧解难；或恃武力横行天下，除暴安良；在当时的社会生活和政治、军事、外交等活动中，发挥了比较重要的作用。《战国策》的主要内容，就是记载这些士的各种活动。

《冯煖客孟尝君》出自《战国策·齐策》。《战国策》是一部国别体史书，杂记了周、秦、齐、楚、赵、魏、韩、燕、宋、卫、中山等国的军政大事。它上接春秋，下迄秦并六国，主要记载了谋臣策士游说诸侯或进行谋议论辩时的政治主张和斗争策略，是我国古代记载战国时期政治斗争最完整的一部著作。作者大多为战国后期纵横家，原来的书名并不确定，经西汉刘向考订整理后定名。

该书通过波澜起伏的情节、个性化的语言、传神的形态和细节描写塑造了一大批个性鲜明的士人形象。在语言上，《战国策》有“文辞之胜”，生动优美，论说雄辩，讽刺尖刻，其中也不乏耐人寻味的幽默。为达到游说目的，该书往往采用排比、对偶等句式，铺张扬厉，气势纵横，前人称赞它“辩丽横肆，亦文辞之最”。为阐明道理，这部书还用了大量的寓言故事、逸闻掌故，著名的有“画蛇添足”“亡羊补牢”“守株待兔”“狐假虎威”“南辕北辙”等。

《战国策》一书反映了战国时代的社会风貌和当时士人的精神风采，其辩丽横肆的文风、雄隽华瞻的文采，是当时纵横捭阖之时代特征的体现，标志着先秦叙事散文语言运用的新水平，对后来的史传文学、散文和小说的创作都有一定的影响。

经典展示

齐人有冯煖者[①]，贫乏不能自存，使人属孟尝君[②]，愿寄食门下。孟尝君曰：“客何好？”曰：“客无好也。”曰：“客何能？”曰：“客无能也。”孟尝君笑而受之曰：“诺。”左右以君贱之也，食以草具[③]。居有顷，倚柱弹其剑，歌曰：“长铗，归来乎！食无鱼。”左右以告。孟尝君曰：“食之，比门下之客[④]。”居有顷，复弹其铗，歌曰：“长铗，归来乎！出无车。”左右皆笑之，以告。孟尝君曰：“为之驾，比门下之车客。”于是乘其车，揭其剑，过其友，曰：“孟尝君客[⑤]我！”后有顷，复弹其剑铗，歌曰：“长铗，归来乎！无以为家。”左右皆恶之，以为贪而不知足。孟尝君问：“冯公有亲乎？”对曰：“有老母。”孟尝君使人给其食用，无使乏。于是冯煖不复歌。

后孟尝君出记，问门下诸客：“谁习计会，能为文收责于薛者乎[⑥]？”冯煖署曰：“能。”孟尝君怪之，曰：“此谁也？”左右曰：“乃歌夫‘长铗归来’者也。”孟尝君笑曰：“客果有能也，吾负之，未尝见也。”请而见之，谢曰：“文倦于是，愦[⑦]于忧，而性懧[⑧]愚，沉于国家之事，开罪于先生。先生不羞，乃有意欲为收责于薛乎？”冯煖曰：“愿之。”于是约[⑨]车治装，载券契[⑩]而行，辞曰：“责毕收，以何市而反[⑪]？”孟尝君曰：“视吾家所寡有者。”

驱而之薛，使吏召诸民当偿者，悉来合券。券遍合，起，矫命[⑫]以责赐诸民，因烧其券。民称万岁。长驱到齐，晨而求见。孟尝君怪其疾也，衣冠而见之，曰：“责毕收乎？来何疾也？”曰：“收毕矣。”“以何市而反？”冯煖曰：“君云‘视吾家所寡有者。’臣窃计，君宫中积珍宝，狗马实外廊，美人充下陈⑬。君家所寡有者，以义耳！窃以为君市义。”孟尝君曰：“市义奈何？”曰：“今君有区区之薛，不拊爱子其民⑭，因而贾⑮利之。臣窃矫君命，以责赐诸民，因烧其券，民称万岁。乃臣所以为君市义也。”孟尝君不说⑯，曰：“诺，先生休矣！”

后期年，齐王⑰谓孟尝君曰：“寡人不敢以先王⑱之臣为臣。”孟尝君就国于薛，未至百里，民扶老携幼，迎君道中终日。孟尝君顾谓冯煖曰：“先生所为文市义者，乃今日见之！”冯煖曰：“狡兔有三窟，仅得免其死耳。今君有一窟，未得高枕而卧也。请为君复凿二窟。”

孟尝君予车五十乘，金五百斤，西游于梁⑲，谓梁王⑳曰：“齐放其大臣孟尝君于诸侯，诸侯先迎之者，富而兵强。”于是梁王虚上位，以故相为上将军，遣使者，黄金千斤，车百乘，往聘孟尝君。冯煖先驱诫孟尝君曰：“千金，重币也；百乘，显使也。齐其闻之矣。”梁使三反，孟尝君固辞不往也。齐王闻之，君臣恐惧，遣太傅赍黄金千斤㉑，文车二驷，服剑一，封书谢孟尝君曰：“寡人不祥㉒，被于宗庙之祟㉓，沉于谄谀之臣，开罪于君。寡人不足为也，愿君顾先王之宗庙，姑反国统万人乎？”冯煖诫孟尝君曰：“愿请先王之祭器，立宗庙于薛。”庙成，还报孟尝君曰：“三窟已就，君姑高枕为乐矣。”

孟尝君为相数十年，无纤介㉔之祸者，冯煖之计也。

（选自钟基、李先银、王身钢译注：《古文观止》，北京，中华书局，2012）

文本注释

①冯煖(xuān)：《史记·孟尝君列传》作冯驩，亦作冯谖。

②属：通“嘱”，叮嘱，求告。孟尝君：姓田，名文，孟尝君为其号，齐威王之孙，袭其父田婴之封邑于薛，因此又称薛公。关于“孟尝”，近年出土战国齐陶器，一器刻有制器人籍贯为“孟棠”，“棠”“尝”古音通，可知“孟尝”为邑名，与平原、信陵、春申三公子以地名称君者同例。

③草具：指粗劣的食物。

④“食之”二句：给他鱼吃，和食客中食鱼者待遇一样。孟尝君分食客为上、中、下三等，下客住传舍，食菜；中客住幸舍，食鱼，故又称“鱼客”；上客住代舍，食肉，出有舆车，故又称“车客”。

⑤客：用作动词。

⑥责(zhài)：同“债”。薛：本为任姓古国(在今山东滕州南)，春秋后期为齐迫迁至下邳(今江苏邳州西南)，卒为齐所灭，战国时为齐邑。

⑦愦(kuì)：昏乱。

⑧懧(nuò)：同“懦”。

⑨约：缠束，这里指把马套上车。

⑩券契：指放债的凭证。券分为两半，双方各执其一，履行契约时拼而相契合，

即下文所说“合券”。

⑪市：购买。反：同“返”。

⑫矫命：假托命令。

⑬下陈：堂下，台阶之下。

⑭拊：同“抚”。子其民：视其民为子。子，用作动词。

⑮贾(gǔ)：求取。

⑯说：同“悦”。

⑰齐王：指齐湣王，亦作齐闵王。

⑱先王：指湣王之父宣王。

⑲梁：魏国。当时都大梁(今河南开封)。

⑳梁王：原作惠王，《古文观止》已改作梁王。按梁惠王卒于齐威王卒之次年，孟尝君和齐湣王同为齐威王之孙。故此时梁王当是惠王之子或孙。

㉑太傅：春秋时晋国始置，其职为辅弼国君。赍(jī)：送。

㉒祥：通“详”，审慎。

㉓被：遭受。宗庙：古代祭祀祖先的处所，这里借指祖先。

㉔纤介：纤维草芥，喻细微。介，通“芥”。

迷津指路

本文标题为后人所加，主要记叙了孟尝君的门客冯煖深谋远虑、审时度势，利用诸侯之间错综复杂的关系为孟尝君营就“三窟”，巩固孟尝君政治地位的故事。

《冯煖客孟尝君》在艺术手法上颇具特色。它利用曲折、生动的故事情节，塑造了鲜明、丰满的人物形象。文章对主人公的刻画主要采取了欲扬先抑、层层深入的方法。开始写他“无好”、“无能”、寄食于人却再三弹铗而歌，仿佛是不知餍足的小人，这是先抑。当孟尝君召人收债时，他自告奋勇，挺身而出，迅速“市义”而归。于此，冯煖的形象开始转变，其恃才自信、善于谋略的性格侧面得以凸显。随后，在孟尝君失势就国后，他思虑深远，未雨绸缪，“复凿二窟”使其可以高枕无忧。由此，冯煖最初的行为就有了多元化的含义，他的深藏不露、有意试探此时才得到了有效解读。而此后他的倾心竭力、不离不弃，就有了“士为知己者死”的意味。这种对信念的坚守，无疑使人物形象更具风骨。这样多层次的塑造，使人物的性格、精神、风貌得到了充分的展现。而一波三折、生动有趣的情节，在彰显人物独特个性之外又收到了引人入胜的效果。

另外，文章善于运用细节来塑造人物。在表现孟尝君的宽容大度、礼贤下士时，“笑而受之”“衣冠而见之”等描写可谓入微；同时还运用了对比手法，通过左右对冯煖“皆笑之”“皆恶之”的态度，来对比、衬托孟尝君的胸怀和气度，使人物形象更加鲜明立体。

作为《战国策》的名篇之一，《冯煖客孟尝君》的人物语言极富个性，显示出了极高的艺术成就，而且在整个结构安排上颇具匠心，已初具传记文学的特征。因此，清代储欣评价它“叙事颖脱，此等文亦已变左氏而开史迁”。

阅读延伸

春秋战国时期的养士之风

士人的崛起是春秋战国时期突出的历史现象，士人活跃于政治、军事、外交及各生活领域，是一支不可低估的社会力量，为推动历史的发展做出了不可磨灭的贡献。

在商代和西周时期，“士”是最低一级的贵族阶层。春秋初年到中叶，士大夫多为卿大夫家臣，有的有食田，有的以俸禄为生，也有参加农业生产的。《国语·晋语四》：“大夫食邑，士食田。”说的就是这种情况。春秋末年以后，士才逐渐成为统治阶级中知识分子的统称。到了战国，养士之风盛行，士的地位提高，相当一部分人登上了政治舞台，直接参与政治活动，成为统治阶级的代言人和传声筒。

战国时期诸侯纷争，宗族制度遭到严重破坏，君主和贵族的势力被不断削弱，统治者为了维护日益崩溃的局势，迫切需要大量的拥护者，于是不得不向士求助。特别是到了战国末年，形势日趋紧张，掌握一定实权的大地主阶级各自为政，更注重罗织人才，不惜用“珍器重宝肥饶之地”以“致天下之士”。其中最著名的养士贵族是齐国的孟尝君田文、赵国的平原君赵胜、楚国的春申君黄歇和魏国的信陵君无忌，即所谓的“战国四公子”。此四人养士各在三千以上，又都“明智而忠信，宽厚而爱人，尊贤而重士”，在社会上影响极大。

范文澜先生在《中国通史简编》里，将“士”分为四大类。一类为学士（不是指古代官职的学士），如儒、墨、道、名、法、农等专门家。他们著书立说，反映当时社会各阶级的思想，提出各种政治主张，在文化上有巨大贡献。这一类人名声显赫，孔子、孟子、庄子、荀子等人就属于这一类。二类为策士，即所谓的纵横家。这一类人长于政论，富有才能，凭口舌辩说得以出人头地。《战国策》就是一部专门记载策士言行和事迹的史书，其中的苏秦、张仪就是代表人物。三类为方士（或术士），这一类人可分为两等，一等是天文、历史、医药、地理、农业、技艺等学科的专家；另一等是阴阳、卜筮、占梦、神仙等骗取衣食的游客。四类为食客，这一类人数量最大，流品最杂，其中不乏鸡鸣狗盗之徒，当然也有一部分为知己者甘洒热血的能人好汉，如毛遂、荆轲等。

“士”是特定历史条件下的产物，随着社会的变革、时代的更替，他们在完成了自己的历史使命后也消亡了。但他们在特定时期发挥的作用却被永远载入了史册，流传千古。

（系编者参考相关资料后自撰）

能力拓展

1. 孟尝君是一个怎样的形象？总结其性格特点。

2. 课文中对冯谖大智若愚形象的刻画，运用的是先抑后扬、先贬后褒的反衬技巧。这种技巧常常能起到鸣则惊人的效果。在后面的演讲学习中，注意借鉴。

3. 口才训练：诵读课文，总结冯谖的策士形象。面对大家，用3—5分钟的时间给同学们讲述本文的故事情节和生动的细节刻画(参考本书《认识口才》拓展训练3)。

第五课 道士塔

课前导引

余秋雨，1946年生于浙江余姚，毕业于上海戏剧学院戏剧文学系，文化学者、散文家，著有《戏剧理论史稿》《中国戏剧文化史述》《戏剧审美心理学》等。余秋雨以历史文化散文而名世，散文集有《文化苦旅》《山居笔记》《霜冷长河》等。他的散文一定程度上为当代散文领域提供了新的范例，在文学界产生了很大的影响。

余秋雨的散文主要有四个方面的内容：一是空间意义上的中国文化，如《文化苦旅》，《山河之书》；二是时间意义上的中国文化，如《中国文脉》；三是人格意义上的中国文化，如《君子之道》；四是审美意义上中国文化，如《极端之美》。

经典展示

一

莫高窟大门外，有一条河，过河有一溜空地，高高低低建着几座僧人圆寂塔。塔呈圆形，状近葫芦，外敷白色。从几座坍弛的来看，塔心竖一木桩，四周以黄泥塑成，基座垒以青砖。历来住持莫高窟的僧侣都不富裕，从这里也可找见证明。夕阳西下，朔风凛冽，这个破落的塔群更显得悲凉。

有一座塔，由于修建年代较近，保存得较为完整。塔身有碑文，移步读去，猛然一惊，它的主人，竟然就是那个王圆箓！

历史已有记载，他是敦煌石窟的罪人。

我见过他的照片，穿着土布棉衣，目光呆滞，畏畏缩缩，是那个时代到处可以遇见的一个中国平民。他原是湖北麻城的农民，逃荒到甘肃，做了道士。几经转折，不幸由他当了莫高窟的家，把持着中国古代最灿烂的文化。他从外国冒险家手里接过极少的钱财，让他们把难以计数的敦煌文物一箱箱运走。今天，敦煌研究院的专家们只得一次次屈辱地从外国博物馆买取敦煌文献的微缩胶卷，叹息一声，走到放大机前。

完全可以把愤怒的洪水向他倾泄。但是，他太卑微，太渺小，太愚昧，最大的倾泄也只是对牛弹琴，换得一个漠然的表情。让他这具无知的躯体全然肩起这笔文化重债，连我们也会觉得无聊。

这是一个巨大的民族悲剧。王道士只是这出悲剧中错步上前的小丑。一位年轻诗人写道，那天傍晚，当冒险家斯坦因装满箱子的一队牛车正要启程，他回头看了一眼西天凄艳的晚霞。那里，一个古老民族的伤口在滴血。

二

真不知道一个堂堂佛教圣地，怎么会让一个道士来看管。中国的文官都到哪里去了，他们滔滔的奏折怎么从不提一句敦煌的事由？

其时已是二十世纪初年，欧美的艺术家正在酝酿着新世纪的突破。罗丹正在他的工作室里雕塑，雷诺阿、德加、塞尚已处于创作晚期，马奈早就展出过他的《草地上的午餐》。他们中有人已向东方艺术投来歆羡的目光，而敦煌艺术，正在王道士手上。

王道士每天起得很早，喜欢到洞窟里转转，就像一个老农，看看他的宅院。他对洞窟里的壁画有点不满，暗乎乎的，看着有点眼花。亮堂一点多好呢，他找了两个帮手，拎来一桶石灰。草扎的刷子装上一个长把，在石灰桶里蘸一蘸，开始他的粉刷。第一遍石灰刷得太薄，五颜六色还隐隐显现，农民做事就讲个认真，他再细细刷上第二遍。这儿空气干燥，一会儿石灰已经干透。什么也没有了，唐代的笑容，宋代的衣冠，洞中成了一片净白。道士擦了一把汗憨厚地一笑，顺便打听了一下石灰的市价。他算来算去，觉得暂时没有必要把更多的洞窟刷白，就刷这几个吧，他达观地放下了刷把。

当几面洞壁全都刷白，中座的塑雕就显得过分惹眼。在一个干干净净的农舍里，她们婀娜的体态过于招摇，她们柔美的浅笑有点尴尬。道士想起了自己的身份，一个道士，何不在这里搞上几个天师、灵官菩萨？他吩咐帮手去借几个铁锤，让原先几座塑雕委曲一下。事情干得不赖，才几下，婀娜的体态变成碎片，柔美的浅笑变成了泥巴。听说邻村有几个泥匠，请了来，拌点泥，开始堆塑他的天师和灵官。泥匠说从没干过这种活计，道士安慰道，不妨，有那点意思就成。于是，像顽童堆造雪人，这里是鼻子，这里是手脚，总算也能稳稳坐住。行了。再拿石灰，把它们刷白。画一双眼，还有胡子，像模像样。道士吐了一口气，谢过几个泥匠，再作下一步筹划。

今天我走进这几个洞窟，对着惨白的墙壁、惨白的怪像，脑中也是一片惨白。我几乎不会言动，眼前直晃动着那些刷把和铁锤。“住手！”我在心底痛苦地呼喊，只见王道士转过脸来，满眼困惑不解。是啊，他在整理他的宅院，闲人何必喧哗？我甚至想向他跪下，低声求他：“请等一等，等一等……”但是等什么呢？我脑中依然一片惨白。

三

1900 年 5 月 26 日清晨，王道士依然早起，辛辛苦苦地清除着一个洞窟中的积沙。没想到墙壁一震，裂开一条缝，里边似乎还有一个隐藏的洞穴。王道士有点奇怪，急忙把洞穴打开，嗬，满满实实一洞的古物！

王道士完全不能明白，这天早晨，他打开了一扇轰动世界的门户。一门永久性的学问，将靠着这个洞穴建立。无数才华横溢的学者，将为这个洞穴耗尽终生。中国的荣耀和耻辱，将由这个洞穴吞吐。

现在，他正衔着旱烟管，趴在洞窟里随手捡翻。他当然看不懂这些东西，只觉得事情有点蹊跷。为何正好我在这儿时墙壁裂缝了呢？或许是神对我的酬劳。趁下次到县城，捡了几个经卷给县长看看，顺便说说这桩奇事。

县长是个文官，稍稍掂出了事情的分量。不久甘肃学台叶炽昌也知道了，他是金石学家，懂得洞窟的价值，建议藩台把这些文物运到省城保管。但是东西很多，运费不低，官僚们又犹豫了。只有王道士一次次随手取一点出来的文物，在官场上送来送去。

中国是穷，但只要看看这些官僚豪华的生活排场，就知道绝不会穷到筹不出这笔运费。中国官员也不是都没有学问，他们也已在窗明几净的书房里翻动出土经卷，推测着书写朝代了。但他们没有那副赤肠，下个决心，把祖国的遗产好好保护一下。他们文雅地摸着胡须，吩咐手下："什么时候，叫那个道士再送几件来!"已得的几件，包装一下，算是送给哪位京官的生日礼品。

就在这时，欧美的学者、汉学家、考古家、冒险家，却不远万里、风餐露宿，朝敦煌赶来。他们愿意卖掉自己的全部财产，充作偷运一两件文物回去的路费。他们愿意吃苦，愿意冒着葬身沙漠的危险，甚至作好了被打、被杀的准备，朝这个刚刚打开的洞窟赶来。他们在沙漠里燃起了股股炊烟，而中国官员的客厅里，也正茶香缕缕。

没有任何关卡，没有任何手续，外国人直接走到了那个洞窟跟前。洞窟砌了一道砖、上了一把锁，钥匙挂在王道士的裤腰带上。外国人未免有点遗憾，他们万里冲刺的最后一站，没有遇到森严的文物保护官邸，没有碰见冷漠的博物馆馆长，甚至没有遇到看守和门卫，一切的一切，竟是这个肮脏的土道士。他们只得幽默地耸耸肩。

略略交谈几句，就知道了道士的品位。原先设想好的种种方案纯属多余，道士要的只是一笔最轻松的小买卖。就像用两枚针换一只鸡，一颗纽扣换一篮青菜。要详细地复述这笔交换账，也许我的笔会不太沉稳，我只能简略地说：1905 年 10 月，俄国人勃奥鲁切夫用一点点随身带着的俄国商品，换取了一大批文书经卷；1907 年 5 月，匈牙利人斯坦因用一叠子银元换取了二十四大箱经卷、三箱织绢和绘画；1908 年 7 月，法国人伯希和又用少量银元换去了十大车、六千多卷写本和画卷；1911 年 10 月，日本人吉川小一郎和橘瑞超用难以想象的低价换取了三百多卷写本和两尊唐塑；1914 年，斯坦因第二次又来，仍用一点银元换去五大箱、六百多卷经卷……

道士也有过犹豫，怕这样会得罪了神。解除这种犹豫十分简单，那个斯坦因就哄他说，自己十分崇拜唐僧，这次是倒溯着唐僧的脚印，从印度到中国取经来了。好，既然是洋唐僧，那就取走吧，王道士爽快地打开了门。这里不用任何外交辞令，只需要几句现编的童话。一箱子，又一箱子。一大车，又一大车。都装好了，扎紧了，吁——，车队出发了。

没有走向省城，因为老爷早就说过，没有运费。好吧，那就运到伦敦，运到巴黎，运到彼得堡，运到东京。

王道士频频点头，深深鞠躬，还送出一程。他恭敬地称斯坦因为"司大人讳代诺"，称伯希和为"贝大人讳希和"。他的口袋里有了一些沉甸甸的银元，这是平常化缘时很难得到的。他依依惜别，感谢司大人、贝大人的"布施"。车队已经驶远，他还站在路口。沙漠上，两道深深的车辙。

斯坦因他们回到国外，受到了热烈的欢迎。他们的学术报告和探险报告，时时激起如雷的掌声。他们在叙述中常常提到古怪的王道士，让外国听众感到，从这么一个蠢人手中抢救出这笔遗产，是多么重要。他们不断暗示，是他们的长途跋涉，使敦煌文献从黑暗走向光明。

他们都是富有实干精神的学者，在学术上，我可以佩服他们。但是，他们的论述中遗忘了一些极基本的前提。出来辩驳为时已晚，我心头只是浮现出一个当代中国青年的几行诗句，那是他写给火烧圆明园的额尔金勋爵的：

我好恨
恨我没早生一个世纪
使我能与你对视着站立在
　　阴森幽暗的古堡
　　晨光微露的旷野
要么我拾起你扔下的白手套
要么你接住我甩过去的剑
要么你我各乘一匹战马
远远离开遮天的帅旗
　　离开如云的战阵
　　决胜负于城下

对于这批学者，这些诗句或许太硬。但我确实想用这种方式，拦住他们的车队。对视着，站立在沙漠里。他们会说，你们无力研究；那么好，先找一个地方，坐下来，比比学问高低。什么都成，就是不能这么悄悄地运走祖先给我们的遗赠。

我不禁又叹息了，要是车队果真被我拦下来了，然后怎么办呢？我只得送缴当时的京城，运费姑且不计。但当时，洞窟文献不是确也有一批送京的吗？其情景是，没装木箱，只用席子乱捆，沿途官员伸手进去就取走一把，在哪儿歇脚又得留下几捆，结果，到京城时已零零落落，不成样子。

偌大的中国，竟存不下几卷经文！比之于被官员大量糟践的情景，我有时甚至想狠心说一句：宁肯存放在伦敦博物馆里！这句话终究说得不太舒心。被我拦住的车队，究竟应该驶向哪里？这里也难，那里也难，我只能让他停驻在沙漠里，然后大哭一场。

我好恨！

四

不止是我在恨。敦煌研究院的专家们，比我恨得还狠。他们不愿意抒发感情，只是铁板着脸，一钻几十年，研究敦煌文献。文献的胶卷可以从外国买来，越是屈辱越是加紧钻研。

我去时，一次敦煌学国际学术讨论会正在莫高窟举行。几天会罢，一位日本学者用沉重的声调作了一个说明：“我想纠正一个过去的说法。这几年的成果已经表明，敦煌在中国，敦煌学也在中国！”

中国的专家没有太大的激动，他们默默地离开了会场，走过王道士的圆寂塔前。

（选自余秋雨：《文化苦旅》，上海，东方出版中心，2001）

迷津指路

《道士塔》是余秋雨散文集《文化苦旅》中的一篇。文中的莫高窟是我国最著名的佛教石窟，坐落在河西走廊西端的敦煌。它始建于十六国的前秦时期，经历代的兴建而形成了巨大的规模，是我国文化艺术的一大宝库，也是世界闻名的佛教艺术地。《道士塔》向我们展示了一场不可避免的悲剧，在文中，“道士塔”既是民族耻辱的象征，又是近代中国文明衰弱的标志。它是曾经发生过的、我们必须正视的历史。作者用“道士塔”作题目，寓意深刻，凸显了对中华文明的深刻反思，表现了强烈的忧患意识。

全文共四个部分。第一部分记叙了外国冒险家对敦煌文物的疯狂掠夺和偷劫。第二部分点出此次文化劫难的直接原因：国人的愚昧和无知。先是一段议论，接着叙述王道士破坏文物的无知行径，无奈中兼有揶揄。第三部分揭示造成敦煌国宝大量流失的根本原因：旧中国的落后和腐败。作者用凿凿有据的事实告诉人们，必须正视这场浩劫和悲剧，唯有正视，才能反思。第四部分写悲剧的终结。大量敦煌文物的流失，给专家们研究中华文明史带来了巨大的困难。但是，令人欣慰的是，敦煌的辉煌仍然在中国，敦煌学仍然在中国。历史已翻过新的一页。

本文将记叙、议论、抒情融为一体，打破了中国散文传统的结构布局和叙述轨迹，以貌似独立成节而又存在情感逻辑关联的单元故事结构全篇，开创了散文形式上的新格局。同时，诗意化的语言表达和虚构、想象等技法也使这篇散文蕴含着咀嚼不尽的艺术魅力。

阅读延伸

关于余秋雨现象

20 世纪 90 年代以来，散文在中国文坛上显现出繁盛的局面。这一时期，余秋雨凭借一本《文化苦旅》闯入散文领域，后又出版了《秋雨散文》《山居笔记》《霜冷长河》《千年一叹》和《行者无疆》等散文集，在文化界产生了巨大的影响。也有人对他的为人为文产生怀疑，并兴起了一阵“批余风”。对余秋雨的批评甚至超出文本批评的范围，形成了“余秋雨现象”。

在这众多的批判中，有些是对余秋雨的驳斥和攻讦。这类评论以余开伟、汤溢泽、朱国华、王强和黄敏等人的文章最为典型。余开伟在《余秋雨是否应该反思》《谁是文化杀手》和《夏风秋雨愁煞人》等文中指出：面对批评，余秋雨没有反思和自省的勇气，却很有对批评者反击的勇气，甚至将批评者一概视为“文化杀手”，这种做法只能恶化文化生态环境。朱国华在《别一种媚俗》中指出：《文化苦旅》中文章的基调几乎都是一样的，即用一种学术权威的口吻居高临下地悲天悯人、吊古伤今，这样的散文是“故事＋诗性语言＋文化感叹”的流水生产线。王强在《文化的悲哀：余秋雨的学问及文章》中批评余秋雨作品思想上没有创新而专注于辞藻的玩弄。黄敏则把余秋雨的《文化苦旅》归纳为七种“味道”：“霸气”（文风霸道和态度霸道），“商贾气”（处处作广告兜售自己），“小儒气”(表现为掉书袋)，“八股气”(动辄上纲上线)，“童稚气”(文章逻辑和语言功夫不到家)，“猥亵气”(情节猥亵、语言猥亵)，“市井气”(刻薄、媚俗)。

还有一类是对余秋雨作品进行研讨性的批评，以古耜、高恒文、张伯存、李咏吟等人的文章为代表。他们都肯定了余秋雨散文的审美成就和文学地位，以及余秋雨作为学者对于唤醒人们生命意识、历史意识和民族意识所做的贡献，但也指出了不足。古耜在《平心静气话秋雨》中指出：余秋雨的散文中很多篇章达到了质文俱佳的高度，但有些文本的观点和说法经不起认真的考究。高恒文则在《学者的架子》和《关于“硬伤”答余秋雨》等文中，针对余秋雨散文中不符合历史事实的主观想象和高谈阔论进行了批评。

文学批评的活跃代表着知识分子对文化选择、社会良知和历史责任的思考和认识，这是一种时代进步的表现。我们应该尽量公正客观地看待被批评的对象。余秋雨散文的畅销，说明它确有不可忽略的价值。首先，他的散文被称为“大文化散文”，有许多内容表现出对历史文化、人文精神和道德意识以及知识分子命运的深层思考。如在《道士塔》和《莫高窟》中对民族屈辱历史的感叹和对灿烂文化被毁的痛惜；在《流放者的土地》和《苏东坡突围》中对知识分子痛苦命运的惋惜和对造成这种悲剧的社会不公的控诉等，都引人深思。另外，他的散文往往带有小说叙事的模式，将记叙、议论和抒情融为一体，这在散文的发展上是一种崭新的风格。但是余秋雨的散文也存在明显的不足。第一，面对历史文化，其散文形成了较固定的模式：先寻找“古代文化和文人留下较深脚印的所在”，然后在山水间“边走边想”，最后借“我……叹息”“我不由得再一次深深叹息”来表达内心哲学式的感叹。第二，余秋雨散文中的一些叙述和学术史、文化史不符，如在《洞庭一角》中，舜的妃子娥皇、女英被叙述为舜的女儿，而历史上范仲淹在写《岳阳楼记》时并没有亲临其境。这些都造成余秋雨散文的“硬伤”。

总的来说，余秋雨为中国散文的发展做出的贡献是不容置疑的。在他的文化散文的带动下，张爱玲、林语堂等作家的散文在20世纪90年代再度走红，张中行、金克木、季羡林等一批学者也加入散文创作中，散文界呈现出一片繁荣的景象。

（系编者参考相关资料后自撰）

能力拓展

1. 作者为什么说敦煌文物的遗失“是一个巨大的民族悲剧”？周恩来曾说：“为中华之崛起而读书”，作为一名高职学生，我们要为中华之富强而读书，要为中华民族的伟大复兴而读书。

2. 本文出自于余秋雨的散文集《文化苦旅》。课外诵读《文化苦旅》的其他篇章，体会其中蕴含的文化内涵。

3. 口才训练：文章用“道士塔”作题目，寓意深刻。通过课堂发言，有条理地阐述观点和看法，锻炼自己的口头表达能力。

专题三

贵和尚中 相济相成

第一课 齐桓晋文之事

课前导引

孟子(约前372—前289)，名轲，战国时期的思想家、政治家、教育家。孔子之后的儒学大师，与孔子并称“孔孟”，又称“亚圣”。孟子曾游历齐、宋、滕、魏诸国，宣传先王之道。不为采纳，归而与弟子讲学著书。《孟子》一书是由孟子与其门生共同述作、弟子笔录整理而成，成书于战国中期。体例虽仿《论语》，仍采用语录体，但全书首尾一贯，篇幅加长，有了一定的著作意识。《孟子》集中体现了孟子的思想和理论，特别是“仁政”学说和“性善”论等观点，反映出对儒家学说的继承和发展。孟子根据战国时期的政治经验，总结各国治乱兴亡的规律，提出了著名命题“民为贵，社稷次之，君为轻”，并通过大量历史事例反复阐述，认为这是关乎天下得失的关键问题。孟子的政治论是以仁政为内容的王道，他把“亲亲”“尊尊”的原则运用于政治，以缓和阶级矛盾，维护统治阶级的长远利益。

孟子的文章素以气势浩然、明快畅达著称，他在讲述自己的政治主张和进行论辩时充满自信、感情毕露，也有明晰的说理、逐层的批驳，也有偏激的言辞、幽默的讽刺。《孟子》一书基本为对话体，自然流畅，雄辩犀利；引譬设喻，富于形象；放言无惮，气势逼人。

经典展示

齐宣王①问曰：“齐桓、晋文②之事可得闻乎？”

孟子对曰：“仲尼之徒无道桓文之事者③，是以后世无传焉，臣未之闻也。无以，则王乎④？”

曰：“德何如则可以王矣？”

曰：“保民而王，莫之能御也⑤。”

曰：“若寡人者，可以保民乎哉？”

曰："可。"

曰："何由知吾可也？"

曰："臣闻之胡龁[⑥]曰，王坐于堂上，有牵牛而过堂下者，王见之，曰：'牛何之[⑦]？'对曰：'将以衅钟[⑧]。'王曰：'舍之！吾不忍其觳觫[⑨]，若无罪而就死地[⑩]。'对曰：'然则[⑪]废衅钟与？'曰：'何可废也，以羊易[⑫]之！'——不识有诸[⑬]？"

曰："有之。"

曰："是心足以王矣[⑭]。百姓皆以王为爱[⑮]也。臣固知王之不忍也。"

王曰："然；诚有百姓者[⑯]。齐国虽褊小[⑰]，吾何爱一牛？即不忍其觳觫，若无罪而就死地，故以羊易之也。"

曰："王无异于百姓之以王为爱也[⑱]。以小易大，彼恶知之[⑲]？王若隐[⑳]其无罪而就死地，则牛羊何择[㉑]焉？"

王笑曰："是诚何心哉？我非爱其财而易之以羊也。宜乎百姓之谓我爱也[㉒]。"

曰："无伤[㉓]也，是乃仁术[㉔]也，见牛未见羊也。君子之于禽兽也，见其生，不忍见其死；闻其声，不忍食其肉。是以君子远庖厨[㉕]也。"

王说[㉖]曰："《诗》云：'他人有心，予忖度之[㉗]。'夫子之谓也[㉘]。夫我乃行之，反而求之，不得吾心。夫子言之，于我心有戚戚焉[㉙]。此心之所以合于王者何也？"

曰："有复[㉚]于王者曰：'吾力足以举百钧[㉛]，而不足以举一羽；明足以察秋毫之末[㉜]，而不见舆薪[㉝]。'则王许之乎[㉞]？"

曰："否。"

"今恩足以及禽兽，而功不至于百姓者，独何与？然则一羽之不举，为不用力焉；舆薪之不见，为不用明焉；百姓之不见保[㉟]，为不用恩焉。故王之不王[㊱]，不为也，非不能也。"

曰："不为者与不能者之形何以异[㊲]？"

曰："挟太山以超北海[㊳]，语人曰：'我不能。'是诚不能也。为长者折枝[㊴]，语人曰：'我不能。'是不为也，非不能也。故王之不王，非挟太山以超北海之类也；王之不王，是折枝之类也。

"老吾老，以及人之老；幼吾幼，以及人之幼[㊵]；天下可运于掌[㊶]。《诗》云：'刑于寡妻，至于兄弟，以御于家邦[㊷]。'言举斯心加诸彼而已[㊸]。故推恩足以保四海，不推恩无以保妻子。古之人所以大过[㊹]人者，无他焉，善推其所为而已矣。今恩足以及禽兽，而功不至于百姓者，独何与？权[㊺]，然后知轻重；度[㊻]，然后知长短。物皆然，心为甚。王请度[㊼]之！抑王兴甲兵，危士臣，构怨于诸侯[㊽]，然后快于心与？"

王曰："否；吾何快于是？将以求吾所大欲也。"

曰："王之所大欲可得闻与？"

王笑而不言。

曰："为肥甘[㊾]不足于口与？轻煖[㊿]不足于体与？抑为采色不足视于目与？声音不足听于耳与？便嬖[51]不足使令于前与？王之诸臣皆足以供之，而王岂为是哉？"

曰："否；吾不为是也。"

曰："然则王之所大欲可知已，欲辟[52]土地，朝[53]秦楚，莅中国而抚四夷也[54]。以若所为求若所欲，犹缘木而求鱼也[55]。"

王曰："若是其甚与[56]？"

曰："殆有甚焉[57]。缘木求鱼，虽不得鱼，无后灾。以若所为求若所欲，尽心力而为之，后必有灾。"

曰："可得闻与？"

曰："邹人与楚人战[58]，则王以为孰胜？"

曰："楚人胜。"

曰："然则小固不可以敌大，寡固不可以敌众，弱固不可以敌强。海内之地，方千里者九，齐集[59]有其一。以一服八，何以异于邹敌楚哉？盖亦反其本矣[60]。今王发政施仁[61]，使天下仕者皆欲立于王之朝，耕者皆欲耕于王之野，商贾皆欲藏于王之市[62]，行旅皆欲出于王之涂[63]，天下之欲疾其君者皆欲赴诉于王[64]。其若是，孰能御之？"

王曰："吾惛[65]，不能进于是矣[66]。愿夫子辅吾志，明以教我。我虽不敏，请尝试之。"

曰："无恒产而有恒心者[67]，惟士为能。若民，则无恒产，因无恒心。苟无恒心，放辟邪侈[68]，无不为已。及陷于罪，然后从而刑之，是罔民[69]也。焉有仁人在位罔民而可为也？是故明君制[70]民之产，必使仰足以事父母，俯足以畜妻子[71]，乐岁终身饱[72]，凶年[73]免于死亡；然后驱而之善[74]，故民之从之也轻[75]。今也制民之产，仰不足以事父母，俯不足以畜妻子；乐岁终身苦，凶年不免于死亡。此惟救死而恐不赡[76]，奚暇治礼义哉[77]？王欲行之，则盍[78]反其本矣：五亩之宅[79]，树之以桑，五十者可以衣帛矣[80]。鸡豚狗彘之畜[81]，无失其时，七十者可以食肉矣。百亩之田，勿夺其时，八口之家可以无饥矣。谨庠序之教[82]，申[83]之以孝悌之义，颁白者[84]不负戴于道路矣。老者衣帛食肉，黎民[85]不饥不寒，然而不王者，未之有也。"

（选自杨伯峻编著：《孟子译注》，北京，中华书局，1960）

文本注释

①齐宣王：田氏，齐国国君。

②齐桓、晋文：指齐桓公小白和晋文公重耳，春秋时二人先后称霸，为当时诸侯盟主。宣王有志效法齐桓、晋文，称霸于诸侯，故以此问孟子。

③仲尼：孔子的字。道：述说，谈论。儒家学派称道尧、舜、禹、汤、文、武等"先王之道"，不主张"霸道"，所以孟子这样说。

④无以：不得已。以，同"已"，作止讲。王（wàng）：用作动词，指王天下，即用王道（仁政）统一天下。

⑤保：安抚，安定。莫之能御：没有人能抵御他。御，抵御，阻挡。

⑥胡龁（hé）：齐王的近臣。

⑦之：往，到……去。

⑧衅（xìn）钟：古代新钟铸成，用牲畜的血涂在钟的缝隙中祭神求福，叫衅钟。衅，血祭。

⑨觳觫(húsù)：恐惧颤抖的样子。

⑩若：如此。就：接近，走向。

⑪然则：既然如此，那么就。

⑫易：交换。

⑬识：知道。诸："之乎"的合音。

⑭是：代词，这种。足以王(wàng)：足够用来王天下。

⑮爱：爱惜，这里含有吝啬之意。

⑯诚有百姓者：的确有这样(误解我)的百姓。诚，的确，确实。

⑰褊(biǎn)小：土地狭小。

⑱无异：莫怪，不要感到奇怪。于：对。

⑲彼恶知之：他们怎么知道呢。恶(wū)，怎，如何。

⑳隐：哀怜。

㉑何择：有什么分别。择，区别，分别。

㉒宜：应当。乎：在这里表示感叹。之：助词，用在主谓之间，取消句子的独立性。此句是主谓倒装句，"百姓之谓我爱也"是"宜乎"的主语。

㉓无伤：没有什么妨碍，此处译为没有什么关系。

㉔仁术：指仁爱之道，实施仁政的途径。

㉕庖厨：厨房。

㉖说：同"悦"，高兴。

㉗"《诗》云"二句：见于《诗经·小雅·巧言》，意思是他人有心思，我能推测它。忖度(cǔnduó)，揣测。

㉘夫子之谓也：(这话)说的就是你这样的人。夫子，古代对男子的尊称，这里指孟子。……之谓也，说的就是……。

㉙戚戚：心动的样子，指有同感。

㉚复：报告。

㉛钧：古代以三十斤为一钧。

㉜明：眼力。秋毫之末：鸟兽秋天生出的绒毛的尖端，喻极细小的东西。

㉝舆薪：一车薪柴。

㉞王许之乎：大王相信吗。许，相信，赞同。

㉟见保：受到保护或安抚。见，被。

㊱王之不王：大王不能以王道统一天下。第二个"王"是动词。

㊲形：具体的外在区别和表现。异：区别。

㊳挟：夹在腋下。太山：泰山。超：跳过。北海：渤海。

㊴枝：同"肢"。这句意谓，为年长者按摩肢体。一说指向老者折腰行鞠躬礼，一说替长者攀摘树枝。皆指轻而易举之事。

㊵老吾老：第一个"老"字作动词用，意动用法，可译为尊敬；第二个"老"作名词，是老人的意思。"幼吾幼"句法相同。

㊶运于掌：运转在手掌上，比喻称王天下很容易办到。

㊷“《诗》云”句：见于《诗经·大雅·思齐》，意思是给妻子做好榜样，推及兄弟，以此德行来治理国家。刑，同“型”，这里作动词用，指以身作则，为他人示范。寡妻，国君的正妻。御，治理。家邦，国家。

㊸言举斯心加诸彼而已：这三句诗说的就是把爱自家人的心推广到爱他人。

㊹大过：大大超过。

㊺权：秤锤，这里作动词用，指用秤称重。

㊻度(duó)：用尺子量。

㊼度(duó)：思量，揣度。

㊽抑：难道，副词，表反诘。危：使……受到危害。构怨：结仇。

㊾肥甘：肥美香甜的食物。

㊿轻煖：轻柔暖和的衣裘。

51便嬖(piánbì)：国君宠爱的近侍。

52辟：开辟，扩大。

53朝：使……称臣(或朝见)。

54莅(lì)：居高临下，引申为统治。中国：指中原地带。而：表并列。抚：安抚，使……归顺。四夷：四方的少数民族。

55缘木而求鱼：爬到树上去捉鱼，比喻不可能达到目的。

56若是：如此。甚：厉害。

57殆：不定副词，恐怕，大概。有：同“又”。

58邹：与鲁相邻的小国，在今山东邹县。楚：南方的大国。

59集：凑集。

60盖：同“盍”，兼词，“何不”的合音。反其本：回到根本上来，指回到王道仁政上来。反，通“返”。

61发政施仁：发布政令，推行仁政。

62商贾皆欲藏于王之市：做生意的都愿意把货物储存在大王的集市上。

63涂：同“途”，道路。

64疾：憎恨。赴诉：前来申诉。

65惛：同“昏”，思想昏乱不清。

66 进：前进。于：在。是：这。

67恒产：用以维持生活的固定的产业。恒心：安居守分之心。

68放辟邪侈：“放”和“侈”同义，都是纵逸放荡的意思；“辟”和“邪”同义，都是行为不轨的意思。

69罔民：张开罗网陷害百姓。罔，同“网”，用作动词。

70制：规定。

71畜：同“蓄”，养活，抚育。妻子：妻子儿女。

72乐岁：丰收的年头。终：一年。

⑬凶年：饥荒的年头。

⑭驱：督促，驱使。之：往，到。善：做好事。

⑮轻：容易。

⑯赡(shàn)：足，及。

⑰奚：何。暇：空闲时间。

⑱盍：何不。

⑲五亩之宅：五亩大的住宅。据说古代一个男丁可以分到五亩土地建筑住宅。古时五亩相当于现在一亩二分多。

⑳衣：穿。帛：丝织品。

㉑豚(tún)：小猪。彘(zhì)：大猪。

㉒谨：重视，谨慎地对待。庠(xiáng)序：古代学校的名称。周代叫庠，殷代叫序。

㉓申：反复教导。

㉔颁白者：头发半白半黑的老人。颁，同“斑”。

㉕黎民：黑头发的民众。这里指少壮者，与上文“老者”对举。

迷津指路

本文选自《孟子·梁惠王上》，集中反映了孟子安民生、行王道、反霸道的政治主张。该文记叙了孟子晚年第二次到齐国时和齐宣王的一次关于“王道”问题的谈话。齐宣王提问，孟子回答，问与答紧密相连。这里根据内容，把课文分为三部分。第一部分从开头至“然后快于心与”，又可分为三层：第一层(从开头到“则王乎”)提出并明确话题，以问“霸道”开始，转入说“王道”；第二层(从“曰：‘德何如则可以王矣’”到“是以君子远庖厨也”)提出“保民而王”的中心论点，肯定齐宣王能够保民而王；第三层(从“王说”到“然后快于心与”)剖析齐宣王的仁心未及于民，未成王道，不是“不能”，而是“不为”。第二部分从“王曰”至“孰能御之”，从反面论述“霸道”的危害，敦促齐宣王改弦易辙，放弃霸道，实行王道。第三部分从“王曰”到篇末，阐述施行王道的具体措施，最后以一幅王道乐土的美好画卷作结。

在谈话中，孟子否定了齐宣王“兴甲兵”以“辟土地”的“霸道”思想，提出了“保民而王”的“王道”观点。这种“保民”的主张和孟子“民贵君轻”的民本思想是一致的。这在“庖有肥肉，厩有肥马，民有饥色，野有饿莩”的战国时代，具有非同寻常的进步意义。除此以外，本文还呈现了孟子出色的论辩艺术。首先，善于采用迂回战术，从侧面和外围入手，逐渐引向本题。如本意在讲王道仁政，却从不忍之心开始；为了论定不忍之心，从牛之觳觫下手，步步引入。其次，善于用生动的比喻阐明抽象的道理。例如，用“挟太山以超北海”和“为长者折枝”为喻，并通过对比，把“不能”和“不为”区分得十分清楚；用“缘木求鱼”和“邹人与楚人战”为喻，有力地表明了霸道的绝不可行。再次，说理具有严密的逻辑性。论述铺张扬厉，纵横恣肆，表面看来似乎随心所欲，散漫无纪，实则层次井然，环环紧扣。最后，多处运用排比句式，气势充沛，音调铿锵，充满了感染力。

阅读延伸

初识孟子——孟子其人其事

孟子出生时距孔子之死大约百年。关于他的身世，流传下来的说法很少。孟子本为“鲁国三桓”之后，远祖是鲁国贵族孟孙氏，后家道衰微，从鲁国迁居邹国。由于有关孟子的故事大多只见其母，不见其父，所以多数人认为孟子早年丧父。《韩诗外传》载有孟母“断织”等故事，《列女传》载有孟母“三迁”和“去齐”等故事，可见他颇得力于母亲的教育。据《列女传》和赵岐《孟子题辞》说，孟子曾受教于孔子的孙子子思。但从年代推算，似乎并不可信。《史记·孟子荀卿列传》说他“受业子思之门人”，这倒是有可能的。

孟子从小立志学儒习礼，十五岁左右入学读书。他怀着救民于水火的美好愿望，肩负平治天下“当今之世，舍我其谁”的历史责任感和使命感，带领弟子周游列国，推行仁政。他曾游说于梁(魏)、齐、宋、滕、鲁等国，但仁政理想未能实现。齐宣王继位后，恢复了建于临淄城西的“稷下学宫”。一时间，学宫汇集了上千名士，成为当时政治咨询、学术文化的交流中心和诸子百家争鸣的重要场所。于是，孟子再次前往齐国，希望在这里实现他的理想。在稷下学宫，孟子吸收各家所长，较全面、系统地阐明了君仁臣义、尊贤使能、以民为本、统一天下等仁政理论。这既是孟子从事政治活动的一个重要阶段，又是其思想发展成熟的一个重要标志。孟子的仁政主张曾使齐宣王受到一定鼓舞和赞赏，但齐宣王欲以武力称霸诸侯，与孟子产生了分歧。由于政治抱负不能实现，孟子离开齐国返归故里。回到邹国时，孟子已六十多岁，从此他不再出游，而是在家乡兴办学校，广收门徒，答疑解难，编著《孟子》。此书记述了他一生的主要言论、活动及思想学说，丰富多彩，博大精深，是他留给后人的宝贵精神财富。

公元前289年冬至，孟子去世，葬于邹国境内的四基山西麓，即今孟子林。邹国人因孟子去世十分悲痛，废除了在冬至日贺冬的习俗(“邹人因哭孟子而废贺冬之礼”)。

孟子去世后，经历代学者的推崇，逐步确立了其儒学嫡系传人的地位。东汉赵岐首称孟子为“命世亚圣之大才”，元至顺元年(1330年)，文宗加赠孟子为“邹国亚圣公”。从此，“亚圣”便与孟子紧密联系在一起。

(系编者参考相关资料后自撰)

能力拓展

1. 结合本文，简要论述孟子是怎么洞察齐宣王的心理，并因势利导，让他采纳自己“保民而王”的主张的。

2. 简述孟子的主要思想，并分析孟子的思想为何会被后世接受。

3. 人和人的交流沟通，需要一定的技巧。本文中孟子与齐宣王的对话，充分表现了孟子高超的说话艺术，值得我们学习和借鉴。课外阅读《孟子》一书，通过学习，提高自己的沟通交际水平。

第二课　秋　水

课前导引

庄子，姓庄，名周，宋国蒙人。他是战国中期著名的思想家、哲学家和文学家，是继老子之后道家学派的主要代表人物之一。道家学派用“道”来探究自然、社会、人生之间的关系，以“道”为最高哲学范畴，认为“道”是世界的最高真理，是宇宙万物的本原及其赖以生存的依据。老子和庄子的哲学思想体系被学术界尊为“老庄哲学”，然庄子和老子虽同样主张无为，但老子主张“无为而无不为”，庄子则听任自然而不为。

庄子主张“天人合一”和“清静无为”。他思想的可贵之处，是具有朴素的唯物自然观和辩证观。他认为一切事物都在变化，而道“未始有封”(无界限差别)。庄子幻想了一种“天地与我并生，万物与我为一”的精神境界，安时处顺，逍遥自得，并且觉察到了认识的相对统一性，指出了物质的不确定性，对后来唯物辩证法的进一步发展有启迪作用。

《庄子》是庄周及其后学的说理散文集，今见三十三篇，分内篇七篇，外篇十五篇，杂篇十一篇，为晋郭象选注本。一般认为内篇为庄周自著，外杂篇为庄派后学对庄周思想的阐发，文章写成于战国中期和后期。全书基本属于一个思想体系，有大致统一的写作风格。其文“深于比兴”，“深于取象”，汪洋恣肆，想象丰富，气势壮阔，瑰丽诡谲，意出尘外，乃先秦诸子文章之典范。

经典展示

秋水时[①]至，百川灌河[②]，泾[③]流之大，两涘渚崖之间不辩牛马[④]。于是焉河伯欣然自喜，以天下之美为尽在己。顺流而东行，至于北海，东面而视，不见水端，于是焉河伯始旋[⑤]其面目，望洋[⑥]向若而叹曰：“野语有之曰：‘闻道百以为莫己若者’，我之谓也。且夫我尝闻少仲尼之闻而轻伯夷[⑦]之义者，始吾弗信；今我睹子之难穷也，吾非至于子之门，则殆矣，吾长见笑于大方之家[⑧]。”

北海若曰：“井蛙不可以语于海者，拘于虚[⑨]也；夏虫不可以语于冰者，笃[⑩]于时也；曲士[⑪]不可以语于道者，束于教也。今尔出于崖涘，观于大海，乃知尔丑[⑫]，尔将可与语大理[⑬]矣。天下之水，莫大于海，万川归之，不知何时止而不盈，尾闾[⑭]泄之，不知何时已而不虚[⑮]；春秋不变，水旱不知。此其过[⑯]江河之流，不可为量数。而吾未尝以此自多[⑰]者，自以比形于天地而受气于阴阳，吾在天地之间，犹小石小木之在大山也，方存乎见少[⑱]，又奚[⑲]以自多！计四海之在天地之间也，不似礨空之在大泽乎[⑳]？计中国之在海内，不似稊米之在大仓乎[㉑]？号[㉒]物之数谓之万，人处一焉；人卒九州，谷食之所生，舟车之所通，人处一焉；此其比万物也，不似豪末之在于马体乎？五帝之所连[㉓]，三王之所争，仁人之所忧，任士之所劳[㉔]，尽此矣。伯夷辞之以为名，仲尼语之以为博，此其自多也，不似尔向之自多于水乎㉕？”

（选自陈鼓应注译：《庄子今译今注》，北京，商务印书馆，2007）

文本注释

①时：按时令。

②灌：奔注。河：黄河。

③泾（jīng）：通“径”，直流的水波，此指水流。

④涘（sì）：水边、岸边。渚（zhǔ）：水中间小块陆地、小洲。辩：通“辨”。这句是说，由于河水上涨，河面宽阔，两岸之间，小洲之上，相互望去，见物不真，连牛马都不能分辨。

⑤旋：转，改变。

⑥望洋：仰视的样子。

⑦伯夷：商孤竹君之子，与弟叔齐争让王位，被认为是节义高尚之士。

⑧长：永远。大方之家：有学问的人。

⑨虚：同“墟”，居住的地方。

⑩笃：固，引申为束缚、限制。

⑪曲士：孤陋寡闻的人。

⑫丑：鄙陋，缺乏知识。

⑬大理：大道。

⑭尾闾（lǘ）：海的底部，排泄海水的地方。

⑮虚：流空。

⑯过：超过。

⑰自多：自夸。

⑱方：正。存：察，看到。见（xiàn）：显得。

⑲奚：何，怎么。

⑳礨（lěi）空：蚁穴，小孔穴。大泽：大湖泊。

㉑稊米：泛指细小的米粒。大：同“太”。

㉒号：称。

㉓连：继续。

㉔仁人：指专门讲仁义的儒家者流。任士：指身体力行的墨家者流。墨家以任劳以成人之所急为己任，故称“任士”。

㉕向：以前、从前。自多于水：指河伯未至海前，识见狭小，以黄河之水自夸其多。

迷津指路

本篇节选自《庄子·秋水》，用篇首的两个字作为篇名。庄子被誉为战国时代最富浪漫诗情、生命体验和批判头脑的诗人哲学家，他强调直觉体悟，在论道时很少做纯理论的阐述，而是把深奥的哲理化作具体生动的艺术形象。《秋水》虽是一篇说理文，但写法显然与一般的论文不同。作者运用生动的寓言故事，假托河伯与北海若这两个虚拟人物，通过他们的对话来展开叙述，阐明观点。全文可分为两部分。第一部分写河伯望洋兴叹，展现北海之浩瀚，突出河伯自识其丑。第二部分写北海若以自然之广大、宇宙之无穷开导河伯，说明人的认识会受到客观条件的限制，引申出“世间万物的大小都是相对的”这一结论。作品沿着从“河”到“海”到“天地”，最后到“道”的思路，将我们一步步引入越来越广阔、越来越美妙的境界。庄子所要表达的是相对主义的认识论思想，其中关于宇宙无限、认识无止境的观点极具哲学意义。

先秦诸子中很多人喜欢用寓言故事来进行说理，但像《秋水》这样整篇都是寓言的却很少见，而且这些寓言全部来自庄子的独立创造。寓言的运用使哲理与形象完美结合，避免了直接说理的乏味枯燥，达到化抽象艰涩为具体可感的神奇效果。除此之外，文章结构严谨，采用了由个别到一般、由具体到抽象的层层推进、生发无穷的方法，使论述具有水到渠成之势。整篇文章寓理于意境描绘，借助具体可感的形象表达深微玄奥的哲学道理，雄奇奔放，绚丽多姿，具有鲜明的浪漫主义色彩。

阅读延伸

庄子与惠施

庄子博览群书，学多识广，受老子思想影响较深，是道家学派的重要代表人物。他善于写作，长于辩论。他的好友惠施是当时名辩学派的著名人物，两人虽然生活态度和学术观点不同，经常辩论，但感情非常深厚，从以下几个故事便可见一斑。

惠子相梁，庄子往见之。或谓惠子曰：“庄子来，欲代子相。”于是惠子恐，搜于国中三日三夜。庄子往见之，曰：“南方有鸟，其名为鹓雏，子知之乎？夫鹓雏发于南海而飞于北海，非梧桐不止，非练实不食，非醴泉不饮。于是鸱得腐鼠，鹓雏过之，仰而视之曰：‘吓！’今子欲以子之梁国而吓我邪？”

庄子与惠子游于濠梁之上。庄子曰：“儵鱼出游从容，是鱼之乐也。”惠子曰：“子非鱼，安知鱼之乐？”庄子曰：“子非我，安知我不知鱼之乐？”惠子曰：“我非子，固不知子矣；子固非鱼也，子之不知鱼之乐全矣！”庄子曰：“请循其本。子曰‘汝安知鱼乐’云者，既已知吾知之而问我。我知之濠上也。”

庄子送葬，过惠子之墓，顾谓从者曰：“郢人垩慢其鼻端若蝇翼，使匠人斫之。匠石运斤成风，听而斫之，尽垩而鼻不伤，郢人立不失容。宋元君闻之，召匠石曰：‘尝试为寡人为之。’匠石曰：‘臣则尝能斫之。虽然，臣之质死久矣！’自夫子之死也，吾无以为质矣，吾无与言之矣！”

（系编者参考相关资料后自撰）

能力拓展

1. 背诵课文。体会庄子散文雄奇奔放、汪洋恣肆，善于将哲理与形象完美结合的特点。

2. 本文揭示了什么道理？这种道理在客观上有什么意义？

3. 口才训练：复述一两个庄子讲述的寓言故事，并阐明其中蕴含的哲理。

第三课　朋党论

课前导引

欧阳修(1007—1072)，字永叔，号醉翁，又号六一居士，吉州(今属江西)人。北宋文学家、政治家，著有《欧阳文忠公集》《六一诗话》等。宋仁宗天圣八年(1030年)登进士第。庆历三年(1043年)，任谏官，正直敢言。因参与范仲淹领导的“庆历新政”，受人忌恨，贬知滁州。晚年官至枢密副使、参知政事，谥“文忠”。他是北宋诗文革新运动的领袖，对宋代文学的发展有重大影响。他识拔人才，奖掖后进，苏轼父子、曾巩、王安石皆出其门下。他是诗、词、文兼擅的一代文学宗师，为“唐宋八大家”之一。其诗反对浮艳风习，清新疏朗。其词虽上承南唐冯延巳绪余，但在扩大词的抒情功能等方面有所创新。其文“备众体，变化开合，因物命意，各极其共”(吴充《赠太子太师欧阳公行状》)。

本文作于庆历四年(1044年)，是欧阳修写给宋仁宗的一封奏章。当时夏竦等被罢官，朝廷任用杜衍、富弼、韩琦、范仲淹等人，欧阳修亦被荐引为谏官。他们针对社会积弊，积极酝酿改革，史称“庆历新政”。但改革遭到守旧势力的反对，吕夷简、夏竦等人大造舆论，诬陷他们为“朋党”，一时视听混淆，宋仁宗也下诏“戒百官朋党”。欧阳修为明辨是非，写下此文。

欧阳修的《朋党论》在北宋古文运动的先驱者王禹《朋党论》的基础上，提出自己的真知灼见，语言古朴平实，论点明确，态度鲜明，读来亦觉力透纸背，自然流畅。

经典展示

臣闻朋党之说，自古有之[①]，惟幸人君辨其君子小人而已。大凡君子与君子，以同道[②]为朋；小人与小人，以同利为朋。此自然之理也。

然臣谓小人无朋，惟君子则有之。其故何哉？小人所好者，利禄也；所贪者，货财也。当其同利之时，暂相党引[③]以为朋者，伪也。及其见利而争先，或利尽而交疏，则反相贼害[④]，虽其兄弟亲戚，不能相保。故臣谓小人无朋，其暂为朋者，伪也。君子则不然。所守者道义，所行者忠信，所惜者名节。以之修身，则同道而相益[⑤]；以之事国，则同心而共济[⑥]。终始如一，此君子之朋也。故为人君者，但当退小人之伪朋，用君子之真朋，则天下治矣。

尧之时，小人共工、驩兜等四人[⑦]为一朋，君子八元、八恺十六人[⑧]为一朋。舜佐尧，退四凶小人之朋，而进元、恺君子之朋，尧之天下大治。及舜自为天子，而皋、夔、稷、契等二十二人[⑨]并列于朝，更相称美，更相推让，凡二十二人为一朋，而舜皆用之，天下亦大治。《书》[10]曰："纣有臣亿万，惟亿万心；周有臣三千，惟一心[11]。"纣之时，亿万人各异心，可谓不为朋矣，然纣以亡国。周武王之臣三千人为一大朋，而周用以兴。后汉献帝时，尽取天下名士囚禁之，目为党人[12]。及黄巾贼起，汉室大乱，后方悔悟，尽解党人而释之，然已无救矣[13]。唐之晚年，渐起朋党之论[14]。及昭宗时，尽杀朝之名士，或投之黄河[15]，曰："此辈清流，可投浊流[16]。"而唐遂亡矣。

夫前世之主，能使人人异心不为朋，莫如纣；能禁绝善人为朋，莫如汉献帝；能诛戮清流之朋，莫如唐昭宗之世。然皆乱亡其国。更相称美、推让而不自疑，莫如舜之二十二臣；舜亦不疑而皆用之。然而后世不诮舜为二十二人朋党所欺，而称舜为聪明之圣者，以能辨君子与小人也。周武之世，举其国之臣三千人共为一朋，自古为朋之多且大莫如周，然周用此以兴者，善人虽多而不厌[17]也。

嗟呼！治乱兴亡之迹[18]，为人君者可以鉴矣！

（选自钟基、李先银、王身钢译注：《古文观止》，北京，中华书局，2012）

文本注释

①"臣闻"二句：意谓臣下听说朋党的说法，自古以来就有了。《战国策·赵策二》："臣闻明主绝疑去谗，屏流言之迹，塞朋党之门。"《韩非子·孤愤》："朋党比周以蔽主。"《史记·蔡泽列传》："吴起为楚悼王立法……禁朋党以励百姓。"王禹偁《朋党论》："夫朋党之来远矣。自尧、舜时有之。"这些都是前人关于朋党的记载和论说。

②同道：志同道合。

③党引：勾结。

④贼害：残害。

⑤"以之修身"二句：意谓用它来加强自身修养，就会志趣一致而相互促进。之，代指上文所言道义、忠信、名节等。

⑥"以之事国"二句：意谓用它来为国效力，就会齐心协力，共成大事。共济，共图事功。

⑦共工、驩兜等四人：共工、驩兜、三苗、鲧四人，旧传为尧时的"四凶"。《尚书·舜典》载，舜"流共工于幽州，放兜于崇山，窜三苗于三危，殛鲧于羽山"。

⑧八元、八恺十六人：《左传·文公十八年》载："昔高阳氏有才子八人：苍舒、隤敳、梼戭、大临、尨降、庭坚、仲容、叔达，齐圣广渊，明允笃诚。天下之民谓之八恺。高辛氏有才子八人，伯奋、仲堪、叔献、季仲、伯虎、仲熊、叔豹、季狸，忠肃共懿，宣慈惠和。天下之民谓之八元。"

⑨皋、夔、稷、契等二十二人：传说他们都是舜时贤臣。皋，皋陶（yáo），掌管刑法；夔，掌管音乐；稷，后稷，掌管农事；契，作司徒，掌管教育。《史记》裴骃集解引马融曰："稷、契、皋陶皆居官久，有成功，但述而美之，无所复敕。禹及垂已下皆初命，凡六人。与上十二牧、四岳，凡二十二人。"

⑩《书》：指《尚书》。

⑪"纣有"四句：语见《尚书·泰誓》。纣，商朝末代君主，为周所灭。亿万，人数

众多。

⑫“后汉献帝”三句：献帝刘协，东汉亡国之君。《后汉书·党锢列传》载，桓帝时宦官专权，李膺、范滂等二百余著名士人被目为党人，被捕入狱；灵帝时，李膺、范滂等“百余人皆死狱中”，各州郡受牵连而“死、徙、废、禁者六七百人”，史称“党锢之祸”。上述事件均发生在献帝之前，此处误作献帝时事。

⑬“及黄巾”五句：汉灵帝中平元年(184 年)，张角等人率众起事，起义军以黄巾裹头，称“黄巾军”。灵帝为了缓和矛盾，采纳大臣皇甫嵩等人的建议，下令解除党禁，大赦党人，使之归返故郡。此事亦发生在献帝之前。

⑭“唐之”二句：晚唐穆宗、文宗时，朝廷和地方官员形成以牛僧孺、李宗闵为首的牛党与以李德裕为首的李党，两派斗争十分激烈，一直延续到武宗、宣宗时代，历时近四十年。史称“牛李党争”。

⑮“及昭宗”三句：唐昭宗末年，政权实际上落入朱温手中。天祐二年(905 年)，李振向朱温建议杀死朝官三十余人，弃尸黄河。天祐二年以后，是唐昭宣帝的年代，此作昭宗时，误。

⑯“此辈”二句：李振向朱温建议杀死三十余位朝臣，投尸黄河时所言。原话是：“此辈自谓清流，宜投于黄河，永为浊流。”(《旧五代史·梁书·李振传》)

⑰不厌：不满足。

⑱迹：事迹，引申为经验、教训。

迷津指路

本文立论大胆，以对比法进行论证，用严密的逻辑进行推理，环环紧扣，具有强烈的批判力度。

“朋党”，就是拉帮结派的意思，历来带有贬义，也深为统治者所忌讳。欧阳修对“朋党”一词加以新说，翻出新意。文章一开始，就以“自古有之”的论断对朋党表态，指出朋党有邪正之分，重要的是严格区分“君子”“小人”组成的两类性质不同的朋党(君子以“同道为朋”，小人以“同利为朋”)，从结朋的基础上点破二者之区别。继而引出小人无朋，惟君子有之的结论，快刀斩乱麻，干净利落。接着，欧阳修直接点题，从正面论述君子之朋，劝导人君“退小人之伪朋，用君子之真朋”。他又从历史的角度，论证君子之朋与小人之朋的区别，用一正一反的具体事实，将尧、舜的治与商纣的乱相对比，并将周武王的治与汉献帝(“献帝”误，应为桓帝、灵帝)、唐昭宗(“昭宗”误，应为昭宣帝)的乱相对比。事理与史实紧密结合，例证充足，进一步论证问题的关键不在于是否结党而在于结什么党，皇帝应该远离小人之朋党而任用君子之朋党。最后他运用排比进行总结性论述，将人君对不同朋党的不同态度进行对比，指出态度不同而结果不同：商纣、献帝、昭宗致国家衰亡，尧、舜、周武使天下大兴。清吕留良《晚村先生八家古文精选》评论道：“前后两段结束，前段立论，大旨已极分晓，后段又以兴亡治乱之迹反复推说，庶以觉悟世主，其言真规谏也。立体既方正，用笔却能参伍入妙。”

全文精练畅达，笔锋犀利，间用排比，气势充沛。例如，作者一口气写出由五个“莫如”构成的排比句，把正反两种做法推向极端，使对比更加鲜明，逻辑更加严密，气势更加宏大，结论更加有力。此文不仅事理兼备，而且气盛义高，具有鲜明的战斗性。明代茅坤说：“朋党之祸，至唐而极；朋党之文，至欧阳子而极。”

阅读延伸

宗法社会与朋党政治

俗言有云：了解历史，是为了更好地理解当下。探究中国政治生态中山头主义、宗派主义的根源，就要求我们必须深入理解和分析中国古代的朋党现象。上海大学朱子彦教授的新书《中国朋党史》，刚好可以给我们的上述诉求，提供一个合适的阅读指南。

从东汉年间的党锢之祸，到唐代晚期的牛李党争；从北宋时期的新旧党人之争，到晚明时期东林党、复社与阉党之间的斗争；中国古代历史当中，朋党现象纷纷不绝。某种程度上来说，朋党现象既是中国古代政治史的关键词和重要特征，也是理解中国古代官僚政治制度演化的核心线索。

在作者看来，朋党现象的核心指向，是对于权力的争夺和再分配，而在组织形式上，则受到中国传统社会中家族宗法制和乡土观念的重大影响，一般以血缘、地缘、师缘等为纽带。尽管从孔子的“君子喻于义，小人喻于利”，到宋人欧阳修的《朋党论》一文，都强调君子之党与小人之党的区分，肯定前者而否定后者，但根据作者的研究与分析，用道德标准来评价党争之是非的传统观点是站不住脚的。无论是东汉时期的党锢之祸，还是明末的东林、复社与阉党之争，尽管都被视为秉承儒家理想的君子型士大夫与奸佞小人之间的斗争，但两者的核心指向都是官僚士大夫跟宦官之间争夺朝政主导权的权力斗争。宦官派系当中，并非均是小人；而士大夫派系当中，也很难完全用君子来界定。正如作者所说：“朋党的特征，就是门户之上，党同伐异。从这个意义上说，并无君子与小人之分。”

作者在本书中，不只摆脱了用传统道德视角看待党争的窠臼，还针对中国传统社会的“差序格局”（费孝通语）式特点，在朋党表面上的政见之争背后，梳理出一条清晰的地缘、血缘脉络。以北宋神宗年间的变法为例，以王安石为首的改革派与以司马光为首的守旧派之间，表面上是变革与守旧的政见之争。然而作者通过研究发现：支持新法的党人，如王安石、吕惠卿、章惇、曾布等，都是南方人；而旧党之中坚，如司马光、文彦博、韩琦等，都是北方人。由此，新旧两党之争，某种程度上来说，就是南北两大士大夫集团之间的权力和利益之争，而围绕变法与否展开的争议只是他们进行权力、利益争夺的表面诉求而已。这一点，从后来守旧派又分化出洛党、朔党和蜀党就可见一斑。

在“差序格局”主导的中国传统社会中，朋党要想得以聚集，除了一般意义上的地缘和血缘脉络之外，官僚选拔制度中的亲近关系也是其依托方式。汉代察举制下的察举者与被察举者之间，隋唐之后科举制下的同门（同一主考官录取的门生）与同年（同一年高中科举的士人）之间，就具备了某种天然的结成党人的可能性。正基于此，帝制集权到达顶峰的清代针对朋党现象的危害和官僚结党的可能性，出台了一系列的防范措施，包括禁绝宦官干政，实施地域回避、社会关系回避、特定职务回避等。

然而具有讽刺意味的是，如此严密的防范措施仍然阻止不了清代的党争愈演愈烈。康熙初年的鳌拜党人、康熙末年的诸皇子夺嫡之争、雍正年间的年羹尧党人等，都发展到了尘嚣日上、严重威胁皇权的程度。甚至上述三大回避制度，到了晚清太平天国起义之后，随着曾国藩、李鸿章等地方实力派的崛起而逐渐流于空文。

朋党现象的屡禁不绝，自然有其深层次的发生机制原因。一方面，在以公开、透明和退出机制完备著称的现代政治制度建立之前，官僚个体如果不借助于结党，就很难在瞬息万变的权力架构当中安身立命；另一方面，官僚之间的结党立派，某种程度上来说也有利于最高统治者保持权力平衡。只要某一派别的势力不大到影响皇权的程度，皇帝对于官员之间的结党并非一概反对。进入现代社会之后，随着组织严密、有着明显政治理念和诉求的政党的出现，传统意义上的朋党现象逐渐消寂，然而一旦权力运作机制不完善、不透明、不公开，各种朋党现象的变种，诸如前文所说的山头主义、宗派主义，就还会应运而生。

“前事不忘，后事之师。”读这本详细探究中国古代朋党现象的《中国朋党史》，内中记述仍然非常值得我们反思和借鉴。

（选自许金晶：《宗法社会与朋党政治——评朱子彦〈中国朋党史〉》，
载《第一财经日报》，2016-11-25。文字有改动）

能力拓展

1. 诵读课文，体会作者在丰厚的历史文化积淀上，善于驾驭语言，运用排比等手法，一气呵成，气势宏大，具有不容辩驳的论证力量。

2. 全文在论证过程中多处运用正反对比的手法，试将其一一指出，并领会这一手法的妙处。

3. 口才训练：通过本文的学习，在掌握了驳论的论证特点的基础上，以“交友之道”为论题，拟一组正反相对的观点，在班级中组织一场辩论赛。

第四课　灯下漫笔

课前导引

鲁迅（1881—1936），曾用名周樟寿，后改名周树人，字豫山，后改豫才，浙江绍兴人。“鲁迅”是他1918年发表《狂人日记》时所用的笔名，也是他最为人所知的笔名。鲁迅是著名文学家、思想家、民主战士，五四新文化运动的重要参与者和中国现代文学的重要奠基人。毛泽东曾评价说："鲁迅的方向，就是中华民族新文化的方向。"

鲁迅一生在文学创作、文学批评、思想研究、文学史研究、翻译、美术理论引进、基础科学介绍和古籍校勘与研究等多个领域做出重大贡献。他对于五四运动以后的中国社会思想文化的发展具有重大影响，蜚声世界文坛，尤其在韩国、日本思想文化领域有着重要的地位，被誉为"二十世纪东亚文化地图上占最大领土的作家"。

鲁迅是中国现代小说形式的最早探索者和先锋。鲁迅通过《呐喊》《彷徨》《故事新编》等小说集对中国现代小说史影响深远，鲁迅的小说创作标志着中国现代小说的建立，并成为20世纪中国现代小说的杰出范式。鲁迅更是通过创作《坟》《热风》《华盖集》《华盖集续编》等杂文集对中国人的国民性进行现代性改造，从而奠定了其"民族魂"的形象。

经典展示

有一时，就是民国二三年时候，北京的几个国家银行的钞票，信用日见其好了，真所谓蒸蒸日上。听说连一向执迷于现银的乡下人，也知道这既便当，又可靠，很乐意收受，行使了。至于稍明事理的人，则不必是"特殊知识阶级"，也早不将沉重累坠的银元装在怀中，来自讨无谓的苦吃。想来，除了多少对于银子有特别嗜好和爱情的人物之外，所有的怕大都是钞票了罢，而且多是本国的。但可惜后来忽然受了一个不小的打击。

就是袁世凯①想做皇帝的那一年，蔡松坡②先生溜出北京，到云南去起义。这边所受的影响之一，是中国和交通银行的停止兑现。虽然停止兑现，政府勒令商民照旧行用的威力却还有的；商民也自有商民的老本领，不说不要，却道找不出零钱。假如拿几十几百的钞票去买东西，我不知道怎样，但倘使只要买一枝笔，一盒烟卷呢，难道就付给一元钞票么？不但不甘心，也没有这许多票。那么，换铜元，少换几个罢，又都说没有铜元。那么，到亲戚朋友那里借现钱去罢，怎么会有？于是降格以求，不讲爱国了，要外国银行的钞票。但外国银行的钞票这时就等于现银，他如果借给你这钞票，也就借给你真的银元了。

我还记得那时我怀中还有三四十元的中交票③，可是忽而变了一个穷人，几乎要绝食，很有些恐慌。俄国革命以后的藏着纸卢布的富翁的心情，恐怕也就这样的罢；至多，不过更深更大罢了。我只得探听，钞票可能折价换到现银呢？说是没有行市。幸而终于，暗暗地有了行市了：六折几。我非常高兴，赶紧去卖了一半。后来又涨到七折了，我更非常高兴，全去换了现银，沉垫垫地坠在怀中，似乎这就是我的性命的斤两。倘在平时，钱铺子如果少给我一个铜元，我是决不答应的。

但我当一包现银塞在怀中，沉垫垫地觉得安心，喜欢的时候，却突然起了另一思想，就是：我们极容易变成奴隶，而且变了之后，还万分喜欢。

假如有一种暴力，"将人不当人"，不但不当人，还不及牛马，不算什么东西；待到人们羡慕牛马，发生“乱离人，不及太平犬”的叹息的时候，然后给与他略等于牛马的价格，有如元朝定律，打死别人的奴隶，赔一头牛，则人们便要心悦诚服，恭颂太平的盛世。为什么呢？因为他虽不算人，究竟已等于牛马了。

我们不必恭读《钦定二十四史》，或者入研究室，审察精神文明的高超。只要一翻孩子所读的《鉴略》[4]，——还嫌烦重，则看《历代纪元编》[5]，就知道“三千余年古国古”[6]的中华，历来所闹的就不过是这一个小玩艺。但在新近编纂的所谓“历史教科书”一流东西里，却不大看得明白了，只仿佛说：咱们向来就很好的。

但实际上，中国人向来就没有争到过“人”的价格，至多不过是奴隶，到现在还如此，然而下于奴隶的时候，却是数见不鲜的。中国的百姓是中立的，战时连自己也不知道属于那一面，但又属于无论那一面。强盗来了，就属于官，当然该被杀掠；官兵既到，该是自家人了罢，但仍然要被杀掠，仿佛又属于强盗似的。这时候，百姓就希望有一个一定的主子，拿他们去做百姓，——不敢，是拿他们去做牛马，情愿自己寻草吃，只求他决定他们怎样跑。

假使真有谁能够替他们决定，定下什么奴隶规则来，自然就“皇恩浩荡”了。可惜的是往往暂时没有谁能定。举其大者，则如五胡十六国的时候，黄巢[7]的时候，五代时候，宋末元末时候，除了老例的服役纳粮以外，都还要受意外的灾殃。张献忠的脾气更古怪了，不服役纳粮的要杀，服役纳粮的也要杀，敌他的要杀，降他的也要杀：将奴隶规则毁得粉碎。这时候，百姓就希望来一个另外的主子，较为顾及他们的奴隶规则的，无论仍旧，或者新颁，总之是有一种规则，使他们可上奴隶的轨道。

“时日曷丧，予及汝偕亡！”[8]愤言而已，决心实行的不多见。实际上大概是群盗如麻，纷乱至极之后，就有一个较强，或较聪明，或较狡滑，或是外族的人物出来，较有秩序地收拾了天下。厘定规则：怎样服役，怎样纳粮，怎样磕头，怎样颂圣。而且这规则是不象现在那样朝三暮四的。于是便“万姓胪欢”了；用成语来说，就叫作“天下太平”。

任凭你爱排场的学者们怎样铺张，修史时候设些什么“汉族发祥时代”“汉族发达时代”“汉族中兴时代”的好题目，好意诚然是可感的，但措辞太绕湾子了。有更其直捷了当的说法在这里——

一，想做奴隶而不得的时代；

二，暂时做稳了奴隶的时代。

这一种循环，也就是“先儒”之所谓“一治一乱”[9]；那些作乱人物，从后日的“臣民”看来，是给“主子”清道辟路的，所以说：“为圣天子驱除云尔。”[10]

现在入了那一时代，我也不了然。但看国学家的崇奉国粹，文学家的赞叹固有文明，道学家的热心复古，可见于现状都已不满了。然而我们究竟正向着那一条路走呢？百姓是一遇到莫名其妙的战争，稍富的迁进租界，妇孺则避入教堂里去了，因为那些地方都比较的“稳”，暂不至于想做奴隶而不得。总而言之，复古的，避难的，无智愚贤不肖，似乎都已神往于三百年前的太平盛世，就是“暂时做稳了奴隶的时代”了。

但我们也就都象古人一样，永久满足于“古已有之”的时代么？都象复古家一样，不满于现在，就神往于三百年前的太平盛世么？

自然，也不满于现在的，但是，无须反顾，因为前面还有道路在。而创造这中国历史上未曾有过的第三样时代，则是现在的青年的使命！

（选自鲁迅：《坟》，北京，人民文学出版社，1973）

文本注释

①袁世凯(1859—1916)：河南项城人，自1896年在天津小站练兵起，即成为实际上北洋军阀的首领。由于他拥有反动武装，并且勾结帝国主义，又由于当时领导革命的资产阶级的妥协性，1911年的辛亥革命后，袁世凯窃夺了国家的政权，就任中华民国临时大总统，组织了代表大地主大买办阶级利益的第一个北洋政府；后于1913年雇用“公民团”包围议会，成为正式大总统。但他并不以此为满足，于1916年1月恢复君主专制政体，自称皇帝。蔡锷等在云南起义反对帝制，得到各省响应，袁世凯被迫取消帝制，1916年6月6日死于北京。

②蔡松坡(1882—1916)：名锷，字松坡，湖南邵阳人，辛亥革命时任云南都督，1913年被袁世凯调到北京，加以监视。1915年他潜离北京，同年12月回到云南组织护国军，讨伐袁世凯。

③中交票：中国银行和交通银行(都是当时的国家银行)发行的钞票。

④《鉴略》：清代王仕云著，是旧时学塾用的初级历史读物，上起盘古，下迄明弘光。全为四言韵语。

⑤《历代纪元编》：清代李兆洛著；分三卷，上卷纪元总载，中卷纪元甲子表，下卷纪元编韵。

⑥“三千余年古国古”：语出清代黄遵宪《出军歌》：“四千余岁古国古，是我完全土。”

⑦黄巢(？—884)：曹州冤句(今山东曹县西北)人，唐末农民起义领袖。唐乾符二年(875年)参加王仙芝的起义。王仙芝阵亡后被推为领袖，破洛阳，入潼关。占据长安后，称大齐皇帝。后因起义军内部分裂，为李克用所败。旧史书中都有关于黄巢和张献忠杀人的夸大记载。

⑧“时日曷丧，予及汝偕亡”：语见《尚书·汤誓》。

⑨“一治一乱”：语见《孟子·滕文公》。

⑩“为圣天子驱除云尔”：语出《汉书·王莽传赞》之“圣王之驱除云尔”。唐代颜师古注：“言驱逐蠲除以待圣人也。”

迷津指路

《灯下漫笔》是鲁迅的一篇著名杂文，为《春末闲谈》的姊妹篇，本篇节选了第一部分。“漫笔”，是作家常用的一种表现形式，其特点是借事抒情、夹叙夹议、意味隽永。“漫”既是内容的“漫”无边际，又是“心事浩茫连广宇”的心绪“漫漫”，还是一种“漫延开来”的思维方式。文章以袁世凯复辟时期货币贬值的旧事为由头，生发出整个思绪和议论。我们在阅读时，要注意其漫延无际的笔墨、心绪、思维，从散漫无序中抓住其思想要点。本文结构灵活，先从具体的事件产生联想，引入本题，然后抓住论题，引用丰富，抽丝剥茧，由表及里地揭示事物的本质。

这篇文章写于1925年春末。当时，中国社会新旧斗争十分尖锐。一方面，中国几千年的旧文化、旧制度、旧传统层层因袭，到这时已经黑暗、反动、腐朽无比。它像一个巨大的毒瘤，长久地寄生于整个民族的肌体之上，禁锢着国民的身心，使人们变得畏惧而且麻木。另一方面，少数先驱者已经从黑暗中醒来，他们大声疾呼，试图唤醒“铁屋子”里沉睡的人，并开始荷戟奋战，要“肩住了黑暗的闸门，放他们到宽阔光明的地方去”(《我们现在怎样做父亲》)。鲁迅正是这少数觉醒的先驱者之一。他从旧的营垒中走来，对中国的历史有着深刻的研究，对中国社会“吃人”的本质十分洞悉，对当时的社会现实更是一眼看穿。这篇文章带着“进取之心”，批判了封建专制主义和蒙昧主义，批判了北洋军阀政府的黑暗统治，寄未来之厚望于中国现在之青年。

阅读延伸

鲁迅精神和我们的文学传统

2016年是鲁迅逝世80周年。80年间，斗转星移，世事变迁，中国社会发生了翻天覆地的变化。但是，鲁迅留给我们的精神遗产却始终如一条涓涓细流，从未间断。尤其在文学方面，不但鲁迅当年的创作始终是后人难以超越的高峰，而且可以毫不夸张地说，我们所寄寓的文学传统，有相当一部分来自鲁迅，肇始于鲁迅。

阅读鲁迅文本，我们便进入湍急的精神激流，被一遍遍洗刷着。他引领着我们造访远古的遗存，也攀缘着精神的圣地。他的文风透着热气，也散出古老文明的气息。他有一种颠覆性的智慧，却又在暖意中流淌着人间爱意。他在留下的翻译文字、创作文字和整理国故的文字里，指示着未来文化的方向，“外之既不后于世界之思潮，内之弗失固有之血脉”。他一直启示着一代又一代人。

鲁迅为什么常读常新？因为其遗产纠葛着历史的敏感之点，人性的敏感之点，存在的敏感之点。他警惕历史的轮回，希望在没有路的地方走路；拒绝文学中的瞒与骗，强调赤诚之心；反对主奴意识的侵蚀，礼赞人间的正义。在表达自己思想的时候，他敞开着胸怀，又能不断拷问自己的灵魂，在精神的突围里一次次呈现着创造性的实绩。当我们遇到困苦和不幸的时候，鲁迅文字间流动的智慧与勇气，会成为我们行走的参照，那些鲜活的思想召唤着我们走在克服困苦的路上。无论是在战争时期还是在和平年代，其文字一直像燃烧的灯火，照耀着不断摸索新路的人们。这是自孔夫子以来罕有的伟人，他的精神的现实性和超越性，乃新文化原点性的存在。重要的还在于，鲁迅的经验对于现代性的明暗、曲直，以及存在的缺陷，都有启悟的价值，这一点在今天越来越清楚地显现出来。

当然，鲁迅是人不是神。鲁迅在文学和思想实践中前行的路，也是一条在犹豫彷徨中挣扎前行的路。他的挣扎与批判，其实就是一个知识分子在特定历史境遇中的文化自觉。在这自觉中，现代中国文化的某些现代性缺陷才会得以显现，也才会获得拯治。在这个意义上，坦然而真切地面对鲁迅及其他现代中国文学与文化的先驱，回到一个复杂而完整的鲁迅那里去，在我看来，乃是对于鲁迅精神的自觉承继和光大。或许唯其如此，鲁迅才会永远生动地活着——是的，在人类文学和思想的天空，鲁迅是永远不会逝去的存在！

以现代人的清醒，以思想家的理智，以革命家的敏锐，以文学家的激情，来系统地、缜密地、持续地“研究”中国人，进行空前的彻底的民族反省，终生为民族及其子民们的自我更新而奋斗，并获得了卓越的成就，产生了广泛而深刻影响的，在中国文化史上，迄今为止，仍应首推有着“民族魂”之誉的鲁迅！这或许可以说是对鲁迅研究领域“三家说”(思想家、文学家和革命家)的积极继承和阐释。

今天还需要读鲁迅吗？与鲁迅相连的文学传统还有必要坚守延续吗？阅读鲁迅，坚守鲁迅传统，意味着不惧沉重，意味着反思与精神自剖，这个过程中难有愉悦的体验。相比之下，那些鸡汤散文、娱乐小说读来要快意得多。对此，只需要明白一个道理：一百份甜品也没有一份主食营养丰富，虽然甜品更甘饴可口。

[选自《鲁迅精神和我们的文学传统(文艺观象)》，载《人民日报》，2016-11-04。文字有改动]

能力拓展

1. 诵读课文。体会和理解鲁迅关于中国历史分作两个时代——“想做奴隶而不得的时代”和“暂时做稳了奴隶的时代”的观点。

2. 你认为本文向青年阐明的最重要的道理是什么？

3. 口才训练：以“我所认识的鲁迅”为题，进行演讲。

第五课　赠与今年的大学毕业生

课前导引

胡适(1891—1962)，曾用名嗣糜，字希疆，学名洪骍，后改名适，字适之，思想家、文学家、哲学家，他以倡导“白话文”、领导新文化运动闻名于世。幼年就读于家乡私塾，19岁考取庚子赔款官费生，留学美国，师从哲学家约翰·杜威，1917年1月在《新青年》发表的《文学改良刍议》提出要废文言而倡白话，言文合一，是文学革命的发难之作，在中国现代文学史上有突出贡献。1917年夏回国，受聘为北京大学教授。1918年加入《新青年》编辑部，大力提倡白话文，宣扬个性解放、思想自由，与陈独秀同为新文化运动的领袖。他从创作理论的角度阐述新旧文学的区别，提倡新文学创作，翻译都德、莫泊桑和易卜生的部分作品。五四运动后，他同李大钊、陈独秀等接受马克思主义的知识分子分道扬镳，由“问题与主义之争”开其端，倡导改良。20世纪20年代办《努力周报》，30年代办《独立评论》。胡适一生的学术活动主要在文学、哲学、史学、考据学、教育学、红学几个方面，主要著作有《中国哲学史大纲》(上)、《尝试集》、《白话文学史》(上)和《胡适文存》等。他在学术上影响最大的是提倡"大胆地假设、小心地求证"的治学方法。

经典展示

这一两个星期里，各地的大学都有毕业的班次，都有很多的毕业生离开学校去开始他们的成人事业。

学生的生活是一种享有特殊优待的生活，不妨幼稚一点，不妨吵吵闹闹，社会都能纵容他们，不肯严格的要他们负行为的责任。现在他们要撑起自己的肩膀来挑他们自己的担子了。在这个国难最紧急的年头，他们的担子真不轻！我们祝他们的成功，同时也不忍不依据我们自己的经验，赠他们几句送行的赠言——虽未必是救命毫毛，也许做个防身的锦囊罢！

你们毕业之后，可走的路不出这几条：绝少数的人还可以在国内或国外的研究院继续做学术研究；少数的人可以寻着相当的职业；此外还有做官、办党、革命三条路；此外就是在家享福或者失业闲居了。第一条继续求学之路，我们可以不讨论。走其余几条路的人，都不能没有堕落的危险。堕落的方式很多，总括起来，约有这两大类：

第一是容易抛弃学生时代求知识的欲望。你们到了实际社会里，往往所用非所学，往往所学全无用处，往往可以完全用不着学问，而一样可以胡乱混饭吃，混官做。在这种环境里即使向来抱有求知识学问的决心的人，也不免心灰意懒，把求知的欲望渐渐冷淡下去。况且学问是要有相当的设备的：书籍，试验室，师友的切磋指导，闲暇的工夫，都不是一个平常要糊口养家的人能容易办到的。没有做学问的环境，又谁能怪我们抛弃学问呢？

第二是容易抛弃学生时代理想的人生的追求。少年人初次与冷酷的社会接触，容易感觉理想与事实相去太远，容易发生悲观和失望。多年怀抱的人生理想，改造的热诚，奋斗的勇气，到此时候，好像全不是那么一回事。渺小的个人在那强烈的社会炉火里，往往经不起长时期的烤炼就熔化了，一点高尚的理想不久就幻灭了。抱着改造社会的梦想而来，往往是弃甲曳兵而走，或者做了恶势力的俘虏。你在那俘虏牢狱里，回想那少年气壮时代的种种理想主义，好像都成了自误误人的迷梦！从此以后，你就甘心放弃理想人生的追求，甘心做现成社会的顺民了。

要防御这两方面的堕落，一面要保持我们求知识的欲望，一面要保持我们对人生的追求。有什么好法子呢？依我个人的观察和经验，有三种防身的药方是值得一试的。

第一个方子只有一句话："总得时时寻一两个值得研究的问题！"问题是知识学问的老祖宗；古今来一切知识的产生与积聚，都是因为要解答问题——要解答实用上的困难或理论上的疑难。所谓"为知识而求知识"，其实也只是一种好奇心追求某种问题的解答，不过因为那种问题的性质不必是直接应用的，人们就觉得这是"无所为"的求知识了。

我们出学校之后，离开了做学问的环境，如果没有一个两个值得解答的疑难问题在脑子里盘旋，就很难继续保持追求学问的热心。可是，如果你有了一个真有趣的问题天天逗你去想他，天天引诱你去解决他，天天对你挑衅笑你无可奈何他，这时候，你就会同恋爱一个女子发了疯一样，坐也坐不下，睡也睡不安，没工夫也得偷出工夫去陪她，没钱也得撙衣节食去巴结她。没有书，你自会变卖家私去买书；没有仪器，你自会典押衣服去置办仪器；没有师友，你自会不远千里去寻师访友。你只要能时时有疑难问题来逼你用脑子，你自然会保持发展你对学问的兴趣，即使在最贫乏的智识环境中，你也会慢慢的聚起一个小图书馆来，或者设置起一所小试验室来。所以我说，第一要寻问题。脑子里没有问题之日，就是你智识生活寿终正寝之时！古人说，“待文王而兴者，凡民也。若夫豪杰之士，虽无文王犹兴。”试想伽利略(Galileo)和牛顿(Newton)有多少藏书？有多少仪器？他们不过是有问题而已。有了问题而后，他们自会造出仪器来解答他们的问题。没有问题的人们，关在图书馆里也不会用书，锁在试验室里也不会有什么发现。

第二个方子也只有一句话：“总得多发展一点非职业的兴趣。”离开学校之后，大家总得寻个吃饭的职业。可是你寻得的职业未必就是你所学的，或者未必是你所心喜的，或者是你所学而实在和你的性情不相近的。在这种状况之下，工作就往往成了苦工，就不感觉兴趣了。为糊口而做那种非“性之所近而力之所能勉”的工作，就很难保持求知的兴趣和生活的理想主义。最好的救济方法只有多多发展职业以外的正当兴趣与活动。

一个人应该有他的职业，又应该有他的非职业的玩艺儿，可以叫做业余活动。凡一个人用他的闲暇来做的事业，都是他的业余活动。往往他的业余活动比他的职业还更重要，因为一个人的前程往往全靠他怎样用他的闲暇时间。他用他的闲暇来打麻将，他就成了个赌徒；你用你的闲暇来做社会服务，你也许成个社会改革者；或者你用你的闲暇去研究历史，你也许成个史学家。你的闲暇往往定你的终身。英国十九世纪的两个哲人，弥儿(J. S. Mill)①终身做东印度公司的秘书，然而他的业余工作使他在哲学上，经济学上，政治思想史上都占一个很高的位置；斯宾塞(Spencer)②是一个测量工程师，然而他的业余工作使他成为前世纪晚期世界思想界的一个重镇。古来成大学问的人，几乎没有一个不是善用他的闲暇时间的。特别在这个组织不健全的中国社会，职业不容易适合我们的性情，我们要想生活不苦痛或不堕落，只有多方发展业余的兴趣，使我们的精神有所寄托，使我们的剩余精力有所施展。有了这种心爱的玩艺儿，你就做六个钟头的抹桌子工夫也不会感觉烦闷了，因为你知道，抹了六点钟的桌子之后，你可以回家去做你的化学研究，或画完你的大幅山水，或写你的小说戏曲，或继续你的历史考据，或做你的社会改革事业。你有了这种称心如意的活动，生活就不枯寂了，精神也就不会烦闷了。

第三个方子也只有一句话：“你总得有一点信心。”我们生当这个不幸的时代，眼中所见，耳中所闻，无非是叫我们悲观失望的。特别是在这个年头毕业的你们，眼见自己的国家民族沉沦到这步田地，眼看世界只是强权的世界，望极天边好像看不见一线的光明，——在这个年头不发狂自杀，已算是万幸了，怎么还能够希望保持一点内心的镇定和理想的信心呢？我要对你们说：这时候正是我们要培养我们的信心的时候！只要我们有信心，我们还有救。

古人说："信心(Faith)可以移山。"又说："只要工夫深，生铁磨成绣花针。"你不信吗？当拿破仑的军队征服普鲁士占据柏林的时候，有一位穷教授叫做费希特(Fichte)③的，天天在讲堂劝他的国人要有信心，要信仰他们的民族是有世界的特殊使命的，是必定要复兴的。费希特死的时候，谁也不能预料德意志统一帝国何时可以实现。然而不满五十年，新的统一的德意志帝国居然实现了。

一个国家的强弱盛衰，都不是偶然的，都不能逃出因果的铁律的。我们今日所受的苦痛和耻辱，都只是过去种种恶因种下的恶果。我们要收获将来的善果，必须努力种现在的新因。一粒一粒的种，必有满仓满屋的收，这是我们今日应该有的信心。

我们要深信：今日的失败，都由于过去的不努力。

我们要深信：今日的努力，必定有将来的大收成。

佛典里有一句话："福不唐捐。"唐捐就是白白的丢了。我们也应该说："功不唐捐！"没有一点努力是会白白的丢了的。在我们看不见想不到的时候，在我们看不见的方向，你瞧！你下的种子早已生根发叶开花结果了！

你不信吗？法国被普鲁士打败之后，割了两省地，赔了五十万万法郎的赔款。这时候有一位刻苦的科学家巴斯德(Pasteur)④终日埋头在他的试验室里做他的化学试验和微菌学研究。他是一个最爱国的人，然而他深信只有科学可以救国。他用一生的精力证明了三个科学问题：(1)每一种发酵作用都是由于一种微菌的发展；(2)每一种传染病都是由于一种微菌在生物体中的发展；(3)传染病的微菌，在特殊的培养之下，可以减轻毒力，使它从病菌变成防病的药苗。——这三个问题，在表面上似乎都和救国大事业没有多大关系。然而从第一个问题的证明，巴斯德定出做醋酿酒的新法，使全国的酒醋业每年减除极大的损失。从第二个问题的证明，巴斯德教全国的蚕丝业怎样选种防病，教全国的畜牧农家怎样防止牛羊瘟疫，又教全世界的医学界怎样注重消毒以减除外科手术的死亡率。从第三个问题的证明，巴斯德发明了牲畜的脾热瘟的疗治药苗，每年替法国农家减除了二千万法郎的大损失；又发明了疯狗咬毒的治疗法，救济了无数的生命。所以英国的科学家赫胥黎(Huxley)⑤在皇家学会里称颂巴斯德的功绩道："法国给了德国五十万万法郎的赔款，巴斯德先生一个人研究科学的成绩足够还清这一笔赔款了。"巴斯德对于科学有绝大的信心，所以他在国家蒙奇辱大难的时候，终不肯抛弃他的显微镜与试验室。他绝不想他的显微镜底下能偿还五十万万法郎的赔款，然而在他看不见想不到的时候，他已收获了科学救国的奇迹了。

朋友们，在你最悲观最失望的时候，那正是你必须鼓起坚强的信心的时候。你要深信：天下没有白费的努力。成功不必在我，而功力必不唐捐。

（选自胡适：《容忍与自由》，北京，中国言实出版社，2014）

文本注释

①弥儿：约翰·斯图尔特·密尔(John Stuart Mill)，旧译穆勒。19 世纪英国著名哲学家、经济学家、政治理论家，西方近代自由主义重要代表人物之一。

②斯宾塞：赫伯特·斯宾塞(Herbert Spencer)，英国哲学家、社会学家，倡导综合哲学、普通进化论和社会有机体论，认为人类社会与国家是生物有机体。

③费希特：约翰·戈特利布·费希特(Johann Gottlieb Fichte)，德国作家、哲学家，古典主义哲学的重要代表。作为一个哲学家，他寻求对哲学思想，特别是康德唯心主义思想的统一；作为一名爱国主义者，他试图唤醒德意志人民的统一意识。

④巴斯德：路易斯·巴斯德(Louis Pasteur)，法国著名微生物学家、化学家。他把微生物研究从主要研究微生物的形态转移到研究微生物的生理途径上来，从而奠定了工业微生物学和医学微生物学的基础，并开创了微生物生理学，在战胜狂犬病、鸡霍乱、炭疽病、蚕病等方面做出了贡献。他发明的巴氏灭菌法被广泛应用。

⑤赫胥黎：托马斯·亨利·赫胥黎(Thomas Henry Huxley)，英国博物学家、生物学家、教育家。代表作有《人类在自然界中的地位》《论有机界现象的起因》和《进化论和伦理学》(部分由严复译为《天演论》)。

迷津指路

本文是胡适在 1932 年 6 月为即将走上社会的北京大学毕业生所作的演讲，最初发表于 1932 年《独立评论》第 7 号。胡适时任北大文学院院长兼中国文学系主任。为避免青年学生走出大学后变得堕落，胡适奉上三剂“防身的药方”：一是“总得时时寻一两个值得研究的问题”；二是“总得多发展一点非职业的兴趣”；三是“总得有一点信心”。两年后，他在另一篇同名文章中表示：“心里要说的话，想来想去，还只是这三句话。”1960 年做相关演讲时，内容依然是这三句话，只不过将这三剂药方定名为“问题丹”“兴趣散”和“信心汤”。可见，本文中的观点是经过深思熟虑的，而且长期为胡适所坚持。

阅读延伸

胡适在新文化运动中的地位和作用

1915 年，袁世凯复辟帝制的活动正紧锣密鼓地进行着，辛亥革命燃起的希望之火熄灭了，黑暗重新笼罩中华大地。这时，陈独秀从日本回国，在上海创办了《新青年》，提出“民主”与“科学”两大口号，吹响了新文化运动的号角。1917 年，在美国留学的 27 岁的胡适，通过越洋通信，在《新青年》第二卷上发表了著名的《文学改良刍议》，与陈独秀携手，高举起“文学革命”的大旗。民国初年这场史无前例的新文化运动，由此进入高潮。胡适回国后更加活跃于文坛，并“爆得大名”。在此后的很多年里，“胡适”这个名字始终活跃于中文世界，尽管褒贬不一，但谁也不能无视他的存在。那么，胡适在新文化运动中到底起了哪些作用，又该如何评价他的地位与作用呢？

一、胡适称得上中国新文学的“开山鼻祖”之一

1917年2月，胡适在《文学改良刍议》一文中提出文学改良的八项内容：“一，须言之有物。二，不摹仿古人。三，须讲求文法。四，不作无病之呻吟。五，务去滥调套语。六，不用典。七，不讲对仗。八，不避俗字俗语。”陈独秀称胡适的这篇文章为“今日中国文界之雷音”。稍后，在《历史的文学观念论》中，胡适又提出：“一时代有一时代之文学”，“古人已造古人之文学，今人当造今人之文学”。1918年，他在《建设的新文学革命论》中，又把所谓“八不主义”总为四条：“一、要有话说，方才说话”；“二、有什么话，说什么话；话怎么说，就怎么说”；“三、要说我自己的话，别说别人的话”；“四、是什么时代的人，说什么时代的话”。他强调，他的“建设新文学论”的唯一宗旨“只有十个大字：‘国语的文学，文学的国语’”。胡适上述言论，概括起来只有一个意思，就是对在中国延续了两千年的文言文说“不”。这是一件很不容易很不轻松的事，它除了向传统文化的载体——文言表述方式提出挑战外，还要向其承载者——包括胡适自己在内的每一个文化人的习惯势力宣战。常对别人讲“说老实话，包你有力量”的胡适，从其提出文学革命主张的一刻起，就强调了“说你自己的真心话”“说老实话”的白话文主旨，为以新文学取代旧文学打开了缺口，对开展文学革命和创建新文学起了重要的倡导和推动作用。这也正是他在中国现代文学史上的主要贡献。数千年来，中国通用的书面语没有白话文的合法地位，只有与口语脱节的文言文才算正统。直到五四时期，经胡适的提出及新文化运动的洗礼，白话文的运用迅速增多，终于取代了文言文在书面表述上的支配地位，也开辟了现代中国文学的崭新纪元。

五四文学革命前后，胡适还身体力行地投入文学创作与评论的实践之中。在文学理论方面，他陆续发表了《论短篇小说》《文学进化观念与戏剧改良》《谈新诗》等文章，从创作理论的角度阐述了新文学与旧文学的区别，大力提倡新文学创作。在引进西方文学作品方面，他翻译了都德、莫泊桑、易卜生等名家的部分作品，为国内的新文学创作提供借鉴。最为可贵的是，胡适一马当先，尝试用白话文进行文学创作。1917年2月出版的《新青年》，发表了他的几首白话诗，这是现代文学史上的第一批新诗。这些作品虽然还留有旧诗的若干痕迹，但采用自然音节和自由句式，开始打破传统的诗歌格律，内容也表达了民主主义、人道主义的思想倾向。正如他把它们结集时取名“尝试集”所表明的，他在新诗创作方面进行了积极有益的“尝试”。胡适又于1919年发表自称为“游戏的喜剧”的《终身大事》，明显带有易卜生的影响。尽管反封建的主题思想相当软弱，但《终身大事》仍因触及觉醒中的青年普遍关心的婚姻恋爱自主、妇女解放等社会课题激起强烈反响。所有这些，使胡适成为五四文学革命和初期新文学运动中的重要代表人物。

与此同时，胡适还致力于白话文学史的研究和章回小说的考证工作，著有《白话文学史》(上)一书。1920年起，他陆续写了关于《水浒传》《红楼梦》《西游记》《三国演义》等书的考证文章，后结集为《中国章回小说考证》出版。他将所考证的小说分为两类，一类以《水浒传》为代表，称历史小说，着重研究其历史演变过程；另一类以《红楼梦》为

代表，称创作小说，着重考证其作者的身世、经历。1921—1933 年，他共作 5 篇考证《红楼梦》的文章，否定了索隐派的旧红学，创立“自传说”，促进了后来被称为“新红学”的红学研究学派的成立。

胡适这一时期的文学主张、创作实践、研究工作，在新文化运动中产生了较大影响。没有“胡适”，恐怕也就没有“白话文运动”——至少运动不会在那时发生。

二、胡适的学术研究在中国现代学术史上有重要地位

1919 年 7 月，胡适在《每周评论》第 31 号上发表了《多研究些问题，少谈些主义》，立即在学术界引起反响。这篇包含着“远离政治”主张的文章，在学术研究上提出了胡氏治学的“三步法”。后来，在《杜威先生与中国》一文中，他又把它们概括为“实验的方法”：1. 从具体的事实与境地下手；2. 一切学说理想，一切知识，都只是待证的假设，并非天经地义；3. 一切学说与理想都须用实行来试验过，实验是真理的唯一试金石。胡适还把他从杜威那里学来的治学方法用于“整理国故”的具体实践。1919 年 8 月，胡适写了《论国故学——答毛子水》一文，强调了用科学的研究法去做国故研究的意义，并把整理国故同新文化运动联系起来，指出：“新思潮对于旧有文化的态度，在消极的一方面是反对盲从，是反对调和；在积极的一方面，是运用科学方法来做整理的工夫。”因此，他把新文化运动概括为“研究问题，输入学理，整理国故，再造文明”。于是，一场“整理国故”运动兴起了。1921 年，胡适草拟了《整理国故的计划》。在胡适等人的倡导下，商务印书馆出版了《国学基本丛书》《国学基本丛书简编》《学生国学丛书》《国学小丛书》等数百种书籍。胡适在有关历史的方法论、古籍整理、个人传记写作、考古学、专史研究甚至档案文献学方面，都有了不起的建树。其治学方法与路径，更是影响了几代中国学者。

另外，胡适在哲学方面也有很大建树。他输入实用主义哲学不限于一般的宣传，而且用以解释中国的现实，把它具体运用到政治、历史、文学、教育等多个学术领域，因此有比较广泛的影响。在五四运动前后，胡适宣传实用主义哲学，具有反对中国传统的封建思想的进步意义；但另一方面，其“少谈些主义”的论调不利于马克思主义在中国的传播，也与中国的新民主主义革命进程相脱节。

总之，胡适对中国新文化运动贡献极大，堪称中国新文化运动中的巨星。他一方面介绍欧美的思想、文化；另一方面用西方的科学方法来整理和重估中国古代的文化遗产，并兼顾文学创作、学术研究，在文、史、哲三个领域都著作颇丰。从新文化运动时期起，历次重大的学术文化争论，他都直接间接地参与其中。作为一种思想和学派的代表人物，胡适在中国现代学术文化史上占有重要地位。

[选自胡廷林：《胡适在新文化运动中的地位和作用》，载《历史学习》，2020(11)。文字有改动]

能力拓展

1. 作者在文章结尾说：“成功不必在我，而功力必不唐捐。”如何领会这句话？胡适在文中给青年学生开出的药方，对你有什么启迪意义吗？

2. 毕业致辞往往寄托着老师对学生、长者对晚辈的热切关爱和殷切期望。作为一种文体，已然走出了校园，受到社会的广泛关注。然而，社会关注的恐怕不仅在于漂亮的文本，更希望透过校长、教授们的毕业致辞，窥探大学的文化和精神。课外选诵几篇大学校长的毕业致辞，相互交流学习。

3. 课外观看《觉醒年代》等重大革命历史题材的影视剧，走进五四时期那一段如歌的岁月，走近那一群燃烧理想、勇于担当的热血青年，学习他们怀揣理想，坚守信仰，一步一步坚定走下去，以“永远年轻，永远热泪盈眶”激励自己“活出了青年人最好的样子”。

专题四

忧患意识　家国情怀

第一课　召公谏厉王止谤

课前导引

本文选自《国语·周语上》。《国语》是我国第一部国别体史书，记载了西周至春秋时期周、鲁、齐、晋、郑、楚、吴、越八国的一些史实，起自周穆王(周穆王十二年，即公元前990年)，终于鲁悼公(周贞定王十六年，即公元前453年)。内容包括《周语》《鲁语》《齐语》《晋语》《郑语》《楚语》《吴语》《越语》八部分，以记言为主，包括各贵族间朝聘、宴会、讽谏、辩论、应对之辞，故名为《国语》。其中，以《周语》的记载最详备，其余各国所记都是侧重某几个人物和事件。《国语》的作者历来没有定论，相传和《左传》都出于左丘明之手。一般的看法是，《国语》的成书有一个过程，最初是左丘明传诵，然后是时人传习，最后经列国之瞽史改编、润色而成。时代大约在战国初年或稍后。《国语》文字质朴简练，文学成就虽不及《左传》，但也是先秦时期重要的散文著作。

周厉王是我国历史上有名的暴君，他任用佞臣，封山占水，不让人打柴、渔猎，断绝广大民众的生计。他还增加平民的负担，对邻邦进行不义的征伐。他倒行逆施，横征暴敛，引起民众的强烈不满，也引起有识之士的深深忧虑，本文就是在这种背景下写的。

本文记载了召公劝诫周厉王止谤的一番议论，提出了“防民之口，甚于防川”的卓越见解。对比当前我国人民当家作主的社会主义民主制度，体会召公的民主思想的进步意义。文章结构谨严，情辞恳切，语言简明传神。

经典展示

厉王虐[①]，国人谤王[②]。召公[③]告曰：“民不堪命矣[④]！”王怒，得卫巫[⑤]，使监[⑥]谤者，以告，则杀之。国人莫敢言，道路以目[⑦]。

王喜，告召公曰：“吾能弭谤[⑧]矣，乃[⑨]不敢言。”召公曰：“是障之也[⑩]。防民之口，甚[⑪]于防川。川壅而溃[⑫]，伤人必多，民亦如之[⑬]。是故为川者决之使导[⑭]，为民者宣之使言[⑮]。故天子听政[⑯]，使公卿至于列士献诗[⑰]，瞽献曲[⑱]，史献书[⑲]，师箴[⑳]，瞍赋[㉑]，矇诵[22]，百工[23]谏，庶人[24]传语，近臣尽规[25]，亲戚补察[26]，瞽、史教诲[27]，耆、艾修之[28]，而后王斟酌[29]焉，是以事行而不悖[30]。民之有口也，犹土之有山川也，财用于是乎出[31]；犹其有原隰[32]，衍沃也[33]，衣食于是乎生。口之宣言[34]也，善败于是乎兴[35]，行善而备败[36]，所以阜[37]财用、衣食者也。夫民虑[38]之于心而宣之于口，成而行之[39]，胡可壅也？若壅其口，其与能几何[40]？”

王弗听，于是国人莫敢出言。三年，乃流王于彘[41]。

（选自《古文观止》，钟基、李先银、王身钢译注，北京，中华书局，2012）

文本注释

①厉王：周厉王，公元前878年至公元前842年在位。虐：残暴。

②国人：西周、春秋时对居住于国都的人的统称，属于统治阶级，有参与议论国事的权力。谤：公开批评指责别人的过失。

③召公：一作“邵公”，即召穆公，名虎，周的卿士。

④堪：经受。命：指周厉王暴虐的政令。

⑤巫：古代以降神事鬼为职业的人。

⑥监：监视。

⑦目：用眼睛看看，用作动词，表示敢怒不敢言。

⑧弭(mǐ)谤：消除议论。弭，消除。

⑨乃：竟，居然。

⑩是：此，指“弭谤”的做法。障：筑堤防水。这里是阻挡、堵塞的意思。

⑪甚：厉害，严重。

⑫壅(yōng)：堵塞。溃：水冲破堤坝。

⑬民亦如之：指民众的舆论也像这样。

⑭为川者：治水的人。决：疏浚水道，排除阻塞。导：流通。

⑮宣之使言：宣导百姓，使之尽言。

⑯听政：治理国政。听，治理，处理。

⑰公卿：周王室官职分为公、卿、大夫、士各级。士是下层官员，有上士、中士、下士三个等级，故称“列士”。诗：指采集于民间的讽谏诗。

⑱瞽(gǔ)：无目曰瞽，这里指乐师。曲：乐曲。

⑲史：史官。书：典籍。

⑳师：少师，低于太师的乐官。箴：含有规诫意义的文辞，即箴言。

㉑瞍(sǒu)：无眸子曰瞍。赋：不歌而诵，即有一定音节强调的朗诵，指朗诵公卿列士所献的诗。

㉒矇(méng)：有眼眸子而看不见的盲人。诵：讽诵，指讽诵那些箴言之语。一说指不配合乐曲的诵读。

㉓百工：各种手工艺者，一说百工即百官。

㉔庶人：平民百姓。因地位低贱，庶人对政事的意见不能直接上达，只能通过他

人间接地传达给君主，故说“庶人传语”。

㉕近臣：指君主身边的近侍。尽规：尽力规谏。一说“尽”同“近”，即进献规谏之语。

㉖补：弥补君主的过失。察：监督君主的行为。

㉗瞽、史教诲：乐师、史官各尽其职，用乐曲、文献对国王进行教诲。

㉘耆(qí)、艾：年六十称“耆”，年五十称“艾”，合为老年人的通称。这里指君主的师傅及朝廷元老。修之：警戒君主。一说“修”为修治整理，“之”指代瞽、史的教诲。

㉙斟酌：反复衡量，考虑取舍。

㉚不悖：指不违背情理。

㉛于是乎出：从这里生产出来。于，从。是，这。乎，助词。

㉜原：宽阔平坦的土地。隰(xí)：低下而潮湿的土地。

㉝衍：低下而平坦的土地。沃：有河流灌溉的土地。

㉞宣言：发表言论。

㉟善：好，兴盛。败：坏，衰败。兴：起。

㊱行善而备败：推行那些人民认为好的，防备那些人民认为坏的。

㊲阜(fù)：增加，使……丰富，意动用词。

㊳虑：考虑，深思熟虑。

㊴成：成熟，完善。行：这里有自然流露和传开的意思。

㊵与：语气词，无实义。几何：指多少时间，意为不久。

㊶乃流王于彘(zhì)：终于把王放逐到彘地。乃，终于。流，流放，放逐。

迷津指路

这篇文章叙述周厉王凶残暴虐，到头来终于被民众驱逐流放的故事。第一段点明事情的起因在于厉王弭谤；第二段引出召公的劝谏之辞——反弭谤；第三段交代弭谤的结果，又验证照应第二段谏辞。该文首尾叙事，中间记言，事略言详，记言为主，体现了《国语》的一般特点。清人余诚评点此篇说“谏词只天子听政一段在道理上讲，其余俱是在利害上讲”，认为其笔法十分新警。

文章开头，妙语传神。“厉王虐，国人谤王”，寥寥七字胜于千言。“国人莫敢言，道路以目”，此语又是神来之笔。一边是厉王虐，一边是国人谤。谤由虐起，事出必然，因果明了，壁垒分明，一开篇便展现给读者一对不可调和的矛盾。这既引出召公苦谏的缘由，也为厉王的下场埋下了伏笔。接下来厉王的一“怒”一“喜”，两词如千钧，将矛盾推向高潮，且把周厉王的形象削琢得更加逼真。文章结尾，戛然而止。国人暴动，厉王被逐，那该是何其复杂的斗争。但作者全都略去，只写了“三年，乃流王于彘”。淡淡的七个字，给读者留下很大的想象空间。全文的叙述紧紧扣住厉王与民众，以“王虐”“王怒”“王不听”为一条线索，以民众的“谤王”“莫敢言”“流王于彘”为另一条线索，交织对立，叙事有序，起伏照应，极为精细。

这篇文章的另一大特点是修辞设喻。“防民之口，甚于防川”，说明人民的意见不可阻塞，无法壅蔽。如果暴虐无道，一意孤行，甚至以杀人相威逼，尽管暂时使人“道路以目”，不复敢言，但终将“川壅而溃”。全文善于运用比喻，前喻防民之口有大害，后喻宣民之言有大利，贴切巧妙，论证生动，笔意纵横，浑然一体，极尽行文变化之妙。

阅读延伸

周厉王的另一副面孔

西周王朝的厉王姬胡，是大家公认的中国古代史上继夏桀王、殷纣王之后的第三个暴君。《谥法解》说：“杀戮无辜曰厉。”所谓厉，是暴虐狠戾之意。周厉王既然以厉为谥，“行出于己，名生于人”，可见当时已被盖棺论定为暴君。战国时代的孟子又从而附益之，说：“暴其民甚，则身弑国亡；不甚，则身危国削。名之曰幽、厉，虽孝子慈孙，百世不能改也。”(《孟子·离娄》)这样一来，其暴君的恶名似乎已成定论。然而，事实殊不尽然。例如，已有金文资料并没有记载周厉王如何暴虐，而多是对其战功的描述，且西周青铜铭文中的“厉”字多被写成“剌”，“剌”通常被释为“烈”，“周剌王”即可被释为“周烈王”。这些资料和佐证为我们更好地理解周厉王这个人物提供了新的视角和思路。

事实上，周厉王统治时期，西周面临着严重的政治、经济和军事危机，特别是南淮夷和猃狁交相入侵，威逼京师。为何会如此呢？这还要从周的政治制度说起。与秦帝国的中央集权制不同，商周实行的是分封制或封建制。即商王和周王将领土和人口分给同姓及异姓诸侯，诸侯对所封领地享有管辖权，但同时必须服从天子并承担纳贡及军事义务。可见，商王或周王的“天下共主”身份依然带有部落首领的色彩。虽然“溥天之下，莫非王土。率土之滨，莫非王臣”，但是在现实中，天子只能对王畿之地拥有直接管辖权。这种基于血缘姻亲关系的宗法制，在一定条件下确实对维系王权统治起到了重要作用。然而，这种政治制度的致命缺陷在于，随着天子这一天下大宗与其他宗子之间血缘关系的淡泊，其政治、利益的关联度会日渐疏离。分封制度的建立者并非没有考虑到这一点，因此会通过监察制度和军事压力等牵制诸侯。然而，这些其实无法从根本上解决权力和利益纷争问题。虽然周王室和畿内贵族在西周中期以前保持着共存共荣的良好关系，但是这种关系逐渐随着周王室衰微、贵族内部矛盾激化、贵族势力相对王权的上升而转变。西周中期的牧簋有一段铭文记述了周王谴责官僚贪污腐败、虐待百姓、滥用职权的现象。到了西周中晚期，贵族侵占王室财产的现象已经比较常见。这又进一步加深了周王室的财政危机。

事实上，在穆王死后，西周百姓便生活在随时可能遭受异族侵犯的恐惧中，王室财政在经历了数代自杀式的封赏和贵族侵吞后，出现了严重危机。周王室所面临的上述内困到了周厉王的父亲周夷王时已十分严峻。尤其在边境吃紧的形势下，周厉王采取改革措施势在必行。那么，周厉王究竟做了什么？根据《国语·周语下》的记载：“厉始革典，十四王矣。”我们无法知道详细的革典内容，但根据文献的简略记载，基本可知，周厉王把原本由贵族公用的山泽资源收归周王室，强化对贵族财产的管理。各种史料对“山林薮泽之利”着墨最多。对此，许倬云教授在《西周史》中推测：“周人在分封制度下，山林薮泽之利，由各级封君共享。即使以赏赐或纳贡方式，资源仍可上下分治。厉王专利，相对的也就使诸侯不享。”虽然后来，自商鞅变法，推行“壹山泽”(国家垄断山泽资源)后，国家垄断某些利润丰厚的行业已经成为理所当然，但是在西周，“利益均沾”才是常态，是祖宗家法，更是一种“德行”。周厉王垄断山林薮泽的开采权，严重损害了贵族集团的利益，同时也是失德之举。对于这种周王室“国有化”的措施，贵族集团和其代表官僚只能在道义的话语体系内规劝天子，而不能过于赤裸地围绕利益分配进行协商，后世儒生在编撰史书中也尽可能地渲染周厉王的“失德”。除了任用荣公推行垄断“山林薮泽之利”的改革，周厉王还采取了一系列措施剥夺贵族利益，也就是所谓“荣公为卿士，诸侯不享”(《国语·周语上》)。

这一系列改革措施很可能改善了周王室的财政状况，周厉王时期王室威信和军事实力的明显提升可为其证明。西周青铜器的铭文记述了周厉王一系列对外征战事迹。虽然一般而言，铭文主要赞美功绩而较少记载失利，但周厉王的确取得了许多重大战役的胜利。可见，周王室的国威得到了一定的恢复，而这应该与上述周厉王采取的增加财政收入的措施有显著关联。

周厉王可能不是一位英主，但他的确试图扭转西周自中期以来的衰颓命运。从当时他的对外战争行为以及和贵族集团的互动来看，周厉王很可能是一个刚愎自用、强硬好战且抵触负面言论的人。而且，当改革措施与利益集团产生直接冲突时，他希望通过封锁“国人”与王室之间传统的政治协商机制来实现集权。于是，在利益集团对既得利益和宗族存亡命运的担忧中，矛盾不断激化，最终导致了一场针对周厉王本人的政变。

(系编者参考相关资料后自撰)

能力拓展

1. 召公的劝谏之辞说了几层意思？在召公看来，怎样才能达到理想的“弭谤”效果？

2.“乃流王于彘”是周厉王的必然结局吗？为什么？

3. 历史常常上演明君忠臣的故事，唐太宗李世民与大臣魏征是这方面的代表，于是有了“贞观之治”。课外诵读魏征的《谏太宗十思疏》等，并与本文进行对比分析。

第二课　谏逐客书

课前导引

李斯(？—前208)，战国末年楚国上蔡(今河南上蔡西南)人，政治家、文学家和书法家。李斯早年为郡小吏，后从荀子学帝王之术。虽然荀子是儒家的代表人物，但是他最著名的两个弟子李斯和韩非却都是法家代表。法家是中国历史上提倡以法治为核心思想的重要学派，以富国强兵为己任，强调“不别亲疏，不殊贵贱，一断于法”。李斯学成后入秦，初被吕不韦任以为郎，后劝说秦王灭诸侯、成帝业，被任为长史。秦王采纳其计谋，遣谋士持金玉游说关东六国，离间各国君臣，又任其为客卿。公元前237年，秦王下令驱逐六国客卿。李斯上《谏逐客书》，不久官为廷尉。秦统一天下后，李斯与王绾、冯劫议定尊秦王为皇帝，并制定有关的礼仪制度，后来被任为丞相。他建议拆除郡县城墙，销毁民间的兵器；主张焚烧民间藏书，禁止私学；反对分封制，坚持郡县制。他还参与制定了法律，统一车轨、文字、度量衡。秦始皇死后，他与赵高合谋，伪造遗诏，迫令始皇长子扶苏自杀，立少子胡亥为帝。后为赵高所忌，于秦二世二年(前208年)被腰斩于咸阳闹市，夷三族。

有秦一代，秦始皇推行严酷的文化专制政策，抹掉了这个时代的诗性光彩。秦代因其所历时间很短，没有留下更多文章，而李斯却有《谏逐客书》及《泰山刻石文》、《琅琊台石刻》传世，所以鲁迅说“秦之文章，李斯一人而已。”秦为统一中国，广揽人才，韩国为削弱秦国势力，趁秦国招揽人才之机，派水利专家郑国入秦，企图通过让秦国修灌渠来耗费财力，从而削弱秦国的军事实力。计谋败露之后，秦国大臣宗室污蔑客卿都不可靠，纷纷要求驱逐客卿。公元前237年，秦始皇下令逐客，李斯亦在被逐之列。在被勒令出境的途中，李斯写下了《谏逐客书》一文，指出驱逐客卿是错误的，劝阻秦始皇不要逐客。秦始皇采纳了李斯的意见，收回了逐客令，并恢复了李斯的官职。

经典展示

臣闻吏议逐客，窃以为过矣。昔穆公[①]求士，西取由余[②]于戎，东得百里奚[③]于宛，迎蹇叔[④]于宋，来丕豹、公孙支于晋[⑤]。此五子者，不产于秦，而穆公用之，并国二十，遂霸西戎。孝公用商鞅之法[⑥]，移风易俗，民以殷盛[⑦]，国以富强，百姓乐用，诸侯亲服，获楚、魏之师[⑧]，举地千里，至今治强。惠王用张仪之计[⑨]，拔三川之地[⑩]，西并巴、蜀，北收上郡[⑪]，南取汉中[⑫]，包九夷[⑬]，制鄢、郢，东据成皋[⑭]之险，割膏腴之壤，遂散六国之从[⑮]，使之西面事秦，功施[⑯]到今。昭王得范睢[⑰]，废穰侯[⑱]，逐华阳[⑲]，强公室，杜私门，蚕食[⑳]诸侯，使秦成帝业。此四君者，皆以客之功。由此观之，客何负于秦哉！向使四君却客而不内[㉑]，疏士而不用，是使国无富利之实，而秦无强大之名也。

今陛下致昆山之玉[㉒]，有随、和之宝[㉓]，垂明月[㉔]之珠，服太阿[㉕]之剑，乘纤离[㉖]之马，建翠凤之旗[㉗]，树灵鼍[㉘]之鼓。此数宝者，秦不生一焉，而陛下说[㉙]之，何也？必秦国之所生然后可，则是夜光之璧不饰朝廷，犀象之器[㉚]不为玩好，郑、魏之女不充后宫，而骏马駃騠不实外厩[㉛]，江南[㉜]金锡不为用，西蜀丹青不为采[㉝]。所以饰后宫、充下陈[㉞]、娱心意、说耳目者，必出于秦然后可，则是宛珠之簪[㉟]、傅玑之珥[㊱]、阿缟之衣[㊲]、锦绣之饰，不进于前，而随俗雅化[㊳]、佳冶窈窕赵女不立于侧也。夫击瓮叩缶[㊴]，弹筝搏髀[㊵]，而歌呼呜呜、快耳目者，真秦之声也；郑、卫、桑间、韶、虞、武、象者，异国之乐也。今弃击瓮而就郑卫，退弹筝而取韶、虞，若是者何也？快意当前，适观而已矣。今取人则不然。不问可否，不论曲直，非秦者去，为客者逐。然则是所重者在乎色乐珠玉，而所轻者在乎人民也。此非所以跨海内、制诸侯之术也。

臣闻地广者粟多，国大者人众，兵强则士勇。是以泰山不让[41]土壤，故能成其大；河海不择[42]细流，故能就其深；王者不却[43]众庶，故能明其德。是以地无四方，民无异国，四时充美，鬼神降福，此五帝、三王之所以无敌也。今乃弃黔首以资敌国[44]，却宾客以业[45]诸侯，使天下之士退而不敢西向，裹足不入秦，此所谓"藉寇兵而赍盗粮[46]"者也。

夫物不产于秦，可宝者多；士不产于秦，而愿忠者众。今逐客以资敌国，损民以益仇[47]，内自虚而外树怨于诸侯，求国之无危，不可得也。

（选自《古文观止》，钟基、李先银、王身钢译注，北京，中华书局，2012）

文本注释

①穆公：秦穆公，春秋五霸之一。

②由余：亦作"繇余"，春秋时晋国人，后流亡到戎，为戎王效力。秦穆公用计离间由余、戎王，使由余归降了秦国。

③百里奚：楚国人，曾任虞国大夫，晋灭虞后被俘，并作为晋献公女儿的陪嫁奴至秦国，后逃回楚国，又被楚国边防军俘虏。秦穆公知道他有才干，将其赎回，授以国政，相秦七年。

④蹇(jiǎn)叔：岐(在今陕西)人，寓居宋国，是百里奚的好友。经百里奚推荐，秦穆公把他从宋国请来，委任上大夫。

⑤来：招徕。丕豹：晋国大夫丕郑之子。丕郑被晋惠公杀死后，丕豹投奔秦国，秦穆公让他率军攻晋，陷八城，生俘晋惠公。公孙支："支"或作"枝"，字子桑，岐人，曾游晋，后被秦穆公收为谋臣。

⑥孝公：秦孝公。商鞅：卫国公族，氏公孙，亦称公孙鞅，入秦后受到秦孝公重用，因功封于商(今属陕西商洛)十五邑，号称商君。他两次实行变法，奠定秦国富强的基础。

⑦殷盛：指百姓众多而且富裕。殷，多，众多。

⑧获楚、魏之师：指战胜楚国、魏国的军队。

⑨惠王：秦惠王，名驷，秦孝公之子。张仪：魏人，秦惠王时数次任相，鼓吹"连横"，游说各国诸侯事奉秦国，辅佐秦惠文君称王，封武信君。秦武王即位，入魏为相。

⑩三川之地：指黄河、雒水、伊水三川之地，在今河南西北部黄河以南的洛水、伊水流域。

⑪上郡：郡名，原为楚地，今陕西榆林。

⑫汉中：郡名，今陕西汉中。

⑬包：这里有并吞的意思。九夷：此指楚国境内西北部的少数部族，在今陕西、

湖北、四川三省交界地区。

⑭城皋：邑名，在今河南荥阳，地势险要，是著名的军事重地。

⑮六国之从：六国合纵的同盟。六国，指韩、魏、燕、赵、齐、楚六国。从，通“纵”。

⑯施(yì)：蔓延，延续。

⑰昭王：秦昭王，名稷，一作侧或则，秦惠王之子，秦武王异母弟。范雎(jū)：一作“范且”，亦称范叔，魏人，入秦后改名张禄，受到秦昭王信任，为秦相，对内力主废除外戚专权，对外采取远交近攻策略，封于应(今河南宝丰县西南)，亦称应侯。

⑱穰(ráng)侯：魏冉，楚人后裔，秦昭王母宣太后之异父弟。秦武王去世，拥立秦昭王，任将军，多次为相，受封于穰(今河南邓州)，故称穰侯。

⑲华阳：华阳君芈戎，秦昭王母宣太后之同父弟，曾任将军等职，与魏冉同掌国政，先封于华阳(今河南新郑北)，故称华阳君，后封于新城(今河南密县东南)，故又称新城君。

⑳蚕食：比喻像蚕吃桑叶那样逐渐侵吞。

㉑向使：假使，倘若。内：同“纳”，接纳。

㉒今陛下致昆山之玉：如今陛下得到了昆仑山的宝玉。致，求得，收罗。昆山，指昆仑山。

㉓随、和之宝：随侯珠与和氏璧。

㉔明月：宝珠名。

㉕太阿(ē)：亦称“泰阿”，宝剑名，相传为春秋著名工匠欧冶子、干将所铸。

㉖纤离：骏马名。

㉗翠凤之旗：用翠凤羽毛作为装饰的旗帜。

㉘鼍(tuó)：亦称扬子鳄，俗称猪婆龙。

㉙说：通“悦”，喜悦，喜爱。

㉚犀象之器：指用犀牛角和象牙制成的器具。

㉛駃騠(juétí)：骏马名。外厩(jiù)：宫外的马圈。

㉜江南：长江以南地区，此指长江以南的楚地，素以出产金、锡著名。

㉝西蜀丹青：蜀地素以出产丹青矿石出名。丹，丹砂，可以制成红色颜料。青，青雘，可以制成青黑色颜料。采：彩色，彩绘。

㉞充下陈：此泛指将财物、美女充满府库后宫。下陈，殿堂下陈放礼器、站立侍从的地方。

㉟宛珠之簪：缀绕珍珠的发簪。宛，缠绕，或以“宛”为地名，指用宛(今河南南阳)地出产的珍珠所作装饰的发簪。

㊱傅：附着，镶嵌。玑：不圆的珠子，此泛指珠子。珥(ěr)：耳饰。

㊲阿：细缯，一种轻细的丝织物。或以“阿”为地名，指齐国东阿(今山东东阿县)。缟(gǎo)：未经染色的绢。

㊳随俗雅化：顺应时俗而雅致不凡。

㊴瓮(wèng)：陶制的容器，古人用来打水。缶(fǒu)：一种口小腹大的陶器。秦人将瓮、缶作为打击乐器。

㊵搏髀(bì)：拍打大腿，以此掌握音乐唱歌的节奏。

㊶让：辞让，拒绝。

㊷择：舍弃，抛弃。

㊸却：推却，拒绝。

㊹黔首：泛指百姓。无爵平民不能服冠，只能以黑巾裹头，故称黔首。资：资助，供给。

㊺业：从事，侍奉。

㊻赍(jī)盗粮：把武器粮食供给寇盗。赍，送，送给。

㊼损民以益仇：减少自己的人力而增加敌国的力量。益，增益，增多。仇，仇敌。

迷津指路

《谏逐客书》是李斯写的一封奏章，其目的是劝谏秦王政(后来的秦始皇)取消逐客令。这是一篇优秀的古代公文，这里的“书”不是书信的意思，而是指一种文体，与表性质类似。

作者先谈历史，以穆公、孝公、惠王、昭王四位国君招贤纳士为例，强调客卿之重要，说明秦若无客卿辅助则未必强大的道理；接着再谈现实，列举秦王爱好，诸如昆山之玉、随和之宝、明月之珠、太阿之剑、纤离之马，突出秦王行为逻辑的悖谬之处：宝物非秦产而被尽纳，人才却偏要非秦不用。文章用鲜明的事实作比，力陈不应重物而轻人。最后，文章从正反两面反复论证：先正面连用三个比喻，以自然现象为例，暗示秦王应“王者不却众庶”，罗致客卿尽为秦用，唯如此才能无敌于天下；后从反面入手，总结全文，进一步阐明“却宾客以业诸侯”的危害。全文首尾呼应，前后贯通，理足词胜，雄辩滔滔，正所谓“飞文敏以济辞”(刘勰语)。

此文挟战国纵横说辞之风，兼具汉代辞赋之丽。文中用到了一些有效的说服艺术，如避重就轻，缓和对立情绪；谈古论今，用事实说话；设身处地，替对方着想；巧妙对比，指明利害得失；点燃希望，绘制美好蓝图等，有极强的说服力和感染力。

阅读延伸

李斯之死

秦二世二年七月的这一天，咸阳城里突然之间有一个重大新闻吸引了所有的人。咸阳城内人头攒动，观者如潮。大家都去看什么呢？是看一个人被杀，而且这个人要被“夷三族”。所谓“夷三族”，就是他的父母、兄弟、姐妹、子女一块被杀。这个人是谁呢？他就是丞相李斯。李斯为什么被处死？其实李斯之死和他写的一封奏书有关。那么这封奏书怎么会关系到李斯的死呢？因为这封奏书牵涉到一个人和一件事。这个人就是赵高，那这件事是什么事呢？大家听我细说。在这之前有一天，赵高来到李斯家里求见。李斯的身份是丞相，丞相属于三公，他的地位是很高的，而赵高的身份是郎中令，郎中令属于九卿。三公的地位明显要高于九卿。赵高一进门就满脸讨好地对李斯说，现在天下大乱，关东盗贼已经是不可收拾了，但是皇上还忙着寻欢作乐，修阿房宫，修驰道，完全不顾及这些事情。他说我想给皇上提点意见，但是又一想，我这个身份太低，像这一类关系到国家大政的事非君莫属，只有你的嘴说出来皇上才信。换个人说，特别是像我这样的人去说，皇上根本不理。这一番话说得非常好听，李斯听了很高兴。赵高来求他办事，而且求他的事是劝谏秦二世，李斯马上答应了。然后李斯说，现在难呐，我早就想劝谏皇上，但是我见不到皇上，皇上整天不出宫。皇上不出来，我怎么见他？赵高说这好办，你只要想给皇上进谏，那我就给你帮个忙。我在宫里面可以自由进出，我瞅着皇上一旦闲了，就派一个宦官来给你送信，你接到我的信后就赶快去求见。办法商量好了，这个机会一连出现了三次。

第一次，秦二世正和几个美女在寻欢作乐。玩得正高兴呢，赵高一看机会来了，赶快派人通知李斯。李斯是一溜烟跑过来求见秦二世。秦二世玩得正欢，突然有报告说丞相求见，这把他给气得，只好放下美女去见李斯。李斯跟他说了啥他也没听见，说了什么意见他也没采纳，还惹了一肚子不高兴。在最能惹恼秦二世的时间点进谏，赵高哄骗李斯做了三次。第三次的时候秦二世真的火了。真火跟假火不一样，赵高整天伺候着秦二世，他知道秦二世是真火了。一看火候到了，他要怎么办呢？要滴三滴油，火上浇油。第一滴油怎么说的呢？他说李斯之所以这样做，是因为李斯想裂土称王。李斯参加了沙丘政变，沙丘政变以后，你当上皇上了，人家还是个丞相，人家就想分一块地，能够称个王，这是李斯的第一个目的。第二滴油，是说李斯勾结陈胜。这里边有一件事，就是秦始皇死后的第二年(秦二世元年)的七月，爆发了陈胜、吴广起义。起义的大军有一支就向关中这个地方打过来。往关中打一定要经过三川郡，三川郡的郡守是李斯的长子李由。起义军的队伍声势浩大，李由挡不住，结果起义军就打过三川郡，直扑函谷关而来。赵高就向秦二世滴了第二滴油，说这不是李由打不过起义军，而是他暗中放他们过来的。他为啥放他们过来呢？因为他们是老乡。说李斯是楚国上蔡人，陈胜和吴广都是楚国人，说他们是县挨着县的老乡，老乡见老乡，互相帮个忙，这是第二滴油。第三滴油，是说李斯身为丞相，在朝中的权力太大了，必须削他的权。讲了这三条，就是三滴油。本来秦二世就一腔怒火，这赵高又滴上三滴油，火于是就更旺了。这火一旺，秦二世就决定抓捕李斯。但是抓捕李斯可不容易，李斯不是一般的大臣，是众臣之首，没有根据你没法抓他。他光是打你的兴头，你抓人家就没有道理。那怎么办呢？就查他的儿子李由通贼——这个贼就是陈胜、吴广，用这件事来作为突破口，然后把他们父子两个一块儿抓了。

此时的李斯已经知道了赵高诬陷他的事实，他感到自己已经被赵高逼上了绝路，与其坐以待毙，不如反戈相击。然后李斯上奏，告赵高谋反。证据呢？李斯举了两个历史上的例子。他说过去宋桓公的时代，宋桓公手下有一个大臣叫子罕，这个大臣给宋桓公说了一番话，说得很有意思。他说老百姓最讨厌的是什么？是杀戮、惩罚。最喜欢的是什么？是奖赏、奖励、赏赐。老百姓一方面喜欢奖、赏，一方面讨厌杀、罚，国家也是既需要赏赐又需要处罚，两方面都不能缺。既然这样，干脆咱俩分分工，你当国君专门管赏，我作为大臣专门管罚，这样你落个美名，我落个恶名，你看这样好不好？这一说宋桓公当然挺高兴，觉得这是个好办法，就让子罕管杀戮和惩罚，结果他不知道管杀戮、惩罚是最有权力的，人们最害怕的就是管杀戮、惩罚的大臣。所以不到一年的时间，子罕就控制了整个朝政。控制朝政以后，他就顺理成章地把国君宋桓公给杀了。李斯用这个例子，说赵高就是今天的子罕，这是第一个历史故事。第二个历史故事呢，他说齐国有一个国君，手下有一个大臣叫田常。田常的父辈很有办法，田家很有钱。他家向老百姓贷粮食的时候，老百姓凡是来借粮食，就用那个大斗。你不是借两斗吗？我用大斗给你量上两斗。等老百姓来还粮食的时候，就用小斗去收。借给你两大斗，我收回两小斗，这叫让利于民。没有多少年的光景，齐国的老百姓都不喜欢那个国君，都喜欢田家。到了田常这一代，他还这样做，最后仰仗着齐国百姓的支持把齐简公杀了，自己做了齐国国君。这就是“田氏代齐”。讲了这两个故事，李斯就说，当今的赵高兼有子罕和田常两个人的特点，所以赵高必定会反。这封奏书实际上是告赵高的状，因为赵高给秦二世出主意要整李斯，所以李斯就进行了反击。当然，这个反击的结果如何，关键要看秦二世的态度。秦二世会相信他吗？

（选自王立群：《王立群读〈史纪〉之秦始皇》下册，桂林，广西师范大学出版社，2009。文字有改动）

能力拓展

1. 李斯上《谏逐客书》后发生了什么？请查询资料，把故事叙述完整。

2. 李斯的价值观和他的“老鼠哲学”有非常大的联系，你知道什么是“老鼠哲学”吗？

3. 口才训练：课外收集论辩方面的名人轶事，在课堂上与大家分享，学习他们的论辩艺术。

第三课　关山月

课前导引

陆游(1125—1210)，字务观，号放翁，越州山阴(今浙江绍兴)人，著名文学家、史学家。陆游生逢北宋灭亡之际，少时深受家庭思想的熏陶，立下“上马击狂胡”的壮志。宋高宗时参加礼部考试，因受秦桧排斥而仕途不畅。宋孝宗即位后，赐进士出身，历任镇江通判、隆兴府通判。二年免归，居住在镜湖边的三山村，写出了“山重水复疑无路，柳暗花明又一村”的名句。乾道五年(1169 年)任夔州通判，因坚持抗金屡遭主和派排斥。乾道七年(1171 年)，应四川宣抚使王炎之邀投身军旅，任职于南郑幕府。次年，幕府解散，陆游奉诏入蜀，与范成大相知。陆游经常与友人吃酒唱酬，被人讥为颓放，遂自号放翁。宋光宗继位后，升为礼部郎中兼实录院检讨官，不久即因“嘲咏风月”罢官归里。嘉泰二年(1202年)，宋宁宗诏陆游入京，主持编修孝宗、光宗两朝实录和三朝史，官至宝章阁待制。书成后，陆游蛰居山阴。

陆游一生笔耕不辍，存诗歌近万首。他与尤袤、杨万里、范成大同为中兴四大诗人，并称“南宋四大家”。其中陆游为中兴之冠，人呼“小太白”。他的诗语言平易晓畅，章法整饬谨严，兼具李白的雄奇奔放与杜甫的沉郁悲凉。其词与散文成就也很高。

宋孝宗淳熙三年(1176)，陆游以“燕饮颓放”的罪名，被再次免官，从此闲居成都。其间，宋朝大片中原地区被金人占领而不能收复，陆游面对南宋半壁江山，感慨万端，于是在成都用乐府旧体写了三首诗，即《关山月》、《出塞曲》、《战城南》，三首古体诗自成一组，集中表现了诗人谴责朝廷议和、要求恢复中原的爱国精神。这首《关山月》，尤显沉痛悲怆，为陆游乐府诗中的名篇。

《关山月》这首诗很好地体现了陆游诗歌的现实关照。诗人身处动荡的时代，北方的广大人民在挣扎呻吟，而庸懦的南宋封建统治者却苟安江南，过着骄奢淫逸的生活。尤其是那些不知国耻的官僚士大夫，把国家命运、人民安危统统抛于九霄云外，醉生梦死。这些都深深刺痛了陆游的心，他义愤填膺，悲壮激昂地写下了《关山月》。

经典展示

和戎诏①下十五年，将军不战空临边②。
朱门沉沉按歌舞③，厩马肥死弓断弦④。
戍楼刁斗催落月⑤，三十从军今白发。
笛里谁知壮士心⑥？沙头空照征人骨⑦。
中原干戈⑧古亦闻，岂有逆胡传子孙⑨。
遗民忍死望恢复⑩，几处今宵垂泪痕。

(选自蒋凡、白振奎编选：《陆游集》，南京，凤凰出版社，2014)

文本注释

①和戎诏：与金议和的诏书。戎，古时对西边民族的贬称。

②空临边：徒然地驻守在边疆。边，边疆，边境。

③朱门：这里指达官贵人的宅第。沉沉：深沉的样子。按歌舞：按着节拍唱歌跳舞。

④厩马：养在马房里的马。肥死：马房里的马不用，渐渐死去。弓断弦：谓长期不修武备，弓弦已断。

⑤戍楼：边塞上守卫警戒的岗楼。刁斗：军用铜锅，可以做饭，也可作报时打更的器具。

⑥笛里：指以笛吹奏的曲调声。壮士：指守卫边疆的战士。

⑦沙头：边塞沙漠之地。征人：戍守边塞的战士。

⑧干戈：古代的兵器，这里代指战争。

⑨逆胡传子孙：指金人长期占领中原。金自太宗完颜晟占领中原，至此时已有四世，故云传子孙。逆胡，指金人。

⑩遗民：被占领地区的百姓。忍死：忍受屈辱，不死以待。恢复：收复故土。

迷津指路

这是一篇用乐府古题写时事的作品，作于宋孝宗淳熙四年(1177 年)。这时，陆游因力主抗金而遭到投降派的打击，满怀报国热忱却没有用武之地。

全诗每四句为一个层次，分别择取月夜下三种人物的不同境遇。一边是豪门贵宅中的文武官员，莺歌燕舞，不思复国；一边是戍边战士，百无聊赖，报国无门；一边是中原遗民，忍辱含垢，盼望统一。三个场景都紧扣一个“月”字来写：朦胧的月光照着戍边战士的白发、横笛，照着沙头的白骨，照着遗民的泪痕，也照着朱门的歌舞、肥死的厩马、霉断的弓弦。月色中，有权贵的按歌击拍声，有扣人心弦的刁斗声，更有哀怨幽咽的横笛声和哭泣声。这三个场景既对比鲜明，又具有高度的统一性和完整性。诗人从历史到现实，对长期和戎不战的政治局面做了鲜明真切的艺术概括，沉痛、悲愤之情充溢于字里行间。语言晓畅平易，精练自然，在看似平淡的客观描述中显出催人泪下、惊心动魄的力量。

另外，《关山月》属乐府横吹曲。关山是指西北边地的关塞与群山，《关山月》原是守边远征的边防战士的月夜之歌。《乐府诗集》卷二十三录梁元帝、李白、张籍等所作《关山月》二十四首，《全唐诗》卷十八录卢照邻、李白等所作《关山月》十三首，都是写边关月夜战士的乡思或闺中妇人遥隔千里之思的。但唐人《关山月》所咏大都为西部边塞事，如李白《关山月》：“明月出天山，苍茫云海间。长风几万里，吹度玉门关。”背景是玉门关外天山南北的广大地域。陆游所处的时代，宋金对峙，东南以淮水为界，西北以大散关为界，其诗中的关山月已是淮水上空之月了。淮水变成极边，中原辖于他人，这正是陆游极为痛心的。另外，唐人咏此题大都写思亲思乡，陆游则用以写处于分裂中的南北军民的报国之忧与故国之思，这也是这首《关山月》不同于汉唐乐府之处。

阅读延伸

陆游之“痛”

陆游活了整整 85 岁，在中国古代诗人中可谓高寿。陆游一生存诗 9300 余首，词 130 余首，又是惊人地多产。“如此高寿、多产的诗人一生却偏偏与‘痛’结缘，和‘痛’为伴，而正是这‘痛’激活了他流传千古的诗章。”

陆游的痛可以划分为两类：一类是相伴一生的“巨痛”，是“亡国”大痛，是“辜负胸中十万兵，不无聊赖以诗鸣。谁怜爱国千行泪，说到胡尘意不平”（梁启超《读陆放翁集》)；另一类纠结于心的小痛，是情痛，是“春水绿，柳吹绵，花开还依旧，人去已三年。小楼谁共听春雨，折损残红孰悲怜。几番风雨后，花落奈何天，画桥不见惊鸿影，一片哀伤付断弦”(越剧《陆游与唐琬》唱词)。

陆游的“国痛”好像是命中注定的。就在他出生后的第二年，即靖康元年(1126 年)，金军攻破北宋都城汴梁。“徽、钦二宗便被金国不由分说、凶残地掳到了遥远的北方，延续了一个半世纪的北宋王朝顷刻间灰飞烟灭。于是‘靖康耻’成为每个有良知的北宋遗民刻骨铭心的记忆；于是陆游的血液里便奔腾起了‘痛’的基因。”

陆游处于国难当头、民族危亡之际，本想投身疆场，慷慨赴死，但形势所逼未能实现，于是将“满腔的爱国热血，势不能洒向为统一祖国而战斗的沙场，才不得不去洒于他不愿从事而不得不从事的诗文”，从而成为一代诗词大家。对于陆游诗成就之高，赵翼在《瓯北诗话》中这样说：“时当南渡之后，和议已成，庙堂之上，方苟幸无事，讳言用兵，而士大夫新亭之泣，固未已也。于是以一筹莫展之身，存一饭不忘之谊，举凡边关风景、敌国传闻，悉入于诗。虽神州陆沉之感，已非时事所急，而人终莫敢议其非。因得肆其才力，或大声疾呼，或长言永叹，命意既有关系，出语自觉沉雄。此其诗之易工一也。”可见，在陆诗中所奔腾不息的，正是那个时代无法抹平的深度的痛苦乃至血泊。这种诗，不加修饰就具有极大的感发力量，何况又经过了诗人的艺术结撰。

陆游的“情痛”缘于他的表妹唐婉(也作唐琬)，此事见于宋代周密的《齐东野语》和清代况周颐的《香东漫笔》。陆游初婚唐婉，唐婉为陆游母亲的侄女。二人婚后情投意合，琴瑟和谐，但最终被陆游的母亲拆散，原因据说是“不当母夫人意”。“二亲恐其惰于学也，数谴归，放翁不敢逆尊者意，与妇诀。”这说明陆游之母对唐婉十分不喜，逼着陆游与之离异。随即，陆游与王氏结婚，唐婉则嫁与同郡赵士城。

事情并未就此结束。陆游 29 岁那年参加了礼部考试，虽说名列第一，最后却因名列秦桧之孙秦埙之前并“喜谈恢复”，“语触秦桧”而被无端除名。绍兴二十五年(1155年)春天，愁绪满怀的陆游来到故乡禹迹寺南边的沈园游玩，巧遇唐婉夫妇。唐婉不仅把陆游介绍给赵士城认识，而且特地为陆游送去了一份酒食，这让多情的陆游感慨不已，在园壁上题下了那首千古情词《钗头凤》：“红酥手，黄縢酒。满城春色宫墙柳。东风恶，欢情薄。一怀愁绪，几年离索。错，错，错。春如旧，人空瘦。泪痕红浥鲛绡透。桃花落，闲池阁。山盟虽在，锦书难托。莫，莫，莫!”据说，唐婉听闻后伤感不已，和了一词：“世情薄，人情恶，雨送黄昏花易落。晓风干，泪痕残，欲笺心事，独倚斜栏。难，难，难！人成各，今非昨，病魂常似秋千索。角声寒，夜阑珊，怕人询问，咽泪装欢。瞒，瞒，瞒!”此后陆游把对唐婉的思念深埋心中，爱情之痛一直绵延至晚年。直到 84 岁，陆游仍然写出了“故人零落今何在，空吊颓垣墨数行”(《禹祠》)、“也信美人终作土，不堪幽梦太匆匆”(《春游》)这样感人肺腑、让人落泪的诗句。这说明即将走到生命尽头的陆游还在思念着唐婉。

文学创作中有一种很奇特的现象，那就是人处于悲痛之中往往更有所“创造”。而大多数优秀的文学作品都与作者的“痛感”有关，正所谓“愤怒出诗人”，“悲情见佳作”，陆游的创作就是这样。朱东润先生说“陆游的诗是他的血泪”（《陆游传》），可谓一语中的。

［选自李锋：《陆游诗词中的“痛感”情结》，载《连云港师范高等专科学校学报》，2016(4)。题目为编者所加，文字有改动］

能力拓展

1. 简述陆游诗歌的特点与成就。

2. 你还知道陆游的哪些爱国诗篇？请搜集并朗诵。

3. 钱钟书评价陆游：“爱国情绪饱和在陆游的整个生命里，洋溢在他的全部作品里”，请谈谈你的理解。

第四课　沁园春(孤馆灯青)

课前导引

苏轼(1037—1101)，字子瞻，号东坡居士，眉州眉山(四川省眉山市)人，北宋著名文学家、书法家、画家。他与父亲苏洵、弟弟苏辙一起被列入“唐宋八大家”，合称“三苏”。嘉祐二年(1057年)，苏轼进士及第。宋神宗熙宁年间，因与主张新法的王安石政见不合而外任，曾在凤翔、杭州、密州、徐州、湖州等地任职。元丰三年(1080年)，因“乌台诗案”被贬为黄州团练副使。宋哲宗即位后任中书舍人、翰林学士等职。当旧党欲完全废除新法时，苏轼却主张“参用所长”，复受排挤。绍圣元年(1904年)，新党再度执政，苏轼被贬惠州、儋州。宋徽宗时获大赦北还，途中于常州病逝。宋高宗时追赠太师，谥号“文忠”。

苏轼是北宋中期文坛领袖，在诗、词、文、书、画等方面都取得了很高的成就。诗题材广阔，清新豪健，善用夸张比喻，独具风格，与黄庭坚并称“苏黄”；苏轼作词有意改变晚唐五代以来《花间集》形成的婉约风格和男女情爱题材，用写诗的手法来作词，将抒情主体由歌姬拓展到士大夫，史称豪放词。词开豪放一派，与辛弃疾同是豪放派代表，并称“苏辛”；文著述宏富，豪放自如，与欧阳修并称“欧苏”。苏轼善书，为“宋四家”之一，亦擅长文人画，尤擅墨竹、怪石、枯木等。

苏轼与苏辙兄弟情深，常通信唱和。熙宁四年(1071年)，苏轼自请出京为杭州通判，后因怀念在齐州(济南)的弟弟，熙宁七年(1074年)请调密州。他原想绕道去齐州一晤其弟而未成，途中填此词以寄感慨。

经典展示

孤馆灯青①，野店鸡号②，旅枕③梦残。渐月华收练④，晨霜耿耿⑤；云山摛锦⑥，朝露团团[7]。世路[8]无穷，劳生[9]有限，似此区区长鲜欢[10]。微吟[11]罢，凭征鞍[12]无语，往事千端[13]。

当时共客长安[14]，似二陆[15]初来俱少年。有笔头千字[16]，胸中万卷[17]，致君[18]尧舜，此事何难！用舍由时，行藏在我[19]，袖手[20]何妨闲处看。身长健，但优游卒岁[21]，且斗樽前[22]。

（选自陶文鹏、郑园编选：《苏轼集》，南京，凤凰出版社，2014）

文本注释

①孤馆：说明寓居的客舍住的人很少。灯青：点灯起床，灯发着青光。

②野店鸡号：说明走得早。温庭筠《商山早行》："鸡声茅店月，人迹板桥霜。"野，村落。

③旅枕：喻旅店的睡眠。

④月华收练：月光像白色的绢，渐渐收起来了。

⑤耿耿：明亮的样子。

⑥摛(chī)锦：似锦缎展开，形容云雾缭绕的山峦色彩不一。

⑦团团：盛多的样子。

⑧世路：人世的经历。

⑨劳生：辛苦、劳碌的人生。

⑩区区：渺小，这里形容自己的处境不顺利。鲜：少。

⑪微吟：小声吟哦。

⑫凭征鞍：站在马身边。词题小序说"马上"，作者骑着马行进。

⑬千端：千头万绪，犹言多。

⑭共客长安：兄弟二人嘉祐间客居汴京应试。长安，代指汴京。

⑮二陆：指西晋文学家陆机、陆云兄弟。《晋书·陆云传》："少与兄机齐名，虽文章不及机，而持论过之，号曰'二陆'。"西晋初，二陆同至洛阳。此以"二陆"比自己和苏辙。

⑯笔头千字：下笔千言之意。

⑰胸中万卷：形容读书很多，学识渊博。

⑱致君：谓辅佐国君，使其成为圣明之主。

⑲"用舍"二句：《论语·述而》："用之则行，舍之则藏。"意为任用与否在朝廷，抱负施展与否在自己。行藏(cáng)，意为被任用就出仕，不被任用就退隐。

⑳袖手：不过问。

㉑优游卒岁：悠闲地度过一生。

㉒且斗樽前：犹且乐樽前。斗，喜乐戏耍之词。樽，酒杯。

迷津指路

这是苏轼于熙宁七年(1074 年)七月，在由杭州移守密州的途中寄给苏辙的一首作品。该词由景入情，由今入昔，直抒胸臆，像诗一样充分表现出作者的性情怀抱，打破了常规词的传统。

上片写早行，感叹人生有限，日日奔波。下片回忆汴京往事，写抱负未能得以施展的感慨。全词脉络清晰，层次井然，回环往复，波澜起伏。头几句写景，以"孤""青""野""残"等字眼传神地渲染出早行途中孤寂、凄清的环境与心境。"世路无穷，劳生有限"句，由自然景色转入现实人生。其后，词作由景物描写转入追忆往事，用陆机、陆云兄弟来对举自己和苏辙。当年，兄弟俩俱有远大抱负，希望"致君尧舜上，再使风俗淳"，实现"结人心、厚风俗、存纪纲"(《上神宗皇帝书》)的政治理想。抚今追昔，作者深感兄弟二人的仕途坎坷。为了有所宽慰，他将《论语》"用之则行，舍之则藏，惟我与尔有是夫"和牛僧孺"休论世上升沉事，且斗樽前见在身"化入词中，表示在怀才不遇的境况下，要避开政治斗争的漩涡，从容不迫，悠闲度日。

全词集写景、抒情、议论为一体，兼融诗、文、经、史，既表达了苏轼一贯的人生态度，也抒写了即时的惆怅心境，文思连贯，一气呵成，体现了卓绝的才情。

阅读延伸

工程与赈灾

苏东坡在杭州的时候，全心全力从事工作。在短短的一年半之间，他给全城实现了公共卫生方案，包括一个清洁供水系统和一座医院。他又疏浚了盐道，修建西湖，稳定了谷价，不惜与朝廷及浙西邻省官员意见相左，以"虽千万人吾往矣"的精神，只身展开救济饥馑的工作。

他到任的那一年，粮食就已收成不佳。米价七月间六十文一斗，到九月间涨到九十五文一斗。幸而平仓里还有存粮，他又筹划到二十万石，卖出了十八万石，才算稳住米价，在元祐五年(一〇九〇)正月，使米价跌到七十五文一石。那年春季多雨，看来年成有望。农人借钱施肥勤耕，满希望夏季丰收。在五月六日，杭州一带大雨滂沱，多日不止，民家积水将及一尺。农人的盼望眼看悉成泡影，随便有点儿常识之人，都能看出来，一旦存粮吃光，势将挨饿。苏东坡派人到苏州、常州去视察，接到的报告是该两地全境淹水。水库崩裂，部分稻田被水淹没，农人在划船抢救残存物品。抢救的潮湿稻子还可烧干，稻草用以喂牛，必须设法以济时艰，而且刻不容缓。

虽然无须大才方可预知，苏东坡却在事前早有准备。他一向相信常平仓制度远胜过饥荒之后的救济，所以他早就不断购买谷子存满粮仓，好来应付荒年。因为淫雨连绵不绝，他越为奋战不懈。在半年之内，自七月开始，他给皇太后和朝廷上表七次，陈述实情，吁请急速设法。前两次表章叫"浙西灾伤第一状、第二状"，后面五个叫"相度准备赈济状"，七个表章合成一个情急的呼吁。他呼救不停，直到朝廷人人觉得厌烦了。他那种急躁是太背乎中国人的习惯。若干朝廷的特使也在当地，人家一言不发。苏东坡喊叫什么？比平常多下了一点儿雨有什么大惊小怪的？他是为自己挖掘政治上的坟墓吧？

但是他深信一分预防胜过十分救济。在当地买，或是由外地进口，这样不断存粮，以防食粮短缺，并随时卖出以平定粮价，饥荒是可以防止的。把粮食向贫病与饥民施舍，永远是浪费无用，只能触到疾苦表面，根本办法则是预防。有远虑的人永远是气躁的。他指出来，在神宗熙宁八年(一〇七五)，没有人事先做好防备，结果大饥荒来临。神宗皇帝须要拨出一百二十五万石食米设立粥厂救济贫民，竟有五十万穷人饿死。除去人受的灾难之外，朝廷救济、减免税款和各项岁收，一共损失了三百二十万贯。苏东坡指出，比照之下，他去年只用了六分之一的粮食就稳住粮价，防止了灾情。现在第二次饥荒会更甚于第一次，就犹如第二次发病会比第一次严重。人民少量的存粮已经逐日减少，必须立即设法。

奇怪的是，除去苏东坡一个人外，别人都是无动于衷。他一看朝廷公报，不觉大怒。好多浙江和邻近的地方官都在春天奏报丰收有望，但无一人陈明新近的暴雨和水灾。苏东坡奏准以修缮官衙的款项购买食米，因为救饥荒第一。六个月以前，他奏请拨给五万贯购买食米，杭州当分得三分之一。朝廷是把钱拨下来，但邻省一个名叶温举的税吏，却把苏东坡应得的款额剥夺了。钱一到，人人都想分润，但是目前却无人肯陈报灾情。他请朝廷下令调查全部灾区。倘若他的担心实属过虑，如果其他官员与他看法不同，要他们签报担保来冬不会有饥荒发生，人民不会挨饿。在七月的报告中，苏东坡只请求拨米二十万石。

同时，在七月二十一、二十二、二十三，另一次狂风暴雨突发。在二十四日，雨稍停，但是当夜又倾盆而至……由八月中旬，另一次暴雨又下个不停，情况比以前更为可怕，在九月初七，苏东坡请拨的米由二十万石提高到五十万石。这些米是预备稳定粮价的。即使朝廷每斗赔十文钱或一石赔一百文钱，朝廷全部的损失也不过五万缗。他恐怕饥荒真正到来，那时朝廷即便花上十倍或二十倍的钱，还不能救那些饥民呢。这番请求蒙皇太后批准，但是我们可以看到，官僚总会有办法把圣旨变成一张废纸的。苏东坡还有现款在国库，问题不是何处去提款，而是何处去买米。商人都在囤积居奇，待高价而沽。在苏州，米价已经每斗涨到九十五文。苏东坡说要买米，但是买不到多少。他也不过这儿买到三千斗，那儿买到三千斗，如此而已。邻近地区的官员，因为价高，不愿买米。苏东坡认为官方应当到市场去，付出商人提出的价格，准备赔钱卖出。

时间已嫌不足，再过几十天，新收的稻子也快卖光了。情况还是很坏，甚至邻近各地也是一样。苏东坡在失望之下，在九月后半月，又修一道表章，请求朝廷命官员在河南、安徽买米，储存在扬州，以备在饥荒来临时发与湖泊地区的灾民。他的计划是，米要存在途中地方，万一不需要，仍可再运往京都。杭州则可以用同等值的钱货代替每年的供米。他的所请，又蒙批准，皇太后为此办法拨了一百万贯钱。百万拨款的结果是这样：钱是在，但是没有买米。他的五十万石米也被人剥夺了。苏东坡和朝廷算账，官方坚称三十七万石米已经拨下来。苏东坡坚称，在三十六万石之中，元祐四年的二十万石，不应当算在元祐五年份内，而且他上表呈请时十六万石已经在官仓之内了。接到圣旨说拨款若干是一件事，能通过官僚的手脚又是一件事。他在对抗官僚的长期作战中，曾写信给好朋友孔平仲说："呜呼！谁能稍助我者乎？"

苏东坡的计划是在那年冬天出卖官米。果不出他所料，米价飞涨。冬季一到，他开始出卖官仓存米。但是在元祐六年(一〇九一)二月，他被调离杭州，又被召至京都充任翰林学士。他离杭州时，所做的事尚未完成，他写信给继任的林太守，请他与所有的有关官员联系，以做决定。

苏东坡在赴京途中，顺便看看苏州及邻近各地的洪水灾区，以便与各省同僚会商办法。他发现整个地区尚淹没在水中，因为洪水尚未消退。那时正是春天，农人还希望水能及早退去，以便春耕。农田之在低处者，显然无望，在高处的农田里，他看见老翁与女人昼夜忙于往外放水。以人与天气对抗，似乎并无把握。因为雨还在继续下，刚刚淘去些水，不久水又满了。饥荒已然来临，人民开始吃稗糠，平常都是喂猪吃的，现在与芹菜或其它等青菜混合煮食。由于缺乏干柴，人民只好生食，好多人因此患肚胀。苏东坡在表章里曾说："并是臣亲见，即非传闻。春夏之间，流殍疾疫必起。"

苏东坡去了，饥荒来了，人民多病饿而死。真难以令人相信，苏东坡到达京都后，竟遭弹劾，说他夸大灾情，"论浙西灾伤不实"。而救百姓于饥饿竟成为政客打击他们惧怕的敌人，使之失势的题目了。就朝廷而论，京都之内自然没有饥饿问题。湖泊地区也还有半数人民尚未饿死呢。那一年，苏东坡回到京都附近的颍州，就要看到长江以北的难民，为饥饿所迫，离乡背井，跋涉五百里，到达他的治下地区，他就要看到那幅饥荒难民图了。但是元祐六年(一〇九一)五谷歉收的恶果还在后面，次年的饥荒就成了大灾大难。

（选自林语堂：《苏东坡传》，长沙，湖南文艺出版社，2016）

能力拓展

1. 背诵本诗，诵读苏轼的其它诗词作品。
2. 苏轼交游广阔，其中与佛印的交往流传出许多轶事，请简述一二。
3. 口才训练：课外搜集"乌台诗案"的相关资料，朗读余秋雨散文《东坡突围》。课堂上讲述其过程。

第五课　单刀会

课前导引

元曲内容上包括南北曲的剧曲和散曲。散曲是区别于剧曲的独立歌词，性质上与乐府歌词相类，故元人也把散曲成为"乐府"。从音乐形式和曲词形态上，可以分为"小令"和"套数"两类。"小令"又叫"叶儿"，即一支曲子的歌词，体制与宋词相似，但宋词常有两阕构成，即一支曲子唱两遍，而元曲小令一般只有单曲。最有特色的乃是“套数”，也称“套曲”，即有多支曲子前后连贯，有首有尾，构成一套。这在剧曲和散曲中都被广泛应用，而散曲的套数就叫“散套”。元代散曲著名的作家有关汉卿、马致远、张可久、乔吉、睢景臣等。元杂剧是从金代末年到明代初年在北方兴起的一种文艺形式，有杂剧家近200人，杂剧作品162种，著名的作家作品有关汉卿的《感天动地窦娥冤》《赵盼儿风月救风尘》《关大王单刀会》、王实甫的《崔莺莺待月西厢记》、白朴的《梧桐雨》和马致远的《汉宫秋》。

关汉卿，生卒年不详，号已斋叟，大都(今北京)人，元代剧作家，与马致远、郑光祖、白朴并称“元曲四大家”。关汉卿一生创作杂剧多达60多种，今存18种，最著名的有《窦娥冤》《单刀会》《望江亭》《救风尘》《西蜀梦》等；散曲今存小令40多首、套数10多首，被誉为“曲家圣人”。他在散曲《南吕·一枝花》中自称是“蒸不烂、煮不熟、捶不匾、炒不爆、响珰珰一粒铜豌豆”，这既是对封建价值观念的挑战，也是狂傲倔强、幽默多智性格的自白。

关汉卿剧作风格泼辣沉雄，这在历史剧《单刀会》中表现得最为明显。在戏里，我们看到关汉卿通过歌颂关羽的英雄气概期盼着世局平定，呼唤扭转乾坤、拯救百姓的英豪的出现；也看到了这位“琼筵醉客”充满战斗精神的内心世界。全剧共四折。第一折写鲁肃定计索还荆州，请来乔公商议。第二折写鲁肃拜访司马徽，继续商议索荆州，遭到反对。第三折写关羽毅然接受鲁肃邀请，决定单刀赴会。第四折写关羽在单刀会上的斗争，是全剧高潮。整部剧构思奇巧，曲辞壮丽，塑造了关羽勇猛而富有智慧的形象。

经典展示

(鲁肃上，云)欢来不似今朝，喜来那逢今日。小官鲁子敬是也。我使黄义持书去请关公，欣喜许今日赴会，荆襄地合归还俺江东。英雄甲士已暗藏壁衣之后。令人，江上相候，见船到便来报我知道。(正末关公引周仓上，云)周仓，将到那里也？(周云)来到大江中流也。(正末云)看了这大江，是一派好水呵！(唱)

【双调·新水令】大江东去浪千叠，引着这数十人，驾着这小舟一叶。又不比九重龙凤阙[①]，可正是千丈虎狼穴。大丈夫心别。我觑这单刀会似赛村社[②]。

(云)好一派江景也呵！(唱)

【驻马听】水涌山叠，年少周郎[③]何处也？不觉的灰飞烟灭！可怜黄盖[④]转伤嗟。破曹的樯橹一时绝，鏖兵的江水由然[⑤]热，好教我情惨切！(带云)这也不是江水，(唱)二十年流不尽的英雄血！

(云)却早来到也，报复[⑥]去。(卒报科，做相见科)(鲁云)江下小会，酒非洞里之长春[⑦]，乐乃尘中之菲艺[⑧]；猥劳[⑨]君侯屈高就下，降尊临卑，实乃鲁肃之万幸也！(正末云)量某有何德能，着大夫置酒张筵？既请必至。(鲁云)黄文，将酒来。二公子[⑩]满饮一杯。(正末云)大夫饮此杯。(把盏科)(正末云)想古今咱这人过日月好疾也呵！(鲁云)过日月是好疾也。光阴似骏马加鞭，浮世似落花流水。(正末唱)

【胡十八】想古今立勋业，那里也舜五人汉三杰[11]？两朝相隔数年别，不甫能[12]见者，却又早老也。开怀的饮数杯。(云)将酒来。(唱)尽心儿待醉一夜。

(把盏科)(正末云)你知“以德报德，以直报怨”[13]么？(鲁云)既然将军言“以德报德，以直报怨”，借物不还者谓之“怨”。想君侯文武全材，通练兵书，习《春秋》《左传》，济拔颠危，匡扶社稷，可不谓之仁乎？待玄德如骨肉，觑曹操若仇雠[14]，可不谓之义乎？辞曹归汉，弃印封金[15]，可不谓之礼乎？坐服于禁，水淹七军[16]，可不谓之智乎？且将军仁义礼智俱足，惜乎止少个“信”字，欠缺未完。再若得全个“信”字，无出君侯之右也。(正末云)我怎生失信？(鲁云)非将军失信，皆因令兄玄德公失信。(正末云)我哥哥怎生失信来？(鲁云)想昔日玄德公败于当阳之上，身无所归，因鲁肃之故，屯军三江夏口[17]。鲁肃又与孔明同见我主公，即日兴师拜将，破曹兵于赤壁之间。江东所费巨万，又折了首将黄盖。因将军贤昆玉[18]无尺寸地，暂借荆州以为养军之资。数年不还。今日鲁肃低情曲意，暂取荆州，以为救民之急；待仓廪丰盈，然后再献与将军掌领。鲁肃不敢自专，君侯台鉴[19]不错。(正末云)你请我吃筵席来，那是索荆州来？(鲁云)没、没、没，我则这般道。孙、刘结亲，以为唇齿，两国正好和谐。(正末唱)

【庆东原】你把我真心儿待，将筵宴设，你这般攀今览古，分甚枝叶[20]？我跟前使不着你“之乎者也”“诗云子曰”，早该豁口截舌[21]！有意说孙、刘，你休目下翻成吴、越[22]！

(鲁云)将军原来傲物轻信[23]！(正末云)我怎么傲物轻信？(鲁云)当日孔明亲言：破曹之后，荆州即还江东。鲁肃亲为代保。不思旧日之恩，今日恩变为仇，犹自说“以德报德，以直报怨”。圣人道：“信近于义，言可复也”[24]；去食去兵，不可去信[25]；“大车无輗，小车无軏，其何以行之哉[26]？”今将军全无仁义之心，枉作英雄之辈。荆州久借不还，却不道“人无信不立”！(正末云)鲁子敬，你听的这剑戒么？(鲁云)剑戒怎么？(正云)我这剑戒，头一遭诛了文丑，第二遭斩了蔡阳[27]。鲁肃呵，莫不第三遭到你也？(鲁云)没、没，我则这般道来。(正末云)这荆州是谁的？(鲁云)这荆州是俺的。(正末云)你不知，听我说。(唱)

【沉醉东风】想着俺汉高皇图王霸业，汉光武秉正除邪，汉王允将董卓诛，汉皇叔把温侯[28]灭。俺哥哥合情受汉家基业。则你这东吴国的孙权，和俺刘家却是甚枝叶？请你个不克己[29]先生自说！

(鲁云)那里甚么响？(正末云)这剑戒二次也！(鲁云)却怎么说？(正末云)这剑按天地之灵，金火之精，阴阳之气，日月之形；藏之则鬼神遁迹，出之则魑魅[30]潜踪；喜则恋鞘沉沉而不动，怒则跃匣铮铮而有声。今朝席上，倘有争锋，恐君不信，拔剑施呈。吾当摄剑[31]，鲁肃休惊。这剑果有神威不可当，庙堂之器岂寻常；今朝索取荆州事，一剑先交鲁肃亡。(唱)

【雁儿落】则为你三寸不烂舌，恼犯我三尺无情铁。这剑饥餐上将头，渴饮仇人血。

【得胜令】则是条龙向鞘中蛰[32]，唬得人向座间呆。今日故友每才相见，休着俺弟兄每相间别[33]。鲁子敬听者：你内心休乔怯[34]，畅好是随邪[35]，休怪我十分酒醉也。

(鲁云)臧宫[36]动乐。(臧宫上，云)天有五星，地攒五岳。人有五德，乐按五音。五星者：金、木、水、火、土。五岳者：常、恒、泰、华、嵩[37]。五德者：温、良、恭、俭、让[38]。五音者：宫、商、角、徵、羽[39]。（甲士拥上科）（鲁云）埋伏了者。（正末击案，怒云）有埋伏也无埋伏？（鲁云）并无埋伏。（正末云）若有埋伏，一剑挥之两段！（做击案科）（鲁云）你击碎菱花[40]。（正末云）我特来破镜[41]！（唱）

【搅筝琶】却怎生闹吵吵军兵列，上来的休遮当莫拦截。（云）当着我的，呵呵！（唱）我着他剑下身亡，目前流血。便有那张仪[42]口，蒯通[43]舌，休那里躲闪藏遮。好生的送我到船上者，我和你慢慢的相别。

（鲁云）你去了倒是一场伶俐[44]。（黄文云）将军，有埋伏哩！（鲁云）迟了我的也！（关平领众将上，云）请父亲上船，孩儿每来迎接哩。（正末云）鲁肃，休惜殿后。（唱）

【离亭宴带歇指煞】我则见紫袍银带公人列[45]，晚天凉风冷芦花谢，我心中喜悦。昏惨惨晚霞收，冷飕飕江风起，急飐飐[46]云帆扯。承管待、承管待。多承谢、多承谢。唤艄公慢者，缆解开岸边龙，船分开波中浪，棹搅碎江心月。正欢娱有甚进退，且谈笑不分明夜[47]。说与你两件事先生记者：百忙里称不了老兄心，急切里倒不了俺汉家节。（同下）

（选自王季思、董上德主编：《元曲精品　附明杂剧精品》，长春，时代文艺出版社，2018）

文本注释

①九重龙凤阙：古代帝王住的宫殿。

②赛村社：社指“社火”，是民间自行组织表演技艺的团体，常在节日期间进行演出竞赛，谓之“赛社”。此是关羽轻视对方本领的一种比喻，谓与东吴在这番较量中定能取胜。

③周郎：周瑜，吴国将领，曾在赤壁之战中以少击多，大破曹军。

④黄盖：吴国将领，赤壁之战中以苦肉计诈降曹操，为大破曹军创造了条件。

⑤由然：同“犹然”，仍然，依然。

⑥报复：回报，禀报。

⑦酒非洞里之长春：意指这里没有好酒。长春，美酒名。

⑧乐乃尘中之菲艺：意指这里也没有精彩的音乐歌舞等技艺。尘中，俗世的。菲艺，菲薄的技艺，不像样的技艺。

⑨猥劳：猥系谦辞，犹言辱，猥劳即辱老之意。

⑩二公子：鲁肃对关羽的尊称。

⑪舜五人：相传帝舜有五位贤臣。汉三杰：指辅佐刘邦定天下的张良、萧何、韩信。

⑫不甫能：好容易。

⑬以德报德，以直报怨：语出《论语·宪问》，意谓有恩德于我的，当以恩德报答他；与我有仇怨的，我也该用公正的态度对待他。

⑭仇雠（chóu）：仇人，冤家对头。

⑮弃印封金：关羽在许昌得到刘备的消息后，留下曹操所授“汉寿亭侯”之印，封

存曹操所赠金银，而后离去，以示清白。

⑯“坐服”二句：曹操命战将于禁统领七军，以庞德为先锋进攻樊城，关羽决襄江水淹七军，生擒庞德。

⑰夏口：古城名，在今湖北武汉。

⑱贤昆玉：对别人兄弟的尊称。昆玉，兄弟。

⑲台鉴：致对方的客气话，意同“尊裁”。台，旧时对人的敬辞称。鉴，审查。“台鉴不错”谓“您裁夺得很对”。

⑳分甚枝叶：枝、叶都是树的一部分，此处系比喻吴、蜀两国关系，意思是鲁肃那样琐细计较，对原本关系密切的吴、蜀很不利。后文中“枝叶”作“关系”解，“甚枝叶”，犹“有什么关系”。

㉑豁口截舌：割开嘴，截断舌头。意思是说这些不该说的话，真该割嘴断舌。

㉒目下翻成：意指反目，翻脸。吴、越：春秋时吴国和越国为敌对之国。

㉓傲物轻信：看重物质，轻视信义。

㉔信近于义，言可复也：语出《论语·学而》。

㉕去食去兵，不可去信：语出《论语·颜渊》。“子曰：足食足兵，民信之矣。子贡曰：必不得已而去，于斯三者何先？曰：去兵。子贡曰：必不得已而去，于斯二者何先？曰：去食。自古皆有死，民无信不立。”意思是说，信用最重要。

㉖大车无輗(ní)，小车无軏(yuè)，其何以行之哉：语出《论语·为政》。輗、軏俱为驾车之工具，缺少它们，车就不能套牲口行走。

㉗文丑：袁绍的大将。蔡阳：《三国志·魏书》作蔡扬，曹操部下的将军。关羽杀文丑、蔡阳事，与史书记载不符，而与元代建安虞氏刊印的《全相三国志平话》相合；故事可能出自宋元民间艺人的“讲史”。

㉘温侯：吕布。

㉙不克己：不肯吃亏。

㉚魑魅(chīmèi)：古代传说中的山林精怪。此处谓宝剑可以辟邪。

㉛摄剑：拔剑。

㉜蛰：冬眠，这里指藏匿不出。

㉝间别：分离，阻绝。

㉞乔怯：畏惧。

㉟畅好：正好。随邪：放肆，胡闹，不正经。

㊱臧官：人名，作者塑造的人物。

㊲常、恒、泰、华、嵩：五岳名。常山即恒山，恒当为“衡”。

㊳温、良、恭、俭、让：语出《论语·学而》。

㊴宫、商、角、徵、羽：五音中的五个音阶。古代对所尊敬人物的名字一般有避讳，现在居然对“羽”字不避讳，当臧官念到“羽”字时，甲士拥上，这显然是个暗号，是对关羽的大不敬。

㊵菱花：镜子上的图案，这里指镜子。

㊶破镜：喻示决裂之意，又鲁肃字子敬，“敬”与“镜”谐音，直呼此音，也不避讳，以牙还牙。

㊷张仪：相于秦，曾游说六国连横事秦。

㊸蒯通：楚汉相争时辩士，武臣用其计，降燕赵三十余城；韩信从其策，得平齐地。

㊹伶俐：作干净利落解。

㊺紫袍银带：都是古代官员服饰，借代高级官员。公人：官员。

㊻急飐(zhǎn)飐：船只顺风急行的样子。

㊼明夜：白天和夜晚。

迷津指路

《单刀会》原名《关大王单刀赴会》，关大王指三国时蜀国大将关羽。关羽，字云长，他在我国历史上是一个被神话了的人物，宋元时期被加封为“义勇武安王”。关汉卿在此剧中以非凡的才华和诗人的激情，歌颂了关羽忠贞不渝的信念、英勇豪迈的精神，塑造了关羽大智大勇的形象。《单刀会》的剧情并不复杂，它以“曹操占了中原，孙仲谋占了江东，刘玄德占领了西蜀”的局势为背景，以鲁肃向关羽讨还荆州的举动为契机，环绕关、鲁的戏剧冲突，刻画出叱咤风云的英豪形象。关汉卿笔下的鲁肃用心险诈，为讨还荆州设下圈套，名义上邀请关羽赴宴，实际上伺机胁迫，不惜挑起祸端。关羽明知鲁肃有诈，却光明磊落，胸有成竹，毅然赴会。他力斥鲁肃的阴谋，捍卫“汉家”的基业，及时平定了一起惊心动魄的纷争，维持住了平稳的局面。

关于鲁肃意欲收回荆州一事，裴松之注《三国志·鲁肃传》引《吴书》的记载：鲁肃亲赴关羽驻地，指出刘备有“翦并荆州之土”的意图，以“贪而弃义，必为祸阶”为由，劝关羽交还荆州。对此，“羽无以答”，颇为窘迫。又陈寿《三国志·鲁肃传》载，当鲁肃责问关羽失信时，“语未究竟，座有一人曰：‘夫土地者，惟德可在耳，何常之有！’肃厉声呵之，辞色甚切。羽操刀起，谓曰：‘此自国家事，是何人知！’目使之去。”可见，和鲁肃争辩者不是关羽，而当时关羽确实也无话可说。在《单刀会》里，关汉卿突破了历史情境，不仅通过艺术虚构把关羽塑造成孤胆英雄，而且将信誉之争变为“正统”之辩。剧中关羽的一举一动都是在捍卫“汉家”基业，而在“汉家皇统”这一前提下，鲁肃“讨还”荆州的行为显然是无理取闹，故而关羽质问鲁肃：“则你这东吴国的孙权，和俺刘家却是甚枝叶?”鲁肃反倒理亏，无辞以对。这样的言辞、口吻与宋元间大众所认同的“刘蜀正统论”是一脉相承的，在民族斗争激化的特定背景下也多少反映出人们思想的向背。

阅读延伸

关羽的问题

关羽有关羽的问题，问题在哪儿呢？在他的性格，狂妄自大、爱戴高帽子。建安十九年，刘备打成都的时候，马超来投奔刘备。关羽因为和马超是不熟的，就写封信给诸葛亮，说请问军师这马超是个什么样的人啊。诸葛亮一看信就明白了，关羽要跟马超 PK(对决)，而且只能赢不能输。诸葛亮马上就回一封信说，马超非常了不起，难得的人才，可以说是一世之杰，这一个时代最杰出的人；但是呢，和美髯公比起来嘛，哪里比得上美髯公的绝伦逸群啊。关羽看了信以后非常高兴，然后就把这个信拿给大家看，你看看，马超是一世之杰，啊，关某嘛……

…………

关羽这个人在刘备集团，是一个被惯坏了的孩子。被惯坏了的孩子有什么特点呢？两个特点，第一个特点叫任性，第二个特点叫天真。由于被惯坏了所以任性，由于是孩子所以天真。由于任性，所以他发动了襄樊战争；由于天真，所以他上了孙权、吕蒙、陆逊的当，被他们忽悠了。而又由于他既任性又天真，所以他处理不好很多关系，比方说敌友的关系，关羽是处理不好的。

据《三国志·关羽传》记载，此前孙权曾经向关羽求婚，想让关羽的女儿嫁给自己的儿子。关羽怎么样呢？"骂辱其使，不许婚。"《三国志》只有这么简单的几个字，说什么我虎女焉嫁犬子那是演义，但是"骂辱"两个字《三国志》的正文是有的。那么这个做得就不对了，谁都知道这种婚姻是政治婚姻，是出于政治集团的利益的联姻。孙权可以把妹妹嫁给刘备，你关羽怎么就不能把女儿嫁给孙权的儿子呢？孙权嫁了妹妹以后又把妹妹抢回去了，以后你翻脸了你也可以把女儿抢回来嘛。就算你不同意，你也可以不同意，你可以瞧不起孙权，你也可以痛恨孙权，你也可以不答应这门婚事，你不要骂人，开口就骂。而且对待部下也是这样的，我上一集讲到吕蒙的军队一到南郡，守公安、守江凌的两个人就投降了。为什么投降呢？就是关羽老骂他们嘛。而且关羽去打襄樊的时候，要这两个人供给粮草，这两个人可能办事也不太有力，何况关羽平时一贯瞧不起他们，而且关羽这样性格的人一旦瞧不起别人，那种蔑视是肯定明摆着写在脸上的，他不会遮掩的，谁都感觉得到的。结果这两个人供给不力，关羽就骂人了，说我回来收拾你们，等我拿下襄樊以后看我怎么收拾你们。这两个人一想，你关羽拿不拿得下襄樊还不一定，拿下了也是收拾我们，那我还不如投降算了。

所以你看，关羽这个人是个什么样的人呢？第一有德，肯定是有德了，道德高尚；第二有才，也确实是能力非同一般；第三有资历，从这三点来说他是守荆州的合适人选。但是他有一个问题，没有政治头脑，没有战略眼光。所以我的看法呢，就是关羽是个大侠，不是大帅。他在江湖上做一个独行侠是很让人敬仰的，而且也是非常可爱的。说老实话，作为一个人，我读《三国志·关羽传》的时候蛮喜欢他，包括他把诸葛亮的信到处给人看，我觉得非常可爱。蛮可爱的，但不可学，可爱不可学。

（选自易中天：《品三国》下册，上海，上海文艺出版社，2007。文字有改动）

能力拓展

1. 背诵《新水令》和《驻马听》这两支曲子。

2. 比较分析《单刀会》中的关羽形象与历史上的关羽形象。你怎样看待关羽被神化的现象？

3. 欣赏京剧《单刀会》，品味戏曲之美，传承中华优秀传统文化。

专题五

刚健有为　至情至性

第一课　李将军列传

课前导引

司马迁(约前 145 或前 135—?)，字子长，夏阳(今陕西韩城南)人，西汉史学家、文学家和思想家。司马迁 10 岁到长安学“古文”，20 岁后多次漫游，考察民风，搜集史料。父逝后继任太史令。天汉二年(前 99 年)，因李陵事件受“腐刑”。他忍辱含垢，发愤著书，完成了《史记》的创作。

《史记》是我国第一部纪传体通史，开创了中国史书的一大范式，影响深远。全书记述了从黄帝到汉武帝太初年间约三千年的历史，共 130 篇，包括 12 本纪、10 表、8 书、30 世家、70 列传，具有很高的史学价值。在文学方面，司马迁善于选取典型情节精心布局，以浓厚的抒情色彩刻画历史人物，语言简洁明朗，富有个性色彩，具有很强的艺术感染力，为后世散文、小说等创作提供了光辉典范。鲁迅誉之为“史家之绝唱，无韵之《离骚》”。

秦汉之际，匈奴逐渐强大起来，四面用兵，占据长城以北的广大地区。西汉王朝自立国以来，一直受到匈奴的侵扰。汉武帝时采取一系列的集权措施，国力空前强大，最终得以击败匈奴，扫除了边境威胁。在抗击匈奴的战争中，曾涌现出一批著名的军事将领，如卫青、霍去病等，李广当然也在其中。李广的一生基本上与抗击匈奴的战争相始终。他身经大小七十余战，战功卓著。司马迁之所以为他作传，首先看到的就是他在抗击匈奴战争中的巨大贡献。

经典展示

李将军广者，陇西成纪人也①。其先②曰李信，秦时为将，逐得燕太子丹者也③。故槐里④，徙成纪。广家世世受⑤射。孝文帝十四年，匈奴大入萧关⑥，而广以良家子⑦从军击胡，用⑧善骑射，杀首虏多⑨，为汉中郎。广从弟⑩李蔡亦为郎，皆为武骑常侍⑪，秩八百石⑫。尝从行⑬，有所冲陷折关及格猛兽⑭，而文帝曰：“惜乎，子不遇时！

如令子当高帝时，万户侯岂足道哉！”

及孝景[15]初立，广为陇西都尉，徙为骑郎将。吴楚军时[16]，广为骁骑都尉，从太尉亚夫击吴楚军[17]，取旗[18]，显功名昌邑下[19]。以梁王授广将军印[20]，还，赏不行。徙为上谷太守[21]，匈奴日以合战。典属国公孙昆邪为上泣曰[22]：“李广才气，天下无双，自负其能，数与虏敌战[23]，恐亡之[24]。”于是乃徙为上郡[25]太守。后广转为边郡太守，徙上郡[26]。尝为陇西、北地、雁门、代郡、云中太守，皆以力战为名。

匈奴大入上郡，天子使中贵人从广勒习兵击匈奴[27]。中贵人将骑数十纵[28]，见匈奴三人，与战。三人还[29]射，伤中贵人，杀其骑且尽。中贵人走广[30]。广曰：“是必射雕者[31]也。”广乃遂从百骑往驰三人[32]。三人亡马步行，行数十里。广令其骑张左右翼，而广身自[33]射彼三人者，杀其二人，生得一人，果匈奴射雕者也。已缚之上马，望匈奴有数千骑，见广，以为诱骑[34]，皆惊，上山陈[35]。广之百骑皆大恐，欲驰还走。广曰：“吾去大军数十里，今如此以百骑走，匈奴追射我立尽。今我留，匈奴必以我为大军之诱，必不敢击我。”广令诸骑曰：“前！”前未到匈奴陈二里所，止，令曰：“皆下马解鞍！”其骑曰：“虏多且近，即[36]有急，奈何?”广曰：“彼虏以我为走，今皆解鞍以示不走，用坚其意[37]。”于是胡骑遂不敢击。有白马将出护其兵，李广上马与十余骑奔射杀胡白马将，而复还至其骑中，解鞍，令士皆纵马卧[38]。是时会暮[39]，胡兵终怪之，不敢击。夜半时，胡兵亦以为汉有伏军于旁欲夜取之，胡皆引兵而去。平旦，李广乃归其大军。大军不知广所之，故弗从[40]。

居久之，孝景崩，武帝立，左右以为广名将也，于是广以上郡太守为未央卫尉[41]，而程不识亦为长乐卫尉[42]。程不识故与李广俱以边太守将军屯[43]。及出击胡，而广行无部伍行陈[44]，就善水草屯，舍止[45]，人人自便，不击刀斗[46]以自卫，莫府省约文书籍事[47]，然亦远斥候[48]，未尝遇害。程不识正部曲行伍营陈[49]，击刀斗，士吏治军簿至明[50]，军不得休息，然亦未尝遇害。不识曰：“李广军极简易，然虏卒[51]犯之，无以禁[52]也；而其士卒亦佚乐[53]，咸乐为之死。我军虽烦扰，然虏亦不得犯我。”是时汉边郡李广、程不识皆为名将，然匈奴畏李广之略，士卒亦多乐从李广而苦程不识。程不识孝景时以数直谏为太中大夫。为人廉，谨于文法[54]。

后汉以马邑城诱单于[55]，使大军伏马邑旁谷，而广为骁骑将军，领属护军将军。是时单于觉之[56]，去，汉军皆无功。其后四岁，广以卫尉为将军，出雁门击匈奴。匈奴兵多，破败广军，生得广。单于素闻广贤，令曰：“得李广必生致之。”胡骑得广，广时伤病，置广两马间，络而盛卧广[57]。行十余里，广佯死，睨[58]其旁有一胡儿骑善马，广暂腾[59]而上胡儿马，因推堕儿，取其弓，鞭马南驰数十里，复得其余军，因引而入塞。匈奴捕者骑数百追之，广行取[60]胡儿弓，射杀追骑，以故得脱。于是至汉，汉下广吏[61]。吏当广所失亡多，为虏所生得，当[62]斩，赎为庶人[63]。

顷之，家居数岁。广家与故颍阴侯孙屏野居蓝田南山中射猎[64]。尝夜从一骑出，从人田间饮[65]。还至霸陵亭[66]，霸陵尉醉，呵止广。广骑[67]曰：“故李将军。”尉曰：“今将军尚不得夜行，何乃故也！”止广宿亭下。居无何[68]，匈奴入杀辽西太守，败韩将军，后韩将军徙右北平[69]。于是天子乃召拜广为右北平太守。广即请霸陵尉与俱，至军而斩之。

广居右北平，匈奴闻之，号曰“汉之飞将军”，避之数岁，不敢入右北平。

广出猎，见草中石，以为虎而射之，中石没镞[70]，视之石也。因复更射之，终不能复入石矣。广所居郡闻有虎，尝自射之。及居右北平射虎，虎腾伤广，广亦竟射杀之。

广廉，得赏赐辄分其麾下[71]，饮食与士共之。终广之身，为二千石四十余年[72]，家无余财，终不言家产事。广为人长[73]，猿臂[74]，其善射亦天性也，虽其子孙他人学者，莫能及广。广讷口少言[75]，与人居则画地为军陈，射阔狭以饮[76]。专以射为戏，竟死[77]。广之将兵，乏绝之处[78]，见水，士卒不尽饮，广不近水，士卒不尽食，广不尝食。宽缓不苛[79]，士以此爱乐为用。其射，见敌急，非在数十步之内，度不中不发，发即应弦而倒。用此，其将兵数困辱，其射猛兽亦为所伤云[80]。

居顷之，石建[81]卒，于是上召广代建为郎中令。元朔六年，广复为后将军[82]，从大将军军出定襄[83]，击匈奴。诸将多中首虏率[84]，以功为侯者，而广军无功。后二岁，广以郎中令将四千骑出右北平，博望侯张骞将万骑与广俱，异道[85]。行可数百里，匈奴左贤王[86]将四万骑围广，广军士皆恐，广乃使其子敢往驰之[87]。敢独与数十骑驰，直贯胡骑，出其左右而还[88]，告广曰：“胡虏易与耳[89]。”军士乃安。广为圜陈外向[90]，胡急击之，矢下如雨。汉兵死者过半，汉矢且尽。广乃令士持满毋发[91]，而广身自以大黄射其裨将[92]，杀数人，胡虏益解[93]。会日暮，吏士皆无人色[94]，而广意气自如，益治军[95]。军中自是服其勇也。明日，复力战，而博望侯军亦至，匈奴军乃解去。汉军罢[96]，弗能追。是时广军几没[97]，罢归[98]。汉法，博望侯留迟后期[99]，当死，赎为庶人。广军功自如[100]，无赏。

初，广之从弟李蔡与广俱事孝文帝。景帝时，蔡积功劳至二千石。孝武帝时，至代相[101]。以元朔五年为轻车将军，从大将军击右贤王，有功中率，封为乐安侯。元狩二年中，代公孙弘[102]为丞相。蔡为人在下中[103]，名声出广下甚远，然广不得爵邑[104]，官不过九卿[105]，而蔡为列侯[106]，位至三公。诸广之军吏及士卒或取封侯。广尝与望气王朔燕语[107]，曰：“自汉击匈奴而广未尝不在其中，而诸部校尉以下，才能不及中人[108]，然以击胡军功取侯者数十人，而广不为后人[109]，然无尺寸之功以得封邑者，何也？岂吾相不当侯邪？且固命也？”朔曰：“将军自念，岂尝有所恨[110]乎？”广曰：“吾尝为陇西守，羌尝反，吾诱而降，降者八百余人，吾诈而同日杀之。至今大恨独此耳。”朔曰：“祸莫大于杀已降，此乃将军所以不得侯者也。”

后二岁，大将军、骠骑将军大出击匈奴[111]，广数自请行[112]。天子以为老，弗许；良久乃许之，以为前将军。是岁，元狩四年也。

广既从大将军青击匈奴，既出塞，青捕虏知单于所居，乃自以精兵走之[113]，而令广并于右将军军[114]，出东道。东道少回远[115]，而大军行水草少，其势不屯行[116]。广自请曰：“臣部为前将军，今大将军乃徙令臣出东道，且臣结发而与匈奴战，今乃一得当单于[117]，臣愿居前，先死单于[118]。”大将军青亦阴受上诫，以为李广老，数奇[119]，毋令当单于，恐不得所欲。而是时公孙敖新失侯[120]，为中将军从大将军，大将军亦欲使敖与俱当单于，故徙前将军广[121]。广时知之，固自辞于大将军[122]。大将军不听，令长史封书与广之莫府[123]，曰：“急诣部，如书[124]。”广不谢大将军而起行，意甚愠怒而就部[125]，引兵与右将军食其合军出东道。军亡导[126]，或失道[127]，后大将军[128]。大将军与单于接战，单于遁走，弗能得而还。南绝幕[129]，遇前将军、右将军。广已见大将军，还入军。大将军使长史持糒醪遗广[130]，因问广、食其失道状，青欲上书报天子军曲折[131]。广未对，大将军使长史急责广之幕府对簿[132]。广曰："诸校尉无罪，乃我自失道。吾今自上簿。"

至莫府，广谓其麾下曰："广结发与匈奴大小七十余战，今幸从大将军出接单于兵，而大将军又徙广部行回远，而又迷失道，岂非天哉！且广年六十余矣，终不能复对刀笔之吏[133]。"遂引刀自刭。广军士大夫一军皆哭。百姓闻之，知与不知，无老壮皆为垂涕。而右将军独下吏，当死，赎为庶人。

…………

太史公曰：《传》曰"其身正，不令而行；其身不正，虽令不从[134]"，其李将军之谓也？余睹李将军悛悛如鄙人[135]，口不能道辞[136]。及死之日，天下知与不知，皆为尽哀。彼其忠实心诚信于士大夫也[137]？谚曰"桃李不言，下自成蹊"。此言虽小，可以谕大也。

［节选自(汉)司马迁：《史记》，北京，中华书局，1959］

文本注释

①陇西：汉郡名，在今甘肃省东部。成纪：汉县名，在今甘肃秦安北，汉初属陇西郡。

②先：祖先。

③逐得燕太子丹者也：就是追获燕太子丹的那个人。战国时燕太子丹派荆轲刺秦，不中。秦发兵击燕，秦将李信追太子丹，燕王斩太子丹头献给李信。

④故槐里：原籍是槐里。槐里，汉县名，今陕西兴平东南。

⑤受：通"授"，传授，学习。

⑥大入：大举侵入。萧关：在今宁夏固原东南，为关中通向西北边地的交通要道。

⑦良家子：家世清白的子弟。汉制，医、巫、商贾、百工都不能列入良家。

⑧用：因为，由于。

⑨杀首虏多：斩杀敌人首级和虏获多。

⑩从弟：堂弟。

⑪武骑常侍：皇帝的侍从官。以上两句谓二人皆为郎而补武骑常侍。

⑫秩：官禄的等级。八百石：汉禄秩之制凡十五等，八百石约为十五等中的第六、第七等。

⑬尝：曾经。从行：侍卫皇帝出行，指从文帝出行。

⑭冲陷折关：冲锋陷阵，攻取关隘。格：格斗，搏击。

⑮孝景：孝景帝刘启。

⑯吴楚军时：指景帝三年吴、楚等七个封国起兵叛乱的时候。

⑰太尉：掌管全国军政大权的长官，与丞相、御史大夫并称三公。亚夫：周亚夫，景帝时为太尉，是平定吴、楚等七国叛乱的军事将领。

⑱取旗：夺取敌人的军旗。

⑲显功名昌邑下：在昌邑城下显身扬名。昌邑，今山东金乡西北，为梁国要邑。

⑳梁王：梁孝王刘武，文帝次子，景帝同母弟。封于梁。吴、楚等七国叛乱时，他站在朝廷一边，抗击叛军使其不得西下，有功。李广因在梁地作战有功，故梁王授李广将军印。但李广本为汉将，却私自接受地方政府（梁王）授予他的将军印，违反了朝廷的法令。朝廷认为李广功不抵过，没有给李广封赏。

㉑徙：调任。上谷：汉郡名，在今河北怀来南。

㉒典属国：处理当时向汉称臣的各少数民族事务的官。公孙昆邪（húnyé）：人名。为上泣：向景帝哭泣。

㉓数（shuò）：屡次。敌战：正面交战。

㉔恐亡之：恐怕失掉他。意指害怕李广在战斗中阵亡。

㉕上郡：汉郡名，在今陕西北部及内蒙古南部。

㉖后广转为边郡太守，徙上郡：这一句是插叙，意思说，李广从上谷太守历转沿边诸郡太守，然后才徙上郡太守，并非是从上谷太守直接调任上郡太守的。

㉗中贵人：指皇帝宠幸的宦官。勒习兵：约束和训练军队。

㉘将：率领。纵：放马驰骋。

㉙还（xuán）射：转身射箭。

㉚走广：逃奔到李广处。

㉛射雕者：射雕的能手。雕：鸷鸟，似鹰而大，黑色。飞翔能力极强且十分迅猛，非善射者不能射中。

㉜从百骑：带一百骑作自己的随从。往驰：前往追赶。

㉝身自：亲自。

㉞诱骑：引诱敌人的骑兵。

㉟陈：通“阵”，布列阵势。

㊱即：假若。

㊲用坚其意：用这个办法来坚定他们认为我们是大军诱骑的想法。

㊳纵马卧：把马匹放开，各自就地躺下。

㊴会暮：恰巧天色将晚。

㊵弗从：没有办法去接应。

㊶未央卫尉：未央宫（皇帝所居）禁卫军的长官。

㊷程不识：西汉名将。长乐卫尉：长乐宫（太后所居）禁卫军的长官。

㊸俱以边太守将军屯：都是以边郡太守的身份率军屯驻。将，率领。屯，驻防。

㊹广行无部伍行（háng）陈：李广行军，没有严格的编制和行列阵势。

㊺舍止：犹言起居。

㊻刀斗：同“刁斗”，行军用的铜锅，白天用来煮饭，夜里用来作巡夜敲击的器具。

㊼莫府：幕府。将帅驻扎的大帐幕，引申为将帅的办事处。省约：俭省节约，即简化。文书籍事：指公文表册之类。

㊽斥候：侦察敌情的哨兵。斥，侦察。候，窥伺。

㊾正部曲行伍营陈：严格地约束手下的部队，整顿编制和军规。

㊿治军簿至明：办理军事文书直到天亮。

(51)卒：同“猝”，突然。

(52)禁：干涉。

(53)佚乐：同“逸乐”，安逸而快乐。

(54)谨于文法：严格执行文书法令。

(55)马邑：在今山西朔州。武帝元光二年(前133年)，采用马邑豪绅聂壹之计，欲诱破匈奴。暗派聂壹扮作商人去匈奴，假称愿做内应，劝匈奴进攻马邑，于是单于将兵十万进攻马邑。汉朝派三十万大军预先埋伏于马邑城两边的山谷中伏击匈奴。

(56)觉之：发觉了汉军的计谋。当时匈奴单于率领大军到达雁门关，俘获了一个雁门尉吏，从他口中得知汉兵埋伏在山谷中，随即退回。汉人发觉以后，发兵去追，没有追上，因此无功。

(57)络而盛卧广：在两马之间结成网络，让李广躺在网上。络，用绳结成的网。盛，放。

(58)睨(nì)：斜视。

(59)暂腾：突然跳起。暂，突然。

(60)行取：一边奔行一边拿取。

(61)下广吏：把李广交给执法官审问。

(62)当(dàng)：判决。

(63)赎为庶人：纳金赎罪，免去死刑，降为平民。

(64)故颍阴侯孙：已故的颍阴侯灌婴之孙，名强。屏野：退隐田野。

(65)从人田间饮：跟人在野外饮酒。

(66)霸陵亭：保护霸陵的亭驿。霸陵：汉文帝的陵墓，其地因而设霸陵县。霸陵亭亭长由霸陵县县尉兼任，故下文称“霸陵尉”。

(67)广骑：李广的随从骑士。

(68)居无何：过了不久。

(69)韩将军：指韩安国。韩安国当时驻守渔阳(今北京密云西南)，为匈奴所败，掠去千余人及大量财物。武帝大为愤怒，使人斥责之，使屯驻右北平。

(70)中石没镞(zú)：箭射入石头，连箭头全部陷入石内。没，埋没。镞，箭头。

(71)辄：就。麾(huī)下：部下。

(72)为二千石四十余年：指为二千石级(太守、郎中令等)的长官四十余年。

(73)长：身材高大。

(74)猿臂：喻两臂像猿臂那样长且灵活。

(75)讷(nè)口少言：拙于口才，不大说话。

(76)与人居则画地为军陈，射阔狭以饮：与人闲居无事的时候，就在地上画行列作军阵，以比赛射箭的阔狭来饮酒。射阔狭，古代的一种游戏，在地上画很多行列，从高处行列射箭，射中宽阔的行列或射出行列之外为负，射在狭窄的行列则为胜，负者饮酒。

⑰竟死：一直到死。

⑱乏绝之处：指粮食、水草缺乏的时候。

⑲宽缓不苛：对士卒宽大、和缓、不苛刻。

⑳“用此”三句：因此，他领兵出战屡次被困受辱，射虎也被虎扑伤过。

㉑石建：以孝谨著称，武帝时的郎中令。

㉒后将军：当时有前、后、左、右四将军。

㉓大将军：指卫青，武帝卫后同母弟，西汉名将。定襄：汉郡名，在今山西右玉以北及内蒙古自治区西南部。

㉔中(zhòng)首虏率：斩敌人的首级和俘获敌人的数量符合军中论功行赏的标准。中，符合。

㉕异道：不同路，分路进兵。

㉖左贤王：匈奴单于手下的统帅，由单于的亲近贵族担任。当时匈奴置左、右贤王。

㉗敢：李广第三子，时为郎。往驰之：前往匈奴围骑中迎敌。

㉘直贯胡骑，出其左右而还：一直穿过匈奴的围骑，超出它们的左右两边，回到自己的阵地。

㉙易与耳：容易对付。轻蔑之辞。

㉚为圜陈外向：把部队排成圆形的阵势。圜，同“圆”。外向，面向外。

㉛持满毋发：张满弓弦，留箭不发。

㉜大黄：弓弩名，也叫黄肩弩，在当时是最能远射的武器。裨(pí)将：副将。

㉝益解(xiè)：渐渐松懈。解，通“懈”。

㉞无人色：脸色苍白，不像活人的样子。指军吏因为惊恐而面容失色。

㉟益治军：更加注意整修队伍。

㊱罢(pí)：通“疲”，疲倦。

㊲几没：几乎全军覆没。

㊳罢归：罢兵而归。

㊴留迟后期：行军迟缓，没能按期到达。

⑩⓪军功自如：谓为匈奴所败，但杀敌亦多，功过相抵。如，当。

⑩①代相：代国(在今河北蔚县东北及山西北部)的相。

⑩②公孙弘：字季。武帝元朔中为丞相，以推贤节俭为武帝所赏识，封平津侯。其为人外宽内深，凡同他有仇隙的，表面上他表现得很和善，暗中却设法排挤。主父偃被杀，董仲舒被疏远，均是他从中作祟。

⑩③为人在下中：他的行为品格在中下等。当时以九品论人，即上上、上中、上下、中上、中中、中下、下上、下中、下下。李蔡在八品，下中等。

⑩④爵邑：爵位和封邑。李广没有封侯，所以没有爵位和封邑。

⑩⑤九卿：汉时以太常、光禄勋、卫尉、太仆、廷尉、大鸿胪、宗正、大司农、少府为九卿。九卿位在三公之下。

⑯列侯：指异姓有功封侯的。

⑰望气：指观测星象或望人气色以预言吉凶。王朔：当时有名的天文学家，善于观测星象，占卜吉凶。燕语：私下闲谈。燕，私下。

⑱才能不及中人：他们的才能还够不上中等的档次。

⑲不为后人：不落在人家后面。

⑩恨：遗憾。

⑪大将军、骠骑将军大出击匈奴：大将军卫青、骠骑将军霍去病大举进兵出击匈奴。骠骑将军，指霍去病，是大将军卫青的外甥，初为剽骁校尉，以击匈奴军功显赫，封冠军侯。

⑫数(shuò)自请行：屡次主动请求随同出征。

⑬乃自以精兵走之：就亲自率领精兵出击匈奴。

⑭令广并于右将军军：命令李广军队和右将军赵食(yì)其(jī)所率领的部队合并前进。

⑮少回远：稍微迂回绕远。少，通“稍”。回，迂回。

⑯屯行：群聚而行，即并队而行。

⑰“且臣”二句：况且我自束发就与匈奴作战，如今才得到一个机会与单于的主力相抗。结发：束发，古代男子二十岁时结发于顶。

⑱先死单于：当先与单于拼一死战。

⑲数奇(jī)：命数(命运)不好。奇：不偶，可引申为不遇，不合。古代所谓“孤星照命”，即命数不好。

⑳公孙敖：义渠人。与卫青友好，曾救卫青脱难，后青贵，敖以护军都尉的身份三次从卫青击匈奴有功，封合骑侯。元狩二年，将兵击匈奴，因未与霍去病如期会合，当斩，赎罪后贬为庶人，故云“新失侯”。公孙敖失侯后以校尉的身份随大将军卫青出征，所以说他“为中将军从大将军”。中将军可能是他封侯以前的旧官名。

㉑“大将军”二句：大将军想让公孙敖和自己一起抗击匈奴，所以把前将军李广调开。意思是说卫青欲报私恩，因此把李广调开而并入右将军的军中。

㉒固自辞于大将军：坚决向大将军要求辞去与右将军合军出东道的任命。

㉓令长史封书与广之莫府：让自己幕府里的长史下一道文书给李广的幕府。长史，丞相府诸史之长，三公府和大将军幕府都有此官。

㉔急诣部，如书：赶快到右将军的军部去，照文书上说的执行。诣，往。如书，照文书执行。

㉕愠怒：怨怼，恼怒。就部：前往右将军的军部。

㉖亡导：没有向导。亡，通“无”。导，向导。

㉗或失道：有时迷失道路。或，有时。

㉘后大将军：落后，耽误了与大将军会合。

㉙南绝幕：横渡沙漠南归。绝，横渡。幕，通“漠”。

㉚精(bèi)：干粮。醪(láo)：浊酒。遗(wèi)：给予，赠送。

⑬①青欲上书报天子军曲折：卫青打算把东路绕远失道的曲折详情报告武帝。

⑬②对簿：就文书对质，即接受审问。

⑬③终不能复对刀笔之吏：到底不能再受刀笔吏的凌辱了。刀笔之吏，管文书的官吏。古时文书写在简牍上，用笔书写，用刀削去误字。笔用来记事，刀用来削误，本是两物。刀笔连成，有舞文弄墨的意思，含贬义，引申为那些借助文字来罗织罪名而置人于死地的文法之吏。

⑬④“《传》曰”句：语出《论语·子路》。意思是说，处上位的人，如果他的作风正派，即使不颁布命令，事情也可办成；如果他的作风不正，即使颁发严令，老百姓也是不会听从的。

⑬⑤悛(xún)悛：通“恂恂”，诚谨貌。鄙人：乡野的人。

⑬⑥口不能道辞：不善于说话。

⑬⑦彼其忠实心诚信于士大夫也：他那忠诚朴实的思想品德确实得到了天下士大夫们的信服与赞叹。

迷津指路

《李将军列传》是《史记》中久享盛誉之作。作者紧紧围绕抗击匈奴这一核心事件，多层次地描绘了李广传奇、悲剧的一生，塑造出古代英雄的高大形象。“数奇”是全文的眼目，“力战”“善射”为贯穿全文的线索。该文记叙了李广虽战功显赫，但却屡屡蒙受屈辱，以致自刎身亡的不幸结局，指责了最高统治者的赏罚不公、刻薄寡恩、任人唯亲。

本篇的艺术特色主要表现在以下几个方面。

一是善于围绕写作意图精心选材。李广一生经历的战争有七十余次，但作者只选择了四次战争：上郡遭遇战、雁门出击战、右北平之战、从卫青击匈奴之战。前三战险象环生，在寡不敌众的不利条件下，李广凭借智勇力挽狂澜。李广矢志不渝，一心向国，并立下累累战功，然非但未升官晋爵，反而屡遭罪责，乃至被迫自刎。这些材料不仅有力地凸显了李广骑射高超、勇猛善战的英雄风采，而且聚焦了他的才能、功绩与遭遇、结局之间的巨大反差，在激起读者无限惋惜之情的同时也体现出作者的写作意图。

二是用富于特征的细节描写刻画人物形象。如在表现李广的喜好时，作者选取了“广讷口少言，与人居则画地为军陈，射阔狭以饮”的细节，使李广“专以射为戏”的性格特征具体可感，同时“画军阵”又符合李广的将军身份，是他长期从军经历的写照。再如通过对“中石没簇”细节的精心描写来表现李广的善射，生动地展示了这位名将的风采，令读者过目不忘。

三是用对比烘托方法揭示人物命运，丰富人物形象。在文中，作者将李广与其他人物作比，展现其性格的不同侧面。用匈奴射雕者，突出李广智谋神射，天下罕见；用程不识，体现李广胆略超群，性情独特；用部下吏士，衬托李广英雄虎胆，临危不惧；用李蔡，突出李广遭受不公，命运多舛。这既寄寓了作者的感慨和孤愤，也使李广的形象更立体丰满。

阅读延伸

史学中的文学力量

司马迁作《史记》，其特点不仅是宏通博大，具有高度概括性，而且更重要的是，它还能以“互文相足之法”，节省笔墨，存真阙疑，尽量保存史料的“鲜活”。比如初读《史记》的人，谁都不难发现，它的记述往往自相矛盾，不但篇与篇之间会有这种问题，就是一篇之内也能摆好几种说法，让人觉得莫衷一是。但熟悉《史记》体例的人，他们都知道，这是作者“兼存异说”，故意如此。它讲秦就以秦的史料为主，讲楚就以楚的史料为主，尽量让“角色”按“本色”讲话。这非但不是《史记》的粗疏，反而是它的谨慎。如果吹毛求疵，给《史记》挑错，当然会有大丰收，但找错误的前提，首先也是理解。

《史记》伟大，它的作者更伟大。我们“读其书而想见其为人”，一定要读他的《太史公自序》和《报任安书》。《太史公自序》很重要，因为只有读这篇东西，你才能了解他的学术背景和创作过程，知道他有家学渊源、名师传授，“读万卷书，行万里路”，人生老道，所以文笔也老道。但我们千万不要忽略，他还有一封《报任安书》。如果我们说《太史公自序》是司马迁的“学术史”，那么《报任安书》就是他的“心灵史”。这是一篇“欲死不能”之人同“行将就死”之人的心灵对话，每句话都掏心窝子，里面浸透着生之热恋和死之痛苦。其辗转于生死之际的羞辱、恐惧和悲愤，五内俱焚、汗发沾背的心理创伤，非身临其境，绝难体会。小时候读《古文观止》，我总以为这是最震撼人心、催人泪下的一篇。

司马迁为“墙倒众人推”的李将军（李陵）打抱不平，惨遭宫刑，在我看来，正是属于鲁迅所说敢于“抚哭叛徒”的“脊梁”。他和李将军，一个是文官，一个是武将，趣舍异路，素无杯酒交欢，竟能舍饭碗、性命不顾，仗义执言，已是诸、刿之勇不能当。而更难的是，他还能在这场“飞来横祸”之后，从命运的泥潭中撑拄自拔，发愤著书，成就其名山事业。读《报任安书》，我有一点感想：历史并不仅仅是一种由死人积累的知识，也是一种由活人塑造的体验。这种人生体验和超越生命的渴望，乃是贯穿于文学、艺术、宗教、哲学和历史的共同精神。史家在此类“超越”中尤为重要。他之所以能把自身之外“盈虚有数”的众多生命汇为波澜壮阔的历史长河，首先就在于，他把自己的生命也投射其中。我想，司马迁之为司马迁，《史记》之为《史记》，人有侠气，书有侠气，实与这种人生经历有关。一帆风顺，缺乏人生体验，要当历史学家，可以；但要当大历史学家，难。我以为，“大历史”的意义就在通古今，齐生死。

以个人荣辱看历史，固然易生偏见，但司马迁讲历史，却能保持清醒客观，即使是写当代之事，即使是有切肤之痛，也能控制情绪，顶多在赞语中发点感慨，出乎人生，而入乎历史，写史和评史，绝不乱掺和。

对司马迁的赞语和文学性描写，我很欣赏。因为恰好是在这样的话语之中，我们才能窥见其个性，进而理解他的传神之笔。例如，在他笔下，即使是“成者为王”的汉高祖也大有流氓气，即使是“败者为贼”的项羽也不失英雄相。就连当时的恐怖分子，他也会说“不欺其志，名垂后世”；就连李斯这样的“大坏蛋”，他也会描写其临死之际，父子相哭，遥想当年，牵黄犬、逐狡兔的天伦之乐。很多“大人物”写得就像“小人物”一样。

同司马迁的“发愤著书”有关，《李将军传》也值得一读(有趣的是，它放在《匈奴传》和《卫将军传》的前边)。他讲李陵之祸，着墨不多，对比《汉书》，好像一笔带过。这种省略是出于“不敢言”还是“不忍言”，我们很难猜测。但他在赞语中说：

《传》曰“其身正，不令而行；其身不正，虽令不从”，其李将军之谓也？余睹李将军悛悛如鄙人，口不能道辞。及死之日，天下知与不知，皆为尽哀。彼其忠实心诚信于士大夫也？谚曰“桃李不言，下自成蹊”。此言虽小，可以谕大也。

司马迁说的“李将军”是李广而不是李陵，然陵为广孙，有其家风，就连命运的悲惨都一模一样。我们拿这段话对比苏建评卫青的话，“大将军至尊重，而天下之贤大夫毋称焉”(《卫将军传》赞引)，他的“无言”不是更胜于“有言”吗？

汉代以后，“卫将军”只见称于记录汉代武功的史乘，而无闻于民间。相反，李将军却借诗文的传诵而大出其名。一九九七年，中国历史博物馆举办全国考古新发现精品展，其中有敦煌市博物馆送展的西晋壁画砖，上面有个骑马的人物，正在回头射箭，上有榜题为证，不是别人，正是李广。

看见李将军，我就想到了司马迁，想到了史学中的文学力量。

[选自李零：《史学的文学力量》，载《当代人》，2016(6)。文字有改动]

能力拓展

1. 本篇写了李广什么样的人生际遇？试分析造成李广悲剧结局的根本原因。

2. 司马迁赞赏李广的人品和受人拥戴的情况，用了“桃李不言，下自成蹊”的谚语，你认同吗？谈谈为什么。

3. 口才训练：古人云：“冯唐易老，李广难封”，请结合自己所掌握的史料，以“即兴演讲”的方式谈谈自己的看法(参考本书《演讲口才训练》拓展训练 3)。

第二课 《搜神记》二则

课前导引

干宝，生卒年不详，字令升，新蔡(今属河南)人。东晋元帝时为佐著作郎，领修国史。因家贫，求补山阴令，迁始安太守。王导请为司徒右长史，迁散骑常侍。干宝搜求异闻，撰写《搜神记》二十卷，意在明“神道之不诬”(《搜神记序》)。“神道”之事与教化内容的结合，使此书保存了不少神话传说与民间故事。

魏晋南北朝小说可以分为志怪小说和志人小说。当时人们大事都要向天地请示，所以常有祈祷、占卜、占梦等活动，社会上流传的许多巫术故事就成为志怪小说的素材。此外东汉晚期建立起来的道教、东汉传入中国的佛教，在魏晋以后广泛传播，产生了许多神仙方术、佛教灵异的故事，也成为志怪小说的素材。志人小说的兴盛与士族文人之间品评人物和崇尚清谈的风气有很大关系，又反过来促进了这种风气的发展。

志怪小说以干宝的《搜神记》为代表，志人小说以刘义庆的《世说新语》为代表。

本文两篇均选自《搜神记》卷十一。干将为吴王铸剑的故事，见载于《吴越春秋·阖闾内传》。干将被杀和其子报仇的情节，则是该故事在流传过程中逐渐成形的。《三王墓》叙事生动，语言疏宕，情节富于传奇性。其艺术上的最大特点是，志怪内容和史家笔法在文中达到了高度的统一。《相思树》是一个在强权下维护爱情尊严的悲剧故事。宋康王的荒淫残暴，韩凭的毅然殉情，韩凭妻不畏权势、矢志不渝的抗争精神构成情节冲突，深化了小说的主题。故事以连理枝、双飞鸟的浪漫结局歌颂坚贞的爱情，寄托美好的愿望。

经典展示

三王墓

楚干将、莫邪①为楚王作剑，三年乃成。王怒，欲杀之。剑有雌雄，其妻重身②当产，夫语妻曰："吾为王作剑，三年乃成，王怒，往必杀我。汝若生子是男，大，告之曰：'出户望南山，松生石上，剑在其背。'"于是即将雌剑往见楚王。王大怒，使相③之："剑有二，一雄一雌。雌来，雄不来。"王怒，即杀之。

莫邪子名赤，比④后壮，乃问其母曰："吾父所在？"母曰："汝父为楚王作剑，三年乃成。王怒，杀之。去时嘱我：'语汝子，出户望南山，松生石上，剑在其背。'"于是子出户南望，不见有山，但睹堂前松柱下，石砥⑤之上，即以斧破其背，得剑。日夜思欲报楚王。

王梦见一儿，眉间广尺⑥，言欲报仇。王即购之千金⑦。儿闻之，亡去⑧，入山行歌。客有逢者，谓："子年少，何哭之甚悲耶？"曰："吾干将、莫邪子也。楚王杀吾父，吾欲报之⑨。"客曰："闻王购子头千金。将子头与剑来，为子报之。"儿曰："幸甚！"即自刎，两手捧头及剑奉之，立僵⑩。客曰："不负子也！"于是尸乃仆⑪。

客持头往见楚王，王大喜。客曰："此乃勇士头也。当于汤镬⑫煮之。"王如其言。煮头三日三夕，不烂。头踔⑬出汤中，瞋目⑭大怒。客曰："此儿头不烂，愿王自往临⑮视之，是必烂也。"王即临之。客以剑拟⑯王，王头随堕汤中。客亦自拟己头，头复堕汤中。三首俱烂，不可识别。乃分其汤肉葬之，故通名"三王墓"。今在汝南北宜春县界。

（选自干宝：《搜神记》，杨振江选注，石家庄，花山文艺出版社，1986）

文本注释

①干将、莫邪：春秋时楚国因善于铸剑而著名的一对夫妻，后世人以其名命名雌雄二剑。

②重(chóng)身：谓怀孕。《素问·奇病论》注："重身，谓身中有身。"

③相：察看。

④比：等到。

⑤石砥(dǐ)：磨刀石。

⑥眉间广尺：谓两眉间达一尺。

⑦购之千金：悬赏千金通缉他。

⑧亡：逃。

⑨报之：谓向楚王报仇。

⑩立僵：尸体僵立而不倒。

⑪仆：向前跌倒。

⑫镬(huò)：形似鼎而无足，秦汉时用作刑具烹人。

⑬踔(chuō)：跳跃。

⑭瞋目：睁大眼睛。

⑮临：靠近。

⑯拟：比画，用兵器作杀人状。此处指杀。

经典展示

相思树

宋康王舍人韩凭[①]，娶妻何氏，美，康王夺之。凭怨，王囚之，论为城旦[②]。妻密遗凭书，缪[③]其辞曰："其雨淫淫[④]，河大水深，日出当心[⑤]。"既而王得其书，以示左右，左右莫解其意。臣苏贺对曰："其雨淫淫，言愁且思也。河大水深，不得往来也。日出当心，心有死志也。"

俄而凭乃自杀。其妻乃阴腐其衣[⑥]。王与之登台，妻遂自投台[⑦]。左右揽之，衣不中手[⑧]而死。遗书于带曰："王利其生，妾利其死。愿以尸骨，赐凭合葬。"

王怒，弗听，使里人[⑨]埋之，冢相望也[⑩]。王曰："尔夫妇相爱不已，若能使冢合，则吾弗阻也！"宿昔之间[⑪]，便有大梓木生于二冢之端。旬日而大盈抱，屈体相就[⑫]，根交于下，枝错于上。又有鸳鸯雌雄各一，恒栖树上，晨夕不去，交颈悲鸣，音声感人。宋人哀之，遂号其木曰"相思树"。相思之名，起于此也。南人谓此禽即韩凭夫妇之精魂[⑬]。今睢阳[⑭]有韩凭城，其歌谣[⑮]至今犹存。

（选自干宝：《搜神记》，杨振江选注，石家庄，花山文艺出版社，1986）

文本注释

①宋康王：战国时宋国国君，名偃，荒淫残暴，诸侯谓之"桀宋"。后齐、魏、楚三分其地，杀之。舍人：指门客。战国及汉初，王公大臣皆有舍人。韩凭：唐刘恂《岭表录异》卷下"韩朋"条引作"韩朋"，《敦煌变文集》卷二《韩朋赋》亦作"韩朋"。

②论：定罪。城旦：一种刑罚。受罚者白天防备敌寇，夜晚筑城。

③缪(miù)：隐蔽曲折之意。

④淫淫：久雨不止曰淫。此喻愁思深长。

⑤日出当心：太阳正当我心。此暗寓向太阳起誓，决心殉情。

⑥阴：暗地里。腐：腐烂。

⑦投台：跳台自杀。《艺文类聚》作"自投台下"。

⑧不中手：言因衣腐烂，经不住手拉。

⑨里人：与韩凭夫妇同里之人。

⑩相望：相对。此谓两人的坟墓相对，中间隔着一段距离。

⑪宿昔：早晚。此句言时间不长。

⑫就：靠近。

⑬“南人”句：余嘉锡《四库提要辩证》云：“《法苑珠林》卷二十七引无‘南人’句。此乃刘恂之语。凡恂书中所谓南人，皆指岭南人言之。”

⑭睢(suī)阳：战国宋都城，今河南商丘。

⑮歌谣：《古诗源》卷一引《彤管集》：“韩凭为宋康王舍人，妻何氏美，王欲之，捕舍人，筑青陵之台，何氏作《乌鹊歌》以见志：‘南山有乌，北山张罗。乌自高飞，罗当奈何！’‘乌鹊双飞，不乐凤凰。妾是庶人，不乐宋王。’遂自缢。”所说歌谣，或即指此类而言。

迷津指路

《搜神记》里有不少具有反抗精神的故事，表现为两种情况：一种是以人的力量来消灭或制服神怪，如《李寄斩蛇》；另一种是赋予人以神的力量来对抗强大的统治者，如《三王墓》。此类故事篇幅虽短，但情节富于变化，想象丰富，具有浪漫主义色彩。

《三王墓》记叙了干将为楚王铸剑反被楚王杀害，其子赤长大后为父报仇的故事。这则故事揭露了以楚王为代表的统治阶级的暴虐和残酷，反映了广大人民对统治者的刻骨仇恨，歌颂了以赤为代表的反抗者的牺牲精神和不屈不挠的坚强意志。其中，山中行客的豪侠行为，展示了其路见不平、拔刀相助、甘于牺牲的高尚品质，也体现了劳动人民同仇敌忾的团结精神。小说情节惊险曲折，故事描写细致生动，人物刻画栩栩如生，末段写侠客剑拟楚王，尤其惊心动魄。

《相思树》通过韩凭夫妇双双被迫害致死的悲剧情节，无情地揭露了以宋康王为首的统治者荒淫、残暴、无耻的恶行，颂扬韩凭夫妇对爱情的忠贞和宁死不屈的抗暴精神。故事从何氏“美”，康王“夺之”始，通过何氏“密遗凭书”“阴腐其衣”“遂自投台”“遗书于带”等一系列细节、行为描写，在情节的发展中，层层递进地塑造了何氏温柔、细致、机敏、刚烈的性格特征。故事的最后富于幻想，以夫妻二人精魂化作相思树、鸳鸯鸟作结，虽虚构色彩浓郁，却极富浪漫情怀。

《搜神记》代表了魏晋志怪小说的最高成就，保存了许多古代民间传说，给后世文学艺术以深远影响。干宝在序中自称：“虽考志于载籍，收遗逸于当时，盖非一耳一目之所亲闻睹也，又安敢谓无失实者哉！”这在中国文学史上，特别是在小说发展史上独具意义。《搜神记》初具小说的格局，不但对六朝鬼神志怪之创作风气的形成有推动作用，且对唐传奇的发展，对唐以后的小说甚至戏曲的创作，也有一定的影响。

阅读延伸

铸　剑

眉间尺刚和他的母亲睡下，老鼠便出来咬锅盖，使他听得发烦。他轻轻地叱了几声，最初还有些效验，后来是简直不理他了，格支格支地径自咬。他又不敢大声赶，怕惊醒了白天做得劳乏，晚上一躺就睡着了的母亲。

…………

“尺儿，你在做什么？”他的母亲已经醒来了，在床上问。

“老鼠……”他慌忙站起，回转身去，却只答了两个字。

“是的，老鼠。这我知道。可是你在做什么？杀它呢，还是在救它？”

他没有回答。松明烧尽了；他默默地立在暗中，渐看见月光的皎洁。

“唉！”他的母亲叹息说，“一交子时，你就是十六岁了，性情还是那样，不冷不热地，一点也不变。看来，你的父亲的仇是没有人报的了。”

他看见他的母亲坐在灰白色的月影中，仿佛身体都在动；低微的声音里，含着无限的悲哀，使他冷得毛骨悚然，而一转眼间，又觉得热血在全身中忽然腾沸。

“父亲的仇？父亲有什么仇呢？”他前进几步，惊急地问。

“有的。还要你去报。我早想告诉你的了；只因为你太小，没有说。现在你已经成人了，却还是那样的性情。这教我怎么办呢？你似的性情，能行大事的么？

“能。说罢，母亲。我要改过……”

“自然。我也只得说。你必须改过……那么，走过来罢”。

他走过去；他的母亲端坐在床上，在暗白的月影里，两眼发出闪闪的光芒。

“听哪！”她严肃地说，“你的父亲原是一个铸剑的名工，天下第一。他的工具，我早已都卖掉了来救了穷了，你已经看不见一点遗迹；但他是一个世上无二的铸剑的名工。二十年前，王妃生下了一块铁，听说是抱了一回铁柱之后受孕的，是一块纯青透明的铁。大王知道是异宝，便决计用来铸一把剑，想用它保国，用它杀敌，用它防身。不幸你的父亲那时偏偏入了选，便将铁捧回家里来，日日夜夜地锻炼，费了整三年的精神，炼成两把剑。

“当最末次开炉的那一日，是怎样地骇人的景象呵！哗拉拉地腾上一道白气的时候，地面也觉得动摇。那白气到天半便变成白云，罩住了这处所，渐渐现出绯红颜色，映得一切都如桃花。我家的漆黑的炉子里，是躺着通红的两把剑。你父亲用井华水慢慢地滴下去，那剑嘶嘶地吼着，慢慢转成青色了。这样地七日七夜，就看不见了剑，仔细看时，却还在炉底里，纯青的，透明的，正像两条冰。

“大欢喜的光采，便从你父亲的眼睛里四射出来；他取起剑，拂拭着，拂试着。然而悲惨的皱纹，却也从他的眉头和嘴角出现了。他将两把剑分装在两个匣子里。

“‘你只要看这几天的景象，就明白无论是谁，都知道剑已练就的了。’他悄悄地对我说。‘一到明天，我必须去献给大王。但献剑的一天，也就是我命尽的日子。怕我们从此要长别了。’

“‘你……。’我很骇异，猜不透他的意思，不知怎么说的好。我只是这样地说：‘你这回有了这么大的功劳……。’

“‘哎！你怎么知道呢！’他说。‘大王是向来善于猜疑，又极残忍的。这回我给他炼成了世间无二的剑，他一定要杀掉我，免得我再去给别人炼剑，来和他匹敌，或者超

过他。’

“我掉泪了。

“‘你不要悲哀。这是无法逃避的。眼泪决不能洗掉运命。我可是早已有准备在这里了！’他的眼里忽然发出电火似的光芒，将一个剑匣放在我膝上。‘这是雄剑。’他说。‘你收着。明天，我只将这雌剑献给大王去。倘若我一去竟不回来了呢，那是我一定不再在人间了。你不是怀孕已经五六个月了么？不要悲哀；待生了孩子，好好地抚养。一到成人之后，你便交给他这雄剑，教他砍在大王的颈子上，给我报仇！’”

“那天父亲回来了没有呢？”眉间尺赶紧问。

“没有回来！”她冷静地说。“我四处打听，也杳无消息。后来听得人说，第一个用血来饲你父亲自己炼成的剑的人，就是他自己——你的父亲。还怕他鬼魂作怪，将他的身首分埋在前门和后苑了！”

眉间尺忽然全身都如烧着猛火，自己觉得每一枝毛发上都仿佛闪出火星来。他的双拳，在暗中捏得格格地作响。

他的母亲站起了，揭去床头的木板，下床点了松明，到门背后取过一把锄，交给眉间尺道：“掘下去！”

眉间尺心跳着，但很沉静的一锄一锄轻轻地掘下去。掘出来的都是黄土，约到五尺多深，土色有些不同了，似乎是烂掉的材木。

“看罢！要小心！”他的母亲说。

眉间尺伏在掘开的洞穴旁边，伸手下去，谨慎小心地撮开烂树，待到指尖一冷，有如触着冰雪的时候，那纯青透明的剑也出现了。他看清了剑靶，捏着，提了出来。

窗外的星月和屋里的松明似乎都骤然失了光辉，惟有青光充塞宇内。那剑便溶在这青光中，看去好像一无所有。眉间尺凝神细视，这才仿佛看见长五尺余，却并不见得怎样锋利，剑口反而有些浑圆，正如一片韭叶。

“你从此要改变你的优柔的性情，用这剑报仇去！”他的母亲说。

“我已经改变了我的优柔的性情，要用这剑报仇去！”

“但愿如此。你穿了青衣，背上这剑，衣剑一色，谁也看不分明的。衣服我已经做在这里，明天就上你的路去罢。不要记念我！”她向床后的破衣箱一指，说。

眉间尺取出新衣，试去一穿，长短正很合式。他便重行叠好，裹了剑，放在枕边，沉静地躺下。他觉得自己已经改变了优柔的性情；他决心要并无心事一般，倒头便睡，清晨醒来，毫不改变常态，从容地去寻他不共戴天的仇雠。

但他醒着。他翻来覆去，总想坐起来。他听到他母亲的失望的轻轻的长叹。他听到最初的鸡鸣；他知道已交子时，自己是上了十六岁了。

（选自鲁迅：《鲁迅小说全编》，金隐铭校勘，桂林，漓江出版社，1996）

能力拓展

1. 试以现代汉语复述《三王墓》《相思树》的故事。

2. 干宝的《搜神记》在中国小说发展史上有何意义？
3. 课外阅读《搜神记》，体会志怪小说的特点，以及其对后世文学的影响。

第三课　行路难(其一)

课前导引

李白是盛唐文化孕育出来的天才诗人，其非凡的自负和自信、狂傲的独立人格、豪放洒脱的气度和自由创造的浪漫情怀，充分体现了盛唐士人的时代性格和精神风貌。盛唐诗歌的气来、情来、神来，在李白的乐府歌行和绝句中发挥得淋漓尽致。他的诗歌创作充满了发兴无端的澎湃激情和神奇想象，既有气势浩瀚、变幻莫测的壮观奇景，又有标举风神情韵而自然天成的明丽意境，美不胜收。李白的魅力就是盛唐的魅力。

天宝元年(742年)，李白奉诏入京，担任翰林供奉。李白本是个积极入世的人，他才高志大，很想像管仲、张良、诸葛亮等杰出人物一样干一番大事业，可是入京后未得重用，一年多后被“赐金放还”。李白离京，朋友们来为他饯行，求仕无望的他深感仕路的艰难，满怀愤慨地写下了此篇《行路难》。

经典展示

经典品读
行路难(上)

金尊美酒斗十千[1]，玉盘珍羞直万钱[2]。
停杯投箸不能食[3]，拔剑四顾心茫然[4]。
欲渡黄河冰塞川，将登太行[5]雪满山。
闲来垂钓碧溪上，忽复乘舟梦日边[6]。
行路难！行路难！多歧路，今安在[7]？
长风破浪会有时[8]，直挂云帆济沧海[9]。

经典品读
行路难(下)

(选自程千帆、沈祖棻选注：《古诗今选》，上海，上海古籍出版社，1983)

文本注释

①尊(zūn)：通“樽”，古代盛酒的器具。斗十千：一斗值十千钱(万钱)，形容酒美价高。

②玉盘：精美的食具。珍羞：珍贵的菜肴。羞，同“馐”，美味的食物。直：通“值”，价值。

③投箸：丢下筷子。不能食：咽不下。

④茫然：无所适从。

⑤太行：太行山。

⑥闲来垂钓碧溪上，忽复乘舟梦日边：这两句暗用典故，表明自己对从政仍有所

期待。姜太公吕尚曾在溪上钓鱼，得遇周文王，助周灭商；伊尹曾梦见自己乘船从日月旁边经过，后被商汤聘请，助商灭夏。碧，一作“坐”。忽复，忽然又。

⑦多歧路，今安在：岔道这么多，如今身在何处？歧，一作“岐”，岔路。

⑧长风破浪：比喻实现政治理想。据《宋书・宗悫传》载，宗悫少年时，叔父问他的志向，他说：“愿乘长风破万里浪。”会：当。

⑨云帆：高高的船帆。船在海里航行，因天水相连，船帆好像出没在云雾之中。济：渡。

迷津指路

《行路难》共十二诗行，可分为六小层。全诗紧密地围绕着现实和理想、客观和主观的矛盾冲突而展开。

开首两句，铺陈酒美肴佳和饮宴之盛。随后，诗人采用反跌的手法，制造发人深省的悬念，烘托了茫然的心境，而全诗的矛盾线索也由此展开。接下来的“欲渡黄河冰塞川，将登太行雪满山”，是感受到仕途坎坷之后的无限感慨。诗人本欲通过入仕来实现自己的政治理想，但是身处“夷羊满中野，菉葹盈高门”的艰难环境，请缨无路，壮志难酬。心中郁结的块垒，自是酒肴难以平息。下面的“闲来垂钓碧溪上，忽复乘舟梦日边”句，合用典故，慨叹人生际遇的变幻莫测。“行路难！行路难！多歧路，今安在?”这是诗情发展的高潮，也是全诗的主旨所在。李白由自己的现实处境想到险恶的政治形势，想到走过的荆棘遍地的生活之路，不由得发出了连声浩叹，久积于胸的澎湃情感终于化作了汹涌奔腾的笔下波澜。此处，诗句突然由七言转成三言，节奏铿锵急切，声韵高亢有力，深刻地揭示了诗人理想和现实之间的尖锐矛盾。诗的最后，诗人笔锋一转，忽开异境。“长风破浪”句套用宗悫的“愿乘长风破万里浪”，比喻宏伟的抱负得以施展。诗人毕竟是乐观主义者，在窘迫的逆境中，黑暗的现实没有阻碍他理想的闪耀，多舛的运命没有磨损他斗志的昂扬。结尾两句给诗歌撒上了明媚的光辉，使全诗洋溢着浪漫的气息，充盈着乐观的情绪，焕发出令人振奋的异彩。

阅读延伸

李白遭谗之谜

李白进入长安，做了翰林待诏。并不是如他自己所愿那样，得到了一个他自己想要的，在政治上有前途、有作为的这样一个职位。他在长安待了一年多，还是走了。有人说是因为政治环境太坏，李白不堪忍受这样的一种腐败的朝政，不堪忍受身边的奸佞小人，所以最后拂袖而去，离开了长安。这是很长一个时期里面，学术界，包括有一些教科书上，对李白离开长安所采取的态度。总之，就是客观环境太糟糕，把李白给耽搁了。

但事实却是李白并没有像传说中的那样，让身份显赫的高力士为他脱靴，也没有写诗讥讽杨玉环。杨国忠现在想给他进点谗言，还没机会，他人在四川呢。由此看来，李白到了长安之后，整体上来说，政治环境还没有坏到他连一点点政治作用都无法发挥的程度。那些人也都没有像过去所说的那样专心致志地去给他进谗言。所以说李白遭谗言，尤其在政治上遭到重大迫害这种事情，看来是没有发生的。再一个就是整体的政治环境也没有黑暗、衰落到李白没有一点点机会用来施展自己才华的程度。

可是李白还是被冷落了，最终离开了长安。这其中究竟发生了什么？到底是李白根本就没有政治才能，还是有别的原因呢？

李白进入官场，做了陪着皇上从事诗文娱乐的翰林待诏。在政治上没有前途，他自己也看不到前途。在政治上得不到重视的时候，他的情绪就会发生变化，他就要宣泄。他这个宣泄，不是光用诗来宣泄，还伴随着酒。它就形成了一个恶性循环。他不得志，他就会写一些发牢骚的诗文，写一些发牢骚的诗文还不行，还要去喝酒。喝酒之后，写更多这样的诗文。这种东西，无论是让唐玄宗看到了，还是让那些真正的奸佞小人看到了，都会给他散布一些有毁他形象的闲言碎语。这个闲言碎语倒不是像刚才所说的高力士、杨玉环给他进的谗言，没到那个水平，但是对他的声誉，是一个很大的诋毁。李白曾经有一首诗说，“李白斗酒诗百篇，长安市上酒家眠。天子呼来不上船，自称臣是酒中仙。”写得很好，很有气势。可是很糟糕啊，因为你天天处在这样一种生活状态里边，你只能离你自己想要的东西越来越远。结果就是李白也不是天天在喝酒，但是他在后人的印象里边，总是一个醉醺醺的人，特别是很多的史料指出，李白在翰林院里边，有时候也醉醺醺的。唐玄宗找他的时候，就没有一次直接找着他的时候。不是在长安市上的酒馆里面找到的，就是在翰林院里面找到的。而且每次找到的模式，都差不多，就是他喝醉了。喝醉了把他叫来以后，搞一点凉水泼到他脸上，把他泼醒之后，他依然能够挥笔而就，诗文的才华很高。可是他越这样，大家越不放心他。为什么呢？他在翰林院，老待在宫里边。宫里边的事儿，他老这么醉醺醺的，就怕他给说出去。有史料记载说，唐玄宗恐其言温室树。什么意思？这里边有个典故。汉代的时候有一个大臣叫孔光，官做得很大。休假的时候，他回到家里跟老婆孩子亲戚聊天。聊天的时候他的夫人就问他说：“你们温室殿里边种了很多树，都是什么树啊？”这不是闲聊天吗？孔光嘿然不语。嘿然什么意思？就是胡打岔，不说话，说点别的话岔过去。意思是什么？这个孔光保密的原则性很强，连宫里面种的什么树，他都不说。李白会不会说，不知道。他可能不但连树都说了，甚至连唐玄宗跟杨玉环怎么散步都会说，因为他喝醉了。所以唐玄宗就恐其言温室树。

所以李白的个性，决定了虽然他有跟皇帝接近的机会，这是多宝贵的机会，但是他不大可能会有效地利用这个机会。再加上我们现在也很难说，李白有什么真正的具体的有效的政治策略。就是你作为真正的政治家，除了有自己的理想，还得有自己的具体的举措。你得表现出来。

还好，唐玄宗这个人还比较仁义。他一看李白确实待不住，史书记载四个字叫赐金放还。给他一笔钱，让他回家搞创作。这是一个非常体面的下台方式。唐玄宗没有贬斥他，没有谴责他，没有给他赶出去轰走，而是赐金放还，保全了他作为一个文人的体面。所以李白离开长安之后，名声越来越大。他是文学上的名声越来越大，但是他的政治名声并不大。他从长安出来，大家对他的认识更清楚了。他真的就是个文人。他就是一个诗人。所以李白只能离开长安，继续他的漫游生活。但是他的性格没有变，他张扬的个性也没有变。

（选自康震：《康震讲诗仙李白》，北京，中华书局，2018。文字有改动）

能力拓展

1. 有人说杜甫十分敬仰李白，请说一说二人交游的具体过程。

2. 李白曾加入“叛军”永王的军队，身陷囹圄。最终他是怎样脱困的呢？请有条理地叙述这个事件。

3. 口才训练：本诗表现了李白面对挫折时的乐观和自信态度，对你有什么启发？请以“长风破浪会有时，直挂云帆济沧海”为题，结合自己的体验和认识，以演讲的形式谈谈自己或历史名人应对挫折的态度（参考本书《演讲口才训练》拓展训练 5）。

第四课　答司马谏议书

课前导引

王安石（1021—1086），字介甫，号半山，谥文，封荆国公，世人又称王荆公，北宋著名政治家、思想家、文学家。“唐宋八大家”之一，江西抚州临川人。仁宗庆历二年（1042 年）中进士。王安石所处的时代，是北宋王朝社会危机、政治危机和民族危机都十分严重的时代。面对积弱积贫的政治局面，他早年即有变法图强的志向。仁宗嘉祐三年（1058 年），他在《上仁宗皇帝言事书》中系统提出变法主张。宋神宗熙宁年间，他出任参政知事，整理全国财政，推行新法：限制大地主、大商人兼并渔利，兴办农田水利，改革兵役制度，以图达到富国强兵的目的。王安石的变法遭到以司马光为代表的保守派的激烈反对，最终失败。

王安石在诗、词、散文等方面都有独特的成就。他主张文章应“有补于世”，“以适用为本”，散文笔力遒劲，文辞洗练，以识见高超、议论犀利、逻辑谨严而著称。

《答司马谏议书》的写作背景是新法正在迅速推行，反对派的代表人物司马光以老朋友的身份，接二连三地写信给王安石，全面否定新政，指出新法的种种弊端，要求王安石废弃新法。王安石在接到他第二封长信后写了回信，就是这篇著名的《答司马谏议书》。他在信中对司马光所列的侵官、生事、征利、拒谏、怨谤五个罪名逐一作了反驳，并对士大夫不恤国事、苟且偷安、墨守成规的保守思想表示不满，同时也表明了坚持变法的决心。后来两人决裂，司马光隐居洛阳专心撰写《资治通鉴》。

经典展示

某启[①]：昨日蒙教[②]，窃以为与君实游处相好之日久[③]，而议事每不合，所操之术多异故也[④]。虽欲强聒[⑤]，终必不蒙见察[⑥]，故略上报[⑦]，不复一一自辨；重念蒙君实视遇厚[⑧]，于反覆不宜卤莽[⑨]，故今具道所以[⑩]，冀君实或见恕也。

盖儒者[⑪]所争，尤在于名实[⑫]。名实已明，而天下之理得矣。今君实所以见教者，以为侵官、生事、征利、拒谏，以致天下怨谤[⑬]也。某则以谓受命于人主[⑭]，议法度而修之于朝廷[⑮]，以授之于有司[⑯]，不为侵官；举[⑰]先王之政，以兴利除弊；不为生事；为天下理财，不为征利；辟邪说[⑱]，难壬人[⑲]，不为拒谏；至于怨诽之多，则固前知其如此也[⑳]。

人习于苟且非一日，士大夫多以不恤[㉑]国事、同俗自媚于众为善。上[㉒]乃欲变此，而某不量敌之众寡，欲出力助上以抗之[㉓]，则众何为而不汹汹然[㉔]。盘庚之迁[㉕]，胥怨[㉖]者民也，非特朝廷士大夫而已。盘庚不为怨者故改其度[㉗]，度义[㉘]而后动，是[㉙]以不见可悔故也。如君实责我以在位久，未能助上大有为，以膏泽[㉚]斯民，则某知罪矣；如曰今日当一切不事事[㉛]，守前所为而已，则非某之所敢知[㉜]。

无由会晤，不任区区向往之至[㉝]。

（选自高克勤：《王安石诗文评选》，上海，上海古籍出版社，2017）

文本注释

①某启：某某说，这里就是王安石说。某，写信人在信中暂代自己的名字。启，陈说。

②蒙教：承蒙指教。这里指接到来信。

③窃：私，私自。这里用作谦辞。君实：司马光的字。古人写信称对方的字以示尊敬。游处：同游共处，即交往共事的意思。

④所操之术多异故也：这是由于所持政治主张有许多不同的缘故。操，持，使用。术，这里指政治主张。

⑤强聒(guō)：硬在耳边啰唆，强作解说。

⑥不蒙见察：不能被您了解，不能得到您的谅解。

⑦略：简略。上报：给您写回信。

⑧重(chóng)念：再三想想。视遇厚：看重的意思。视遇，看待。

⑨反覆：指书信往来。卤莽：简慢无礼。

⑩具道：详细说明。所以：原委。

⑪儒者：这里泛指一般士大夫。

⑫名实：名称(概念)和实际。

⑬怨谤(bàng)：怨恨，指责。

⑭人主：皇帝。这里指宋神宗。

⑮议法度：讨论、审定国家的法令制度。修：修订。

⑯有司：负有专责的官员。

⑰举：推行。

⑱辟邪说：驳斥错误的言论。辟，驳斥，排除。

⑲难(nàn)：责难。壬(rén)人：佞人，指巧辩谄媚之人。

⑳固：本来。前：预先。

㉑恤(xù)：关心。

㉒上：皇上。这里指宋神宗。

㉓抗：抵制，斗争。之：代词，指上文所说的“士大夫”。

㉔汹汹然：吵闹、叫嚷的样子。

㉕盘庚之迁：盘庚迁都。事见《尚书·盘庚》。

㉖胥(xū)怨：全都抱怨。胥，皆。

㉗改其度：改变他原来的计划。

㉘度(duó)义：考虑是否合理。度，考虑，这里用作动词。

㉙是：这里用作动词，意谓认为做得对。

㉚膏泽：施加恩惠，这里用作动词。

㉛一切不事事：什么事都不做。事事，做事。前一“事”字是动词，后一“事”字是名词。

㉜所敢知：愿意领教的。知，领教。

㉝不任(rén)区区向往之至：意谓私心不胜仰慕。这是旧时写信的客套语。不任，不胜，受不住，形容情意的深重。区区，小，这里指自己，谦辞。向往，仰慕。

迷津指路

《答司马谏议书》全文不足四百字，却相当完整地表达了变法的原委、性质及作者平生的志量。

第一部分主要阐明写信的原因和目的，文字不长却有四重转折，行文周密简洁，叙述有礼有情，态度既谦恭诚恳又坦率沉着。第二部分是全文的重点，既回答了司马光来信中的问题，也是与其观点的正面交锋。首先，王安石提出了名实关系问题，以儒者公认的“正名”说为发端来引出下文，铺展论述，巧妙地将司马光所遵循的信条作为反驳他的依据，高屋建瓴，暗藏锋芒。但司马光的来信三千余言，罗列的事实累积成山，如果将其一一引出，并与之逐条争辩，势必陷入泥淖。王安石用敏锐的眼光从中抽出侵官、生事、征利和拒谏四点本质问题，针锋相对，要言不烦。且采用排比句式，逐条予以驳斥，气势恢宏，从容不迫。他用有条不紊的论证，得出名实不符、何罪之有的结论。其次，文章一针见血地剖析“怨诽之多”的根本原因：一是人们的苟且积习，二是官吏的不恤国事。其反诘诙谐有力，不仅指出守旧的弊病，更显示了作者平生的志量。可谓一箭多雕，高妙之极。再次，他以盘庚迁都的典故表明自己不“改其度”的决心和态度。最后，是两个假设句，表面上引咎自责，实际上申明自己“助上大有为，以膏泽斯民”的宏伟抱负，也暗含指责司马光思想保守、不图作为之意，笔法曲折。信写至此，“傲岸之气，奋然涌出”(《唐宋文举要》甲编卷七）。

王安石的文章以“锻炼含蓄，收敛沉着”见重于世，还以雄健犀利、逻辑周密被称为“简古”。《答司马谏议书》说理充分透彻，语言斩截明快、刚柔相济。难怪有人称赞他“英分绝人，自命又最高。故其后来为文，不惟不以孟韩，而亦无有拟似周秦两汉者，此其所以亦成为荆国之文而独有千古也”（蔡上翔《王荆公年谱考略》）。

阅读延伸

王安石与司马光的君子之争

王安石和司马光两位北宋朝著名的文学家、政治家，无疑在中国历史上留下浓墨重彩的一笔。一个是变法的积极推动者，一个是极力反对者，针锋相对，寸土不让。可是两人的争斗是为了改变北宋王朝积贫积弱的现状，实现富国强军、百姓安居乐业的治国理想和宏伟抱负，而非为了一己之私，所以他们的争斗是君子之争，体现出来的是坦荡的胸襟和无私的情怀，而没有见不得阳光的人身诋毁。二人在品德、学识、性格上却又有许多共同之处。

司马光生于1019年；王安石生于1021年。司马光于1038年中进士，时年19岁；王安石于1042年中进士，时年21岁。

司马光文采出众，有《温国文正司马公集》，但更为著名的是他编纂的史学巨著《资治通鉴》。王安石文采也极高，为“唐宋八大家”之一，有许多文章、诗词流传于世，著有《王文公文集》。

司马光和王安石私生活都非常检点。司马光婚后三十余年，妻子张夫人没有生育。她给司马光纳了个妾，晚上姬妾去司马光房间，司马正颜说道：“夫人不在，你竟敢来此？速去！”后来张夫人终身未育，司马光就过继了哥哥的儿子司马康。王安石也不纳妾，夫人背着他为他纳一妾，王安石发现后马上把人打发走了。

两人还共同担任皇帝文学侍从。徐度《却扫编》载：“王荆公、司马温公、吕申公黄门、韩公维，仁宗朝同在从班，特相友善，暇日多会于僧坊，往往谈燕终日，他人罕得而预。”当时人们称之为“嘉祐四友”。

司马光不喜奢华。在朝廷宴请新科进士的闻喜宴上，司马光独不戴花，别人劝说是天子所赐，他才勉强戴了一支。二人都在群牧司供职时，群牧使包拯请客，司马光本来不大喝酒，觉得包拯劝酒，盛情难却，勉强喝了几杯，而王安石，不管包拯怎么劝，就是滴酒不沾。

面对北宋积贫积弱的国力，王安石坚决推行变法；司马光则极力反对。王安石说：“善理财的人，可以使民不加赋而国用足。”司马光说：“天地间物产总有一个定数，不在民便在官，你所谓的善理财只不过是盘剥百姓罢了。”虽然采取的措施截然不同，但他们以天下为己任的政治抱负是相同的。

司马光在这场政治斗争中不能得胜时，便选择了回避和退让，而不是伺机报复和恶意中伤。曾有人劝司马光弹劾王安石，却被司马光一口回绝：王安石没有任何私利，为什么要这样做？以直言敢谏、弹劾王安石而闻名的吕诲去世后，司马光在为其写的墓志铭里，提到新法害苦了百姓。有人悄悄地弄到墓志铭的镌本献给王安石，想中伤司马光。不料，王安石看后并不生气，还将镌本挂在墙上，逢人就说："君实之文，西汉之文也。"关于变法之争，他们没有个人的恩怨和私利，只有为国为民的耿耿忠心和君子之争。司马光说："光与介甫，趣向虽殊，大归则同。"王安石也说："议事每不合，所操之术多异故也。"

神宗死后，哲宗即位。十岁的哲宗不懂事，由高太后临朝执政。高太后一向反对新政，她一临朝，就把反对新法最激烈的司马光召到京城担任宰相。他一当上宰相，第一件大事就是废除新法。司马光执政，王安石也选择了避让，到老家金陵退居二线。

1086 年 5 月，王安石去世。噩耗传到司马光耳中，他深为悲憾。他预感到王安石身后，可能会遭受世俗的鄙薄和小人的凌辱，立即抱病作书，告诉右相吕公著："介甫文章节义，过人处甚多……今方矫其失，革其弊，不幸介甫谢世，反复之徒必诋毁百端，光意以谓朝廷宜优加厚礼，以振起浮薄之风。"朝廷根据司马光的建议，追赠王安石为太傅，封为荆国公，谥号"文"。

1086 年 10 月，司马光去世。有遗表呈上，所云都是治世之事，高太后看了更为悲痛，和宋哲宗亲临其丧礼，追赠司马光为太师，封温国公，谥号"文正"。

王安石和司马光都有着磊落的襟怀，他们之间的分歧和争斗，都以维护宋王朝为出发点，毫不涉及个人的利害冲突。正如宋人冯澥所说："王安石、司马光，皆天下之大贤。其优劣等差，自有公论。"

（选自郑学富：《王安石与司马光的君子之争》，载《新华每日电讯》，2017-04-07。文字有改动）

能力拓展

1. 简述王安石新法中的青苗法及其在推行时的弊病。

2. 王安石有个外号叫"拗相公"，请说一说它的由来。

3. 口才训练：改革是社会发展进步的动力。"王安石变法"是中国古代一次重大的改革运动，取得了一定成效。当前，我国为什么要"坚持深化改革开放"？你对"改革(变法)"的态度如何？请以即兴演讲的形式谈谈你的看法(参考本书《演讲口才训练》拓展训练 5)。

第五课　鸳鸯抗婚

课前导引

曹雪芹(约 1715—约 1763)，名霑，字梦阮，号雪芹，又号芹溪、芹圃。他一生正好经历了曹家盛极而衰的过程，从宫廷贵族下降到"举家食粥"(见敦诚赠诗)的不平常经历使他饱尝了世态炎凉，对社会的认识比一般人更全面、更深刻，对命运无常的感受也更深切。这也使他有机会接触更广阔的社会现实，为他今后的创作提供了坚实的生活基础。曹雪芹性格傲岸，工诗善画，具有多方面的艺术才能，最大的贡献在于小说创作。他的小说《红楼梦》内容丰富，思想深刻，规模宏大，结构严谨，语言生动，艺术精湛，把中国古典小说创作推向最高峰，在文学发展史上占有十分重要的地位。《红楼梦》写于曹雪芹凄凉困苦的晚年，创作过程十分艰苦。未完成稿题名“石头记”，基本定稿今存八十回，后四十回一般被认为是高鹗的续作。

《红楼梦》原名《石头记》，是我国古代小说中最杰出的现实主义作品。它产生于清代所谓“河清海晏”的乾隆盛世，以贾、史、王、薛四大家族的兴衰为背景，以宝黛爱情悲剧为主线，真实而艺术地反映了我国封建社会走向衰亡的历史趋势。

经典展示

如今且说凤姐儿因见邢夫人叫他，不知何事，忙另穿戴了一番，坐车过来。邢夫人将房内人遣出，悄向凤姐儿道：“叫你来不为别事，有一件为难的事，老爷托我，我不得主意，先和你商议。老爷因看上了老太太的鸳鸯，要他在房里，叫我和老太太讨去。我想这倒是平常有的事。只是怕老太太不给，你可有法子？”凤姐儿听了，忙道：“依我说，竟别碰这个钉子去。老太太离了鸳鸯，饭也吃不下去的，那里就舍得了。况且平日说起闲话来，老太太常说，老爷如今上了年纪，作什么左一个小老婆右一个小老婆放在屋里，没的耽误了人家。放着身子不保养，官儿也不好生作去，成日家和小老婆喝酒。太太听这话，很喜欢老爷呢？这会子回避还恐回避不及，倒拿草棍儿戳老虎的鼻子眼儿去了！太太别恼，我是不敢去的。明放着不中用，而且反招出没意思来。老爷如今上了年纪，行事不妥，太太该劝才是。比不得年轻，作这些事无碍。如今兄弟、侄儿、儿子、孙子一大群，还这么闹起来，怎样见人呢？”

邢夫人冷笑道：“大家子三房四妾的也多，偏咱们就使不得？我劝了也未必依。就是老太太心爱的丫头，这么胡子苍白了又作了官的一个大儿子，要了作房里人，也未必好驳回的。我叫了你来，不过商议商议，你先派上了一篇不是。也有叫你要去的理？自然是我说去。你倒说我不劝。你还不知道那性子的，劝不成，先和我恼了。”

凤姐儿知道邢夫人禀性愚强，只知承顺贾赦以自保，次则婪取财货为自得，家下一应大小事务，俱由贾赦摆布。凡出入银钱事务，一经他手，便克啬[①]异常，以贾赦浪费为名，“须得我就中俭省，方可偿补”，儿女奴仆，一人不靠，一言不听的。如今又听邢夫人如此的话，便知他又弄左性[②]，劝了也不中用，连忙陪笑说道：“太太这话说的极是。我能活了多大，知道什么轻重？想来父母跟前，别说一个丫头，就是那么大的活宝贝，不给老爷给谁？背地里的话那里信得？我竟是个呆子。琏二爷或有日得了不是，老爷、太太恨的那样，恨不得立刻拿来一下子打死；及至见了面，也罢了，依旧拿着老爷、太太心爱的东西赏他。如今老太太待老爷，自然也是那样了。依我说，老太太今儿喜欢，要讨今儿就讨去。我先过去哄着老太太发笑，等太太过去了，我搭讪着走开，把屋子里的人我也带开，太太好和老太太说的。给了更好，不给也没妨碍，众人也不得知道。”

邢夫人见他这般说，便又喜欢起来，又告诉他道：“我的主意先不和老太太要。老太太要说不给，这事便死了。我心里想着，先悄悄的和鸳鸯说。他虽害臊，我细细的告诉了他，他自然不言语，就妥了。那时再和老太太说。老太太虽不依，搁不住他愿意，常言‘人去不中留’，自然这就妥了。”凤姐儿笑道：“到底是太太有智谋，这是千妥万妥的。别说是鸳鸯，凭他是谁，那一个不想巴高望上、不想出头的？这半个主子不做，倒愿意做个丫头，将来配个小子就完了。”邢夫人笑道：“正是这个话了。别说鸳鸯，就是那些执事的大丫头，谁不愿意这样呢。你先过去，别露一点风声，我吃了晚饭就过来。”

凤姐儿暗想：“鸳鸯素习是个可恶的，虽如此说，保不严他就愿意。我先过去了，太太后过去，若他依了便没话说；倘或不依，太太是多疑的人，只怕就疑我走了风声，使他拿腔作势的。那时太太又见了应了我的话，羞恼变成怒，拿我出起气来，倒没意思。不如同着一齐过去了，他依也罢，不依也罢，就疑不到我身上了。”想毕，因笑道：“方才临来，舅母那边送了两笼子鹌鹑，我吩咐他们炸了，原要赶太太晚饭上送过来的。我才进大门时，见小子们抬车，说太太的车拔了缝，拿去收拾去了。不如这会子坐了我的车，一齐过去倒好。”邢夫人听了，便命人来换衣服。凤姐忙着伏侍了一回，娘儿两个坐车过来。凤姐儿又说道：“太太过老太太那里去，我若跟了去，老太太若问起我过去作什么的，倒不好。不如太太先去，我脱了衣裳再来。”

邢夫人听了有理，便自往贾母处来，和贾母说了一回闲话，便出来，假托往王夫人房里去，从后门出去，打鸳鸯的卧房前过。只见鸳鸯正然坐在那里做针线，见了邢夫人，忙站起来。邢夫人笑道：“做什么呢？我瞧瞧，你扎的花儿越发好了。”一面说，一面便接他手内的针线瞧了一瞧，只管赞好。放下针线，又浑身打谅，只见他穿着半新的藕合色的绫袄，青缎掐牙背心，下面水绿裙子。蜂腰削背，鸭蛋脸面，乌油头发，高高的鼻子，两边腮上微微的几点雀斑。

鸳鸯见这般看他，自己倒不好意思起来，心里便觉诧异，因笑问道：“太太，这会子不早不晚的过来做什么？”邢夫人使个眼色儿，跟的人退出。邢夫人便坐下，拉着鸳鸯的手，笑道：“我特来给你道喜来了。”鸳鸯听了，心中已猜着三分，不觉红了脸，低了头，不发一言。听邢夫人道：“你知道你老爷跟前竟没有个可靠的人，心里再要买一个，又怕那些人牙子[3]家出来的不干不净，也不知道毛病儿，买了来家，三日两日，又要肏鬼吊猴的。因满府里要挑一个家生女儿收了，又没个好的。不是模样儿不好，就是性子不好。有了这个好处，没了那个好处。因此冷眼选了半年，这些女孩子里头，就只你是个尖儿，模样儿，行事作人，温柔可靠，一概是齐全的。意思要和老太太讨了你去，收在屋里。你不比得外头新买的，你这一进去了，进门就开了脸，就封你姨娘，又体面，又尊贵。你又是个要强的人，俗语说的，‘金子终得金子换’，谁知竟被老爷看重了你。如今这一来，你可遂了素日志大心高的愿了，也堵一堵那些嫌你的人的嘴。跟了我回老太太去！”说着，拉了他的手就要走。鸳鸯红了脸，夺手不行。

邢夫人知他害臊，因又说道：“这有什么臊处？你又不用说话，只跟着我就是了。”鸳鸯只低了头不动身。邢夫人见他这般，便又说道：“难道你不愿意不成？若果然不愿意，可真是个傻丫头了。放着主子奶奶不作，倒愿意作丫头！三年二年，不过配上个小子，还是奴才。你跟了我们去，你知道我的性子又好，又不是那不容人的人。老爷待你们又好。过一年半载，生下个一男半女，你就和我并肩了。家里人你要使唤谁，谁还不动？现成主子不做去，错过这个机会，后悔就迟了。”鸳鸯只管低了头，仍是不语。邢夫人又道：“你这么个响快人，怎么又这样积粘④起来？有什么不称心之处，只管说与我，我管保你遂心如意就是了。”鸳鸯仍不语。邢夫人又笑道：“想必你有老子娘，你自己不肯说话，怕臊。你等他们问你，这也是理。让我问他们去，叫他们来问你，有话只管告诉他们。”说毕，便往凤姐儿房中来。

凤姐儿早换了衣服，因房内无人，便将此话告诉了平儿。平儿也摇头笑道：“据我看，此事未必妥。平常我们背着人说起话来，听他那主意，未必是肯的。也只说着瞧罢了。”凤姐儿道：“太太必来这屋里商议。依了还可，若不依，白讨个臊，当着你们，岂不脸上不好看？你说给他们，炸些鹌鹑，再有什么配几样，预备吃饭。你且别处逛逛去，估量着去了再来。”平儿听说，照样传给婆子们，便逍遥自在的往园子里来。

这里鸳鸯见邢夫人去了，必在凤姐儿房里商议去了，必定有人来问他的，不如躲了这里，因找了琥珀说道：“老太太要问我，只说我病了，没吃早饭，往园子里逛逛就来。”琥珀答应了。鸳鸯也往园子里来，各处游玩，不想正遇见平儿。平儿因见无人，便笑道：“新姨娘来了！”鸳鸯听了，便红了脸，说道：“怪道，你们串通一气来算计我！等着我和你主子闹去就是了。”

平儿听了，自悔失言，便拉他到枫树底下，坐在一块石上，越性把方才凤姐过去回来所有的形景言词始末原由告诉与他。鸳鸯红了脸，向平儿冷笑道：“这是咱们好，比如袭人、琥珀、素云、紫鹃、彩霞、玉钏儿、麝月、翠墨，跟了史姑娘去的翠缕，死了的可人和金钏，去了的茜雪，连上你我，这十来个人，从小儿什么话儿不说？什么事儿不作？这如今因都大了，各自干各自的去了，然我心里仍是照旧，有话、有事并不瞒你们。这话我先放在你心里，且别和二奶奶说。别说大老爷要我做小老婆，就是太太这会子死了，他三媒六聘的娶我去作大老婆，我也不能去。”

平儿笑着方欲答言，只听山石背后哈哈的笑道：“好个没脸的丫头，亏你不怕牙碜⑤。”二人听了，不觉吃了一惊，忙起身向山石背后找寻，不是别个，却是袭人笑着走了出来，问：“什么事情？告诉我。”说着，三人坐在石上。平儿又把方才的话说与袭人听，袭人道：“真真这话论理不该我们说，这个大老爷太好色了，略平头正脸的，他就不放手了。”

平儿道：“你既不愿意，我教你个法子，不用费事就完了。”鸳鸯道：“什么法子？你说来我听。”平儿笑道：“你只和老太太说，就说已经给了琏二爷了，大老爷就不好要了。”鸳鸯啐道：“什么东西！你还说呢！前儿你主子不是这么混说的？谁知应到今儿了！”袭人笑道：“他们两个都不愿意，我就和老太太说，叫老太太说把你已经许了宝玉了，大老爷也就死了心。”鸳鸯又是气，又是臊，又是急，因骂道：“两个蹄子，不得好死的！人家有为难的事，拿着你们当正经人，告诉你们，与我排解排解，你们倒替换着取笑儿。你们自为都有了结果了，将来都是做姨娘的。据我看，天下的事未必都遂心如意。你们且收着些儿，别忒乐过了头儿！”

二人见他急了，忙陪笑央告道：“好姐姐，别多心，咱们从小儿都是亲姊妹一般，不过无人处偶然取个笑儿。你的主意告诉我们知道，也好放心。”鸳鸯道：“什么主意！我只不去就完了。”平儿摇头道：“你不去，未必得干休。大老爷的性子你是知道的。虽然你是老太太房里的人，此刻不敢把你怎样，将来难道你跟老太太一辈子不成？也要出去的。那时落了他的手，倒不好了。”鸳鸯冷笑道：“老太太在一日，我一日不离这里。若是老太太归西去了，他横竖还有三年的孝呢，没个娘才死了，他先收小老婆的！等过了三年，知道又是怎么个光景，那时再说。纵到了至急为难，我剪了头发作姑子去。不然，还有一死。一辈子不嫁男人，又怎么样？乐得干净呢！”平儿、袭人笑道：“真这蹄子没了脸，越发信口儿都说出来了。”鸳鸯道：“事到如此，臊一会怎么样！你们不信，慢慢的看着就是了。太太才说了，找我老子娘去。我看他南京找去！”平儿道：“你的父母都在南京看房子，没上来，终久也寻的着。现在还有你哥哥、嫂子在这里。可惜你是这里的家生女儿，不如我们两个人是单在这里。”鸳鸯道：“家生女儿怎么样？牛不吃水强按头？我不愿意，难道杀我的老子娘不成？”

正说着，只见他嫂子从那边走来。袭人道：“当时找不着你的爹娘，一定和你嫂子说了。”鸳鸯道：“这个娼妇专管是个‘九国贩骆驼的’[⑥]，听了这话，他有个不奉承去的！”说话之间，已来到跟前。他嫂子笑道：“那里没找到，姑娘跑了这里来！你跟了我来，我和你说话。”平儿、袭人都忙让他坐。他嫂子说：“姑娘们请坐，我找我们姑娘说句话。”袭人、平儿都装不知道，笑道：“什么事这样忙？我们这里猜谜儿赢手批子打呢，等猜了这个再去。”鸳鸯道：“什么话？你说罢。”他嫂子笑道：“你跟我来，到那里我告诉你，横竖有好话儿。”鸳鸯道：“可是大太太和你说的那话？”他嫂子笑道：“姑娘既知道，还奈何我！快来，我细细的告诉你，可是天大的喜事。”

鸳鸯听说，立起身来，照他嫂子脸上下死劲啐了一口，指着他骂道：“你快夹着屄嘴离了这里，好多着呢！什么‘好话’！宋徽宗的鹰，赵子昂的马，都是好画儿[⑦]。什么‘喜事’！状元痘儿灌的浆儿——又满是喜事[⑧]。怪道成日家羡慕人家女儿作了小老婆，一家子都仗着他横行霸道的，一家子都成了小老婆了！看的眼热了，也把我送在火坑里去。我若得脸呢，你们在外头横行霸道，自己就封自己是舅爷了；我若不得脸，败了时，你们把忘八脖子一缩，生死由我去。”一面说，一面哭，平儿、袭人拦着劝。

他嫂子脸上下不来，因说道：“愿意不愿意，你也好说，不犯着牵三挂四的。俗语说，‘当着矮人，别说短话’。姑奶奶骂我，我不敢还言。这二位姑娘并没惹着你，小老婆长、小老婆短，人家脸上怎么过得去？”袭人、平儿忙道：“你倒别这么说，他也并不是说我们，你倒别牵三挂四的。你听见那位太太、太爷们封了我们做小老婆？况且我们两个也没有爹娘、哥哥、兄弟在这门子里仗着我们横行霸道的。他骂的人自有他骂的，我们犯不着多心。”鸳鸯道：“他见我骂了他，他臊了，没的盖脸，又拿话挑唆你们两个。幸亏你们两个明白。原是我急了，也没分别出来，他就挑出这个空儿来。”他嫂子自觉没趣，赌气去了。

鸳鸯气得还骂。平儿、袭人劝他一回，方才罢了。平儿因问袭人道：“你在那里藏着做甚么的？我们竟没看见你。”袭人道：“我因为往四姑娘房里瞧我们宝二爷去的，谁知迟了一步，说是来家里来了。我疑惑怎么不遇见呢，想要往林姑娘家里找去，又遇见他的人，说也没去。我这里正疑惑是出园子去了，可巧你从那里来了，我一闪，你也没看见。后来他又来了。我从这树后头走到山子石后，我却见你两个说话来了，谁知你们四个眼睛没见我。”

一语未了，又听身后笑道：“四个眼睛没见你？你们六个眼睛竟没见我！”三人唬了一跳，回身一看，不是别个，正是宝玉走来。袭人先笑道：“叫我好找，你打那里来？”宝玉笑道：“我从四妹妹那里出来，迎头看见你来了，我就知道是找我去的，我就藏了起来哄你。看你趁[9]着头过去了，进了院子就出来了，逢人就问。我在那里好笑，只等你到了跟前唬你一跳的。后来见你也藏藏躲躲的，我就知道也是要哄人了。我探头往前看了一看，却是他两个，所以我就绕到你身后。你出去，我就躲在你躲的那里了。”平儿笑道：“咱们再往后找找去，只怕还找出两个人来，也未可知。”宝玉笑道：“这可再没了。”

鸳鸯已知话俱被宝玉听了，只伏在石头上装睡。宝玉推他，笑道：“这石头上冷，咱们回房里去睡，岂不好？”说着，拉起鸳鸯来，又忙让平儿来家坐、吃茶。平儿和袭人都劝鸳鸯走，鸳鸯方立起身来，四人竟往怡红院来。宝玉将方才的话俱已听见，心中自然不快，只默默的歪在床上，任他三人在外间说笑。

那边邢夫人因问凤姐儿鸳鸯的父母，凤姐因回说：“他爹的名字叫金彩，两口子都在南京看房子，从不大上京。他哥哥金文翔，现在是老太太那边的买办。他嫂子也是老太太那边浆洗上的头儿。”邢夫人便令人叫了他嫂子金文翔媳妇来，细细说与他。金家媳妇自是喜欢，兴兴头头去找鸳鸯，指望一说必妥，不想被鸳鸯抢白一顿，又被袭人、平儿说了几句，羞恼回来，便对邢夫人说：“不中用，他倒骂了我一场。”

因凤姐儿在旁，不敢提平儿，只说：“袭人也帮着他抢白我，说了许多不知好歹的话，回不得主子的。太太和老爷商议再买罢。谅那小蹄子也没有这么大福，我们也没有这么大造化。”邢夫人听了，因说道：“又与袭人什么相干？他们如何知道的？”又问：“还有谁在跟前？”金家的道：“还有平姑娘。”凤姐儿忙道：“你不该拿嘴巴子打他回来？我一出了门，他就逛去了，回家来连一个影儿也摸不着他！他必定也帮着说什么呢！”金家的道：“平姑娘没在跟前，远远的看着倒像是他，可也不真切，不过是我白忖度。”凤姐便命人去：“快打了他来。告诉他我来家了，太太也在这里，请他来帮个忙儿。”丰儿忙上来回道：“林姑娘打发了人下请字，请了三四次，他才去了。奶奶一进门，我就叫他去的。林姑娘说：‘告诉你奶奶，我烦他有事呢。’”凤姐儿听了方罢，故意的还说：“天天烦他，有些什么事！”

邢夫人无计，吃了饭回家，晚间告诉了贾赦。贾赦想了一想，即刻叫贾琏来，说：“南京的房子还有人看着，不止一家，即刻叫上金彩来。”贾琏回道：“上次南京信来，金彩已经得了痰迷心窍，那边连棺材银子都赏了，不知如今是死是活。便是活着，人事不知，叫来也无用。他老婆子又是个聋子。”贾赦听了，喝了一声，又骂：“下流囚攮的，偏你这么知道，还不离了我这里！”唬得贾琏退出。一时，又叫传金文翔。贾琏在外书房伺候着，又不敢家去，又不敢见他父亲，只得听着。一时，金文翔来了，小幺儿们直带入二门里去，隔了五六顿饭的工夫才出来去了。贾琏暂且不敢打听，隔了一会，又打听贾赦睡了，方才过来。至晚间凤姐儿告诉他，方才明白。

鸳鸯一夜没睡。至次日，他哥哥回贾母，接他家去逛逛。贾母允了，命他出去。鸳鸯意欲不去，又怕贾母疑心，只得勉强出来。他哥哥只得将贾赦的话说与他，又许他怎么体面，又怎么当家作姨娘。鸳鸯只咬定牙不愿意。

他哥哥无法，少不得去回覆了贾赦。贾赦怒起来，因说道："我这话告诉你，叫你女人向他说去，就说我的话：自古嫦娥爱少年，他必定嫌我老了，大约他恋着少爷们，多半是看上了宝玉，只怕也有贾琏。果有此心，叫他早早歇了，我要他不来，此后谁还敢收？此是一件。第二件，想着老太太疼他，将来自然往外聘，作正头夫妻去。叫他细想，凭他嫁到谁家去，也难出我的手心。除非他死了，或是终身不嫁男人，我就服了他！若不然时，叫他趁早回心转意，有多少好处。"贾赦说一句，金文翔应一声"是"。贾赦道："你别哄我，我明儿还打发你太太过去问鸳鸯。你们说了，他不依，便没你们的不是；若问他，他再依了，仔细你的脑袋！"

金文翔忙应了又应，退出回家，也不等得告诉他女人转说，竟自己对面说了这话。把个鸳鸯气的无话可回，想了一想，便说道："便愿意去，也须得你们带了我回声老太太去。"他哥嫂听了，只当回想过来，都喜之不胜。他嫂子即刻带了他上来见贾母。

可巧王夫人、薛姨妈、李纨、凤姐儿、宝钗等姊妹并外头的几个执事有头脸的媳妇，都在贾母跟前凑趣儿呢。鸳鸯喜之不尽，拉了他嫂子，到贾母跟前跪下，一行哭，一行说，把邢夫人怎么来说，园子里他嫂子又如何说，今儿他哥哥又如何说，"因为不依，方才大老爷越性说我恋着宝玉，不然要等着往外聘，我到天上，这一辈子也跳不出他的手心去，终久要报仇。我是横了心的，当着众人在这里，我这一辈子，莫说是'宝玉'，便是'宝金''宝银''宝天王''宝皇帝'，横竖不嫁人就完了！就是老太太逼着我，我一刀抹死了，也不能从命！若有造化，我死在老太太之先；若没造化，该讨吃的命，伏侍老太太归了西，我也不跟着我老子娘、哥哥去，我或是寻死，或是剪了头发当尼姑去！若说我不是真心，暂且拿话来支吾，日后再图，天地鬼神，日头月亮照着嗓子，从嗓子里头长疔烂了出来，烂化成酱在这里！"原来他一进来时，便袖了一把剪子，一面说着，一面左手打开头发，右手便铰。众婆娘、丫鬟忙来拉住，已剪下半绺来了。众人看时，幸而他的头发极多，铰的不透，连忙替他挽上。

贾母听了，气的浑身乱战，口内只说："我通共剩了这么一个可靠的人，他们还要来算计！"因见王夫人在旁，便向王夫人道："你们原来都是哄我的！外头孝敬，暗地里盘算我。有好东西也来要，有好人也要，剩了这么个毛丫头，见我待他好了，你们自然气不过，弄开了他，好摆弄我！"王夫人忙站起来，不敢还一言。薛姨妈见连王夫人怪上，反不好劝的了。李纨一听见鸳鸯的话，早带了姊妹们出去。

探春是有心的人，想王夫人虽有委曲，如何敢辩；薛姨妈也是亲姊妹，自然也不好辩的；宝钗也不便为姨母辩；李纨、凤姐、宝玉一概不敢辩。这正用着女孩儿之时，迎春老实，惜春小，因此窗外听了一听，便走进来，陪笑向贾母道："这事与太太什么相干？老太太想一想，也有大伯子要收屋里的人，小婶子如何知道？便知道，也推不知道。”犹未说完，贾母笑道：“可是我老糊涂了！姨太太别笑话我。你这个姐姐，他极孝顺我，不像我那大太太一味怕老爷，婆婆跟前不过应景儿。可是委屈了他。”薛姨妈只答应“是”，又说：“老太太偏心，多疼小儿子媳妇，也是有的。”贾母道：“不偏心！”因又说道：“宝玉，我错怪了你娘，你怎么也不提我，看着你娘委屈？”宝玉笑道：“我偏着娘，说大爷、大娘不成？通共一个不是，我娘在这里不认，却推谁去？我倒要认是我的不是，老太太又不信。”贾母笑道：“这也有理。你快给你娘跪下。你说太太别委屈了，老太太有年纪了，看着宝玉罢。”

宝玉听了，忙走过去，便跪下要说。王夫人忙笑着拉他起来，说：“快起来，快起来，断乎使不得。终不成你替老太太给我赔不是不成？”宝玉听说，忙站起来。贾母又笑道：“凤姐儿也不提我。”凤姐儿笑道：“我倒不派老太太的不是，老太太倒寻上我了？”贾母听了，与众人都笑道：“这也奇了！倒要听听这不是。”凤姐儿道：“谁教老太太会调理人，调理的水葱儿似的，怎么怨得人要？我幸亏是孙子媳妇，若是孙子，我早要了，还等到这会子呢。”贾母笑道：“这倒是我的不是了？”凤姐儿笑道：“自然是老太太的不是了。”贾母笑道：“这样，我也不要了，你带了去罢！”凤姐儿道：“等着修了这辈子，来生托生男人，我再要罢。”贾母笑道：“你带了去，给琏儿放在屋里，看你那没脸的公公还要不要了！”凤姐儿道：“琏儿不配，就只配我和平儿这一对烧糊了的卷子⑩和他混罢。”说的众人都笑起来了。

丫鬟回说：“大太太来了。”王夫人忙迎了出去。

［节选自(清)曹雪芹、高鹗：《红楼梦》，北京，人民文学出版社，1996］

文本注释

①克啬：刻薄，吝啬。克，同“刻”。

②左性：性情固执，遇事不肯变通。

③人牙子：人贩子。旧时称买卖的中间经纪人为“牙子”，即掮客。

④积粘：扭扭捏捏，不干脆，不爽快。

⑤牙碜(chěn)：食物中夹杂砂石，咀嚼起来不舒服。这里引申为说肉麻话，令人难受。

⑥九国贩骆驼的：比喻到处兜揽生意、钻营图利的人，亦作“六国贩骆驼的”。

⑦宋徽宗的鹰，赵子昂的马，都是好画儿：歇后语，意即“都是好话儿”。“画儿”与“话儿”谐音。宋徽宗赵佶擅画，工于花鸟。赵孟頫，字子昂，擅长画马。

⑧状元痘儿灌的浆儿——又满是喜事：歇后语，意即喜事。状元痘，天花痘疹的讳称。痘疹发出灌浆饱满，生命即可保无虞，故称喜事。这里是对“天大的喜事”的嘲弄。

⑨趁（yìn）：低着头快走。

⑩烧糊了的卷子：喻貌丑，与上文“水葱似的”对称。卷子，北方俗称长方形的馒头为卷子。

迷津指路

《鸳鸯抗婚》选自《红楼梦》第四十六回“尴尬人难免尴尬事，鸳鸯女誓绝鸳鸯偶”。

“尴尬人”指贾赦和邢夫人夫妇，“尴尬事”指贾赦想强纳鸳鸯为妾，并且委托妻子邢夫人促成此事。

鸳鸯是贾母身边的大丫鬟，深得贾母的喜爱和信任。在这一情节里，她是事件的关键和核心。在对她的形象塑造上，曹雪芹没有做简单肤浅的处理，而是把人物放在复杂迷离的生活现象面前，根据人物所处的地位和命运，层层深入地描绘出她的反抗和不甘。

从邢夫人提婚开始，鸳鸯一共五次低头不语。虽然她没说一句话，但作者通过对特定情景的细节表现，传神地揭示出她的内心。开始的“心中已猜着三分”，表明对邢夫人此行的意图已有预判和戒备。此时的“不觉红了脸”，既有少女触及婚姻之事时本能的羞涩，又有对邢夫人的不满。随即她“低了头，不发一言”，以静制动，做好了应对的准备。果然，邢夫人直接点明来意：贾赦这个“胡子苍白”的大老爷竟要纳她为妾，而邢夫人居然来给丈夫做媒，简直是荒唐透顶。所以当邢夫人拉着她的手要走时，她仍不说话，只是“夺手不行”。这已然不是略表不从，而是带有反抗之意了。第三次不言，是在邢夫人的追问下，她以“只低了头不动身”的倔强，表明了决心，或许此时也已有了筹谋。于是在邢夫人接下来的劝诱中，她第四次“只管低了头，仍是不语”，并且把这种状态保持到了最后。面对邢夫人的种种猜测，鸳鸯依旧“仍不语”。就在这连续的“不语”中，曹雪芹以简练而又富于内涵的笔墨有力地刻画出了人物性格。鸳鸯的“不语”，既符合自身的身份地位，又为后面在老太太面前的鱼死网破和慷慨陈词做了铺垫。这体现了鸳鸯沉着、坚定又自有主张的性格，也为下面的情节展开埋下了伏笔。随后，面对哥哥、嫂子的利诱和逼迫，面对贾赦用权势进行的恐吓，鸳鸯并未惊慌，更不哀求，而是以退为进，找准时机，出其不意地把此事公之于众。目的是挑起贾母和贾赦之间的矛盾，借贾母之力来对抗贾赦的淫威。这无疑是对贾赦、邢夫人，也是对这个封建贵族家庭的一次示众性的揭露和控诉。至此，鸳鸯的性格更加鲜明而丰富。

纵观鸳鸯抗婚的整个过程：静中有动，动中有静，动静互映。作者在引人入胜的情节进展中，把矛盾冲突一步步推向高潮，使人物性格的塑造渐次完善，给读者留下深刻的印象。

阅读延伸

红楼人生五大事

有人调查，20世纪后半个世纪，明清小说研究论文百分之九十集中于《三国演义》《水游传》《西游记》《金瓶梅》《聊斋志异》《红楼梦》《儒林外史》七部名著，总共发表论文17315篇，其中研究《红楼梦》的8756篇。也就是说，七部名著研究论文中，每两篇就有一篇是研究《红楼梦》的，真是“一部红楼，半壁江山”。这不成比例的研究恰好说明《红楼梦》无愧于“盖世之作”。而这还仅仅是对学术研究的调查。如果对中等以上文化的读者做调查，恐怕不应该调查多少人读过多少遍《红楼梦》，而应该调查谁居然没有读过《红楼梦》。

就像全世界每一分钟都有人听贝多芬乐曲一样，全世界每一分钟也都有人看《红楼梦》。凡有华人的地方，皆有《红楼梦》。没有华人的地方，人们借助二十多种外文译本看《红楼梦》。贝多芬的“命运”年年岁岁拨动人们的心弦，宝黛命运则世世代代牵动人们的情思。

在许多中国学者眼里，《红楼梦》简直成了西方人眼中的圣经。蒋和森先生1992年在扬州国际红学会上说，中国可以没有万里长城，却不可以没有《红楼梦》。周汝昌先生给外国驻中国大使馆人员讲《红楼梦》时说，欧洲学者认为《红楼梦》是欧洲文化永远达不到的高度写照。牛津大学已故教授吴世昌说：“莎翁(莎士比亚)和曹雪芹在他们的作品中都创造了四百多个人物，但莎翁的人物，分配在三十多个剧本中，而且许多王侯、侍从、男女仆人、性格大致相类；在不同剧本中‘跑龙套’的人物不必有多大的区别。而曹雪芹的四百多个人物，却严密地组织在一个大单位中，各人的面目、性格、身份、语言都不相同，不可互易，也不能弄错。”

《红楼梦》是世界文学之林中非常有影响的名作。博尔赫斯是拉美文学巨匠，他的写作非常贵族化，善于运用幻想手段，很多中国新时期小说家都喜欢学“老博”，而“老博”却学曹雪芹。博尔赫斯曾试图探讨是红楼孕育了梦，还是梦孕育了红楼。他认为，《红楼梦》完全以第一回和第五、第六回为出发点和终极目标，不仅是幻想小说，而且它“令人绝望”的现实主义描写的唯一目的，就是使神话和梦幻成为可能，变得可信。

那么，《红楼梦》到底写了些什么？

《红楼梦》开头写甄士隐，甄士隐的岳父名叫“封肃”，谐音“风俗”；他住的“仁清巷”，谐音“人情”。封建末世的风俗人情是《红楼梦》的重要内容。《红楼梦》生动细致地描写一个贵族大家庭的吃喝玩乐、生老病死、婚丧礼祭、悲欢离合，绘声绘色地描摹一群贵族男女的诗意享乐，还有“乌眼鸡”般的争斗，又不时地警示高悬在他们头上、昭示着必然覆灭命运的“达摩克勒斯之剑”，反映在小说里，就是一再出现的“盛筵必散”“树倒猢狲散”“飞鸟各投林”“忽喇喇似大厦倾”。几百年来，中外研究家用各种方式解说红楼。我今天换个新角度，借用佛斯特的小说观“人生五大事件”说红楼。

西方著名小说家兼小说理论家佛斯特在《小说面面观》中提出，小说基本面是故事，通常故事中的角色是人。用生活主要事件探察人物是小说家的主要手法。而“所谓的主要事件不是你我个人生活中的事件，而是全人类共有的事件”。“人生主要事件有五：出生、饮食、睡眠、爱情、死亡。”套用佛斯特的观点看《红楼梦》人生五大事件，小说家曹雪芹的活儿真是做绝了。

[选自马瑞芳：《红楼人生五大事》，载《文史知识》，2006(3)。文字有改动]

能力拓展

1. 试分析鸳鸯这一人物的性格。

2. 贾母听了鸳鸯的哭诉后“气的浑身乱战”，这是对儿子荒淫无耻的义愤吗？是真心为鸳鸯着想吗？

3. 复述“鸳鸯抗婚”的事情经过，并谈谈自己对此有什么看法。

专题六

直觉体悟　意象品评

第一课　《世说新语》二则

课前导引

刘义庆(403—444)，字季伯，彭城(今江苏徐州)人。南朝宋武帝刘裕之侄，长沙王刘道临之子，出继临川王刘道规。文学家，政治家，袭封临川王。曾任中书令、荆州刺史、散骑常侍、江州刺史等。刘义庆自幼才华出众，爱好文学，喜纳文士。《宋书》说他“为性简素，寡嗜欲，爱好文义”，“招聚文学之士，近远必至”。他著述颇丰，以志人小说《世说新语》和志怪小说《幽明录》最为有名。记言则玄远冷俊，记行则高简瑰奇。

《世说新语》是记载魏晋人物言谈逸事的笔记小说，后人为避免与刘向所叙《世说》混淆，便在题名下增字以示区别。唐时称“世说新书”，北宋时通行的本子都叫“世说新语”。全书分德行、言语、政事、文学等36个门类，较为集中地反映了自东汉末年至东晋这一时期的社会面貌和士大夫的思想品格。此书不仅保留了大量反映当时社会生活的珍贵史料，而且文字生动鲜活，是一部文学价值极高的古典名著。

《世说新语》的语言以精炼含蓄、隽永传神见长。鲁迅说：“记言则玄远冷隽，记行则高简瑰奇。”(《中国小说史略》)作者善于以小见大，即事见人，通过生活细节来刻画人物性格。《世说新语》对后世文学有很大影响。书中许多故事成为后世诗文、小说、戏剧的典故和题材，有的成为人们常用的成语，如望梅止渴、新亭对泣、口若悬河、一往情深、别无长物。

经典展示

王子猷雪夜访戴①

王子猷居山阴②，夜大雪，眠觉③，开室，命酌酒，四望皎然④。因⑤起彷徨。咏左思⑥《招隐》诗。忽忆戴安道⑦。时戴在剡⑧，即便⑨夜乘小舟就之。经宿方至⑩，造门不前而返⑪。人问其故，王曰：“吾本乘兴而行，兴尽而返，何必见戴？”

[选自(南朝宋)刘义庆:《世说新语译注》,(梁)刘孝标注,王根林标点,上海,上海古籍出版社,2012]

文本注释

①选自《世说新语·任诞》。

②王子猷(yóu):名徽之,字子猷。晋代大书法家王羲之的儿子,性孤高。山阴:今浙江绍兴。

③眠觉:睡醒。

④皎然:洁白光明的样子。

⑤因:于是。

⑥左思:西晋文学家,字太冲。

⑦戴安道:戴逵,安道是他的字,谯国(今安徽北部)人。学问广博,隐居不仕。

⑧剡(shàn):指剡县,古县名,治所在今浙江嵊州。

⑨即便:立即。

⑩经宿方至:经过一夜的功夫才到达。经,经过。方,才。

⑪造门不前而返:到了门前不进去就返回了。造,到、至。

经典展示

温公娶妇[①]

温公[②]丧妇。从姑[③]刘氏,家值乱离散,唯有一女,甚有姿慧。姑以属公觅婚,公密有自婚意,答云:“佳婿难得,但如峤比云何[④]?”姑云:“丧败之余[⑤],乞粗存活[⑥],便足慰吾余年,何敢希汝比。”却后少日[⑦],公报姑云:“已觅得婚处,门地粗可[⑧],婿身名宦[⑨],尽不减峤。”因下玉镜台[⑩]一枚。姑大喜。既婚,交礼[⑪],女以手披纱扇[⑫],抚掌[⑬]大笑曰:“我固疑是老奴[⑭],果如所卜[⑮]。”玉镜台,是公为刘越石长史,北征刘聪所得。

[选自(南朝宋)刘义庆:《世说新语译注》,(梁)刘孝标注,王根林标点,上海,上海古籍出版社,2012]

文本注释

①选自《世说新语·假谲》。

②温公:温峤,字太真。初为刘琨参军。司马睿即位后很器重他,任命为散骑侍郎,官至骠骑大将军,封始安郡公。为人聪明有胆识,博学能文。

③从姑:父亲的同祖姐妹。

④“但如”句:只不过像我一样,如何?但,只。比,类。云何,如何。

⑤丧败之余:兵荒马乱后的幸存者。

⑥乞粗存活:只求勉强存活下去。粗,大体上,马马虎虎。

⑦却后少日:过不了几天。

⑧门地粗可:门阀地位大致还说得过去。

⑨婿身名宦：女婿的名望、官职。

⑩玉镜台：玉制镜座，用以承托圆形的铜镜。

⑪交礼：交拜成礼。

⑫披：揭开。古代婚礼，两旁有人执扇遮住新娘面，交拜完毕入新房后撤扇，称“却扇”。

⑬抚掌：拍掌。

⑭老奴：老家伙、老东西，为对温峤的昵称。此时温峤已是中年。

⑮卜：预料。

迷津指路

《王子猷雪夜访戴》通过写雪夜访戴逵“乘兴而行，兴尽而返”的故事，体现了王子猷潇洒率真的个性，也反映了东晋士族知识分子率性任情的精神风貌。一个“兴”字是文章的灵魂，也是王子猷行为表现的重要依据。只要乘“兴”与尽“兴”，结果可以忽略；见不见戴安道不重要，心情与感受才是他所看重的。王子猷这种不讲实务效果，但凭兴之所至的行为，十分鲜明地体现出魏晋士人所崇尚的风度：任诞放浪、不拘形迹。有窥一斑而见全豹之效。此外，文章语言隽永净练，眠觉、开室、命酒、赏雪、咏诗、乘船、造门、突返、答问，王子猷一连串的动态细节均历历在目，虽言简文约，却形神毕现，气韵生动。

《温公娶妇》比较完整地记叙了温峤婚娶的始末。故事有两条线索，一条是明线，即温峤独特的求婚过程；另一条是暗线，即刘氏女对温峤举动的观察、猜测。至婚成这两条线索才汇为一处。小说主要由对话组成，这些对话不仅是情节和事件的构成因素，而且是刻画人物性格的直接手段。文中，人物语言极具个性，温峤的隐约其词，刘氏女的直率天真，都活灵活现。元代关汉卿据此创作出杂剧《温太真玉镜台》，明代朱鼎又创作出传奇《玉镜台记》。

阅读延伸

从《世说新语》看魏晋风度

在中国2000多年的封建历史中，魏晋南北朝是最诡异另类也最变幻莫测的特殊时代，是人的意识空前觉醒、人的精神自由极大释放、人的生命价值充分张扬的时代。正如美学家宗白华先生所说：“汉末魏晋南北朝是中国政治最混乱、社会上最苦痛的时代，然而却是精神史上极自由、极解放，最富于智慧、最浓于热情的一个时代，因此也就是最富有艺术精神的一个时代。”长时段的军阀混战、无休止的政治争斗，以及此消彼长的门阀士族的权势角逐，使得当时官宦显贵和文人士子都陷入充满隐患的生存状态之中。他们一方面据有巨额财产和大批良田，另一方面又担心在纷乱不安的社会动荡中丢弃财物甚至性命。安逸享乐与困顿隐忧、旷放达观与忧戚不安、贪恋人生欢愉与害怕死亡到来，所有这些交织成当时社会的心理状态和精神图景，这就是为后人经常言说的魏晋风度。

如果想详细明晰地了解魏晋风度，进而知晓魏晋时期的社会风尚、民间习俗和精神状貌，南朝临川王刘义庆编撰的《世说新语》是一部无法绕开的重要著述。《世说新语》以形象生动的笔触、简洁优美的文字和翔实准确的史料，分门别类地记录了东汉末年、三国期间、两晋阶段重要人物的逸闻逸事，无论是帝王将相，还是士庶僧道，均在该书中有所呈现，较为集中地反映了魏晋200多年间的政治学术思想和社会潮流风尚。该书编撰者刘义庆天资禀赋极高，深受儒家文化滋养，喜欢招贤纳士，在当时享有盛名。在《世说新语》根据内容分类编排的36门中，上卷4门依次为“德行”“言语”“政事”“文学”，这无疑浸润着儒家“孔门四科”的神韵和遗风，表明此书的思想倾向有着尊孔崇儒的一面。但全书又多有谈玄论佛的表述及蔑视礼教的观点，不难看出刘义庆和他属下的编者们持有与正统儒家不同的新异见解，呈现出魏晋时代思想比较开放活跃的特点。

魏晋时代是一个彰显文化价值的历史时期，其时文人多为饱学之士，但囿于当时社会生态和政治环境，纷纷转向务虚空谈，我行我素，鄙视礼俗，任意而为，注重内在精神修行，追求高妙人格和高蹈气质，在某种意义上是传统儒家文化的别样展示和畸形流露。由于《世说新语》记载了嵇康、刘伶等诸多名士的传奇人生，特别是对士族阶层进行了浓墨重彩的描绘，因而该书是研究魏晋名士风流的极好史料。按照著名哲学家冯友兰先生的说法，风流是一种人格美，构成真风流需要有四个条件，即玄心、洞见、妙赏、深情。《世说新语》一书从“清谈玄理”“品评人物”“服药饮酒”三个维度，对魏晋士人的风流群像进行了描摹和勾勒，展现了魏晋时代上层社会率真任性、自然适意的性格和优雅脱俗、任诞放达的风范。魏晋时期是中国政治上少有的混乱时代，名士们在老庄哲学中找到了精神依归，但既不能像老庄那样愤世嫉俗，也不敢完全抛弃儒家道统。于是，他们巧妙地融合了儒、释、道三家教义，将其改造成适合自己生存的清谈玄学。

魏晋风度是魏晋文人士子所独有的精神风貌和文化气质，集中反映了其时中国知识分子道德理想与政治权力相互碰撞的无奈与痛苦。以阮籍、刘伶等为代表的魏晋名士纵酒解忧，消解悲情，气韵生动，挥洒自如，绽放着至真性情，追求着诗意人生，演绎着千古流传的魏晋风度。所以有人说魏晋风度犹如《世说新语》中的一杯美酒，既浓烈又温婉，既甘甜又苦涩，酒的醇香穿越了千年却依然令人陶醉。

但是，《世说新语》中记述的名士们做出惊世骇俗的举动尚可接受，假若整个社会都加以膜拜效仿，其结果将难以理喻。例如，书中记载的一些附庸风雅者刻意模仿名士的表象，把酒持螯，放浪形骸，无视礼法，丑态百出。这种荒谬绝伦的言行为时人所诟病，为后人所唾弃。可以说，魏晋两朝的速朽速亡，在很大程度上与魏晋风度及其负面影响有着直接关系。魏晋这种极端利己的思想和极不负责任的风度既是对封建高压统治和儒家礼教牵制的一场革命，同时也加速了政权的垮塌。

［选自刘金祥：《从〈世说新语〉看魏晋风度》，载《学习时报》，2018-12-31。文字有改动］

能力拓展

1. 概括《王子猷雪夜访戴》的主题。
2. 简析《温公娶妇》的结构特点。
3. 口才训练：举办一次课外活动——《世说新语》故事会。要求每位同学课外阅读

《世说新语》，从中找出自己感兴趣的一两个故事，用现代汉语讲出来(参考本书《演讲口才训练》拓展训练 5)。

第二课　无题二首

课前导引

李商隐(约 813—约 858)，字义山，怀州河内(今河南沁阳)人。唐文宗开成二年(837 年)进士，当过秘书省校书郎、弘农尉。处于牛李党争的夹缝之中，一生不得志。李商隐擅长写诗，其骈文文学价值也很高。他和杜牧合称“小李杜”，与温庭筠合称为“温李”。因诗文与同时期的段成式、温庭筠风格相近，且三人都在家族里排行第十六，故并称“三十六体”。他的诗具有鲜明而独特的艺术风格，构思新奇，文辞清丽，意韵深微，好用典故。尤其是一些爱情诗写得缠绵悱恻，为人所传诵。但部分诗歌过于隐晦，难于索解，以至于有“诗家总爱西昆好，独恨无人作郑笺”之说。李商隐擅作七律和五言排律，七绝也有不少杰出的作品。清朝诗人叶燮在《原诗》中评价李商隐的七绝“寄托深而措辞婉，实可空百代无其匹也”。

李商隐的诗歌创作可分为政治诗、咏史诗和无题诗，其中以《无题》诗最具特色，是李商隐的独特创造。这些诗歌情致缠绵，诗象迷离，含义深邈，辞藻瑰丽，闪耀着迷人的艺术光彩。李商隐以《无题》为题的诗十五首，仿效《诗经》，以首句二字为题的近三十首，这类诗歌统称为《无题》诗。对于李商隐的《无题》诗，历来就有政治诗和爱情诗两种解释。本文选录的两首是《无题》诗中较为著名的。这两首诗体裁不同，第一首着重抒写相爱而受到重重阻隔不能如愿的怅惘之情，第二首主要是诗人对意中人的追忆。诗人在对爱情的表达中，也隐约透露出对身世的感伤。这两首诗有很高的艺术价值，在抒写心理活动方面尤为出色，堪称千古佳作。

经典展示

其　一

昨夜星辰昨夜风[①]，画楼西畔桂堂东[②]。
身无彩凤双飞翼，心有灵犀[③]一点通。
隔座送钩春酒暖，分曹射覆蜡灯红[④]。
嗟余听鼓应官去[⑤]，走马兰台类转蓬[⑥]。

其　二

闻道阊门萼绿华[⑦]，昔年相望抵天涯[⑧]。
岂知一夜秦楼客[⑨]，偷看吴王苑内花。

[选自(唐)李商隐：《李商隐诗集》，(清)朱鹤龄笺注，田松青点校，上海，上海古籍出版社，2015]

文本注释

①“昨夜”句：《尚书·洪范》有“星有好风”句，此含好会的意思。星辰，众星，星之通称。

②画楼：指彩绘华丽的高楼。一作“画堂”。桂堂：形容厅堂的华美。

③灵犀：犀角中心的髓质像一条白线贯通上下，借喻相爱双方心灵的感通。

④“隔座”二句：送钩、射覆，均为古代酒席间游戏。分曹，分组。

⑤嗟(jiē)：叹词。鼓：报更的鼓。鼓响天明，即须上班。

⑥走马：跑马。兰台：汉代藏图书秘籍的宫观，这里借指诗人供职的秘书省。类：类似。转蓬：指身如蓬草飞转。转，一作“断”。

⑦阊(chāng)门：阊阖，传说中之天门。萼绿华：传说中之女仙名。

⑧相望：期盼伊。相，偏指一方，即一方对另一方有所施为。望，盼望，期待。抵：至，到。《广雅·释诂》：“抵，至也。”此言昔年期盼一见伊人，乃咫尺天涯，难得一见。

⑨秦楼客：《列仙传》载，萧史善吹箫，作凤鸣。秦穆公以女弄玉妻之。

迷津指路

《无题二首》是诗人对贵家后堂之宴的追忆。“我”与意中人席间相遇、旋成间阻，而今，只留下无限的怀想和惆怅。

第一首是七律。首联由今宵之景触发对昨夜席间欢聚时光的美好回忆。“昨夜星辰昨夜风”，展现出一片静谧的星空，清风泠然而至，似乎从墨蓝色的天幕之后吹来。叠言昨夜，有追思不止的意思，同时给人阅读上的审美享受。“画楼西畔桂堂东”，雕画的阁楼，以桂木为材的厅堂，极言其奢华绮丽。诗人的眼光从星辰高挂、静谧幽深的夜空转向了桂堂。颔联“身无彩凤双飞翼，心有灵犀一点通”，叹息自己此刻虽然没有彩凤般的双翅，得以飞越重重阻碍与意中人相会，但相信彼此的眷恋之心当如灵异的犀角暗中相通。“身无”“心有”，一退一进，相互映照，表现了诗人对这段美好情缘的珍视和自信。颈联“隔座送钩春酒暖，分曹射覆蜡灯红”，写送钩覆射、酒暖灯红之乐。前面还是星辰高挂，清风泠然，夜幕空旷，转笔却人影憧憧，酒暖灯红。前后对比，衬托出作者的萧索孤独。尾联“嗟余听鼓应官去，走马兰台类转蓬”是作者回忆今晨离席应差时的情景和感慨。听鼓而起，恰如蓬草，今朝的寂寞萧索和与席上意中人的后会难期，怎能不使人念及昨日的灯红酒暖。恋情阻隔的怅惘与身世沉沦的感叹交汇于诗人胸中，使整首诗在绮丽流动的风格中有着沉郁悲慨的自伤意味。

第二首七绝，是对第一首七律内容上的补充说明。大致意思是说：当年常常听到人们谈论，有佳人如仙女般美丽绝伦，但总觉得她远在天边，遥不可及，却没想到自己昨晚能如萧史一般一窥芳容。“吴宫苑内花”实指如花似玉的美女。“秦楼客”，用萧史典故。诗中充满诗人对意中女子的无限思慕之情。

整组诗虚实相生，富于变化，用语清新，比喻新奇。正如冯班所说：“义山无题诸作，真有香草美人之遗，正当以不解解之。”读李商隐的诗，我们往往惊叹于他用词之精准，用典之巧妙。同时，他独特的诗歌创作要求我们以自然的眼光和心态去品味诗歌的结构语言，把握其内在立意，领悟其诗如“美人香草之遗”的气息。

阅读延伸

谈李商隐诗歌的朦胧美

最能够代表李商隐风格、最令后人击节叹赏的，是他那些无题诗。那些七律，也可能是写爱情的，也可能是感叹身世的，也可能是兼而有之的，最突出的特点就是难以捉摸，叫人怎么读也不敢说完全读懂了。他最难读懂的诗大概就数《锦瑟》吧：“锦瑟无端五十弦，一弦一柱思华年。庄生晓梦迷蝴蝶，望帝春心托杜鹃。沧海月明珠有泪，蓝田日暖玉生烟。此情可待成追忆，只是当时已惘然。”

这首诗用第一句的头两个字做标题，实际上还是无题诗。诗中用了四个典故：“庄生晓梦迷蝴蝶”，用庄周做梦变成蝴蝶的故事；“望帝春心托杜鹃”，用古代蜀国国王望帝变成杜鹃，每到春天就悲啼，直到嘴里流血为止的故事；“沧海月明珠有泪”，用海中鲛人哭泣时眼泪化为珍珠的故事；“蓝田日暖玉生烟”，用蓝田出产美玉的故事。典故好说，一查就查清了，但诗人在这首情绪哀伤的诗里到底是在诉说什么，却还是叫人摸不着头脑。于是后人纷纷猜测，或说是写爱情，或说是悼亡，或说是自伤身世，等等，等等，但怎么说都有说不圆的地方。这里最棘手的，就是“蓝田日暖玉生烟”这一句。不管从哪个角度来赏析，都难过这一关。

看来这应当是悼亡诗。妻子死时，李商隐三十九岁，正在长安做官。从其他诗里看得出来，他妻子去世于长安。当时长安埋葬死人，都是在终南山，而终南山的余脉就是蓝田山。因此他妻子必定是埋在终南山，甚至可能就是蓝田山。这是夏秋之间的事。这年冬，他就到四川去给人当幕僚了。这首诗，就是第二年春在四川怀念亡妻时所写的。锦瑟应当是他妻子弹奏过的，如今人亡物在，睹物思人，因此借以起兴。锦瑟为什么是二十五根弦、二十五个弦柱呢？这五十弦柱妻子都曾摸过，都会使人想起逝去的美好年华。然而，夫妻相处的岁月像庄子说的蝴蝶梦一样短暂而又空虚。如今诗人远在四川，寄人篱下，身世凄凉，只能像望帝化作杜鹃那样惨叫，无法回到长安去守着妻子的坟墓。由于自己不得志，总是东奔西走，不能和妻子长年相守，致使妻子经常对月伤心，泪珠儿流成沧海，终于抑郁地死去，像一块玉一样被埋在蓝田山，终究会化作烟尘。这种伤感的心情，岂是死别以后去回忆时才产生的？当年生离之时就早已存在了。“锦瑟无端五十弦，一弦一柱思华年。庄生晓梦迷蝴蝶，望帝春心托杜鹃。沧海月明珠有泪，蓝田日暖玉生烟。此情可待成追忆，只是当时已惘然。”诗中反复咏叹那一腔无法排遣的伤感，却不点明究竟是为了什么。所用的四个典故，与抒情主人公那种无法捉摸的伤感也若即若离，无从实指。读了几遍，也只是觉得好像是读通了。

他的另一首无题诗，虽然也曲折幽微，意境朦胧，但比较起来还是好懂得多："相见时难别亦难，东风无力百花残。春蚕到死丝方尽，蜡炬成灰泪始干。晓镜但愁云鬓改，夜吟应觉月光寒。蓬莱此去无多路，青鸟殷勤为探看。"

一二句写"东风无力百花残"的暮春，有情人极为难得地偶然一见，随即又难舍难分地离开。三四句"春蚕到死丝方尽，蜡炬成灰泪始干"，写有情人誓死相爱，永不变心。五六句"晓镜但愁云鬓改，夜吟应觉月光寒"，设想女方会忧愁容光易老而相见无期，会夜里起来对月叹息，感到月夜的凄冷。最后两句写女方的住处虽然并不远，却又像神话中的蓬山一样可望而不可即，无法相见，只有企盼传递信息的神鸟去打听到一点消息。这首诗情绪灰暗，调子低沉，意象朦胧，意境悲凉，渲染出一种极为凄苦的氛围。春蚕吐丝，蜡炬化灰，本来是极普通的现象，但一经诗人拈出，用运实入虚的手法组织成"春蚕到死丝方尽，蜡炬成灰泪始干"，就传达出一种苦苦追求、至死不渝的深情，因而成为传诵千古的名句。这两句虽然本意是写对爱情的执着，但由于已醇化成一种哲理，因而涵盖面远远地超出了它的本意。

"向晚意不适，驱车登古原。夕阳无限好，只是近黄昏。"

这首诗知道的人很多。大概李商隐的本意是感慨夕阳西下时红霞满天的美景虽好，但转眼就会消逝。也就是说，美好的东西与他没多少缘分。不过读者有权认为，轰轰烈烈二百多年的唐王朝，就像太阳一样要落山了。

（选自纪录片《唐之韵》第十九集解说词，文字有改动）

能力拓展

1. 细心品味诗中的千古名句，理解诗歌内容，体会字里行间所蕴含的情味。
2. 诗歌中哪些情景是回忆想象的？哪些是真实的？
3. 课外搜集李商隐诗作，背诵若干篇目。

第三课　《人间词话》四则

课前导引

王国维（1877—1927），字静安，号观堂，又号永观，浙江海宁人，中国近代杰出的学者。出身于书香门第，从小受到传统的教育。一生不断学习探索，在文学、美学、史学、古文字学等领域都有开创性的成就。他曾经留学日本，但西方近代哲学思想对他的影响较大。晚年研究殷商甲骨文，郭沫若评价他是"新史学的开山"，认为他的甲骨文、殷周金文、汉晋竹简和封泥的研究"是划时代的工作"。主要著作有《观堂集林》等。《人间词话》《文学散论》《红楼梦评论》《静安文集》等。王国维的《人间词话》在内容上吸纳、借鉴了西方哲学与美学的资源，提出了不少关于词乃至文学的新见解，引发了学界经久不衰的讨论。

《人间词话》作于1908—1910年，共六十四则，是王国维关于文学批评的著述中最为人重视的一部作品，融中国传统文学批评和西方美学于一体，被称为中国古典诗学的辉煌终结和现代文艺美学的萌芽。全书行文流畅自然，见解独特，精辟阐释了“境界说”。

经典展示

一[①]

词以境界为最上。有境界则自成高格，自有名句。五代、北宋之词所以独绝者在此。

二

有造境，有写境，此理想与写实二派之所由分。然二者颇难分别。因大诗人所造之境，必合乎自然，所写之境，亦必邻于理想故也。

三

有有我之境，有无我之境。“泪眼问花花不语，乱红飞过秋千去。”[②]“可堪孤馆闭春寒，杜鹃声里斜阳暮。”[③]有我之境也。“采菊东篱下，悠然见南山。”[④]“寒波澹澹起，白鸟悠悠下。”[⑤]无我之境也。有我之境，以我观物，故物皆著我之色彩。无我之境，以物观物，故不知何者为我，何者为物。古人为词，写有我之境者为多，然未始不能写无我之境，此在豪杰之士能自树立耳。

六

境非独谓景物也。喜怒哀乐，亦人心中之一境界。故能写真境物、真感情者，谓之有境界；否则谓之无境界。

（选自王国维：《人间词话》，黄霖、周兴陆导读，上海，上海古籍出版社，2009）

文本注释

①本文序号按照《人间词话》原序标注。

②“泪眼”两句：出自宋代欧阳修《蝶恋花》：“庭院深深深几许？杨柳堆烟，帘幕无重数。玉勒雕鞍游冶处，楼高不见章台路。　雨横风狂三月暮。门掩黄昏，无计留春住。泪眼问花花不语，乱红飞过秋千去。”本词亦见于冯延巳集。

③“可堪”两句：出自宋代词人秦观《踏莎行》：“雾失楼台，月迷津度，桃源望断无寻处。可堪孤馆闭春寒，杜鹃声里斜阳暮。　驿寄梅花，鱼传尺素，砌成此恨无重数。郴江幸自绕郴山，为谁流下潇湘去！”

④“采菊”两句：出自晋代文学家陶潜《饮酒》其五：“结庐在人境，而无车马喧。问君何能尔，心远地自偏。采菊东篱下，悠然见南山。山气日夕佳，飞鸟相与还。此中有真意，欲辨已忘言。”

⑤“寒波”两句：出自元代诗人元好问《颍亭留别》：“故人重分携，临流驻归驾。乾坤展清眺，万景若相借。北风三日雪，太素秉元化。九山郁峥嵘，了不受陵跨。寒波

澹澹起，白鸟悠悠下。怀归人自急，物态本闲暇。壶觞负吟啸，尘土足悲咤。回首亭中人，平林淡如画。”

迷津指路

中国文学发展到明清和近代，基本上进入总结归纳时期，同时也是与西方文化激烈碰撞的时期。在这一背景下，王国维对中国意境理论进行重新整合和提炼，并结合西方美学思想，提出了“境界说”。“境界说”集中体现了王国维的文学、美学思想，也是其品词立论的标准。《人间词话》的核心即“境界说”。《人间词话》前九则是标举“境界说”的理论纲领，之后则是用这种理论进行具体的诗歌批评。

第一则提出“境界”是诗词的根本。这一论点统领全文其他论点，是全书的脉络，沟通全部主张。作者以“境界”来论词的格调高下，指出有“境界”则有高格，才能产生名句；并论及五代、北宋词高标独绝的缘由。第二则从创作上提出境界的构建方式有“造境”与“写境”两种，其区别是，“造境”主要由理想家按其主观“理想”虚构而成，离现实较远；“写境”则由写实家按其客观“自然”描写而成，贴近于现实。第三则从审美上提出境界有“无我之境”和“有我之境”。第六则对“境界”的内涵和特点进行界定，提出“真”，既指感情的真，也指形象的真。

《人间词话》对诗歌创作、审美以及作家的修养和应该具备的素质等都有具体的论述，大多是以片段、随感的形式层层展开，体现出充实的内涵；而且对许多诗歌作品进行了即兴式的精彩点评。

阅读延伸

思静则心安

其笔下文字如莲花般纯净，恰似思想若嫩荷之抽枝。

在我眼中所见，他更像一个纯粹的艺术家。他对文学的感情更像是对待毕生的爱物，对于文字的精细，恰似他与生俱来的秉性。他的身上无一不散发出一种干净、高贵的气息，他是应该为了这些而存在的。他并不存在于人间，人间烟火之熏染，会教他的容颜黯淡，人间生活之俗世，会折损他的灵性自然。

他是静的，他敏锐的思想恰似一条阔大却默默流动的河流，具备了狂风暴雨的能力，但更多时候，是温柔以对。

温柔以对的是他的生。他的生平是极其简单的，除却正常的娶妻生子，我没有读到过关于他的任何绯闻。狂风暴雨的是他的死。异乎寻常的事情，总是会被加以口舌。于是很多人对他的死津津乐道、说三道四。由于他与清室的关系，以及辫子的原因，很多人说他的死是殉清。与他相关的政治是清室，但是对于清室，他在少年之时参加科举就显得很不乐意。虽说为清朝之民，他却并不赞成清朝之政，辛亥革命之后，王国维便随罗振玉去了日本。回国之后再和清室有关系已经是四十七岁之时了。他奉溥仪之诏入值南书房，做了溥仪的师傅。

不少人立足于此，便认为王国维是清室的遗老。若是遗老便应时刻追随溥仪，但是王国维后来并没有随溥仪去天津，而是接受了清华的聘书，专心于自己的学问。他反对科举，一生治学可以用“弃中亲西——中西合璧——皈依中学——中西合璧”的四段式简单说明。有此见识，又怎会迂腐地殉清？

殉清、怕死、怕穷，还有很多很多各种各样的说法，那些口水犹如漫天黄沙，阵势虽空洞却慑人。一个学贯中西、精心于学问之人，怎会为了这些凡尘俗事想不开？

此正所谓以小人之心度君子之腹。压制他人之后，才能凸显出自己的存在；或者压制他人之后，才能安慰自己的无能；抑或污蔑他人之后，才能满足自己的卑下。

王国维在遗书中说：“五十之年，只欠一死，经此世变，义无再辱。我死后，当草草棺殓，即行槁葬于清华茔地，汝等不能南归，亦可暂于城内居住。汝兄亦不必奔丧，因道路不通，渠又不曾出门故也。书籍可托陈、吴二先生处理。家人自有人料理，必不至不能南归。我虽无财产分文遗汝等，然苟谨慎勤俭，亦必不至饿死也。”

在众说纷纭的死因中，王国维先生的朋友陈寅恪的说法似乎更合情理，于众多功利世俗的猜测之中，我更愿意赞成陈寅恪的。

陈寅恪先生是王国维先生的同事及朋友，他认为王国维是死于自己的学术信仰。人生之苦聚，“无欲”以求“解脱”。王国维之精神世界是唯美的，倾近于完美主义。他的情感总是因为温情而细腻。他在清华任教的时候，还时常担心着溥仪的生死，也仅仅就是老师对自己学生的关心，再无其他。

静安先生之情真，情真乃出，情真乃为。

王国维深受叔本华哲学的影响，加上骨子里的悲观主义，他在精神中步步退让。

叔本华就曾说过：“人是自食的狼。”恰似中国有句老话：“自作孽，不可活。”王国维的步步退让，是让自己完全地站在利益纷争之外，他的学术研究便是他精神的栖息地。

他曾说过：“我们自己消失在空无之中，如同水珠消失在大海里。”

人生繁杂，应以静观之。

人是无法脱离人自身这个特殊的身份的。

不管你再超脱，再大彻大悟，人的欲望总是叫你逃不出这样的桎梏。

静安先生醉心于自身纯洁、内心的干净，所以受不了世道变迁的侮辱。

清室被推翻，新政府一样教王国维失望，“义无再辱”就是不愿意再改变自己的原则，不愿意再受到精神上的羞辱。

他的坚持，正是他脱离苦海的方式，而殊不知，他的方式也恰是他的苦海。他的纯粹正是促成他自沉的主观原因。

这个世界上有纯粹的人，但很少。

何为纯粹的人？总是坚持自己，在很多事情上脱离于世人之人，脱离于禁锢所有人的传统道德的人，也就是总是按照自己方式来活，完全活在自己世界的人。它和自私毫无关系，完全是凭着自己感情来的。

他生活在我们的周围，却又似乎和很多人撇清了关系，但是他这撇清的关系也是存在于这众人的基础之上的，周围明明是成就了他，可是却硬生生地成为他特殊的背景。

纯粹的人其实并非不敏感无欲望。生于浊世，却有着一颗七窍玲珑心，这样的心怎么又会是不敏感的呢？多少本是纯粹的人过于注重他人的看法，害怕标新立异，害怕成为滔滔口水污蔑的对象，唯恐成为大众暴力的戕杀者。

而真正地拥有了纯粹人生的人，对俗世从不低头，成就了自身作为的人，有了不凡的人生，才能在存活的岁月中有不凡的人生经验。用高贵去生活一生与用不断妥协去生活一生的人，我想这样的人生总是有区别的：一个人内心肮脏，双眼总是怀着不可告人的欲望；一个人心净而貌安，眼睛清亮，恰若一片莲花之盛开。

（选自艾零：《人间词话全解》，前言，北京，北京联合出版公司，2015。文字有改动）

能力拓展

1. 背诵《人间词话》第三则。

2. 自选一篇学过的诗词或文章，从“境界”的角度写一篇赏析文章。

3. 口才训练：组织一次以“古典诗词赏析”为主题的演讲比赛。要求演讲内容自选，演讲时间在3—8分钟内。通过演讲比赛提升学生对古诗词的鉴赏能力，同时提高演讲口才能力（参考本书《演讲口才训练》拓展训练5）。

第四课　慢慢走，欣赏啊

课前导引

朱光潜（1897—1986），别名孟实，安徽桐城人，著名美学家、文艺理论家、教育家、翻译家。青年时代曾赴欧洲留学，致力于文学、心理学与哲学的研究。这些领域的广博知识不仅为他的美学研究提供了良好的基础，而且促成了他后来将三者熔于一炉的美学思想的重要特色。1933年回国后，历任北京大学、四川大学、武汉大学教授。1946年后一直在北京大学任教，讲授美学与西方文学。

代表作有《文艺心理学》《悲剧心理学》《西方美学史》等。主要译著有黑格尔的《美学》、莱辛的《拉奥孔》、柏拉图的《文艺对话集》、克罗齐的《美学原理》以及近代第一部社会科学著作——维柯的《新科学》。朱光潜先生十分关注青年的教育，与青年朋友超越时空界限对话，如《给青年的12封信》《谈美》《谈美书简》《谈文学》。

《谈美》是朱光潜建立其早期美学理论体系的重要著作，渗透了他对艺术与人生关系的深刻体悟。全书从“谈美”为“免俗”、为“人心净化”这一目标出发，顺着美从哪里来、美是什么及美的特点这一脉络层层展开，娓娓道来，抒发了作者的人格理想、审美理想，提出了他的美学研究的理想目标，即“人生的艺术化”。

经典展示

一直到现在，我们都是讨论艺术的创造与欣赏。在这一节中，我提议约略说明艺术和人生的关系。

我在开章明义时就着重美感态度和实用态度的分别，以及艺术和实际人生之间所应有的距离，如果话说到这里为止，你也许误解我把艺术和人生看成漠不相关的两件事。我的意思并不如此。

人生是多方面而却相互和谐的整体，把它分析开来看，我们说某部分是实用的活动，某部分是科学的活动，某部分是美感的活动，为正名析理起见，原应有此分别；但是我们不要忘记，完满的人生见于这三种活动的平均发展，它们虽是可分别的而却不是互相冲突的。“实际人生”比整个人生的意义较为窄狭。一般人的错误在把它们认为相等，以为艺术对于“实际人生”既是隔着一层，它在整个人生中也就没有什么价值。有些人为维护艺术的地位，又想把它硬纳到“实际人生”的小筑围里去。这般人不但是误解艺术，而且也没有认识人生。我们把实际生活看作整个人生之中的一片段，所以在肯定艺术与实际人生的距离时，并非肯定艺术与整个人生的隔阂。严格的说，离开人生便无所谓艺术，因为艺术是情趣的表现，而情趣的根源就在人生；反之，离开艺术也便无所谓人生，因为凡是创造和欣赏都是艺术的活动，无创造无欣赏的人生是一个自相矛盾的名词。

人生本来就是一种较广义的艺术。每个人的生命史就是他自己的作品。这种作品可以是艺术的，也可以不是艺术的，正犹如同是一种顽石，这个人能把它雕成一座伟大的雕像而另一个人却不能使它“成器”，分别全在性分与修养。知道生活的人就是艺术家，他的生活就是艺术作品。

过一世生活好比做一篇文章。完美的生活都有上品文章所应有的美点。

第一，一篇好文章一定是一个完整的有机体，其中全体与部分都息息相关，不能稍有移动或增减。一字一句之中都可以见出全篇精神的贯注。比如陶渊明的《饮酒》诗本来是“采菊东篱下，悠然见南山”，后人把“见”字误印为“望”字，原文的自然与物相遇相得的神情便完全丧失。这种艺术的完整性在生活中叫做“人格”。凡最完美的生活都是人格的表现。大而进退取与，小而声音笑貌，都没有一件和全人格相冲突。不肯为五斗米折腰向乡里小儿，是陶渊明的生命史中所应有的一段文章，如果他错过这一个小节，便失其为陶渊明。下狱不肯脱逃，临刑时还叮咛嘱咐还邻人一只鸡的债，是苏格拉底的生命史中所应有的一段文章，否则他便失其为苏格拉底。这种生命史才可以使人把它当作一幅图画去惊赞，它就是一种艺术的杰作。

其次，“修辞立其诚”是文章的要诀，一首诗或是一篇美文，一定是至性深情的流露，存于中然后形于外，不容有丝毫假借。情趣本来是物我交感共鸣的结果。景物变动不居，情趣亦自生生不息。我有我的个性，物也有物的个性，这种个性又随时地变迁而生长发展。每人在某一时会所见到的景物，和每种景物在某一时会所引起的情趣，都有它的特殊性，断不容与另一人在另一时会所见到的景物，和另一景物在另一时会所引起的情趣，完全相同的。毫厘之差，微妙所在。在这种生生不息的情趣中，我们可以见出生命的创化。把这种生命流露于语言文字就是好文章；把它流露于言行风采，就是美满的生命史。

文章忌俗滥，生活也忌俗滥。俗滥就是自己没有本色而蹈袭别人的成规旧矩。西施患心病，常捧心颦眉，这是自然的流露，所以愈增其美。东施没有心病，强学捧心颦眉的姿态，只能引人嫌恶。在西施是创作，在东施便是滥调。滥调起于生命的枯竭，也就是虚伪的表现。“虚伪的表现”就是“丑”，克罗齐[①]已经说过。“风行水上，自然成纹”，文章的妙处如此，生活的妙处也是如此。在什么地位，是怎样的人，感到怎样情趣便现出怎样言行风采，叫人一见就觉其谐和完整，这才是艺术的生活。

俗语说得好，“惟大英雄能本色”。所谓艺术的生活就是本色的生活。世间有两种人的生活最不艺术，一种是俗人，一种是伪君子。“俗人”根本就缺乏本色，“伪君子”则竭力遮盖本色。朱晦庵有一首诗说：“半亩方塘一鉴开，天光云影共徘徊。问渠那得清如许？为有源头活水来。”艺术的生活就是有“源头活水”的生活。俗人迷于名利，与世浮沉，心里没有“天光云影”，就因为没有源头活水。他们的大病是生命的枯竭。“伪君子”则于这种“俗人”的资格之上，又加上“沐猴而冠”的伎俩。他们的特点不仅见于道德上的虚伪，一言一笑，一举一动，都叫人起不美之感。谁知道风流名士的架子之中，掩藏了几多行尸走肉？无论是“俗人”或是“伪君子”，他们都是生命上的“苟且者”，都缺乏艺术家在创造时所应有的良心。像柏格森[②]所说的，他们都是“生命的机械化”，只能作喜剧中的角色。生活落到喜剧里去的人大半都是不艺术的。

艺术的创造之中都必寓有欣赏，生活也是如此。一般人对于一种言行常欢喜说它“好看”“不好看”，这已有几分是拿艺术欣赏的标准去估量它。但是一般人大半不能彻底，不能拿一言一笑一举一动纳在全部生命史里去看，他们的“人格”观念太淡薄，所谓“好看”“不好看”往往只是“敷衍面子”。善于生活者则彻底认真，不让一尘一芥妨碍整个生命的和谐。一般人常以为艺术家是一班最随便的人，其实在艺术范围之内，艺术家是最严肃不过的。在锻炼作品时常呕心呕肝，一笔一划也不肯苟且。王荆公[③]作“春风又绿江南岸”一句诗时，原来“绿”字是“到”字，后来由“到”字改为“过”字，由“过”字改为“入”字，由“入”字改为“满”字，改了十几次之后才定为“绿”字。即此一端可以想见艺术家的严肃了。善于生活者对于生活也是这样认真。曾子临死时记得床上的席子是季路的，一定叫门人把它换过才瞑目。吴季札[④]心里已经暗许赠剑给徐君，没有实行徐君就已死去，他很郑重地把剑挂在徐君墓旁树上，以见“中心契合死生不渝”的风谊。像这一类的言行看来虽似小节，而善于生活者却不肯轻易放过，正犹如诗人不肯轻易放过一字一句一样。小节如此，大节更不消说。董狐[⑤]宁愿断头不肯掩盖史实，夷齐饿死不愿降周，这种风度是道德的也是艺术的。我们主张人生的艺术化，就是主张对于人生的严肃主义。

艺术家估定事物的价值，全以它能否纳入和谐的整体为标准，往往出于一般人意料之外。他能看重一般人所看轻的，也能看轻一般人所看重的。在看重一件事物时，他知道执着；在看轻一件事物时，他也知道摆脱。艺术的能事不仅见于知所取，尤其见于知所舍。苏东坡论文，谓如水行山谷中，行于其所不得不行，止于其所不得不止。这就是取舍恰到好处，艺术化的人生也是如此。善于生活者对于世间一切，也拿艺术的口胃去评判它，合于艺术口胃者毫毛可以变成泰山，不合于艺术口胃者泰山也可以变成毫毛。他不但能认真，而且能摆脱。在认真时见出他的严肃，在摆脱时见出他的豁达。孟敏堕甑[⑥]，不顾而去，郭林宗见到以为奇怪。他说："既已碎，顾之何益?"哲学家斯宾诺莎[⑦]宁愿靠磨镜过活，不愿当大学教授，怕妨碍他的自由。王徽之居山阴，有一天夜雪初霁，月色清朗，忽然想起他的朋友戴逵，便乘小舟到剡溪去访他，刚到门口便把船划回去。他说："乘兴而来，兴尽而返。"这几件事彼此相差很远，却都可以见出艺术家的豁达。伟大的人生和伟大的艺术都要同时并有严肃与豁达之胜。晋代清流大半只知道豁达而不知道严肃，宋朝理学又大半只知道严肃而不知道豁达。陶渊明和杜子美庶几算得恰到好处。

一篇生命史就是一种作品。从伦理的观点看，它有善恶的分别，从艺术的观点看，它有美丑的分别。善恶与美丑的关系究竟如何呢?

就狭义说，伦理的价值是实用的，美感的价值是超实用的，伦理的活动都是有所为而为，美感的活动则是无所为而为。比如仁义忠信等等都是善，问它们何以为善，我们不能不着眼到人群的幸福。美之所以为美，则全在美的形相本身，不在它对于人群的效用(这并不是说它对于人群没有效用)，假如世界上只有一个人，他就不能有道德的活动，因为有父子才有慈孝可言，有朋友才有信义可言。但是这个想象的孤零零的人，还可以有艺术的活动，还可以欣赏他所居的世界，还可以创造作品。善有所赖而美无所赖，善的价值是"外在的"，美的价值是"内在的"。

不过这种分别究竟是狭义的。就广义说，善就是一种美，恶就是一种丑。因为伦理的活动也可以引起美感上的欣赏与嫌恶。希腊大哲学家柏拉图和亚里士多德讨论伦理问题时，都以为善有等级，一般的善虽只有外在的价值，而"至高的善"则有内在的价值。这所谓"至高的善"究竟是什么呢? 柏拉图和亚里士多德本来是一走理想主义的极端，一走经验主义的极端，但是对于这个问题，意见却一致。他们都以为"至高的善"在"无所为而为的玩索"(disinterested contemplation)。这种见解在西方哲学思潮上影响极大，斯宾诺莎、黑格尔、叔本华的学说都可以参证。从此可知西方哲人心目中的"至高的善"还是一种美，最高的伦理的活动还是一种艺术的活动了。

…………

无论你相信不相信，有许多思想却值得当作一个意象悬在心眼前来玩味玩味。我自己在闲暇时也欢喜看看哲学书籍。老实说，我对于许多哲学家的话都很怀疑，但是我觉得他们有趣。我以为穷到究竟，一切哲学系统也都只能当作艺术作品去看。哲学和科学穷到极境，都是要满足求知的欲望。每个哲学家和科学家对于他自己所见到的一点真理(无论它究竟是不是真理)都觉得有趣味，都用一股热忱去欣赏它。真理在离开实用而成为情趣中心时就已经是美感的对象了。"地球绕日运行"，"勾方加股方等于弦方”一类的科学事实，和《米罗爱神》或《第九交响曲》一样可以摄魂震魄。科学家去寻求这一类的事实，穷到究竟，也正因为它们可以摄魂震魄。所以科学的活动也还是一种艺术的活动，不但善与美是一体，真与美也并没有隔阂。

艺术是情趣的活动，艺术的生活也就是情趣丰富的生活。人可以分为两种，一种是情趣丰富的，对于许多事物都觉得有趣味，而且到处寻求享受这种趣味。一种是情趣枯竭的，对于许多事物都觉得没有趣味，也不去寻求趣味，只终日拼命和蝇蛆在一块争温饱。后者是俗人，前者就是艺术家。情趣愈丰富，生活也愈美满，所谓人生的艺术化就是人生的情趣化。

“学得有趣味”就是欣赏。你是否知道生活，就看你对于许多事物能否欣赏。欣赏也就是“无所为而为的玩索”。在欣赏时，人和神仙一样自由，一样有福。

阿尔卑斯山谷中有一条大汽车路，两旁景物极美，路上插着一个标语劝告游人说：“慢慢走，欣赏啊！”许多人在这车如流水马如龙的世界过活，恰如在阿尔卑斯山谷中乘汽车兜风，匆匆忙忙地急驰而过，无暇一回首流连风景，于是这丰富华丽的世界便成为一个了无生趣的囚牢。这是一件多么可惋惜的事啊！

朋友，在告别之前，我采用阿尔卑斯山路上的标语，在中国人告别习用语之下加上三个字奉赠：

“慢慢走，欣赏啊！”

（选自朱光潜：《朱光潜谈美》，武汉，长江文艺出版社，2012）

文本注释

①克罗齐：意大利哲学家，美学家，代表作有《精神哲学》《美学与政治》等。

②柏格森：法国哲学家，文笔优美，思想富于吸引力，曾获诺贝尔文学奖。他反对科学上的机械论、心理学上的决定论与理想主义，认为人的生命是意识之绵延或意识之流，是一个整体，不可被分割成因果关系的小单位。

③王荆公：王安石。

④季札：又称公子札、延陵季子等，《汉书》称其为吴札，春秋时吴王寿梦第四子。季札不仅品德高尚，而且是具有远见卓识的政治家和外交家。

⑤董狐：春秋晋国太史，亦称史狐。周太史辛有的后裔，因董督典籍，故姓董氏。董狐为史官，不畏强权，坚持原则。在赵盾族弟赵穿弑晋灵公后，董狐以“赵盾弑其君”记载此事，留下“董狐直笔”的典故。

⑥孟敏堕甑：又作“堕甑不顾”，比喻事情已经过去，不作无益的惋惜。

⑦斯宾诺莎：近代西方哲学的三大理性主义者之一，与笛卡尔和莱布尼茨齐名。他的主要著作有《笛卡尔哲学原理》《神学政治论》《伦理学》《知性改进论》等。

迷津指路

本文是朱光潜《谈美》一书的最后一章，也是我国美学史上的重要文献。文章提出的口号“慢慢走，欣赏啊”，是关于生活与艺术关系的著名格言，常被传诵引用。文章提醒人们在人生的道路上不要匆匆忙忙疾驶而过，要懂得慢慢欣赏人生的风景，表达了作者从生活中发掘艺术，将艺术融入生活的美学思想。

本文开章明义，先提出了“艺术和人生的关系”这一主题，并指出“美感态度和实用态度的分别，以及艺术和实际人生之间所应有的距离”并不意味着艺术和人生是漠不相关的两件事。第三自然段则可以被看作对艺术和人生关系的综合论述，提出：“离开人生便无所谓艺术，因为艺术是情趣的表现，而情趣的根源就在人生；反之，离开艺术也便无所谓人生，因为凡是创造和欣赏都是艺术的活动。”第四自然段进一步说明“人生本来就是一种较广义的艺术。每个人的生命史就是他自己的作品”，“知道生活的人就是艺术家，他的生活就是艺术作品”。

接下来进入具体论述的层面，作者把生活与艺术放在一起对比，于生活中一一印证艺术的特点。他提出了几个艺术上的特点与生活相对照。第一，一篇好文章必须是一个完整的有机体，而这种艺术的完整性在生活中叫作“人格”，凡是完美的生活都是人格的表现。第二，“修辞立其诚”是文章的要诀，好的艺术品一定是至性深情的流露，而这种至性深情流露于人的言行就是美满的人生。第三，文章忌俗滥，生活也忌俗滥。和谐自然才是艺术，生活也如此。第四，艺术的生活就是本色的生活，艺术要有现实的根源，人生也需要真实，拒绝虚伪。第五，艺术的创造之中必寓有欣赏，生活也是如此，应当主张人生的艺术化。第六，艺术家评估事物的价值，全以能否纳入和谐的整体为标准，而艺术化的人生也是如此。

最后，作者进一步深入思考，探讨了善恶与美丑、美感与实用、人生的限制与最高自由等艺术领域的终极问题，虽然着墨不多，但却精辟独到。在从哲学角度看待艺术之后，作者提出了自己的理论：艺术是情趣的活动，艺术的生活也就是情趣丰富的生活，人生的艺术化就是人生的情趣化。作者用阿尔卑斯山谷中的路标作为格言奉赠给读者：“慢慢走，欣赏啊！”寓意深刻，发人深思。

阅读延伸

趋于人生的艺术，趋于艺术的人生
——谈朱光潜的散文观与散文创作

朱光潜的《给青年的十二封信》和《谈美》两书的关键性思考是关乎人生的。朱光潜认为“人生第一桩事是生活”。“我所谓‘生活’是‘享受’，是‘领略’，是‘培养生机’。假若为学问为事业而忘却生活，那种学问事业在人生中便失其真正意义与价值。因此，我们不应该把自己看作社会的机械。一味迎合社会需要而不顾自己兴趣的人，就没有明白这个简单的道理。”

这奠定了朱光潜对人生的基本态度：既认同人生，又要改造人生。认同人生是为了生活，而改造人生则是为了更好地生活。当其运用写作的方式来表达他的人生态度时，他就将如何净化人心、美化人生，进而改良社会，改变中国乱糟糟的现实，作为自己的写作动机并力图实践它。朱光潜是一位深受西方近现代自由、民主思想影响的现代知识分子，对中国社会中普遍存在的压抑个性、压制思想自由发展的弊端深恶痛绝，因而对个性解放、人性自由特别给予了关注，并将它们视作完美人生的重要内容。这一思想对其一生的学术活动和人生实践都产生了决定性的影响。所以，当其思索解决社会问题的方案时，几乎是毫不犹豫地就从人本主义、自由主义出发，提出了“人生的艺术化”这一设想。朱自清在为朱光潜的《谈美》作序时就敏锐地把握到这一点，他说：“‘人生的艺术化’一章是著名的例子；这是孟实先生自己最重要的理论。他分人生为广狭两义：艺术虽与‘实际人生’有距离，与‘整个人生’却并无隔阂；‘因为艺术是情趣的表现，而情趣的根源就在人生。反之，离开艺术，也便无所谓人生；因为凡是创造和欣赏都是艺术的活动。’”因此，可以说“人生的艺术化”是朱光潜在理想与现实、艺术与人生的诸多矛盾冲突中用来化解这些矛盾冲突的一种独特选择与设计，其中的超脱观念后来演变成他前期美学思想的深层内涵，使得他的美学思想成为解决这些矛盾的思考体系。

朱光潜说：“要洗刷人心，一定要从‘怡情养性’做起，一定要于饱食暖衣、高官厚禄等之外。要求人心净化，先要求人生美化。”往深处、广处说，这就是在生活中学会审美。在朱光潜看来，“美是事物的最有价值的一面，美感的经验是人生中最有价值的一面”，“人的美感活动全是无所为而为，是环境不需要他活动而他自己愿意去活动的”，“在无所为而为的活动中，人是自己心灵的主宰”。因此，呈现于人面前的物，“却能在本身现出价值”，而这种价值或者说“事物本身的美”，是审美活动中主体将事物“摆在适当的距离之外去看”的结果。因而，朱光潜认为，美感活动就是解决人生问题的最佳方式，它能使人进入无限，成为自然的主宰，摆脱被奴役的地位，使人成为自己的“上帝”。

即使因现实力量过于强大，主体个人一时无法实现自己的目的，朱光潜也主张采取审美的态度去对待现实，而不是采取功利的态度去迎合现实。他主张“我们处世有两种态度，人力所能做到的时候，我们竭力征服现实。人力莫可奈何的时候，我们就要暂时超脱现实，储蓄精力待将来再向他方面征服现实。超脱到哪里去呢？超脱到理想界去”，因为“现实界没有尽美尽善，理想界是有尽美尽善的”。这里的“理想界”就是审美境界，就是人生的艺术化。而他身体力行，为青年们指导迷津的散文创作，可以说都是他所践履的“人生艺术化”的结果。但不可将朱光潜这种人生艺术化的审美活动视作一种狭隘的个体活动，朱光潜同时是将美感结构延伸到广阔的人生社会与历史现实中，主张“为人生而艺术”的。他说过：“离开人生便无所谓艺术”，“人生本来就是一种较广义的艺术”。在此，他不是模糊了人生与艺术的区别，而是提升了人生的层次；不是消解了艺术，而是扩大了艺术的内涵。最终，朱光潜在艺术与人生的结合中，在审美与对象的结合中，不仅使艺术成为高扬生命精神的一种标志，而且使审美活动成为一种既能融会现实内容又超越现实内容的人的主体实现的可能形式。

综上所述，由情趣而使人生艺术化，由人生艺术化而具有审美的本质，并最终通过美感经验来获得人生情趣，成了朱光潜在《给青年的十二封信》与《谈美》两书中一以贯之的中心议题。所以，这两本书在构成一个系统时是珠联璧合的，只不过，《给青年的十二封信》偏在谈情趣，《谈美》偏在谈情趣的升华——人生艺术化，它们共同刻画了朱光潜学说思想的面貌：情感越丰富，生活越美满；人生越是情趣化、艺术化，人生越是具有高品质、高层次。

可堪慰藉的是，朱光潜的一生没有违背自己最初的人生追求。他用断续的但毕竟连点成线的学术实践来践履自己"人生的艺术化"理论，在中国现代美学史上，将"人生的艺术化"这一理论主张真正地揽入自己的美学怀抱，孵化出一种独特的美学形态：人生化的美学体系。

［选自雪文：《趋于人生的艺术，趋于艺术的人生——谈朱光潜的散文观与散文创作》，载《安徽教育学院学报》，2002(1)。文字有改动］

能力拓展

1. 请简要谈一谈艺术与人生之间的相似点。
2. 讨论"慢慢走，欣赏啊"这句格言所蕴含的哲理，以及它给予你的人生启示。
3. 口才训练：请以"艺术与人生的关系"为主题，开展即兴演讲。

第五课　新诗二首

课前导引

北岛，原名赵振开，1949 年生于北京，当代作家，朦胧诗代表人物之一。著有诗集《北岛诗选》《在天涯》，散文集《蓝房子》《时间的玫瑰》《青灯》，小说《波动》，代表诗作有《回答》《一切》等。《回答》最初写于 1973 年，1978 年发表，1979 年被《诗刊》转载。它"最突出的是表达一种怀疑和否定精神，对虚幻的期许、选择的犹豫和缺乏内容的苟且生活的坚决拒绝"(洪子诚《中国当代文学史》)。

顾城(1956—1993)，朦胧诗代表人物，1979 年开始发表诗作，1987 年应邀出访欧美国家，进行文化交流、讲学活动。1988 年赴新西兰，被聘为奥克兰大学亚语系研究员。后辞职隐居激流岛。顾城的主要作品有诗集《黑眼睛》《海蓝——顾城新诗自选集》等。

自 1917 年《新青年》第 2 卷第 6 号刊出胡适的《白话诗八首》后，新诗开始取代传统诗歌成为诗歌文学样式的主流。胡适的《尝试集》、郭沫若的《女神》、汪静之的《蕙的风》是五四时期比较著名的诗集。此外，在现代文学史上，毛泽东用传统诗词格律作的新诗和艾青、闻一多、徐志摩、戴望舒等诗人用白话文作的新诗影响较大。

20 世纪 80 年代，诗歌蓬勃发展，朦胧诗应运而生。这是一种新的诗歌表达方式和美学追求。北岛和顾城都是此期的代表人物。从本课所选的两首诗中，我们可以明确感受到二人风格的区别："北岛的诗歌气势轩昂，有殉道者的悲壮；顾城的诗歌关注的多是自然界中纤弱而明媚的事物，再辅以丰富奇绝的想象，创造了一个令人神往的艺术空间。"（刘春《一个人的诗歌史》）

经典展示

回　答

北　岛

卑鄙是卑鄙者的通行证，
高尚是高尚者的墓志铭，
看吧，在那镀金的天空中，
飘满了死者弯曲的倒影。

冰川纪过去了，
为什么到处都是冰凌？
好望角发现了，
为什么死海里千帆相竞？

我来到这个世界上，
只带着纸、绳索和身影，
为了在审判之前，
宣读那些被判决的声音：

告诉你吧，世界
我——不——相——信！
纵使你脚下有一千名挑战者，
那就把我算作第一千零一名。

我不相信天是蓝的；
我不相信雷的回声；
我不相信梦是假的；
我不相信死无报应。

如果海洋注定要决堤，
就让所有的苦水都注入我心中；
如果陆地注定要上升，
就让人类重新选择生存的峰顶。

新的转机和闪闪星斗，
正在缀满没有遮拦的天空。
那是五千年的象形文字，
那是未来人们凝视的眼睛。

（选自北岛：《北岛诗选》，北岛，广州，新世纪出版社，1986）

我是一个任性的孩子

顾　城

也许
我是被妈妈宠坏的孩子
我任性

我希望
每一个时刻
都像彩色蜡笔那样美丽
我希望
能在心爱的白纸上画画
画出笨拙的自由
画下一只永远不会
流泪的眼睛
一片天空
一片属于天空的羽毛和树叶
一个淡绿的夜晚和苹果

我想画下早晨
画下露水所能看见的微笑
画下所有最年轻的
没有痛苦的爱情
画下想象中
我的爱人
她没有见过阴云
她的眼睛是晴空的颜色
她永远看着我
永远，看着
绝不会忽然掉过头去

我想画下遥远的风景

画下清晰的地平线和水波
画下许许多多快乐的小河
画下丘陵——
长满淡淡的茸毛
我让他们挨得很近
让他们相爱
让每一个默许
每一阵静静的春天的激动
都成为一朵小花的生日

我还想画下未来
我没见过她，也不可能
但知道她很美
我画下她秋天的风衣
画下那些燃烧的烛火和枫叶
画下许多因为爱她
而熄灭的心
画下婚礼
画下一个个早早醒来的节日
上面贴着玻璃糖纸
和北方童话的插图

我是一个任性的孩子
我想涂去一切不幸
我想在大地上
画满窗子
让所有习惯黑暗的眼睛
都习惯光明
我想画下风
画下一架比一架更高大的山岭
画下东方民族的渴望
画下大海——
无边无际愉快的声音

最后，在纸角上
我还想画下自己
画下一只树熊

他坐在维多利亚深色的丛林里
坐在安安静静的树枝上
发愣
他没有家
没有一颗留在远处的心
他只有很多很多
浆果一样的梦
和很大很大的眼睛

我在希望
在想
但不知为什么
我没有领到蜡笔
没有得到一个彩色的时刻
我只有我
我的手指和创痛
只有撕碎那一张张
心爱的白纸
让它们去寻找蝴蝶
让它们从今天消失
我是一个孩子
一个被幻想妈妈宠坏的孩子
我任性

(选自洪子诚、程光炜：《朦胧诗新编》，武汉，长江文艺出版社，2009)

迷津指路

《回答》是一代人心灵和意志觉醒的表现，充满了怀疑与否定精神。它是激动的喉管里爆发出的最疼痛的声音，更是有关反叛、宿命和承担的回答。

诗歌以两个悖论式的警句开始："卑鄙是卑鄙者的通行证，高尚是高尚者的墓志铭。"生与死、卑鄙与高尚在此形成了强烈的对比。在尖锐刺目的对比下，是高尚者悲惨的命运和有关他们的创伤的记忆。由此形成了反讽式的回答："看吧，在那镀金的天空中，飘满了死者弯曲的倒影。"在诗歌的第二节中，诗人以"到处都是冰凌""死海里千帆相竞"形象地喻示着现实的艰难。第三节，"我"直接站出来，要"宣读那些被判决的声音"，这在当时需要巨大的勇气。诗人清醒地意识到这一点，所以他只带着纸(记录被判决的结果)、绳索(供人随时绑走)和身影(象征不见容于世的高尚者的肉体的消失)。但审判反而催生、激扬起"我"的叛逆和血性("我——不——相——信")，并确立起自己作为反叛者的主体身份："纵使你脚下有一千名挑战者，那就把我算作第一千零一名。”这种反叛者身份的确立使“我”的质疑空前地膨胀：“我不相信天是蓝的；我不相信雷的回声；我不相信梦是假的；我不相信死无报应。”如果说“卑鄙是卑鄙者的通行证，高尚是高尚者的墓志铭”是对“高尚者”的呼应与回答，而“我——不——相——信”这种对抗的力度和冷峭是对历史在否定性意向上的回答，那么，“如果海洋注定要决堤，就让所有的苦水都注入我心中”就是对历史在承担意向上的回答。诗人在面对历史时做出了这样的回答：如果历史的海洋注定要决堤，“我”愿承担一切苦水；如果历史的陆地注定要上升，“我”祈祷人类重新选择生存的峰顶。“我”是历史的“反叛者”，也是历史的真正承担者。所以决绝的回答最终有着温暖和希望，尽管它仍难以完全抹去长长的历史阴影：“新的转机和闪闪星斗，正在缀满没有遮拦的天空。那是五千年的象形文字，那是未来人们凝视的眼睛。”

《我是一个任性的孩子》作于 1981 年。开篇题记“我想在大地上画满窗子，让所有习惯黑暗的眼睛，都习惯光明”，点出那一代人对生命、社会的思考和对美好理想的憧憬。诗人以孩子的眼光和心灵去观察和感受世界，希望画出“早晨”“天空”“眼睛”，画出笨拙的自由、未来的爱人和有着“浆果一样的梦”的自己。哪个孩童不想拥有马良的神奇画笔？顾城开篇就带着大家进入了画中纯净而和谐的绝美世界，这也正是诗人一生所追求的理想，并在第六小节把它升到了更高的层面——“东方民族的渴望”。然而，意愿虽美，现实却无从回避：眼睛会流泪，爱情也会痛苦，诗人“没有领到蜡笔”，“没有得到一个彩色的时刻”。这是否就意味着他要停止对理想的追求？不，诗末再次点题，我是“一个被幻想妈妈宠坏的孩子”，“我任性”。诗人在这里表达出执拗和坚定：他会继续高擎着信念的火炬，执着于自己对理想世界的追寻。

阅读延伸

中国现代新诗与古典诗歌传统

从总体上看，中国现代新诗与古典诗歌传统的关系时隐时显，时而自觉，时而不自觉，时而是直接的历史继承，时而又是现实实践的间接契合。

以胡适为代表的初期白话新诗袭取了宋诗“以文为诗”的传统。胡适描述说：“这个时代之中，大多数的诗人都属于‘宋诗运动’。”他认定了中国诗史上的趋势，由唐诗到宋诗无甚玄妙，只是作诗更近于作文，更近于说话。不过，符合传统模式的“以文为诗”同那些滚滚而来、杂乱无章的西方诗歌究竟该取着怎样的结合呢？初期白话诗人尚未有过细的思考。在《尝试集》中，我们看到的就是东西方诗歌理想的杂糅，类似的情形亦见于郭沫若的《女神》。郭沫若极力推崇先秦的动的文化精神，对屈骚爱不释手，但同样欣赏陶渊明的飘逸、王维的空灵，西方诗人惠特曼、拜伦、雪莱、歌德也投合他的性情，于是，古今中外这些纷繁复杂的诗歌理想又不加分别地混合了起来。比较自觉地从传统中汲取营养是从冰心、宗白华等人的小诗创作开始的。闻一多在 1923 年 6 月提出了著名的“地方色彩”主张，“要做中西艺术结婚后产生的宁馨儿”，实际上就是要自觉地维护和保持新诗的民族特征，而将引入西方诗艺作为增添“地方色彩”的手段这一民族化的主张显然在新月派的诗歌创作中得到了充分的实践。从新月派、象征派到现代派，中国现代新诗较好地再现了极盛期古典诗歌理想(唐诗宋词)的种种韵致和格调，同时也重新调整了西方现代诗艺的作用，使之更好地为我所用，这便从根本上改变了五四诗歌多重文化混杂不清的局面，通过“融合”顺利地完成了向古典诗歌境界的折返。紧接着，这样的一条折返之路受到了20世纪三四十年代的其他一些诗人的怀疑和指摘。左翼革命诗人以“大众化”攻其贵族式的狭窄化，九叶派诗人也因“新诗现代化”的要求而批评诗坛上盛行的“浪漫的感伤”，唐诗宋词仿佛不再为这些诗人所吟咏唱诵了。不过，当中国诗歌会和20世纪40年代解放区诗歌开始大规模地采集民歌民谣，以此维护“中国作风与中国气派”时，我们不就依稀看到了遥远的“采诗”景象，那四处响起的不就是国风、乐府式的歌谣曲调吗？当九叶派诗人重新以叙述性、议论性的诗句表达他们的人生感受时，我们是不是也会想起宋诗呢？当然，较之于新月派、象征派和现代派，中国诗歌会、解放区诗歌和九叶派与古典诗歌的关系是间接的或者隐蔽的，有着创作实践本身所导致的远距离沟通和契合。其中，九叶派诗人与宋诗的关系尤其如此。

通过以上对新诗史中的古典传统影响的简要追述，我们大体上可以总结出古典诗歌原型在现代复活的几个主要特征。

(1)古典诗歌的影响归根结底是通过具体的诗派、诗人来表现的，而多样性、个体性又是现代诗派与诗人的显著特征，每一个流派、诗人对传统本身的理解和情感又是各不相同的，所以说，中国古典诗歌作为一个整体对现代新诗造成全面的影响已经是不可能的了。我们看到，中国现代新诗表现出的往往只是古典诗歌理想的一部分内涵，不同的流派、不同的诗人只对古典诗歌理想的某一部分“记忆”犹新。这一点可以说是它的“不完整性特征”。

(2)原型的复活并不等于简单的复古，它往往是随着时代思潮的发展而出现的，与时代的某些特征相互联系着。由于时代发展的原因，古典传统中某些被压抑的部分可能会得以强化，变得格外显赫，如屈骚、宋诗和歌谣化趋向。这些古典诗歌形态显然都不及唐诗宋词璀璨夺目、玲珑精致，也不是中国古典诗歌美学最具代表性的部分，但恐怕正是它们的某些“非典型性”，才使之够在反拨腐朽传统的新诗运动中重见天日，发扬光大，反传统的新诗似乎也获得了来自传统内部的某些支撑。显然，这正是一些中国诗人求之不得的。这一点可以说是“时代性特征”。

(3)中国现代诗人面对的是整个世界诗歌的潮起潮落，而非仅仅是一个遥远的传统文化。他们不仅要满足无意识的诗美“期待”，也必须回答20世纪的各种“挑战”。于是乎，当古典诗歌的影响以各种形式曲折地表现出来的时候，它很可能同时接受了种种改造、重组。有时候，古今的联系是相当隐蔽的、间接的，其中嵌入了其他诗学因素的影响。例如，九叶诗派和宋诗之间就显然嵌入了太多西方20世纪诗学的内涵，我们甚至不能断言九叶诗派实际成就的取得包含着宋诗的多少功劳，我们只能说九叶诗派的作品与宋诗有某些远距离的契合。这一点可以说是“被改造特征”。

(4)与前面的第二、第三方面相联系，中国现代新诗对古典传统的接受又可能与它对西方诗歌的接受互相配合。我们注意到，西方诗歌经常被移作古典美学现代生命的证明，如新月派、象征派、现代派就看中了西方 19 世纪、20 世纪前后某些诗歌的“东方色彩”，从而以“中西交融”为过渡，理直气壮地向古典诗歌传统汲取养料。或者也就可以这样说，在一些诗人看来，中国现代新诗移植西方诗艺的基础还是在古典诗歌传统的内部。这一点可以叫作“中西交融特征”。

总之，不完整性、时代性、被改造和中西交融就是中国现代新诗接受古典诗歌传统影响的几个主要特征，也可以说是古典诗歌传统继续作用于现代新诗的几种主要方式。

[选自李怡：《中国现代新诗与古典诗歌传统(增订三版)》，
北京，中国人民大学出版社，2014。文字有改动]

能力拓展

1. 谈谈你对“卑鄙是卑鄙者的通行证，高尚是高尚者的墓志铭”的理解。

2. 结合时代背景，谈谈《我是一个任性的孩子》所抒发的思想感情。

3. 口才训练：举行一场现代诗朗诵比赛。同学们可以选取 80 字以上的现代诗歌，开展班级朗诵比赛。朗诵时注意表达出作品蕴含的思想情感(参考本书《诵读口才训练》拓展训练 6)。

模块二
口才训练

专题七

认识普通话

导入案例

案例一：一位游客初次来到北京，想乘公交车去建国门。上车后他找不到零钱，只得拿出一张十元的人民币，对售票员说了声“建国门”。谁知售票员瞟了他一眼，转身向其他乘客收钱去了。这位游客心想：你咋不收我钱呢？他迈开脚步，排除万难，终于又挤到售票员身旁，摇了摇手中的钱，又说了句“建国门”。这次声音大了点儿，引起了周围人的注目，售票员也不好意思不搭理他了。只见她“嗖”的一声，从钱袋里掏出一张崭新的百元大钞，朝着他扬了扬，也大声说：“你见过吗！”原来，这位游客的普通话不太标准，把“建国门”说成了“见过吗”。难怪售票员要生气了。

案例二：某公司有一个职员经常迟到。遇到这样的下属，绝大多数管理者都会给予批评，而且一次比一次严厉，甚至最后会说：“再迟到明天就不要来了！”

而这个主管不同，他把职员找来，面带笑容地说：“你经常迟到，应该都是闹钟的问题。所以，我打算给你定制一个人性化的闹钟。”“人性化的闹钟？”职员有些费解，不知道闹钟怎样会“人性化”。“好吧，我给你具体解释一下。”主管对职员眨了一下眼睛，轻松地说：“它先闹铃，你要是不醒，它就鸣笛；再不醒，它就敲锣；再不醒，就发出爆炸声；还是无效，它就对你喷水。假如这些都叫不醒你，那它就会自动打电话给我，帮你请假。”这样的交流淡化了批评与责备，保全了对方的自尊，从某种层面来说，往往更容易打动下属，促使下属自省。

案例思考

上面的案例说明了什么？普通话和口才的作用分别是什么？

第一课　什么是普通话

普通话是“以北京语音为标准音，以北方话为基础方言，以典范的现代白话文著作为语法规范”的现代中华民族共同语。这是在 1955 年的全国文字改革会议和现代汉语规范问题学术会议上确定的，它从语音、词汇、语法三个方面对普通话提出了要求。

一、语音标准

普通话“以北京语音为标准音”。以北京话的语音系统为标准，并不是照搬北京话的一切读音。普通话并不等于北京话，北京话有许多土音是不被普通话采用的。普通话之所以以北京语音为标准音，原因有四。第一，自辽金以后，北京长期是中国首都，是全国政治、经济、文化的中心，北京语音早已随着政治、经济和文化的不断发展，传播并普及全国各地。第二，20 世纪 30 年代以后，话剧、电影、广播等均采用较为纯正的北京语音为标准发音，北京语音客观上已经成了普通话的语音标准。第三，北京语音音系简明易学。它只有 32 个音素、400 个常用音节、4 种声调形式，而发音方法和发音部位又都是普通的、常见的。与一些方言、少数民族语言和外来语相比，北京语音清晰度高，容易辨析，说来易学，听来易懂。第四，北京语音表达力强。通畅、响亮的元音在音节组合中占优势，元音多也使北京语音显得清爽、明朗、悦耳、饱满，便于吟咏和入乐；阴平、阳平、上声、去声四种声调使北京语音具有或平、或升、或降、或曲的显著区别，显示出高扬、婉转、舒展、晓畅、亲切的特点；而构词中双声、叠韵、叠字等手法，配合着四种声调又使其具有节奏明快、抑扬交替、顿挫有致的特点；特殊的“轻声”“儿化”“变调”等，使北京语音的表现力更加精微、细腻、丰富、生动。总之，北京语音既清越又柔和，节奏明快洒脱，韵律婉转跌宕，连续说时轻松灵动，活泼自然，可如行云流水，娓娓动听，亦可大气磅礴、铿锵激越。日常交际中，如能表现出北京语音的特色和魅力，就可以使口语表达锦上添花，声情并茂。

普通话的语音标准，应该以 1985 年公布、2016 年修订的《普通话异读词审音表》以及最新版的《现代汉语词典》为规范。

二、词汇标准

“以北方话为基础方言”点明普通话的词汇标准和主要采词范围，指以北方方言区普遍通行的说法为准，同时也要从其他方言中吸取所需要的词语。

第一，普通话词汇采用的是北方方言中的通用词汇。现代汉语有七大方言区：北方方言(官话区)、吴方言(吴语)、湘方言(湘语)、赣方言(赣语)、客家方言(客家话)、粤方言(粤语)、闽方言(闽语)。北方方言区主要分布在长江以北地区，以及长江以南的湖北南部、湖南北部、江西沿江、江苏大部、安徽大部、云南、贵州和四川，是现代汉语中分布地域最广、使用人口最多的一种方言，以北京话、西安话、成都话、南京话为代表。

第二，普通话还在不断吸收方言词。例如，“尴尬、垃圾”是吸收吴方言，“发廊、炒鱿鱼”是吸收粤方言。这类词语现在已经进入普通话词汇系统。

第三，普通话词汇系统还会吸收一些有生命力的外来词。例如，“葡萄、菠萝、狮子”(西域语言)；“佛、魔、僧、塔、菩萨、罗汉”(古梵语)，“苏维埃、拖拉机、布拉吉(连衣裙)”(俄语),“哲学、经验、经济、主观”(日语),“吉普、酒吧、的士、保龄球、汉堡包”(英语)。

三、语法标准

语法标准是指句子中词与词的搭配、次序等方面的标准。典范的现代白话文著作主要有四个特点:第一,区别于文言文;第二,区别于早期白话文;第三,区别于不规范的现代白话文;第四,区别于用方言写的作品。

第二课　为什么要说普通话

首先,说普通话是促进人的全面发展、满足人民日益增长的美好生活需要的必然要求。自2001年1月1日起施行的《中华人民共和国国家通用语言文字法》第二条明确指出“本法所称的国家通用语言文字是普通话和规范汉字。”语言文字能力是人们生产生活所必备的基本能力。各族群众熟练掌握和使用普通话和规范汉字,有助于扩展交际范围,提高交际效率和质量;有助于畅通信息渠道,获取最新科学文化知识及各种信息;有助于提高学习能力,提升劳动技能和就业能力;有助于建设高质量教育体系,让各族群众享有公平而有质量的教育,进而促进人的全面发展、让各族群众共享发展机遇和发展成果的重要举措。

其次,说普通话是遵守法律法规和工作的需要。统一的语言文字是国家建设和治理的重要工具。通过宪法法律确定国语或官方语言,是世界上多数国家的通行做法。我国宪法规定:“国家推广全国通用的普通话。”《国家通用语言文字法》是根据宪法规定和精神制定的我国语言文字领域第一部专门性法律。全面推广普及国家通用语言文字,是落实宪法规定、推动国家通用语言文字法律制度实施的重大举措,是确保党中央政令畅通、促进依法行政的重大举措。《中华人民共和国国家通用语言文字法》第二条明确指出“本法所称的国家通用语言文字是普通话和规范汉字。”第十九条明确要求“凡以普通话作为工作语言的岗位,其工作人员应当具备说普通话的能力。以普通话作为工作语言的播音员、节目主持人和影视话剧演员、教师、国家机关工作人员的普通话水平,应当分别达到国家规定的等级标准;对尚未达到国家规定的普通话等级标准的,分别情况进行培训。”

最后,说普通话是增强文化自信、建设社会主义现代化强国的需要。普通话和规范汉字是增进各民族交往交流交融的必要条件,有利于引导各族群众在思想观念、精神情趣、生活方式上向现代化迈进,坚定对伟大祖国、中华民族、中华文化、中国共产党、中国特色社会主义的高度认同,促进各民族人心归聚、精神相依,构筑中华民族共有精神家园;有利于营造良好语言环境,促进生产要素顺畅流动,加快构建新发展格局,推动区域经济社会协调发展,促进各民族紧跟时代步伐,共同团结奋斗、共同繁荣发展。

1985年冬天，正在厦门大学读书的张宏樑同学因一封信结识了时任厦门市委常委、副市长习近平，并经常得到习近平的指导和帮助。他回忆说，习近平同志笑容可掬、亲切和蔼，标准的普通话，声音带着磁性。我们俩一握手，他就说：“你的手很厚很软啊!”这句话一下子就把我的不安情绪给打消了。(张宏樑，1982年9月由石家庄十五中考入厦门大学数学系)

第三课　怎样说好普通话

第一，掌握普通话语音知识。读准声母、韵母和声调，这是学好普通话的基础；读准常用字，这是学好普通话的捷径；掌握语流音变规律，这是学好普通话必不可少的条件。只有牢固地掌握了这些基础知识，才能顺利地进行语音辨正，才能在正确理念的指导下进行卓有成效的训练和实践。

第二，了解本地方言与普通话的差异。只有了解了本地语音与普通话的差异，掌握了难读字、易错字的标准读音，才能把它们放在具体的语言环境中进行“环境记忆”。在此基础之上，吟咏和背诵一些古今中外的名篇佳作是一条可靠和有效的途径。这种方法不仅可以帮助学习者长时间记住字词的标准音，还有助于学习者提高文学素养，可谓一举两得。此外，还要经常收听广播、电视，听语音标准的人说话，用这些手段为自己创造一个学习普通话的特殊的小环境，不断纠正自己不规范的发音。

第三，克服心理障碍，多练多说。有的人怕自己说不好被人笑话，想说而不好意思说，岂不知普通话学习的关键就在“练”。不开口不练习，所有的理论知识都会沦为纸上谈兵。只要大家一起努力，养成讲普通话的习惯，就一定能把普通话说好。

第四，积极参加语言艺术实践活动。我们可以通过讲故事、朗诵、演讲、歌唱等艺术训练和实践，培养和提高普通话的运用能力。如英国青年康可因为积极参加语言艺术实践活动，被习近平主席称赞普通话好。

2015年10月22日，20岁的康可(英国青年卡梅隆·詹姆斯·帕特森的中文名字)迎来了一个令他终生难忘的时刻。当天，正在对英国进行国事访问的习近平主席在伦敦出席全英孔子学院和孔子课堂年会开幕式。康可作为2015年“汉语桥”欧洲赛区总冠军，在开幕式上代表学习中文的学生现场朗诵了一首《念奴娇·追思焦裕禄》，这首词是习近平主席1990年任中共福州市委书记时所作。

时至今日，当年的一幕幕情景在康可脑海中依旧清晰：整个会场座无虚席，现场的师生跟他一样心潮澎湃。“我当时非常激动。朗诵的时候，紧张得都不敢抬头看习近平主席，但我感觉到他始终在微笑着看我。”

“魂飞万里，盼归来，此水此山此地。百姓谁不爱好官？把泪焦桐成雨……”康可的朗诵字正腔圆，饱含深情。朗诵结束后，现场响起热烈的掌声。习近平主席称赞道：“他的普通话讲得非常好，比我们来的很多中国人讲得都好。他的朗诵比我朗诵得也好。”习近平主席的亲切鼓励，让康可很受感动和振奋。他兴奋地在微博上记录下这个难忘时刻：“今天的朗诵很顺利”，“听到习近平主席的夸奖，我非常开心！”

“习近平主席在当天的开幕式上致辞时强调，语言是了解一个国家最好的钥匙，孔子学院是世界认识中国的一个重要平台。”康可说，习近平主席在致辞中还指出，通过人文交流，中英两国文化中的精华正在对两国人民的思维方式和生活方式产生着奇妙的“化学反应”。“习近平主席的话语深深启发了我。作为孔子学院曾经的学生和今天的工作人员，能为促进英中人文交流作出一份贡献，我倍感荣耀。”

康可和中国很有缘。9 岁时，他跟随父母到中国生活，直到上高中才返回英国。在山西大同、山东青岛、江苏连云港、广东湛江等地，康可接受了与中国孩子一样的义务教育，熟知了很多感人的奋斗故事，对中国社会有了深入的了解。“我在中国读中学时，老师布置了一项作业，要我们去了解焦裕禄。我查阅了很多关于焦裕禄的资料，他身上具有的亲民爱民、艰苦奋斗、科学求实、迎难而上、无私奉献的精神深深感染了我。”康可说，“后来，我在朗诵习近平主席所作的《念奴娇・追思焦裕禄》时，就更能真切感受到中国领导人的为民情怀。只有心中始终装着人民，才能写出这样的词句，表达出这样的意境。”(选自《人民日报》：2022－09－07)

总之，学习普通话，理论原则是指导，更重要的是在此基础上掌握方法，全面地进行听、说、读、记的训练，养成勤于动脑记、动口说、动耳听、动手查的良好学习习惯，从而切实地提高口语表达能力，练就一口标准、流利的普通话。

专题八

普通话声韵语音训练

导入案例

有人在讲话时称“女士们，先生们”为“女婿们，先生们”，引人发笑。而“政治”和“经济”两词在他嘴里永远是同一种发音，搞得人们闹不清他到底是在谈“经济问题”还是“政治问题”。

案例思考

案例中的这个人为什么会闹出这样的笑话？对比自己家乡所在地区，想一想容易读错的语音还有哪些。

第一课　什么是语音

一、语音的性质

语音是由人的发音器官发出来的、用来表示一定意义的声音。语音是语言的物质外壳，是语言的表现形式。语言只有通过声波才能传递到听话者的耳内，刺激听觉神经，使人听到声音，从而达到交际的目的。学习语言首先要了解这种形成语言的语音系统。

人的发音器官及其活动情况是语音产生的生理基础。发音器官的活动部位和活动方式不同，发出的语音就不同。人的发音器官如图 8-1 所示，可以分为三部分，即呼吸器官、发声器官和共鸣器官。

（一）生理属性

1. 呼吸器官——肺和气管

肺是重要的呼吸器官，同时也作为发音器官，通过呼出和吸入气流为发音提供原动力。气管和支气管是气流经过的通道，起着输送气流的作用。人类发出的声音一般是通过呼出气流完成的，也有极少的语言中有吸气音，即通过吸入气流发音。

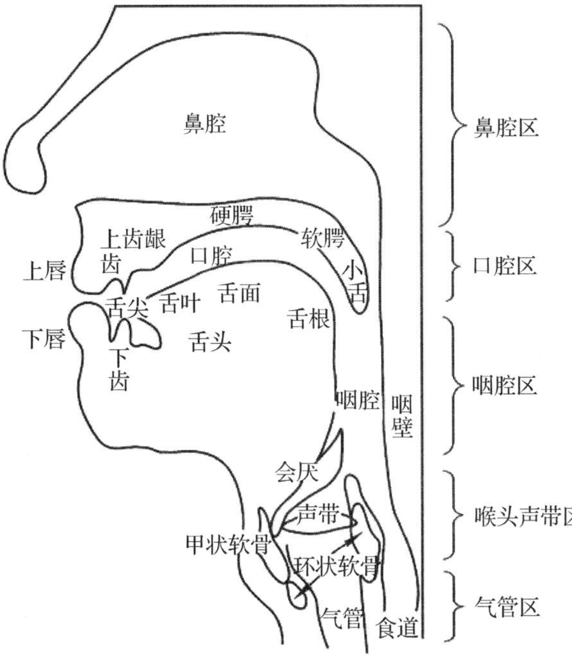

图 8-1　发音器官示意图

2. 发声器官——喉头和声带

喉头由甲状软骨、环状软骨和两块杓状软骨组成，呈圆筒形，下接气管，上通咽腔。声带是两片富有弹性的薄膜，长 13～17 毫米，前后两端黏附在软骨上，中间的通路叫声门。

3. 共鸣器官——口腔和鼻腔

口腔和鼻腔是发音的共鸣器。不同的声音都是气流在口腔和鼻腔受到节制形成不同共鸣的结果。口腔部位很多，其中最灵活的部位是舌头。口腔与鼻腔之间有上腭相隔。软腭上升贴住咽壁，让气流冲出口腔，可发口音；软腭下垂堵住口腔通道，让气流从鼻腔冲出，可发鼻音；若软腭不动，让气流同时从口腔和鼻腔冲出，可发口鼻音，也叫鼻化音或半鼻音。

（二）物理属性

语音是由人的发音器官发出来的、用来表示一定意义的声音，因而，语音具备声音所有的音高、音强、音长、音质等方面的物理特征，这就是语音的物理属性。

1. 音高

音高指声音音调的高低，它取决于发音体振动的快慢。振动得快，音高就高；反之，音高就低。人类的语音主要靠声带的振动而产生。人可以通过调节声带的松紧改变音高。

2. 音强

音强指声音的强弱，它取决于发音体发音时振幅的大小。振幅越大，声音越强，反之则越弱。语音中音强有时可以用来区别词语意义。汉语中的轻重音就是以音强作为主要特征来区别意义的。例如，“孙子”重音在前，轻声在后，表示“儿子的儿子”；若前后都读重音，则指我国古代的军事家孙武(或孙膑)。

3. 音长

音长指声音的长短，由发音时物体振动持续时间的长短决定。发音体振动时间长，音长就长，反之就短。汉语中一般不用音长作为主要的区别意义的手段，但音长经常以伴随性特征出现。例如，“不辨东西”中“西”的音长较长，而“不是东西”中“西”的音长较短。

4. 音质

音质也叫音色，指声音的本质特征，是一个音与其他音相互区别的最根本特征。音质取决于发音时的音波形式。音波形式不同，音质就不同，而音波形式又取决于发音体、发音方法和共鸣器形状等三个方面。语音中，不同人的话语是不同的，几乎没有相同语音面貌的两个人，这也是由个人独特的音质决定的。

(三)社会属性

语音都是含有一定意义、作为意义的载体而起交际作用的，这就决定了语音具有社会属性。这也是语音区别于自然界其他声音的最根本的性质。

语音与意义的结合是由社会决定的。语音作为一种符号与它所代表的意义相联系着，但这种联系并不是必然的。一个语音表达一个什么样的意义，是由使用这种语言的社会在使用中约定俗成地固定下来的。所以，一个意义可以用不同的语音形式表示。例如，太阳，汉语中有的方言叫 tàiyang(太阳)，有的方言叫 rìtou(日头)，有的方言叫 lǎoyézi(老爷子)；英语叫 sun；日语叫 hi(日)。同一个音也可以表示不同的意义。例如，[i]，汉语表示“衣”“医”“一”“依”等多种意义，日语则表示“胃”“井”“意”等意义。同时，语音与意义的结合由社会约定俗成之后，个人不能任意更改，这也是语音具有社会属性的表现。

语音的系统也是由社会决定的。任何语言或方言都有其独特的语音系统，比如有哪些音或没有哪些音，音与音之间的组合关系，等等。这些语音系统上的特点没有生理的、物理的或其他方面的原因，只是由使用这种语言的社会约定俗成的。例如，汉语中有 zh、ch、sh 等卷舌音，而英语中没有；英语中有 b、d、g 等浊塞音，而汉语大部分方言中没有。这并不是因为使用汉、英两种语言的民族的发音器官有什么不同，也不是由于地理的原因，而仅仅是由于使用汉、英两种语言的民族各自约定俗成地选择了自己的语音系统。

经过训练，一个人可以掌握各种语音系统。这说明语音系统与生理和地理等非社会因素无关，而只是社会习惯的产物。

语音以人的发音器官为其必不可缺的生理基础，又同其他声音一样具有物理属性，但最根本的是它具有社会属性。语音与意义紧密结合，成为语言的物质存在形式。

二、语音的单位

（一）音　素

1. 音素的定义

音素是按照音质的不同划分出的最小的语音单位。音素与音高、音长和音强没有关系。音素是最小的语音单位，不能再加以分解。例如，“汉语”中“汉”的读音 han 是由三个单位组成的：[h]、[ɑ]、[n]。这三个单位各自具有不同的音质，并且不能再划分成更小的单位，这就是三个音素。“汉”的声调(去声)属于音高范畴，不能作为音素。如表 8-1 所示。

表 8-1　普通话音素表

书写方法	音素符号
一个字母代表一个音素	ɑ o e i u ü b p m f d t n l g k h j q x r z c s
一个字母加一个符号代表两个音素	-i(zi 的 i、zhi 的 i)
两个字母代表一个音素	er ng zh ch sh
一个字母加一个符号代表一个音素	ê

2. 音素的分类

音素可以分为元音和辅音两类。

(1)元　音

气流振动声带，在口腔、咽腔不受阻碍而形成的音叫元音。普通话中有 10 个单元音：ɑ、o 、e、ê 、i 、u 、u、-i[ɿ]、-i[ʅ]、er。

元音的发音有以下特点。

第一，发元音时，气流由咽腔到口腔自由流出，不受阻碍。人们可以通过舌和唇位置、形状的变化，改变口腔共鸣的大小、形状，从而发出不同的元音。舌头可前可后、可高可低；嘴唇可开可闭、可展可圆。例如，发 ɑ 时，舌头位置较低，口较开；发 i 时，舌头位置较高，口较闭。在发舌位较高、口形较闭的元音时，尽管气流通道较为狭窄，但仍没有形成阻碍的部位，气流可以自由地流出。

第二，发元音时，发音器官的各部位肌肉均衡紧张。

第三，发元音时，声带颤动。所以元音都比较响亮。

第四，发元音时，由于气流主要用于冲击声带并使之振动，所以流出的气流较弱。

(2)辅　音

辅音又叫“子音”，是发音时气流受到阻碍形成的音。普通话中有 22 个辅音：b、p、m、f、z、c、s、d、t、n、l、zh、ch、sh、r、ng、g、k、h、j、q、x。

辅音的发音有以下特点。

第一，发辅音时，气流在发音器官的某一部分受到明显的阻碍。人们可以通过调整口腔内的牙、舌、小舌以及唇、喉壁、声带等器官的相对位置形成对气流的阻碍。有的相互接触，堵塞气流通道，使气流受到阻碍；有的相互靠拢但不接触，使气流通道变窄，气流受阻后摩擦而出；有的则以其他方式对气流加以阻碍，气流需要冲破阻碍或摩擦阻碍的部位才能冲出。

第二，发辅音时，发音器官各部分肌肉紧张程度不均衡，构成阻碍的部分特别紧张，而其他部分则比较松弛。例如，发 p 时，双唇构成阻碍，特别紧张，其他部分，如舌则不紧张；发 t 时，舌尖上抵上齿龈，舌尖紧张，而其他部分，如唇、舌面、舌根不紧张。

第三，发辅音时，有的颤动声带，有的不颤动声带。声带不颤动的辅音不响亮，如 p；声带颤动的辅音响亮，如 m。

第四，与元音相比，发辅音时气流比较强。不同的辅音之间也有气流强弱的区别，气流强的如送气辅音，气流弱的如不送气辅音。但一般而言，辅音比元音的气流强。

(二)音　节

音节是说话时自然发出、听话时自然感到的最小的语音片段。一般来说，汉语中用一个汉字来代表一个音节。只有“花儿”之类的儿化韵常在后面加一个“儿”表示儿化，其实“花儿”[huar]两个汉字只记录一个音节。汉语的音节可以是一个音素，也可由几个音素组合而成。例如，“屋”[u]，一个音素；“大”[da]，两个音素；“半”[ban]，三个音素；“交”[jiao]，四个音素。汉语的音节最少有一个音素，如“阿”“俄”；最多由四个音素组成，如“庄”[zhuang]虽然使用了“z、h、u、a、n、g”六个字母，但是仍然只有四个音素，即“zh、u、a、ng”。类似的例子还有“创”“双”“黄”等。

(三)声母、韵母、声调

传统的语音学研究把汉语的一个音节分成声母、韵母和声调三个部分。

1. 声　母

声母指音节开头的辅音。如果音节开头没有辅音，则称为零声母。例如，汉语的“村庄”[cunzhuang]，其声母分别是“c”和“zh”；“昂”[ang]则没有开头辅音，即为零声母。

辅音和声母是从不同的角度分析得出来的，是两个不同的概念。辅音经常充当声母，它也可以充当韵尾，如“难”[nan]中，n 在前充当声母，在后充当韵尾。

2. 韵　母

韵母是指音节中声母后边的音素。它可以是一个元音，也可以是元音的组合。也可以是元音和辅音的组合。例如，“八”[ba]韵母是 a，为单元音；“叫”[jiao]韵母是 iao，为元音的组合；“行”[xing]韵母是 ing，为元音和辅音的组合。

3. 声　调

声调指音节的高低升降。声调的变化附着于整个音节。普通话中“闪”(shǎn)是上声调，调值是 214，即先降后升，由 2 降到 1，再上升到 4。

第二课　声母发音与辨正训练

微课小讲堂：
声母

一、声母的发音和分类

普通话里有 21 个辅音声母和 1 个零声母。辅音声母的发音是由发音部位和发音方法决定的。下面将根据不同的发音部位和发音方法对它们进行分类和描述。

（一）发音部位

发辅音时一般表现为发音器官局部紧张，气流在口腔内受到阻碍。形成阻碍、特别紧张的位置就是发音部位。按发音部位分，普通话辅音声母可以分为七类。

1. 双唇音 b、p、m

上唇和下唇紧闭，形成阻碍，然后除阻。例如：步兵、批评、迷茫。

2. 唇齿音 f

下唇接近上齿，留一条细缝，气流从细缝擦出。例如：非凡。

3. 舌尖前音 z、c、s

舌尖顶住上齿背或形成细缝造成阻碍，然后除阻。例如：自尊、参差、思索。

4. 舌尖中音 d、t、n、l

舌尖抵住上齿龈，形成阻碍，然后除阻。例如：探讨、道德、牛奶。

5. 舌尖后音 zh、ch、sh、r

舌尖翘起，抵住或接近硬腭前部，形成阻碍，然后除阻或气流擦出。例如：长城、山水、茁壮、荣辱。

6. 舌面音 j、q、x

舌面前部抵住或接近硬腭前部，形成阻碍，然后除阻或气流擦出。例如：积极、铅球、雄心。

7. 舌根音 g、k、h

舌根顶住或接近软腭，形成阻碍，然后除阻或气流擦出。例如：改革、刻苦、欢呼。

（二）发音方法

发音方法指发音时气流在喉头、口腔和鼻腔内受到节制的情况，可从三个方面来区分。

1. 阻碍方式

声母发音，气流通过发音器官受阻，一般可以分为三个阶段。成阻：发音部位开始闭合或接近，形成阻碍，是作势阶段。持阻：发音器官紧张，气流受到不同程度的阻碍，阻碍持续，是持续阶段。除阻：发音器官恢复原来的位置，阻碍解除，是结束阶段。

根据成阻、持阻和除阻方式的不同，可把普通话的声母分成塞音、擦音、塞擦音、鼻音、边音。

(1)塞音 b、p、d、t、g、k

发音时，发音部位闭住，小舌和软腭上升，堵住气流通往鼻腔的通路，气流冲破阻碍，从口腔中爆破而出，又称爆破音。

(2)擦音 f、h、x、s、sh、r

发音时，形成阻碍的发音器官相互接近，形成一条缝隙，软腭和小舌上升，堵住气流通往鼻腔的通路，气流从缝隙中流出，摩擦成声，又称摩擦音。

(3)塞擦音 j、q、zh、ch、z、c

发音时，发音部位先闭住，软腭和小舌上升，堵住通往鼻腔的气流，然后，形成阻碍的发音器官中间张开，形成一条缝隙，气流从缝隙中摩擦而出，形成一个前半部分像塞音，后半部分像擦音的音，但它只有一个成阻、持阻、除阻的过程，是一个单辅音。

(4)鼻音 m、n

发音时，口腔闭住，软腭和小舌下降，气流从鼻腔流出。一般的鼻音发音时声带要颤动。

(5)边音 l

发音时，舌尖顶住上齿龈，软腭和小舌上升，堵住气流通往鼻腔的通路，气流从舌头的两边流出。一般的边音发音时声带要颤动。

2. 声带颤动

按照声带是否颤动，辅音可以分为两种，即清音和浊音。

(1) 清音 b、p、f、d、t、g、k、h、j、q、x、zh、ch、sh、z、c、s

发音时，声带不颤动的音。

(2) 浊音 m、n、l、r

发音时，声带颤动的音。

现代汉语普通话中，鼻音、边音都是浊音，另有一个擦音 r 也是浊音，其余的塞音、擦音、塞擦音都是清音。

3. 气流强弱

按照发音时气流的强弱，可把塞音和塞擦音分成送气音和不送气音，鼻音、边音、擦音没有送气不送气的区别。

(1)送气音 p、t、k、q、ch、c

发音时，气流比较强的塞音和塞擦音。

(2)不送气音 b、d、g、j、zh、z

总的说来，普通话声母的类别可以用表 8-2 来概括。

表 8-2　普通话声母表

发音方法 / 发音部位		塞音		塞擦音		擦音		鼻音	边音
		清音		清音		清音	浊音	浊音	浊音
		不送气音	送气音	不送气音	送气音				
双唇音	上唇 下唇	b	p					m	
唇齿音	上齿 下唇					f			
舌尖前音	舌尖 上齿背			z	c	s			
舌尖中音	舌尖 上齿龈	d	t					n	l
舌尖后音	舌尖 硬腭前			zh	ch	sh	r		
舌面音	舌面硬腭前			j	q	x			
舌根音	舌根软腭	g	k			h		(ng)	

(三)零声母的分类和发音

零声母是指没有声母只有韵母的音节。普通话的零声母大致可分为两类。一类是以 ɑ、o、e 开头的。有的人发这类零声母的音时，前面带有不同程度的喉塞音，而有的人的发音则没有喉塞音。当以 ɑ、o、e 开头的音节连接在其他音节后面的时候，如果有发生混淆的可能，书写时中间可用隔音符号(’)隔开。例如，皮袄(pí’ǎo)、西安(xī’ān)。另一类是以 i、u、ü 开头的。通常，这些以 i、u、ü 开头的声母发音时，舌面离上腭的距离比发平常的元音 i、u、ü 时更近，带有轻微的摩擦。语音学上把这种带有轻微摩擦的 i、u、ü 叫作半元音，并用 y 和 w 来代替它们：用 y 代表 i 和 ü，用 w 代表 u。同时，y 和 w 还有隔音符号的作用。在书写时，当这些以 i、u、ü 起头的音节跟在 i、u 结尾的音节后面的时候，使用 y 和 w 隔开，就可以避免音节之间的混淆。例如，实验(shíyàn)、意义(yìyì)、无雨(wúyǔ)、异域(yìyù)。

二、声母辨正与辨音

(一)双唇音

b　双唇紧闭，声带不振动，较弱的气流冲破双唇的阻塞，爆发成声。

p　发音的情况同 b 大体相同，只是用一股较强的气流冲破双唇的阻塞。

m　双唇紧闭，软腭下降，声带振动，气流从鼻腔流出。

1. 词语练习

奔波 bēnbō　冰雹 bīngbáo

偏旁 piānpáng　澎湃 péngpài

盲目 mángmù　麦苗 màimiáo

2. 绕口令练习

巴老爷和芭蕉树

巴老爷有八十八棵芭蕉树，
来了八十八个把式要在巴老爷八十八棵芭蕉树下住。
巴老爷拔了八十八棵芭蕉树，
不让八十八个把式在八十八棵芭蕉树下住。
八十八个把式烧了八十八棵芭蕉树，
巴老爷在八十八棵芭蕉树边哭。

八百标兵奔北坡

八百标兵奔北坡，
炮兵并排北边跑。
炮兵怕把标兵碰，
标兵怕碰炮兵炮。

（二）唇齿音和舌根音

f 上齿挨着下唇内缘，形成窄缝，声带不振动，气流从唇齿形成的窄缝中挤出，摩擦成声。

h 舌根靠近软腭，留出窄缝，声带不振动，气流从窄缝中挤出，摩擦成声。

g 舌根抵住软腭，声带不振动，较弱的气流冲破舌根的阻碍，爆发成声。

k 发音情况同 g 大体相同，只是冲出的气流较强。

1. 词语练习

方法 fāngfǎ　　芬芳 fēnfāng
航海 hánghǎi　　辉煌 huīhuáng
巩固 gǒnggù　　灌溉 guàngài
宽阔 kuānkuò　　开垦 kāikěn

2. 绕口令练习

说凤凰

凤凰山上凤花香，
凤凰台上落凤凰。
红凤凰，蓝凤凰，
粉红凤凰黄凤凰。
凤凰落在凤凰台，
凤凰山上凤花香。

黑化肥和灰化肥

黑化肥发灰，
灰化肥发黑。

黑化肥发黑不发灰，
灰化肥发灰不发黑。

哥哥和怪狗

哥挎瓜筐过宽沟，
赶快过沟看怪狗。
光看怪狗瓜筐扣，
瓜滚筐空哥怪狗。

(三)舌尖前音和舌尖后音

z 舌尖抵住上齿背，声带不振动，较弱的气流冲开阻塞，形成窄缝，摩擦成声。

c 发音情况同 z 大体相同，只是冲出的气流较强。

s 舌尖靠近上齿背，留出窄缝，声带不振动，气流从窄缝中挤出，摩擦成声。

zh 舌尖后缩，抵住硬腭前部，声带不振动，较弱的气流冲开阻塞，形成窄缝，摩擦成声。

ch 发音情况同 zh 大体相同，只是冲出的气流较强。

sh 舌尖后缩，靠近硬腭前部，留出窄缝，声带不振动，气流从窄缝中挤出，摩擦成声。

r 发音情况同 sh 大体相同，只是声带要振动。

1. 词语练习

总则 zǒngzé	走卒 zǒuzú
苍翠 cāngcuì	粗糙 cūcāo
琐碎 suǒsuì	诉讼 sùsòng
正直 zhèngzhí	壮志 zhuàngzhì
驰骋 chíchěng	车床 chēchuáng
神圣 shénshèng	闪烁 shǎnshuò
仍然 réngrán	荣辱 róngrǔ

2. 绕口令练习

崔粗腿和崔腿粗

山前有个崔粗腿，
山后有个崔腿粗。
二人山前来比腿，
不知是崔粗腿比崔腿粗的腿粗，
还是崔腿粗比崔粗腿的腿粗。

撕字纸

隔着窗户撕字纸，
一撕横字纸，

再撕竖字纸。
横横竖竖撕字纸，
撕了四十四张湿字纸。

蚕和蝉

这是蚕，那是蝉，
蚕常在叶里藏，蝉常在林里唱。

狮子和柿子

山前有四十四只石狮子，
山后有四十四棵野柿子，
结了四百四十四个涩柿子。
涩柿子涩不到山前的四十四只石狮子，
石狮子也吃不到山后的四百四十四个涩柿子。

日

夏日无日日亦热，
冬日有日日亦寒。
春日日出天渐暖，
晒衣晒被晒褥单。
秋日天高复云淡，
遥看红日迫西山。

（四）舌尖中音

d　舌尖抵住上齿龈，声带不振动，较弱的气流冲破舌尖的阻塞，迸裂而出，爆发成声。

t　发音情况同 d 大体相同，只是冲出的气流较强。

n　舌尖抵住上齿龈，软腭下降，开放鼻腔通道，声带振动，气流从鼻腔出来。

l　舌尖抵住上齿龈，软腭上升，堵住鼻腔通道，声带振动，气流从舌头两边出来。

1. 词语练习

道德 dàodé　　等待 děngdài
贪图 tāntú　　弹跳 tántiào
恼怒 nǎonù　　袅娜 niǎonuó
罗列 luóliè　　玲珑 línglóng

2. 绕口令练习

断头台倒吊短单刀

断头台倒吊短单刀，
歹徒登台偷短刀。

断头台塌盗跌倒，
对对短刀叮当掉。

牛郎和刘娘

牛郎恋刘娘，
刘娘念牛郎。
牛郎连连恋刘娘，
刘娘连连恋牛郎。
牛郎年年念刘娘，
刘娘年年念牛郎。
郎恋娘来娘恋郎，
念娘恋娘念郎恋郎。

老农和老龙

老龙恼怒闹老农，
老农恼怒闹老龙。
农怒龙恼农更怒，
龙恼农怒龙怕农。

（五）舌面音

j　舌面前部抵住硬腭前部，声带不振动，较弱的气流冲开阻塞，形成窄缝，摩擦成声。

q　发音情况同 j 大体相同，只是冲出的气流较强。

x　舌面前部靠近硬腭前部，留出窄缝，声带不振动，气流从窄缝中挤出，摩擦成声。

1. 词语练习

坚决 jiānjué	经济 jīngjì	交际 jiāojì	积极 jījí
崎岖 qíqū	确切 quèqiè	蜷曲 quánqū	强权 qiángquán
学习 xuéxí	形象 xíngxiàng	相信 xiāngxìn	新鲜 xīnxiān

2. 绕口令练习

娇娇嫁金桥

娇娇嫁金桥，
起轿请舅瞧。
清酒鸡鱼齐，
七姐九舅到。
紧衣裙，俏襟袄，
娇娇娇又俏。
喜鹊叫，喜气绕，
轿过斜街巧过桥。

漆匠和锡匠

七巷一个漆匠，西巷一个锡匠。
七巷漆匠用了西巷锡匠的锡，
西巷锡匠拿了七巷漆匠的漆，
七巷漆匠气西巷锡匠用了漆，
西巷锡匠讥七巷漆匠拿了锡。

(六)零声母

1. 词语练习

(1) a、o、e 开头的零声母字

艾叶 àiyè　　傲骨 àogǔ　　棉袄 miánǎo
偶然 ǒurán　　藕粉 ǒufěn　　耦合 ǒuhé
定额 dìng'é　　扼要 èyào　　恩爱 ēn'ài

(2)i、u、ü 开头的零声母字

严寒 yánhán　　遗物 yíwù　　移用 yíyòng
味精 wèijīng　　尾巴 wěiba　　文艺 wényì
语言 yǔyán　　元月 yuányuè　　岳父 yuèfù

2. 朗读练习

竹石

咬定青山不放松，
立根原在破岩中。
千磨万击还坚劲，
任尔东西南北风。

拓展训练

1. 请练习以下绕口令。(原书稿内容不变)……

2. 以班级为单位组织一次“读绕口令大赛”。在网上搜索绕口令大全，筛选出与声母有关的、河南学生常会出差错的绕口令，例如平翘舌音、l—n、h—f 等声母相关的绕口令，组成比赛题库。然后根据班级学生声母学习特点进行分组，设置比赛规则及参赛、获奖方案等，最后举行读绕口令大赛。

白伯伯和白婆婆

白须白伯伯，白发白婆婆。
雄鸡喔喔喔，太阳出山窝。
白须白伯伯搀着白发白婆婆，
白发白婆婆扶着白须白伯伯，
两人一起爬山坡。

四和十

四是四，十是十，
要想说对四，
舌头碰牙齿。
要想说对十，
舌头别伸直。
要想说对四和十，
多多练习十和四，
常常说说四和十。

四老师

石、斯、施、史四老师。
石老师教我大公无私，
斯老师给我精神粮食，
施老师叫我遇事三思，
史老师送我知识钥匙。
我感谢石、斯、施、史四老师。

日头热

日头热，晒人肉，
晒得心里好难受。
晒人肉，好难受，
晒得头皮直发皱。

学捏泥

盘里放着一个梨，
桌上放块橡皮泥。
小丽小奇学捏泥，
眼看梨，手捏泥，
一会儿捏成一个梨。
比一比，真梨假梨差不离。

女婿旅居旅顺

吕菊的女婿旅居旅顺，
旅居旅顺的女婿忘带雨具，
忘记带雨具的女婿去邮局，
去邮局的女婿须臾淋了一身雨。

第三课　韵母发音与辨正训练

微课小讲堂：复韵母的发音与辨证

一、韵母的构成与分类

韵母是汉字音节声母后面的部分。普通话的韵母共有 39 个，主要由元音构成，但是元音并不等于韵母，因为元音都是最小的语音单位，是不能再分割的，而韵母有的由一个元音构成，有的则由两个甚至三个元音构成，有的由元音加上辅音构成，所以对韵母的结构还可以进行进一步分析。

根据构成韵母的音素的位置特点，一般把韵母分为韵头、韵腹和韵尾三个组成部分。只有 i、u、ü 三个元音可以充当韵头。所有的元音都可以充当韵腹，但在一个韵母有几个元音的情况下，只有开口度最大的那个元音是韵腹，辅音不能充当韵腹。韵尾出现在韵腹的后面，元音中充当韵尾的有两个高元音 i 和 ü，此外还有两个鼻辅音 n 和 ng。例如，韵母 uai，其中 u 是韵头，a 是韵腹，i 是韵尾。韵母可以从两个不同角度进行分类，如表 8-3 所示。第一，按照韵母结构分为单韵母、复韵母、鼻韵母三类。第二，按照韵母开头元音的发音口形分为开口呼、齐齿呼、合口呼、撮口呼，简称“四呼”。

表 8-3　普通话韵母表

韵母结构	开口呼	齐齿呼	合口呼	撮口呼
单韵母	a	i	u	ü
	o			
	e			
	ê			
	er			
	-i[ɿ] -i[ʅ]			
复韵母	ai	ia	uai	üe
	ei	ie	uei	
	ao	iao	ua	
	ou	iou	uo	
鼻韵母	an	ian	uan	üan
	en	in	uen	ün
	ang	iang	uang	
	eng	ing	ueng	
	ong	iong		

韵母发音时要注意口腔、舌位及唇形的配合。舌位的前、央、后，是指发音时舌头隆起部分在口腔中所居的前后位置。舌位的高、半高、半低、低，是指发音时舌头隆起部分的最高点同上腭距离的大小。舌位的降低或抬高与口腔的开合有关，舌位越高，开口度越小；舌位越低，开口度越大。

二、单韵母发音

单韵母的发音，除 er 外，都是一个单纯的动作，即舌位、唇形及开口度按发音要求维持发音状态，始终不变，没有动程。普通话单韵母有 10 个，根据发音时舌头的部位和状态可分为三类：舌面韵母、舌尖韵母、卷舌韵母。

（一）舌面韵母

1. a　舌面、中、低、不圆唇元音。发音时，口腔大开，舌头居中，舌位低，唇呈自然状态

(1)词语练习

发芽 fāyá　　大妈 dàmā　　喇嘛 lǎma　　马达 mǎdá

蛤蟆 hāma　　邋遢 lāta　　刹那 chànà　　大厦 dàshà

(2)绕口令练习

南边的哑巴和北边的喇嘛

打南边来了个哑巴，腰里别了个喇叭。
打北边来了个喇嘛，手里提了个獭犸。
提着獭犸的喇嘛要拿獭犸换别着喇叭的哑巴的喇叭，
别着喇叭的哑巴不愿拿喇叭换提着獭犸的喇嘛的獭犸。
不知是别着喇叭的哑巴打了提着獭犸的喇嘛一喇叭，
还是提着獭犸的喇嘛打了别着喇叭的哑巴一獭犸。
喇嘛回家炖獭犸，哑巴滴滴答答吹喇叭。

2. o　舌面、后、半高、圆唇元音。发音时，口腔半闭，舌位半高，舌头后缩，嘴唇拢圆

(1)词语练习

磨破 mópò　　泼墨 pōmò　　伯伯 bóbo　　薄膜 bómó

勃勃 bóbó　　默默 mòmò　　摸佛 mōfó　　伯婆 bópó

(2)绕口令练习

拔萝卜

白须白伯伯，白发白婆婆。
伯伯扶婆婆，婆婆扶伯伯，上了山坡拔萝卜。
白萝卜，红萝卜，红、白萝卜营养多。

3. e　舌面、后、半高、不圆唇元音。发音状况大体与 o 相同，只是双唇自然展开呈扁形

(1)词语练习

客车 kèchē　　合格 hégé　　色泽 sèzé　　折合 zhéhé
野鸽 yěgē　　割舍 gēshě　　隔夜 géyè　　车辙 chēzhé

(2)绕口令练习

鹅

坡上立着一只鹅，坡下就是一条河。
宽宽的河，肥肥的鹅，鹅要过河，河要渡鹅。
不知是鹅过河，还是河渡鹅。

4. i　舌面、前、半低、不圆唇元音。发音时，口腔开度很小，舌头前伸，前舌面上升接近硬腭，气流通路狭窄，但不发生摩擦，嘴角向两边展开，呈扁平状

(1)词语练习

激励 jīlì　　寄递 jìdì　　立即 lìjí　　离奇 líqí
迟疑 chíyí　　谜底 mídǐ　　集体 jítǐ　　利益 lìyì

(2)绕口令练习

编细席

一席地里编细席，编得细席细又密。
编好细席戏细席，细席脏了洗细席。

5. u　舌面、后、高、圆唇元音。发音时，口腔开度很小，舌头后缩，后舌面上升接近硬腭，气流通路狭窄，但不发生摩擦，嘴唇拢圆成一小孔

(1)词语练习

出租 chūzū　　瀑布 pùbù　　姑苏 gūsū　　幕府 mùfǔ
督促 dūcù　　初步 chūbù　　互助 hùzhù　　古物 gǔwù

(2)绕口令练习

老爷堂上一面鼓

老爷堂上一面鼓，
鼓上一只皮老虎。
皮老虎抓破了鼓，
拿块破布往上补。
只见过破布补破裤，
哪见过破布补破鼓。

6. ü　舌面、前、高、圆唇元音。发音时，口腔开度很小，舌头前伸，前舌面上升接近硬腭，但气流通过时不发生摩擦，嘴唇拢圆成一小孔

ü 的发音情况和 i 基本相同，区别是 ü 发音时嘴唇是圆的，i 发音时嘴唇是扁的。

(1)词语练习

雨具 yǔjù　　区域 qūyù　　絮语 xùyǔ　　旅居 lǚjū

曲剧 qǔjù　　须臾 xūyú　　豫剧 yùjù　　女婿 nǚxù

(2)绕口令练习

大鱼小鱼

大渠养大鱼，小渠养小鱼。

大渠大鱼吃小鱼，小渠小鱼怕大鱼。

有一天，下大雨，小渠流进大渠水。

小渠里有大鱼，大渠里没小鱼。

7. ê　舌面、前、半低、不圆唇元音。发音时，口腔半开，舌位半低，舌头前伸，舌尖抵住下齿背，嘴角向两边自然展开，唇形不圆

在普通话里，ê很少单独使用，经常出现在 i、ü 的后面。在 i、ü 后面时，书写要省去符号“ˆ”。

(1)词语练习

灭绝 mièjué　　决裂 juéliè　　喋血 diéxuè　　猎猎 lièliè

姐姐 jiějie　　雀跃 quèyuè　　解约 jiěyuē　　缺略 quēlüè

(2)绕口令练习

鞋子和茄子

一个小孩子，拿双布鞋子，出门看见紫茄子。

小孩子急忙放下布鞋子，去拾紫茄子。

拾了紫茄子，忘了布鞋子。

(二)舌尖韵母

1. -i[ɿ]　舌尖、前、高、不圆唇元音。发音时，舌尖前伸，对着上齿背形成狭窄的通道，气流通过时不发生摩擦，嘴唇向两边展开，唇形不圆

这个韵母只跟 z、c、s 配合，不和任何其他声母相拼，也不能自成音节。

(1)词语练习

次子 cìzǐ　　赐死 cìsǐ　　此次 cǐcì

在此 zàicǐ　　私自 sīzì　　字词 zìcí

(2)绕口令练习

大嫂子和大小子

一个大嫂子，一个大小子。

大嫂子跟大小子比包饺子，

看是大嫂子包的饺子好，还是大小子包的饺子好；

再看大嫂子包的饺子少，还是大小子包的饺子少。

大嫂子包的饺子又小又好又不少，

大小子包的饺子又小又少又不好。

2. -i[ʅ]　舌尖、后、高、不圆唇元音。发音时，舌尖上翘，对着硬腭形成狭窄的通道，气流通过时不发生摩擦，嘴角向两边展开，唇形不圆

用普通话念“师”并延长，字音后面的部分便是-i[ʅ]。这个韵母只跟 zh、ch、sh、r

配合，不与其他声母相拼，也不能自成音节。

(1)词语练习

实质 shízhì　　迟滞 chízhì　　志士 zhìshì　　指使 zhǐshǐ

致使 zhìshǐ　　失职 shīzhí　　值日 zhírì　　支持 zhīchí

(2)绕口令练习

写字

歪脖子，趴桌子，
不是写字好姿势，
时间久了变近视。
写字姿势要坐直，
眼睛离纸要一尺。

(三)卷舌韵母

er　卷舌、央、中、不圆唇元音。发音时，在发 e 的同时，舌尖向硬腭卷起，嘴唇略展。

er 中的 r 不代表音素，只是表示卷舌动作的符号。er 不和其他声母相拼，只能自成音节，如"儿""耳""二"等字的韵母；可以同其他韵母结合起来，用作儿化韵。

(1)词语练习

儿 ér　而 ér　二 èr　尔 ěr　耳 ěr

(2)绕口令练习

要说"尔"专说"尔"

要说"尔"专说"尔"，马尔代夫、喀布尔，
阿尔巴尼亚、扎伊尔、卡塔尔、尼泊尔，
贝尔格莱德、安道尔、萨尔瓦多、伯尔尼，
利伯维尔、班珠尔、厄瓜多尔、塞舌尔，
哈密尔顿、尼日尔、圣彼埃尔、巴斯特尔，
塞内加尔的达喀尔，阿尔及利亚的阿尔及尔。

三、复韵母发音

复韵母的发音有以下特点：有明显的动程；由一个元音到另一个元音的舌位是滑动的，自然连贯；韵腹受前后音素影响，实际音值与单元音不同，发音时不要拘泥于单元音的舌位、唇形；其中一个音(韵腹)较响亮，是复韵母的重心。普通话中复韵母总共有 13 个。根据韵腹位置的不同，可把复韵母分为三类：前响复韵母、后响复韵母和中响复韵母。

(一)前响复韵母

1. ai　发音时唇形开而不圆，先是舌位放低发出 a 音，紧接着舌位渐升，唇形扁，最后发出轻短含混的 i 音

(1)词语练习

彩排 cǎipái　　爱戴 àidài　　开采 kāicǎi

债台 zhàitái　　海带 hǎidài　　晒台 shàitái

(2)绕口令练习

白菜和海带

买白菜，搭海带，不买海带就别买大白菜。

买卖改，不搭卖，不买海带也能买到大白菜。

2. ei　发音时，从 e 音的舌位开始向 i 音的舌位移动

e 音清晰响亮，i 音轻短含混。

(1)词语练习

肥美 féiměi　　配备 pèibèi　　卑微 bēiwēi

蓓蕾 bèilěi　　非得 fēiděi　　魏碑 wèibēi

(2)绕口令练习

贝贝和菲菲

贝贝飞纸飞机，菲菲要贝贝的纸飞机。

贝贝不给菲菲自己的纸飞机，

贝贝教菲菲自己做能飞的纸飞机。

3. ao　发音时，舌位放低，唇形开而不圆，发出响而长的 a 音，然后舌位逐渐升高，唇形逐渐变圆，最后发出轻短含混的 o 音

(1)词语练习

号召 hàozhào　　高潮 gāocháo　　稻草 dàocǎo

讨饶 tǎoráo　　跑道 pǎodào　　操劳 cāoláo

(2)绕口令练习

倒吊鸟和鸟倒吊

梁上两对倒吊鸟，

泥里两对鸟倒吊。

可怜梁上两对倒吊鸟，

惦记泥里两对鸟倒吊；

可怜泥里两对鸟倒吊，

也惦记梁上两对倒吊鸟。

4. ou　发音时，从 o 音的舌位开始向 u 音的舌位、唇形移动，o 音响而长，u 音轻短含混

(1)词语练习

收购 shōugòu　　欧洲 ōuzhōu　　兜售 dōushòu

漏斗 lòudǒu　　佝偻 gōulóu　　丑陋 chǒulòu

(2)绕口令练习

爷爷打狗

爷爷今年六十六，推着车子去卖肉。

半路碰见一条狗，狗追车子想吃肉。

爷爷拿棍去打狗，吓得恶狗扭头走。

（二）后响复韵母

1. ia 发音时，先是舌位高，唇形扁，发出轻短的 i 音，接着舌位逐渐降低，唇形变成开而不圆，发出响而长的 a 音

（1）词语练习

假牙 jiǎyá　　下嫁 xiàjià　　家鸭 jiāyā

掐下 qiāxià　　恰恰 qiàqià　　加价 jiājià

（2）绕口令练习

贾家养虾

贾家有女初出嫁，嫁到夏家学养虾。

喂养的对虾个头儿大，卖到市场直加价。

贾家爹爹会养鸭，鸭子虽肥伤庄稼。

邻里吵架不融洽，贾家也学养对虾。

小虾卡住了鸭子牙，大鸭咬住了虾的夹。

夏家公公劝，贾家爹爹压，

大鸭不怕吓，小虾装得嗲，夏家贾家没办法。

2. ie 发音时，先发轻短的 i 音，然后舌位逐渐降到半低，发出较响、较长的 ê 音

（1）词语练习

贴切 tiēqiè　　结业 jiéyè　　趔趄 lièqie

节烈 jiéliè　　歇业 xiēyè　　窃窃 qièqiè

（2）绕口令练习

考试答辩在今夜

聂小姐到西斜街，刚上台阶鞋口儿裂。

左一撇，右一撇，蹑手蹑脚去借鞋。

培训班要结业，考试答辩在今夜。

借了鞋，过了街，赶到考场把题解。

解解解，写写写，答辩通过就结业。

3. ua 发音时，先是舌位高，唇形圆，发出轻短的 u 音，接着舌位降低，唇形变成开而不圆，发出响而长的 a 音

（1）词语练习

画花 huàhuā　　挂花 guàhuā　　耍滑 shuǎhuá

挂画 guàhuà　　呱呱 guāguā　　挎挂 kuàguà

（2）绕口令练习

胖娃娃和河蛤蟆

一个胖娃娃，捉了三个大花活河蛤蟆。

三个胖娃娃，捉了一个大花活河蛤蟆。

捉了一个大花活河蛤蟆的三个胖娃娃，

真不如捉了三个大花活河蛤蟆的一个胖娃娃。

4. uo　发音时，先是舌位高，唇形圆，发出轻短的 u 音，接着舌位略低，唇形比 u 音大一些，发出 o 音

(1)词语练习

硕果 shuòguǒ　　堕落 duòluò　　骆驼 luòtuo　　火锅 huǒguō
阔绰 kuòchuò　　哆嗦 duōsuo　　蹉跎 cuōtuó　　错过 cuòguò

(2)绕口令练习

同同和多多

同同和多多，打鼓敲锣。
同同打铜鼓，多多敲铜锣。
同同打鼓咚咚响，多多咚咚敲着锣。

5. üe　发音时，先双唇收圆撮起，舌头前伸抬高，发出轻短的 ü 音，接着唇形逐渐展开，舌位降到半低，发出响而长的 ê 音

(1)词语练习

雪月 xuěyuè　　绝学 juéxué　　决绝 juéjué
雀跃 quèyuè　　约略 yuēlüè　　略缺 lüèquē

(2)绕口令练习

真绝

真绝真绝真叫绝，
皓月当空下大雪。
麻雀游泳不飞跃，
鹊巢鸠占鹊喜悦。

(三)中响复韵母

1. iao　发音时舌位由 i 音降到 a 音，再由 a 音升到 o 音

(1)词语练习

萧条 xiāotiáo　　巧妙 qiǎomiào　　苗条 miáotiáo
调笑 tiáoxiào　　小鸟 xiǎoniǎo　　逍遥 xiāoyáo

(2)绕口令练习

巧巧和乔乔

有个小孩叫巧巧，
巧巧哥哥叫乔乔。
乔乔划船带巧巧，
巧巧乔乔看姥姥。

2. iou　发音时，舌位由 i 音降到 o 音，再由 o 音升向 u 音

(1)词语练习

悠久 yōujiǔ　　求救 qiújiù　　优秀 yōuxiù　　舅舅 jiùjiu

久留 jiǔliú　　牛油 niúyóu　　幽幽 yōuyōu　　优游 yōuyóu

(2)绕口令练习

一葫芦酒

一葫芦酒，九两六，
一葫芦油，六两九。
六两九的油要换九两六的酒，
九两六的酒不换六两九的油。

3. uai　发音时，由 u 音降到 a 音，再由 a 音升向 i 音

(1)词语练习

摔坏 shuāihuài　　坏拐 huàiguǎi　　外快 wàikuài
外踝 wàihuái　　怀揣 huáichuāi　　乖乖 guāiguāi

(2)绕口令练习

槐树槐

槐树槐，槐树槐，槐树底下搭戏台。
人家的姑娘都来了，我家的姑娘还不来。
说着说着就来了，骑着驴，打着伞，歪着脑袋上戏台。

4. uei　发音时，舌位由 u 音降到 e 音，再由 e 音升向 i 音

iou、uei 同声母相拼时，中间的 o、e 可以省略，简写为 iu、ui。

(1)词语练习

回归 huíguī　　汇兑 huìduì　　追随 zhuīsuí
归罪 guīzuì　　归队 guīduì　　会水 huìshuǐ

(2)绕口令练习

嘴和腿

嘴说腿，腿说嘴，嘴说腿爱跑腿，腿说嘴爱卖嘴。
光动嘴不动腿，光动腿不动嘴，不如不长腿和嘴。

四、鼻韵母发音

鼻韵母的发音特点是由元音过渡到鼻音。作韵尾的鼻音 n 和 ng 发音部位不同：发 n 时，舌尖抵住上齿龈；发 ng 时，舌根抵住软腭(像发 g 时一样)。发音方法是相同的，都是软腭下垂，打开鼻腔通道，气流从鼻腔出来，同时声带振动。练习发 n 时，舌尖不要离开上齿龈；练习发 ng 时，舌根不要离开软腭。

普通话的鼻韵母有 16 个，按韵尾的不同可分为两类：以 n 作韵尾的韵母有 an、en、in、ün、ian、uan、üan、uen 8 个，称为前鼻韵母；以 ng 作韵尾的韵母有 ang、eng、ong、ing、iang、iong、uang、ueng 8 个，称为后鼻韵母。

(一)前鼻韵母

1. an　发音时，舌位放低，口大开，唇不圆，发出 a 音，接着舌位渐升，最后舌尖抵住齿龈，气流改从鼻腔而出，发出鼻音 n

(1)词语练习

善感 shàngǎn	完善 wánshàn	晚饭 wǎnfàn	严寒 yánhán
肝胆 gāndǎn	泛滥 fànlàn	灿烂 cànlàn	谈判 tánpàn

(2)绕口令练习

谭老汉买蛋和炭

谭家谭老汉，挑担到蛋摊。
买了半担蛋，挑担到炭摊。
买了半担炭，满担是蛋炭。
老汉忙回赶，回家炒蛋饭。
进门跨门槛，脚下绊一绊。
跌了谭老汉，破了半担蛋。
翻了半担炭，脏了木门槛。
老汉看一看，急得满头汗。
蛋炭完了蛋，怎吃蛋炒饭。

2. en　发音时，e 的舌位比单发时略靠前，然后舌位升高，舌尖抵住下齿龈，同时软腭下垂，口腔通路封闭，鼻腔通路打开，气流从鼻腔出来，发出鼻音 n

(1)词语练习

审问 shěnwèn	深沉 shēnchén	认真 rènzhēn	振奋 zhènfèn
门诊 ménzhěn	根本 gēnběn	分神 fēnshén	珍本 zhēnběn

(2)绕口令练习

任命不是人名

任命是任命，
人名是人名。
任命不是人名，
人名不是任命。
人名不能任命，
人是人，名是名，
任是任，命是命，
人、任、名、命要分清。

3. in　发音时，舌尖抵到下齿背，舌面抬起接近硬腭，发出 i 音，然后舌尖从下齿背升到上齿龈，气流改从鼻腔而出，发出鼻音 n

(1)词语练习

亲近 qīnjìn	贫民 pínmín	拼音 pīnyīn	民心 mínxīn
引进 yǐnjìn	信心 xìnxīn	辛勤 xīnqín	林荫 línyīn

(2)绕口令练习

今年进士

今年进士尽是近视，近视尽是今世进士。

今世预防进士近视，进士才能不再近视。

4. ün　发音时，舌面接近硬腭，唇形撮起，发出 ü 音，然后舌尖从齿背升到上齿龈，气流从鼻腔出来，发出鼻音 n

(1)词语练习

均匀 jūnyún　　军训 jūnxùn　　纭纭 yúnyún　　逡巡 qūnxún

(2)绕口令练习

军民心连心

军爱民，民拥军，军民心连心。

军民并肩进，军民鱼水情谊深。

5. ian　发音时，先发舌位高、唇形扁的 i 音，然后舌位逐渐降低，发出舌位靠前的 a 音，再升高，舌尖抵住下齿龈，气流从鼻腔出来发出鼻音 n

(1)词语练习

连绵 liánmián　　脸面 liǎnmiàn　　片面 piànmiàn　　前线 qiánxiàn

艰险 jiānxiǎn　　面前 miànqián　　棉线 miánxiàn　　腼腆 miǎntiǎn

(2)绕口令练习

水连天

天连水，水连天，水天一色望无边。

蓝蓝的天似绿水，绿绿的水如蓝天。

6. uan　发音时，先发舌位高、唇形圆的 u 音，然后舌位渐降，发出舌位靠前的a音，再升高，舌尖抵住下齿龈，气流从鼻腔出来发出鼻音 n

(1)词语练习

传唤 chuánhuàn　　船员 chuányuán　　贯穿 guànchuān　　还原 huányuán

宦官 huànguān　　转换 zhuǎnhuàn　　专断 zhuānduàn　　专款 zhuānkuǎn

(2)绕口令练习

多少罐

一个半罐是半罐，两个半罐是一罐。

三个半罐是一罐半，四个半罐是两罐。

五个半罐是两罐半，六个半罐是三满罐。

七个、八个、九个半罐，请你算算是多少罐。

7. üan　发音时，先发舌位前、高、嘴唇撮圆的 ü 音，接着舌位降低，发出舌位靠前的 a 音，然后舌位再升高，舌尖抵住下齿龈，鼻腔出气，发出鼻音 n

(1)词语练习

轩辕 xuānyuán　　全权 quánquán　　渊源 yuānyuán

源泉 yuánquán　　圆圈 yuánquān　　眷眷 juànjuàn

(2)绕口令练习

男演员，女演员

男演员，女演员，同台演戏说方言。
男演员说吴方言，女演员说闽南言。
男演员演飞行员，女演员演研究员。
研究员、飞行员、吴方言、闽南言，
你说男、女演员演得全不全。

8. uen　发音时，舌位抬高接近软腭，发出轻短的 u 音，接着舌位降低，发舌位处于中间的 e 音，然后舌位升高，舌尖抵住齿龈，气流从鼻腔出来发出鼻音 n

同声母相拼时，中间的 e 可以省略，简写为 un。

(1)词语练习

春笋 chūnsǔn　温顺 wēnshùn　昆仑 kūnlún
伦敦 lúndūn　混沌 hùndùn　馄饨 húntun

(2)绕口令练习

棍滚磙滚

磙下压个棍，棍上压个磙。
磙压棍滚，棍滚磙滚。

(二)后鼻韵母

1. ang　发音时，舌头稍后缩，唇形不圆，发出 ɑ 音，然后舌根接触软腭，气流从鼻腔出来，发出鼻音 ng

(1)词语练习

蟑螂 zhāngláng　张望 zhāngwàng　账房 zhàngfáng　厂房 chǎngfáng
苍茫 cāngmáng　沧桑 cāngsāng　长廊 chángláng　张榜 zhāngbǎng

(2)绕口令练习

香肠

香肠长，长香肠，
炒香肠，尝香肠。
常炒香肠，常尝香肠。

2. eng　发音时，先发稍低、稍前的 e 音，然后舌根抬起抵住软腭，气流从鼻腔出来，发出鼻音 ng

(1)词语练习

风筝 fēngzheng　冷风 lěngfēng　丰盛 fēngshèng　更正 gēngzhèng
征程 zhēngchéng　整风 zhěngfēng　声称 shēngchēng　升腾 shēngténg

(2)绕口令练习

藤和绳

丝瓜藤，绕丝绳，
丝绳绕上丝瓜藤。

藤伸绳长绳藤绕，

绳长藤伸绳绕藤。

3. ong　发音时，舌位半高，唇形圆，发出舌位介于 o、u 之间的音，然后舌根接触软腭，气流从鼻腔出来，发出鼻音 ng

(1)词语练习

从容 cóngróng　　隆重 lóngzhòng　　通红 tōnghóng

空洞 kōngdòng　　恐龙 kǒnglóng　　轰动 hōngdòng

(2)绕口令练习

栽葱和栽松

冲冲栽了十畦葱，松松栽了十棵松。

冲冲说栽松不如栽葱，松松说栽葱不如栽松。

是栽松不如栽葱，还是栽葱不如栽松。

4. ing　发音时，舌面接近硬腭，唇形扁，发出 i 音，然后舌头后缩，舌根抬起抵住软腭,气流从鼻腔出来，发出鼻音 ng

(1)词语练习

叮咛 dīngníng　　听凭 tīngpíng　　倾听 qīngtīng

清明 qīngmíng　　命令 mìnglìng　　性命 xìngmìng

(2)绕口令练习

连念七遍就聪明

天上七颗星，地上七块冰，

树上七只鹰，梁上七根钉，台上七盏灯。

吹灭七盏灯，拔掉七根钉，

放走七只鹰，踢碎七块冰，

乌云盖没七颗星，连念七遍就聪明。

5. iang　发音时，舌面接近硬腭，唇扁，发出轻轻的 i 音，然后发音动作和 ang 相同

(1)词语练习

踉跄 liàngqiàng　　强项 qiángxiàng　　想象 xiǎngxiàng

湘江 xiāngjiāng　　粮饷 liángxiǎng　　酱香 jiàngxiāng

(2)绕口令练习

大娘和小祥

江大娘买大梁，项小祥买香肠。

买大梁的江大娘和买香肠的项小祥，

一起到市场。

江大娘买了一根梁，

项小祥买了二斤肠。

江大娘买的大梁江大娘扛不动，

买香肠的项小祥帮买大梁的江大娘扛大梁，

买大梁的江大娘帮买香肠的项小祥提香肠。

6. iong　发音时，先发一个轻短、唇形不太扁的 i 音，然后发音动作和 ng 相同

(1)词语练习

熊熊 xióngxióng　　茕茕 qióngqióng

汹涌 xiōngyǒng　　炯炯 jiǒngjiǒng

(2)绕口令练习

学游泳

小涌勇敢学游泳，勇敢游泳是英雄。

英雄救人常游泳，小涌游泳学英雄。

7. uang　发音时，舌面隆起接近软腭，唇拢圆，发出轻短的 u 音，然后发音动作和 ang 相同

(1)词语练习

矿床 kuàngchuáng　　状况 zhuàngkuàng　　装潢 zhuānghuáng

双簧 shuānghuáng　　黄庄 huángzhuāng　　狂妄 kuángwàng

(2)绕口令练习

量窗量床又量墙

跳上床量窗，靠住墙量床。

墙比张床长，床又比窗长。

窗长不过床，床又长不过墙，

所以墙比床比窗长，读不顺就去撞墙。

8. ueng　发音时，先念轻短的 u 音，然后发音动作和 eng 相同

这个韵母不跟其他声母相拼，只有一个自成音节，写作 weng。

(1)词语练习

渔翁 yúwēng　　嗡嗡 wēngwēng　　翁婿 wēngxù

瓮城 wèngchéng　　蓊郁 wěngyù　　蕹菜 wèngcài

(2)绕口令练习

老翁和老翁

老翁卖酒老翁买，老翁买酒老翁卖。

五、韵母辨正与辨音

(一)ü 和 i 的辨正

普通话舌面音声母 j、q、x 能与齐齿呼、撮口呼韵母拼合。有些方言没有撮口呼韵母 ü，而是把 ü 念成 i，把 üe、üan、ün 念成 ie、ian、in，“区域”读出来像是“七亿”，“遇见”说成“意见”，“确实”说成“切实”，“拳头”说成“前头”，“白云”说成“白银”。

i 和 ü 都是舌面元音中的前元音、高元音，舌位是相同的，只是发音时唇形有区别。ü 是圆唇音，i 不是圆唇音。不会发 ü 的人可采取用 i 带出 ü 的方法，先发 i，舌头不要动，慢慢地把嘴唇拢圆，就是 ü。

1. 词语练习

器具 qìjù　　起居 qǐjū　　曲笔 qūbǐ　　举例 jǔlì

纪律 jìlǜ　　戏剧 xìjù　　曲艺 qǔyì　　聚集 jùjí

2. 绕口令练习

学语言

学语言，用语言。
学好语言，说话不费难。
播音员学语言，说话亲切又自然。
演员学语言，台词传得远。

(二)o、e、uo 的辨正

这几个韵母发音有些相近，有些方言 o 和 e 分不清，或 o 和 uo 分不清。

1. 词语练习

墨色 mòsè　　波折 bōzhé　　破格 pògé　　薄荷 bòhe

刻薄 kèbó　　胳膊 gēbo　　隔膜 gémó　　折磨 zhémó

2. 绕口令练习

一个红薯滚下坡

村里有条清水河，河岸是个小山坡。
大家坡上挖红薯，闹闹嚷嚷笑呵呵。
忽听河里一声响，河水溅起一丈多。
吓得我忙大声喊："谁不小心掉下河？"
大家一听笑呵呵，有个姑娘告诉我：
"不是有人掉下河，是个红薯滚下坡。"

(三)e 和 ê、ai 的辨正

当 e 与声母 zh、ch、sh、r、z、c、s、d、t、g、k、l 相拼时，不少地区把 e 发成 ê 或 ei。

1. 练习区分 e 与 ai

德育 déyù——待遇 dàiyù

上策 shàngcè——上菜 shàngcài

得到 dédào——带到 dàidào

男客 nánkè——南开 nánkāi

沼泽 zhǎozé——遭灾 zāozāi

刻章 kèzhāng——开张 kāizhāng

开车 kāichē——开拆 kāichāi

遮花 zhēhuā——摘花 zhāihuā

撕扯 sīchě——私拆 sīchāi

设置 shèzhì——晒制 shàizhì

计策 jìcè——计财 jìcái

责问 zéwèn——再问 zàiwèn

测量 cèliáng——菜凉 càiliáng

特务 tèwù——态度 tàidù

侧重 cèzhòng——菜种 càizhǒng

革命 gémìng——改名 gǎimíng

攻克 gōngkè——公开 gōngkāi

折树 zhéshù——栽树 zāishù

韵辙 yùnzhé——韵窄 yùnzhǎi

撤除 chèchú——拆除 chāichú

记者 jìzhě——记债 jìzhài

社会 shèhuì——筛灰 shāihuī

仄声 zèshēng——再生 zàishēng

润泽 rùnzé——运载 yùnzài

2. 练习区分 e 与 ê

勒令	获得	改革	独特	及格	客人	刻苦
吝啬	克服	折断	哲学	遮蔽	记者	原则
隔阂	艰涩	浙江	扯皮	撤退	彻底	奢侈
毒蛇	这里	萧瑟	口舌	交涉	建设	诗社
发射	拍摄	招惹	厕所	热心	光泽	选择

（四）ei 和 uei 的辨正

1. 不要把 ei 读成 uei

普通话韵母 ei 和 l 相拼时，不少地区把“雷、儡、垒、类、累、泪”等字的韵母错读成 uei。练习朗读下列词语，注意区分 ei 和 uei。

雷鸣 léimíng	傀儡 kuílěi	堆垒 duīlěi	擂鼓 léigǔ
磊落 lěiluò	积累 jīlěi	类别 lèibié	泪水 lèishuǐ

2. 不要把 uei 读成 ei

堆积 duījī	兑换 duìhuàn	队长 duìzhǎng
推动 tuīdòng	大腿 dàtuǐ	蜕化 tuìhuà
水位 shuǐwèi	睡眠 shuìmián	税收 shuìshōu
嘴唇 zuǐchún	最好 zuìhǎo	陶醉 táozuì
摧毁 cuīhuǐ	破碎 pòsuì	催促 cuīcù
清脆 qīngcuì	虽然 suīrán	岁月 suìyuè

（五）üe 和 uo（yo）的辨正

普通话读 üe 韵母的一部分字，部分地区会读成 üo（yo）。

1. 练习区分 üe 与 uo（yo）

约略 yuēlüè	公约 gōngyuē	学校 xuéxiào
音乐 yīnyuè	正确 zhèngquè	自觉 zìjué
所悦 suǒyuè	五岳 wǔyuè	退却 tuìquè
麻雀 máquè	削弱 xuēruò	喜鹊 xǐquè
解决 jiějué	雪月 xuěyuè	阅读 yuèdú
绝对 juéduì	缺少 quēshǎo	确实 quèshí

2. 绕口令练习

麻雀和喜鹊

麻雀爱雪，喜鹊爱月；
奏乐看雪，登岳看月；
雪月阅罢真喜悦。

（六）u 发音辨正

1. 不要把 u 读成[ʮ]

部分地区在 u 与 zh、ch、sh、r 相拼时，将 u 读作[ʮ]。普通话中并无[ʮ]的发音。在发-i[ʅ]时让嘴唇收圆就可以发出这个音。

朱红 zhūhóng	竹笋 zhúsǔn	主人 zhǔrén	住处 zhùchù
除外 chúwài	楚国 chǔguó	处理 chǔlǐ	书籍 shūjí

2. 不要把 u 读成 ou

有些地区在 u 与 d、t、n、l、z、c、s、zh、ch、sh、r 等声母相拼时，往往把韵母 u 读成 ou。

孤独 gūdú	怒放 nùfàng	苏州 sūzhōu	图谋 túmóu
道路 dàolù	猪肉 zhūròu	助手 zhùshǒu	书楼 shūlóu

3. 不要把 zh、ch、sh 拼 u 发成 j、q、x 拼 ü

有些地区在 u 与 zh、ch、sh、r 相拼时，全部发成单韵母 ü 的读音。

猪 zhu（不读成 ju）　　出 chu（不读成 qu）　　书 shu（不读成 xu）

4. 不要把 u 读成 uo

初中 chūzhōng　　铸铁 zhùtiě　　道路 dàolù

（七）前后鼻音韵母的辨正

在普通话的韵母系统中，8 个前鼻音韵母和 8 个后鼻音韵母，可以按照主要元音的不同分为两组。一组是 an、ian、uan、üan（前）和 ang、iang、uang（后），另一组是 en、in、uen、ün（前）和 eng、ing、ueng、ong、iong（后）。后一组中的 ueng 只能自成音节，不与声母相拼，自成音节所表示的常用汉字也只有“翁”“嗡”“瓮”3 个，所以辨正时不必提起。

前后鼻音不分的情况在很多方言中都存在。分辨的方法也是先练发音，后说辨字。前鼻音韵母也叫舌尖鼻音韵母，收音是舌尖中音 n。后鼻音韵母也叫舌根鼻音韵母，收音是舌根音 ng。

区分这两种韵母的发音，一是看舌尖位置，二是看口形大小。舌尖鼻音韵母收音在 n，所以发音结束时舌尖停留在上齿龈上；舌根鼻音韵母收音在 ng，所以发音结束时舌尖停留在下牙床上。舌尖鼻音韵母发音时开口度小，收音时上下唇相互接近；舌根鼻音韵母发音时开口度大，收音时嘴是张开着的。

（八）其他容易读错的韵母辨正

不要把 f 拼 ei 读作 fi 或 hui，如飞了、肥料、药费。

不要把 ie 读作 ai、e 或 ue，如理解、浓烈、上街、买鞋、优劣。

不要把 a 读作 e 或 ua，如他的、姨妈、发生。

不要把 o 读作 e、ai、ei 或 u，如压迫、伯伯、墨水、默契。

不要把 i 读作 ei，如笔袋、离合、彼此。

不要把 ü 读作 i 或 u，如有趣、绿化。

不要把 ai 读作 ê，如白菜、麦子、柏树、宽窄。

不要把 ao 读作 uo 或 o ，如勺子、确凿、烙印。

不要把 ou 读作 u，如否认、谋士。

不要把 en 读成 ei，如门口。

不要把 ao 读成 üe，如脚趾、买药。

不要把 uo 读成 uai，如中国。

不要把 un 读成 en，如囫囵吞枣。

不要把 eng 读成 ong，如横行霸道。

不要把 ong 读成 iong，如粽子。

不要把 ing 读成 iong，如倾斜。

不要把 ian 读成 uan，如新鲜、恋爱。

不要把 n 读成 ng，如军人、春天。

不要把 ing 读成 eng，如硬度。

拓展训练

1. 绕口令练习。

有个老头本姓顾

有个老头本姓顾，上街买醋带买布。
打了醋，买了布，抬头看见鹰和兔。
放下他的布，丢下他的醋，去捉鹰和兔。
回来不见他的醋和布，
飞了鹰，跑了兔，少了布，翻了醋。

东西胡同南北走

东西胡同南北走，碰见一个人咬狗，
拿起狗来砸砖头，倒被砖头咬一口，
从来不说颠倒话，布袋驮着驴子走。

小艾和小戴

小艾和小戴，一起来买菜。
小艾把一斤菜给小戴，小戴有比小艾多一倍的菜，
小戴把一斤菜给小艾，小艾小戴就有一般多的菜。
请你摸摸脑袋猜一猜，小艾小戴各买了多少菜？

2. 猜谜语。

(1)空心树，叶儿长，好像竹子节节长。到老满头白花花，只结穗儿不打粮。(打一物)
(2)在娘家青枝绿叶，到婆家骨瘦皮黄。不提起倒也罢了，一提起眼泪汪汪。(打一物)
(3)有眼无珠一身光，穿红穿绿又穿黄。跟着懒人它就睡，跟着勤人它就忙。(打一物)
(4)不是西瓜不是蛋，用手一拨会打转。别看它的个儿小，能载海洋和高山。(打一物)
(5)世界各国在眼前，五湖四海不通船。高山不见一棵树，平地没有半分田。(打一物)
(6)画时圆，写时方，冷时短，热时长。(打一字)
(7)一点一横长，一甩去南阳。南阳两棵树，长在石头上。(打一字)
(8)南字反方向，口字在中央。上下廿四点，猜着就飞翔。(打一字)
(9)海口吹得高过天，不知身旁有人言。难怪别人批评你，总是跟在错字边。(打一字)
(10)有心走不快，有水装不完。长草难收拾，遇食就可餐。(打一字)

3. 短文练习。

山泉

哪里寻山泉的足迹，听，处处有叮咚的旋律。
股股溪流汇聚在一起，结成紧密的集体。
不留恋身旁的花红草绿，奔腾的生命永不停息。
向着江河，向着大海——坚定的信念，忠贞不渝。

今天

朋友，莫感喟逝去的年华，快套住这四蹄生风的好马！

与其追悔过去，不如从现在出发。在时间的茫茫草原上，你停滞不前，别人要跃马天涯……

眼睛

眼睛是灵魂的窗子，描绘出内心的图景。
诚实的像澄澈的溪水，正直的像启明的晨星；
凶恶的像毒蛇的血口，虚伪的像漆黑的陷阱。

白雪

像柳絮，像飞蝶，情绵绵，意切切。

我爱这人间最美的花朵，白雪飘飘，飘飘白雪。

看那晶莹的花瓣，铺满了天边的原野；看那轻盈的舞姿，催开了红梅的笑靥。

呵，白雪飘飘，飘飘白雪。她赠给大地一片皎洁，她撒向人间多少欢悦。

是她用纯真的爱情，滋润着生命的绿叶；是她把热烈的追求，献给那美好的季节。

呵，白雪飘飘，飘飘白雪，她用白玉般的身躯，装扮银光闪闪的世界。

专题九

普通话声调与音变训练

导入案例

有几个敦煌人在兰州坐车，一起买了车票，其中一人到车厢的另一头坐下。售票员查票时，拿着车票的人赶紧用普通话喊：“同志，我们是‘意大利的’。”售票员疑惑道：“你就是联合国的也要买票，还意大利的呢！”“意大利”其实是敦煌方言中“一块儿”的意思，写出来应该是“一搭里”，在敦煌方言中读作 yǐdālì。这个人以为普通话应该读成 yìdàlì，结果声调改了之后，在普通话中变成了另一个词。

案例思考

在这个故事中，哪个字的字音发生了变化？在日常生活中，你还发现了哪些类似的现象呢？

微课小讲堂：声调

第一课　声调训练

汉语言文字博大精深，是世界上历史悠久、使用人数最多的语言文字。汉语还是一种非常美妙的语言。且不说它词汇表意的精确性，单从语音上看，和其他语言相比，普通话更具有音乐美，而这种美主要体现在普通话的声调上。诗词歌赋的平仄格律就是人们根据声调的音乐性总结出来的规律。

汉语单个音节上都有一个区别意义的声调。在汉语中，声调是字音不可缺少的组成部分，而不是附加的、可有可无的东西。声调不准确，会影响人们之间的交际，造成理解上的偏误。因此，学习普通话必须高度重视声调。

一、声调的性质及作用

在汉语里，除儿化音节外，一个音节就是一个汉字，所以声调也叫字调。所谓声调，是指一个音节中固有的、能区别意义的、声音的高低升降变化形式。第一，声调主要取决于音高。同一个人的不同的音高变化是由声带的松紧决定的：声带越紧，在一定时间内振动的次数越多，声调就越高；声带越松，在一定时间内振动的次数越少，声调就越低。在发音过程中，声带是可以随时调整的。有时可以一直紧绷；有时可以先放松后绷紧，或先绷紧后放松；有时还可以松紧相间。这样就造成了音高的变化，形成了不同的声调。第二，声调的高低、升降变化是逐渐滑动的，而不是跳跃式的，因此它的过渡音是完全的。第三，它具有区别意义的作用。声母、韵母相同，但声调不同，词的含义就不一样，如物理、武力、无力、物力、无理、五里，题材和体裁，香蕉和橡胶，语言和寓言，练习和联系。再如，同样是 ya，可以对应几个不同的字——鸦、牙、雅、亚等，这些词义和字义都是依据声调来加以区别的。第四，声调的平仄抑扬、高低升降、不断变化，使普通话的音节抑扬顿挫，起伏有致，赋予汉语独特的音乐美和节奏感。声调的平，是指古四声中的平声。古平声已演变成普通话中的阴平和阳平。仄，即不平，是古四声中上、去、入三声的总称。我国戏曲与诗词中普遍平仄交错或对仗，抑扬相配，变化有致。以“弯弯的月儿小小的船，小小的船儿两头儿尖”为例，如果没有这种声调变化，听起来就不会有音乐美。

二、声调的调值、调类和调号

（一）调　值

调值是声调的实际读法，也就是音节的高低、升降、曲直、长短的具体形式。描写声调的调值，通常用“五度标调法”：用一条竖线表示声音的高低，从下到上用 1、2、3、4、5 分别表示低、半低、中、半高、高五个等级，再用横线、斜线、折线表示声调的音高变化。根据这种标调法，普通话声调的四种调值可以用图 9-1 表示出来。

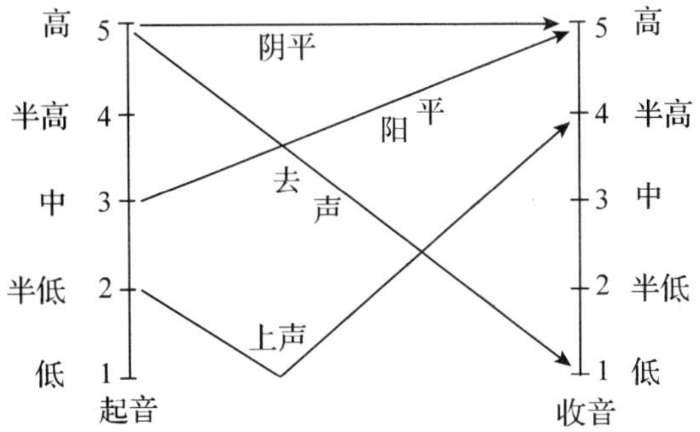

图 9-1　五度标调法

普通话调值的发音要领如下。

高平调[55]　声音高而平，由 5 度到 5 度。声带绷到最紧，没有明显的升降变化，保持高音，是为阴平调。例如：珍惜光阴。

中升调[35]　声音由中音升到最高音，即由 3 度到 5 度。声带从微紧到最紧，是为阳平调。例如：博闻强识。

降升调[214]　声音从半低开始，降到最低点，接着升至半高音，即由2度降到1度再升到4度。声带从略微有些紧开始，立刻松弛下来，稍稍延长，然后迅速绷紧，但没有绷到最紧，是为上声调。例如：远景美好。

全降调[51]　声音从最高音降到最低音，由5度降到1度。声带从最紧开始，到完全松弛为止，是为去声调。全降调的音长在普通话4个声调中是最短的。例如：胜利在望。

(二)调　类

调类指声调的种类，是根据声调的实际读法归纳出来的。有几种实际读法就有几种调类，也就是把调值相同的归为一类。普通话有四种基本的调值，因而有四个调类。普通话音节中，凡调值为高平[55]的，归为一类，叫阴平；凡调值为中升[35]的，归为一类，叫阳平；凡调值为降升[214]的，归为一类，叫上声；凡调值为全降[51]的，归为一类，叫去声。阴平、阳平、上声、去声就是普通话调类的名称。调类名称也可以用序数表示，称为一声、二声、三声、四声，简称"四声"。

调类和调值紧密相关，在同一种方言里，有几种调值，就有几种调类，它们之间是一种名和实的关系。调类即声调的名称，调值即声调的实际读法。

(三)调　号

调号就是标记普通话调类的符号。《汉语拼音方案》所规定的调号是：阴平"ˉ"、阳平"ˊ"、上声"ˇ"、去声"ˋ"。这些符号的形状象征着调值的升降变化(如表9-1所示)。声调是整个音节的高低升降的调子，声调的高低变化主要集中体现在韵腹即主要元音上，所以调号要标在韵母的主要元音上。

表9-1　调值、调类、调号对照表

调值	55	35	214	51
调类	阴平	阳平	上声	去声
调号	ˉ	ˊ	ˇ	ˋ

汉语六个主要元音中，发音最响亮的是a，依次下去是o、e、i、u、ü。一个音节有a，调号就标在a上，如dào、kuài、jiāo；没有a，就标在o或e上，如chōu、méi；碰到iu、ui组成的音节，应标在最后一个元音上，如xiù、tuī。调号恰巧在i上时，那么i的小点可省去，如yī、xīn。轻声音节不标调，如zhuōzi(桌子)、wǎnshang(晚上)、hǎoma(好吗)、pútao(葡萄)。下面一首顺口溜可以帮助我们记住标调的方法。

有a在，把帽戴；a要不在，o、e戴。

要是i、u一起来，谁在后面给谁戴。

小ü见到j、q、x，抹掉眼泪笑嘻嘻。

例如：qiào　(有a在，把帽戴)

zhōu　(a要不在，o、e戴)

bié　(a要不在，o、e戴)

diū　(要是i、u一起来，谁在后面给谁戴)

j+ǖ→jū　q+ü+ē→quē　x+ǚ→xǔ　(小ü见到j、q、x，抹掉眼泪笑嘻嘻)

三、声调的训练方法

(一)记住四声的发音口诀

阴平起音高平莫低昂，气势平均不紧张。
阳平从中起音向上扬，用气弱起逐步强。
上声先降转上挑，降时气稳扬时强。
去声高起直下降，降时到弱要通畅。

(二)遵循声调训练步骤

知：明确各种声调的音高变化特点。
听：听辨调类并随读。
读：自己练读声调。
变：掌握变调规律。
记：记住常用汉字声调。

拓展训练

1. 绕口令练习。

狗咬柳小六

柳小六没事胡乱走，
走到刘老九的大门口。
门口的狗咬了柳小六的手，
柳小六紧喊刘老九快看狗。
刘老九屋内一个人也没有，
白叫刘老九的狗把柳小六咬了一口，
柳小六发誓没事不再胡乱走。

李力丽、黎礼立夫妻去赶集

李力丽，黎礼立，
夫妻双双去赶集。
李力丽的丈夫黎礼立，
赶集去卖竹篾席；
黎礼立的妻子李力丽，
赶集去卖肥母鸡。
黎礼立卖了竹篾席买台电视机，
李力丽卖了肥母鸡买件呢子衣。

扁娃背扁背斗拔扁豆

扁娃背个扁背斗，
到扁家背阴坡里拔扁豆。
会拔扁豆的能拔多半扁背斗扁豆，
不会拔扁豆的只能拔少半扁背斗扁豆。
你说这个扁娃是拔了多半扁背斗扁豆，
还是只拔了少半扁背斗扁豆？

白猫与白兔

白猫手里有一顶白帽，
白兔手中有一把白毛。
白猫想拿手里的白帽去换白兔手中的白毛，
白兔不想用手中的白毛去换白猫手里的白帽。
也不知白猫换去了白兔的白毛，
还是白兔换去了白猫的白帽。

黄贺和王克

一班有个黄贺，二班有个王克。
黄贺、王克二人搞创作，黄贺搞木刻，王克写诗歌。
黄贺帮助王克写诗歌，王克帮助黄贺搞木刻。
由于二人搞协作，黄贺完成了木刻，王克写好了诗歌。

王七上街去买席

清早起来雨淅淅，王七上街去买席。
骑着毛驴跑得急，捎带卖蛋又贩梨。
一跑跑到小桥西，毛驴一下失了蹄。
打了蛋，撒了梨，跑了驴，
急得王七眼泪滴，又哭鸡蛋又骂驴。

2. 读下面的材料，注意读准声调。

(1)八字歌

流水不腐，户枢不蠹　　路见不平，拔刀相助
无源之水，无本之木　　不经一事，不长一智
欲将取之，必先予之　　蓬生麻中，不扶自直
欲加之罪，何患无辞　　持之有故，言之成理
鞠躬尽瘁，死而后已　　日月经天，江河行地

食不甘味，卧不安席	投我以桃，报之以李
比上不足，比下有余	大辩若讷，大智若愚
棋逢对手，将遇良才	逢山开路，遇水搭桥
头痛医头，脚痛医脚	人无远虑，必有近忧
天网恢恢，疏而不漏	兵来将挡，水来土掩
管中窥豹，略见一斑	前车之覆，后车之鉴
学而不厌，诲人不倦	一叶障目，不见泰山
只此一家，别无分店	惩前毖后，治病救人
路不拾遗，夜不闭户	皮之不存，毛将焉附
衣不蔽体，食不果腹	不入虎穴，焉得虎子
两刃相割，利钝乃知	前事不忘，后事之师
差之毫厘，谬以千里	非我族类，其心必异
烈士暮年，壮心不已	庆父不死，鲁难未已
事不关己，高高挂起	一波未平，一波又起
城门失火，殃及池鱼	呼之即来，挥之即去
一夫当关，万夫莫开	茕茕孑立，形影相吊
人为刀俎，我为鱼肉	螳螂捕蝉，黄雀在后
同声相应，同气相求	放龙归海，纵虎归山
韩信将兵，多多益善	星星之火，可以燎原
言之无文，行而不远	有则改之，无则加勉
只可意会，不可言传	青山不老，绿水长存
毫不利己，专门利人	舍生取义，杀身成仁
十年树木，百年树人	知无不言，言无不尽
百足之虫，死而不僵	道高一尺，魔高一丈
明修栈道，暗度陈仓	前人栽树，后人乘凉

顺之者昌，逆之者亡　　八仙过海，各显神通

豹死留皮，人死留名　　当局者迷，旁观者清

上天无路，入地无门　　十年生聚，十年教训

视而不见，听而不闻　　只见树木，不见森林

尺有所短，寸有所长　　两虎相斗，必有一伤

前门拒虎，后门进狼　　三天打鱼，两天晒网

嬉笑怒骂，皆成文章　　不塞不流，不止不行

(2)中国十大风景名胜

万里长城——气势雄伟，是世界历史上伟大工程之一，称得上中华民族的象征。

桂林山水——风景秀丽，早有“桂林山水甲天下”的称誉。

杭州西湖——湖色景物有“淡妆浓抹总相宜”的美称。

北京故宫——我国现存在的规模最大、最完整的宫殿建筑，标志着我国悠久的文化传统。

苏州园林——以曲径通幽、巧夺天工的名园著称于世。

安徽黄山——以奇松、怪石、云海、温泉为最有名的景致。

长江三峡——水险山雄，涛飞浪卷，使人叹为观止。

台湾日月潭——湖光山色像一颗璀璨的明珠。

避暑山庄——以秀美雄浑的自然景观和不同风格的寺庙宅院作为自己的“装束”。

秦陵兵马俑——具有历史价值和艺术价值，被誉为“世界第八奇迹”。

(3)中国十大元帅

朱德　彭德怀　林彪　刘伯承　贺龙　陈毅　罗荣桓　徐向前　聂荣臻　叶剑英

(4)十大传统名花

牡丹　菊花　梅花　茶花　兰花　杜鹃　月季　桂花　荷花　水仙

(5)十天干

甲　乙　丙　丁　戊　己　庚　辛　壬　癸

(6)十二生肖

子鼠　丑牛　寅虎　卯兔　辰龙　巳蛇　午马　未羊　申猴　酉鸡　戌狗　亥猪

(7)古代年龄称谓

二十弱冠　三十而立　四十不惑　五十知天命　六十花甲　七十古稀

八十、九十耄耋　百岁期颐

微课小讲堂：变调

第二课　音变训练

说话、朗读都是一个接一个音节地连续进行的。这些音节连续发出来时，音素或声调就可能互相影响，产生语音变化。这种语音变化现象就叫音变。如“采访”单念时都是上声，但连在一起念时就变成了“cáifǎng”，听起来好像是“采”由上声变成阳平了。从这里可以看到，我们学习普通话，光读准每个音节的声、韵、调还不够，还必须注意语音的变化。音变是有一定规律的，了解这些规律，并在口语实践中经常应用，一是有助于说好普通话，二是能使口语表达显得自然和谐。

一、变　调

在语流中，由于相连音节的相互影响，有的音节本来的调值发生变化，这种现象叫变调。

普通话里最常见的变调现象有上声的变调、“一”和“不”的变调。

(一)上声的变调

普通话上声音节除单念或处在词尾、句尾时声调不变外，在其他情况下都要发生变化。可以说上声音节声调的变化最大、最多，在与其他音节结合时，不是丢掉下降的部分，就是失掉上升的部分。

上声变调有以下几种情况。

1. 上声在非上声音节前

上声在非上声前，即在阴平、阳平、去声、轻声前，上声音节的调值由降升调变为只降不升的“半上声”，只读上声的前半截，丢失后半截，调值由[214]变为半上声[21]。

在阴平字前：北京　老师　首都　小说　展开　始终　普通　产生

在阳平字前：祖国　语言　旅游　表达　主持　改良　拱门　古文

在去声字前：领袖　老练　主见　感谢　准确　解放　土地　朗诵

2. 上声在上声音节前

两个上声音节相连时，前一个上声音节的调值由降升调变为与阳平调值相当的直上。即由上声变得近乎阳平，调值由[214]变为[24]。例如：

把柄　靶场　把守　饱满　北纬　本领　宝塔　补品　保险
采取　厂长　炒米　彩礼　扯谎　草稿　尺码　处理　草本
打靶　党委　捣鬼　导体　典雅　顶点　短跑　底稿　躲闪
法宝　砝码　反比　反感　仿古　粉笔　府邸　抚养　辅佐
改写　感慨　港口　梗阻　苟且　鼓舞　骨髓　拐角　滚筒

3. 三个上声音节相连

前两个音节的变调有两种情况。

词语的结构是“双单格”时，第一、第二个上声音节调值变为[24]，近乎阳平。例如：

选举法　跑马场　展览馆　虎骨粉　蒙古语　手写体　古典美

当词语的结构是“单双格”时，第一个上声音节读半上，调值变为[21]，第二个上声音节调值变为[24]。例如：

好领导　党小组　小水桶　老古董　纸老虎　马导演

4. 三个以上上声音节相连

三个以上上声相连的，两个一节、三个一节来划分，然后按上述规律变调。例如：

永远｜友好 → yóngyuǎn｜yóuhǎo

请你｜往北走 → qíngnǐ｜wángbéizǒu

我有｜两把｜纸雨伞 → wóyǒu｜liángbǎ｜zhíyúsǎn

上面讲上声变调的基本规律，但在实际的语流中，最后一个上声音节的变调有两种。

一是句末需拖腔，读原调。一般在诗的韵脚处或需要强调时才拖腔。例如：

到处莺歌燕舞，更有潺潺流水。

二是句末不需要拖腔，读半上。一般叙述语气或深沉、庄重语气都不需要拖腔。例如：

我找李经理。

人民英雄永垂不朽！

你在哪里呀，你在哪里，你的人民想念你。

（二）“一”和“不”的变调

“一”和“不”的变调，是普通话里比较突出的音变现象。“一”和“不”在单念或在词句末尾时，以及“一”作序数词使用时，声调不变，读原调。“一”的原调是阴平，“不”的原调是去声。例如，统一、天下第一；我不、就是不。当“一”和“不”处在其他音节前面时，声调往往发生变化，有以下几种情况。

1. 在去声前一律念阳平

一样　一味　一道　一切　一色　一并
一度　一定　一夜　一刻　一致　一共
一块儿　一会儿　一溜儿　一下儿　不怕　不顾
不对　不必　不是　不在　不便　不但
不料　不计其数

2. 在非去声前念去声

在阴平前：一朝　一经　一端　一心　一应　一生　一身　一杯　一棵

　　　　　不慌　不轻　不依　不经　不光　不知　不归　不通　不黑

在阳平前：一年　一连　一无　一旁　一直　一头　一同　一时　一枚

　　　　　不时　不为　不值　不求　不良　不沉　不全　不白　不浓

在上声前：一碗　一笔　一举　一组　一桶　一场　一把　一脸　一晌

　　　　　不少　不可　不远　不美　不紧　不好　不老　不管　不懂

3. 夹在叠词中念轻声

想一想　尝一尝　走一走　看一看　理一理　说一声

去不去　好不好　要不得　说不清　搞不懂　看不惯

依照《汉语拼音方案》拼写音节时，一般不写变调，而标原声调。

二、轻　声

（一）轻声的概念及实际读法

在语流中，有的音节失去了原声调而被读成又短又轻的调子，这就是轻声。例如，“头”在“头脑”“头发”这些词里或单独用时，读阳平调，可是，在“石头”“木头”“馒头”这些词里，读得轻而短，变成了“tou”。轻声是一种特殊的音变现象，并不是一种独立的调类，《汉语拼音方案》规定轻声不必标调。轻声是一个非常模糊、不确定的声调，因此掌握起来有一定的难度。普通话中真正总读轻声的字不多，而且在单念时，还要读它原来的声调。

轻声音节的位置往往在其他音节的后面或词的中间，而绝不会出现在词或句子的开头音节中。轻声在声音四要素中，主要体现在音长和音强上，而一般声调的性质主要体现在音高上。轻声发音特点是用力特别小而轻，音强比较弱且音长短。

轻声音节从听感上显得轻短模糊，但仔细分辨，它也有依稀可辨的不同音高形式。轻声的音高并不固定，它受前一个音节调值的影响而有高低变化。变化的情况大致是这样的：阴平音节后的轻声读半低调 2 度，阳平音节后的轻声读中调 3 度，上声音节后的轻声读半高调 4 度，去声音节后的轻声读低调 1 度。

阴——轻：妈妈　孙子　跟头　青的　飞了　趴下

阳——轻：爷爷　儿子　石头　黄的　来了　爬起

上——轻：奶奶　椅子　里头　紫的　跑了　给他

去——轻：爸爸　凳子　木头　绿的　去了　站着

（二）轻声的作用

1. 区别词义

兄弟 xiōngdi（弟弟）　　兄弟 xiōngdì（哥哥和弟弟）

是非 shìfei（纠纷、口舌）　　是非 shìfēi（正确与错误）

东西 dōngxi（物品）　　东西 dōngxī（指方向）

大意 dàyi（疏忽）　　大意 dàyì（主要意思）

2. 区分词性

对头 duìtou（仇敌、对手，名词）　　对头 duìtóu（正确、合适，形容词）

厉害 lìhai（剧烈凶猛，形容词）　　利害 lìhài（利和害，名词）

另外，还有一部分双音节词第二个音节习惯上都读轻声，并没有区别词义或词性的作用。例如：

老实　饺子　巴结　粮食　骆驼　石榴　商量　窗户　阔气

葡萄　玻璃　耳朵　爷爷　多么　萝卜　明白　柴火　包袱

（三）变读轻声的规定

普通话口语中，下列成分常读轻声。

语气词“啊、吧、呢、啦、吗”等读轻声。例如：

他呢　快啊　对吗　去吧　来呀　好哇　不行啊

时态助词“着、了、过”，结构助词“的、地、得”读轻声。例如：

看着　走了　来过　吃的　愉快地　写得好

名词、代词的后缀“子、头、巴、们、么”等读轻声。例如：

桌子　椅子　石头　嘴巴　尾巴　我们　他们　那么

方位词“上、下、里、外、边、面、头”等读轻声。例如：

桌上　晚上　山下　屋里　那边　前面　里头

某些量词读轻声。例如：

写封信　打个电话　打个盹　喝口汤　看场戏

部分重叠音节的后一个音节读轻声。例如：

爸爸　妈妈　爷爷　星星　看看　说说　唱唱　写写　读读

动词、形容词后的趋向动词读轻声。例如：

进来　出去　好起来　坏下去　坐下　看出来　站起来

部分约定俗成的双音节词的第二个音节读轻声。例如：

太阳　月亮　消息　清楚　事情　客气　聪明　伶俐　糊涂

动词后面的某些结果补语常读轻声。例如：

打开　关上　站住

作宾语的人称代词常读轻声。例如：

找我　请你　叫他

有些表示职业或身份类的常读轻声。例如：

护士　会计　和尚　道士　秀才　师爷　财主　上司

三、语气词“啊”的音变

“啊”是一个表达语气感情的基本词，可作叹词，也可作语气词。作为叹词，“啊”独立于句外，可以表示喜悦、赞叹、惊疑、醒悟等感情色彩。作为语气词，“啊”附着在句尾，可以表示祈使、疑问、感叹等语气。用在句尾的语气词“啊”，因为受前面一个音节末尾音素的影响，常常发生同化、增音等音变现象。这种变化都是在 a 前增加一个音素，其变化规律如表 9-2 所示。

表 9-2　“啊”的音变规律表

“啊”前面音节的韵母	“啊”前面音节末尾的音素	“啊”的音变	汉字写法
a ia ua o e üe	a o e ê	ya	呀
i ai uai ei uei ü	i ü		
u ou iou ao iao	u o	wa	哇
an ian uan üan en in uen ün	n	na	哪
ang iang uang eng ing ueng ong iong	ng	nga	啊
	-i[ɿ]	za	啊
	-i[ʅ]	ra	

第一，当“啊”前面音节末尾的音素是 a、o、e、ê、i、ü 时，读 ya，写成“呀”。例如：原来是他呀！那是我呀！今天好热呀！让人心情愉悦呀！真雄伟呀！快来呀！快点写呀！明天有雨呀！

第二，当“啊”前面音节末尾的音素是 u、o 时，“啊”读作 wa，写成“哇”。例如：我不哇！你在哪里住哇？他真是个多面手哇！有没有哇？他发烧哇！你好哇！她手多巧哇！

第三，当“啊”前面音节末尾的音素是 n 时，读 na ，写成“哪”。例如：多鲜艳哪！真慢哪！小心哪！多好的人哪！

第四，当“啊”前面音节末尾的音素是 ng 时，读成 nga ，仍写成“啊”。例如：高声唱啊！不行啊！这样成不成啊？认真听啊！

第五，当“啊”前面的音节是 zi、ci、si，末尾音素是-i[ɿ] 时，读成 za，仍写成“啊”。例如：这样小的字啊！你去过开封几次啊？不能太自私啊！

第六，当“啊”前面的音节是 zhi、chi、shi、ri，末尾的音素是-i[ʅ] 时，读成 ra，仍写成“啊”。例如：多好的同志啊！赶快吃啊！是啊！还有几日啊！

四、儿　化

卷舌韵母 er 在普通话里是一个比较特殊的单韵母，它不与声母相拼，可以自成音节。以 er 自成音节的字很少，常用的只有“儿、尔、二”等。此外，er 常附在其他音节的韵母之后，使这个韵母发生变化，成为一个带卷舌动作的韵母，这就是儿化现象。儿化后的韵母叫“儿化韵”。儿化韵的“儿”不是一个单独的音节，而是在一个音节末尾音上附加的卷舌动作，使那个音节因儿化而发生音变。例如，“花儿”就是在发韵母 ua 的同时，在 a 的基础上加上一个卷舌动作而发出来的音。从这里可以看出，儿化的基本性质就是卷舌。儿化音节虽然用两个汉字表示，但并不是两个音节，读的时候仍要念成一个音节，拼写的时候在原来韵母的后面加一个 r，如“花儿”写成 huār。

（一）儿化的作用

儿化并不是纯粹的语音现象，它跟语汇意义和语法意义都有密切关系，可以使汉语在表达上更加严密精确，有区别词义、词性和表示感情色彩等作用。

1. 区别词义

头（脑袋）—— 头儿（领头的）

眼（眼睛）—— 眼儿（小孔）

信（信件）—— 信儿（信息）

2. 区别词性

尖（形容词）——尖儿（名词）

活（形容词）——活儿（名词）

画（动词）——画儿（名词）

零碎（形容词）——零碎儿（名词）

3. 表示感情色彩

表示细小、轻微。例如：

一点儿　小棍儿　小石子儿　纸条儿　树枝儿　药丸儿

表示喜爱、亲切。例如：

小孩儿　小猫儿　小脸蛋儿　老头儿　花手绢儿

（二）儿化的音变规律

普通话除 ê、er 韵母外，其余韵母均可以儿化，其规律如下。

1. 加 r

音节末尾是 ɑ、o、e、u 的，加 r，韵母不变。例如：

花儿　山坡儿　大个儿　眼珠儿　没错儿　牙刷儿　小狗儿

韵母是 ɑi、ei、ɑn、en 的，加 r，丢韵尾，在发主要元音的同时卷舌。例如：

小孩儿　香味儿　花篮儿　大门儿　一块儿　旁边儿

韵尾是 ng 的，去掉鼻尾音，使前面的元音鼻化并卷舌。例如：

帮忙儿　麻绳儿　胡同儿　门缝儿　唱腔儿

2. 加 er

韵母为 i、ü 的，加 er，使元音舌位移到中央，卷舌发音。例如：

小米儿　金鱼儿　眼皮儿　有趣儿

韵腹为 ê、-i 的，元音变为 er。例如：

半截儿　小事儿　瓜子儿　台词儿　年三十儿

韵母为 in、ün 的，加 er，丢韵尾。例如：

干劲儿　脚印儿　小树林儿

拓展训练

1. 按照音变规律，读准下列词语中第一个音节的声调。

所以　影响　勇敢　永远　领导　引起　写作　老练

以后　怎样　想象　往事　可能　检查　解决　祖国

委员　感情　简单　老师　武装　小说　统一　指挥

2. 按照音变规律，读准下列词语的声调。

纸老虎　很友好　李厂长　冷处理　小两口　老保守

小拇指　演讲稿　古典美　选举法　勇敢者　打靶场

3."一"和"不"的变调训练。

(1)按照音变规律，念准下列词语中的"一"和"不"。

①"一"的变调。

一厢情愿　一尘不染　一路平安　一窍不通

一丝不苟　一鼓作气　一唱一和　一模一样

一往无前　一团和气　始终如一　一去不复返

一帆风顺　一举两得　一蹴而就　一鸣惊人

②"不"的变调。

不骄不躁　不即不离　不三不四

不期而遇　不近人情　不同凡响

不屈不挠　不折不扣　不声不响

不耻下问　不甘示弱　不动声色

(2)按照音变规律，念准下列句子中的"一"和"不"。

干什么工作都要一心一意，表里如一，言行一致，埋头苦干。情绪不能一高二低，一好一坏，一落千丈，一蹶不振。

一个老僧一本经，一句一行念得清。不是老僧爱念经，不会念经当不了僧。

一帆一桨一渔舟，一个渔翁一吊钩。一俯一仰一场笑，一江明月一江秋。

4. 轻声训练。

(1)下列各词语的后一音节都读轻声，请注意轻声音节的实际音高。

① 前字阴平(轻声读又轻又短的低调)。

西瓜　妈妈　桌子　钉子　天上　肩上　香的　金的

② 前字阳平(轻声读又轻又短的中调)。

棉花　婆婆　瓶子　绳子　头上　房上　甜的　银的

③ 前字上声(轻声读又轻又短的中高调，听起来近似轻短的阴平)。

手巾　姥姥　本子　影子　脸上　纸上　苦的　铁的

④ 前字去声(轻声读又轻又短的最低调，听起来像是特别低短的去声)。

豆腐　弟弟　扇子　燕子　地上　报上　辣的　木的

(2)读准下列带轻声音节的词语。

名词：眉毛　眼睛　脑袋　指甲　头发　太阳　月亮　先生

动词：唠叨　吩咐　动弹　打听　知道　看见　修理　打扮

形容词：漂亮　活泼　凉快　干净　清楚　明白　亮堂　客气

5.“啊”的变调训练。

(1)按照音变规律，把下列短句末尾的语气词“啊”念准，在括号里填上适当的汉字。

这里的风景多美(　　)!

快来瞧(　　)!

真是一个硬骨头(　　)!

真不愧为英雄(　　)!

到底去不去(　　)?

这是什么(　　)?

无尽的思念(　　)!

你真行(　　)!

打开电视(　　)!

这是他写的字(　　)!

真糟糕(　　)!

年轻的朋友们(　　)!

(2)按照音变规律，读准下面绕口令的声调。

鸡鸭猫狗

鸡啊、鸭啊、猫啊、狗啊，一块儿在水里游啊!

牛啊、羊啊、马啊、骡啊，一块儿进鸡窝啊!

狼啊、虎啊、鹿啊、豹啊，一块儿在街道上跑啊!

兔儿啊、鼠儿啊、虫儿啊、鸟儿啊，一块儿上窗台儿啊!

6. 儿化音训练。

(1)练读下列儿化词。

豆芽儿　开花儿　山坡儿　锯末儿　小车儿　被窝儿　小刀儿　小鸟儿　小猴儿

短袖儿　锅盖儿　一块儿　竹竿儿　笔尖儿　小船儿　烟圈儿　脚印儿　没劲儿

小鸡儿　小鱼儿　瓜子儿　树枝儿　药方儿　天窗儿　小虫儿　没空儿　打铃儿

一会儿　小孩儿　鲜花儿　玩意儿　大个儿　差点儿　嗓门儿　聊天儿　像样儿

(2)儿化韵朗读练习。

平板儿车

平板儿车，三个轮儿，上边坐个大忙人儿。

又吹管儿，又吹笛儿，呼啦围上一圈儿人儿。

大忙人儿，大嗓门儿，手指杂货来了词儿。

花露水儿、连衣裙儿，面盆儿、拐棍儿、竹凉席儿，

日用百货样样有，还有鲜花儿、小金鱼儿。

唱曲儿

进了门儿，倒杯水儿，喝了两口儿运运气儿。
顺手儿拿起小唱本儿，唱一曲儿又一曲儿，练完嗓子练嘴皮儿。
绕口令儿，练字音儿，还有快板儿对口词儿，越说越唱越带劲儿。

小哥儿俩

小哥儿俩，红脸蛋儿，手拉手儿，一块儿玩儿。
小哥儿俩，一个班儿，一路上学唱着歌儿。
学造句儿，一串儿串儿，唱新歌儿，一段儿段儿。
学画画儿，不贪玩儿。
画小猫儿，钻圆圈儿；
画小狗儿，蹲庙台儿。
画只小鸡儿吃小米儿，
画条小鱼儿吐水泡儿。
小哥儿俩，对脾气儿，
上学念书不费劲儿，真是父母的好宝贝儿。

7. 根据所学的普通话相关知识，选取一个知识内容，例如一些绕口令，“一、不”的音变，儿化发音等，结合日常生活中普通话应用的实际情况，创作一段时长不少于5分钟的、与普通话相关的“相声”作品，并组织同学排练、表演，巩固同学们的普通话知识学习，丰富班级课余生活。

微课小讲堂：
如何练好口才

专题十

认识口才

导入案例

周恩来总理是新中国著名的外交家，关于他运用口才巧解困局的故事一直为人们津津乐道。

一次，周总理在北京举行记者招待会，有记者问："请问，中国人民银行有多少资金?"这个问题实质是想讥笑我国贫穷。周总理幽默地答道："中国人民银行的资金嘛，有 18.88 元。"这一回答使全体记者为之愕然。总理解释说："中国人民银行发行面额为十元、五元、二元、一元、五角、二角、一角、五分、二分、一分的十种主辅币人民币，合计为 18.88 元。中国人民银行是中国人民当家作主的金融机构，有全国人民作后盾，信用卓著、实力雄厚，它所发行的货币，是世界上最有信誉的一种货币，在国际上享有盛誉。"对这一充满智慧的巧妙的回答，全场报以热烈的掌声。

还有一次，美国代表团访华时，曾有一名官员当着周总理的面说："中国人很喜欢低着头走路，而我们美国人却总是仰着头走路。"此语一出，语惊四座。周总理不慌不忙，面带微笑地说："这并不奇怪。因为我们中国人喜欢走上坡路，而你们美国人喜欢走下坡路。"

案例思考

上述周总理的故事给了我们什么样的启示？在我们的社会生活中，口才有什么意义？

第一课　什么是口才

口才指在口语交际的过程中，表达主体运用准确、得体、生动、巧妙、有效的口语表达策略，达到特定的交际目的、取得圆满交际效果的口语表达的艺术和技巧。通俗地讲，口才是人们运用口头语言表情达意的才能。

随着社会的发展、人际交往的广泛，人们越来越多地需要在各种场合发表意见、展示才华。笨嘴拙舌，言不达意，会让人错失良机；用语精当，善于辞令，会使人赢得主动。在校园生活中，学生之间因言语不当造成误解、矛盾，甚至引发激烈冲突的事件亦有发生。社会越文明，人际交流越频繁，口才也就越显示出重要作用。每一个行业，每一个领域，小到个人对话交流，大到商务谈判乃至国家民族形象的塑造，无不体现口才的作用和意义。

在“双向选择”的用人制度下，无论何种职业，都要求一个人具有较强的口头表达能力，尤其是诸如教师、律师、播音员、主持人、导游、公关、销售等行业，对口才的要求更高。交际能力、表达能力、文化修养是衡量现代人基本素质的重要依据和标准。为了适应时代的需要，无论哪个专业的大学生，都应该提高口语表达和交际能力。

第二课 口才的衡量标准

口才的内涵就是口语表达的内容，如果没有口语表达，口才也就无从谈起；口语表达能力强弱就是口才水平高低的体现。锻炼口才、培养口才就是锻炼口语表达的技巧，培养出众的口语表达能力。口才是高层次的口语表达，是一个人德、学、才、识的综合体现，更是素质、知识与能力的集中反映。要具备谈吐自如、能言善辩的才能，就要具有良好的心理素质、较高的文化素质和过硬的口语表达技巧等。宋代诗人陆游说：“汝果欲学诗，工夫在诗外。”这个道理同样适用于口才的锻炼和培养。那么怎样才算是好口才呢？培养口才应当从哪些方面努力呢？

一、标准的发音与得体的表达

在我们的工作和生活中，很难想象，一个说话吞吞吐吐、含含糊糊，或是满口乡音，让人听不懂的人，会与他人有透彻的交流，会给他人以良好的印象。所以，要想拥有令人羡慕的口才，就必须从基础做起，要学好普通话。准确的发音、清晰的吐字、动听的语调是口才的基础因素。

得体的表达是好口才的标志。人类有民族、性别、年龄、经历、职业、文化程度等方面的差异，说者与听者双方还关涉亲疏远近等各种关系，同时也存在着表达场合的不同和语境气氛的差异。因此，口语表达得体，就是指说话要看对象、看身份、看场合，要适合语境。例如，对什么人说什么话；该多说时精说、巧说，不该多说时少说、不说；把握时机，灵活善变；言语和谐，语气适宜；达意得体，富有魅力；把话说得让人愿听、爱听，让人感到动听。

二、较强的思维能力

在现实生活中，有些人具有良好的发音条件，也有一定的学识，但口语表达却不尽如人意：或讲话内容条理不清、杂乱无章、主次不分、详略不当；或堆砌术语、咬文嚼字、枯燥无味；或追求新奇深奥、故作深沉，让人如坠云雾。造成这种现象的原因是思维与组织能力较差。因此，在口才训练中我们应该做到以下几点。

一是思维迅捷。这要求表达者在短时间内想清楚说什么、怎么说。想提高自己的思维迅捷度，要做到在课堂上踊跃发言，多运用逆向思维、发散思维和创造思维；另外要勤记笔记，善于积累。二是讲究条理与逻辑，就是在口语表达前先将想说的内容分清主次、详略，安排好顺序，然后紧密围绕表达的中心，按照一定的逻辑关系表达出来，让信息受众明白表达者的意图。

三、丰厚的知识积累

朱熹说："问渠那得清如许，为有源头活水来。"人们口若悬河，谈笑风生，都是以学识渊博和阅历丰富为基础的。只有具有丰富的文化底蕴，才能说出内容丰富、生动感人的话来。

在现实生活中，谈判、论辩、演讲等离不开丰富的知识，就是日常谈话也需要储备一定的知识。有些人讲话并没有什么大的、惊人的主题，但却让人听得饶有兴味，其原因就在于话中融入了大量的知识，天文地理、典章制度、乡土人情、风俗习惯、历史典故、逸闻趣事、琴棋书画、诗词歌赋等都成为谈资。知识丰富的人，可以使用一个引语、一个典故、一个形象化的比喻，把抽象的道理说得具体、透彻；而知识贫乏的人，只能就事论事，其表达自然就单调、呆板。

对知识进行消化训练，固然能收到一定的成效，但渊博的知识、较高的文化更多来自日积月累。"云厚者，雨必猛；弓劲者，箭必远。"所以，一个人要想提高口才水平，就必须养成积累知识的习惯。这样才能做到出口成章，妙语连珠。

四、良好的心理素质

良好的心理素质是提高说话能力的重要保证。交谈者如有恐惧、羞涩心理，一定不敢酣畅淋漓地表达思想；有自卑、悲观心理，必定不能充满信心地参与口语交际；有嫉妒、猜忌心理，肯定不会坦诚地与人交谈。所以我们要克服心理障碍，具备良好的心理素质。

自信是人们口语表达中应具备的基本心理素质，是口语交际获得成功的前提条件。一个人充满自信，口语表达才能洒脱、大方，产生一种不知不觉中感染人的魅力；而丧失信心，会使人显得窘迫、胆怯，不能充分发挥水平。有些人平时与知己、朋友聊天，话题源源不断，越说越有劲，经常能说出让人大笑或感兴趣的事，可谓相当会说话，但一到陌生人面前，或到公众场合，便会不知所措，出现心率加快、血压升高、口干舌燥、喉头发紧、声音打战、四肢僵硬、头痛晕眩等生理反应，这就是怯场。在演讲活动中，要克服怯场，确立自信，可以采用以下方法。

临场心理稳定法：提前进入教室或会场，熟悉环境；熟悉听众，同听众交流，消除陌生感；做几次深呼吸，缓解紧张情绪；慢慢喝水，慢慢咽下，稳定情绪；专心致志，排除干扰，考虑要讲的内容；上台后不要急于开口，扫视会场，待静场后再开始演讲。

自我暗示法：其一，把听众当作朋友或客人；其二，脑子里要经常清楚再现成功的情景；其三，直接暗示，如在参加演讲前，先对着镜子修饰一下自己的容貌，然后自信地端详着自己的形象，大声地说几遍“我今天一定会成功”。

不断实践，积累经验：多参加讲故事、朗诵、演讲、表演等语言实践活动，增强耐挫能力，逐渐树立自信。

五、高尚的道德修养

道德修养实际上是一个人对待事物的态度和感情，修养水平的高低反映了人们对客观事物的认识正确还是错误，深刻还是肤浅，全面还是片面。道德修养决定着说话者谈论问题的方法、角度和水准，也影响说话者的风格、姿态、神情。常言道：“话如其人，言为心声。”这说明一个人的道德观念和思想品质乃至情感、倾向、兴趣、爱好、审美情趣等对口语表达有很大影响。一言而知贤愚，我们能通过一个人的话语探视其内心世界。即使是随意性的闲聊，也能展露说话者的性格、个性、思想、品质。一个缺乏政治品德、伦理道德的人，不可能说出爱祖国、爱人民，乃至对丑恶现象疾恶如仇的话；持极端个人主义观点的人，不可能真诚地说出关心集体、体贴别人的话，即使有时说得冠冕堂皇，也是言不由衷。所以，要想说出令人信服、高水平的话，就要加强自身的道德情操修养，努力做高尚的人。

第三课　口才的训练方法

根据每个人年龄、学识、所处环境等的不同，练口才的方法也会有所差异，但只要选择好适合自己的方法，加上持之以恒的训练，一个人的口语表达能力就一定会提高。

下面我们介绍几种简单、易行、高效的口才训练方法。

一、速读法

这种训练方法的目的，是锻炼人口齿伶俐，语音准确，吐字清晰。开始朗读的时候速度较慢，逐次加快，一次比一次读得快，最后达到你所能达到的最快速度。读的过程中不要有停顿，发音要准确，吐字要清晰，要尽量把每个字音都完整地发出来。可以用录音机把自己的速读录下来，然后自己听一听，从中找出不足，进行改进。

二、背诵法

背诵法目的有两个，一是培养记忆能力，二是培养口头表达能力。记忆是训练口才必不可少的一种素质。“诵”也就是我们常说的“朗诵”。它要求在准确把握文章内容的基础上进行声情并茂地表达。背诵法的着眼点在“准”上。也就是你背的演讲词或文章一定要准确，不能有遗漏或错误的地方，而且在吐字、发音上也一定要准确无误。

三、复述法

复述法就是把别人的话重复地叙述一遍。这种训练方法的目的在于锻炼人的记忆力、反应力和语言的连贯性。以复述法锻炼口才，应逐次提高要求。第一次复述时，只要能把基本情节复述出来就可以；第二次复述时，要求不仅仅是复述情节，而且还能复述一定的人物语言或描写语言；第三次复述时，应基本准确地复述出人物的语言和基本的描写语言。进行这种练习时，最好能根据自己的实际情况和所选文章的情况设定一个具体的要求。例如，一段共有 10 句话的文章，第一次复述时就要把基本情节复述出来，并能把几个关键的句子复述出来；第二次就应该能复述 5～7 个句子；第三次就应该能复述 8～10 个句子。当然，速度进展得越快，说明你的语言连贯性和记忆力越强。开始练习时，最好选择句子较短、内容活泼的材料进行，以便于把握、记忆、复述。随着训练的深入，可以逐渐选一些句子较长、情节较多的材料进行练习。这样由易到难，循序渐进，效果会更好。

四、模仿法

演讲是一门综合艺术，要真正掌握这门艺术，并非易事，需要掌握很多方面的技巧，诸如发音的字正腔圆，形体动作、面部表情和仪表礼节，控场、应变的方法，即兴说话的诀窍，论辩的艺术，对话的妙法等，因此要多听别人演讲，多听别人说话，随时模仿。我们经常接触广播、看影视作品，可以跟着播音员、演员等进行模仿，注意他们的语调、神态、动作。天长日久，我们的口语能力就会得到提高。多看演讲，特别是看演讲高手风度潇洒、举止得体、表情丰富的演讲，是一种美的享受、艺术的熏陶。多看一些名人的演讲录像，多看一些电视谈话节目和电视辩论赛，也能增强对演讲的感性认识，提高对演讲态势语言技巧运用的理解，并从中感悟出演讲的真谛。

五、讲故事法

故事里既有独白，又有人物对话，还有描述性的语言、叙述性的语言，所以讲故事可以训练人的多种口语能力，也是练口才的一种好方法。讲故事法要达到的目标是锻炼演讲者最大胆地发言，最大声地说话，最流畅地演讲。

首先，分析故事的人物关系和人物性格特征。其次，掌握故事的语言特点，如口语性、个性化。所以，当拿到一则材料的时候，不要马上就开始练习讲，而要先把材料改造一下，改成适合自己讲的故事。再次，反复练讲，通过反复练讲达到对内容的熟悉。最后，使自己的感情与故事中人物的感情相融合，做到惟妙惟肖地表现人物性格，语言生动形象。

需注意的是，要边练边讲，表情、动作要与所讲述的内容相一致。不要照本宣读，要用自己的语言去讲，那样才能生动、形象。

六、描述法

描述法就是把你看到的景、事、物、人用描述性的语言表达出来。一个人无论是演讲、说话还是论辩，都需要有较强的组织语言的能力，没有这种能力也就不可能口若悬河。组织语言的能力是口语表达能力的一项基本功。

描述法的要点有二。一是观察描述的对象。以描述的对象是“秋天的小湖边”为例，首先要把握其特征，如大小、形状、颜色、深浅等；其次要捕捉周围的环境，如建筑、植被、人流、花鸟虫鱼等。只有具备了这种观察，描述才有基础。二是组织好描述。描述时一定要抓住景物的特点，有顺序地进行描述。

描述法要求抓住特点进行描述，语言要清楚、明白，有一定的文采。描述时千万不要成流水账，平平淡淡，而是要用描述性的语言，尽量生动、活泼，但又要有一定顺序，不要东一句、西一句。描述时允许有联想与想象。例如，观察到秋天的湖边有一位白发苍苍的老爷爷，孤独地坐在斑驳的树荫下，可就此展开联想，如想到自己的爷爷，或想到这个老人的生活晚景，或想到“夕阳无限好，只是近黄昏”……在描述时，可以把这一切都加进去，使描述更充实、生动。

七、角色扮演法

角色扮演法要求我们学习像演员那样去演戏，在语言、表情上扮演作品中出现的不同人物。这种训练法“演”的成分很重，有别于对朗诵的要求。它不仅要求声音洪亮，感情充沛，停顿得当；还要求绘声绘色、惟妙惟肖地把人物的性格表现出来，而且配有一定的动作和表情。

拓展训练

1. 谈谈普通话与口才的关系。要想口才好，必须具备哪几个方面的素质？

2. 按照下面的方法，进行日常训练。

(1) 积极心态训练。

① 自我暗示：每天清晨默念10遍“我一定要最大胆地发言，我一定要最大声地说话，我一定要最流畅地演讲。我一定行！今天一定是幸福快乐的一天”。(平常也自我暗示，默念或写出来，至少10遍)

② 想象训练：至少用5分钟想象自己在公众场合成功地演讲，想象自己能成功。

③ 至少用5分钟在镜子前学习微笑，展示自己的手势及形态。

(2) 口才训练。

① 每天至少与5个人有意识地交流思想。

② 每天大声朗读或朗诵至少10分钟。

③ 每天训练自己“3分钟演讲”一次或“3分钟默讲”一次。

④ 每天给亲人、同事至少讲一个故事或完整叙述一件事情。

⑤ 注意讲话时的一些技巧。

A. 讲话前，深吸一口气，平静心情，面带微笑，与听者眼神交流一遍后再开始讲话。

B. 勇敢地讲出第一句话，声音大一点，速度慢一点，说短句，语句中间不打岔。

C. 紧张卡壳时，先停下来，有意识地深吸一口气，然后随着吐气把话讲出来。

D. 如果表现不好，及时自我安慰："刚才怎么又紧张了？没关系，继续平稳地讲。"同时，用感觉和行动上的自信战胜恐惧。

E. 紧张时，可以进行放松练习，深呼吸，或尽力握紧拳头，又迅速放松，连续10次。

（3）辅助训练。

① 每天至少用20分钟阅读励志书籍或口才书籍，培养自己的积极心态，学习一些技巧。

② 每天放声大笑10次，乐观面对生活，放松情绪；走路抬头挺胸，充满朝气。

③ 训练自如地接受他人的视线、目光，培养自信和观察能力。

④ 培养微笑的习惯，要笑得灿烂、笑得真诚，锻炼亲和力。

⑤ 学会检讨。每天总结得与失，写心得体会。每周全面总结成效及不足，并确定下周的目标。

3. 做复述训练。

复述《郑伯克段于鄢》、《冯谖客孟尝君》、《召公谏厉王止谤》、《＜搜神记＞二则》、《＜世说新语＞二则》等课文内容。

专题十一

诵读口才训练

导入案例

党的十八大以来，习近平总书记的一系列重要讲话以及和人民群众的交谈，都体现出极具个性的语言风格。他的话既有理论蕴藉，又有现实针对；既引经据典，旁征博引，又善用民间语汇，深入浅出；既娓娓道来、平实晓畅，又铿锵有力、掷地有声，让大家想听、爱听、愿听，让人听得进、记得住、传得开、用得上，忘不了，让人觉得过瘾、解渴、豁然开朗、醍醐灌顶，让人入耳、入脑、入心、入神。

习近平总书记多次引用诗句典故，激励包含广大青年在内的全党全国各族人民拼搏奋进、埋头苦干。习近平总书记用典，是习近平新时代中国特色社会主义思想与中华优秀传统文化的对接与交融，是让书写在古籍里的文字活起来的生动范本，更是中国智慧、中国力量、中国风范的当代体现。习近平总书记身体力行地将传统文化与治国理政相结合，就必然会受到人民群众的广泛欢迎。“我现在能脱口而出引用古诗典籍，很多都是小的时候背诵的，终身受益。”习近平总书记指出，一个民族的文明进步，一个国家的发展壮大，需要一代又一代人接力努力。

案例思考

上述案例给我们什么样的启示？文学作品的诵读对口才有什么作用？

第一课　朗读与朗诵

诵读指的是朗读和朗诵。经常进行朗读和朗诵活动不仅可以练普通话，而且能有效促进口才的养成。经典诵读训练有助于口语表达能力的提升。

一、朗　读

（一）朗读的意义

朗读，就是响亮、清晰、有感情地念文章。它是把书面语言变为富有表现力和感染力的有声语言的一种再创造。朗读是口才训练的基础，口才训练应重视朗读训练。朗读的材料可以是各种文体，所以朗读的应用范围很广，有很大的实用价值。例如，课堂教学、电视广播、大会发言以及许多宣传活动都要用到朗读。朗读训练不仅能培养学生的口头表达能力，同时还可以把学生带入作品的意境，使学生更深刻地体会作品的思想内容，从中汲取营养，丰富词汇，积累写作经验，提高写作水平及艺术感悟能力。

（二）朗读的要求

1. 分析作品，明确目的

要想通过朗读把作品的思想内容充分地表达出来，就必须先对作品进行认真的分析和深入的感受，理解创作意图和作品的主题、结构，确定作品的基调，弄清作品语言的特色，把握作品的艺术风格。另外，朗读者要清楚为何要朗读这个作品，为谁朗读。明确朗读目的能使我们受到强烈的感染和激励，产生迫切的再创造欲望，才有可能运用各种朗读技巧，把作品的思想和艺术风格充分表现出来。例如，《诗经·蒹葭》描绘了一位痴情男子在萧瑟的深秋早晨踏着白霜苦苦寻觅心上人的情景，笼罩着一种执着缠绵又略带伤感的氛围。这种氛围就是全诗的感情格调，抓住了这一点来朗读，诗歌的思想感情就出来了。

2. 语言规范，语句流畅

朗读不仅要用普通话，还要注意语句流畅，做到无错字、无掉字、无添字、不颠倒、不中断、不重复等。朗读的声音不要忽高忽低，应当恰当控制音量。要体会文章的题材和体裁特点，根据表达的需要把握高低、轻重、强弱、快慢的变化，使朗读和谐适度，让听者如沐春风。

3. 讲究表达，声情并茂

朗读不同于简单地念书，它是用富有艺术感染力的声音对作品进行艺术再创造。朗读最忌讳“念字式、念经式、八股式、演戏式、固定式”。所以，朗读必须讲究有声语言的表达技巧，如语调的起伏、轻重音的配合、速度的变化、语气的运用、节奏与停顿的处理，等等。只有掌握了这些基本的语言技巧，并根据内容表达的需要恰到好处地去运用它们，才能续得声情并茂。

二、朗　诵

（一）朗诵的特点

朗诵是以准确、生动、感情充沛的有声语言为主，并借助态势语言的作用来创造性地再现作品艺术形象，使听众理解、感动并产生强烈共鸣的语言表演艺术。

朗读和朗诵既有区别又有联系。朗读是朗诵的基础。它们都是把文学作品转换成有声语言的再创作过程。两者在有声语言的表现技巧方面要求基本一致，只是朗诵语言的感情渲染更强烈。它用语言的魅力感染听众，使听众不仅接受文学作品的内容，而且得到了艺术上的享受。朗读的艺术再创造全靠有声语言，而朗诵除了有声语言的高度表现力之外，还要有表情、动作等态势语的配合。因此，朗诵者应具备一定的表演才能和熟练的语言表达技巧。此外，朗诵还可以用配乐、化妆、灯光、布景等来增强表演效果。

（二）朗诵的形式

朗诵的形式多种多样，常见的有以下几种。

1. 单人朗诵

单人朗诵指一个人在舞台上或广播里朗诵，也称独诵。单人朗诵有两种形式。

自然式独诵：主要通过人物语言的语气、语调、语速来区别人物，以口气来区别叙述和议论，不注重人物声音形象的具体描绘。

表演式独诵：用声音的变化、形体的动作来区别人物、模拟人物。这种形式的朗诵绘声绘色，生动形象，有较强的吸引力，但也需要较高的技巧。

2. 双人朗诵

双人朗诵指两个人朗诵一篇作品。可以齐诵，也可以轮诵。双人朗诵的方式主要有以下几种。

其一，两人分段或分章节朗诵。

其二，一人朗诵解说部分，另一人朗诵人物语言。

其三，各自朗诵不同人物的语言及有关部分。

双人朗诵的分工要根据作品内容表达的需要与朗诵者的特点而定。这种朗诵能给观众留下鲜明清晰的印象。

3. 集体朗诵

集体朗诵指几个人或更多的人共同参与朗诵。这种形式表现容量大，便于渲染气势，突出形象，区别层次，展示变化，表达复杂的内容。朗诵中可以安排齐诵、领诵、轮诵、分诵等多种形式。集体朗诵分工要注意内容之间的有机联系。领诵应由声音洪亮、朗诵水平较高的人担任，因为他要朗诵在作品中起主导作用的启领部分和关键句段。齐诵一般是表现共同的情感和愿望的部分，有时是为了造成某种宏大的气势。齐诵一定要整齐，速度可适当放慢一些，节奏的变化不宜过大，不要有长句和拗口的句子，如有，可将其化作短句。

4. 配乐朗诵

配上音乐的朗诵可以通过音乐烘托气氛，渲染情调，加强内部连贯性，从而增强表现力。它可以借助音乐，较快、较自然地把听众带入作品的意境中。配乐时要根据作品的内容专门精心设计，音乐语言要与作品的思想感情一致，形成一种和谐美，这样才能增强朗诵效果。配乐如果不当，会使思想内容和音乐形成两张皮，给听众以格格不入的割裂感、干扰感，大大影响朗诵效果。

5. 化妆朗诵

化妆朗诵指朗诵者化妆后进行表演，很有些演话剧小品的味道。若有条件加上灯光、布景等，效果会更好。但是这种形式的朗诵要求较高，不具备一定条件最好不要轻易使用，以免弄巧成拙。

第二课 诵读的技巧和方法

一、诵读的技巧

朗读、朗诵时，为了表情达意的需要而运用的方法叫诵读技巧。它表现在语流的停连和轻重、抑扬和明暗、快慢和松紧等表达手法上。一般来说，喜悦、激动、亢奋、紧迫等感情可用快速、重音、升调、停顿、短句、轻松等方式表现，而悲伤、思索、从容、深沉、庄严等感情可以用慢速、轻音、降调、长句、沉稳等方式表达。

要想准确地表情达意，让听众悦耳爽心，诵读时要做到六点：第一，发音响亮；第二，双音节化；第三，升降明显；第四，停连适当；第五，轻重得体；第六，快慢得当。我们可以重点从以下几个方面展开训练。

（一）语气训练

语气由“语”和“气”合成，它能像表情一样传达言外之意，增强感染力。语气不仅可以通过语调得以表现，还能借助于语言的明暗虚实。

诵读思想感情溢于言表、明快爽朗、轻松活泼的作品，多用圆润饱满的明声；诵读悲凉哀怨、沉郁凝重的作品，多用实中带虚的暗声。例如，诵读朱自清的《春》，应用明声；诵读恩格斯的《在马克思墓前的讲话》，应用暗声。

另外，语流声音的刚柔精细也是表达语气的重要方面。刚声适合表达豪迈、激昂的感情，柔声适合表达委婉、细腻的感情。声粗则粗犷，声细则细腻。例如：

在烈士的遗体前，一只又一只的右手缓缓举起。（悲痛的语气，应气沉声缓）

深秋的清晨是寒冷的，周总理却送来了春天般的温暖。（表达爱的感情，要气徐声柔）

我要征服全世界！（表达坚定的信心，应气满声高）

祖国啊（正常语气），我亲爱的（气音）祖国（颤音）！

哭别总理心欲碎，八亿神州泪纷飞……长夜无言，天地同悲。只见灵车去，不见总理归。（悲恸，颤音，慢速）

训练语气由喜到怒。例如：

扁担长，板凳宽（兴奋），板凳没有扁担长（愉快），扁担没有板凳宽（无奈）。扁担想要绑在板凳上（烦躁），板凳偏不让扁担绑在板凳上（恼怒）。

训练语气由褒到贬。例如：

扁担长，板凳宽（赞美），板凳没有扁担长（愉快），扁担没有板凳宽（陈述）。扁担想要绑在板凳上（否定），板凳偏不让扁担绑在板凳上（嘲讽）。

（二）语调训练

语调是指在声音上表达出来的高低、轻重的变化，它和语气紧密相关。

1. 平调（→）

语流的运行状态基本平直，句尾和句首差不多在同一高度。一般用于叙述、说明性的语句以及表达平淡或压抑的感情的语句，表白、叙述、平淡、沉着、庄重、冷漠等语气就用这种语调。例如：

在我的家里，珍藏着一件白色的确良衬衫。→——表示叙述

在座的每一位，包括我在内，都希望得到幸福。→——表示表白、庄重

2. 降抑调(↘)

语流运行状态由高向低坠落，一般表现肯定或感叹、同情或恳求、坚定或果断、痛苦或愤怒、讨好或屈从等语气时多用这种语调。例如：

十二年过去了，那小姑娘的爸爸一定早回来了。↘——表示坚信

多可爱的小生灵啊！↘——表示赞叹

呜呼！我说不出话。↘——表示悲愤

在充分肯定党和国家事业取得举世瞩目成就的同时，必须清醒看到，我们的工作还存在一些不足，面临不少困难和问题。(习近平：高举中国特色社会主义伟大旗帜 为全面建设社会主义现代化国家而团结奋斗——在中国共产党第二十次全国代表大会上的报告)(前半部分用平调→，后半部分用降抑调↘)——表示肯定和坚决。

3. 高升调(↗)

一般用于表现感情激扬的语句或设问句、反问句。表达号召或鼓动、疑问、怀疑、惊讶、高兴等感情时用高升调。例如：

如今建国伊始，百废待举，不正是齐先生实现多年梦想，大有作为之时吗？↗——表示鼓动

天哪！你怎么能这么做？↗——表示惊讶

同志们！党用伟大奋斗创造了百年伟业，也一定能用新的伟大奋斗创造新的伟业。全党全军全国各族人民要紧密团结在党中央周围，牢记空谈误国、实干兴邦，坚定信心、同心同德，埋头苦干、奋勇前进，为全面建设社会主义现代化国家、全面推进中华民族伟大复兴而团结奋斗！(习近平：高举中国特色社会主义伟大旗帜 为全面建设社会主义现代化国家而团结奋斗——在中国共产党第二十次全国代表大会上的报告)↗——表示号召

当你对伟大祖国怨声不绝的时候，作为儿女，你是否想过你为母亲做了些什么？↗难道在你的怨声中祖国就会富强起来吗？难道你让别人去奋斗，到头来你却坐享其成吗？↗(连续反问，声音应步步上升)——表示诘问

4. 曲调(︶ ︵)

语流的运行状态呈起伏曲折之势，或由高而低再扬起︶，或由低向高再降下︵，或更多曲折，起落部分声音强度较大。表现惊疑、夸张、反语、讽刺、暗示、否定等语气时多用这种语调。例如：

几年前，种种奇谈怪论纷纷出笼，︶什么“一不怕苦，二不怕死”的提法值得研究；︶什么“毫不利己，专门利人”的提法值得商榷。︶——表示否定

我们写文章，做演说，︵只要像洗脸这样负责，就差不多了。︵——表示幽默

(三)停顿训练

停顿不仅是生理需要(换气)，更主要的是表情达意的需要。得体的停顿可以显示语言的节奏，增强表达的力度，强化语言的层次，增强语言的表现力、感染力，从而引起听者对内在含义的深思。

停顿一般分为以下三种类型。

1. 语法停顿

语法停顿指句子中间语法关系的停顿。标点符号是语法停顿的主要特征，停顿的时间可通过下列关系表示：顿号＜逗号＜分号＜冒号＜句号＜句间＜层间。

句子中语法关系的停顿。例如：

我们/走在大路上。(主谓停顿)

这一年，他办了/三件大好事！(宾谓停顿)

我们民族历史上/最灿烂的/科学的/春天到来了。(定语＜状语和中心词之间的停顿)

标点符号的停顿(/· // ·/// ·////等表示停顿，斜线越多，停顿时间越长)。例如：

她一手提着竹篮，/内中一个破碗，/空的；//一手拄着一支比她更长的竹竿，/下端开了裂：///她分明已经纯乎是一个乞丐了。

2. 逻辑停顿

逻辑停顿指为准确表达语意，揭示语言内在联系而形成的语流声音的中断和延续。另外还有大量表现在复句内部各个分句之间内在联系上的逻辑停顿，这种停顿比较复杂。例如：

教师的职业似乎太卑微，太渺小，没有/值得炫耀的特权，没有/让人仰慕的地位，没有/优厚的待遇。(并列性停顿)

理想，是的，我又看见了理想。我指的/不是化妆品，不是空谈，也不是挂在人们嘴上的口头禅。理想是那么鲜明，看得见，而且同我们血肉相连。(照应性停顿)

有的人把名字刻入石头，想不朽；有的人/情愿作野草，等着地下的火烧。(转折性停顿)

今天/是开学第一天。(强调性停顿)

3. 感情停顿

感情停顿又称强调停顿，指为准确表情达意，在没有标点符号的地方决定停顿的地方和时间。例如：

始终微笑的和蔼的刘和珍君//确是//死掉了。

我与父亲不相见已二年余了，我最不能忘记的是他的/背影。

我/如果爱你——/绝不像/攀缘的凌霄花/借你的高枝/炫耀自己；我/如果爱你——/绝不学/痴情的鸟儿/为绿荫重复单调的歌曲。

又如：

惨象，已使我目不忍视了；流言，尤使我耳不忍闻。我还有什么话可说呢？我懂得衰亡民族之所以默无声息的缘由了。沉默呵，沉默呵！不在沉默中/爆发，就在沉默中/灭亡。

朗读最后一句时，如果在“爆发”和“灭亡”的前面作一停顿，就可以使听众充分感受到这里发出了“不爆发即灭亡”的呼告，召唤读者投入斗争。

（四）重音训练

微课小讲堂：重音

重音是指在说话、朗诵时为了更明确地表情达意，对着重强调的词或词组，适当加强音量和气势，使字音更饱满有力。为了便于学习，我们把这一训练分为“词的重音”和“句子的重音”。

1. 词的重音

词的轻重表现在音节上。为了便于说明问题，我们把轻重分为重、中、轻三种。

双音节词轻重变化的基本格式有两种：一是重音在前的“重轻”格式，二是重音在后的“中重”格式。

“重轻”格式是说前一音节重读，后一音节轻读。例如：

班长　表示　本领　帮忙　布置　报纸　不说　办公

“中重”格式是说前一音节中读，后一音节重读。例如：

彩电　黑板　白纸　广播　红旗　准备　花瓶　上班

三音节的基本格式是“中轻重”式。例如：

粉笔盒　人民币　起重机　党小组　有理想　展览馆

2. 句子的重音

句子重音一般分为语法重音、逻辑重音、感情重音(强调重音)。

(1)语法重音

语法重音是由语法结构本身决定的，一般位置固定。

①短句中的谓语动词一般重读。例如：风停了，雨住了，太阳出来了。

②修饰成分与限制成分一般重读。例如：这是一片明朗的天空。

③补语成分一般重读。例如：同志们干得热火朝天。

④疑问代词、指示代词一般重读。例如：他什么都知道？小红就是顺着这条路走的。

⑤数量结构一般重读。例如：王大爷有五只羊。

⑥并列关系、对比关系、转折关系的语句中，关键词一般重读。例如：

当然，能够只是送出去，也不算坏事情，一者见得丰富，二者见得大度。(并列)

我爱热闹，也爱冷静，爱群居，也爱独处。(对比)

小花很聪明，但很任性。(转折)

(2)逻辑重音

对于作品中集中体现作者创作意图和思想感情的，在朗读时需要特别强调，使之鲜明突出。同一句话，逻辑重音不同，所强调的语意重点就不同。例如：

①教师，是太阳底下最伟大的人！(强调对象)

②教师，是太阳底下最伟大的人！（强调肯定）
③教师，是太阳底下最伟大的人！（强调范围）
④教师，是太阳底下最伟大的人！（强调程度）
⑤教师，是太阳底下最伟大的人！（强调地位）
⑥教师，是太阳底下最伟大的人！（强调身份）

(3)感情重音

感情重音指为表达特定情绪而着重强调。例如：

好个国民党政府的“友邦人士”！是些什么东西！（表达无比的愤怒）

别了，我爱的中国，我全心爱着的中国。（表达了对祖国的深深眷恋）

需要指出的是，有的句子中有些词语是重点，却要轻声强调。因为有些话表达轻柔的动作、深深的情思、含蓄幽默的意味，只有用轻声才能更好地表情达意。例如：

敬爱的周总理呵，一生休息得最少，最少。

在这里，只有用深沉凝重的轻声来说，才能恰当地表现出对周总理的敬仰与热爱。如果用一般的方式放声重读，会破坏感情气氛。

(五)语速训练

诵读时讲究语速的快慢和松紧。快慢是指速度，即随着作品内容的发展、思想感情的运动而出现的朗读语流的快慢变化。松紧是指节奏，即作品的思想内容、感情态度驱使朗读语流在抑扬顿挫、轻重缓急的运动中出现的时紧时松的声音形式。

朗读时语速一般应控制在快速每分钟 200 字以上，中速每分钟 150 字左右，慢速每分钟 100 字以下。纷繁的思想内容和多样的感情色彩，形成了语流的不同节奏和速度。通常情况下，内心节奏强烈，语速就会快些；内心节奏缓弱，语速就会慢些。就作品的内容和思想感情而言，语速可以分为三种情况。

第一，运用排比、对照、递进手法时语速加快，表示热烈、急迫、欢快的情绪也加快。

第二，叙述、说明或平静、安闲的情绪用中速。

第三，表示沮丧、悲哀等感情时可一字一顿，甚至词尾拖长音。

朗读所形成的节奏，从句子的角度主要分为以下类型。

紧张型——急促、紧张，气急、音短。

轻快型——多扬、少抑，轻快、欢畅。

高亢型——语势向高逐步推进，高昂爽朗。

低沉型——语势抑闷、沉重，语音慢且暗。

凝重型——多抑少扬，语音沉着、坚实、有力。

舒缓型——气长而稳，语音舒展自如。

例如：

我爱看天上的一片云，那片白白的、会变的云。瞧它一会儿变成只小黄狗，摇着尾巴，追着太阳跑；一会儿变成只小灰羊，在草原上撒欢儿跳高。（语速较快，轻快型）

看！—— 一捶起来就发狠了，忘情了，没命了！百十个斜背响声的后生，如百十块被强震不断击起的石头，狂舞在你的面前。骤雨一样，是急促的鼓点；旋风一样，是飞扬的流苏；乱蛙一样，是闪射的瞳仁；斗虎一样，是强健的风姿。黄土高原上，爆出一场多么壮阔、多么豪放、多么火烈的舞蹈哇——安塞腰鼓。（语速渐快，高亢型）

邻居们把她抬上车时，她还在大口大口地吐着鲜血。我没想到她已经病成那样。看着三轮车远去，也绝没有想到那竟是永远的诀别。（慢速，低沉型）

灵车队，万众心相随。哭别总理心欲碎，八亿神州泪纷飞。红旗低垂，新华门前洒满泪。日理万机的总理啊，您今晚几时回？（中速，凝重型）

月光如流水一般，静静地泻在一片叶子和花上，薄薄的青雾浮起在荷塘里。叶子和花仿佛在牛乳中洗过一样，又像笼着轻纱的梦。虽然是满月，天上却有一层淡淡的云，所以不能朗照；但我以为这恰是到了好处——酣眠固不可少，小睡也别有风味的。（语速较慢，舒缓型）

二、不同文体的诵读方法

（一）散文的诵读——抓住主线，强化情感

对于散文的诵读，要求语气自然、细微，节奏明快，以情感人，因事明理。

散文的诵读要抓住作品的主线。散文中的线索变化万千，有的以人物为线索，有的以事件为线索，有的以景物为线索，有的以象征性事物为线索，有的则以作者的思想活动和感情变化为线索，朗读者必须注意把握，否则很难达到预期效果。散文通常形散，人物形象不够鲜明，事件不够完整，所以我们把握作品中心有一定困难。但是，只要把握了散文形散而神不散的特点，理出线索，抓住关键，把握作品的总意图、总倾向，作品的主题思想就很容易被挖掘出来。另外，也要抓住文章感情的表达，体会作者在作品中所倾注的感情，以情引情，从而达到以情感人的目的。散文的写情是多种多样的，如间接言情、直抒其情、借景抒情、托物传情等。这些感情或外露，或含蓄，或炽烈，或温柔，我们要针对感情表达的不同特点，采用不同的诵读方法。

需要注意的是，对散文中人物语言的处理不要是扮演式的，要求写意化，即以人物的精神境界、思想深度为重点，同时照顾到人物的性格特征、年龄和人物之间的关系。

文中对话一定要为立意服务，不应该单纯考虑用什么样的音色说话。诵读散文中的人物语言，必须仔细揣摩，深入体味，力求准确传神。

（二）小说的诵读——个性化的语言，独特的性格

诵读小说技巧复杂，难度较大，要注意区别人物个性化的语言及其独特的性格。小说取材广泛，故事情节可以曲折多变，奇峰突起，也可以平淡如水，娓娓道来；可以描写重大历史事件，也可以描写现实生活小事；作品中既有性格突出的典型人物，也有性格扁平的一般人物。在处理人物性格时，诵读者可以从人物的外形与内心两个方面去把握。把人物的言谈举止、穿着打扮和其精神状态、待人方式、情绪变化紧密结合起来，就可以使人物形神兼备、栩栩如生。如吴敬梓的《儒林外史》中：“屠户见女

婿衣裳后襟滚皱了许多，一路低着头替他扯了几十回。”“几十回”要进行重读处理，它可以淋漓尽致地表现胡屠户在范进中举后的媚态。又如鲁迅的《故乡》中：“我的心禁不住悲凉起来了。”要借助对“悲凉”的重读处理，表现“我”看到故乡的萧条景象时内心的失望和伤感。

小说人物都有自己个性化的语言，这也是人物性格的重要标志。在诵读人物的语言时，必须把握不同人物的性格、心情、待人接物的方式等。两个人物对话时，声音色彩、语气语速要有区别；诵读人物的语言，不能与叙述、描写语言相混。叙述、描写语言就像诵读者自己的话，自始至终语气一致，过程连贯，气息统一。人物语言插入叙述中间时，前后应有明显的语气、声音的转换，改用人物特有的语气表达。人物的语气“造型”应是始终如一、前后一致的。

还应注意的是，虽然小说中出现了不同身份、不同性格的人物，但是不要从表面上去“扮演”这些人物，而要在自己的表达上更多地注意由这一人物到另一人物之间的转换，表现出不同人物的心理发展变化及性格特征。

小说的艺术魅力还在于以情动人。诵读者应充分把握作品中人物的感受，把理智的分析融进形象的表达，并以符合生活逻辑的感情把形象细腻丰满地展现出来。有了充沛的感情，再以情带声，就能起到揭示主题的作用。千万不要“矫情”，装出来的“情”会使人不舒服，效果肯定不理想。

（三）诗歌的诵读——体味感情，重视韵律

诗歌的特征是澎湃的激情、丰富的想象、深邃的思想、明快的韵律。诗歌的语言凝练而有跳跃性。诵读诗歌，要深入体会诗的意境，通过思索、想象体味其微妙的灵感，引发浓烈的感情，以具体、形象的语言表达出可感的意境；要重视韵律，表现优美的节奏。

诗歌有多种表现形式。从诗句的排列、押韵和平仄上看，有格律诗和自由诗；从表现内容上看，有抒情诗、叙事诗等。对于不同的诗体及风格，诵读时应有所区别。

格律诗在平仄、押韵上都有严格的要求。由于格律诗的字数是一定的，诵读时，节拍也要一定，即停顿要一定。不同的格律要有不同的节拍安排。格律诗之所以为格律诗，就在于它是用明显的格律来包容、凝聚思想感情的，因而在诵读时一定要考虑其节拍。一般来说，五言诗划分为两个节拍，即二、三；七言诗分为三个节拍，即二、二、三。诵读时固定节拍，一可以减少拖腔，句中节拍后面可以延长音，句末一个节拍之后有停顿，听起来既不急促又不拖沓；二可以增强韵味，使听者更好地体味诗情诗意，不必待全句结束再去回味。如果节拍增多，词句密度缩小，诵读时便不再那么舒缓，会大大削弱诗意与韵味。

诵读格律诗时，出于押韵的需要，必须给韵脚以呼应，不可含糊带过，在韵脚不是重音的诗句中也要适当地比其他音节读得响亮些。在注意字数、节拍、韵脚的基础上，也要注意平仄的对应，使语势变得更加错落有致，增强节奏的起伏回环，让人感到抑扬顿挫的音韵美。

抒情诗通过直接的情感抒发来表达对现实生活的体验、感受。诵读抒情诗时，要

把那些实现深邃意境和鲜明表象的字、词、句，通过有声语言的再创造，活生生地展现出来。诵读者要有强烈的新鲜感，要情绪饱满，感情细腻，语调真切，以增强诵读效果。

叙事诗多是描写事件发展过程的，有时有人物和对话，诵读时要恰当表达；在节拍掌握上不要大起大落，力求生动、自然。诵读叙述语言时，不要有明显的倾向性，语调亲切、字音清晰、段落分明地把事情叙述清楚就可以了；诵读描写性语言时则要态度明朗，是非分明，注入浓郁的感情色彩。

讽刺诗以辛辣尖刻的语言揭露生活中的假丑恶，表现真善美。诵读讽刺诗，要注意节奏明快，切分明显，语气的起伏可以大些，对比要鲜明，并根据内容的需要在节奏、重音、切分上做些特殊处理，以示强调。语气表达要具体形象，褒贬要泾渭分明，力戒装腔作势、哗众取宠。

（四）寓言的诵读——恰当地夸张，风趣地表现

寓言用比喻故事说明道理，大都以简短的结构、鲜明的形象、夸张与想象的艺术手法阐明某种道理。诵读寓言要做到夸张而不失真，风趣并且含蓄，从而创造出既生动又真实的寓言形象。

诵读寓言要运用夸张的艺术手法，诵读时的感觉、思考、判断、神态、形体、声音，包括眼神和气息，都要适当地夸张和放大，有声有色、活灵活现地体现作品的艺术情趣和魅力。这种夸张绝不单纯是外部形式的夸张，诵读者必须具有高度的真实感和信念感，只有这样才能产生艺术真实的感染力。注意不要为夸张而夸张，避免大喊大叫、眉飞色舞、矫揉造作，否则就会因形害意。

（五）议论文的诵读——追寻逻辑关系，把握语句重音

议论文的诵读必须透彻地把握作品内在的逻辑关系，把概念、判断、推理融会贯通，表达出切身的感受、鲜明的态度。诵读议论文时，语气要果断、肯定，重音要坚实。重音是其“眼睛”，是重中之重。读到有设问、反问、质问句的议论文时，不能吞吞吐吐、飘忽不定。重音的表达方法要扎实、确切。有时为了表示语气的深沉，可以同时用低、重、长的方法表达重音。重音的肯定性和反义性一定要十分明确，特别是延长音节表达时，稍不注意就会把肯定性变成反义性，使肯定性带上讽刺的意味。

另外，重音的主次关系也十分重要。主要重音的领属、次要重音的从属不可混乱，不能含糊。重音要起画龙点睛的作用，不宜多也不宜杂。

（六）文言文的诵读——理顺句读语意，讲究语法停顿

文言文的诵读比白话文诵读困难得多。首先文言文在字词上就存在着许多障碍，常一词多义，一字多音，词意深奥，语法繁杂，因此要特别注意字词的正确读音。诵读文言文时，第一步是把字句理解透彻，在脑子里把文中的每一个字词、语句都对译成白话文；第二步是熟读全文，对相关的时代、典故、古人、古事等有所了解，并对作品的思想性、艺术性给予具体确切的评价。诵读时首先要注意重音突出，语速放慢，吐字清晰。其次要注意体现语言的韵律美。文言文在遣词造句上很讲究音律美，特别

是骈体文对仗工整、音韵铿锵。把握住文言文的音韵特色，诵读时就可以做到抑扬有别、高低悦耳。

文言文的诵读还要注意语法上的停顿，不可错顿。它的基本功夫在于把文中的语词拓开。拓开语词不是字字拓开、词词拓开，而是要把握三点：一要看语法关系、词性、句式，二要看思想感情的延续、转换过程的需要，三要看易懂、难懂的情况。在诵读语流中，可以把语言链条拉长，有的是环节拉长，有的是音节拉长。一般来说，助词的音节应拉长，以此舒缓语气，把握文章的句读。例如，欧阳修的《醉翁亭记》一连用了三十多个“也”字，起到了很好的舒缓语气的作用，诵读时如果恰当地把握停顿语气，这篇古文的韵味也就表达到位了。

拓展训练

1. 根据括号内的提示，用恰当的语气练说下面两句话。

第一句话：某人是你的朋友吗？

(1)表示惊讶(真没有想到)。　　(2)表示怀疑(这可能吗)。

(3)表示责怪(你不应该去)。　　(4)表示愤怒(你太不像话了)。

(5)表示惋惜(不该犯的错)。　　(6)表示轻蔑(那地方你也去)。

第二句话：多好的人！

(1)表示感激(人真不错)。　　(2) 表示讽刺(什么东西)。

(3)表示可惜(这人不该死)。　　(4) 表示赞美(对人的歌颂)。

2. 下面一段话，包含恨、怒、急、悲、疑等感情，请试读，并指出其用气发声的特点。

你是一个心肠狠毒的家伙！你为什么把这孩子推到臭水沟里去？——快，大伙儿都来帮个忙，把孩子赶快救上来！唉，这孩子，这孩子被泡得嘴唇都发紫了，可怜这没娘的孩子！——什么？你没推？你一点责任都没有？……

3. 诵读《我爱这土地》(艾青)，注意语法停顿和强调停顿。

我爱这土地

假如/我是一只//鸟，
我也应该用嘶哑的/喉咙//歌唱：
这被暴风雨/所打击着的//土地，
这永远汹涌着/我们的悲愤的//河流，
这无止息地吹刮着的/激怒的//风，
和那来自林间的/无比温柔的//黎明……
——然后/我//死了，
连羽毛也腐烂在/土地里面。
为什么我的眼里/常含//泪水？
因为/我对这土地爱得//深沉……

4. 诵读《论鲁迅》中的一段话，把握逻辑重音，体会文句的逻辑特点，注意虚词在语言链条中的重要作用。

我们纪念他，不仅因为他的文章写得好，是一个伟大的文学家，而且因为他是一个民族解放的急先锋，给革命以很大的助力。他并不是共产党组织中的一人，然而他的思想、行动、著作，都是马克思主义的。

5. 诵读《囚歌》，注意语调的处理。

为人进出的门紧锁着，（平调，冷眼相看）

为狗爬出的洞敞开着，（平调）

一个声音高叫着：（曲调，嘲讽）

——爬出来吧，给你自由！（曲调，诱惑）

我渴望自由，（平调，庄严）

但我深深地知道——（平调）

人的身躯怎能从狗洞子里爬出！（高升调，蔑视、愤慨、反击）

我希望有一天，（平调）

地下的烈火，（稍向上扬，语意未完）

将我连这活棺材一齐烧掉，（降抑调，毫不犹豫）

我应该在烈火与热血中得到永生！（降抑调，沉着、坚毅、自信）

6. 组织班级诵读比赛。根据学生特点及其对诵读知识的学习情况，组织一次班级诵读比赛。比赛依据诵读内容分为古诗文组和现代诗文组，鼓励学生以“经典诵读”模块中所学篇章为参赛内容，依据诵读要求和标准进行评判，评选出诵读优秀者进行奖励和表彰。

专题十二

演讲口才训练

导入案例

我国当代著名演讲家颜永平先生，在演讲时运用排比的手法十分高明，而且几乎每次都有变化，让句群以至篇章形成强势排比，如钱塘江大潮夺空涌来。有一年全国大学生演讲大赛在富有“东方好莱坞”之称的浙江横店影视城举行。横店在东阳市，东阳属金华市。颜永平先生在大赛开幕式上的致辞中有一段话是这样讲的，给在场听众留下很深刻的印象：不是所有的国家都能改革开放，和谐发展，幸福强大的；但是，我们伟大的祖国做到了！不是所有省份都能与时俱进，开拓进取，成为经济强省、文化大省的；但是，我们的浙江省做到了！不是所有的火腿都能历史悠久，经久不衰，驰名中外的；但是，我们的金华做到了！不是所有地方的影视城都能产生经济效益和社会效益的；但是，我们的东阳市做到了！不是所有的影视城都能做强、做大，成为中国的好莱坞的；但是，我们的横店影视城做到了！不是所有的做强、做大的企业都能够回报社会，承办全国大学生演讲大赛的；但是，我们的横店影视城有限公司做到了！不是所有的在校大学生都能够参加全国大型演讲比赛的；但是，你们做到了！

颜永平先生的这个致辞，多处用的是第一人称复数“我们”，使人们听了倍感亲切。整个演讲有着精妙的艺术构想，尤其是那“排浪”般的声音，至今还时时回荡在人们耳边。

案例思考

颜永平的演讲为什么能够取得成功？请根据案例，思考我们该如何掌握演讲技巧，提高自己演讲的魅力？

第一课　命题演讲口才训练

一、命题演讲的准备——演讲基本知识

（一）演讲的概念

演讲又称演说或讲演，是演讲者在特定的环境中，面对广大听众，运用有声语言

和形体语言，就社会和现实中的某个问题发表意见、抒发情感，以达到感召听众并促使其行为的一种信息交流活动。演讲表现的是自我，即我的立场，我的态度，我的观点、主张、意见，我的情感、情绪。其目的是传递信息、交流思想和表达情感。

(二)演讲的类型

演讲的类型，有多种不同的分类方法。从表现形式上分类，可以分为命题演讲、即兴演讲、论辩演讲等，其中运用的最广泛的是命题演讲和即兴演讲。命题演讲是根据指定的题目或限定的主题，事先做了充分准备的演讲，一般都写好了讲稿并经过精心设计和反复演练的。如演讲比赛、教学演讲、学术讲座、出席会议时的讲话等，都是命题演讲。即兴演讲是指在演讲者事先无准备的情况下，就眼前的情境、事物、人物临时有感而发、因兴而起的演讲。该演讲篇幅短，时境感和灵活性强，演讲难度较大，要求较高。

二、命题演讲的核心——演讲稿的写作

命题演讲即由组织者拟定演讲题目或指定范围，经过一定准备的演讲。演讲稿的写作是命题演讲的关键。好演讲稿通常具有以下的特点：

第一，以情感人。“动人心者莫先乎情”，唯有炽热真实的感情，才能使“快者撷髯，愤者扼腕，悲者掩泣，羡者色飞”。要说出自己的心理话，而不是“为赋新词强说愁”。空泛的情，虚假的情，夸大的情，只会让人感到做作、别扭，让人反感。

第二，切合具体演讲的场合和对象。俗话说：到什么山上唱什么歌？看菜吃饭，量体裁衣。在不同的场合讲话方式也不同，这样才能取得良好的效果。

第三，简短有力少用长句。在这种群请激动的情形中，讲上一大串话，甚至讲上几十分钟，显然不合乎环境的要求，人们激动的心情也许就在长篇的演讲中被扼杀了。不如简明扼要，推波助澜，让人们的情绪继续高涨，这才叫切合实际场合、环境。

第四，形象生动避免太多书面语。

第五，幽默但不滑稽。幽默既可将沉闷难堪的气氛活跃起来，愉悦人们的心境，又能表现讲话者宽容的胸怀、机智的谈吐、高尚的人格，言语幽默者无处不受人欢迎。

(一)演讲稿的开场白

一个精彩的开场白有利于塑造演讲的第一印象。“万事开头难”，而“良好的开头是成功的一半”。演讲也正是如此。演讲者应全力写好好开头：设置悬念、讲究文采，引人入胜，力求一开口就能拨动听众兴奋的神经。演讲开头的方法很多，现介绍几种：

1. 以“人”为媒介

展开一个互动：或提问或游戏。通过这种人人参与、动脑动手的方式活跃气氛，将主题积极有趣地导入。例如：“大家好，我想问大家一个问题，人是从哪里老起的？我看——有的人是从屁股老起的。某些领导不深入实际，整天泡在“会”海里，坐而论道，皮革可受可苦了！既要负担上身的重压，又要与板凳摩擦，够劳累的了，如此一来，不是屁股先老吗？

2. 以“事”为媒介

讲述一个故事：自己的、别人的、具体的、生动的。通过故事的讲述，由具象到抽象，使听众更好地把握理论观点。

3. 以“物”为媒介

拿出一件东西：实物、模型、图像、音像或多媒体演示。多一个视点、多一个兴奋点：调动听众的兴趣。

4. 以“言”为媒介

引用一句话语：古今诗句、名句格言、奇句怪词等。

5. 以“情”为媒介

表达一种情感：可以通过“套近乎”方式，与听众拉近距离。比如一开场赞美听众，拉近与听众的距离。表达情感中还可以通过示弱的方式，引起听众的恻隐之心。

6. 以“景”为媒介

利用现场的一个景物：一片风景、一个物件、一种氛围，借景发挥从而妙趣横生，沟通听众。

7. 即兴发挥

有时现场会出现一些意外，我们也可以抓住这突发的现象为我所用，坏事变为好事，服务主题，调动现场，凸显睿智。

以上介绍的七种方法，其实每一种方法又都包含无穷种样式，开场无常态，要结合实际情况灵活运用。

（二）演讲稿的层次与标题

这里涉及的是演讲的主体部分。在演讲当中，如何把思路理清，以己昭昭，使人昭昭？每次演讲前请问自己三个问题：第一，我的演讲有没有层次？没有层次不上台；第二，我的层次用不用标题？用了标题，举纲张目不会乱；第三，我的标题漂亮不漂亮？漂亮的标题吸引听众不走开。

1. 确立主题，分清层次

演讲者要善于抓住主题，紧密围绕主题将演讲内容有序展开。好的演讲稿既要论点鲜明、论据充实，又要重点突出、详略得当。切忌把要点淹没在汪洋大海般的细节乃至杂乱无章的陈述中。一篇演讲要怎么开场、有几个要点、逻辑关联是什么、用什么例子、引什么证言、放在什么地方、最后如何结尾，何重何轻、何先何后、何多何少，演讲者要了如指掌。

例如，如果是汇报演讲，演讲者要注意，要讲自己的鲜活的事例，说自己独特的经验。以此为核心理念理出演讲稿的头绪。如果是商务演讲，演讲者在演讲中要强调亮点、构成卖点；结合大众的切身利弊，量化内容表现。其实，产品介绍、竞岗、述职、评优演讲的共同的重点都在于“讲出我的精彩来”，在纵向与横向的比较中，强调有别于同类的特点；从自身的特点中，寻找比较中的亮点；从对方的需求中，寻找物有所值的卖点。

2. 提炼层标，举纲张目

撰写演讲稿是要善与运用标题，标题其实是演讲内容的精确提炼，依纲演讲，可以使整个演讲过程活而不乱。所谓“依纲演讲”，指的是两种情况，一种是写好全文，持稿上台，演讲时思路不变，层此、标题不变，也可照读标题与主要内容，其余内容则即兴方式展开。另一种则是不写全文，只写详细提纲，分清层次，写出标题，并在下面写出有关提示。这种“依纲演讲”的优点是“活而不乱”，说它“活”，因为它具有即兴演讲的特色，表现出当下交流的那种生动自然；说它“不乱”，因为已有了周全的提纲及精彩的标题，胸有成竹，可张可弛，这样的演讲往往最精彩。

标题的写作要要求：鲜明、概括、逻辑、规整、简洁、生动。写标题的方法有如下三种：

第一种：数字串联法

如前总理朱镕基在九届人大一次会议后答记者问：“我可以把我们的施政纲领简单地概括为“一个确保、三个到位、五项改革”。

如一位上海市“十大杰出青年”候选人发言：“上任后，我首先向传统观念宣战，在全国同行中第一个提出“一个理念、两个服务、五个第一”

第二种：词语串联法

如一个教师在教师培训班上的演讲：“新课程的改革浪潮以不可抗拒之势汹涌而来，我们每一位教育工作者都要经受改革的洗礼。面对新课程的实施，我们该怎么做呢？首先，我们要‘洗脑’。通过学习，把我们的旧脑筋彻底洗刷一下，代之以崭新的教育理念…… 其次，我们要‘充电’。通过学习，吸收新知识，提高我们的创新精神……第三，我们要‘换水’。教师所储备的那‘一桶水’必须常换常新，不然就会变成死水和臭水……”

如厉以宁：《知识经济和所有制改革的进 步思考》：“‘挣钱 生钱——赚钱——来钱，是获取利润的四个不同层次。挣钱是最辛苦的方法，‘挣’字就是靠着一双手，参与到竞争中去，只有辛勤劳动才能有所得。生钱就不同了，‘生’字是一个平台上一头牛，牛市牛市，意思是要上市，企业上市才能生财有道啊！赚钱又上了一个层次，把‘赚’字拆开，‘贝’就是钱，‘兼’意味着兼并，就是说只有兼并才能把企业做大，才能有更多的钱。来钱是最高境界，‘来’字繁体字(來)中间是个十字架，表示企业要有一定基础才能扎根立业，三个人字，表示把众多的人才网罗在一起，才能产生更大的财富，使利润滚滚而来。企业发展的四个层次，就是企业改革的四步曲啊！”

第三种：句子串联法

如制药公司一个采购经理的工作体会：“做生意首先要做人，第一，对自己要‘严’；第二，对别人要‘宽’；第三，对利益要‘淡’；第四，对企业要‘忠’。”

如 2008 年 8 月 12 日，中国体操队总教练黄玉斌接受记者采访时说：“第一，感谢你们不让我跳楼；第二，我有信心，不可能跳楼；第三，头发白了没关系，只要金牌挂在队员们的脖子上就好。”

（三）演讲稿的结尾

演讲稿的结尾可以分为四种：第一：总结概括——让听众获得一个整体印象。第二：首尾呼应——有头有尾、融会贯通。第三：点题示意——让人豁然开朗。第四：展望号召——激发热情、推向高潮。

下面是一些不同结尾的例子：

(1)首尾呼应

《我心中的石头》——“在我的办公桌上，一直摆着一件珍贵的纪念品，就是这块石头。这是太行山上最普通的石头，却蕴藏着我的一段刻骨铭心的采访经历。…………感谢这块太行石，给了我这么多心动和灵感，赋予了我人生更多的提示和意义，当我两鬓飞霜安然知命的时候，我还要把这块石头交给我的下一辈，并向他们讲述我心中石头的故事。”

(2)点题示意

《像父辈那样去爱》——“青年，是人类的春天，是国家的未来！我们应该以青春之我创造青春之家庭，青春之工厂，青春之国家，青春之人类，假如你想完成这一使命的话，那么，请记住，首先要像父辈那样去爱……”

(3)展望号召

《科学的春天》(郭沫若：1978 年)——“春分刚刚过去，清明即将到来。‘日出江花红胜火，春来江水绿如蓝’。这是革命的春天，这是人民的春天，这是科学的春天！让我们张开双臂，热烈地拥抱这个春天吧!”

《习近平 2022 年 4 月 8 日在北京冬奥会、冬残奥会总结表彰大会上的讲话》——“圆梦冬奥会，一起向未来。让我们更加紧密地团结在党中央周围，发扬北京冬奥精神，以更加坚定的自信、更加坚决的勇气，向着实现第二个百年奋斗目标奋勇前进，向着实现中华民族伟大复兴的中国梦奋勇前进!”

三、命题演讲的呈现——评判原则

（一）命题演讲的评分标准

1. 演讲内容的评分标准(4 分)

主旨：①要思想深刻、有针对性、富有时代气息。(1.5 分)

材料：①要准确可靠、新颖、典型。(1.5 分)

结构：①要完整、严谨、匀称。(1 分)

2. 口语表达技能的评判标准(4 分)

①语言要有“上口”、“入耳”的特征，能准确表达出演讲的思想内容。

②语言要具有形象性与生动性，能紧紧吸引住听众。

③普通话发音要准确、规范、清楚。

④语气语调语速等，要根据内容富于变化，抑扬顿挫明显，节奏感强。

3. 态势表达技能的评分标准(2 分)

①眼神、面部表情、手势、站姿等，要自然优美，适度有用，协调一致。

②举止自然得体；仪表庄重、整洁、大方；精神状态好。

（二）评分办法

评委当场亮出评分。这种评分方式一般用于决赛。为了顾及现场的效果、保护选手的积极性，评委们可以先议定一个相应的起点分（一般为 8.0 分），如果再将最高、最低分去掉，评分相对客观一些。当场亮分的好处是由于“一锤定音”，赛程比较紧凑，现场气氛会显得紧张而热烈，评分也多了一份现场的参与和监督。

第二课　即兴演讲

微课小讲堂：
即兴演讲

一、即兴演讲的基本知识

（一）即兴演讲的概念

即兴演讲，是指在特定的情境和条件下，自发或被要求立即进行的一种演讲形式，是一种不凭借事先准备的文稿、未经充分准备即开始进行的口语交际活动。即兴演讲者往往事先没有做什么准备，而是随想随说，有感而发。

即兴演讲是一种应用广泛、受到普遍欢迎的口头演讲方式，它比一般的演讲难度更大，然而也更能体现演讲者的口才水平。在生活和工作中，就职演说、自我介绍、答疑解惑、临场致辞等，通常都可以看做是即兴演讲。

（二）即兴演讲的类型和特点

1. 即兴演讲的类型

通常情况下，即兴演讲分为两种类型：可预知内容范围的即兴演讲和不可预知内容范围的即兴演讲。这两种即兴演讲类型具有各自的特点。可预知内容范围的即兴演讲，往往是在演讲比赛中，比赛之前给演讲者一个相对较大的内容范围和准备时间，在比赛中再通过抽签确定即兴演讲题目。不可预知内容范围的即兴演讲，一般事前不知道演讲内容范围，只是在演讲即将开始时才明确内容范围，并做短暂准备即开始演讲。前者的准备时间相对多点，后者的准备显得更加仓促；效果上看，前者往往优于后者。

2. 即兴演讲的特点

（1）篇幅短小

即兴演讲是临时起兴，准备不够充分的情况下进行的演讲活动，一般能够阐明一个道理，表达出自己的心意、情感或看法即可，不必进行长篇大论。

（2）时境性强

即兴演讲要切合演讲现场的气氛和环境，才能取得良好的效果。即我们通常所说的“到什么山唱什么歌”、“什么场合说什么话”。

(3)就事论事有感而发

即兴演讲要结合眼前的事、时、人、物，引出话题，表达出自己的所思所想，一般要求有感而发、真实可信。

(4)形式灵活多变

即兴演讲可以采取多种多样的形式进行，可以是就事论事的观点表达，或者是对某个问题进行解答，或者是一个故事分享，或者是一段即兴点评等等，形式不限，只要能有感而发表达自己的感受或观点就行。

总体而言，即兴演讲具有篇幅短小、时境性强、就事论事有感而发、形式灵活多变等特点。

二、即兴演讲的准备

(一)素质和材料准备

1. 素质准备

即兴演讲需要演讲者首先具备基本的素质，这样才能保证演讲取得良好的效果。这种基本素质一般包括良好的口头表达能力和临场应变能力。即兴演讲虽然事发仓促，然而它的素质准备却不能一蹴而就或短期完成。因而，要练好即兴演讲，就应立足长远，长期坚持演讲基本功训练，做好素质准备。

即兴演讲需要演讲者具备良好的口头表达能力。即兴演讲时，没有事先写好的演讲辞，因此，临场发挥就显得特别重要。即兴演讲时，演讲者往往是一边在头脑中迅速构思表达内容，一边随时注意观察所在的场景和听众，以便摄取那些与演讲主题有关的人物或景物，因地设喻即景生情。

即兴演讲还需要演讲者具备较强的临场应变能力。即兴演讲由于演讲前无充分准备，在临场时就容易出现意外，如怯场、忘词等等现象。遇到这种情况，只有沉着冷静，巧妙应对，才能扭转被动局面，取得良好的演讲效果。因而，演讲者平时注意训练自己的临场应变能力，才能在即兴演讲中有好的表现。

2. 材料准备

首先，演讲者要有广博的知识和丰富的材料储备。平时注意搜集材料，占有材料，在即兴演讲的时候能够迅速选用恰当的材料进行演讲。演讲者应该培养自己广博的兴趣，对社会生活和各种知识有所了解和涉猎，同时对自己感兴趣的专业领域有较为深入地研究和认识。只有在拥有丰富的材料储备的基础上，即兴演讲时才能更加游刃有余。

其次，演讲者还应培养和提升分析运用材料的能力。即兴演讲要求演讲者在很短的时间里把符合主题的材料组合、凝炼在一起，并且表达出来，这就要求演讲者应具备较强的综合能力，能够迅速选出合适的材料运用到演讲中去。

(二)临场准备

1. 酝酿腹稿

为取得良好的演讲效果，在即兴演讲开始之前，演讲者应尽量抽时间酝酿一下腹稿，对自己将要演讲的内容定下个大致的框架和安排，例如，明确自己先讲什么，再讲什么，怎么安排开头和结尾，如何安排所讲内容结构和衔接等等问题。腹稿不必很具体、完整，有个大致的雏形就能为即兴演讲的成功提供很大帮助。另外，这个腹稿只是指导性的，随着现场情境的变化和演讲的逐步深入，即兴演讲者可以随时改变或打乱原先的设计。

2. 巧用延宕

延宕是指在演讲开始之前或在演讲过程中，利用有关语言、动作等来拖延正式演讲的时间，同时快速构思下一步演讲内容的一种策略和方法，也是即兴演讲中常用的技巧。延宕一般分为“动作延宕”和“语言延宕”。动作延宕指的是演讲者利用自己的动作来拖延时间，同时迅速构思接下来的演讲内容的方法。例如，演讲者可以在即兴演讲前或即兴演讲过程中，根据情境向观众致意、招手等；也可以在讲话间隙，拿杯子喝水等，这些都属于动作延宕的具体运用。语言延宕指的是演讲者利用自己的语言(和演讲内容相关的，同时也是自己不须深入思考、易于表达的话语)来拖延时间，同时迅速构思接下来的演讲内容的方法。例如，演讲者在即兴演讲中趁机说一些与演讲主旨、内容关系不大，又比较简单，不用怎么思考就能说出的话，用这些话语来拖延时间，为自己赢得宝贵的构思下一步演讲内容的时间。

3. 心理准备

即兴演讲虽然在演讲之前留给演讲者的准备时间极短，甚至没有准备时间，但是，演讲者可以根据自己的经验和阅历，预测是否需要或者“被点到”进行演讲，从而提前做好心理准备。提前做了心理准备后，一般就不会在即兴演讲时出现慌乱、恐慌和尴尬的局面。

三、即兴演讲的技巧和方法

(一)做好“即兴”

“即兴演讲”中的“兴”是指“兴致(兴趣点)”，它与演讲者要表达的主题思想密切相关。“即兴”就是“根据某种具体的兴致(兴趣点)”。即兴演讲者必须把握好“即兴”的技巧，才能做好即兴演讲。

做好“即兴”就是要求根据演讲需要，恰当地结合时间、场景、人物、物品、事情和语言等，开展演讲。

1. 结合“时间”

即兴演讲的时间有时可以引发演讲的内容。日常生活中，会议或活动总是在特定的时间里进行的，即兴演讲者可以根据实际情况选择特定的时间作为“兴”来发表即兴演讲。如国庆节、元旦、中秋节等重大节日；又如五四运动、“九一八”事变等重大历史事件的纪念日；还可以是对于普通人来说是平常的日子而对于演讲者个人而言却有特殊意义的日子。例如，一名教师的演讲中说：今天是9月10日，看到你们，让我想起了10年前的今天，我也和你们一样，背着行囊来到了这所学校……

2. 结合“场景”

即兴演讲所在地点、场景是一定的，演讲者可以从特定的场景联想到这个场景中的人和事，触发自己的情思，从而达到“以景得兴”。例如 1949 年平津战役后，毛主席率领中央机关迁往北平，他想到了历史上的李自成进京的故事，提出了中国共产党人入驻北平是“进京赶考”，鼓励和教育大家要赶考成功，不要像李自成那样。

3. 结合“人物”

会议或活动总是由人来参与的，并和特定的人紧密联系在一起，即兴演讲者可以选择眼前的人作为“兴”的对象。即兴演讲者结合现场的观众，引出话题，展开演讲，有时会起到更好的效果。例如，某高校邀请郑毓芝(话剧《光绪政变记》中慈禧太后的扮演者)来演讲，主持人就以郑毓芝为兴，做了如下开场白：

同学们，今天，我们好不容易把“老佛爷慈禧太后”请来了。“老佛爷”郑毓芝同志在戏台上盛气凌人，皇帝、太监、大臣见了都诺诺连声、磕头下跪，在台下却和蔼可亲、热情诚恳。她方才和我谈起，还曾扮演过《秦王李世民》中的贵妃娘娘，话剧《孙中山与宋庆龄》中的宋庆龄。她是怎样把这些截然不同的人物演得栩栩如生的呢？下面就请听她的演讲。

4. 结合“物品”

演讲者所在场景中的物品，也可以被即兴演讲者选择来作为“兴”，从而达到借用某种物品暗喻深刻事理的目的。例如，某部首长在欢迎新分配到部队来的大学生时，以窗台上的一盆鲜花为兴，发表了如下演讲：

这种花有一个特点，就是花的花蕾期特别长。一个小小的花蕾能在那里静静地睡上一个月。然而当它一旦孕育成熟，就突然开放出朵朵鲜花。各位以前的学生生活，就像这花蕾含苞待放的孕育期，而现在将是绽放鲜花的时刻。希望你们迅速扎根，迅速成长，早日开出鲜艳的花朵。

5. 结合“事情”

日常生活中，总会发生各种各样的事情，即兴演讲者可以选取要讨论或解决的“事”为“兴”，开展演讲。例如，在第 47 届国际笔会时(笔会总议题为“核时代的文学和作家的关系”)，巴金先生在东京发表了一篇演讲，演讲中巴老讲了一个 12 岁小姑娘折千纸鹤最终无法避免死亡的感人故事。这这故事感人至深，为巴老的演讲成功奠定了基础。

6. 结合“语言”

生活中，总有一些人说的话给演讲中留下深刻的印象，即兴演讲者可以利用别人的“语言”引出自己的演讲内容，有时候也可以起到很好的效果。例如，郭沫若在萧红墓前，以前面演讲者的发言为兴，发表了如下演讲：

本来我可以这么开始我的讲演的，但是当我听了刚才×先生两分钟的讲演，太漂亮了！他说：“人民的作家萧红女士一生为人民解放事业奔走，到头来死在这南国的海边，伙伴们把它埋在这浅水湾上。今天，围绕在他周围的都是年轻人，今后的日子里，不知有多少年轻人来围绕着她。朋友们！我们是年轻人，我们没有悲伤，我们没有感慨，请大家向萧红女士鼓掌!”太好了，我的五分钟讲演只好改变计划了，让我把年轻人引申来说一下吧!

（二）选好“开头”

即兴演讲对于演讲者来说是比较困难的，尤其是即兴演讲之初。俗话说“万事开头难”，做好即兴演讲的开头是比较重要和困难的事情。下面介绍几种常见的开头技巧。

1. 开门见山式

即兴演讲一开始，就直接进入演讲正题，少说空话、套话，不浪费时间。这就是开门见山式。例如，闻一多先生的《最后一次讲演》就是采用了这种开头：

这几天，大家晓得，在昆明出现了历史上最无耻的事情！李先生究竟犯了什么罪，竟遭如此毒手？他只不过是用笔写写文章，用嘴说说话。而他所写的、所说的，都无非是一个没有失掉良心的中国人的话！大家都有一支笔，有一张嘴，有什么理由拿出来讲啊！为什么要打要杀，而且不敢光明正大地来打来杀，而是偷偷摸摸地来暗杀，这成什么话？

2. 举例式

即兴演讲者在演讲开始时就先举一个自己熟悉的事例，这种演讲开头就是举例式。举例式有两个好处：一是可以为演讲争取时间，从而思索后面需要讲什么；二是通过事例吸引听众的注意力。例如，某单位举行“我与安全”演讲赛，单位领导发表即兴讲话：

一位女工早晨上班，走得匆忙，忘了关煤气的阀门。中午下班回家闻到一股浓烈的煤气味，才想起自己忘了关煤气的阀门。她一边去关阀门，一边顺手抽了一下脖子上的尼龙纱巾，谁知这一抽不要紧，产生的静电火花竟然引起一场大爆炸，可怜这位年轻女工被炸得血肉横飞……

3. 提问式

在即兴演讲开始的时候，通过提出一个与自己所要表达的主题密切相关的问题，引起听众的兴趣和思考，也是一种较好的开头方式。同时，听众带着问题听讲，将大大增加他们对演讲内容认识的深度和广度。但提出的问题不能太滥，应围绕中心，饶有趣味，发人深省；如果问得平平淡淡，不痛不痒，反而弄巧成拙，失去这种开头的优势。例如，在谈及“讲真话”的主题时，某即兴演讲者采用了这样的开头：“同志们，首先请允许我冒昧地提个问题：在座的各位都讲真话吗？……”此问题一出，让人为之一震，又切中题旨。

4. 引用式

即兴演讲也可以从引用名人名言、格言、谚语等开始，然后逐步展开，这就是引用式开头。引用的名言具有思想深邃和语言优美的特点，又有广泛的群众基础，若能适当引用名言作为开头，可以收到好的效果。但是要注意，那些司空见惯，为人所熟知的名言，往往给人以俗套之感，因而，引用时也要选用合适的名言。例如，在谈及自己人生里程和道路等内容的演讲中，演讲中可以引用屈原的“路漫漫其修远兮，吾将上下而求索。”

（三）顺势“展开”

即兴演讲有了开头后，还需要顺势展开，有关“展开”，我们常用到如下方法：

1. 借题发挥

借题发挥，指的是在前面即兴的基础上引出话题，顺势发挥。这能够体现出演讲者善于联想、生发的思维能力，可以大大提升演讲效果。例如，1945 年 5 月 4 日，一批大学生在云南大学操场上举行纪念五四运动的大会，突然天降暴雨，一些学生离开会场去避雨，致使会场秩序大乱。这时闻一多先生迎着暴雨站在讲台上，通过借题发挥，发表了以下即兴演讲：

热血的青年们过来！继承五四精神的热血青年站起来！怕雨吗？我来讲个故事：今天是天洗兵！武王伐纣那天，陈师牧野的时候，军队正要出发，天下大雨，于是领头人说，“此天洗兵”。把蒙在甲胄上的灰尘洗干净，好上战场打敌人。今天，我们集合起来纪念五四运动，天下雨了，这也是天洗兵，不怯懦的人上来，走近来！勇敢的人走拢来！

2. 连点法

即兴演讲者在找不到突出的思维起点的情况下，将头脑中闪现的人、事、物按照一定的顺序和结构连缀成篇的方法，称为连点法。例如，上海市新闻工作者协会主席王维同志曾经发表了以下即兴演讲：

我来参加会议，没想到有这么好的会场，这个会场不要说是上海市企业报记者协会成立大会，就是上海市记协成立大会也可以在这里召开。没有想到有这么多的企业报记者、编辑参加这个大会，它说明企业报的同人是热爱自己的组织，支持这个组织的。没有想到，今天摆在主席台上的杜鹃花这么美丽。鲜花盛开标志着企业报记者协会也会像这杜鹃花一样兴旺、发达……

3. 联想法

在日常生活中，人们经常会由某一事物联想到另一事物。苏联心理学家格洛万和斯塔林次研究证明，任何两个概念，甚至是看起来毫不相干的两个概念，都可以经过几个阶段的联想，从而建立联系。在即兴演讲过程中，演讲者可以通过联想展开演讲。例如，在上海“钻石表杯”业余书评授奖会上，《书讯报》主编贲伟发表了如下即兴演讲：

今天，我参加“钻石表杯”业余书评授奖会，我想说的一句话是：钻石代表坚韧，手表意味时间，时间显示效率。坚韧与效率的结合，这是一个人读书的成功所在，一个人的希望所在。谢谢大家。

4. 三步法

三步法中的“三步”指的是日常生活中经常用到的“提出问题、分析问题和解决问题”的三个步骤。在即兴演讲过程中，可以按照这样的三个步骤开展演讲。例如，在谈弘扬传承黄河文化的即兴演讲中，演讲者可以按照以下三个部分开展演讲：

第一部分：什么是黄河文化。（提出问题）

第二部分：为什么要弘扬传承黄河文化。（分析问题）

第三部分：怎么弘扬传承黄河文化。（解决问题）

第三课 演讲实战知识及技巧

演讲不同于平时讲话，演讲是一门借助演讲者主体形象、有声语言和态势语言(演讲的三要素)，有中心、有条理地把自己的看法和观点与听众进行巧妙沟通的语言艺术。所以演讲基本功训练主要体现在有声语言训练和态势语训练两个方面。演讲基本功练什么？语言——清楚、有节奏、无毛病；逻辑——表达清晰、目标突出；体态——自然、大方。

一、有声语言训练

(一)基本要求

首先要清楚。这就要求演讲者做到吐字清楚、语句连贯、停顿适当。语速要适中，可以比正常说话略快，音量要稍大，根据场地、听众人数、周围环境的不同而及时调整，以听众能够听清楚为界定。其次要有节奏。根据内容适当变化语速、音量和语气，以听众感觉节奏流畅为界定。第三要无毛病。没有念错字，没有严重口音，没有大量口头禅，如"那么、然后"，没有语句的不恰当停顿。语言基本功的其他要求：①语气自然、放松。②对自己讲的内容有感觉。③绘声绘色。

(二)善用短句

演讲是一个动态的过程。演讲所形成的特殊情境给其中每一句话赋予特定的含义。这就要求演讲者在炼句时首先要从演讲整体出发，从演讲情境考虑，做到精短、严整、自然、亲切。一般来说，除学术演讲，政论型演讲教多地运用长句、散句外，演讲的语句以短句、整句为多为美。

短句是指字数少、形体短、结构简单的句式，演讲中运用短句可以明快、活泼、有力地表达情感，简洁、干净、利落地叙述事理。例如："战士们，你们别去为那些野兽们卖命啊！他们鄙视你们，奴役你们，统治你们，吩咐你们，应当做什么，应当想什么，应当具有什么样的感情！他们强迫你们去操练，限定你们的伙食，把你们当牲口，用你们当炮灰。你们别去受这些丧失了理性的人的摆布了。"

(三)注意选词

演讲最忌空泛。有些演讲者总想在演讲中多用点"优美词语"，于是堆砌辞藻，咬文嚼字，趋于雕凿。而这正是演讲所忌讳的，演讲的选词要做到：第一要准确。演讲者要掌握词语的含义，辨别词义之间的细微差别，把握好词的感情色彩，语体色彩。第二要简洁干净净。在实际演讲中要字不虚设，词不虚发。第三要规范。要尽量避免深、奥、古的词语。力避诘屈聱牙，晦涩难懂。第四要和谐。语言的整体风格要琅琅上口，生动悦耳。

要特别指出的是，由于书面表达和口语表达的差异性，口语中一些语音相同或相近而语意不同的词语，可能会给听众带来误解。例如：①这次参加征兵体检的同志全部合格。②这次参加征兵体检的同志全不合格。在演讲中要特别注意这些细节的把控。

二、态势语训练

态势语言也是一种语言，一种无声语言，一种辅助性言语表现方式。在有些时候，态势语言直接表达和展示了演讲者态度 ，从这个意义上讲，在某种情况下，它甚至比有声语言还重要。演讲态势语言构成：面部表情、眼神、躯干、手部动作。

（一）精彩亮相

出场亮相时要注意自己的一举一动，应给听众留下好印象，要让听众“一见钟情”。演讲者应精神饱满、面带微笑地从容上台，步伐不要太快，也不要太慢，速度适中。演讲完毕，可以稍稍停顿之后，满怀深情饱含感情地说一 声“谢谢”，然后较慎重地后退一步，恭敬地给大家鞠一个躬再稳步下台。切忌没有礼貌地扬长而去，或者长出一口气，转身跑下台，甚至做一些不合时宜的小动作，例如边跑还边吐舌头，抓耳挠腮等。

（二）站姿

站姿要规范。应挺胸，收腹，精神饱满，气下沉；两肩放松，中心主要支撑于脚掌脚弓上；脊椎、后背挺直，胸略向前上方挺起；腿应绷直，稳定重心位置。站势一般有三种：一种为“丁字步”，一只脚前，一只脚在后，两脚不要靠得太近。一种为自然分列式，两脚平行，距离：男性与肩同宽，女性比肩稍窄。一种是前进式，两脚前后分开。不管哪一种站姿，以自然舒适为宜。

（三）眼神

上台后，不要急忙开口，停顿几秒钟，用亲切的目光注视或扫视会场，使听众的大脑做好接受信息的准备，得到无声的感染。运用眼睛的方法有环视法、点视法、虚视法等。无论哪种方法，都要求演讲者在演讲时要做到：第一，必须注视观众；第二，眼神适当扫动；第三，切勿盯着 PPT。有些演讲者上台后不敢看台下的听众，往往只是惊慌地匆匆扫一眼台下，便收回目光，看着天花板背讲稿了。或者看着自己的衣角或脚尖，偶尔抬头看听众。有的甚至不停地眨眼，左右乱看，贼眉鼠眼。这些都是不自信、不礼貌的表现。

（四）手势

在口语表述过程中我们会发现，很多时候有的意思虽然表达清楚了，但意犹未尽，于是便用手势等加以补充，以完善口语表达的不足。在此过程中，手势的运用要动作自然、静动结合，以便更好地表达态度和情绪。

微课小讲堂：手势训练

四种常见手势：1. 大拇指一指式(大拇指伸出，其它内收)；2. 食指一指式(食指伸出，其它内收)；3. 全掌式(五指伸出)方式；4. 握拳式(五指握拳)。

大拇指一指式含义：自信，鼓励。食指一指式含义：强调，指引，斥责，命令，或表示数目。全掌式含义：开放，掌控。握拳式含义：激励，决心。说“你”和“他”时，不宜用单指指，用手掌指示较为尊重。

五种手部运动方式：1. 双手自然下垂(不建议)；2. 一手拿着东西(如话筒)，一手下垂；3. 一手拿着东西(如话筒)，一手活动；4. 双手均自由活动(高级方式)；5. 抱住双臂(不建议)。

总之，在运用手势时，要做到以下几点：第一要合适：一是指内容与形式相符，即说的意思与手势表示的意思相合；二是指手势的多少要合适，既不能过多过频，也不能过少或没有。第二要自然：每一个手势都要舒展、大方、轻松、自然，以产生美感和愉悦。不能想做又不敢做，表意含糊又不大方，给人一种胆小拘谨的印象，也不能夸张造作，像演戏。第三要协调：手势应该和声音、姿态、表情等密切配合进行，节奏一致。

拓展训练

1. 从下列题目中任选一个，准备几分钟后作即兴演讲。

(1)我的业余爱好　　(2)我的一个愿望

(3)我最尊敬的人　　(4)我的爸爸(妈妈)

(5)我所在的集体　　(6)家乡风光

(7)一句格言给我的启示　　(8)我所向往的职业

(9)一部电影(或电视剧)的观后感　　(10)学习普通话的体会

(11)我的家乡话　　(12)人人都应该遵守交通规则

(13)为振兴乡村而读书　　(14)绿水青山就是金山银山

(15)我们该张扬什么样的个性　　(16)假如我是×××

2. 根据材料，作 3 分钟即兴演讲。

(1)在大学校园里，“六十分万岁”的思想经久不衰，一届传给一届。玩世不恭者说：“若是不考试，一切皆可抛。”有的振振有词：“六十分足矣，多一分浪费，少一分犯罪。”“不是我们不想好好学习，也不是不想取得好成绩，问题在于学得再好，分数再高，也没用，到毕业工作时知识又老化了。”对诸如此类的观点，你是怎样看的？

(2)人对人要尊重，人对自然也要尊重。尊重表现在各个层面：同学之间，朋友之间，同事之间，亲人之间，都有互相尊重的问题。文明和谐、诚信友善、亲仁睦邻是中国传统文化，也是社会主义核心价值观的内容。请以“尊重”为话题，发表即兴演讲。

提示：

①设问式开头：“我时常问自己：人世间万事万物，唯有什么最值得尊重？”

②引用式开头：“一位哲人说过：只有尊重别人，别人才会尊重你。”

③呼告式开头：“朋友，学会尊重吧！它会使你更具有人格魅力。”

④比喻式开头：“尊重是绽放在心灵沃土上的一朵圣洁的花，它会使人际关系更美好。”

⑤排比式开头：“雨露滋润禾苗，那是对生命的尊重；果实迎接收获，那是对劳动的尊重；学生感谢老师，那是对教育的尊重；儿女回报父母，那是对亲情的尊重……”

⑥对比式开头：“尊重别人，就是尊重自己；轻慢别人，就是轻慢自己。”

(3)在社会生活中，人人都扮演着不同的角色。有的是编剧，有的是导演，有的是主角，有的是配角。你扮演的是什么角色？是主角，还是配角？是生活的主人，还是附庸？你的亲人、朋友又是怎样的角色？请以“角色”为话题，进行即兴演讲。

提示：

①设问式开头：“面对时代的挑战，我们青年人究竟应该担当什么样的角色呢？”

②引用式开头：“一位作家说过这样的话：‘大社会也离不开小角色。’”

③呼告式开头：“朋友，请为你的人生角色定位。”

④比喻式开头：“在社会大舞台上，我们每一个角色都要出场亮相。”

⑤排比式开头：“戏剧舞台上的角色是多种多样的，有主要角色，有次要角色，有正面角色，有反面角色……”

⑥对比式开头：“在现实生活中，有人争当主角，有人甘当配角。”

3. 根据下列各种生活场景，作即兴演讲(或写即兴演讲词)。

(1)请以班级新年晚会节目主持人的身份写一篇简短的讲话稿，内容包括：①向大家致以新年的祝贺；②介绍晚会内容；③预祝晚会成功。

(2)你们慕名已久的×××老师就要来做你们的班主任。在×××老师的欢迎会上，请你代表全班同学讲话。

(3)新学期开学不久，班里要组织一次个人才华展示表演晚会。作为主持人，你准备讲些什么？

(4)求职面试时，考官常常会问到“你为什么要报考我们单位”诸如此类的问题，你将如何回答。请设想一个情景，以即兴演讲的方式完成。

4. 你的老师要举办六十岁生日庆祝会，并即将退休。请你为老师祝寿，并发表即兴讲话。

5. 新学期开学不久，班里要组织一次个人才华展示表演晚会。作为主持人，你准备讲些什么？

参考文献

[1]游国恩，等．中国文学史：修订本[M]．北京：人民文学出版社，2004.

[2]袁行霈．中国文学史[M]．北京：高等教育出版社，1999.

[3]章培恒，骆玉明．中国文学史[M]．上海：复旦大学出版社，2004.

[4]郭预衡．中国古代文学作品选[M]．上海：上海古籍出版社，2004.

[5]朱东润．中国历代文学作品选[M]．上海：上海古籍出版社，1979.

[6]袁世硕．中国古代文学作品选[M]．北京：人民文学出版社，2002.

[7]曹旭．古诗十九首与乐府诗选评[M]．上海：上海古籍出版社，2011.

[8]程章灿．南北朝诗选[M]．北京：商务印书馆，2017.

[9]邬国平，顾易生．古典诗词今译与评析[M]．上海：上海教育出版社，2003.

[10]吕慧鹃，刘波，卢达．中国历代著名文学家评传[M]．济南：山东教育出版社，2009.

[11]秦彦士．诸子学与先秦社会[M]．石家庄：河北人民出版社，2003.

[12]陈鼓应．庄子今注今译[M]．北京：中华书局，1983.

[13]鲁洪生，赵敏俐．中国古代文学名篇导读[M]．北京：中华书局，2003.

[14]胡大雷．中古乐府广义[M]．北京：中国社会科学出版社，2018.

[15]赵敏俐．汉代乐府制度与歌诗研究[M]．北京：商务印书馆，2009.

[16]徐中玉．古文鉴赏大辞典[M]．杭州：浙江教育出版社，1989.

[17]白本松，王利锁．逍遥之祖——《庄子》与中国文化[M]．开封：河南大学出版社，1995.

[18]曹道衡，沈玉成．南北朝文学史[M]．北京：人民文学出版社，1991.

[19]罗宗强．魏晋南北朝文学思想史[M]．北京：中华书局，1996.

[20]陈振鹏，章培恒．古文鉴赏辞典[M]．上海：上海辞书出版社，1997.

[21]刘义庆．世说新语译注[M]．张万起，刘尚慈译注．北京：中华书局，1998.

[22]吴楚才，吴调候．古文观止译注[M]．上海：上海古籍出版社，2006.

[23]林语堂．苏东坡传[M]．西安：陕西师范大学出版社，2006.

[24]司马迁．史记[M]．北京：中华书局，1959.

[25]韩非．韩非子[M]．徐翠兰，木公注．太原：山西古籍出版社，2006.

[26]过常宝．楚辞与原始宗教[M]．北京：中国人民大学出版社，2014.

[27]李白．李白集校注[M]．瞿蜕园，朱金城校注．上海：上海古籍出版社，1980.

[28]赵昌平．李白诗选评[M]．上海：上海古籍出版社，2011.

[29]黄世中．李商隐诗选[M]．北京：中华书局，2005.
[30]萧涤非，等．唐诗鉴赏辞典[M]．上海：上海辞书出版社，1983.
[31]徐季子，姜光斗．中国古代文学：第三版[M]．上海：华东师范大学出版社，2009.
[32]钱钟书．宋诗选注[M]．北京：人民文学出版社，1989.
[33]邱鸣皋．陆游评传[M]．南京：南京大学出版社，2002.
[34]程千帆，吴新雷．两宋文学史[M]．上海：上海古籍出版社，1991.
[35]曹雪芹，高鹗．脂本汇校石头记[M]．郑庆山校．北京：作家出版社，2003.
[36]王国维．人间词话汇编汇校汇评[M]．周锡山编校．上海：上海三联书店，2013.
[37]陈思和．中国当代文学史教程[M]．上海：复旦大学出版社，1999.
[38]洪子诚．中国当代文学史[M]．北京：北京大学出版社，1999.
[39]朱栋霖，丁帆，朱晓进．中国现代文学史：第二版[M]．北京：高等教育出版社，2012.
[40]温儒敏，赵祖谟．中国现当代文学专题研究 [M]．北京：北京大学出版社，2002.
[41]张岱年，方克立．中国文化概论[M]．北京：北京师范大学出版社，1994.
[42]鲁迅．鲁迅杂文全集[M]．郑州：河南人民出版社，2002.
[43]邵庆祥．人文素养与中华诗教[M]．杭州：浙江大学出版社，2011.
[44]沈从文．沈从文精选集[M]．北京：北京燕山出版社，2005.
[45]王珞．沈从文评说八十年[M]．北京：中国华侨出版社，2004.
[46]钱穆．四书释义[M]．北京：九州出版社，2010.
[47]朱光潜．朱光潜美学文集：第一卷[M]．上海：上海文艺出版社，1982.
[48]叶嘉莹．叶嘉莹说诗讲稿[M]．北京：中华书局，2008.
[49]余秋雨．秋雨散文[M]．杭州：浙江文艺出版社，1994.
[50]愚士．余秋雨现象批判[M]．长沙：湖南人民出版社，1999.
[51]北岛．古老的敌意[M]．北京：生活·读书·新知三联书店，2015.
[52]周汝昌．红楼梦新证[M]．北京：人民文学出版社，1976.
[53]朱大可，等．十作家批判书[M]．西安：陕西师范大学出版社，1999.
[54]周海波．中国现代文学经典赏读[M]．北京：中国社会科学出版社，2013.
[55]尚永亮．大学语文：第二版[M]．北京：中国人民大学出版社，2015.
[56]陈冲．世界上最有效的营销员手册[M]．北京：地震出版社，2003.
[57]国家教育委员会师范教育司组．教师口语：修订本[M]．北京：北京师范大学出版社，2002.
[58]郭碧莲．即兴口才·随身口才·灵感口才[M]．北京：中国言实出版社，2005.
[59]邹东和．金牌推销员速成技巧[M]．北京：中国商业出版社，2004.

[60]舒丹．实用口才必备手册[M]．北京：中国电影出版社，2005.
[61]舒丹．实用口才培训手册[M]．北京：中国电影出版社，2005.
[62]张健鹏，蒋光宇．上帝的笑[M]．北京：当代世界出版社，2001.
[63]李天元．旅游学概论：第五版[M]．天津：南开大学出版社，2003.
[64]李运华．广西旅游线路导游辞[M]．南宁：广西人民出版社，2004.
[65]欧阳友权，朱秀丽．口才学教程：第二版[M]．北京：高等教育出版社，2011.
[66]张绍含．你的口才价值百万[M]．北京：海潮出版社，2005.
[67]王沪宁，俞吾金．狮城舌战：十年珍藏本[M]．上海：复旦大学出版社，2003.
[68]黄干才．简明职业口才[M]．南宁：广西民族出版社，1997.
[69]赵麦成．演讲与口才训练教程[M]．呼和浩特：内蒙古人民出版社，2005.
[70]吴佩琨．实用口语教程[M]．昆明：云南美术出版社，2017.
[71]金慧．导游实务[M]．北京：北京理工大学出版社，2003.
[72]唐由庆．旅游服务语言艺术[M]．太原：山西教育出版社，2003.
[73]熊文华．表达与听解[M]．北京：国防大学出版社，2005.
[74]杨现钦，陆琦．实用口才训练[M]．北京：中国农业出版社，2006.
[75]吴洁敏．新编普通话教程：第五版[M]．杭州：浙江大学出版社，2013.
[76]张严明．演讲与口才艺术教程[M]．郑州：郑州大学出版社，2006.
[77]陆建华．演讲与口才[M]．北京：中国传媒大学出版社，2011.
[78]许利平．职业口才训练教程[M]．北京：北京交通大学出版社，2007.
[79]王宏佳．演讲与口才：第二版[M]．北京：教育科学出版社，2016.
[80]潘桂云．口才艺术[M]．北京：旅游教育出版社，2006.
[81]苏彤．普通话口语交际[M]．武汉：武汉大学出版社，2011.
[82]孙玉茹．演讲稿的作用及写前准备[J]．演讲与口才，2003(11)：18-20.
[83]孙玉茹．演讲稿标题的制作[J]．演讲与口才，2003(12)：18-19.
[84]孙玉茹．演讲稿的选材[J]．演讲与口才，2004(2)：26-27.
[85]孙玉茹．演讲稿的开头[J]．演讲与口才，2004(4)：26-27.
[86]马增芳．解读即兴演讲[J]．演讲与口才，2004(4)：19.
[87]郭翠英．即席演讲的两种准备方法[J]．演讲与口才，2001(3)：28-29.
[88]李克祥．如何运用特定材料进行即兴演讲[J]．演讲与口才，1998(10)：22-26.
[89]李增源．话题式口头作文的开头训练[J]．演讲与口才，2005(7)：19-20.
[90]贾锋昌．竞聘班长成功后的即兴演讲[J]．演讲与口才，2005(4)：38.
[91]罗欣．诚信，脆弱的珍贵[J]．演讲与口才，2005(3)：43.
[92]王志清．含笑的泪水[J]．演讲与口才，1998(5)：45-46.

■ 大学公共课系列教材

U0866913

心理健康教育系列教材

李江雪 总主编

大学生情绪管理与辅导

DAXUESHENG
QINGXU GUANLI YU FUDAO

主　编◎李江雪

编　委（以拼音为序）

李江雪　李北容

李海哲　任增辉

田凌飞　席敏娜

项锦晶　阎　震

苑　冀　赵艳平

北京师范大学出版集团
BEIJING NORMAL UNIVERSITY PUBLISHING GROUP
北京师范大学出版社

图书在版编目(CIP)数据

大学生情绪管理与辅导/李江雪主编. —北京：北京师范大学出版社，2010.9(2024.7 重印)
(大学公共课系列教材)
ISBN 978-7-303-11417-7

Ⅰ.①大… Ⅱ.①李… Ⅲ.①大学生-情绪-自我控制-高等学校-教材 Ⅳ.①B842.6

中国版本图书馆 CIP 数据核字(2010)第 162096 号

教材意见反馈 gaozhifk@bnupg.com 010-58805079

DAXUESHENG QINGXU GUANLI YU FUDAO
出版发行：北京师范大学出版社 www.bnupg.com
北京市西城区新街口外大街 12-3 号
邮政编码：100088
印 刷：北京天泽润科贸有限公司
经 销：全国新华书店
开 本：730 mm×980 mm 1/16
印 张：19
字 数：342 千字
版 次：2010 年 9 月第 1 版
印 次：2024 年 7 月第 9 次印刷
定 价：49.80 元

策划编辑：马洪立 戴 铁 责任编辑：戴 铁 孙燕燕
美术编辑：焦 丽 李向昕 装帧设计：焦 丽 李向昕
责任校对：李 菡 责任印制：马 洁

版权所有 侵权必究

反盗版、侵权举报电话：010-58800697
北京读者服务部电话：010-58808104
外埠邮购电话：010-58808083
本书如有印装质量问题，请与印制管理部联系调换。
印制管理部电话：010-58806364

前 言

近些年，随着社会经济的高速发展，社会各阶层的压力都骤然增大，人们的心理和精神健康问题日益突出，精神疾病、心理障碍、情绪和压力管理等逐渐成为社会热点话题之一，大学校园这个昔日的象牙塔也同样存在相关问题。近年来，党中央、国务院高度重视心理健康服务和社会心理服务体系建设工作。2016 年 8 月，习近平总书记在出席全国卫生与健康大会时指出："要加大心理健康问题基础性研究，做好心理健康知识和心理疾病科普工作，规范发展治疗、心理咨询等心理健康服务。"对于大学生的心理健康教育工作，国家无疑是愈加重视。党的二十大报告精神以新时代"大心理健康教育观"为准绳，其实质是中国特色的心理健康教育体制体系观，方向是坚持心理健康教育是思想政治教育工作的重要组成部分，任务是提高全体师生的心理健康意识，理念是全面强化心理健康教育向心理健康服务的转变，方法是大胆探索心理健康教育的新路径和新方式。因此，在大学校园里广泛开展心理问题辅导和心理健康自助工作是非常必要和重要的，而情绪的管理与辅导又是其中非常关键的一环。在多年的临床实践中我们发现，由于年龄和阅历的关系，大学生方方面面的问题都会引起情绪或情感上的巨大波动和困扰，反过来，情绪情感上的问题如果处理不好，又会不可避免地影响到大学生各方面的发展。目前的教育工作者们也都意识到了这一问题：一个学生要真正成才，光有高智商是远远不够的，更需要具有良好的情绪调节和管理能力，即高情商。这本《大学生情绪管理与辅导》正是基于这样的理念和目的编写的，希望能帮助大学生们更好地认识自己的情绪、更好地管理自己的情绪，同时给高校作学生工作的管理者、辅导员和心理老师们提供一些帮助学生处理自己情绪的具体实用的方法和案例。

《大学生情绪管理与辅导》一书共分十三章，其中第一章到第三章是大学生情绪问题的概述，涉及情绪情感的概念、分类、实用理论和测量评估，大学生的情绪特点和常见问题，情绪管理总的原则和策略等内容；第四章到第十一章是专门针对大学生常见的一些具体情绪的管理与辅导而编写的，除了国内文献中经常提到的愤怒、抑郁、焦虑和恐惧等内容，还参考了国外最新的研究成果和我们的临床工作实践，特意增加了幸福与快乐、哀伤与痛苦、嫉妒与羡慕、羞耻与内疚等国内研究较少的内容；第十二章则提到跟情绪管理有关的压力的应对与辅导的内容；此外，本书还特意邀请中医学博士后撰写了非常实用、非常具有特色的第十三章：情绪健康的中医学认识与调养方法。

本书的特色是既强调理论阐述的科学性和前沿性，同时也关注技术的实用性和可操作性，编写时还照顾到不同读者的兴趣和需要，每章除了概念、分类、评估、理论等一般知识的介绍，还附有量表、案例和一些最新的研究成果，并分别提供了实用的自我管理策略(自助方法)和有效的心理辅导方法(他助方法)。

本书的参与者全部具有心理学或医学硕士以上的学位，同时兼具大量的临床经验，其中初稿的第一章和第十二章由李江雪、李北容执笔，第二章由任增辉执笔，第三章由苑冀执笔，第四章由李海哲执笔，第五章由阎震执笔，第六章和第七章由田凌飞执笔，第八章和第九章由席敏娜执笔，第十章和第十一章由项锦晶执笔，第十三章由赵燕平执笔，最后由李江雪统一审稿、修改并确定终稿，李北容协助校稿和排版。在这里感谢各位参与者的辛勤工作，大家在百忙之中同心协力，使得这部书稿可以在有限的时间里顺利完成。当然，难免有不当或纰漏之处，还请广大读者和同行不吝赐教。

李江雪

目　录

第一章　情绪情感概述

内容提要：

1. 情绪情感的含义及类型
2. 大学生情绪情感的特点
3. 大学生常见的情绪问题
4. 情绪情感对大学生身心的影响
5. 对情绪情感的评估与测量
6. 情绪的自助调试和临床咨询

在享受着现代文明带来的舒适与便捷的同时，人们开始感受到快节奏生活带来的紧张和压力，因而情绪情感的困扰成了影响人们身心健康的潜在危机。有资料表明，当前引起各种疾病的原因中有70%以上与心理因素特别是情绪因素有关，身心疾病患者已占到总人口的10%左右。根据世界卫生组织推算，我国精神疾病负担到2020年将上升至疾病总负担的四分之一。这些数字都在提醒我们，情绪情感与身心健康息息相关，关爱自己的健康就要关心自己的情绪情感的状态。

第一节　情绪情感的含义、类型及理论

一、情绪情感的含义

（一）情绪情感的含义

情绪情感是人的心理活动的重要组成部分，可以渗透到人的各种活动之中。情绪情感是人对客观事物是否符合自己的需要而产生的态度体验，当符合人的需要时，就会引起积极的情绪情感，否则便会引起消极的情绪情感。情绪情感主

要指的是人的一种内在的主观感受，同时也常伴随着一定的生理反应，而且还有在行为或表情上的外在表现。不同的事物对于一个人有不同的意义，而不同的人看待同一个事物又可以有不同的感受，所以情绪情感多种多样。但一般可以简单地分为积极的情绪情感和消极的情绪情感，前者比如爱、感恩、热情、信心、快乐、幸福、兴奋、崇拜、尊敬、热爱等，后者像焦虑、愤怒、恐惧、痛苦、悲伤、沮丧、嫉妒、痛恨、自卑等。

(二)情绪、情感的区别与联系

1. 区别

(1)情绪是指那些与某种机体需要是否满足相联系的体验，人类和动物都有情绪；情感则是与人类的高级社会需要相联系的体验，是人类特有的。

(2)情绪的情境性很强，一般不稳定，表现迅速、短暂；情感也具有一定的情境性，但其稳定性很强，甚至维持一生不变。

(3)情绪的强度比情感强烈而外显，而且常伴随着明显的生理反应；情感则一般没有明显的生理表现。情感更多的是内心的体验，深沉而久远，不轻易流露出来。

2. 联系

情绪是情感的基础，情感离不开情绪。因为情感是在情绪不断稳定化的过程中发展形成的，又是通过情绪表达出来的。同样，情绪也离不开情感。情绪是情感的具体体现。情感的深度决定着情绪表现的强弱，情感的性质决定了情绪在一定情境下表现。在情绪的发生过程中，往往深含着情感因素。情感在情绪的基础上产生，进而发展成为情绪的深层核心，通过情绪得以实现；情绪包含着情感，受情感的制约，是情感的外在表现。

二、情绪情感的类型

(一)情绪的存在形式

1. 心境

心境是一种平静、微弱、弥散而持久的情绪状态，通常被称为心情。心境具有很强的弥散性，使人的整个精神活动都渲染上某种背景，个体对所有事物都怀有同样的态度体验。心境持续的时间可长至数日、数月或数年，短到仅仅几分钟，这取决于客观事物的性质和人的性格特征。心境不是关于某一事件的特定体验，而是以同样的态度对待所有的事件，让所遇到的事件都产生和当时的心境同样的情绪基调。它成为了人们内心世界的背景，使其他事件都渲染上它的色调，所谓“情哀则景哀，情乐则景乐”“忧者见之则忧，喜者见之则喜”，指的就是心境。

虽然人们往往不一定能意识到导致某种心境的具体原因，但心境对人的活动会有很多影响，比如消极悲观的心境既会降低工作效率，又有害于身心健康；而积极乐观的心境则会使人提高工作效率，增强活力和信心。

2. 激情

激情来得快去得也快，是强烈、短暂的爆发式情绪状态，具有明显的生理表现和外显表现。激情通常由重大事件、突如其来的事件或激烈的意向冲突引起。激情可以是负性的，比如暴怒、惊恐、悲痛、绝望等激烈状态都是激情的表现；也可以是正性的，如竞赛胜利、重大发现、意外惊喜等。正性的激情可以成为激励人们积极行动的巨大动力，比如见义勇为、拔刀相助的行为等都是与激情状态有关，这时激情成为了人们奋勇向前的一种动力。

不过，在激情状态下，人会“意识狭窄”，自控能力减弱，理智分析能力受到限制，不能正确地评价自己行动的意义和后果，因而往往出现不顾一切的不良行为。但研究发现，这时人仍然可以控制自己的行为，因此激情不能作为错误行为的借口和托辞。

3. 应激

应激是由出乎意料的紧急情况所引起的高度紧张的情绪状态，人对某种意外的环境刺激做出适应性反应。应激状态的产生与人对应激情境和自己能力的认知判断有关，如果个体判断自己的能力不能应付情景，则就会体验到压力。

人在应激状态下会引起一系列生物反应。如呼吸、心率、肌肉紧张度的变化，生理学家 Selye 称这种变化为“一般性适应综合征”(The General Adaptation Syndrome)，它包括三个阶段：

(1)警觉。这是一个短暂的生理唤醒过程，为了应对外界刺激而唤起预备防御；

(2)抵抗。当持续地暴露于刺激之下，身体会进入持续抵抗状态，维持一种相对适度而稳定的唤醒状态；

(3)衰竭。刺激的作用强度和时间长度等超过了承受度，人将进入衰竭状态。

应激比激情的激动水平更高、更强烈。应激状态可通过机体生理机能的变化和调节进行适应性的防御，以应对外界突如其来的刺激和高度紧张的环境。如果应激状态长期持续，那么机体的适应能力将会受到损害，最终导致疾病的产生。

这个描述说明，当刺激的作用时间和强度积累到一定程度时，会对人构成严重的伤害。

(二)情绪的种类

我国古代名著《礼记》记载有“七情”的分法，即喜、怒、哀、乐、爱、恶、欲。

现代心理学将情绪分类集中于基本的情绪，一般认为快乐、愤怒、恐惧和悲哀是最基本的、最原始的四种情绪。这些情绪与基本需要相联系：①快乐是人们在努力追求某一目标时，随着目标的实现、紧张状态的消除而出现的。②愤怒是人们在追求某一目标时屡遭挫折，因而紧张状态不断积累造成的。③恐惧是人们企图回避某一不利事物但又无能为力时的感受。④悲哀是人们在失去了所追求的目标或有价值的事物时所产生的。基本情绪是人和动物共有的原始情绪，每一种基本情绪都有独立的神经生理机制、内部体验、外部表现和不同的适应功能。

(三)情感的存在形式

1. 道德感

道德感是人们运用一定的社会文化道德标准评价自身和他人的行为举止、思想意图时所产生的一种情感体验，比如敬佩、欣赏、爱戴、憎恨等。人们在一定的社会文化中通过教育和观察学习等途径，掌握了一定的道德准则和形成了内在的道德情感，这些都为评价行为提供了依据。道德感的内容可包括对民族、祖国的自豪感和尊严感，对敌人的仇恨感，对社会劳动和公共事务的义务感、责任感，对社会集体的集体主义感、荣誉感，对人的友谊感、同情感以及人道主义情感和国际主义情感等。如果个体的言行符合道德标准，个体就会产生积极的道德情感体验，并受到别人的积极评价。

2. 美感

美感是人们根据自己的审美标准对客观事物、人的行为以及艺术作品予以评价而产生的情感体验，包括愉悦、满意、欣赏、爱慕的情感。美感体验有两个鲜明的特点：①对审美对象感性面貌的认识，比如线条、色彩、形状、音色等。②对审美对象的感知和欣赏能引起情感共鸣，给人以力量的鼓舞。美感与道德感一样，也具有一定的社会文化制约性。不同文化、不同时代对美的标准不一致，对美的评价也不同。但是，也有很多人类共同的东西，就是所有人对美一致的评价，比如善良、真诚和自然美景等深层的美。优美的自然环境可以陶冶人的情操，善良、淳朴的人格特征，公正无私、舍己救人的高贵品质可给人以美的感受。

3. 理智感

理智感是与人的求知欲望、认识兴趣、解决问题的需要、对真理的追求相联系的情感体验。如求知欲，对事物的好奇心和探索欲望，解决问题后的喜悦、兴奋之感，为真理献身的自豪感，对偏见、谬误和迷信的憎恶，对错失良机的惋惜等。这类情感和人的认识活动、认识兴趣、世界观、人生观、价值观等有密切联系。

理智感不仅产生于智力活动，而且对推动人学习科学知识、探索科学奥秘有积极的作用。列宁曾说过：“没有人的感情，就从来没有也不可能有人对真理的追求。”缺乏情感就难以使认识深入。只有当人们的思想被深厚的情感渗透时，才能力量倍增。

三、情绪理论

(一)生理反应理论

情绪的生理反应理论是James和Lange提出的，也称为詹姆士—兰格情绪理论。此理论认为情绪与机体变化有直接关系，当遇到情绪型刺激情境时，是先有生理上的反应再产生情绪体验的，强调了外周生理活动在情绪产生中的作用。

(二)情绪丘脑理论

美国心理学家Cannon提出，情绪并不是外周变化的必然结果，情绪产生的机制不在外周神经系统，而在中枢神经系统的丘脑。

(三)情绪进化理论

情绪是独立的心理过程，情绪有它本身的机制，并在人的心理活动中起着独特的作用。这一派别形成了以Tomkins和Izard为代表的动机—分化理论，由于他们引入了适应和进化的观点，故又称为进化理论。认为情绪具有重要的动机性和适应性功能，具有生物进化生存的意义，并强调了面部表情的重要性。

(四)情绪的评估—兴奋理论

美国女心理学家Arnold提出，情绪的来源是对情境的评估，而评估是发生在大脑皮层的。其发生模式是：情绪刺激→评价→情绪。评价过程是对直觉过程的补充，情绪是经过了认知评价之后的产物。

(五)情绪三因素理论

由Schachter和Singer提出，认为认知的参与以及认知对环境和生理唤醒的评价过程是情绪产生的机制。Schachter和Singer精心设计了证明环境、生理状态和认知过程在情绪产生过程中的作用的实验，指出情绪受环境因素、生理唤醒和认知过程三因素制约，其中认知因素对情绪的产生起关键作用。

(六)综合性的理论

关于情绪的研究逐渐发展，也诞生了一些综合性的理论，其中尤为突出的是Izard提出的理论。他认为，情绪是一个动机系统，一个人格过程。这个人格过程赋予了人存在的意义。情绪动机系统是人格中共计六个系统中的一个，另外五个分别是：内稳态系统、驱力系统、直觉系统、认知系统和运动行为系统。而动机系统中有十种基本情绪：兴趣、愉快、惊奇、悲伤、愤怒、厌恶、憎恨、恐惧、羞耻和羞怯，它们之间相互作用。一般的情绪系统倾向于以整合的方式与认知系统和动机系统共同发挥作用，而人格依赖于这三者之间的平衡。

第二节 情绪情感的功能和大学生情绪情感的特点

情绪情感对人具有一定的功能，表现在人生活中的方方面面。而大学生的情绪情感又具有符合他们这个年龄阶段和群体性的特点，那么，情绪情感的各个功能在他们身上就有一定的表现。

一、情绪情感的功能

（一）适应功能

情绪是有机体生存、发展和环境适应的重要手段之一。情绪能够使个体针对不同的刺激事件产生灵活自如的适应性反应，并调节或保持个体与环境间的关系。通过情绪的唤醒，机体的生理可以处于适宜的活动状态，以利于环境适应。也可以保持人的精神状态处于唤醒，有利于工作进行。还可以使人的情绪情感适应社会生活的需要，比如羞耻感可以加强个体与社会习俗的一致性，从而在社会道德规范下完成社会化的过程；而当个体对他人造成伤害时，内疚感可以使人对自己的所作所为进行改过。另外，像同情、友善、利他等则可以起到构建和保持人的良好社会关系的作用，而社会支持的建立却少不了这种情绪情感的交流。

（二）动机功能

情绪作为基本的动机系统可以驱使人进行活动，提高人的活动热情和力度。情绪还可以放大人的内驱力，从而更加促使人的活动，如在缺氧环境下，想到自己心脏不好，感到害怕，于是就产生了强大的驱动力量，使自己赶紧脱离现场。情绪情感是动机的源泉之一，兴趣就是一种很有动力的情绪情感，由于兴趣的加入，使得活动更加符合人的愿望，动力十足。

（三）组织功能

情绪的组织功能是指情绪情感对人的行动具有组织或者是瓦解的作用。Sroufe(1979)提出，情绪作为脑内的检测系统，对其他心理活动具有组织作用，既可表现为积极情绪的协调作用，比如中等强度的愉快情绪可以提高认知效率，也可表现为消极情绪的破坏作用，如恐惧、痛苦等消极情绪水平越高，认知活动成绩越差。积极情绪往往使人容易看到事物美好的一面，消极情绪则使个体感到悲观、失望，甚至攻击性增强。另外，情绪也组织起人的身体和心理进行应激反应，比如面对突发险情，惊恐的感觉会使人马上处于应激状态，作出趋利避害的反应。大量研究表明，当出现紧急情况时，消极的情绪(如愤怒和恐惧)能够唤起大脑的警觉水平；积极的情绪(如高兴)，能使一个人的感觉、知觉变得敏锐，记忆获得增强，思维更加灵活，有助于一个人内在潜能的充分展示。而且，情绪对人的活动的组织作用还有一个规律是呈倒U型曲线的，当情绪唤醒度很低时，活动效率也低，因为这时身心的能量没有被有效地调动起来。当情绪很高时，也会导致活动绩效低下，这是因为情绪过高会使人的压力也随之增加，而且这也使人处于疲乏状态，难以持久保持活动的效率，因而影响了活动的有效完成。只有当情绪唤醒度适中时，才可以激发起身心的能量积极投入活动，并保持高效率完成状态。

（四）信号功能

情绪具有传递信息、促进交流的功能。情绪的外部表现是非言语的身体表情、面部表情以及音调表情，而这些是人的交流中促使互相理解的重要部分。一个人不仅能凭借表情传递情感信息，而且能凭借表情传递自己的某种思想和愿望。表情是思想的信号，如微笑表示赞赏，点头表示默认，摇头表示反对。中国有“出门看天色，进门看脸色”的俗语，意思是说通过别人的情绪反馈信息，领悟到别人对自己的态度。

(五)感染功能

这是指一个人的情绪对他人的情绪情感施加的某种影响。一个人的情绪情感可以影响他人的情绪情感，可通过外显的表情，甚至是通过内在的无意识情绪的交流，而使另外的人也感受到同样的情绪体验。这是由情绪情感的感染功能所导致的。我们在做心理咨询或者是日常情感交流的时候，往往有感同身受的经验，这正是靠情绪的这种感染功能使双方能更好地理解。还有军队士气的提升、团体凝聚力的形成都离不开情绪情感的相互感染。可见，情绪情感的感染功能是我们社会生活中必不可少的，也是值得学习和锻炼的能力。

二、大学生情绪的特点

大学生处于青春期的中后期阶段，具有青年人共有的热情、好胜、冲动、活泼，也有比较理性的自制和成熟的心态。但是，由于大学生是社会一个比较特殊的群体，其心理状态、知识水平、生理和心理发展上都具有鲜明的特点，所以，其情绪情感也就具有一些与众不同的群体独特性。

(一)有稳定和有波动

大学生不同于初、高中生的青涩，处于第二断乳期的末尾，比那时要更加稳重、平和一些。中学是他们情绪情感变化最突出的时候，他们很难把握自己，什么事情都要靠自己的意志和外界的压力规范来应对。而到了大学，由于自己的价值观、人生观等在逐渐形成，对世事、对人际等方面有了较为深刻的把握，因而，情绪的稳定性就好一些。但是他们情绪仍然易冲动。大学生的年龄一般在18～24岁，身心发展正处于走向成熟但未完全成熟的状态，情绪波动比较大，遇事极端、固执，时而得意忘形，时而灰心丧气，常常因为一时的事件而导致整个人情绪状态不好。大学生情绪和态度的大起大落，往往从一个极端走向另一个极端：顺利时晴空万里，困难时乌云满天；今天对某人敬佩得五体投地，明天却又觉得不屑一顾。大学生的情绪具有多变性：情绪好时，精神振奋；情绪不好时，垂头丧气；有时因失意或其他什么不如意的事情而感到情绪压抑；有时又会因为如愿以偿而感到欣然自得。青年人对刺激情境变化的敏感是情绪不稳定的主要原因。尽管大学生的认识水平有了一定的提高，对自己的情绪已有了一定的控制能力，情绪亦趋于稳定，但同成年人相比，大学生相对敏感，情绪带有明显的波动性。一句善意的话语，一个感人的故事，一支动听的歌曲，一首情理交融的诗歌，都可以致使青年人情绪发生骤然变化。

研究发现，情绪的稳定性是衡量心理健康的一个重要方面。情绪稳定性是指情绪波动的幅度和频率。如果个体情绪波动的幅度大、频率高，则说明个体的情绪非常不稳定。情绪稳定性在学生的学习、生活和人际交往等方面都起着非常关键的作用。

(二)有内隐和有外显

大学生对外界刺激反应敏感而迅速，喜怒常形于色，具有外显的特点。这也是他们为人比较真诚、情绪直接和直率的表现。但是，由于其自尊心的增强和独立性的发展，使得他们会运用防御机制的心理来保护自己的内心，比如他们在外显的语言上可能与内心的想法并不一致，可能语言上说自己自信和高傲，可是实际上是一种自卑的内心在作祟，或者是由于自己害怕失败才做出自我妨碍的行为以保护自尊心。在有的场合下，他们会用虚假性的表现来掩饰内心的感受，比如自己并不认可对方，但是为了维持关系而作出缓和。当然这些表现并非表明大学生的虚伪，实际上某种程度上的掩饰恰恰是适应的表现，是社会心理和行为的适应。

(三)有阶段和有层次

各个年级面临的问题不同，大学生的情绪特点也就呈现出阶段性和层次性的特点。大学新生所面临的是新的环境、新的学习任务、新的交往对象、新的奋斗目标等问题。他们先是有很多兴奋感，热情高涨，积极投入，有自豪感，但是自卑感也随之而来。因为在这样的新环境里，一切要重新开始，这是对自己的挑战和考验，而自己的能力有限则使人感到自卑，而且，由于与其他同学的对比与竞争，那么在稍显弱势的时候就不由得自卑起来。所以他们一般情绪波动大。二、三年级的大学生则适应过来了，能够融入校园生活中，情绪较为稳定，他们更多的是在为未来做准备，比如是继续读书还是找工作就业，那么不同的计划就要求他们做出不同的准备，所以他们是在积极地准备未来的行动。而毕业班学生面临毕业论文(毕业设计)及择业等多方面的重大问题，因而他们的压力大，情绪波动大，消极情绪多。他们面临着很现实的问题，因为目前就业压力是众所周知的，形势紧迫。而即使是继续读书，考试的压力也令人焦虑，所以，四年级的大学生比较容易出现情绪波动。

除了阶段性以外，也显示了一定的层次性。李虹(2002)调查发现，约20%接受调查的大学生显示了高正性情感，约10%报告高负性情感，约40%报告低正性情感，约75%报告低负性情感，另外20%表现为中等程度的正性情感，约15%表现为中等程度的负性情感。可见，我国大学生正性情感的增加或减少并不一定导致负性情感的减少或增加。也就是说，它们可以同时存在。该研究还发现，中国大学生的情感表达比西方学生更趋于中间化，而西方学生则更加两极化。所以我们要引导大学生积极正性的情感，减少消极负性的情感积累。因为报告正性情感的人数高于报告负性情感的人数，所以总体上还是乐观的。

邓丽芳、郑日昌(2003)调查发现，男大学生的负向情感多于女生，情感表达性不如女生。可见在情绪情感的某些方面还存在着性别差异，这提示我们对学生的情绪情感辅导要有针对性才能事半功倍。

(四)有丰富和有掩饰

大学生处于心理成熟的过渡阶段，世界观、人生观、价值观都在逐渐形成，他们对社会、对祖国、对他人的情感体验更加丰富和深刻。大学生具有强烈的民族自豪感和自尊心，有“天下兴亡，匹夫有责”的责任感、义务感，爱憎分明，正义感强；大学生富有同情心和责任心，积极参加社会福利工作，为需要帮助的人贡献爱心；他们有强烈的求知欲、好奇心，热爱真理、视界开阔；大学生对纯洁的友谊和爱情十分向往，还积极地在发展美、欣赏美、创造美的活动中体验到美的感受。这些高级的社会情感的发展都是其心理成熟的表现。

此外，两性情感也在发展和成熟之中。大学生的交际范围日益扩大，与同学、朋友及师长之间的交往更细腻、更复杂，有的大学生还开始体验一种更突出的情感——恋爱，而恋爱活动往往又伴随着深刻的情绪情感体验，这种特殊的体验对大学生有十分重要的影响。通过建立亲密的异性交往，使他们的心理也一步步走向成熟。

同时，在社会交往当中，在为人处事的过程当中，大学生也在历练成熟的人际技巧。为了在同学、同事和师友间获得认同和接受，他们在积极地发展人际和谐，构建社会支持网络；为了维护人际关系他们会真诚相待，诚信为本。但是，也不免有的时候要使用掩饰的方法来获得大家的支持，这些都说明，与中学时代相比，大学生们情绪情感的单纯性正在复杂化。

第三节 大学生常见的情绪情感问题

大学生的情绪问题，轻者影响一时的心境，表现为短时间内的不愉快；重者则向更加消极的方面发展，这将长时间地影响大学生的学习、生活、前途，导致严重的情绪障碍。情绪障碍是指一个人在情绪情感上的表现，与一般人的情绪体验相比，发生了较大偏离，并且由此产生了一种脱离现实的、被夸张了的态度体验。它是一种与心理异常活动过程有关的特殊情绪。大学生的情绪障碍就是其情绪表现的变态与失常，他们的行为与一般同年龄人正常发生的行为有明显的偏离。不仅如此，这些偏离行为将会严重地影响青少年学生自身发展，或者干扰生活在其周围的其他人。在大学生中常见的情绪情感问题有以下几个方面。

一、焦虑

焦虑是个体主观上意识到将要发生不幸事件时产生的恐惧、紧张、不安、烦躁、焦急等负性情绪混合交织的体验。症状表现为：反复出现惊恐或慢性持续性的焦虑状态。由于感觉到难以达到目标或者不能克服困难，使个体自尊心与自信心严重受挫，或者使个体失败感和内疚感增加。

焦虑可分为状态焦虑和特质焦虑两大类。状态焦虑是由具体情境引起的，如当众发言、考试、求职面试等，又叫情境焦虑，主体感受为“我现在正感到焦虑”，一般事过境迁后，就会从焦虑状态中恢复过来。特质焦虑是一种慢性的、弥散性的焦虑，往往没有什么具体的、明确的原因，不知道自己为什么焦虑，但就是经常会感到不安、烦躁，主体感受为“我通常都感到焦虑”。其实这种焦虑往往有潜意识的原因，跟以往经历有关，而且容易演化成一种焦虑性的人格特质。

在日常生活中，人们常有焦虑出现，这种焦虑决不会损害人的健康，也不是情绪异常现象。只有当焦虑超出个体所能接受的限度，达到特定水平，成为情绪情感障碍时，我们才称之为“高焦虑”，我们才把它看作是情绪情感的一种异常表现。

青少年的焦虑多为状态焦虑，由学习、生活、工作、交往中的一些挫折情境引起，也有的为特质焦虑，主要表现为对自己缺乏信心，怀疑自己的能力，夸大自己的软弱和失败，担心别人对自己的看法，不肯面对现实，自怜自艾，整天神经紧绷，坐立不安。当处于焦虑状态时，人的自主神经系统的活动增加，肾上腺素的输出量提高，血压升高，心率加快，皮肤出汗，嘴唇发干，呼吸加深、加快，尿频，并出现坐立不安的举动，持续时间长了，还会影响到消化和睡眠。焦虑是很常见的一种负性情绪状态，严重的可以发展成焦虑症，这还被看作是其他神经症的基础。

中国科学院心理研究所对我国大学生进行的考试焦虑因素分析结果表明，我国男女大学生的考试焦虑是由于对考试的紧张、自信心缺乏、对考试结果的担忧、认知障碍等原因造成的。而女生的焦虑一般比男生高。特别是与考试焦虑相伴的生理反应，女生显著多于男生。

另外，青少年在交友、恋爱的过程中也会产生焦虑，还有对自己身体的过分关注，致使担心生病。自我形象焦虑是担心自己不够漂亮、没有吸引力，或对梦遗、手淫等有关性的问题因缺乏正确认识而惶惶不安。在面对生活中的很多两难选择时，如当不当班干、专业与兴趣的矛盾、临近毕业等，青少年更是很容易陷入到焦虑的状态之中。情感焦虑多数是由于恋爱受挫而引发的自我否定，认为自己不具备爱人与被爱的能力，因而过度担心引起焦虑。

二、抑郁

抑郁是指人的情绪长时间处于沮丧、忧郁、迟钝、思维活动缓慢等状态下的种种症状。处在青春期的青少年学生特别容易发生情绪抑郁。抑郁是一种感到无力应付外界压力而产生的心境持久低落的情绪状态，常伴有厌恶、痛苦、羞愧、后悔、自卑等消极情绪体验，以及焦虑、躯体不适和睡眠障碍等外部症状。抑郁最明显的症状是压抑的心情，表现为仿佛掉入了一个无底洞或黑洞之中，正被淹没或窒息。抑郁常常伴随着焦虑，对所有活动失去兴趣，渴望一个人独居。抑郁也伴随着个体思维方式的转变，这些认知改变可以是一般性的，比如注意力不集中、记忆力衰退或者很难作出决定。在思考中可能有更多的心境转变，消极地看待世界、自我和未来。有些学生把生活看成非黑即白、非好即坏，且多看其消极和黑暗面，容易悲观沮丧、情绪低落。当遭受突发灾祸打击后，可能导致抑郁情绪。

按照国际公认的标准，心情低落、苦闷、沮丧至少持续两星期，且妨碍学习、生活和社会活动，一般称为抑郁症。其表现有“六无”：①无兴趣(对平时兴趣广泛的人容易发现)。②无希望，对人生持消极、悲观的态度。③无助感，感觉没有人能帮助自己。④无动机，疲劳、沮丧，筋疲力尽。⑤无价值，贬低自己，感觉自己于人于己都是没有价值的，有深刻的内疚、自责和后悔。⑥无意义，认为生命本身没有意义，活着不如死了，期望意外突发事件，严重的甚至自杀。

林春梅(2002)对大学生进行的调查发现，大学生的抑郁分数比常模平均低2～3分，表明当代大学生的心情比较抑郁。他们对自己的生活满意度不高，比较容易灰心丧气。这可能是由于他们自认为目前抱负难以施展、潜力发挥受阻，或者是在人际交往、感情等方面受挫所致。

一般来说，这种情绪多发生在性格内向、好孤僻、敏感多疑、依赖性强、不爱交际、生活遭遇挫折，长期努力得不到回报的大学生身上。那些不喜欢所学专业，或因人际关系处理不当、失恋等问题的大学生也会产生抑郁情绪。

青少年抑郁情绪产生的外部原因主要有考试失败、人际关系破裂、失恋、亲人亡故、重大变故、长期的努力得不到回报等。这些负面的生活事件给当事人带来强烈的心理冲击，自信心受到打击，生活陷入混乱。另外，我们心中一些固有的、潜在的消极自我观念(如我是一个多余的人，没有人喜欢我，失败的原因是我没有能力等)也是导致抑郁状态的重要原因，它影响我们对外界事件的看法，使我们丧失自我价值感，丧失奋斗的勇气和对未来的信心。

三、恐惧

一般人对有威胁的事物或遇到危险的情况都会产生恐惧心理，这是一种很正常的反应，这在很大程度上使我们避免受到伤害。但是，如果对常人一般不怕的、没有威胁的事物也感到恐惧，或者恐惧的强度和持续时间远远超出正常的反应范围，自己难以克服，不该怕却控制不住自己的害怕反应，则这就是一种病理性恐惧状态了，严重的还可以发展为神经症的一种——“恐惧症”。恐惧症还常常伴有强迫性，自己明明知道这个害怕是不必要的、是过分的，但还是无法克制。

青少年的恐惧心理有很多方面，比如惧高、恐水、牙科恐惧等，其中最常见的是社交恐惧心理。患者对正常的社会交往表现出明显的焦虑和回避。比如，不敢在众人面前说话，不敢与异性单独接触，见到陌生人就面红耳赤、张口结舌、紧张慌乱、胸闷气短以及浑身发抖等。这是很多青少年在社会交往之初都会存在的惧怕心理，尤其是与异性交往的恐惧。一般来说，这与他们以前的生活经历有关，比如交往圈子小、自我封闭、缺少同人交往的经验。还有的与自己的性格特点有关，比如胆小、孤僻、敏感多疑、退缩和依赖等。

恐惧心理的形成往往跟过往的痛苦经历有关，并容易泛化，比如小时候被狗咬过，长大后就害怕狗甚至害怕任何有毛的动物；小时候经常看到父母争吵、打架，成人后就害怕与异性恋爱，不敢走进婚姻。有时候，仅仅是一个误会、一句消极的暗示，也能在青少年的心理上留下恐惧的痕迹。比如，有一个学生很害怕体检，甚至连校医院的大门也不敢进，到后来发展为路过校医院也会紧张不安，要绕道而行。经心理老师分析后发现，原来他入学后在第一次体检时去晚了，匆匆跑了过去，在上气不接下气的情况下测了脉搏和血压，结果医生说他心跳过速，血压过高。他很害怕，怕自己真的有病不能上学，后来虽然在家人的陪同下去别的医院检查没有任何问题，但一到校医院体检仍会不自觉地心跳加速，血压升高。该学生了解了自己恐惧的原因后，在老师的建议下一边给自己积极的心理暗示，一边分步骤地主动接近医院，通过系统地脱敏方法克服了自己的恐惧。所以，对待恐惧心理，一味地逃避只能使恐惧加深、加重，不利于身心健康的发展。应该学会分析产生恐惧的原因，勇敢地面对问题，或主动地寻求专业的帮助，才能最终摆脱恐惧的心理阴影。

四、嫉妒

法国文学家巴尔扎克曾经说过："嫉妒者比任何不幸的人更为痛苦，因为别人的幸福和他自己的不幸，都将使他痛苦万分。"嫉妒是指他人在某些方面胜过自己引起的不快甚至是痛苦的、消极的情绪体验，它具有明确的指向性。包含着憎恶与羡慕、愤怒与怨恨、猜忌与失望、屈辱与虚荣以及伤心与悲痛的复杂情感，这种情感就是嫉妒。嫉妒是自尊心的一种异常表现，在大学生中普遍存在。嫉妒使人心中充满恶意和伤害，如果一个人生活在嫉妒的情绪之下，那么他就生活在阴暗的角落，不能光明磊落地说话和做事，而面对别人的成功却恨得心痛。嫉妒的人首先伤害的是自己，因为他不积极进取，而是一味地诅咒别人。他自己变得消沉、仇恨。当别人身陷不幸或处于困境时则幸灾乐祸，甚至落井下石，在人后恶语中伤、诽谤。嫉妒是一种情绪障碍，它扭曲人的心灵，妨碍人与人之间正常、真诚的交往。

首先，嫉妒心强影响人的身心健康。由于长期处于不良的情绪状态中，产生压抑感，容易引起忧愁、消沉、怀疑、痛苦、自卑等消极情绪，会严重损害身心健康。其次，嫉妒破坏人际关系的和谐。在这种心理支配下，待人处世常常以自我为中心，无论什么事，首先考虑到的是自身的得失，因而会引起一系列的不良后果。当一个人嫉妒另一个人的时候，就不会对那个人友善、热情，两个人的关系必然冷淡。嫉妒的对象就越多，关系冷淡的对象越多，这就给人际交往带来了极大的妨害。甚者，还会破坏集体的团结和良好的心理氛围。

黑格尔曾说，嫉妒是“平庸的情调对于卓越才能的反感”。要想驱除嫉妒之心就要正确认识自我，提高自我意识水平，正确评价自己和别人。关注别人的优点，忽视自己的优点，就容易使人心生嫉妒。一般而言，嫉妒心理较多地产生于周围熟悉的年龄相仿、生活背景大致相同的人群中。因此，只有采取正确的比较方法，有意识地想一想自己比对方强的地方，才能使自己失衡的心理天平重新恢复到平衡的状态。

第四节 情绪对大学生健康的影响

一、健康的含义与结构

(一)健康的含义

什么是健康？世界卫生组织(简称 WHO)将健康定义为“身体、心理和社会都完好的一种状态，它不仅仅是没有疾病或虚弱”。在躯体方面，健康就意味着一个人能享受精力充沛的生活，有能力去追求美满的生活和探索环境。同时，一个健康的人能充分享受情感的实现和自尊，这两者都是积极的精神健康的表现。最后，良好的社会适应力体现在亲密的社会人际关系的形成上。(摘自 P. L. Rice：《健康心理学》，胡佩诚等译，6 页，北京，中国轻工业出版社，2000。)

(二)健康的结构

健康是相互作用的动态多维度结构，根据 WHO 的定义包括生理、心理和社会三个方面。20 世纪 90 年代后期，随着安康(Wellness)运动的发展，目前已扩展到七个维度：躯体、情绪、社会、理智、心灵、职业和环境。下面主要介绍被广泛认可的生理健康、心理健康和社会健康三个维度。

1. 生理健康

生理健康即身体健康或躯体健康，常用身高、体重、心跳、脉搏、血压、肺活量等生物指标来界定，它的标准值都是从正常人中普查而来的，然后用统计学的方法加以计算，所以生理健康的标准较为具体、客观，但也只起到一个参考作用。

2. 心理健康

心理健康是指能够积极地、正常地、平衡地适应当前和发展的社会环境的良好心理状态。它包含两层含义：其一是无心理疾病；其二是具有一种积极发展的心理状态。心理健康是一种个人的主观体验，判断一个人的心理是否健康，一般有以下一些依据：①情绪是否稳定而愉快，这是衡量的核心标准。②智力是否正常。③思想和行为是否统一。④反应是否适度。⑤人际关系是否协调。⑥生理年龄是否符合心理年龄特征。

3. 社会健康

社会健康是个体健康的一个方面，是有关个体如何与别人相处，别人又是如何对他作出反应以及他与社会习俗是如何相互作用的。社会健康的测量集中体现在社会适应上。社会适应是指个体与社会环境之间的相互作用，以个人是否正确认识环境及时调整机体的生理、心理状态以适应环境变化来描述健康，强调健康是与环境保持动态平衡的状态。

二、心理健康的含义与标准

(一)心理健康的含义

什么是心理健康？这是一个至今尚未有定论的问题，因为心理健康与否没有一个绝对的界限，不像生理健康那样可以用血压、脉搏等数量化的指标来衡量。《简明不列颠百科全书》将心理健康解释为："心理健康是指个体心理在本身及环境条件许可范围内所能达到的最佳功能状态，但不是十全十美的绝对状态。"心理学家 English(1958)把心理健康定义为一种持续的心理状态，当事者不管在哪种情况下都能作良好适应，具有生命的活力，而且能充分发展其身心的潜能，这乃是一种积极的、丰富的情况，不仅是免于心理疾病而已。而个体成长观(Personal Growth)把心理健康解释为人的积极的心理品质和潜能最为完整的发展(Schultz，1977)。

一般意义而言，心理健康标志着人的心理调适能力和发展水平，即人在内部和外部环境变化时，能持久地保持正常的心理状态，是诸多心理因素在良好态势下运作的综合体现。在理解心理健康的含义时，要注意以下几点问题：

首先，心理健康是一种内外协调的良好状态，强调个体内部的协调与外部的适应。

其次，心理健康有广义和狭义之分。广义的心理健康，是指一种高效而满意的、持续的心理状态；狭义的心理健康，是指人基本心理活动的过程内容完整、协调一致，即认知、情感、意志、行为、人格完整和协调。

再次，心理健康是有等级的。有学者认为心理健康水平大致可分为严重病态、轻度失调、常态和很健康四个等级(莫雷等，1996)。

(二)心理健康的标准

人的心理符合什么样的标准才算健康呢？这个问题并没有一个公认的、统一的标准。很多心理学家都从不同的角度对此进行了积极的探索，提出了各自不同的观点。其中，美国著名的心理学家马斯洛提出了心理健康的十条标准：

(1)有充分的安全感。

(2)能充分了解自己，并能恰当地评价自己的能力。

(3)生活理想和目标切合实际。

(4)不脱离周围的现实环境。

(5)能保持自身人格的完整与和谐。

(6)善于从经验中学习。

(7)能保持适当和良好的人际关系。

(8)能适度地表达和控制自己的情绪。

(9)在不违背团体要求的情况下，有限度地发挥自己的个性。

(10)在不违背社会规范的前提下，适度地满足个人的基本需求。

三、情绪对大学生的影响

身心和社会适应等多方面都健康才是真正的健康，正像上述的健康标准一样，而情绪情感对人健康的各个方面都有影响。

(一)情绪对大学生身心健康的影响

情绪严重影响人的身体健康。我国最早的医书——《黄帝内经》也早就指出："人有五脏化五气，以生喜怒忧思恐"，"怒伤肝""喜伤心""思伤脾""忧伤肺""惊恐伤肾"，意思是指，如果心情变化过于剧烈，时间过于持久，就可导致内脏功能失常，因气血不调而发生疾病。西方具有"医学之父"之称的思想家希波克拉底就曾提出过健康的身体与健康的个性、稳定的情绪是紧密相关的。现代医学揭示，不少疾病的发生并不是由于生理的器质性病变，而是由于精神忧郁、情绪异常所致，这说明情绪与身心健康状况有着密切关系。根据国内医学界对大学生疾病的调查表明，大学生的常见病，如精神衰弱、精神抑郁、心律不齐、胃溃疡、月经不调等，均与情绪有关。

情绪对身体健康的影响表现为两重性：若为人开朗、乐观、积极，则人体免疫功能活跃旺盛，可以减少患病，有益健康。良好的情绪不仅使大学生对生活充满希望，对自己满怀自信，而且能够使他们的求知欲增强、思维敏捷、富于创造力、爱好广泛、建立良好的人际关系，促进他们的全方位发展。与此相反，在压抑、紧张、焦虑、恐惧等消极情绪的长期作用下，人的免疫能力下降，容易患各种传染性疾病，内脏功能也会受到伤害。还有很多发生在自主神经系统、胃部、支气管和皮肤上的身心疾病(例如，最常见的是气喘、胃溃疡和高血压等)都或多或少地与我们的不良情绪密切相关。

情绪对心理健康主要是既机性失常(心因性失常)，有轻有重，比较轻的称为机能性神经症，较重的称为机能性精神病。马斯洛认为，患者在早年生活中缺乏感情是许多严重精神病致病的原因。神经症例如焦虑症、恐惧症、抑郁症和强迫症等，精神病像精神分裂症、偏执性精神病等是比较常见的反应性抑郁症，这是在长期的精神刺激作用下造成的抑郁症。此外，在躁狂症、躁郁症等情感障碍中有半数以上掺杂着情绪严重受挫的因素。

结果表明，除躯体化和精神病外，正向情感、快乐感与 SCL-90 各因子均呈负相关；负向情感与 SCL-90 所有因子均呈正相关，且与抑郁、焦虑等因子间的正相关极为显著。负向情感对强迫、人际敏感、抑郁、焦虑、敌对、偏执等因子有显著的回归效应。由此可见，情感变量对大学生的心理健康水平有重要影响。正向情感越多，快乐感就越多，心理健康水平就越高。日常生活中过多的负向情感如果得不到及时疏导和调节，很容易发展成情绪障碍，产生焦虑、抑郁、人际敏感等各种心理疾病，对心理健康产生不良影响。该研究还表明，情绪表达性与人际敏感、敌对、抑郁、焦虑等因子均呈显负相关，且对人际敏感、敌对构成显著的回归效应，能解释 91.7%和 81.1%的变异，对抑郁、焦虑也有一定的预测作用。这些都说明，恰当的情绪表达有利于减轻心理压力，促进心理健康，减少心理疾病的发生。

(二)情绪对大学生社会人际的影响

据某高校一心理咨询家统计，前来咨询的学生中有 70%是出于人际关系问题的。而在这些问题中，由于情绪情感的原因导致的也占有相当的比例。可见情绪对人际交往具有重要作用。在交往中，自卑、嫉妒、孤独、冷漠等情绪情感都严重地影响着交往的质量，而社交恐惧症更是明显的交往障碍。

乐观、热情、自尊、自信是人际间产生相互吸引的重要条件，能使彼此间心理距离缩短、情感融洽。而自卑、情绪压抑、爱发怒的人，往往不能与他人正常相处，难沟通，使人与人之间疏远。

由于情绪具有感染功能，良好的情绪，积极而稳定、适度的情绪反应，正性情绪大于负性情绪的人，在人群中更受欢迎，更容易获得别人的赞赏，容易形成良好的人际关系。一位大学生这样形容宿舍另一位同学：他的情绪正如六月的天，喜怒无常，无法把握，与他相处，有些如履薄冰，我们时刻要受他情绪的支配与感染。我们认为，他没有用坏情绪影响我们好心情的权利，因而我们选择逃避，尽量少与他交往。健康、积极的情绪，有利于形成大学生之间良好的交往环境，使他们能够彼此理解、相互宽容大度、产生思想共鸣，建立真诚友谊。反之，消极和偏激的情绪，则容易使人发生误解，引起冲突，产生矛盾，造成紧张气氛。所以大学生建立良好的人际关系，提高社交能力，在很大程度上取决于对自己情绪的调节和对他人情感的把握。

与此同时，大学生在人际交往中，注重提高自身修养，学会适度控制与调适自己的情绪，做情绪的主人，才能拥有良好的人际关系。

(三)情绪对大学生学习的影响

大学生们从中学时那种以依赖性和机械性为主的学习方式，进入到以理解、探索为主的学习方式，学习中自学和科研的成分越来越大；而且，大学生智力起点高，学习成绩与智力相关不明显，而健康的情感和积极的情绪这类非智力因素对大学生学习有更大的影响。轻松、愉快、乐观的情绪，能强化人的智力，使大学生精力充沛、思维敏捷、想象力丰富、记忆力增强。情绪与大学生的潜能开发、工作效率有关。良好的情绪有助于开阔思路，提高学习兴趣，集中注意力，富有创造力，使大学生乐于行动、工作和活动。研究发现，精神愉快、心情舒畅、紧张而轻松是思考和创造的最佳状态，有利于有效地进行智力活动。美国 20 世纪 70 年代大学生焦虑情绪的研究表明，焦虑不太高的学生的学习成绩好于高焦虑情绪的学生。反之，消沉、悲观、忧郁等消极的情绪状态，则会使思路阻塞，操作迟缓，心不在焉，严重影响学习效果。此外，因大学生的情绪具有不稳定性一面，故对学习也影响极大。情绪亢奋、激动时，他们一时难以平息，静心学习，因而情绪消沉、苦闷更使他们心事重重，无心学习。

第五节 情绪的评估和测量

对于情绪情感的了解不仅要知道“是什么”，还要知道“怎么样”，以便了解自己的情绪状况，及时作出调节。心理学家从理论和实践上对情绪进行了研究，发展出了评估情绪健康的某些标准，以及一些简单易行的测量手段。

一、健康心理和良好情绪的标志

健康的情绪是健全人格的必要条件之一。一般而言，情绪的目的性恰当、反应适度，不带有幼稚的、冲动的特征，符合社会规范的要求，就是情绪健康的标准。

首先，健康心理和良好情绪能够正确地反映一定情境的影响，并善于表达自己的感受。在一定的情境下就产生相应适当的情绪，不论是积极的或是消极的情绪。

其次，健康心理和良好的情绪能使反应的强度与引起情绪的刺激强度相适应。情绪的过度强烈和过度抑制都是不正常的。

再次，情绪反应的特点应与年龄阶段相适应。例如，青少年情绪最易激动，但青少年控制情绪的能力和情绪稳定性已比学龄前或学龄初期儿童大大增强，如果中学生的情绪自控能力仍停留在小学生水平上，就是不健康的表现。

对大学生来说，情绪健康具体表现为：情绪的基调是积极、乐观、愉快、稳定的，对不良情绪具有自我调控能力，情绪反应适度；高级的社会情感(理智感、道德感、美感等)能得到良好的发展。

二、情绪健康的标准

对情绪情感健康的标准，不同的心理学家有不同的见解。

(一)心理学家瑞尼斯等人提出了情绪健康的六项指标

(1)发展出某些技巧以应对挫折情境。

(2)能重新解释与接纳自己与情绪的关系，不会一直自我防卫，能避免挫折并安排替代的目标。

(3)知觉到情境会引起挫折，能够避开并找寻替代目标，以获得情绪满足。

(4)能找出方法，缓解生活中的不愉快。

(5)能认清各种防卫机制的功能，包括幻想、退化、反抗、投射、合理化、补偿，避免成为错误的习惯，以至防卫过度，造成情绪困扰。

(6)能寻求专家的帮助。

(二)赫洛克提出了情绪健康的四条标准

(1)能够保持健康，自己能控制因身体疲劳、睡眠不足、头痛、消化不良等疾病引起的情绪不稳定。

(2)能够控制环境，不是想干就干，而是先预料后果再采取行动。

(3)使情绪的紧张消解到无害的方面，但不是压抑情绪，而是将情绪转变，升华到社会性高度。

(4)能够洞察、理解社会。

(三)心理学家索尔指出了情绪健康的八个特点

(1)独立，不依赖父母。

(2)增强责任感及工作能力，减少与外界接纳的渴望。

(3)去除自卑情结、个人主义及竞争心理。

(4)适度的社会化与教化，能与人合作，并符合个人良心。

(5)成熟的性态度，能组织幸福家庭。

(6)培养适应，避免敌意与攻击。

(7)对现实有正确的了解。

(8)具有弹性以及适应力。

三、情商

从情绪健康的标准可见，情绪健康不仅涉及对自己情绪的认识和调节，还包括对他人情绪的应对，实际上这里已经涉及了情商的概念，下面简单介绍一下。

(一)情商的含义

情商(Emotional Quotient)全称情感智商或情绪智商，是情绪评定的量度。1991年被首先提出，后来由美国哈佛大学心理学家Daniel进行了完善。在1995年出版的《情商》一书中，他说："真正决定人成败的关键因素在于情商而不是智商。"他认为，利用智力测验或标准化的成就测验来衡量一个人的智力，并预测其未来的成败，不如用情绪的特质来衡量更具有意义。

情商也指情绪的成熟度。我国台湾心理学家叶重新认为，情绪发展成熟的人应该具有以下一些特征：①有健全的自我观念。②情绪表达和情绪控制适当。③人际关系良好，善解人意。④自信、自重、自爱。⑤乐观、进取、积极。⑥能与人竞争与合作。⑦善于与人沟通，尊重他人。⑧具有坚强毅力和锲而不舍的精神。⑨对新奇的事物努力探索。

(二)情商的结构

Daniel认为情商主要包括自我意识、自我激励、情绪控制、人际沟通和挫折承受力等方面，外延十分宽泛。其中了解自己的情绪和自我是核心问题。

具体来说，情商包含以下五种能力。

1. 认识自己的情绪

认识情绪是情商的基础。当处于情绪状态时，应该面对并认识这些情绪，而不是躲避，用自己的理性战胜感性情绪的冲动性，做到冷静面对。只有对自己的情绪有把握性，才能更好地把握自己。我们如果能认识到自己的情绪就可以对其加以控制，以建设性的方式处理情绪。这里涉及了情绪解读力，包括三种能力：认识自己情绪的能力、聆听并认识他人情绪的能力和表达情绪的能力。这样的能力不仅有利于处理自身的情绪状态，还有利于情绪情感的传达和互动，促进人际和谐。

2. 控制自己的情绪

控制情绪就是调控自己的情绪，使之适时、适地、适度地表达出来，得以解决。可以通过自我安慰和运动放松等途径，有效地摆脱焦虑、沮丧、激怒、烦恼等消极情绪的侵扰，不使自己陷于情绪低潮中。这方面能力较匮乏的人常须与低落的情绪交战；而能力高的人可以从挫折和失败中迅速复原。

3. 认知他人的情绪

即共情的能力，能够对他人的情绪感受真切的体验，善解人意，感同身受。具有这种能力的人，能敏锐地感受到他人的需要与期望，能体会到他人的情感，并且又能保持理性，客观地理解、分析他人的情感。这种能力强的人，能够很快获得他人的信任和亲近，使人安全和踏实，进而增进人际和谐。

4. 人际关系能力

即能够融洽地与他人相处，这是一种社会生活的基本素质。这种能力包括表达情感、情绪协调与情绪感染力，以及社交能力(组织能力、协商能力、冲突解决能力等)。能充分掌握这项能力的人，常是社交上的佼佼者；反之则易于攻击别人、不易与人协调合作。

5. 自我激励

指能将情绪专注于某项目标上，为了达成目标而调动、指挥情绪的能力。任何方面的成功都必须有情绪的自我控制——延迟满足、控制冲动、统揽全局。拥有这种能力的人能够集中注意力、自我把握、发挥创造力、积极热情地投入工作，并能取得杰出的成就。缺乏这种能力的人，则易半途而废。

四、情绪状态的测量

(一)情绪稳定性的评估

情绪稳定性测验

下面有30道题，请根据自己的实际情况，作出回答。符合的，则把该问题后面的“是”圈起来；难以回答的，则把“?”圈起来；不符合的，则把“否”圈起来。做这个测验不必多思考，要求用10分钟左右的时间完成，每题只能选择一个答案。

①我从未患过梦游症(即睡着时起来走路)。　是　?　否

②我从未因病而休假半年以上时间。　是　?　否

③如果在工作时有人跑来打扰我，我就会很恼火。　是　?　否

④我几乎每天都会遇到一些难以处理的事情。　是　?　否

⑤在最近一次学习新知识或技巧时，我感到很有信心。　是　?　否

⑥我时常会被一些事情所激怒。　是　?　否

⑦若是遭到别人侮辱，我的心理将久久不会平息，过了好多天仍不能忘记。　是　?　否

⑧我感到自己的生活是丰富的，并不单调。　是　?　否

⑨通常我很容易入睡，并且睡得很好。　是　?　否

⑩我是个容易害羞的人。　是　?　否

⑪若是知道有人恨我，我也不放在心上。　是　?　否

⑫我有时会莫名其妙地感到欢乐或悲哀。　是　?　否

⑬我常常在应当着手作书面工作时，沉浸在幻想之中。　是　?　否

⑭最近五年来我从未做过噩梦。　是　?　否

⑮我在搭电梯、穿马路或站在高处时会感到恐惧。　是　?　否

⑯遇到紧急事情时，我总能冷静地处理好。　是　?　否

⑰在日常生活中我是个感情用事的人。　是　?　否

⑱我很少担心自己的健康问题。　是　?　否

⑲我清楚地记得去年有哪些人经常给我造成麻烦。　是　?　否

⑳读书阶段，如果没有家庭作业和考试，我就不会主动去学习。　是　?　否

㉑最近五年内，我在工作和学习时，从来没有感到空虚茫然。　是　?　否

㉒在过去一年中我遇到三个以上对我不友好的人。　是　?　否

㉓在我的一生中，我能够达到我所希望的目标。　是　?　否

㉔看到别人作出怪异的行为，我总是难以忍受。　是　?　否

㉕自杀是荒唐的，我从未动自杀的念头。　是　?　否

㉖我常常感到不快乐。　是　?　否

㉗这两年我从未泻过肚子。　是　?　否

㉘通常情况下，我很有自信心。　是　?　否

㉙我完全有理由相信自己有办法像多数人一样轻松得处理日常生活事情。　是　?　否

㉚最近一个月里，我几次服用镇静剂或安眠药。　是　?　否

计分方法：每圈一个“是”计 2 分，每圈一个“?”计 1 分，每圈一个“否”不得分。将你在各题上的分数相加，算出总分。根据总分来查下面的评分表，就可以知道你情绪的稳定程度。

评分表

总分	情绪稳定性	行为特征
0～11	不稳定	情绪过敏，内心困扰，心境波动大
12～23	不大稳定	情绪经常波动，内心有困扰
24～36	中等	介于情绪过敏与情绪稳定之间
37～48	较稳定	情绪很少波动，有较稳定的态度和行动
49～60	很稳定	稳重，成熟，自信，理智，镇定

(二)焦虑情绪状态的评估

焦虑自评量表(SAS)

下面有20条文字，请仔细阅读每一条，把意思弄明白。然后根据您最近一星期的实际情况用合适的字母来回答，字母分别表示：A＝没有或很少有；B＝小部分时间有；C＝大部分时间有；D＝绝大部分或全部时间有。

①我觉得比平常容易紧张或着急。

②我无缘无故地感到害怕。

③我容易心里烦乱或觉得惊恐。

④我觉得我可能要发疯。

⑤我觉得一切都很好，也不会发生什么不幸。

⑥我手脚发抖打颤。

⑦我因为头痛、颈痛和背痛而苦恼。

⑧我感觉容易衰弱和疲乏。

⑨我觉得心平气和，并且容易安静坐着。

⑩我觉得心跳很快。

⑪我因为一阵阵头晕而苦恼。

⑫我有晕倒发作，或觉得要晕倒似的时候。

⑬我吸气呼气都感到很容易。

⑭手脚麻木和刺痛。

⑮我因为胃痛和消化不良而苦恼。

⑯我常常要小便。

⑰我的手脚常常是干燥温暖的。

⑱我脸红发热。

⑲我容易入睡并且一夜睡得很好。

⑳我做噩梦。

计分办法：A、B、C、D分别计1、2、3、4分，将所有得分相加，再将总分乘以1.25，取整数即可得到标准分。其中⑤、⑨、⑬、⑰、⑲为反向计分项目。

判断：以50～55分为界，超过55分为异常，说明情绪处于焦虑状态。

(三)抑郁情绪状态的评估

抑郁自评量表(SDS)

下面有20条文字，请仔细阅读每一条，把意思弄明白。然后根据您最近一星期的实际情况用合适的字母来回答，字母分别表示：A＝没有或很少有；B＝小部分时间有；C＝大部分时间有；D＝绝大部分或全部时间有。

①我觉得闷闷不乐，情绪低沉。

②我觉得一天之中早晨最好。

③我一阵阵哭出来或觉得想哭。

④我晚上睡眠不好。

⑤我吃得和平常一样多。

⑥我与异性密切接触时和以往一样感到愉快。

⑦我发觉我的体重在下降。

⑧我有便秘的苦恼。

⑨我心跳比平时快。

⑩我无缘无故地感到疲乏。

⑪我的头脑跟平常一样清楚。

⑫我觉得经常做的事情并没有困难。

⑬我觉得不安而平静不下来。

⑭我对将来抱有希望。

⑮我比平时容易生气激动。

⑯我觉得作出决定是容易的。

⑰我觉得自己是个有用的人，有人需要我。

⑱我的生活过得很有意思。

⑲我认为如果我死了，别人会生活得好些。

⑳我平常感兴趣的事仍然照样感兴趣。

计分方法：A、B、C、D分别计1、2、3、4分，将所有得分相加，再将总分乘以1.25，取整数即可得到标准分。其中②、⑤、⑥、⑪、⑫、⑭、⑯、⑰、⑱、⑳为反向计分项目。

判断：以50～55分为界，超过55分为异常，说明情绪已处于抑郁状态。

【小结】

情绪情感是人对客观事物是否符合自己的需要而产生的态度体验，当符合人的需要时，就会引起积极情绪情感，否则便会引起消极情绪情感。情绪包括心境、激情和应激，情感包括理智感、道德感和美感。

情绪情感具有适应功能、动机功能、组织功能、信号功能和感染功能。大学生情绪情感表现为一定的特点和规律性：有稳定有波动、有内隐有外显、有阶段有层次、丰富性和掩饰性。

大学生常见的情绪情感问题有：焦虑、抑郁、恐惧和嫉妒。

健康是相互作用的动态多维度结构，根据WHO的定义包括生理、心理和社会三个方面。心理健康是指个体心理在本身及环境条件许可范围内所能达到的最佳功能状态，但不是十全十美的绝对状态。情绪情感状态对大学生的身心健康、社会人际和学习都有影响。

情绪健康具有一些标准。情商涉及了情绪管理的各种能力，表现了情绪健康与否。评估和测量情绪状态可以采用多种测验量表。

【关键词】

情绪　情感　情商　焦虑　抑郁　愤怒　嫉妒　心境　激情　应激　理智感　道德感　美感　情绪稳定性　情绪调节　健康　生理健康　心理健康　社会健康

【思考题】

1. 什么是情绪、情感？它们的异同有哪些？
2. 大学生的情绪情感的特点有哪些？
3. 情绪情感对大学生有哪些影响？
4. 情商的含义及其结构是什么？
5. 大学生常见的情绪问题有哪些？
6. 心理健康及情绪健康的标准有哪些？

第二章　实用情绪理论

内容提要：

1. 早期的理论
2. 认知取向的情绪理论
3. 动机取向的情绪理论
4. 临床取向的情绪理论
5. 哲学取向的理论

如果我们把行为比作人的骨骼，那么情绪就是包裹于骨骼之上的血肉。没有骨骼人无法站立，但若没有血肉，人的生命将丧失一切能量与色彩。失恋让人痛苦，父母的亡故让人伤心欲绝，死亡让人恐惧，但没有人愿意以放弃快乐为代价去远离悲伤，也没人愿意以丧失爱为代价去远离恨。正如我国著名情绪心理学家孟昭兰所说的，情绪是人类生存最为重要的精神资源之一。从这种意义上来看，情绪的管理与调节对新时代的大学生来说不仅是维护身心健康以达到对社会良好适应的手段，也是一个人获得幸福感的重要生活方式。《孙子兵法》云："知己知彼，百战不殆。"要实现情绪的良好管理与调节，必然要求对情绪发生与发展的规律有透彻的了解与把握。究竟什么是情绪？人类情绪有哪些种类？情绪有什么功能，对我们的生活和生存有何意义？情绪是先天遗传不学而能的，还是后天学习社会教化的结果？情绪影响人的认知观念，还是认知影响人的情绪？情绪是如何发生激活又是如何发展的？这些正是本章要回答的问题。

第一节　早期的理论

目前，心理学界存在许多种情绪理论，各种理论采用不同的研究方法，有不同的侧重点。然而，正如盲人摸象的故事告诉我们的道理，只有将各种情绪理论综合到一块儿，才能洞悉情绪的真相。情绪理论可以根据不同的标准进行不同的归类。我们采取的原则是使读者尽可能地了解各种理论的相同之处与区别所在。这样，对于早期理论我们将按出现的时间顺序进行介绍。对于新近的理论我们将按其采用的方法和强调的重点进行介绍，包括认知取向的理论、动机取向的理论、临床取向的理论以及哲学取向的理论。

一、早期哲学的理论

心理学发源于哲学，许多早期西方哲学家都曾探讨过情绪的本质及规律。古希腊哲学大师柏拉图认为人类的心灵包含三部分，即理性、精神和欲望，而情绪处于精神和欲望之间。在他看来，情绪是混杂的、零乱的和乱人心神的，情绪的干扰会使人远离理性。因而为了获得幸福和追求美善的生活，情绪应该受到控制。这种观念在日常生活中仍十分流行，人们总是希望压制自己的情绪，把理性看作一种美德。

希腊哲学的集大成者亚里士多德则致力于为情绪正名，认为情绪给人类的存在增添了色彩。他第一个提出人类情绪的唤起源自人对周围环境的看法，这与现代的认知心理学不谋而合。他还提出，情绪是与愉快和痛苦相联系的，并列举出各种不同的情绪，如愤怒、恐惧、怜悯等。亚里士多德情绪理论的根本特质是将对情绪的思考放置在伦理学的框架内。例如，他认为报复作为一种伦理行为是愤怒的行为成分。即使在我们今天的生活中，也深深打着这种从伦理学角度思考情绪的亚里士多德式思维的烙印。例如在日常生活中我们往往会根据在某种情境中的行为是否得体、是否出现情绪反应来评价他人。人们常常会说："你不应该嫉妒，而应替他高兴。""这个没有什么，你真是个胆小鬼！"

亚里士多德以后，最有影响力的对情绪的哲学思考来自笛卡儿。即使对哲学完全一窍不通的人，也都知道"我思故我在"这句名言正是出自笛卡儿。笛卡儿对情绪的本质进行了深入探讨，他认为情绪是人类所特有的，只有人类才会惊讶、喜爱、憎恨、愉快和悲伤，动物只有感觉而没有感情。情绪的内涵不仅包括生理变化和行为反应，而且包含了认知成分以及知觉和记忆这样的心理过程。关于情绪的发生，他提出最重要的情绪体验只发生于心理之中。动物在经历情绪时，会产生身体的反应，但不会有情绪体验。在笛卡儿看来情绪是一种激情，激情往往是猛烈的、出其不意的，因而也是难以控制的。但幸好理性对情绪能够产生一定影响，因而人是有可能控制情绪的。笛卡儿的这些观点对后世影响很大，也是他最早提出情绪调节不仅是可能的，而且是日常生活的一部分。

二、詹姆斯—兰格(James-Lange)理论

美国心理学家威廉·詹姆斯和丹麦生理学家兰格分别于 1884 年和 1885 年

提出了一种内容类似的情绪理论，后人将二者的理论合一，称为詹姆斯—兰格理论。这是第一个采取科学的观点对人类的情绪变化给予系统解释的理论，也是引起心理学家们长期争议的最著名理论之一。

按照人们的常识，情绪发生于人的机体变化和行为之前：人哭是因为伤心；人笑是因为快乐；人发抖是因为恐惧。而詹姆斯—兰格理论则对情绪作了完全反常识的解释，这一理论认为，人不是因为伤心才会哭，恰恰相反，人是因为哭才伤心。同理，人快乐是因为人笑；人恐惧是因为人发抖。

詹姆斯认为，情绪的产生并非源于外在刺激的直接作用，而是由身体上的变化产生，情绪是对身体变化的知觉。“情绪，只是一种对身体状态的感觉，它的原因纯粹是身体的”。兰格认为，情绪是内脏活动的结果，特别是与血管变化有关。例如，酒和某些药物之所以引起情绪的变化，原因在于它们引起了血管的活动。

我们将以图示的方式描述詹姆斯—兰格理论如何解释情绪的产生，以及在情绪产生中情境刺激、生理变化、情绪经验三者间的关系(见图 2-1)。

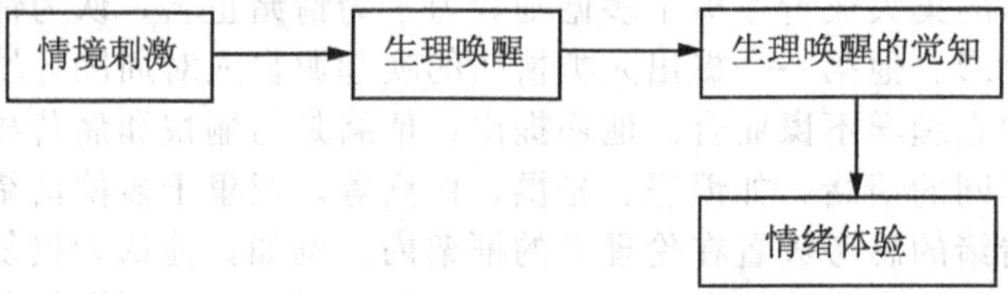

图 2-1　詹姆斯—兰格情绪理论图解

根据詹姆斯—兰格理论，情绪产生的过程是这样的：首先你遭遇到特殊的环境事件(如路遇歹徒)，接着你体验到身体的变化(如心跳加剧)，随后是大脑对身体变化的觉知，从而你感受到某种情绪(如恐惧)。

由于气候的原因，南方的生活环境很容易滋生蟑螂。许多大学生遇到蟑螂时都会感受到一种强烈的厌恶、恶心和恐惧。这些情绪是如何产生的呢？按照常识，我们会认为，首先是面对蟑螂产生了厌恶或恐惧的情绪，随后我们的心跳才会加剧，接着就是逃离蟑螂或踩死蟑螂。而詹姆斯—兰格理论告诉我们，情绪发生的实际过程是：当我们遇到蟑螂时，我们立即会心跳加剧，肾上腺素分泌增多，甚至头发竖起，接着我们才体验到了恐惧和厌恶。

在学术研究的竞技场中，詹姆斯—兰格理论正确与否，是一直存有争议的问题。但对于大学生情绪调适，该理论具有重要的指导意义。例如，许多人有这样的体验，当情绪低落、心情欠佳时，试着做出微笑的表情，心情就真的会有所改善，这正是詹姆斯—兰格理论应用于日常生活的例子。

三、坎农—巴德(Cannon-Bard)理论

坎农是最早关注詹姆斯—兰格理论的人，也是对该理论批评最为激烈的

人。他于 1927 年提出了一种将其取而代之的理论，后来他的学生巴德通过大量实验工作证实了该理论，最终建立了以师生二人命名的坎农—巴德理论。

坎农—巴德理论认为，情绪产生于对身体变化的觉知这种观点是错误的。举个简单的例子，恐惧时人会心跳加剧，兴奋时会心跳加剧，愤怒时也同样如此。这说明，多种情绪可能表现为同一身体反应，因而，单纯靠对身体变化的觉知并不能确定自己发生着什么样的情绪。而事实上，并不是情绪的产生在生理唤醒和身体反应之后，而是两者同时发生。例如，当某人令你大发雷霆时，你心跳加快的同时会想："太可气了！"但既不是你的身体也不是你的心理导致了这一种反应。

坎农—巴德理论的核心是强调情绪产生的神经生理机制。坎农认为情绪产生的生理基础是丘脑。我们同样以图示的方式阐述此理论如何解释情绪的产生，以及在情绪产生中情境刺激、生理变化、情绪经验三者间的关系（见图 2-2）。

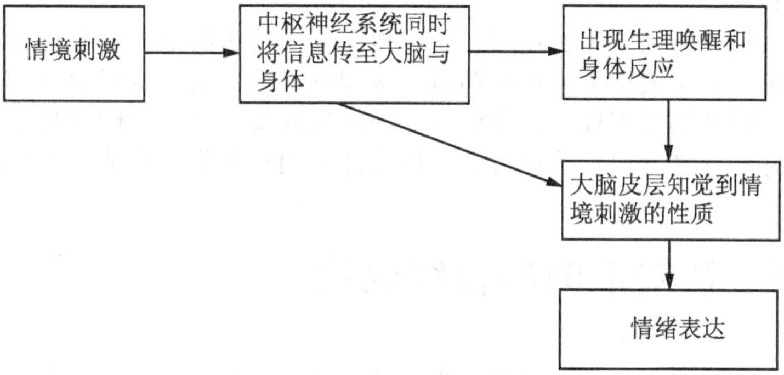

图 2-2 坎农—巴德情绪理论图解

根据坎农—巴德理论，情绪产生的过程是这样的：首先你遭遇到特殊的环境事件（如路遇歹徒），接着刺激事件激发了丘脑的活动过程，最后丘脑中的神经细胞得到释放，当丘脑释放时我们体验到了情绪，同时产生了身体变化。

当夜深人静，独自走在黑暗幽深的小巷中，人们常常会产生恐惧的情绪。那么，根据坎农—巴德理论，我们可以如此描述这一过程：夜，已经很深了。周围伸手不见五指，你独自漫步于这条黑暗幽深的小巷。突然，你听到背后传出若有若无的脚步声。你感到自己全身都在发抖，心跳加速，呼吸开始急促。在这些身体变化发生的同时，你体验到了强烈的恐惧。

四、华生（Watson）的行为主义情绪理论

另一重要的早期理论来自心理学史上颇具传奇色彩的人物——美国心理学家华生。华生是行为主义心理学派的奠基人，也是行为主义情绪理论的奠基人。他于 1929 年和 1930 年提出了第一个行为主义的情绪理论。

该理论强调情绪的生理方面。华生认为，“情绪是一种遗传的反应模式，它包含整个身体机制，特别是内脏和腺体系统的深刻变化”。但一个人喜怒哀乐的情绪反应并不完全等同于本能反应。不同之处在于，本能反应作为典型的、普遍发生的行为模式较为固定和稳定，而情绪刺激则会把机体带入混乱状态，时间可能很短但总会持续一段时间，因而情绪是具有感染性的。

在对儿童进行严密细致的观察的基础上，华生提出了著名的情绪三维学说。这一理论认为，虽然人的情绪种类繁多，如喜、怒、哀、惧、恐惧、羞愧、惊奇等。但与生俱来的最基本的只有三种情绪：恐惧、愤怒和爱。华生进一步分析了婴儿身上引起三种情绪反应的原因。一个婴儿如果产生恐惧，原因可能是支撑物被移开、大声音或者是婴儿刚刚入睡或醒来时温和但突然的刺激。典型的表现有屏息、抓手、闭眼、皱唇和哭喊。愤怒时则会哭泣、尖叫、身体僵硬和双手乱动，产生的原因可能是婴儿的活动受到阻碍。最后他认为，爱的反应来自任何温柔的抚摸特别是敏感区的抚摸。对它的反应有微笑、咯咯笑和窃窃私笑。

华生对情绪研究的主要贡献在于，他强调了情绪的行为方面，以及他的情绪三维学说。对于大学生的情绪调适，该理论最重要的启示可能是“善待身体”这一理念。情绪调适不仅是心理调适，同时还涉及一种“修身”的艺术。你能否有一个良好的作息习惯、饮食习惯、健身计划同样和你的心情、你的情绪息息相关。

第二节　认知取向的情绪理论

当代心理学家通常将情绪界定为一种身体和心理上的复杂的变化模式，既包含生理唤醒也包含感觉、认知过程以及行为反应成分。在情绪既涉及认知方面的要素又包含身体要素这一点上，大多数情绪理论都已达成共识。但对于在情绪产生过程中，是认知重要还是身体唤醒重要，二者之间关系如何等问题，却各有不同的答案。詹姆斯—兰格理论、坎农—巴德理论及华生的行为主义情绪理论着重强调身体、中枢神经系统及行为等是情绪发生的关键，但轻视甚至忽略了认知解释。而本节将要介绍的情绪理论核心观点即在于强调认知评价在情绪产生中的重要作用。

一、阿诺德(Arnold)的“评定—兴奋”理论

20世纪50年代，美国心理学家阿诺德提出了情绪的“评定—兴奋”学说。他强调外界的刺激要经过认知和评价后才能产生情绪，情绪产生的基本模式是：刺激—评估—情绪。而认知与评价的过程是在大脑皮层上产生和完成的，皮层兴奋是情绪产生的主要原因。

在阿诺德的“评定—兴奋”理论中，评价过程是一个极其复杂、极其精微的

过程，充分反映了神经系统的作用和功能。阿诺德认为，我们直接地、自动地并且几乎不由自主地评价所遇到的任何事件，如果不存在其他评价的干扰，这一评价过程会引导我们接近“好的”事物，避免“坏的”事物，忽略无关事物。在情绪体验产生过程中，记忆是评价的基础。过去的经验成为评价任何新的刺激事件的标尺。而且新的情境刺激还会激起一种与过去经验有关的感情回忆，这可能歪曲我们的判断，因而需要防范。评价过程的最后环节是想象。当前的情境刺激与相关的情感回忆使我们预测未来。我们会自然而然地预期将要发生的事情是好还是坏。评价变得依赖于记忆与预期这两者。这一评价过程虽然复杂，但却是在一瞬间完成的。

此外，该理论得出了一个很重要的推论：在大脑皮层对外界刺激的评定过程中，凡被认为是对自己有利的，就会产生积极的、趋向刺激的体验；凡被认为是恶性刺激的，则会产生消极的、逃避刺激的体验。

比如，一个人在森林里遇到老虎，会心惊胆战极度恐惧；而如果面对的是动物园里关在笼子里的老虎，则会从容自然得多，不会产生太大的恐惧。其中的原因就在于，根据经验，我们认定笼子里的老虎不会伤人，而森林里的老虎则可能威胁我们的性命。再比如，大多数人对老鼠的感受是既厌恶又害怕，唯恐躲之不及；但迪斯尼的米老鼠形象却赢得全世界人的喜爱。原因正是在于，动画片所塑造的米老鼠是善良、勇敢、幽默、智慧的，这样的形象改变了我们对它的认识，正是这种认知评价的改变引发了我们对米老鼠的喜爱之情。

二、沙赫特—辛格(Schachter-Singer)的双因素情绪理论

正如上一节所做的分析，无论是詹姆斯—兰格理论还是坎农—巴德理论都存在着致命伤：完全不同的情绪，其身体反应与内在神经过程却很相似。心跳加快可能是因为爱情、愤怒，也可能是因为剧烈运动。所以，依此种理论，我们很难仅仅根据身体唤醒和神经系统的活动过程解释所有情绪的产生。而阿诺德的“评定—兴奋”理论虽然阐释了认知评价在情绪产生中的重要作用，但却摒弃了生理唤醒。20 世纪六七十年代，美国心理学家沙赫特和辛格提出了一种同时强调生理唤醒和认知评价的情绪理论。

该理论认为，特定的情绪体验是生理唤醒与认知评价相结合的状态，二者对于情绪的产生同样重要。个体对其生理变化和情境刺激性质两方面的认知是形成情绪体验的原因，因而他们的理论被称为情绪的双因素理论。

我们同样以图示的方式阐释情绪双因素理论的精要(见图 2-3)。

根据这一理论，情绪产生的过程是这样的：首先是外在的情境刺激引发一般的身体反应(如路遇歹徒使我们因恐惧而心跳)，接着是根据过去习得的有关这一情境刺激的经验作出认知评价。具体到路遇歹徒的例子，我们知道歹徒手持利刃，是有可能伤及我们性命的，因而会作出存在危险的认知评价。最后的步骤是根据对生理唤醒的认知评价来决定感觉什么，哪个情绪“标签”最为合

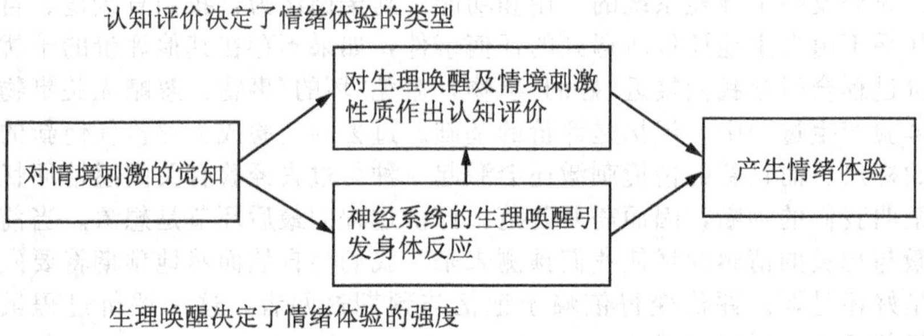

图 2-3 双因素情绪理论图解

适，以及你的反应意味着哪些特定的体验。我们对路遇歹徒的认知评价是存在危险，自然而然这就导致了恐惧的情绪体验。

沙赫特和辛格曾设计了多项实验以检验该理论的正确性。在一项经典的实验中，他们将自愿作为被试的大学生随机分为三组，给他们注射同一种药物，并告诉被试注射的是一种维生素，目的是研究这种维生素对视觉可能发生的作用。但实际注射的是肾上腺素，会对情绪产生广泛而深刻的影响，因此三组被试都处于一种典型的生理激活状态。然后主试向三组被试说明注射后可能产生的反应，并作了不同解释：告诉第一组被试，注射后将会出现心悸、手颤抖、脸发烧等症状；告诉第二组被试，注射药物后，身上会发抖，手脚有点麻，没有别的反应；对第三组被试则不作任何说明。接着把注射药物后的三组被试各分一半，让其分别进入预先设计好的实验环境里休息：一种情境是有人作滑稽表演，情境令人发笑；一种是有人故意向被试干扰，强行要他们填问卷，旨在引起被试的怒意。根据主试的观察和被试的自我报告结果，第二组和第三组被试在愉快情境中显示出愉快情绪，在愤怒情境中表现出愤怒情绪；而第一组被试则没有愉快和愤怒的情绪表现。如果情绪体验是由生理唤醒引起的，那么三组被试注射的都是肾上腺素，情绪体验应该相同；如果情绪体验是由情境刺激决定的，那么无论哪组被试，都应该在愉快情境中表现出愉快，在愤怒情境中表现出愤怒。实验证明人对生理反应的认知解释决定了最后的情绪体验。

三、拉扎勒斯(Lazarus)的认知评价理论

另一经典的情绪认知理论来自美国心理学家拉扎勒斯。该理论既强调认知因素同时顾及了生理因素与文化因素的作用。

拉扎勒斯最早关注的问题是压力以及与压力相关的情绪对人类日常生活的适应有何意义。人的一生中不可避免地会体验到各种压力，大到生、老、病、死，小到上学、考试、工作，人们应对压力的方式可能比压力本身更重要。在一项有关压力的经典研究中，拉扎勒斯让被试观看能够诱发压力的电影，电影描述的是工作故事，不同组的被试观看的电影虽然相同，但配有不同的解说

词，旨在诱发被试不同的防卫过程。结果发现，解说词极大地影响了个体所体验到的压力强度。可见，外在的压力事件并不是对所有人产生同样影响，个体的防卫机制与认识解释调节着压力感的产生。

此后，拉扎勒斯对压力与适应的研究扩展到关注一般意义上的情绪与适应，发展出了情绪的认知—动机—关系理论，从适应性的角度阐释了情绪的本质与产生。他认为情绪是人类遗传的一部分，具有适应功能，能够帮助我们更好地生存。例如恐惧可以唤醒身心的警备状态，调动身心的全部能量应付外在的危险；悲伤有助于获取支持和帮助；羞愧可以激发我们的内疚感与自我反思，从而有利于调节我们与他人的关系。每一种情绪都有一个核心相关主题，界定着与每一种情绪相关的适应性情况的危害与利益，拉扎勒斯详尽地研究了十五种基本情绪及其核心相关主题(见表 2-1)。

表 2-1　情绪及其“核心相关主题”

情绪	核心相关主题
愤怒	冒犯、藐视我或我的东西
焦虑	感受到存在着不确定的威胁
惊恐	面对突如其来的、真实的、巨大的、可能危及身体的危险
内疚	触犯了某一道德法则
羞愧	未能达到理想自我
悲伤	遭受了不可挽回的丧失
羡慕	想要别人所拥有的东西
妒忌	因失去另一方的情感而憎恨第三方
厌恶	接受或接近令人讨厌的物体、人或思想
快乐	朝着目标的时限迈进了一步
自豪	因为自己或认识的人或事所属的团体作出了某种成就和创造而感到荣耀，这种荣耀提升了自我认同
放松	令人苦恼的与目标不相容的情况已经好转或过去
期望	怕坏的结果，想要更好的结果
爱	经常渴望的情感，而不要回报
同情	被别人的痛苦打动，想给予帮助

资料来源：L. A. 珀文，《人格科学》，上海，华东师范大学出版社，2001。

正如上述核心相关主题所显示的，拉扎勒斯是从生活适应的角度来解释情绪的产生。他认为，虽然情绪是遗传的一部分，但具体情绪的产生是人与环境相互作用的产物。之所以称其为认知—动机—关系理论，是因为这一理论认为，在情绪产生过程中，个体遭遇情境时的动机与目标，个体与环境的关系都发挥着不可替代的作用。我们可以以图示的方式，沿着时间纬度来描述情绪产生的过程：

动机→事件→初级评估和次级评估→情绪→应对

比如说，某人具有一个有益的动机目标以及对他自我和世界的某种观念，当他进入到一个特定情境中时，他就在此情境中遭遇到某些对其相关动机目标和观念具有隐含意义的事件，接着是他的评估过程，而情绪就由此产生了。这是拉扎勒斯理论的重点所在。他认为这一评估过程包含两个阶段。在初级评估阶段，个体要确定的是遭遇的情况事件与自己的动机目标是否有利害关系以及利害关系的程度，也即确定是否存在威胁与危险。所遭遇事件涉及到个人目标的程度与其阻碍或推动这些目标的程度，决定了个体所体验到的情绪。如果所遭遇事件给动机目标带来了威胁与阻碍，那么将会带来负面的情绪，如满怀着一腔热情去帮助同学却遭到拒绝，便会体验到沮丧或愤怒。如果遭遇的事件恰好推动了动机目标的实现则会带来积极体验，如主动帮助同学，同学接受了你的帮助，你便会体验到愉悦和满足。在次级评估阶段，个体主要对事件起因、对事件的资源及对未来的影响作出评价。从而对应对方式进行调节与控制。需要特别强调的是，拉扎勒斯也已指出，我们面对的生活之流是复杂无比的，因而我们在不断地遭遇情境，我们作出评估，体验情绪，作出应对，这是一个无限循环的过程。而且即使遭遇到了一种情境事件(如路遇强盗)，我们也可能体验到多种情绪如愤怒、恐惧、羞愧等。

我们举一个大学生活中常见的例子，具体描述情绪的产生过程。

一个男生喜欢上了一个漂亮的女生。在遭受几周的暗恋之苦后，终于决定向她表白(这是形成动机目标的过程)。但非常不幸，该女生毫不留情地当面拒绝了他(遭遇到负性的情境事件)。这个男生本是个心高气傲的人，这一拒绝，就像一根尖冰直刺入他心里，他认为这是自己一生中最大的耻辱(初级评估过程)，他感到愤怒，也感到无奈；既非常伤心也非常羞愧(产生了情绪体验)，但他想，事情发生了，总是有它的意义的。或许是她在试探我，或许我应该把精力放在学业上(次级评估)。

第三节　动机取向的情绪理论

上述理论主要从情境刺激、生理唤醒和个人认知评价等方面探讨情绪，有些心理学家更为关注的是情绪对人格或行为所具有的动机功能，进而形成了他们独特的理论。我们将选择对大学生情绪管理与辅导较具指导意义的三种理论予以介绍。

一、伊扎德(Izard)的区别性理论

伊扎德的理论建树在很大程度上得益于汤姆金森(Tomkins)和艾克曼(Ekman)的创造性研究，他们都认为在一个人的人格中，一些基本的、普遍的情绪起着主要作用。

区别性理论的核心内容是以情绪为核心，以人格结构为基础，论述情绪的性质与功能。

关于情绪的本质特性与种类，伊扎德坚持一种进化论的观点。首先，他认为情绪是先天的并且是进化遗传的一部分。正是因为情绪具有适应性价值，它才能够对我们和他人起到传递信息、指示采取行动的作用，从而帮助我们更好地生存和发展，所以才成为人性的一部分。我们会恐惧、惊讶、愤怒、厌恶，但这些并非是学会的，我们学会的是知道应在何时何地对哪些情境刺激作出什么情绪反应。也就是说，许多情绪本身是遗传的结果，但情绪的表达方式却存在文化差异。同样是快乐感情的表达，原始部落的人可以手舞足蹈，生活在现代文明的人则受文化规范的制约，最多报之一笑。

其次，关于情绪的种类，伊扎德认为普遍存在的基本的、原始的情绪是有限的。关于基本情绪数量的看法，不同学者意见不一。汤姆金森认为存在八种基本情绪：兴奋、快乐、惊奇、痛苦、厌恶、愤怒、羞愧以及恐惧。伊扎德在汤姆金森研究的基础上，更深入地研究了基本情绪并探讨了产生这些情绪的代表性情境。他认为存在十二种基本情绪：兴趣、快乐、惊奇、悲伤、愤怒、厌恶、蔑视、恐惧、羞愧(感到自己在某事上应受指责)、羞辱(感到别人嘲笑自己)、内敌意(感到不能容忍自己)、害羞。他还提出了情绪的思维学说，认为情绪的存在有愉快—不愉快、紧张—松弛、激动—平静、确信—不确信四个维度，每一种具体的情绪存在于这四种维度两级之间的不同位置上。这对情绪体验的准确评估具有重要意义。

虽然认为何时何地及如何表达情绪受文化习俗的影响，但伊扎德同样认为基本的情绪具有普遍的表情表达方式，每一种基本情绪都与特定的面部表情和运动方式相联系。美国心理学家 Biehl 研究比较了匈牙利、日本、波兰、苏门答腊、美国和越南的个体对于面部表情的判定，结果这些不同文化、不同国家的群体表现出极高的一致性。也就是说全世界的人不论文化差异、种族、教育或性别，其基本情绪的面部表情很大程度上是一样的。

关于情绪的功能，伊扎德认为情绪对动机、认知和行为具有重要意义，而且正是情绪系统在人格机能的组织中发挥着核心作用。情绪系统是原始性的动机系统，组织并维持着思考与行动。许多思想、记忆以及行为反应是根据同某一情感的联系而被组织起来的。这也就解释了为什么一个人一生中记忆最深刻的事件和人，都是大喜大悲的事和爱恨入骨的人。有时候自己的身体感受和情绪比大脑还要敏锐，有时候需要运用情绪去生活。

此外，伊扎德认为由于受体质因素及经验的影响，个体具体体验到的情绪频率及强度存在个体差异。由于不同的情绪事实上以相对不同的方式影响思维和行为，因而特定的情绪有助于特定人格特质的形成。研究发现，兴趣、享乐及羞怯等非连续性情绪与外倾性人格特质如善交际、开朗、随和等有较高相关。而悲伤、蔑视、恐惧、羞愧等与神经质人格特质如情绪稳定性和焦虑程度等有很高相关。

二、所罗门(Solomon)的相对过程理论

美国心理学家所罗门于1974年提出了一种颇具一格的情绪理论：相对过程理论，以一种全新的观点解释某些情绪体验及其变化过程。

该理论的核心观点是，情绪体验的产生有赖于大脑的神经生理基础，大脑中主管情绪的功能区在产生某种情绪时，会发生与该情绪方向相反的反作用。悲伤和快乐可能是相伴而生。爱和恨、讨厌和喜欢可能只有一线之隔，可以相互转化，这也是处在恋爱中的人常有的体验，在金庸的武侠小说《天龙八部》中，王语嫣对段誉的感情变化就是很好的例子。

如果用字母A和B代表两种相反的情绪，情绪变化的过程可以表述如下：

平静状态→情绪状态A→情绪状态B→平静状态

事实上，所罗门是运用情绪变化的过程解释人类行为的动机，强调了情绪的动机功能。以爱好漂流运动者为例，漂流是一项极具冒险性的运动，有时候甚至有受伤或死亡的危险，那为什么还是有那么多漂流运动者前仆后继、乐此不疲呢？根据相对过程理论给出的解释，恰恰是漂流活动的高危险性，使漂流者体验到了极大的刺激、成就感和快乐，这正是他们爱好此项活动的原因。

以蹦极这项运动为例，为什么有那么多人喜欢呢？这一过程中发生了什么呢？相对过程理论可以给出一种解释。在参加蹦极的人从山顶高处跳下到绳子还没有完全放完这段时间，情绪上最紧张恐惧。按照相对过程理论，当恐惧紧张达至顶峰而开始下降之际，与恐惧紧张相反的兴奋快乐感开始形成。当蹦极活动进行到绳子逐渐放完，降落活动逐渐停止而个人开始获得稳定感时，兴奋快乐取代了原先的恐惧紧张。运动结束，运动者重新着地后，情绪逐渐归于平静。

作为一种情绪理论，相对过程理论可以解释人们的许多行为爱好。人们为什么喜欢登山运动，为什么喜欢徒步旅行，为什么喜欢漂流，为什么有些人喜欢吸毒，这些都可以用相对过程理论进行理解。中国最重要的文化典籍《周易》中，有“物极必反”之语。看来并非哲学家的妄谈，而是蕴涵着深刻的科学、哲学思想。

三、罗尔斯(Rolls)的情绪功能理论

罗尔斯的理论主要是从功能主义的、进化论的角度理解情绪。其理论的核心观点是从行为主义的视角解释情绪的产生，认为情绪是操作性强化刺激的产物。正性强化物(如金钱、爱情、名气、爱和尊敬)和负性强化物(如丧失、失恋、惩罚)的强化作用决定了我们喜怒哀乐的情绪体验。但并不是说同一种强

化物会在所有人身上引发相同的情绪，比如金钱无疑是一种正性强化物，但对一个贫困生和一个富家子弟来说具有完全不同的意义。同样给他们 1000 元，前者会欣喜若狂，后者可能无动于衷。罗尔斯认为认知评价也是情绪过程的一部分，它决定了外界的事物是否具有强化的作用。

此外，罗尔斯详尽探讨、总结了情绪的功能，认为这些功能对于个体的生存具有重要价值：

第一，情绪启动了自主神经和内分泌系统的反应。例如，当我们伤心欲绝时，我们会流泪；当我们极度恐惧时，则会全身发抖。流泪是内分泌系统的反应，不由自主地发抖则是自主神经系统的反应。

第二，情绪使对强化刺激所作出的行为反应具有灵活性。例如，一个人脾气可能平常暴躁，没有礼貌；但当面对他心仪的女性时，可能突然变得彬彬有礼起来。这正是因为那个女生起到正性强化的作用，唤起了他心中温柔的感情，所以外在的行为反应也更灵活、更有礼。

第三，情绪具有动机功能。情绪通过唤醒你对正经历或想象中的事件的行动来完成它的动机功能，然后会引导并维持你的行为直到达到特定目标。例如，当一个人深陷爱河时，会竭尽所能地吸引、接近、保护和关怀他或她的爱人。“望梅止渴”的故事也是很好的例证。酸梅对于饥渴难耐的士兵无疑唤起了大家极高的情绪，正是这种高昂的情绪激励着大家完成了看似不可能的行军任务。

第四，情绪具有信息交流的功能。一个人脸上的表情能够反映他真实的思想和情感状态。当一个人暴跳如雷时，你自然会后退，因为这种情绪反应自然地传达了一种不要接近我的信息。事实上无法想象，如果我们完全不理解别人试图向你传达的负面情绪，生活将会是什么样子。

第五，情绪能够促进个体与社会之间的联系。一个人的情绪体验很大程度上影响着他的社会行为。研究发现，当个体处于积极的情绪状态时，他更愿意做出各种利他行为。

第六，情绪具有认知功能。大量研究证明，情绪可能影响一个人的注意力，学习、认识自己和他人的方式，也影响着记忆和创造力。在论述伊扎德的区别性理论时我们论述过情绪对记忆的作用。研究者不断证明积极愉快的情绪更有利于产生创造性的想法，更有利于促进学习和工作的效率。调节好心情，适当地娱乐可能比一味地死学苦学更有效率。这也是“磨刀不误砍柴工”这句老话的道理所在。

第四节　临床取向的情绪理论

在西方文化传统中，所推崇的人格理想一直是做一个理性的人。人的情绪或情感往往被忽视或压抑，其对人们生活的意义也往往被低估。随着弗洛伊德精神分析学的兴盛，心理咨询和治疗行业获得了真正意义上的长足发展。临床心理学家开始反思传统观点的缺陷，他们认为没有情绪就没有人类的发展，情绪在困扰人的心理障碍中发挥着重要作用。临床取向的情绪理论主要关注情绪的临床意义，如何从情绪的角度解释心理障碍的产生及其对治疗的启示，这对理解我们自己的内心生活具有很大的价值。

一、弗洛伊德(Frued)的精神分析理论

弗洛伊德是现代心理学的创始人之一，也是对20世纪西方文化影响最大的文化伟人之一。他所创立的精神分析理论既是探索心理障碍患者内心的无意识动机和冲突的深层心理疗法，也是一种完整的人格理论。

精神分析理论的基本假设是：我们大多数人并没有意识到自己行为背后的真正动机与冲动，人的心理过程主要是潜意识的。潜意识的心理能量总是以某种不可见的方式影响着我们的思想与行动。这种心理能量既来自生物本能又来自童年的创伤性经验。

弗洛伊德认为情绪是心理能量的一种表现形式，是本能起源的能量的释放过程，这一过程主要是潜意识的。因而，情绪在精神分析理论中处于核心地位。从某种意义上看，人可以说是一种情绪性的存在。人们的一言一行，哪怕是自认为最客观、最理性的思想也同样有情绪的影响存在。只是这一过程是潜意识的，我们没有知觉到罢了。

弗洛伊德的另一重要观点是强调心理冲突的重要性，认为当不同的驱力相互冲突时，情绪就表现在我们的意识生活中。例如，某个学生可能来自一个极其传统的家庭中，父母专横而又保守。父母从小教导他要好好学习，谈恋爱是不好的。那么到了大学，一方面是青春期身心的自然觉醒，对异性产生强烈的欲望；一方面是父母所灌输的清规戒律，这就使这个学生陷入强烈的内心冲突。最后，这个学生会模模糊糊觉得自己很坏很脏，感到内疚与羞愧。

正是从情绪重要性的观点出发，弗洛伊德对心理障碍的根源作出了解释。弗洛伊德认为，人的心理包括三个层次：

(1)本我是由先天本能冲动构成的能量系统，主要包含两种核心内驱力：生命/爱/性以及死亡/恨/攻击。它主要遵循快乐原则，是非理性的。

(2)自我是心理中有意识、理性的部分，它决定和应对现实生活。

(3)超我主要由良心和自我理想组成，源于父母价值观的内化。它告诉我们应该做什么、不应该做什么。

自我、本我和超我并非总是和平相处，而是时时处于冲突之中，这使个体体验到焦虑。焦虑类似于“恐惧”，是心理痛苦的一种状态，对我们发出危险在即的警告。焦虑可能来自客观环境中的真实危险如路遇歹徒；也可能来自担心本我的冲动会战胜自我，从而做下犯罪或应受惩罚的事。

焦虑是如此的痛苦和难以忍受，自我会千方百计地降低和消除焦虑。如果

正常和理性的方法不能生效，自我就会运用非理性的、否认和歪曲现实的方式消除焦虑，这被称作防御机制。常见的防御机制有：压抑，如一个喜欢自己母亲的男孩会体验到潜意识的压力和焦虑，从而将这种想法从意识中除去；投射，例如一个爱钱如命的人，反而指责别人爱财，这就是因为对钱财的渴望和他关于好男人的标准相违背，因而感到焦虑，从而将自己的爱财如命投射到他人身上；合理化，如一个学生考了极差的成绩，这使他感到难以忍受的焦虑，所以他告诉别人说这个考试本身有问题，不能反映自己真实的水平。

弗洛伊德认为，心理障碍的产生可从焦虑的影响、应对焦虑的方式以及愿望与恐惧之间的冲突方面得到理解。防御机制虽然能够降低焦虑，但其本质是自我欺骗。正是过度地运用防御机制，歪曲、伪装不被接收的冲动，才使个体逐渐丧失内心生活，无法过一种有意义的生活或建立满意的人际关系，因而出现了各种心理障碍。从根本上说，心理障碍是由个体无力很好地解决内在的潜意识心理冲突所造成的。

从某种意义上说，一切心理障碍都是情绪障碍。因为潜意识过程是充满了欲望、冲动和情感的动态过程，潜意识心理冲突往往表现为情感冲突。事实上，弗洛伊德认为大多数心理障碍都可追溯到童年时的创伤性情感经验。

因而，心理治疗的目标将受到压抑的潜意识情感和欲望带入意识中来，并解决这些冲突，从而重建心理的和谐。也即用理性控制非理性的潜意识欲望和情感，使人从潜意识的奴役中解放出来。

或者，我们可以将心理障碍理解为情感上的自我欺骗，通过心理症状如抑郁症、妄想症，而逃避那些可能让我们感到无比痛苦和焦虑的情感冲突。而真正的解救之道就是勇敢地面对痛苦，承担痛苦，并超越痛苦，使隐藏在症状背后的潜意识情感获得表达并得以重塑。从这种意义上说，基督教的忏悔仪式和儒家思想中的“三省吾身”通过对自身情感的表达和整饬，无形中起到了心理治疗的效果。

二、阿尔伯特·埃利斯(Ellis)的理性—情绪理论

理性—情绪理论的创始人是美国临床心理学家阿尔伯特·埃利斯。埃利斯最早是以精神分析治疗师的身份开始其职业生涯的，在长期的心理治疗实践中逐渐对精神分析产生了不满。他体悟到认知对情感与行为具有重要影响，情绪障碍往往源于非理性信念的作祟。经过多年的探索与创造，逐渐发展和完善了一套完整的心理治疗理论：理性—情绪理论。

这一理论认为人有其固有本性，人的先天倾向中有积极的取向，也有消极的本性。换句话说人有趋向于成长和自我实现这样的内在倾向，同时也具有非理性的不利于生存发展的生活态度倾向。而且艾利斯更强调后一种倾向，他认为正是这种非理性的生活态度，导致了心理失调。

埃利斯创立了 A—B—C 理论具体解释认知、情感和行为的动态关系。在

A—B—C 理论中，A 代表诱发性的事件，这些事件可能是真实的事件，也可能是个人的态度和行为；B 代表信念，是指人对 A 的信念、认知、评价或看法；C 是那些事件所造成的情绪性的或行为性的后果(心理症状即是可能的一种后果)。在埃利斯看来，诱发性事件 A 并不直接引起症状 C。A 与 C 之间还有中介因素在起作用，这个中介因素是人对 A 的信念、认知、评价或看法，即是信念 B。信念总是调节着事件，事件的情绪性结果或症状取决于个体关于事件的信念而不是事件本身。因此，对 A 的经验总是主观的、因人而异的，同样的 A 存在不同的人身上会引起不同的 C，主要是因为他们的信念有差别即 B 不同。换言之，事件本身的刺激情境并非是引起情绪反应的直接原因。个人对刺激情境的认知解释和评价才是引起情绪反应的直接原因。例如，两个同时失业的下岗工人，其一认为“下岗意味着可以自由选择自己的职业，追求自己的兴趣”，则会感到快乐；另一个人将下岗视为自己无用的表示，则会自暴自弃，十分沮丧。两人同样是面对下岗，但因为观念不同而产生了不同的情绪状态。

因而非理性的认知观念才是造成心理障碍的罪魁祸首。而心理治疗的目标就是用理性的、正确的认知观念替代和纠正非理性的错误信念从而使情绪或行为症状得到解除或减轻。

埃利斯详尽地考察了可能造成情绪或行为障碍的非理性信念，并将其归纳为以下几种：

(1)倾向于进行畸形的思维(如强迫思维)。如“我必须得到上级和长辈的认可与接受”。

(2)倾向过于易受暗示影响。

(3)倾向于过度概括化、以偏概全。如“行为不道德的人是无用之人”。

(4)倾向于要求尽善尽美，认为不是完美的就是无用的。如“在任何时候，我必须表现完美”。

(5)倾向于对他人的过分要求。如“人们必须公平地对待我，给我所需的一切”。

(6)倾向于追求绝对化，肯定化，不能忍受不确定性。如“如果人们不喜欢我，那么他们肯定会恨我”。

(7)倾向于夸大负性事件的危害性。如“如果我遭到拒绝，那我就不是一个好人”。

(8)倾向于自我贬低。如“我是一个难以相处的人，一无是处的人”。

(9)倾向于过分关注自身机体的变化。

埃利斯认为，把任何合理的目标与爱好转化成绝对的“必须”正是造成我们心理困扰的非理性信念的本质。正是因为我们头脑里被塞进了太多的“必须”，太多的命令，才导致我们陷入内疚、焦虑、抑郁的漩涡。当代大学生又何尝不是呢，我们何尝不需要反思和审视自己头脑里的那些“必须”和“应该”。从一些无所谓的“必须”中解放出来，无形之中消弭了许多烦恼和痛苦之源。这也是情绪管理很重要的一条诀窍。

三、临床背景下的抑郁理论

抑郁症被称作精神病学中的“流感”，是发病率最高的一种心理疾病，而且与其他人群相比，年轻人更易出现抑郁症。迫于学业、就业、人际和情感等各方面的压力与挑战，当代大学生属于易遭抑郁侵袭的人群。遭受抑郁的人，会体验到强烈的压抑，感情的冻结及主动性的丧失。虽然理智上是正常的，但对一切事物都丧失了兴趣，感觉一切都毫无意义。一种无助又无望的痛苦沁入内心。鉴于抑郁症发病率如此之高，而对我们生活的破坏性又如此之大，在这里我们将介绍解释抑郁症产生的一些理论观点。

(一)生理学理论

从神经生理的角度看，抑郁症反映了大脑神经介质(其功能在于加速神经传导)水平上的变化。通常来说，主要的抑郁症产生于去甲肾上腺素的缺少。根据美国心理学家杰伊—韦斯的研究，认知的压力会激发去甲肾上腺素的释放量大大提升，从而导致去甲肾上腺素衰竭，引发抑郁症。

此外，从遗传变异方面研究抑郁症的发生是生理学研究的另一方式。研究发现，只有在重度抑郁症和双相障碍中遗传变异才发生作用，对于一般的抑郁症，遗传因素并不重要。

(二)精神分析理论

早在1916年，弗洛伊德的高徒卡尔·亚伯拉罕就提出了关于抑郁症的经典解释，认为如果一个人对某一人或物有着既爱又恨的矛盾感情，那么当他丧失这一心爱的对象时，负面的情感就产生强烈愤怒，正面的情感又会产生犯罪感，觉得自己应该对丧失负责。由于这种犯罪感，也由于心爱的东西被“吃光了”这种早期记忆，使他将自己的愤怒转向内部，从而产生了自我憎恨与绝望，表现出的症状就是抑郁症。

弗洛伊德基本赞成亚伯拉罕的观点，也认为抑郁是对丧失的反应。一个人会将丧失对象的各方面内化到自己的人格中，同时，这个人又对丧失的他人怀有无意识的憎恨，因为这种丧失暗含着遗弃。随后这种憎恨转向自己人格中从丧失对象内化来的方面便产生了抑郁。他还认为社会性约束也会造成抑郁。

现代的精神分析学家对上述理论作了进一步的修正和扩展，关于抑郁的产生达成了一些共识：

(1)抑郁根植于早期的丧失，通常是失去父母或感受到丧失父母的威胁感。

(2)抑郁症的产生往往是现实生活中的创伤事件如失恋、失业，重新陷入童年创伤。

(3)这种向童年的倒退会产生无助感和无望感。

(4)抑郁症产生的根源是对内心事物的矛盾情感，而不是愤怒。

(5)自尊的丧失是抑郁的主要特征。

(三)认知理论

认知理论家将认知看作抑郁产生的关键因素，认为人们认识自己和世界的方式是抑郁产生的根源所在。

1. 习得性无助

马丁·塞里格曼(Seligman)在对动物的实验研究中发现，以前遭受过电击的狗，即使在被放入一个有明显逃路的笼子里时，还是被动地忍受电击。由此发展出了习得性无助理论，认为人与实验中的动物一样，当为了减少所遭受的痛苦而作的努力无效时，就会形成一种无助的意识。他们会认为控制这些事件的努力都是无益的，便彻底与现实妥协。习得性无助理论将这种完全无能为力的无助意识看作抑郁症的心理根源。在新进的理论中，又将归因理论融进了习得性无助论中，认为当人们遭受了失败，自然会将失败归因于某种原因。如果归因于内在的、稳定的特征，会导致自尊和活动水平的急剧下降，因此导致抑郁症。

2. 认知歪曲模型

认知疗法的创始人阿兰阿尔·贝克(Beck)从认知曲解的角度来解释抑郁症的根源，认为那种倾向于把自己视为“失败者”的认知曲解是抑郁产生的根本原因。贝克在长期的临床实践中发现，抑郁症患者的妄想、幻觉常常包含自我惩罚、丧失及剥夺的主题，正是这些潜在的认知图式，使患者将自我、世界与他人视为消极的。当一些应激性事件发生时，很容易将这些潜在的认知曲解图式激活，从而导致抑郁症。

(四)行为主义理论

不同于精神分析理论强调无意识的心理冲突，也不同于认知理论强调错误的认知观念，行为主义强调的是强化的丧失。当一个人在经历重大丧失或生活变故之后，习惯的积极强化就会被剥夺，因而会产生抑郁症。

这可分为两种情况：一种情况是，环境的变化或应激事件削弱了强化的程度。如果某个人主要依赖一两种强化源，那么在这些强化源突然丧失或削弱后就很有可能出现抑郁症。如一对相亲相爱、相依为命的夫妇，平时很少与人来往。如果突然有一方遭遇车祸死于非命，那么另一方往往会得严重的抑郁症。另一种情况是，主要的强化源失去后，当事人一味地逃避导致强化源丧失的情境或事件，因为走到了极端就没有心思用行动重新获得强化源，所以产生了抑郁症。在这种情况下，抑郁症是由回避焦虑发展起来的，因为这种回避可能导致当事人严重的社会性退缩，丧失大部分的社会性强化接触，于是随之出现抑郁症。例如，一个成绩很差的学生，因为恐惧考试便开始旷课，进而断绝与同学的交往，越来越封闭，最后就出现了抑郁症。

第五节　哲学取向的情绪理论

以上介绍的各理论，虽然研究方法不同、理论观点不一，但都是在经验性的实证研究或临床观察的基础上建立起来的，本质上都是科学理论。但以人为对象的学科并不限于心理学。心理学家艾宾浩斯说，心理学有一个短暂的历史，但却有遥远的过去。他所强调的正是心理学赖以产生的哲学根源。哲学家同样有对人类情绪精深独到的理解，虽然他们的理论未必是可证实的、可验证的，或者说未必是科学的。但这些哲学心理学的情绪理论比任何上述的科学理论都更好地回答了“情绪对我们的生活意味着什么”的问题，而这一问题对我们能够更好地调节管理自己的情绪是不可缺少的、不可回避的。

一、克尔恺郭尔(Kierkegaard)的焦虑理论

克尔恺郭尔是19世纪最重要的哲学家之一，也是存在主义哲学的先驱。他的哲学把个人内在的价值和个人切身的体验作为人类经验的终极存在加以强调，认为每个个体都有独特的价值和尊严，一个人必须时时刻刻做出自己的生活选择，生活的意义是由自己创造和赋予的。正是从这一观点出发，他讨论了“焦虑”这种情绪对我们生活的意义。

他认为理解焦虑应该结合人类生存的意义。存在的任务是统一有限与无限，在短暂的人生中追求一种永恒的生命意义。但是人类总是生活在不安全的状态中，正是在这种不安全状态中我们体验到了焦虑。一个人活着首先要吃喝拉撒，如果这个满足不了，人就会焦虑；生理需要满足了，如果社会治安不好，你时时有被偷被抢的危险，仍会焦虑；生活安全了，人得不到他所要的钱、权、名声，或者理想无法实现，仍会焦虑。所以人活着总是免不了焦虑，焦虑是人永恒的伴侣。

但是，克尔恺郭尔认为恰恰是因为存在着焦虑，才迫使我们去超越生活中的种种限制，推动我们的生活向前发展，迫使我们实现自身的可能性。焦虑是理想生活对我们不完美的现实生活的召唤。这一召唤，打破了我们“一切都好”的迷梦，摆脱了主观想象的安全感。因此，是焦虑赋予我们自由的可能性，也使我们“感受不可名状的快乐”，追寻自己理想生活的勇气。

因而，作为一种情绪的焦虑，不仅仅是我们的一种心理体验，更是一种促使我们更好地生活的心理动力。这不仅是我们对待焦虑的态度，也是对待其他一切情绪的态度。

二、萨特(Sartre)的情绪理论

萨特从存在主义哲学的观点对情绪作出了最完整的解释。他认为情绪的主体与客体密不可分。情绪总是指向某些事情、某种目标、某一情境。例如，我

们经常体验到恐惧的情绪，萨特认为恐惧从来不是独立存在、自由流动的，我们总是恐惧着某种具体的事物，永远要通过知觉而依附于具体情境。因此，情绪是理解世界的一种方式。例如，当我们面临着一个棘手的难题，那么我们会以解决这个难题能采取什么行动的观点来看待世界。如果解决问题的努力无效，我们就会通过由此引起的愤怒来看待世界。

一个暗恋着他人的大学生，会抱着一种期待的感情；而当遭到拒绝时，则会体验到愤怒。那么按萨特的理论，期待和愤怒并不是单纯的个人感受，而是两种不同的看待世界的方式。

萨特情绪理论的另一要点是，认为情绪还意味着一种对世界的转化。当我们被某种欲望和需要激发，追求某一目标时，而实现这一目标所有可能的道路都被堵塞了，那么一个人就会竭尽全力去改变现实。如果无法用实际的行动改变客观的现实困境，一个人就会对现实进行情绪性的转化，使自己在主观上能够应对现实的困境。也就是说，情绪是一种特殊的处理无法解决的难题的方式。

情绪是对现实情况作出质的改变的努力，它赋予现实以全新的性质而并不在于实际地改变客观现实，真实客观的现实困境其实一点也没有变，情绪产生的只是一种想象中的改变。在情绪的作用下，身体改变了它同世界的关系，于是我们突然看到现实具有已经变化了的性质。例如，一个身处危险境地的人，深感恐惧，迅速逃离让他感到恐惧的来源，人们通常认为这是一种理智的行为。但按照萨特的理论，这个人的逃跑并不是理智的行为。他的逃跑不是为了寻求安全与保护而是因为我们不能“在无意识中消灭自己”。在恐惧中我们逃跑，是因为恐惧与逃跑给现实带来一种奇妙的转化，好像那些我们无力应付的危险已经不存在了。所以，萨特认为恐惧是意识在想象中否认某些真实存在于现实世界中的危险。

再比如，亲人的亡故往往带给我们巨大的哀伤体验。按萨特的理论，这种哀伤既不是一种沮丧的状态，也不是一种不动的回避。事实上，哀伤与抑郁都是我们对亲人亡故的反应，它具有抑制必须去寻求新的解决方式的效果。在巨大的哀伤中，现实在我们心中发生了奇妙的转化。它使我们进入了一个好像一切都没有发生的世界。在这里，悲哀类似于一种防御机制，保护我们不在残酷的现实面前完全崩溃。

萨特理论的第三个要点是，区分了虚假的情绪与真实的情绪。他认为真实的情绪永远伴随着信任。也就是说，一个人把他的某种希望赋予现实境况，然后相信这些都是真的。真实的情绪必然具有一种情绪的切身体验，这种体验不能按意愿而任意终止，如人恐惧到极点时会大小便失禁，高兴到极点时会哈哈大笑，这些都是无法掩饰、无法控制的。而虚假的情绪可以按个体的意愿而停止。

此外，萨特认为并不是所有的情绪都清晰可辨。有时我们能够敏锐地觉察细微的快乐或不快，有时则会沉浸于某种对灾祸或喜事的模糊的预感中。正是因为存在着许许多多或模糊或清晰，或强烈或微弱，或紧张或松弛，或高兴或不快的情绪，生活才有了色彩，世界才变得奇妙。

三、海德格尔(Heidegger)的情绪理论

作为存在主义哲学最为重要的代表，海德格尔最关注的问题是：存在的意义何在？有人评论他的代表作时说，读不懂海德格尔的《存在与时间》就理解不了整个20世纪的思想史。可见其影响的重大与深远。

海德格尔对情绪的理解发轫于他对人类命运和人类境况的思考，强调了情绪的重要意义。他认为人类生存的本质真相是：人身不由己地被抛进了这个世界，他必须在这个世界里创造自己的命运、塑造自己的生活。他的核心观点是，我们总是处于某种情绪之中，总是带有某种心情。不论是在思考什么问题，还是在做某种行为，我们都是带着某种情绪在思考、在行动。也就是说，情绪本身就是我们的存在方式，情绪不是我们拥有的某种东西，而是我们生活的背景色调。正是因为我们总是活在情绪中，所以没有意识到情绪的存在，只有在情绪不正常，或发生了什么变化时才发觉到这一点。这些情绪的意义在于告诉我们：人总是生活于某种具体的、现实的情况，对这些具体的生活问题向我们提出的挑战，我们必须作出回应，面对它或者逃避它。

他认为人类存在的最根本的情绪状态是“烦”，一种短暂而又难以捉摸的畏惧。但当这种畏惧觉悟到自身时就变成了焦虑。他认为焦虑的基本状态对理解人类有特别重要的意义。焦虑是人的最根本的情绪，其他的所有情绪都与焦虑相联系。例如，按照海德格尔的理解，快乐可能是对焦虑的一种反抗，而沮丧可能是对焦虑的回避。

那么，焦虑对人们的生活有何意义呢？面对生活中的困境与难题，一个人可能选择逃避。鲁迅在小说《阿Q正传》中，入木三分地刻画了阿Q这个典型人物。面对生活中的一些挑战，阿Q一退再退，只是用精神胜利法麻醉自己，最后稀里糊涂地被砍了头。希特勒统治下的德国大众，则是通过服从一个权威的方式来逃避生活。

焦虑不同于恐惧。恐惧有针对的具体对象，而焦虑却是无所不在，没有具体的对象。因而焦虑的意义就在于使我们无法逃避生活；使我们不得不面对生活的挑战；使我们从幻想的迷梦中醒来变得清醒；使我们回归到对自身的关注和关心。焦虑揭示了人在自我选择和自我行动方面的自由，使我们从迷失的状态下解放出来，通过有意义的行动来创造美好的生活。

【小结】

早期的哲学理论认为情绪是与理性相对立的，这一观点仍然影响着一般人对情绪的理解。

詹姆斯提出情绪是对身体变化的觉知，人不是因为伤心才会哭，人是因为哭才伤心。兰格认为情绪是内脏活动的结果。两人都强调外周神经系统在情绪产生中的重要性，后人将二人的理论合一，称为詹姆斯—兰格理论。

坎农—巴德理论同样强调身体反应对情绪产生的重要性。但这一理论认为情绪产生的中枢在中枢神经系统的丘脑而不是外周神经系统，情绪的产生并不在生理唤醒和身体反应之后，而是两者同时发生。

华生的行为主义情绪理论认为情绪是一种遗传的反应模式，它包含整个身体机制，特别是内脏和腺体系统的深刻变化。他还提出了情绪的三维理论，认为人与生俱来的原始情绪有三种，即恐惧、愤怒与爱，其他情绪是由这三者发展混合而成的。

认知取向的情绪理论强调认知评价在情绪产生中的重要作用。阿诺德的评定—兴奋理论认为，情绪产生的基本过程是刺激——评估——情绪。不同的人面对同一种刺激因为认知评估不同而产生不同的情绪。

沙赫特和辛格认为，特定的情绪体验是生理唤醒与认知评价相结合的状态，两者对于情绪的产生同样重要。情绪状态是认知过程、生理状态和环境因素综合作用的结果。他们的理论被称为双因素理论。

拉扎勒斯从研究压力的评估过程开始，发展出了一种情绪的认知—动机—关系理论，认为情绪产生的过程是动机→事件→初级评估和次级评估过程→情绪→应对，并且每一情绪都与一种核心相关主题相关。

伊扎德的区别性理论的核心内容是以情绪为核心，以人格结构为基础，论述情绪的性质与功能。他认为情绪是人格系统的动力核心，组织着记忆和思维。

所罗门的相对过程理论提出，情绪体验的产生有赖于大脑的神经生理基础。大脑中主管情绪的功能区在产生某种情绪时，会发生与该情绪方向相反的反作用。悲伤和快乐可能是相伴而生。

罗尔斯探讨并总结了情绪的功能，认为情绪具有启动自主神经和内分泌系统的反应、使对强化刺激所作出的行为反应具有灵活性、动机、信息交流、认知、促进个体与社会之间的联系等功能。

临床取向的情绪理论主要关注情绪的临床意义，如何从情绪的角度解释心理障碍的产生及其对治疗的启示。弗洛伊德的精神分析理论认为心理障碍的根源在于情感创伤，强调焦虑的影响及防御机制，此外还强调欲望与恐惧之间的情感冲突。

阿尔伯特·埃利斯的理性—情绪理论认为是非理性的信念造成了非理性的情感与行为，从而表现出各种心理症状，因而治疗的关键是以合理的、有效的观念替代非理性观念。

哲学取向的情绪理论致力于思考“情绪对我们的生活意味着什么”的问题。克尔恺郭尔认为焦虑推动了人们生活向前发展，迫使他们去实现自己的可能性。

萨特从存在主义哲学观点出发，认为情绪是一种理解世界的方式；也是一种通过对现实情况作出主观转化而处理无法解决的难题的方式。

海德格尔强调情绪是我们生存的基本状态，焦虑是人类存在的最根本的状态，它揭示了人在自我选择和自我行动方面的自由，使我们从迷失的状态下解放出来，通过有意义的行动来创造美好的生活。

【关键词】

情绪理论　情绪功能　情绪种类　神经生理机制　生理唤醒　情境刺激　詹姆斯—兰格理论　坎农—巴德理论　认知评价　评定—兴奋理论　双因素理论　认知评价理论　区别性理论　相对过程理论　罗尔斯的情绪功能理论　焦虑　A—B—C理论　抑郁　习得性无助　认知歪曲模型　克尔恺郭尔的焦虑理论　萨特的情绪理论　海德格尔的情绪理论

【思考题】

1. 谈谈詹姆斯—兰格理论和坎农—巴德理论各自的贡献与不足。

2. 你认为阿诺德的评定—兴奋理论、沙赫特—辛格的双因素理论和拉扎勒斯的认知评价理论，哪一理论更好地解释了情绪的产生与变化？并论述自己的理由。

3. 根据伊扎德的区别性理论，谈谈为什么一个人记忆最深刻的事件往往是哪些曾给他带来极大欢乐或极大痛苦的事件?

4. 结合有关的情绪理论，解释一个吸毒者的情绪变化历程。

5. 根据本章中有关情绪功能的知识，论述情绪对我们的生活意味着什么。

6. 结合精神分析情绪理论的相关知识，分析自己曾经经历过的某一情感挫折。

7. 理性—情绪理论对情绪管理与调节有何指导意义?

8. 简述存在主义哲学家的情绪理论。

第三章 情绪管理策略

内容提要：

1. 情绪管理的含义和理论
2. 情绪管理的基本原则
3. 情绪管理的具体操作
4. 具体的情绪管理策略

情绪是流动的、易变的心理历程。情绪犹如火，太大则会烧毁一切，把它们化为乌有，太少则会使人间温暖尽失；情绪犹如水，适量则可浮舟，过量，流动太凶猛则会覆舟，所以我们的情绪表达也不能太极端。事实上，不良情绪的危害我们都有深切的体会，焦虑、愤怒、抑郁等不良情绪经常困扰着我们的生活。但我们都清楚，躲避那些不良情绪是不可能的，也是没有意义的，我们应该主动调节情绪，达到内心世界与外界环境的平衡，从而保持身心健康，即情绪是可以被管理的。那么什么是情绪管理？情绪管理的理论原则是什么？我们怎样在日常生活中管理好自己的情绪，做情绪的主人呢？回答这些问题就是这一章要讲述的重点。

第一节 情绪管理的含义和理论

一、情绪管理的含义

（一）情绪管理的由来

20 世纪 90 年代以来，由于情绪现象的内部机制被越来越深刻地揭示出来，情绪作为人的重要的心理过程，对人的认知和行为的影响及情绪的正负作用备受重视。心理学界掀起情绪研究的高潮，戈尔曼提出带有革命性的概念——情绪智力(Emotional Intelligence)。情绪智力指管理情绪的能力，是影响个人适应环境要求与压力的非认知面的技能、潜力及胜任能力的总和。情绪智力代表一个人能否适当地处理自己情绪的能力。至此，人们已清楚地认识到，情绪是可以被管理的，同时人类也需要情绪管理。

(二)情绪管理的概念

情绪管理不是要去除或压制情绪，而是在觉察情绪后，调整情绪的表达方式。心理学家认为情绪管理是个体管理和改变自己或他人情绪的过程，在这个过程中，通过一定的策略和机制，使情绪在生理活动、主观体验、表情行为等方面发生一定的变化。情绪固然有正面和负面，但真正的关键不在于情绪本身，而在于情绪的表达方式，以适当的方式在适当的情境表达适当的情绪，就是健康的情绪管理之道。

正如亚里士多德所言："任何人都会生气，这没什么难的。但要以适当方式对适当的对象恰如其分地生气，可就难上加难。"据此，情绪管理可以定义为：个体在遇到于个体发展不利的情绪时，积极寻找情绪管理策略，以有效的方式解决情绪不适的能力。也即是，在适当的时间和适当的场合，对适当的对象恰如其分地表达情绪。

(三)情绪管理的重要性

有一个男孩脾气很坏，于是他的父亲就给了他一袋钉子，并且告诉他，当他想发脾气的时候，就钉一根钉子在后院的围篱上。第一天，这个男孩钉下了40根钉子。慢慢地，男孩可以控制他的情绪，所以每天钉下的钉子也跟着减少了，后来他发现控制自己的脾气比钉下那些钉子来得容易一些。终于，父亲告诉他，现在开始每当他能控制自己脾气的时候，就拔出一根钉子。一天天过去了，最后男孩告诉他的父亲，他终于把所有的钉子都拔出来了。于是，父亲牵着他的手来到后院，告诉他说："孩子，你做得很好。但看看那些围篱上的坑坑洞洞，这些围篱将永远不能回复到从前的样子了，当你生气时所说的话就像这些钉子一样，会留下很难弥补的疤痕。"从此，男孩终于懂得管理情绪的重要性了。

认识情绪管理本身的重要性是情绪管理的第一步，某件事情发生时情绪会自然地发生，从而带来愉快、气愤、悲伤、焦虑或失望等各种不同的内在感受。如果负面情绪持续存在，就会对个体的身心健康、人际关系或日常生活等带来负面的影响。

1. 情绪管理不当会影响生理健康

《礼记》上说"心宽体胖"，意思就是情绪畅快时，人就会身体好(过去的人认为胖是身体好的标志)。研究表明，若一个人常有负面或消极的情绪产生，如愤怒、紧张、过度焦虑、情绪不安或不快乐等，人体内分泌就会受到影响，并导致内分泌不正常，长期如此，就会形成生理上的疾病。这就是心理学上所说的“心身症”，即持续的心理问题若不注意调节，就会带来生理上的问题。

2. 情绪管理不当会影响人际关系

情绪表达是否恰当会影响我们的人际关系，而人际关系在现实社会中显得尤其重要。有人指出，一个人的成功，30%来自于其专业技能，70%来自于其人际技能。一个常面带微笑、爱赞美别人的大学生，人际关系自然会得到改善。

3. 情绪管理不当会影响工作学习效率

好的情绪可以让人充分发挥自身的潜能，积极投入工作学习，为人生的目标而努力。尤其是在面对竞争对手的时候，我们更要控制好自己的情绪。只有控制好冲动的情绪，我们大脑中的理智机构才会开始运行，从而做事周全缜密。例如，三国时期的诸葛亮就曾经在战场上当众把玉郎活活气死，玉郎不懂得控制情绪，诸葛亮正是抓住了他这个弱点。诸葛亮是个情绪管理高手，他设的空城计完全是在和对方玩心理战术——如果他不能很好地控制自己的情绪，在敌人面前露出半点慌张，那么他的空城计将会失败。

二、情绪管理的理论

(一)A—B—C 理论

理性情绪心理学是亚伯·埃利斯发展出来的心理辅导治疗理论，研究的主题是人的认知。人的认知可分为两种：理性认知与非理性认知。理性认知是指人们对客观真实世界的正确认识。非理性认知是指人们对客观真实世界持有不正确的想法与信念。根据埃利斯的假设，认知是人在事件与情绪行为反应中间的重要变量。人的理性或非理性认知影响着情绪和行为。情绪并不完全是我们对环境状况的反应，同时它还深受着我们对这个环境的看法、解释、态度及信念的影响。由此发展出 A—B—C 理论。

1. 主要观点

情绪或不良行为(C)并不是由外部诱发事件本身(A)引起的，而是由个体对这些事件的评价和解释(B)造成的。A—B—C 理论认为，人不是被事情本身所困扰，而是被其对事情的看法所困扰。也就是说，事件引发了情绪，但真正影响情绪类型和强度的却是我们对事件的看法。在非理性认知的影响下，人常常会作出不符合实际情况的解释，把自己带入负面情绪之中。

2. 非理性认知的特征

绝对化的要求：通常与“必须”“应该”这样的字眼联系在一起。比如：“我必须很成功”“别人应该对我很好”等。

过分概括化：将某一方面事件的结果，推论到不同类的事件或环境中。例如，若自己学习成绩不好，就觉得自己各方面的能力都不如别人，或者别人做的稍有差错，就认为别人一无可取。

糟糕至极：认为一件不好的事情将是灾难性的、非常糟糕的。比如受到老师的一次批评便恐慌不安，不知所措。

3. A—B—C 理论对情绪管理的启示

理性情绪心理学认为，情绪宣泄可能会使我们一时感觉好一点。但长期来看，情绪宣泄并不能使我们下次面对同样的情形时情绪有所改善，反而还可能因此产生所谓的负情绪，即人往往对自己情绪加以解释而产生的第二个情绪，例如：因为生气而产生的罪恶感，“我发脾气实在是没修养”；因为自己愤怒而有的生气情绪，“我气自己为什么要这么生气”；因为无法控制自己的怒气而有的挫折感，“我为什么就控制不了我的脾气呢”。

所以要从根本上管理好情绪，我们需要反思自己的想法，与不合理的信念进行辩论，进而调整自己不合理的信念使之变成合理的。辩论的基本步骤如下：

(1)接受你已经产生的情绪。允许自己拥有负面情绪，不需要否认自己的情绪。你可以告诉自己：“我实在不喜欢自己失控的行为。如果可以的话，我宁愿我不生气，但是我又是一个免不了有情绪的人。”

(2)接受拥有这些负面情绪的你。虽然有这些负面情绪，但并不表示自己就是一个很糟糕的人。这只是证明自己是一个平凡的人。有了负面情绪，只要不十分在意，它就不会影响你。

(3)确定你需要改变的认知，进行辩论。举例如下。

不合理认知：舍友不应该用这种态度对我，他不尊重我。

辩论一：舍友是因为不尊敬自己，才有如此态度的吗？舍友的态度的确不好，但是他不一定是因为不尊敬我才如此表现的，他对其他人都是如此。

辩论二：为什么我希望舍友改变态度，他就一定能够改变呢？他用什么样的态度是他自己的选择，他不一定会考虑我的感受，或者他并没有意识到他的态度伤害到了我。

辩论三：如果我认为话多说几遍一定有效，有什么证据显示频繁的建议就能使舍友改变呢？现在受挫的例子就证实了话多说几遍不一定就有效。

辩论四：如果我继续坚持认为我的舍友一定要尊敬我，结果会怎样？我一定能使舍友改变吗？我这样坚持对我有帮助吗？

(4)改变你的认知——转换为合理的想法。

在经过上述几步骤后，我们可以将上例中的认知转变为：舍友不一定就是不尊重我；舍友不会因为我生气就尊重我；舍友不一定会因我的啰唆而改变；我继续生气对自己没好处。

由此可见，我们的想法依 A—B—C 理论的思路处理分析后，负面情绪的强度可以大大降低。A—B—C 理论强调用“认知”来管理情绪，这是情绪管理的重要方面。我们要学习运用这套理论来改变我们对事实的解释并且了解我们受挫的原因，以增加管理情绪的能力。

(二)归因理论

归因是指人们对他人或自己行为的原因进行解释和推测的认知活动。本质上，它是一种社会判断过程，指的是根据所获取的各种信息对他人或者自己的外在行为表现进行分析，从而推论其原因的过程。怀疑主义哲学家休谟说过，原因是知觉者为了使环境更易于理解、更有意义而构造出来的。

如果某个特殊原因总是与某种特殊结果相伴而生，基本不变，则意味着两者之间有因果关系。归因就是寻找这种因果关系。生活当中，同学之间对同一事情的看法往往不一致，这是因为对同一问题作了不同的归因。归因现象涉及工作、学习、生活的各个方面，对个人的人生发展和情绪管理有着重要的影响。

1. 海德的朴素心理学(恒常原则说)

对归因理论的探讨开始于20世纪40年代，最早是由美国心理学家海德提出的。海德认为，人们都有一种理解、预测和控制周围环境的需要，如果这种需要不能被满足，就会感到无所适从。人的行为后果主要受两个因素的影响：个人的因素(即内部因素)和环境的因素(即外部因素)。其中个人的因素主要包括个人的能力和动机等，而环境的因素主要包括工作本身的难易程度和运气等。

2. 韦纳的成败归因理论

韦纳认为，对于成功和失败的归因应包括两个维度：观察者必须分析成败是由于内在的因素还是外在的因素；观察者还必须分析成败是经常发生的(即稳定)还是偶然发生的(即不稳定)。两个维度相结合才能作出总结性的归因。稳定的内在因素是指个人的能力；稳定的外在因素是指任务的难度；不稳定的内在因素是指个人的努力；不稳定的外在因素是指个人的运气。1979年，韦纳又提出了另一个重要的维度，即控制。他认为，努力、注意、他人的帮助等因素是受个人意志控制的，是可控因素；而能力、运气、心境等因素是不受个人意志控制的，是不可控因素。

韦纳重点探讨了成就情境中的归因问题。他通过大量的实证调查发现，大多数人在进行成败归因时，最可能有四种归因：一是个人努力程度大小；二是个人能力大小；三是任务难度大小；四是机遇状况的好坏。这四个因素可以按内在与外在、稳定与不稳定、可控与不可控三个维度来划分。然后，他用实验方法验证了人们在不同归因风格下的情绪反应和动机状态，如把成功归于内在、稳定、可控因素(能力、努力)，人会感到自豪和满意；把成功归于外在、不稳定、不可控因素(难度、运气)，人会感到惊喜和感激；把失败归于内在、稳定、可控因素，人会感到内疚和无助；把失败归于外在、不稳定、不可控因素，人会感到气愤和敌意。

3. 归因与情绪的关系

归因与情绪是相互影响的。同一行为结果会引起两类情绪反应：一类是依赖结果的情绪，是对行为结果的价值分析；另一类是依赖归因的情绪，对原因分析不同，也会引起不同的情绪变化。比如，两个女孩与各自的男友约会，可是两个男孩都失约了。A女孩对此进行了内部归因，认为男孩失约是因为不爱自己了，于是情绪很差，以致影响到今后的关系。B女孩对此进行了外部归因，认为男孩失约是因为塞车或工作忙，于是她虽然有些遗憾，但情绪并没有受到很大影响。两个女孩不同角度的归因，带来的内心感受是完全不同的，从而产生了不同的情绪，导致了不同的结果。

另一方面，情绪对归因也有重要影响：如高焦虑者在为失败承担了一定个人责任的同时，又感到有更多的客观理由去抱怨。情绪不好的人，更倾向于将失败归因于他人。我们在情绪不好的时候，看很多事情都会扭曲，这就是情绪对归因的影响。

4. 归因理论对情绪管理的启示

现实中，我们的确是按照归因获得的信息来调整我们的情绪和行为的。人们总有一种要弄明白自己为什么会成功或失败的倾向，这种归因未必都是对的。但这种未必正确的归因却通过自信心、自尊心及情绪态度的变化影响了人的后继行为。归因对每个个体来说都十分重要，没有归因，我们就无法很好地管理好自己的情绪，无法建立良好的人际关系。归因理论也主要是要告诉我们要从认知上改变态度和情绪。

韦纳的研究表明，原因的稳定性归因会影响成败期望的继续。在此基础上还可作出三条推论：

(1)如果将一个事件的结果归因于稳定的原因，那么这一结果将来还可能会出现。

(2)如果将一个事件的结果归因于不稳定的原因，那么这种结果可能会变，也可能不会变。

(3)将结果归因于稳定的原因比归因于不稳定的原因在将来有更大重复的可能性。

所以，当我们受到情绪困扰的时候，我们就要反省自己的归因方式是不是出了问题，是不是可以更好地去改善，通过改变自己的归因方式从而来改善情绪，管理好情绪。

(三)视网膜效应

视网膜效应是指我们眼里所看到的事物与心里所想的东西往往密切相关。你想什么，你就更容易看到相同的结果。我们心里的想法，往往决定了我们看到的是什么。

1. 视网膜效应及其表现

在学习中，如果某个同学是个爱妒忌的人，那么他的眼里就只看到竞争和冲突；如果是一个自卑的学生，那么他的眼里只看到别人的优点和自己的缺点；如果我们觉得某个同学跟我们不合作，那么在他做的很多事情里都能找到不合作的影子，因为在这个时候，我们关注的焦点就是不合作，事情一发生，我们就会无意识地去寻找他不合作的证据，时间久了，他在我们眼里就是一个不合作的人。

《列子·说符篇》里有一则故事：一位农夫丢了自己的斧子，怀疑是邻居的儿子所偷，于是看他走路的样子、脸上的神色、一言一行、一举一动，都像是偷了自己斧子一样做贼心虚。后来农夫在自己家找到了斧子，之后便不再怀疑邻居的儿子偷了斧头，怎么看他都顺眼。其实邻居的儿子还是邻居的儿子，说话、神色和举动一点都没有变，变化的只是看他的人的心态。

正如这个故事中的情况，我们也常常会这样看待身边的人，觉得他好，他就哪儿都好，尽管他在别人眼里不是个好人；觉得他不好了，他又变得一无是处。心情好的时候，看什么都神清气爽；心情不好时，又觉得事事不顺。

2. 视网膜效应对情绪管理的启示

世界上从来就没有过完美的事情，也没有过完美的个人。关键是把自己的注意力放在哪里，是去注意优点，还是去注意缺点。我们的眼睛和照相机的镜头是一样的原理，你想看什么，你就能够看到什么。如果你把镜头对准垃圾，那么你会得到一堆有关垃圾的照片；如果你把镜头对准鲜花，那么你将得到无数鲜艳的花朵。我们的耳朵和收音机也是一样的，你想听到什么，你就能听到什么。如果你把耳朵调频到播放《苏武牧羊》的频道，你听到的都是低沉哀婉的音乐；如果你把耳朵调频到播放《百鸟朝凤》的频道，你听到的则是清新快乐的音乐。

情绪也是如此，看问题的积极方面，可以产生乐观的情绪；看问题的消极方面，就会产生悲观的情绪。问题相当多的人不由自主地会选择悲观，所以我们必须学会控制自己的注意力，调控自己的情绪。发明家爱迪生想从植物体中找出天然橡胶的新原料，做了无数次的实验。当他在第五万次实验失败后，他的助手垂头丧气地对他说："先生，我们已经做了五万次的实验了，都毫无结果。""有结果！"爱迪生热切地叫出声来："怎么会没有结果呢？我们有了不起的发现呀，我们现在已经知道有五万种东西是不行的！"你看，对同一个问题，从不同的角度去看，得出的结论就不同，心情也就自然不同。

所以，我们得出这样的结论：第一，美好是世界存在的基本形式，关键在于我们要有一双善于发现美好的眼睛；第二，如果我们自己心中有佛，那么我们看到的都是佛，如果我们心中有魔鬼，那么我们看到的都是魔鬼。你的心情是在天堂还是在地狱，完全由你自己决定，一点儿都怨不得别人。学会看积极面，可以产生好的情绪和心态，从而豁达地看问题。

(四)情绪处理的钟摆效应

情绪处理的钟摆效应是指，当一个人在某一种情绪上降低了反应的强度时，其他的情绪强度也会有同样的降低。那些所谓负面情绪强度降低了，正面情绪也会同样降低，就像"钟摆"一样，左右两边的摆动幅度总是一样的。

1. 钟摆效应及其表现

有人因为压力大，受不了情绪上的折磨，学会了"感觉麻木"，这是对自身的一种保护。也就是说，不再对相同的事情有同样的情绪反应或反应程度降低。这是一种保护机制，在短时期内这样做是没有问题的，但如果长期如此，是会有损害的——不好的事不会伤害到你，好的事同样也不会使你感到欢欣、喜悦和满意了。这种情况就像钟摆一样，左边摆得高右边也高，左边低右边也低，如果长期发展，那么最后钟摆就不会摆动，永远停留在正中间。而这个心理上的护墙一旦倒塌，便会出现强大的混乱情绪。

我们每个人都希望避开痛苦的情绪，然而有些人因为矫枉过正，结果连那些他想得到的情绪也失去了。例如，有人害怕失望，因此极力想避开会导致失望的情况，如畏缩于拓展人际关系、不敢接受具有挑战性的任务等。就短期来看，他是避开了会使他失望的事情，可是同时也失去了能使他得到关怀和信心的机会。一心想逃避负面情绪并不是办法，积极的做法是从这些负面的情绪中挖掘出正面的意义及功能，让负面情绪为我们所用。

2. 钟摆效应对情绪管理的启示

与逃避的做法相反，我们应该把自己的情绪强度尽量扩大，重回较大的摆动幅度，这样每天中的每件事带给我们的喜悦、满足、自豪、信心等情绪，我们就可以完全得到，进而达到左边摆动的最高点，心中就会充满人生的意义和乐趣。因为左边摆动的正面情绪给了我们积极的影响，即使当右边摆动的负面情绪也达到了最高幅度时，我们也能承受。

第二节　情绪管理的基本原则及具体操作

一、情绪管理的基本原则

情绪管理并不是说不发脾气，而是强调"情绪的适当表达"。《中庸》指出，能够控制喜怒哀乐就是"中"，能够协调喜怒哀乐就是"和"。"中"，天下至高原则；"和"，天下至高道德。情绪管理大师戈尔曼博士也指出，情绪管理不是情绪压抑。下面是大学生情绪管理需要掌握的一些基本原则。

（一）先处理心情，再处理事情

在生活中，我们要先有好的情绪，才有好的行为。情绪不好的时候，做事的效率自然就会降低很多，甚至作出不理智的决定，或者鲁莽行事，而错失良机，或者后悔终生。

（二）活在当下

研究发现，许多心理疾病都是因为沉湎于过去及对未来的过高期望而产生的，所以进行情绪管理要认识到"当下的生活"是最重要的。禅的智慧要求禅修者"活在当下"，注重当下的生活，寻找当下的快乐。过去的已经过去，未来的还没有来，这就是禅修的正念。

情绪管理与禅修是一样的，要从当下实现自己的内心平和开始。试看我们身边的小孩子，他们天真快乐，他们对生活中的每个细节都很关注，这些细节可以给他们带来快乐。他们在玩耍中，享受小花、小草、蚂蚁、小鸟带给他们的快乐，这就是活在当下。生活学习中，每个人都要学会欣赏生命中美丽的风景，包括欣赏身边的每一个同学，享受学习工作的过程，而不要过多地被过去和未来所牵绊。

（三）适当表达自己的情绪

很多大学生认为，在工作生活中流露自己的情绪是一件很丢人的事情，怕别人说自己“太情绪化”。尤其是男生，更是认为表达自己的情绪是脆弱的表现。他们不允许自己处在负面的情绪中，拼命告诫自己“要理性”“要控制情绪”“我不应该焦虑，焦虑只会让我表现得更糟”“我不应该沮丧，沮丧只会侵蚀我的斗志”。

然而，如果我们一味地否认、压抑或控制负面情绪，我们将会失去适当地反映真实情绪的能力，所以也将无法真实感受到快乐等正面情绪，而变成一个单调、无情绪的人。其实，当我们失去感受负面情绪的能力时，也就失去了感受正面情绪的能力。

真正的问题并不在于情绪本身，而在于情绪的表达方式上。在这里，我们要强调的是“适当”。我们通过找自己的朋友、信任的同学或家人等适当的倾诉来表达自己的情绪，甚至可以哭泣，或者采取一些其他方法来调整自己的情绪都是可取的。“适当”表达情绪不鼓励大发脾气、又哭又闹。

（四）把负面情绪变成资源加以利用

负面情绪被我们称为“行动信号”。负面情绪所带来的真正信号是：我们目前有问题了，到了需要采取行动来处理的时候了。负面情绪不仅提醒我们要拿出行动，同时也提醒我们必须改变先前的想法、认知、沟通技巧及行为。

任何一种情绪对我们来说都有正面价值和负面价值。虽然负面情绪会令人不好受，但它能够提醒我们改变目前的做法。因此，我们不能笼统地否定负面情绪，要客观地分析，发现负面情绪所揭露的问题的本质，并通过积极的方法加以改进。在工作和生活中，我们要善于利用负面情绪的正面价值，当负面情绪成为我们的资源时，我们对它也就不那么排斥了。

负面情绪之所以会让我们觉得不舒服或痛苦，是因为它带来一个信号：现在所做的这一套不管用、有问题。如自尊心受伤，是告诉我们必须改变沟通技巧才不会使自尊心再受伤害。之所以会有这种感觉，要么是我们的认知出了问题，要么是我们的行为未达到预期的效果。

二、如何有效地管理自己的情绪

诺贝尔文学奖得主赫曼赫塞说：“痛苦让你觉得苦恼，只是因为你惧怕它、责怪它；痛苦会紧追你不舍，是因为你想逃离它。所以，你不可逃避、不可责怪、不可惧怕。你自己知道，在心的深处完全知道——世界上只有一个魔术、一种力量和一个幸福，它就叫爱。因此，去爱痛苦吧。不要违逆痛苦、不要逃避痛苦，去品尝痛苦深处的甜美吧。”要记住，其实情绪本身并无是非、好坏之分，每一种情绪都有它的价值和功能。因此，一个心理健康的人不否定自己情绪的存在，而且会给它一个适当的空间并允许自己有负面的情绪。只要我们能成为情绪的主人，不是完全让它左右我们的思想和行为，就可以善用情绪的价值和功能。

在许多情境下，一个人应该坦然接受自己的情绪，把它视为正常。例如，我们不必为了想家而感到羞耻，不必因为害怕某物而感到不安，对触怒你的人生气也没有什么不对。这些感觉与情绪都是自然的，应该允许他们适时适地存在，并缓解出来。这远比压抑、否认有益多了，接纳自己内心感受的存在，才能谈及有效管理情绪。

(一)情绪管理能力的训练

戈尔曼认为情绪智力包括觉察自我情绪的能力；自我管理情绪及冲动的能力；自我激励面对挫折和失败时的坚持能力；能体会及了解他人感受的能力；善于对待及处理他人情绪的能力。所以对情绪管理能力的训练侧重如下五方面。

1. 觉察自我情绪(自我觉察)

情绪管理必须建立在自我认知的基础上。能有效管理自己情绪的人，是能随时觉察自己情绪的人；反之，不了解自身情绪状态的人必为柏拉图所说的“感觉的奴隶”。我们要经常提醒自己注意：我现在的情绪是什么？例如，当你因为下属迟到而十分生气时，问问自己：“我为什么这么做？我现在有什么感觉?”察觉自己的情绪很重要，因为当我们陷入情绪中的时候，注意力会放在引起情绪反应的事情上，也就是陷入情绪当中，往往忽视对情绪的管理，经常在事后才察觉到“我刚才好像太激动了”。

认识情绪的本质是情绪智力提升的基石，这种随时认知感觉的能力，对了解自己非常重要。

2. 妥善管理自我(情绪控制力)

情绪管理除了建立在自我认知的基础上，还必须采取正确的方法调节自己的情绪。高情绪管理能力的人能很快走出情绪低谷。调节情绪的方法很多，可以痛哭一场、找人倾诉、逛逛街、听听音乐、散步或转移注意力去做别的事情。调节情绪的目的，在于给自己一个理清思路的机会，自己想得通是调整情绪的关键。如果调节情绪的方式只是暂时逃避痛苦，之后需承受更多的痛苦，这便不是一个合适的方式。有了不舒服的感觉，要勇敢地面对，仔细想想，为什么这么难过、生气？可以采取什么方式进行调节？这么做会不会带来更大的伤害？人在负面情绪中，必须进行心情转换，不能让自己一直陷入沮丧、痛苦等负面情绪之中。根据这几个角度去调节情绪，我们就能够控制情绪，而不是让情绪来控制我们。

3. 自我激励能力(自我发展)

时常专注于既定目标、发挥创造力、克制冲动、延迟满足及保持高度热忱的人，也就是一位能自我激励的人。能自我激励的人做事的效率会比较高。他们能时常激励自己，整理情感，让自己朝一定的目标努力。

成就任何事情都要有情感的自制力——克制冲动与延迟满足。保持高度热忱是成就一切的动力。能够自我激励的人能很好地管理情绪，让自己朝着一定的目标努力，增强专注力和创造力。

4. 认知他人的能力(同理心)

同理心是觉察他人情绪的能力，也即能设身处地站在他人的立场上为他人设想。越具有同理心的人，越容易进入他人的内心世界，也越能觉察他人的情感状态。接纳他人的情绪，并不是要你认可他人的情绪，而是意味着你必须尊重并理解他人的情绪，从他人的立场去体会其感受。同理心也是基本的人际技巧，同样建立在自我认知的基础上。具有同理心的人能从细微的信号觉察他人的需求，也有助于为自己建立良好的人际关系。

5. 人际关系的管理(领导与影响力)

从某种意义上说，人际关系即是管理他人情绪的艺术。人际关系的基础是信任与真诚，要学习如何适当地表达自己的感受。用陈述自己感受的方式来表达比指责对方更能够让人接受，如果面对一个约会迟到的朋友，你对他说“我刚才很为你担心呢”，比起说“你不能准时到吗”更能打动他。

细细体会情绪智力的五个组成部分，其本质都是能力。正如一些非常好看的人的五官零部件组合在一起用电脑画出来后未必是一个大美人一样，一个人具备了所有情商因素，未必会是成功的人，只有这五方面协调配合才能从整体上提升情绪管理能力。

(二)情绪管理三部曲

管理情绪的方法，就是要能清楚自己当时的感受，认清引发情绪的理由，再找出适当的方法缓解或表达情绪，我们可以归纳成为以下三部曲。

1. What：我现在有什么情绪

由于我们平常比较容易压抑感觉或者常认为有情绪是不好的，因此常常忽略我们真实的感受，因而，情绪管理第一步就是要先能察觉我们的情绪，并且接纳我们的情绪。情绪没有好坏之分，只要是我们真实的感受，我们就要学习正视并接受它。只有当我们认清了我们的情绪，知道了自己现在的感受，才有机会掌握情绪，才能为自己的情绪负责，而不会被情绪所左右。

2. Why：我为什么会有这种感觉(情绪)

我为什么生气？我为什么难过？我为什么觉得挫折无助？我为什么……找出原因，我们才能知道这样的反应是否正常，找出引发情绪的原因，我们才能对症下药。

3. How：如何有效处理情绪

想想看，可以用什么方法来纾解自己的情绪呢？平常当你心情不好的时候，你会怎么处理？什么方法对你是比较有效的呢？也许可以通过深呼吸、肌肉松弛法、静坐冥想、运动、到郊外走走、听音乐等来让心情平静，也许会大哭一场、找人聊聊、涂鸦、用笔抒情等方式，来宣泄一下或者换个乐观的想法来改变心情。

(三)情绪管理的具体步骤

不论情绪的强度有多大，我们都可以按照以下这六个步骤去管理，此六步骤可以帮助我们很快地摆脱消极情绪的困扰。

1. 确认自己真正的感受

很多时候，我们并不确切地知道自己真正的情绪感受，只是放纵自己陷在负面情绪里，不去寻找情绪根源和解决办法，这反而增强了自己对负面情绪的感受。其实，只要多问问自己，如“此刻我是什么样的感受”“对这样的拒绝，我是否真的这么难过”等问题，通过对这些问题的回答，来确认自己真正的感受。这种方法具有神奇的魔力，它可以很快地降低情绪的强度，从而使我们能以客观且较理性的态度去处理问题。

通常，我们可以通过尝试回答以下四方面的问题来帮助我们确认真正的情绪感受：

(1)到底我期望什么？

(2)如果我不想这么继续下去，应该怎么做呢？

(3)对于目前的状况，我应如何处理？

(4)我能从带来负面情绪的问题中学到些什么？

通过回答这些问题，在确认自己情绪的过程中，我们能够学习到许多重要的东西。这种不断思考、积累的过程，必将丰富我们的人生阅历，历练我们的情绪管理能力。

2. 注重行动信号并肯定情绪的积极面

消极情绪也有积极的一面，它能提供正面的建议，告诉我们有些地方必须改变，或者是认知方面，或者是行为方面。如果我们信赖情绪(其实情绪是来自我们的真实感受，是最值得信赖的)，就算是对它并不完全了解，也应该明白它具有帮助我们的功能，有助于找出正确的问题解决之道。不要一味地压抑或逃避负面情绪，这样反而易使负面情绪恶化。大学生要敢于面对负面情绪，对之重新检讨，接收它带给自己的提示信息，进行思考，寻找改进工作学习的思路和方法。丢开负面情绪，实际上是放弃了情绪中有价值的信息来源。

另外，我们要注重并敏感于情绪所带来的信号。如当我们有孤独的情绪时，是否是提醒我们应该拿出行动，多和朋友联系呢？今后再遇到相同情况，这些情绪不仅不会再困扰我们，反而能带给我们以新的思考。

只要你执著于这些理念，并反复实践，就不会害怕负面情绪。摆脱情绪困扰最有效的办法，就是重新认识情绪的内涵和价值，以积极的态度去看待它，把它作为信息来源或警告器。这样，即使遇到了负面情绪，也能很快调整，或者带着它正常工作、学习和生活。

3. 正确理解自信

什么是自信？自信是人们为自己和自己的能力感到自豪的倾向。自信的人相信、肯定自己，这种内在的自我肯定可以产生无比巨大的力量。人若没有自信心，工作将会表现出退缩与缺乏激情。

4. 从过去的经历中学习

如果你现在正处于某种情绪之中，可以回想一下过去类似的情绪体验。想一想，当时你是怎么解决的？如何用过去的经验来帮助你调节目前的情绪？只要你决定借鉴上次成功的模式，带着信心去处理情绪问题，那么一次就会比一次处理得更好，因为你对问题的认知在积累和提高。如你目前觉得沮丧，而这种情绪以前也曾有过，而且当时顺利地解决了，那么，你可以问自己："当时我是怎么做到的？"是不是你有什么新的行动？是出去跑了一趟呢，还是打电话找朋友倾诉了一番？如果那一次的方法有效，这一次你仍可以重来一遍，你会发现两次的结果相差不大。

5. 拿出行动

前四个步骤涉及的理念和方法，只有我们真正付诸行动，才能逐步提高情绪管理能力——所学的东西如果不能付诸实践，那么是无法产生实际效果的，要学以致用。

6. 展望未来

一个懂得不断积累的人才能真正走向成功。要成为情绪管理高手，就要关注每次情绪处理的过程。你要全心全意地去思考、感受整个情绪调整的情景和过程，使每次顺利处理情绪的经过深深地印在心里。当然，我们还可以再想出三四种可能的替代方法，写在小纸片上时常提醒自己。

这六个简单的步骤差不多就能调整我们常见的几种情绪了。要注意：处理情绪问题最好的时机永远是它刚出现时。当它已经困扰你很久、让你受不了的时候，要想一下子走出困境，就得花费很大的力气——"当魔鬼还不大时，就把它处理掉"。否则就要求助于专业的心理咨询师了。

第三节　具体的情绪管理策略

现代情绪管理的研究揭示，情绪管理取决于两个方面：其一是对主观体验的依赖性。许多研究者认为，情绪管理的方法或者技能的选择，依赖于个人所体验到的特定情绪。例如，沃登和史密斯的一项研究表明，情绪管理的方法或者技能因不同情绪而异。对于愤怒和羞愧，解决问题是最好的情绪调节方法；对于悲伤，寻求支持是最好的情绪调节策略；而对于创伤感，远离创伤源是最好的情绪调节方法等。其二是情绪管理对认知评价的依赖性，沙赫特和辛格在1962年指出，情绪源于个体对其生理变化与刺激性质两方面的认知，即主观情绪体验的产生与自身认知评价的引导。按照该看法，我们有理由认为，有效管理情绪的一个必要前提是正确认识或评价相应的外界刺激。例如，失恋后极度忧郁的产生，往往是人们在认识上出了问题，即认为失恋的结果是由自己而不是由他人造成的。

鉴于当前大学生的心理问题是由缺乏情绪管理方法所引起的，因此大学生有必要掌握一些行之有效的情绪管理方法，根据自己的情绪状态选择适合的、有效的策略。

一、能量宣泄法

心理学研究发现，负性情绪可以在体内积累能量，这些能量如果不能被及时地疏泄，长期压积在心头，就会产生破坏性的力量，或表现出各种心因性疾病的躯体症状，或以情结的形式埋藏在潜意识中，时不时地跑出来作怪，甚至形成各种情绪障碍或神经症。因此，学会及时地把负性能量宣泄出来是非常重要的。当然宣泄应该以既能降低自己的紧张、痛苦情绪，又不会使他人受到伤害为原则。下面我们就介绍几种常用的宣泄方法。

(一)痛哭

平时我们总要求自己要坚强，经常强忍着压抑自己想哭的冲动，但实际上，偶尔的痛哭是有利于身心健康的。生理学家通过化学测定发现，人的眼泪中含有因负性情绪而产生的毒素，痛哭可以使这些毒素随着泪水排出体外，而不至于长期积累在体内影响身体健康。在大哭之后，情绪得到缓解，因情绪紧张而带来的感觉、记忆和思维障碍也就自行消退了。这时候我们就可以比较冷静、客观地面对自己的问题，经过分析、思考找出受挫的原因和解决问题的方法。所以，有的时候，想哭不妨就哭一场，不要强忍着压抑自己。

(二)倾诉

在情绪不好、心情低落、压力过大时，找人诉说也不失为一个好办法。用恰当的语言坦率地把自己的情绪表达出来，把闷在心里的苦恼、委屈、不满告诉别人，可以得到别人的理解和帮助，尤其是对好朋友或家人述说，还可以得到感情的依托和心理上的支持。正如有句名言所说："快乐与人分享，快乐就会加倍；痛苦与人分担，痛苦就会减半。"而且，心情不好时，看问题往往会比较局限，容易钻牛角尖，这时候别人的意见就会显得更为重要。另外，如果是与人发生了矛盾和冲突，能直接与当事人恰当地沟通就更好了，这样不仅能增进彼此的了解，冰释误会，化解矛盾，而且有利于问题的最终解决。若总是把不满、愤怒埋在心里，嘴上不说，时间长了，只能使矛盾升级，甚至找借口激化。所以，交一两个好朋友，学会表达、学会倾诉，对自己的身心健康是很有帮助的。如果有的时候，自己的问题是不愿让身边的人知道的，或者周围没有值得信赖可以听自己倾诉的朋友，那么，可以寻求心理咨询专业人士的帮助，效果会更好。

(三)写日记

每天睡觉前打开日记本，把一天的喜怒哀乐随意地记下来，自己与自己对话，自己做自己的知心朋友，然后卸下包袱轻松地进入梦乡，这真的是一种很好的调节自己情绪的方法。古人就曾经说过："吾日当三省吾身。"其实，写日记本质上也是一种倾诉，只不过对象不是别人，而是自己。日记可以天天记，也可以心情不好时再记，也不必局限于晚上，随时都可以用来发泄自己的情绪，尤其是不想跟别人说或无人可说时。把情绪宣泄在纸上，还可以帮助自己整理混乱的思维，有效地分析自己面临的问题，事过境迁后，还可以拿出来看看自己当初的心路过程，帮助自己更快地成长、成熟。

(四)运动

在情绪很强烈又没有适当的发泄口时，可以通过运动来发泄。比如，对着沙袋猛擂一通、到操场上跑上几圈、干点累人的体力活，或到空旷无人的地方大喊大叫一顿，这些都可以释放聚集在体内的能量，把心理的负性能量转化成生理上的能量释放出去，达到缓解压力、宣泄情绪的目的。

二、思维转化法

人的情绪是受个人的想法、态度和价值观所影响的，造成我们紧张、烦恼、不快的往往并不是事件本身，而是我们对此事件的看法。也就是说，你怎么看待这个问题决定了这件事带给你情绪的影响。不好或不合理的认知一旦产生，情绪就会产生较大的波动。所以我们要学会改变自己的思维方式。

(一)改变事情定义

改变事情定义，可以运用在当我们面对自己无法改变的客观事实的时候。有一句话说得好："我们没有办法阻止事情发生，但我们可以决定这件事带给我们的意义。"你可以选择是"问题"，亦可选择是"机会"，结果总是如你所愿，想想看这件事带给你的是什么教训及警惕，下次避免重蹈覆辙，这就是将"问题"转化为"机会"，因此你的定义就是你的结果。

一位常出差的老师发现，每次晚上坐飞机，飞机都会晚点。开始他很生气，后来他意识到这是无法改变的事实。于是，他开始调整自己的心态，在自己的内心中重新定义了飞机起飞的时间。通常，面对正常的事情，我们不会有消极的情绪。他改变了对问题的定义，认为如果飞机晚点就是正常现象，如果晚上的飞机准点了，那么他认为是非正常的好事情发生了，反而会带来一定强度的正面情绪——非常高兴。这样，在他的情绪字典中就没有消极情绪了。

英国作家萨克雷说："生活就是一面镜子，你笑，它也笑；你哭，它也哭。"一个人因为发生的事情所受到的伤害，远不如他对这个事情的看法更严重。所以，如果改变不了事情，就改变对这个事情的定义和态度。态度变了，事情就变了，好运就会悄悄地来临，心情自然也会释然、快乐起来。

(二)改变看问题的视角

有两个囚犯，他们住同一间牢房，往同一个窗外看，一个看到的是泥巴，另一个看到的则是星星。看到泥巴的人沮丧无助，而看到星星的人充满希望。

这个故事告诉我们：看问题的视角会影响我们的情绪。面对逆境时我们看到的是泥土还是星星，取决于我们自己。也就是说，影响我们情绪的就是我们自己。

为什么阅历丰富的人情绪管理能力强呢？就是因为他们看问题的角度和思路不同。如失恋时，心情非常沮丧、伤心，认为“对方离开我，是因为我一无是处，令人嫌弃”，如果太过沉浸于这种思想，一定会扩大自己的负面情绪，甚至无法自拔。如果改变一下想法，认为是双方不合适，而不是自己条件差，这样心情就会有所好转，并能重新振作起来。

比如，有的学生入学后第一次考试没考好，便觉得自己能力不如别人，今后前途渺茫，从此心灰意冷，越来越不自信，越来越悲观。其实，如果能换个角度想，把这次的失利归因于自己对新的学习方式还不够适应，努力程度还不够，就可以化失败为动力，激发自己今后的学习热情。

（三）改变人物画面

专家研究发现，人的头脑对数字、文字很难记忆，但对画面却是历久弥新，永难忘怀。你为什么过得不快乐，是因为脑海中有不愉快的画面。因此如何修改脑中画面，创造活力，就是决定我们幸福人生的枢纽。迪士尼乐园有许多卡通人物，其中最受大家喜爱的是米老鼠，沃特·迪士尼把人们最讨厌的老鼠借着画面转换，成为人们欢乐的象征，你也可以。

（四）改变对己问话

不知道你是否有类似这样的经验：当他人说你好，但你认为不好时，结果一定是不好。当他人说你不好，但你认为好时，结果永远是好。这印证了你的问话决定了你的人生品质，所以无论发生任何事，问自己两个问题：第一是这件事带给我什么样的经验及教训？第二是我该如何做才能将这件事处理得更好？因此，积极的问话，便会造就积极的人生。

（五）换位思考

换位思考要求站在对方的立场上考虑问题，理解他人、体谅他人。人经常是站在“自我”的立场和角度来看待事物，甚至指责别人。然而，“自我的角度”却不一定正确，必须站在对方立场来设想，才不会使自己一肚子气，又错怪别人。

有一则寓言讲述：有个少年问智者，怎样才能让自己快乐。智者意味深长地说：“把别人当自己，把自己当别人。”颇具哲理性的话道出了为人处世的四字真言：换位思考。换位思考是一种哲学思考，也是一种道德观念——“己所不欲，勿施于人”。在生活中，如果我们在遇到负面情绪的时候有意识地进行换位思考，那么对我们处理负面情绪是有帮助的。换位思考是成功的伟大细节，是享受生活的人生态度，更是调整情绪的有力工具。

三、理性升华法

把受挫而产生的不良情绪引向崇高的境界，将其强大的心理能量加以疏导，凝聚到学习、工作或生活中。也就是说，升华法是将情绪激起的能量投射到战胜挫折，或者有利、有益于社会和个人成长的活动中去，使其变得具有建设性和创造性。如著名大文豪歌德在失恋之后，把失恋的情绪能量升华到文学写作中，写出了名著《少年维特之烦恼》，居里夫人在丈夫横遭车祸的不幸后，用努力工作克制自己的悲痛，完成了镭的提取，这些都是利用升华法调节情绪的典型例子。而文学家普希金则相反，在得知美妻婚外恋后，愤怒地与情敌决斗，结果中弹身亡，留下千古遗憾。越是情绪状态不佳的时候，越需要我们理智地思考，越需要我们冷静地对待每一件事，切莫重蹈普希金的覆辙。一件坏事并不是在任何时候都使我们烦心，它往往是在我们精力、情绪状态最差时影响我们。升华法是一种最为积极的情绪自我调节控制的方法，也是一种最为有效的情绪宣泄方式，它跟一个人的修养、觉悟密切相关，而且需要有一颗奋发向上的心。

四、语言暗示法

语言是人的情绪与表现的强有力的影响工具，通过语言(包括不出声的内部语言)可以引起或抑制情绪的反应。比如，心里默念“太气人了”“气死我了”之类的话，并想象让自己气愤难耐的情景，就会发现自己心跳加快、呼吸也开始变得急促，生理上、心理上似乎真的发起怒来；反之，如果默念“太开心了”“好高兴呀”之类的话，并想象一些令人愉快的情景，心里就会真的愉快起来。这就是语言神奇的心理暗示功效。所以，有时候，一句话，如果反复对自己说很多遍，似乎就变成了真理，“三人成虎”的道理也就在此。

当不良情绪要爆发或感到心中十分压抑的时候，可以通过语言的暗示作用，来调整和放松心理上的紧张，使不良情绪得到缓解。当你将要发怒的时候，可以用语言来暗示自己：别做蠢事，发怒是无能的表现。发怒既伤自己，又伤别人，还于事无补。这样的自我提醒，就会使心情平静一些。当情绪不好时，不要放纵坏情绪的泛滥，要多跟自己说“一切都会好起来的，明天就是新的一天了”“烦恼、哀愁都是没有用的，我要对自己有信心”。甚至每天早晨照镜子时对自己笑一笑，充满自信地大声跟自己说：“我看起来精神状态很好！我一定能渡过眼前的难关!”不管自己相不相信，一定要坚持对自己这样说、这样做，时间长了，自我暗示的效果就会出来，你就会变成一个自信、乐观、情绪开朗的人。

五、环境调节法

环境对人的情绪也能起到一定的调节作用。一个干净整洁、光线充足的房间，一个风景优美、空气清新的地方，是会让人感到舒服、愉快的。而一个拥挤、脏乱、昏暗的空间，只能让人感到心情压抑、烦躁。所以，情绪不佳时，不要让自己闷在自己的小天地里，不妨到外面走走，呼吸一下新鲜的空气，感受一下来自外界的活力，或者做一次短途旅行，让紧张、压抑的心情松弛一下。通常大自然的美景都会让人感到自身的渺小，烦恼的微不足道。如果没有条件外出，也可以重新布置、整理一下自己的房间，变换一下床单或服装的颜色，改一个发型，买一两盆绿色植物，养几条可爱的小鱼，或者放一曲轻松、优美的曲子……总之，环境改变了，心情也就会随之有所改变。

六、改变现状法

有了负面情绪，我们需要变被动为主动，通过改变现状，主动调节自己的情绪，不能任由情绪肆虐。

(一)改变学习人物

“物以类聚”是大家耳熟能详的一句话，它的意义是你是什么人，你的生活如何，由你周遭交往的朋友即可看出。悲观的人周遭大部分都是悲观者，而乐观的人身边亦多为乐观者，因此要想改变命运，你必须要跳脱现况，向乐观者学习。要想快乐，请和快乐者为伍。

(二)改变着装

美国著名心理学家杰克·布朗称，适当地选择服装，有改善情绪的功效。他根据有关试验和跟踪调查的结果，发现在情绪不佳时的着装应注意“四不”：①不穿易皱的麻质衣服。易皱的衣服使人看起来一团糟，心理上会产生一种很不舒服的感觉。②不穿硬质衣料的衣服。硬质衣料的衣服会让你感到僵硬和不快。此时最好是穿质地柔软的(如针织、棉布、羊毛等)衣料做的服装。③不穿过分紧身而狭窄的衣服。衣裤太狭窄会造成压迫感，对于女性来说，要避免穿窄裙、连裤袜和束腰的服装，尤其不要穿紧身牛仔装，否则会加重情绪上的压抑感。而穿宽松的服装会令你呼吸轻松、血液循环畅通，使不良情绪得到缓解。④不系领带。不系领带会有减轻束缚的感觉。

七、提高自我功能法

提高自我功能的方法，虽然不是直接管理情绪的方法，但它能够面对问题，且有能力和有方法解决各种问题，因此产生不愉快情绪的机会就自然会减少。而培养自信、乐观、弹性的正向人格特质，较能保持愉悦的心情，不易激起负面的情绪，则是能成为情绪主人最重要的特性了。

(一)提高解决问题的能力

能够不断学习解决生活、工作和人际关系问题的人，他们的压力少，情绪也比较稳定、成熟。

(二)培养坚毅的性格

坚毅决定你能否耐得住挫折和艰辛，不坚毅的人较爱生病、逃避、沮丧。所以，要培养坚毅的性格。儒家所谓：士不可不弘毅，任重而道远。

(三)坚持运动强身

运动有益于情绪及身心。研究发现：运动者有较好的心肺功能，运动应该在工作一整天后为之，这最能减轻压力。跑步，使心脏中的血流入脑部，促进人的清醒，运动10周后，实验证明记忆力较好，endorphin是喜悦和止痛的天然化学物质，运动促进其做足量的分泌，因此运动能消除郁闷。

(四)增加自己的幽默感

恰当的幽默可以舒缓我们的心情。西谚亦云：幽默即希波克拉底。幽默即是一剂良药。幽默感会使人得到生活中最珍贵的礼物：笑。笑可以消除抑郁的心理，对不良情绪起到调节作用，使不良情绪得到有效控制。记住，笑是我们精神生活的阳光。

八、身心放松法

当我们的身体能够处于一个完全放松的状态(即肌肉松弛、呼吸均匀而缓慢等状态)时，我们的心理或精神也能相应地达到自然的放松。反之，当我们的心理很放松的时候，比如听了一段轻松优美的音乐，身体也会产生松弛的现象。身心放松法就是利用生理和心理彼此的交互影响，使生理和心理同时达到放松的目的。而一旦我们的心理平静、放松下来的时候，我们就可以进一步客观地察觉、分析自己的各种情绪和想法了。

身心放松法有很多种，大体上可以分为两类：一类是生理放松的方法，比如深呼吸法，肌肉放松训练等。另一类是心理放松的方法，比如闭着眼睛想象一些广阔、宁静、舒缓的画面或场景，可配用一些放松音乐。这些画面可以是大海(包括海上慢慢的日出或日落，海潮慢慢的涨起、回落)、滑雪(慢慢地、潇洒地从山顶沿平缓的山坡向下滑落)、在天空中飞翔、躺在小舟里在平静的湖面上飘荡等。总之，是一切能让心灵平静愉悦的美好场景。无论哪种方法，都可以帮助我们调节情绪，缓解心理压力，熟练掌握其中的一两种，对我们自己是很有帮助的。下面我们就介绍几种身心放松的方法，便于大家操作。

(一)生理放松

1. 肌肉放松

肌肉放松练习指通过循序交替收缩或放松自己的骨骼肌群，通过夸大肌肉紧张到放松的过程，让练习者体验个人肌肉的松紧程度，最终达到缓解个体紧张和焦虑状态的一种自我训练方法。

(1)放松的准备：穿宽松保暖的衣服，选择一个安静、整洁、空气清新没有干扰的房间，坐在带有靠背的椅子上，头和背靠在上面，双臂自然下垂，双手搭置膝上，双足平放，与肩同宽，小腿与大腿、大腿与臀部成直角，双目微闭，注意力集中于身体动作。

(2)放松步骤。第一步：深深吸口气(约10秒)，慢慢地把气呼出来(停一会儿)。再深深地吸口气(约10秒)，慢慢地把气呼出来(停一会儿)。

第二步：伸出前臂，攥紧拳头，用力，注意手上的紧张感受(约10秒)。放松双手，体验放松后的感受(停一会儿)。再做一次(同上)。

第三步：弯曲双臂，并注意感受肌肉紧张的体验(约 10 秒)。放松双臂，再体验放松后的感受(停一会儿)。再做一次(同上)。

第四步：紧张双脚，脚趾绷直(约 10 秒)。放松双脚(停一会儿)。再做一次(同上)。

第五步：放松小腿上的肌肉(约 5 秒)。脚尖用力向上翘，绷紧小腿的肌肉(约 10 秒)。彻底放松(停一会儿)。再做一次(同上)。

第六步：放松大腿上的肌肉(约 5 秒)。脚跟向下向后紧压地面，绷紧大腿肌肉(约 10 秒)。彻底放松(停一会儿)。再做一次(同上)。

第七步：放松头部肌肉(约 5 秒)。绷紧额头的肌肉，紧皱额头肌肉(约 10 秒)。放松(停一会儿)。闭双眼(约 10 秒)。从上至左，从下至右转动眼球，加快速度，再反方向地进行，放松(停一会儿)。咬紧牙齿(约 10 秒)。用舌头顶向上腭，用力上顶(约 10 秒)。彻底放松(停一会儿)。将头用力向后，靠近沙发(约 10 秒)。彻底放松(停一会儿)。用力向内收紧下巴(约 10 秒)。放松(停一会儿)。再重复做一遍(同上)。

第八步：放松躯干上的肌肉群(约 5 秒)。用力向后扩展双肩(约 10 秒)。放松(停一会儿)。再做一遍(同上)。

第九步：用力提双肩，使其接近耳垂(约 10 秒)。放松(停一会儿)。再做一次(同上)。

第十步：用力向内合紧双肩(约 10 秒)。放松(停一会儿)。再做一次(同上)。

第十一步：向上抬起双腿，弯腰(约 10 秒)。放松。再做一次(同上)。

第十二步：绷紧臀部肌肉，用力上提会阴(约 10 秒)。放松(停一会儿)。再做一遍(同上)。

休息两分钟后，再从头至尾做一遍。肌肉放松练习只有坚持练习，才能达到熟练水平，最好每天练习 1～2 次，每次 10～20 分钟，并要合理安排时间，尽量减少干扰。应该注意的是，放松前的紧张动作是为了体验放松的感觉，这种感觉越强记忆就越牢固。当放松的感觉清晰地铭刻于记忆中后，便可省略肌肉紧张部分而只做放松部分。

2. 深呼吸放松

此法程序简单，易于掌握，在应激状态下可有效减缓紧张程度。当实施深呼吸放松方法时，保持站立姿势，双肩自然下垂，轻闭双眼，然后根据自己的呼吸节律进行自我指导：吸气……呼气……吸气……呼气……深深地吸气……慢慢地呼气……深深地吸气……慢慢地呼气……(吸气时可以想象自己的肺就像一个气球，用鼻子深深地吸足气，直到感觉气球已经全部胀起，然后保持 2 秒钟，再慢慢地呼气)。

(二)心理放松

1. 想象放松

选择一个空气清新、四周幽静的环境。以自己感到最舒服自然的姿势坐下，轻闭双眼，用鼻子呼吸尽可能缓慢并且深沉，保持呼吸自然、流畅，尽可能不用意识支配呼吸。然后在脑海中浮现让自己感觉最惬意、最舒服的场景。举例如下：

我静静地躺在海边的沙滩上，周围非常幽静，蓝蓝的天上飘着几朵美丽的白云，清风轻轻地吹拂，阳光是如此地和煦温暖，我的指尖触到了细细的沙子，沙子细腻绵软而且温暖，我全身感到温暖而舒适，我安详地躺在大自然母亲的怀抱里，内心也无比平静。微风带来一丝丝海腥味，海涛轻拂着海岸，有节奏地唱着自己的歌，那歌声时而激昂，时而轻柔，和谐而动听，我静静地、静静地谛听着这永恒的波涛声……

或者在一望无际的大草原上，我静静地躺在一个洁白的蒙古包前，眼前的草原像一张绿色的地毯一直铺到天边，和蔚蓝色的天空连成一片，不知哪是天空，哪是草原。四周是这样的寂静，偶尔风儿带来几声羔羊清甜的叫声，还有那羊奶的香味，青草的芬芳，泥土的气息。我呼吸着这清新的空气，感到心旷神怡。我感到凉爽而舒适，全身都非常松弛，非常松弛，从未有过的松弛……

想象结束时，静静地坐一会，进行5～10次慢而深的呼吸，然后慢慢地睁开眼睛，体验当前放松的感觉。想象放松也需要反复练习才能掌握，最初应坚持每天3～5次，每次大约5～10分钟。要坚持练习，直到一出现放松意向，即能即刻放松。

2. 音乐放松

早在2000多年前，古人已认识到音乐与脏腑及其生理病理机制有着一定的联系。如《素问·阴阳应象大论篇》中说道："肝生筋……在音为角，在声为呼；心生血……在音为徵，在声为笑；脾生肉……在音为宫，在声为歌；肺生皮毛……在音为商，在声为哭；肾生骨髓……在音为羽，在声为呻。"根据音乐与五行、五脏的关系，人们得知，角音调畅平和，可以疏肝解郁；徵音抑扬咏越，可以振奋人心；宫音悠扬谐和，可以增强食欲；商音铿锵肃劲，可以荡涤心灵，使人肃静、安宁；羽音轻灵剔透，可以放飞心灵。英国音乐治疗专家曾说："音乐具有唤醒、联系和整合人格的力量。"

音乐与人的生活紧密相关，它崇尚的是一种感性情绪的作用，通过诉诸人的情感活动，而引起人的身心变化。美妙动听的音乐，不仅可以满足人们欣赏美的需要，而且可以陶冶性情，使人心情舒畅，情绪松弛。当采用音乐放松的方法调节情绪时，需要根据个人喜好而精心挑选合适的音乐。具有身心放松作用的音乐按特点可分为镇静性、解郁性和兴奋性等。镇静性的音乐舒缓婉转，像班德瑞系列音乐，带有大自然天籁之音的热带雨林音乐，还有肖邦、舒伯特等人的小夜曲系列，贝多芬的《月光奏鸣曲》等。如中国古典音乐如古琴独奏《佩兰》《流水》《醉渔唱晚》《平沙落雁》，笛子独奏《姑苏行》《鹧鸪飞》《梅花三弄》等，都具有消除紧张、安神定志的作用。解郁性的音乐曲调轻松、节奏多变，外国音乐如《春之声》《蓝色多瑙河》《溜冰圆舞曲》等系列圆舞曲，旋律轻快、活泼，充满了勃勃生机；中国音乐有《喜洋洋》《丰收锣鼓》《喜相逢》《金蛇狂舞》等，听了让人情不自禁地情绪高涨，喜上眉梢。兴奋性的音乐高亢有力、振奋人心，像贝多芬的第九交响曲《欢乐颂》、第五交响曲《命运》，德沃夏克的《来自新大陆》、亨德尔的《哈利路亚》、格什温的《蓝色狂想曲》、冼星海的《黄河大合唱》等，都能从不同程度上缓解人们的低落情绪。

一个心理健康的、成熟的人不会拒绝音乐给他带来的好处，不管是在“只可意会，不可言传”的状态中感知，还是与音乐的感情内涵相互交融、发生共鸣，我们都会在不断品味中使精神得到升华。

总之，我们应当相信自己的能力，应当去做情绪的主人，不应让不良情绪困扰自己而欲罢不能。充分的自信、科学调节情绪的方法将会给自己追求身心健康的道路铺上成功的基石。

【小结】

情绪管理是个体管理和改变自己或他人情绪的过程。在这个过程中，通过一定的策略和机制，使情绪在生理活动、主观体验、表情行为等方面发生一定的变化。也即是在适当的时间和适当的场合，对适当的对象恰如其分地表达情绪。

情绪管理不当会影响生理健康、人际关系及工作学习效率。

情绪管理的理论包括 A—B—C 理论、归因理论、视网膜效应及钟摆效应。

情绪管理的基本原则包括：先处理心情，再处理事情；活在当下；适当表达自己的情绪；把负性情绪加以利用。

对情绪管理能力的训练要侧重于以下五个方面：觉察自我情绪的能力；情绪的自我控制力；自我激励的能力；认知他人的能力；人际关系的管理能力。

情绪管理三部曲：我现在有什么情绪？我为什么有这种情绪？如何有效地处理情绪？

情绪管理的常用策略有能量宣泄法、思维转化法、理性升华法、语言暗示法、环境调节法、改变现状法、提高自我功能法、身心放松法。

身心放松法包括生理放松和心理放松。

【关键词】

情绪管理　A—B—C 理论　归因理论　视网膜效应　钟摆效应　负性情绪　情绪管理策略　肌肉放松　深呼吸放松　想象放松　音乐放松

【思考题】

1. 正确理解情绪管理的内涵。
2. 与情绪管理有关的理论有哪些？
3. 归因与情绪的关系是怎样的？
4. 怎么理解情绪管理的基本原则？
5. 情绪管理的具体步骤是什么？
6. 常见的情绪管理策略有哪些？
7. 身心放松的方法有哪些？

第四章　幸福和快乐的管理与辅导

内容提要：

1. 幸福和快乐的含义与评估
2. 有关幸福和快乐的理论与研究
3. 幸福和快乐的管理策略
4. 幸福和快乐的辅导方法与案例分析

幸福和快乐，并不是凭空而来的东西，它们与我们的各种心理状态、性格以及各种外界的因素都有关。我们的幸福和快乐，一方面来自于建立正确的价值观、原则、梦想，并且清晰地了解自己、把握自己；另一方面也来自于我们所处的社会，以及在这个社会中要面对的种种关系。虽然每一个人对幸福、快乐的理解都不同，但幸福和快乐却是所有人在生活中所追求的目标。

那么，究竟什么是快乐？什么是幸福？心理学家对于幸福和快乐的研究都有哪些？怎样管理自己的情绪，使自己保持快乐、幸福的心态？本章我们来谈谈这些问题。

第一节　幸福和快乐的含义与评估

一、幸福的含义与评估

(一)什么是幸福

每个人对幸福都有自己的理解和要求，给幸福下个定义涉及到很多方面与层次。首先，幸福定义的主体不同，民众理解幸福为希望，统治阶级理解幸福为权势，宗教理解幸福为信念。其次，幸福定义的范畴不同，它涉及精神层面、物质层面的不同需求。再次，幸福定义的程度不同，也就是每个人对自己生活满足度是不同的。不过，有一点却是明确的，幸福是一种主观体验，是个人从各自的角度出发对自我生活满足的一种主观理解。《现代汉语词典》把幸福解释为“使人心情舒畅的境遇和生活”。也就是说，幸福是一种主观精神层面上的情绪体验。

为了便于对幸福进行科学的操作，研究者们将幸福解析为三个层次，以此作为对幸福进行科学研究的开端。

第一个层次是快乐的生活，关注既往、当下和将来的积极情绪。既往的积极情绪包括满足、满意和平静；当下的积极情绪包括躯体的愉悦(例如即刻而瞬间的感官愉悦)以及复杂的愉悦(例如通过学习和教育获得的愉悦)；有关未来的积极情绪则包括乐观、希望和信念。快乐的生活要使积极的情绪最大化、消极的情绪最小化，这似乎涵盖了通常意义上的享乐主义的幸福理论。

第二个层次是投入的生活，发挥个体积极的特性，这些积极的特性包括性格力量与才能。积极心理学研究所指的性格力量是那些跨文化和跨地域的美德(例如英勇、领导能力、仁慈、正直、创意、智慧以及爱与被爱的能力)。与才能不同，力量更具有可塑性，更遵从于意志，力量本身就有其存在的价值，而不仅仅是它们可以实现一些更伟大的目标。对力量和才能正确且明智的使用将会导致个体更加的投入、专注和沉浸，因此积极心理学研究者们将这种生活称为“投入的生活”。

第三个层次是有意义的生活，从属并服务于一些积极的制度。历史上，一些社会学家、人类学家和政治学家对这一领域进行了研究，但是他们将更多的兴趣放在那些不健全的制度和社会条件上，诸如那些“主义”——种族主义、性别歧视主义和年龄歧视主义。积极心理学所提出的问题是：“什么样的制度能够使得人性得到最好的发挥?”积极的特性与情绪在积极制度的背景下将会得到更好的培养与发展。快乐的生活、投入的生活和有意义的生活，这三种生活可以被视为通往幸福的三种不同的途径。

(二)主观幸福感

当代大多数心理学家都是从人的主观感受方面来研究幸福的，认为幸福就是每一个人根据自己的标准对其生活质量进行综合评价后的一种积极体验，也即以研究人的主观幸福感为主。主观幸福感就是指主体主观上对自己已有的生活状态且正是自己心目中理想的生活状态的一种肯定的态度和感受。也就是说，主观幸福感既是一个人对自我生活状态、周围环境和相关事件的关于满意的认知和评价，同时也是一个人在情绪体验上对这些方面的主观认同。

美国心理学家狄纳比较全面地概括了主观幸福感的三个特点：第一，它存在于个体的体验之中，具有主观性。个体是否幸福主要信赖于个体自己定的标准，而不是信赖他人或外界的标准，每个人都可能具有同等程度的幸福，但他们的实际标准却是不一样的。第二，主观幸福感不仅指主体没有消极的情绪体验，更是指主体要能体验到积极的情绪。第三，主观幸福感不是指个体对其某一个单独的生活领域评估后的体验，而是指个体对其整个生活评价后的总的体验。积极心理学认为主观幸福感是一个人积极体验的核心，同时也是其生活的最高目标。

(三)幸福的评估

下面提供两个用于评估幸福感的量表，你不妨试试，测量一下自己现在的幸福感状况。

纽芬兰纪念大学幸福度量表

如果下面的句子符合你的情况，请回答“是”；如果不符合你的情况，请回答“否”；如果不清楚你目前的情况，请回答“不知道”。

在过去的几个月里，你是否感到：

序号	总体感觉	是	不知道	否
1	处于巅峰状态？(PA)			
2	情绪高昂？(PA)			
3	对自己的生活特别满足？(PA)			
4	幸运？(PA)			
5	无聊？(NA)			
6	非常孤独或与他人疏远？(NA)			
7	沮丧或者非常不开心？(NA)			
8	由于不知道会有什么事情要发生在自己身上而恐慌？(NA)			
9	为自己目前的生活状况感到哀伤？(NA)			
10	总的来说对自己目前的生活感到满意？(PA)			
以下 14 个问题与更广泛的生活体验有关：				
11	现在是我一生中最暗淡的日子。(NE)			
12	我像小时候一样快乐。(PE)			
13	我所做的大多数事情都很无聊、很单调。(NE)			
14	过去我感兴趣的事，我现在仍然乐在其中。(NE)			
15	当我回首往日的生活时，我相当满意。(PE)			
16	年纪越大，我的情况越糟糕。(NE)			
17	你感到压力的程度有多大？(NE)			
18	今年我比较会为一些小事而心烦。(NE)			

续表

序号	总体感觉	是	不知道	否
19	如果你能随便选择自己的住处，你会选择哪里？(PE)			
20	我有时候觉得人活着真没意思。(NE)			
21	我像同龄人一样快乐。(PE)			
22	大多数时候，生活对我而言是艰难的。(NE)			
23	你对目前的生活满意吗？(PE)			
24	与同龄人相比，我的健康状况与他们一样，或者比他们还要好些。(PE)			
总计				

注：PA指正性情感，NA指负性情感，PE指正向体验，NE指负向体验。

计分方法："是"计2分，"不知道"计1分，"否"计0分。

第19题，答"目前的地方"计2分，答"其他地方"计0分；

第23题，答"满意"计2分，"不满意"计0分。

总分＝PA－NA＋PE－NE。

牛津幸福量表(修订版)

下面有许多组关于个人幸福方面的叙述，请仔细阅读每一组中包含的四个叙述，把你认为最能反映你在过去一周(包括今天)体验的那个叙述挑选出来，然后用圆圈把它前面的字母(a，b，c，d)圈起来。

①a 我感到不幸福
b 我感到还算幸福
c 我感到很幸福
d 我感到极度幸福

②a 我勉强地生活着
b 生活是美好的
c 生活很美好
d 我热爱生活

③a 我对将来并不特别乐观
b 我对将来感到乐观
c 我感到将来有很多是可期望的
d 我感到将来是充满希望的

④a 我对其他人不感兴趣
b 我对其他人有点兴趣
c 我对其他人很感兴趣
d 我对其他人有极度强烈的兴趣

⑤a 我对生活中的一切都不满意
b 我对生活中的有些事感到满意
c 我对生活中的许多事感到满意
d 我对生活中的每一件事都十分满意

⑥a 我发现做决定很不容易
b 我发现做决定还算容易
c 我发现做决定是容易的
d 我做任何决定都很容易

⑦a 我感到不能控制自己的生活
b 我感到至少能部分地控制自己的生活

c 我感到大部分时间能控制自己的生活
d 我感到总能控制自己生活的所有方面
⑧a 我发现要着手做事情很困难
b 我发现要着手做事情还算容易
c 我发现要着手做事情很容易
d 我能做任何事情
⑨a 我感到生活没有价值
b 我感到生活有价值
c 我感到生活很有价值
d 我感到生活给我的回报太多了
⑩a 我在睡眠过程中难得醒来
b 我在睡眠过程中有时会醒来
c 我在睡眠过程中经常会醒来
d 我总是失眠
⑪a 我不喜欢我现在的情形
b 我喜欢我现在的情形
c 我很喜欢我现在的情形
d 我非常喜欢我现在的情形
⑫a 我一点都不精力充沛
b 我还算精力充沛
c 我精力非常充沛
d 我总是有使不完的劲
⑬a 我对外界事件从没有好的影响
b 我偶然会对外界事件有好的影响
c 我经常会对外界事件有好的影响
d 我总是会对外界事件有好的影响
⑭a 我认为所有事情都没有特别的吸引力
b 我认为有些事情是美好的
c 我认为大多数事情是美好的
d 整个世界对我来说都是美好的
⑮a 我觉得自己思维不敏捷
b 我觉得自己思维有点敏捷
c 我觉得自己思维很敏捷
d 我觉得自己思维极度敏捷
⑯a 我不和其他人开玩笑
b 我有时候和其他人开玩笑
c 我经常和其他人开玩笑
d 我总是和其他人开玩笑
⑰a 我感到自己不健康
b 我感到自己有点健康
c 我感到自己很健康
d 我感到自己极度健康
⑱a 我不会使别人快乐
b 我有时会使别人快乐
c 我经常会使别人快乐
d 我总是会使别人快乐
⑲a 我对别人没有温情
b 我对别人有些温情
c 我对别人很有温情
d 我爱每一个人
⑳a 我的生活没什么特别的意义和目的
b 我的生活稍许有些意义和目的
c 我的生活很有意义和目的
d 我的生活充满意义和希望
㉑a 我对过去没有什么特别的幸福回忆
b 我过去的有些是值得幸福回忆的
c 我过去的大多数都是值得幸福回忆的
d 我过去的一切都是值得幸福回忆的
㉒a 我没有很投入的感觉
b 我有时候会很投入
c 我经常会很投入
d 我总是很投入
㉓a 我从没有过兴高采烈的状态
b 我有时候会有兴高采烈的状态
c 我经常会有兴高采烈的状态
d 我总是处于兴高采烈的状态
㉔a 我认为这世界并不是一个好地方

b 我认为这世界还算是一个好地方
c 我认为这世界是一个很好的地方
d 我认为这世界是一个极美妙的地方

㉕a 我想要做的和我所做的之间总有差距
b 我做过一些我想要做的事
c 我做过许多我想要做的事
d 我做的每件事都是我想要做的

㉖a 我很少笑
b 我有时候笑
c 我经常笑
d 我总是笑着

㉗a 我不会很好地安排我的时间
b 我安排我的时间还可以
c 我能很好地安排我的时间
d 我能把我想做的一切安排得井井有条

㉘a 我认为我没有吸引力
b 我认为我还有点吸引力
c 我认为我有吸引力
d 我认为我极有吸引力

㉙a 我找不到令人愉快的事情
b 我发现有些事情令人愉快
c 我发现大多数事情令人愉快
d 每件事情都令我愉快

注：计分方法为 a＝0、b＝1、c＝2、d＝3，把每项得分相加起来即为总分(从过去施测的情况来看，大部分人的得分在 40～42 分之间)。分数越高主观幸福感越强。

二、快乐的含义与评估

(一)什么是快乐

在心理学的各个研究领域中，积极心理学对快乐的研究较多，其对快乐的定义是：一种在主观上安乐的状态，平衡而满足的内在感受。当我们快乐的时候，我们喜爱自己，热爱生活，能够从每一天当中得到乐趣。

快乐是一种不稳定的心理状态，真正的快乐是人生意义的所在。然而，尽管我们似乎对快乐梦寐以求，但它可能稍纵即逝。持续的快乐是不可能的，因为人的情绪是有起伏的。当一个人感觉快乐的时候，好的情绪在释放，并慢慢平复，同时不快乐的情绪也会因为受到消极情绪的影响，逐步地显现出来。当然这种显现不属于正弦的、有规律的波动，而是在持续的平静中进行的不规则曲线波动。每个人都有特定的情绪曲线，快乐与不快乐之间的过渡总是像水一样流动着，想做绝对的快乐主义者去追求并试图永远留住快乐是不现实的。过度快乐的情绪很快就会转换成挫折与不满。

快乐与不快乐总是同时存在于人的内心实际，彼此制约和影响。一般认为快乐是一种内心的潜在资源，可以促使人们去积极地完成相关的任务。同时也乐于与他人共享自己的情感世界。不快乐，是一种消极的心理状态，阻碍人的好情绪上扬波动，使人处于一个较为封闭的精神世界之中。但不快乐的情绪状态也是追求快乐状态的一种原动力，利用这种动力可以充分地促进人的潜力达成潜在的任务。快乐与不快乐是相辅相成的，过度的快乐和不快乐都会打破人的内心世界的平衡，进而还会影响人的整个心理状态，给人带来不适甚至影响人的心理健康。

(二)快乐的评估

快乐是一种心理状态，通过一些外在的表现可以进行快乐与否的心理判断，通过一系列的问题可以检测一个人的快乐程度是快乐还是亚快乐状态。下面也是两个量表供你评估自己的快乐指数。

快乐程度自评测量表

序号	自我感觉	无	有时	经常	持续
1	我感到情绪沮丧，郁闷	1	2	3	4
2	我感到早晨心情最好	4	3	2	1
3	我要哭或想哭	1	2	3	4
4	我夜间睡眠不好	1	2	3	4
5	我吃饭像平常一样多	4	3	2	1
6	我对异性的感觉正常	4	3	2	1
7	我感到体重减轻	1	2	3	4
8	我为便秘烦恼	1	2	3	4
9	我的心跳好像比平时快	1	2	3	4
10	我无故感到疲劳	1	2	3	4
11	我的头脑跟平常一样清楚	4	3	2	1
12	我做事像平时一样不感到困难	4	3	2	1
13	我坐卧不安，难以保持平静	4	3	2	1
14	我感到未来有希望	4	3	2	1
15	我比平时更容易激动	1	2	3	4
16	我觉得决定什么事情很容易	4	3	2	1
17	我觉得自己是有用的和不可缺少的人	4	3	2	1
18	我的生活很有意义	4	3	2	1
19	没有我别人会活得更好	1	2	3	4
20	我仍旧喜爱自己平时喜爱的东西	4	3	2	1
总计					

说明：请仔细阅读上面的20个选项，然后根据你最近两个星期以上的实际感觉，选择相应的分数，再将分数相加乘以2.5。

分析：50分是一个临界点，50分以上者都处于“亚快乐”状态，分数越高越严重；50分以下者基本处于健康状态，分数越低越快乐。

你在自己和别人的眼中是快乐的人吗

①你会把自己比喻成哪种花香？

浓郁的花香 转到第 2 题

清淡的花香 转到第 3 题

②你会选择哪种香味的润唇膏？

水果味 转到第 4 题

薄荷味 转到第 5 题

③你会把自己比喻为哪种花束？

红色系的花束(如红色/粉红色/橙色) 转到第 2 题

非红色系的花束(如白色/蓝色/紫色) 转到第 5 题

④你跟意中人首次约会用什么香水？

带有甜味的花香 转到第 6 题

清爽的水果香味 转到第 7 题

⑤你较喜欢哪种味道？

盛夏干燥的草味 转到第 4 题

雨后湿淋淋的草味 转到第 7 题

⑥玫瑰和百合，你较喜欢哪种香味？

玫瑰 转到第 8 题

百合 转到第 9 题

⑦你刚发现一瓶新款洗发水，你十分喜欢它的味道，那瓶子的形状是怎样的？

圆形 转到第 6 题

长身形 转到第 10 题

⑧当你情绪低落时，哪种味道最能抚慰你的心灵？

花香 转到第 11 题

森林的味道 转到第 12 题

⑨你在收视率超高的电视剧里看见一个香包，它是什么颜色？

紫色 转到第 8 题

红色 转到第 12 题

⑩市面推出了一种全新的香草味雪糕，你的看法是什么？

相当引人注意 转到第 9 题

不太引人注意 转到第 13 题

⑪下列哪种味道会勾起你怀念的感觉？

面包香味 转到第 14 题

大自然的味道 转到第 15 题

⑫如果月亮的光辉会发出味道，你嗅到后会联想到下列哪组形容词？

刺激/灿烂夺目/香味四溢　　转到第 11 题
沉郁/孤独/踏实/安静　　转到第 15 题
⑬你较喜欢哪种香味？
香料　　转到第 12 题
茶香　　转到第 16 题
⑭你对体味的看法是？
非常讨厌　　转到第 17 题
如果是自己喜欢的味道就没有关系　　转到第 18 题
⑮你觉得什么香味有助提神？
柑橘香　　转到第 14 题
薄荷香　　转到第 18 题
⑯你喜欢异性身上有哪种香味？
香水味　　转到第 15 题
自然肥皂味　　转到第 19 题
⑰想起游乐场，你会想起哪种味道？
牛奶及葡萄　　转到第 20 题
甜甜的糖果　　转到第 21 题
⑱如果要在房间点炮灰香薰，你喜欢哪一种开头的香薰？
三角锥形　　转到第 17 题
棒状　　转到第 21 题
⑲你对香水的看法是？
非常喜欢　　转到第 18 题
不算十分喜欢　　转到第 22 题
⑳对于婴儿使用的肥皂香味有什么看法？
喜欢　　A 型
不是特别喜欢　　B 型
㉑你知道自己的味道吗？
不知道　　转到第 20 题
知道　　C 型
㉒你喜欢皮革的味道吗？
喜欢　　转到第 21 题
讨厌　　D 型

分析：

A 型　你是属于水果香形象

你充满自由愉悦的气息，总是沉溺在游乐场当中，像个天真无邪的孩子。有你在的地方，整个气氛都会热烈起来，所以你是聚会中不可或缺的人物。虽然你个性开朗，受到大部分人的喜爱，但一般人认为难以跟你成为亲密好友，也就是说，你给别人的印象只是个搞笑能手。有些人觉得你爱玩弄别人，依赖性又强，所以不太愿意亲近你。真正的你其实十分成熟稳重，正是因为真正了解你的人不多，所以知心朋友也相当少。

B型　你是属于东方花香形象

你具有强烈的自我意识，不会被他人玩弄于股掌之间，会利用自己的力量积极地达成愿望，给人以热情的印象。你不会跟朋友纠缠不清，再加上喜欢单独行动，围绕在你周围的人都会觉得你是一个“带有神秘色彩的人物”。“神秘感”有时是相当有魅力的，但是你严密的防备以及自命清高的态度，让人感觉无法轻松地面对你，觉得你难以应付，甚至产生对你敬而远之的倾向。真正的你其实是相当温柔的，但是除非是与你相当亲近的人，否则是无法注意到你的优点的。

C型　你是属于草香形象

你拥有非常坚强的意志，不依赖他人，给人独来独往的印象。你拥有旺盛的好奇心与丰富的感情，是个过着知性生活的现代人。骤看之下你是个自命清高，不好相处的人，但是一旦接触以后，就会发现你很好相处，等到交情日益加深，就会知道你其实拥有很爽快的个性。你所拥有的中性化魅力，让你不论在男性团体还是在女性团体中都大受欢迎。你不喜欢让人看到你脆弱的一面，外表看来也许很冷酷，但实际上却是热情如火。能够知道你真实本性的人，才能够跟你天长地久地交往下去。

D型　你是属于花香形象

你总是给人乐观、积极和勇于面对困难的感觉，而且温柔优雅，很懂得为他人着想，给人非常擅长维系人际关系的印象。这样的你让人感到既坚强又脆弱，尤其是你那体贴的包容力，更让人觉得你相当有魅力，很值得信赖。你是个别人“拜托你做事绝不会拒绝”的人，所以特别容易被人利用。这些人因为看中你细心随和的一面，所以会故意亲近你，然后借故占你的便宜。

第二节　幸福和快乐的理论与研究

一、有关幸福的研究

(一)幸福感与生俱来

一个人是乐观还是悲观，不是后天养成的习惯，而是与生俱来的。幸福感隐藏在大脑的左半球。这是美国麦迪逊威斯康星大学神经生物情感实验室主任戴维小组专家得出的结论。他们调查了1000多名志愿者，发现像乐观、精神振奋和充满希望等情感都集中在大脑的左半球。右半球则集中了抑郁、懊丧等情感。因此，凡是悲观者和有自杀念头的都是大脑右半球发达的人，而乐观主义者的左半球控制着截然不同的情感。

孩子从落地发出第一声啼哭起，就开始了大脑皮层的积极形成过程。所以最初的72小时对他今后的情绪形成是十分重要的。科学家为了弄清孩子今后是乐观主义者还是悲观主义者，拍摄了孩子和母亲的脑造影照片，并进行研究。他们发现，左半球发达的人只占总人数的30%。

科学家是怎样发现这一现象的呢？最近50年来心理学家看到了一个奇怪的现象，患者的抑郁症治愈后情绪依然不高，依然无法感到幸福。这是因为他们没有幸福感。

人的性格是由大脑半球的发达情况决定的。对于同样的事物，人的反应是不同的。有的人即使碰到非常大的挫折也不会一蹶不振；有的人只要遇到不称心的事，哪怕是极小的事，就会萎靡不振。

科学家做了实验。他们让接受实验的人坐在与外界隔绝的房间里，头上固定了100多个电极。这些电极传递由隔壁房间里的计算机发出信息。它们传递的信息包括没有情感的城市风景和鲜血淋淋的尸体。电极同时接收大脑各部分的反应图像：当看到不同的图像时，观察大脑的每部分反应。他们惊奇地发现，激发和测量乐观的情感要比激发和测量悲观的情感难得多。他们还做了培养生来悲观的人产生乐观情绪的实验。

实验持续了1个月。参加实验的人每天都要同周围的人交谈愉快的消息；每天运动20分钟；在镜子前微笑2分钟；在完全放松的状态下自我练习幸福感10分钟。从第三周起，每天都要从事自己喜欢的事30分钟。从第四周起每晚参加舞会。经过这样的锻炼，主管幸福的大脑活动变得积极，即使本来属于悲观的人也会有幸福感了。

(二)幸福的性别特征

多年的研究证实，男女对幸福有不同的认识、不同的体验。男女幸福观差异极大。女人看重幸福感，认为这极为重要，不可或缺，而男人对此却较为麻木。比较而言，女人更容易获得幸福感。

俄罗斯科学院心理学研究所的专家进行了一次心理测试——让一组男人和一组女人回答同一个问题："幸福意味着什么，如何理解幸福。"答案颇耐人寻味。

大部分男人对这个问题没有兴趣，回答简单而空洞，大多只限于电影和文学作品中泛泛的说法。有的人皱着眉头想了好久，回答令人失望："我不知道……我根本没想过……为什么要知道这个呢？"

相反，女人的回答却详细而充实，而且非常有个性，就好像经常思考这个问题，或者多次回答过这个问题一样。

对于一些女人讲的道理，就连心理学家也还没悟出来。比如说：幸福对女人来说不是玩具，也不是消遣，而是实实在在需要解决的重要课题。看来，女人不只是幻想得到幸福，也不只是感叹——如果……就好了，而是努力地掌握从现实生活中获取幸福的秘诀。

男人和女人的生活理想和目标不尽相同。可以说，女人有目标，男人却不是很清楚自己想要什么。甚至一些男性的代表人物也不明确自己的主要要求，谈到这个问题时说的都是些口号性的话。德国哲学家施本格勒说，幸福就是安宁；马克思认为，幸福就是斗争；在法国作家福楼拜看来，不需要幸福；而俄国作家车尔尼雪夫斯基认定，只要有愿望就是幸福的人。

1. 女人的幸福感高于男人

俄罗斯专家使用两位美国心理学家提出的衡量对生活总的满意度的标准和方法，评估了男女对幸福的感受程度。调查结果显示，女人对幸福感受程度方面的平均指标高于男人。

课题负责人吉达里扬副博士说，女人善于控制事态的发展，而且能使生活的道路符合自己的目标和有关生活意义的认识。女人大多认为自己生活的进程是有意思的、有激情的、有成果的。

2. 男人的幸福观比较传统

相比而言，男人的幸福观就非常传统了。物质地位、工作和周围人的认可对男人依然十分重要。总之，对男人来说最大的幸福就是所有人都羡慕他有好运。

男人总是避而不谈幸福，可是应该说，如果他还是有生活目标，那就是获胜。虽然有智力、体力或精神方面的压力，但他也会不惜任何代价地证明自己在各方面都有优势。他要让世人知道，自己是个令人陶醉的人，无与伦比的幽默家和不可战胜的斗士；他有酒量、有天赋、有见识，没有他解决不了的问题；他比任何人都厉害、聪明、有福气，无论对手拿出多么有分量的证据。

那么，怎样才能成为幸福的人呢？许多心理学家认为幸福的因素是：善于解决困难和生活中遇到的问题，能顺利地应对各种令人发怵的局面并且克服心理上的不适。

也就是说，幸福与其说来自生活，不如说来自对生活的态度。遇到任何不幸都不消沉，并向周围人敞开心扉的人被认为是最幸福的人。而离群索居、自我封闭，或设法逃避现实的人会感到无所适从。

身体健康、很有教养和比较成功的人是自爱的，他们不看重生活中的消极方面，不作悲观的预测，很少有孤独感，他们认为可以通过自己的努力影响事情的发展和生活进程，但又注意期望值适度。

二、有关快乐的研究

快乐远在人类出现之前就已出现，它是进化过程中最早的情感形式。而追求快乐，可能是使我们作出一系列决定的依据。

(一)快乐中枢

为了研究快乐在生理机能上的基础尤其是在脑里的生理基础，科学家在老鼠脑部的相应部位给予柔和的电击，老鼠们便会处于一种似乎是极度快乐的状态。为了再次得到这样的电击，老鼠们会一遍又一遍地去重复一系列复杂的动作，这个部位被称作“快乐中枢”。

事实证明，人类的反应与之相同。美国心理学家奥尔兹等，用“自我刺激”的方法，证明了下丘脑和边缘系统中存在一个“快乐中枢”。20 世纪 60 年代，美国新奥尔良图兰大学的精神病学家罗伯特·西斯在其病人大脑的快乐中枢植入一根电极，令他们被快乐所包围，以借此治愈他们的抑郁症、经久不愈的疼痛、精神分裂症、自杀情结、上瘾，甚至在当时被当成精神紊乱的同性恋等疾患。

当他们的快乐中枢得到一次电击时，他们表示感觉很好。当他们自己掌握了电极控制键时，他们便会不停地按键，有时会连续按上上千次。

不过，西斯的方法没有任何持久的疗效。他放弃了实验，转而进行了精神病学的其他研究。而他的这项实验却一直被当成一种有关快乐理论的一个有力证据，这一理论认为，在脑部制造快乐是件十分简单的事情，只须刺激相应的神经化学反射区即可。

(二)科学家进一步的发现

在 20 世纪 80 年代，人们已经将大脑奖赏中心的脑电图画出来了。人们还画出了脑部的各个区域，并且认为在各区域传导信息的化学物质是多巴胺，所以奖赏中心又被称作“多巴胺系统”。另外，人们对奖赏中心的功能有一致的认识，这就是对动物进行像吃东西和性交这类具有生存意义的活动进行奖赏。在此后许多年中，从吸食海洛因、达到性高潮这样强烈的快感，到相对平和的饱餐后的满足和赢钱后的激动等，任何一种可以想象得到的自然或不自然的快乐，都被与奖赏中心和多巴胺的释放联系在了一起。

尽管如此，许多科学家仍然认为头脑中产生快感的原理还远未被揭示出来。密歇根大学的神经科学家肯特·贝里奇便从他正在做的实验中得出了不同的结论。他认为，电极给那些病人和老鼠带来的感觉不完全是快乐，而是另一种有细微差别的东西——欲望。在他看来，西斯及其他研究人员将欲望错当成了快乐。与此同时，牛津大学的埃德蒙·罗尔斯发现，在另一个完全不同的脑区——眼睛后部的额眶皮质区也能产生快乐。俄亥俄州立博林格大学的雅克·潘克塞普、威斯康星大学的安·凯莉以及其他科学家则发现，传递快感的化学物质很可能是脑啡肽，而不是多巴胺。

目前还没有人能将所有这些研究成果串在一起进行合理的解释，但是科学家们渐渐地对大脑是在哪个区域产生快感及如何产生这些快感有了一个新的认识。认为“快乐是为了提升生存状态而对行为的一种奖赏”这一观点十分重要，但科学家们发现，快乐的功能远不止于此。他们发现，快乐似乎参与了从挑选食物到解答数学题的所有决策过程。快乐帮助我们作出行动计划，让我们的大脑过滤和选择轰击我们感官的各种声、光、味信息。快乐可能是由简单的快乐感或不快乐感逐渐演化而来的。

(三)如何区分欲望与快乐

虽然是贝里奇让人们注意到“欲望”与“快乐”之间的区别，但贝里奇绝不是唯一意识到这一点的研究人员。当人们服用了阻碍或是刺激多巴胺释放的药物后，人们并未表示出对某种物品的喜好发生了变化。潘克塞普说，这说明多巴胺系统本身并不能制造快乐。“多巴胺系统是关于动机和追求的。它给出了一种大致的欲望或是催促，一种参与到世界中的热情”。

对毒瘾的研究进一步说明了多巴胺系统主管的是欲望，而不是快乐。染上毒瘾的人为了维持他们的快乐感必须不断加大毒品的剂量。他们只是“想要”越来越多的毒品，而不是说他们越来越“喜欢”毒品。

有一种观点认为，快乐来源于一组不同的脑化学物质。给人带来快感的药品不仅会激活多巴胺系统，同时还会刺激一系列被称为脑啡肽的化学物质。也许有这样一种可能：脑啡肽的化学物质似乎能激活脑深处的电路，该电路使快乐与多巴胺系统有所重合。同时也有人认为：脑啡肽电路是快乐的来源，而多巴胺系统则产生与快乐相似的“渴求”。

第三节　幸福和快乐的管理策略

一、幸福的管理策略

大学生的幸福感水平既受客观因素的影响，也受主观因素的影响。通过客观因素的改善来提高幸福感当然是必需的，也是值得探讨和研究的课题。但是客观因素的改善并非一朝一夕之间就能完成的，因此还需要从主观方面入手，调整自我，从而达到比较良好的精神状态。人并不是快乐和幸福的被动感受者，而是快乐和幸福的主动创造者。在某种程度上大学生可以创造自己的幸福生活。故以下仅探讨从大学生自身出发使主观幸福感提升的一些策略。

(一)培养人文素质

从现状来看，大学生的素质确实堪忧：过弱的文化陶冶，使学生的人文素质和思想底蕴不够，由于不注重思想修养，他们的观念往往不来源于高层，且对古今中外思想家的学说十分陌生。而幸福生活是需要有智慧之光的指引才能得到的。前人的智慧能够为我们提供一条理解人生的新的思路或新的视角。倘若没有智慧，也就没有人能够有幸福的生活。智慧的特征是喜悦、欢乐、幸福、愉悦。因此大学生要想提升自己的主观幸福感，就应积极地学习前人的智慧，努力提高自己的人文素质。人文素质使人明白人的存在、价值和境界。人文素质的高低，直接决定着人的道德文明水平的高低，直接决定着人对幸福的真实把握。

大学生培养自身的人文素质，最直接方便的办法就是读书。柏杨先生说：“中国人爱上学，但不爱读书。”这话对大学生也是有警醒意义的。读书给予人知识，知识给予人力量；读书就是鉴取他人和历史的教训，因而使人明智且少犯错误；读书能增进自己的教养，使人风度高雅，更有涵养；读书犹如觅得一位能指引人生的良师益友；读书使人活得充实和快乐；读书还能使人获得一种自我发现、自我完善的人格力量。读书的好处无须赘述，但必须重申的是，读书是一种避免苦恼、缓解苦恼、消除苦恼的极其有效的方法。因为心灵中的许多苦楚乃至黑暗都可以利用思想、利用知识来驱除，而读书是产生思想，获得知识的主要渠道。难怪爱尔兰诗人叶芝会说："我每天读泰戈尔的诗，读他一行，就把世界上的一切烦恼都忘了。"达尔文也说："我要想重新体验生活，不得不硬性规定一条守则：每周至少一次读一定数量的诗篇……也许这样坚持下去，我可能保住业已衰退的大脑机能的积极性。失去了这方面的兴趣就等于失去了幸福。"

(二)重视人格塑造

研究发现，幸福感是一种与多种人格特征有关的变量，很多人格特质明显地与幸福感相关。大量研究揭示，乐观、自尊、内控和外向的性格是幸福者拥有的个性特征。

大学生正处于人格形成的重要时期，其人格特点尚未定型，因此塑造自身的人格无疑是提高大学生幸福感的重要途径。能提高大学生主观幸福感的人格特点主要有：社会性、充满活力、好奇、探索、开放、合作、富有爱心等。而相反，导致大学生幸福感降低的人格特点主要有：焦虑、担心、对身体的关注、退缩、封闭、孤僻、嫉妒等。另外，具有有效能、有能力、工作努力等人格特点的大学生，他们常常会在工作中看到自己的能力，能体验到完成感、实现感，因而可以提高自己的主观幸福感。因此，大学生要塑造好自身的人格，就必须努力培养有助于自己幸福感提高的积极人格特征，消除自己会导致幸福感降低的消极人格特征。

为此，大学生特别要注意做到以下几个方面：①拥有积极的自我观念。能悦纳自己，能体验到自己存在的价值，并非总为他人喜爱，但肯定的、积极的自我观念总是占优势。②能恰当地认同他人。能认可别人的存在和重要性，既能认同他人又不依赖或强求他人。③能面对和接受现实。即使现实不符合自己的希望和信念，也能设身处地、实事求是地面对和接受现实的考验。

(三)增进社会支持

法国小说家雨果认为："生活中最大的幸福是坚信有人爱我们。"Deci 和 Ryan(1991)把人际关系视为幸福感的本质特征，其他一些心理学家也发现稳定的、满意的人际关系是跨越生活空间最活跃的因素，人际关系的质量和幸福感具有强烈的、普遍性的关联。良好的人际关系具有重要的社会支持作用。

大量研究表明，社会支持可以提供物质或信息上的帮助，增加人们的喜悦感、归属感、控制感，提高自尊感、自信心、兴趣，当人们面临应激性生活事件时，还可以阻止或缓解应激反应，安定神经内分泌系统，增加健康的行为模式，从而增加积极情感并抑制消极情感，防止降低主观幸福感。

家庭的情感支持和同学、朋友关系是导致大学生幸福的最重要原因，也是导致大学生不幸福的重要原因。仔细分析，大学生人际关系中的困惑、不适主要表现为：缺少知心朋友；与个别人难以相交；与他人交往平淡；感到交往有困难，甚至惧怕交往、逃避交往。

针对当前大学生中普遍存在的人际交往的问题，笔者认为可以采取一些措施或方法来缓解或解除这些问题，归纳起来主要有以下策略：①谦虚谨慎，摆正位置。把大学生活作为一个新的起点，平静地看待周围的人和事，保持一种平和而理智的心态，谦虚待人。②平等相待，真诚相处。善大，莫过于诚，热诚的赞许与诚恳的批评，都能使彼此间愿意了解、信任、倾诉、交心。③主动开放。一般来说，只有主动开放表露自己的内心，才能走进别人的心里，别人也才会对你报以相应的坦诚和友好的姿态。④心理互换与相容。当你站在别人的位置看问题时，就会了解别人的所言所行，获得许多从未有过的理解，便会觉得你们心理上的距离缩短了。

(四)累积积极情绪

主观幸福感的状态理论认为，一个人是否感到幸福取决于他日常生活中幸福事件的多寡，即幸福等于各个幸福事件的相加。幸福事件使人体验到积极的情绪，不幸福事件使人体验到消极的情绪。而一个人体验的积极情绪越多，消极情绪越少，则他的主观幸福感就越高。因此大学生可以通过有意识地累积积极情绪来提升自己的主观幸福感水平。

许多大学生表示做以下事情时感到自己很幸福：一是从事与家人有关的事情时，例如帮助父母做事，给家人打电话，和家人团聚，用自己的劳动为家庭减轻负担，给家人买东西，陪伴父母做他们喜欢的事情等；二是与朋友在一起时；三是认真学习时；四是从事自己喜欢的休闲活动包括运动锻炼时，如听音乐、看电视、上网、看电影、阅读课外书、逛街、散步、打球、溜冰等；五是亲近大自然时，如爬山、看落日等；六是与自己喜欢的异性在一起时。

因此，大学生可以通过经常性地从事这些自己喜欢的活动，使得自己的积极情绪不断增多。尤其是当自己出现消极情绪的时候，更要有意识地做一些能使自己情绪振奋的事情。例如，不少大学生都有体会，郁闷的时候和同学痛痛快快地打一场球，出一身汗，然后回来洗一把澡，心情就会舒服多了。只是虽然道理人人明白，有些大学生却由于克服不了自己的惰性，而不能坚持或者不能经常从事这些有助于增进自己积极情绪的活动，所以大学生要有主动意识是非常重要的。

(五)开展适当比较

主观幸福感的判断理论认为，主观幸福感产生于现实条件与某种标准的比较。现实条件高于标准时，主观幸福感就高；相反，现实条件低于标准时，主观幸福感就低。社会比较理论和适应理论都是判断理论的变式。社会比较理论是作横向比较，自己优于别人，就感到幸福。许多研究证明：与更幸福的人比较会降低自己的主观幸福感，与更不幸的人相比会提高自己的主观幸福感。适应理论是作纵向比较，即现在的生活比过去好，就会感到幸福。

当和自己以往的生活进行比较时，只有 20.4%的大学生认为目前的大学生活是自己有生以来最幸福的时光，而其余 79.6%的大学生认为以往的生活才是最幸福的。由此看来，大学生欲提高自己的幸福感，那么掌握判断和比较的标准和方法就显得十分重要。大学生要学会用辩证的、发展的、联系的观点看问题：不仅要看到事物的正面，而且要看到事物的反面；不仅要看到事物的过去和现在，而且要看到事物的发展和未来；要学会如何区分本质与现象、主流与支流，懂得好与坏、正确与错误、福与祸、成功与失败等对立面相互依存、相互转化的辩证法。

(六)确立奋斗目标

主观幸福感的目标理论认为，主观幸福感产生于需要是否满足和目标是否实现。在个体的生活中，行为目标是多种多样的。目标的内容、个体达成目标的活动方式及实现目标过程中的成功与失败将直接影响人的幸福感。一般说来，积极的、快乐的情感与目标的出现和维持有关，也与靠近目标及实现目标有关。而缺少目标、目标之间的矛盾和冲突、指向目标活动的受挫则会使人产生消极的、不愉快的情感体验。行为目标对幸福感的重要性还在于它使人们感受到生活的意义。如果人们的生活有目标，就会觉得自己的生活有意义、有方向，因而他们更能感受到幸福。

大学生在回顾自己的中学阶段时，大都提到那时候具有明确的奋斗目标，虽然学习很苦、很累但是精神很充实，很有成就感。相应地，提到自己进入大学以来幸福感受的变化时，他们大多表示由于丧失了奋斗目标而感到生活空虚，精神不振，幸福感降低了。因此，大学生要提高自己的主观幸福感，最主要的就是要确立自己的成才目标，并且为实现自己的目标而不断努力奋斗。

二、快乐的管理策略

(一)在运动中寻找快乐

运动不仅能促进全身血液循环，提高心肺功能，增强人体免疫力，更为有趣的是它还能促使人体分泌“脑内吗啡”，“脑内吗啡”是大脑中分泌的一些可以支配人的心理和行为的啡肽类物质。这种物质充满魔力，具有振奋人心的作用。在这些物质的家庭中，有一种叫做“内啡肽”的物质被科学家称之为“快乐素”，因为它能使人产生愉悦的感觉，促进人的心理健康，让人们“快乐起来”。

可惜这种神奇的物质在我们的大脑仅能存在 2～3 天，也就是说只能让我们享受 2～3 天快乐的时光。

有一个延长这份快乐的方法，就是经常进行体育锻炼使大脑不断分泌上述这种神奇的“内啡肽”。

如果人们天天坚持锻炼，持续半年之后，大脑中就会开始分泌内啡肽，可是一旦停止运动，分泌量就会逐渐减少，5天以后就停止分泌了。

运动是消除全身紧张最有效的办法。运动可使你的身体恢复活力，对安定疲劳的神经具有极佳的效果。你可以选择一种或数种自己喜爱的运动，每天从事，使之转化为每天生活的一部分。最重要的是，运动时应放松心情，力不及者，绝不可勉强。

(二)给自己制造个好心情

心境是一个人在相当长时期内持续存在的某种情绪状态，它具有微弱、持久、弥漫性的特点，制约着人的情绪。

积极的心境有利于人体各种激素的正常分泌，有利于调节细胞的兴奋和血液循环，有助于人的积极性、主动性和创造性的发挥，提高学习和工作效率。消极的心境使人心灰意懒，厌烦，陷入消沉，降低学习和工作效率。创造好心境对人的学习、生活和工作都起着积极的正面作用。

1. 热爱生活

生活包括人的生存和发展进行的各种活动。一个热爱生活的人总是朝气蓬勃、奋发向上的，总是带给他人一种生活的快乐和希望。此外，还应淡泊名利，随遇而安，千方百计创造“乐”的心境，保持乐观的态度，才能使你始终保持平和的心态。

2. 学会幽默

幽默是不良情绪的消毒剂和润滑剂。哲学家把幽默视为“浪漫的滑稽”；医学家认为幽默是人的一种健康机制，是美化心境的良方。

幽默风趣的言行不仅可以给人带来欢快的情绪，而且能缓解生活中的矛盾和冲突，使烦恼化为欢畅，让痛苦变为愉快，将尴尬转为融洽，使沉重的心境变得豁达、开朗与轻松，具有维持心理平衡的功能。

学会幽默，适时来点幽默，既可缩短亲朋和同事之间的距离，获得良好的人际关系，又可在欢声笑语中忘却忧愁，获得无穷的乐趣。

3. 学会宽容

宽容是酿造生活美酒的蜜，是消除隔阂、沟通感情的法宝。理解他人，豁达大度，就能够保持心理的平衡，在人际关系中获得满足和快乐。否则，紧张的人际关系必将带来精神和生理上的病变，长此以往，损身折寿。因此，生活和工作中最明智的选择就是宽容。

4. 乐于助人

多一点奉献精神，少一些私心杂念，关心他人，将使你领悟到天地之宽，助人之乐，心情舒畅，心境坦然。反之，如果私心严重，常做坏事，就会斤斤计较，提心吊胆，心绪不安。

5. 谦虚谨慎

“满招损，谦受益。”人要有自知之明，多看别人的长处，虚心向他人学习。

多称赞别人，使自己的心灵充满喜悦和幸福，才能在工作生活中充满阳光和希望。

6. 学会倾诉

倾诉是一种感情排遣，一种自我心理调节。郁积在心头的苦闷和烦恼，尤其是内心深处超负荷的重压，绝望的窒息是难以名状的，久而久之将损害自己的身心健康。

及时向亲友、同事、心理医生、心理热线倾诉，则可以排淤化结，使受挫的心灵得以平抚，感情的伤口得到愈合，从而获得别人的理解和劝导，扫清心灵上的阴霾，重获心的平静和人生的支点。

7. 学会遗忘

沉湎于旧日的失意是脆弱的，迷失在痛苦的记忆里更是可悲的。遗忘不是简单的记忆抹杀。遗忘是一种振作，是一种成熟，是一种超脱。

因此，人人都应主动地忘记生活曾经给自己造成的不幸和痛苦，清除心灵上的暗流，轻松地面对再次考验，充分地享受生活所赋予的各种乐趣，使整个心灵沉浸在一种悠闲无虑的宁静里。

(三)体会更多的快乐

1. 让快乐去得慢一些

激情对快乐的消耗很大，也让快乐溜走得很快。节制的、清淡的愉悦感可以帮助我们更长久地保持着快乐与满足的心境。

2. 提高心理对快乐的敏感

其实，有的人不是没有快乐而是内心失去了体验快乐的能力。当情绪压力来的时候，决定把情绪朝向快乐还是不快乐全在于我们对情绪的联想。快乐的人做积极的联想，得到快乐；不快乐的人做消极的联想，得到悲伤。

3. 创造可以感受快乐的情境

快乐是专心致志去从事一项活动，或潜心于一件有回报的事情，或创造性地发现一种关系后的副产品。好奇心是快乐的必备要素，探索精神是快乐的源泉，学会去爱是快乐的动力，活在当下是快乐的保证。不可能单纯为了追求快乐而获得快乐，快乐需要付出与创造，就像农民辛劳地播种耕作后，最终才会有收获。

(四)突破快乐基准

稳固的两性关系、家庭关系和友谊，以及精神力量和自尊心能给人带来快乐。对未来充满希望和对生活的积极态度可以带给人快乐。的确，快乐的人开始可能就具备这些条件，但研究也发现，事情都是互为因果的。帮助人快乐起来可以促使人们产生更紧密的关系，重新燃起希望，并进一步使快乐升温。

研究人员认为，影响快乐的不是单个“快乐基因”，而是一些有助于或是阻碍快乐的倾向，如乐观或害羞等。人的个性在一生中不会有太大的变化。每个人可能有自己一个固定的“快乐定点”，在经历了暂时的好心情或坏心情之后，情绪就会回到一个本来就有的、比较稳定的基准位置。

不过在这个基准位置上下还有很大的波动余地。大多数积极心理学家认为这里存在着一个固定的“幅度”。如果你是一个容易忧郁悲观的人，那么你可能永远不会极度快乐，但你可以做到并保持自己可以达到的快乐的最大程度。

当然，增加快乐的程度并不是一件容易的事：一个人试图努力提高他的快乐程度意味着要违背自己本来的个性特征、后天的思维习惯和环境。但后天中的两者确实是可以改变的。专家指出，如果你想将快乐维持在最高点，那你就要保证每天都做让自己快乐的事。

调查显示，能反映一个人兴趣和价值的目标可帮助一个人不断获得并维持新层次的快乐，而不是基准位置。通过树立并实验目标的过程，一个人可以使自己的快乐不断增加。即使失败了，也可以在下次达到这个快乐层次，而且还有可能达到快乐的极限高度。

(五)培养积极情绪

通向快乐的途径之一是培养积极的情绪，好的情绪可以拓宽思路，消除消极的想法，消极情绪则会使思维变得狭隘。当研究人员设法引发自己积极的情绪后，思维就变得灵活开阔了。

大多数人不能随心所欲地培养积极情绪。但在遇到事情时，你应该以一种推动事物向好的方向发展的态度去面对，让解决问题的冲劲占上风。

专家们相信“往好处想”可以有持久的效果。积极的情绪和开阔的思路能够相互作用，使人渐渐成为积极的解决问题者，情绪也会因此慢慢好转，以幽默的态度解决一件事情之后，如果下次再碰到问题时，就会有更强的适应性。

只要肯花时间，有些情绪并不难培养。以感激为例，专家们通过实验发现，每天或每周记下5件值得感激的事，能给人带来的不仅仅是快乐，人们还会因此更健康、放松、乐观，更乐于帮助别人。

任何人看到一件感人的好事都会感到内心一阵温暖。心理学家称这是一种“高尚”的振奋情绪，它能使人产生仁慈之心。这种情感可以破除心理上的障碍，帮助人们从全新的角度来看这个世界，温和的高尚情感可以改变思想。重要在于你感到快乐的频繁程度，而不是强烈程度。这些快乐的巅峰(一见倾心，攀越山顶，或者在拉斯维加斯赢了大钱)当然令人愉快，但快乐应该归结为在大部分时间里有一种悠然的满足感。

许多与快乐联系在一起的因素——财富、盛名和好运——并非真正与之有关。的确，贫困会带来痛苦，但我们一旦能够负担得起日常必需品，那么增加的财富就几乎不会再促进快乐。在世界上最富有的美国和欧洲，研究人员发现，收入与快乐之间的相互联系微乎其微——事实上，几乎没有联系。甚至连那些巨富者也比普通人快乐不了多少。

很多研究者从不同的角度对快乐进行了研究。Lyubomirsky 比较了那些快乐的和不快乐的人，发现他们在认知、判断、动机和策略上都有所不同，并且这种不同经常是自动化的，并未被意识到。不快乐的人对与他人比较的信息比较敏感。而对快乐与金钱的关系，快乐与信仰的关系以及快乐随社会的发展而有所变化等也有不少的研究。

(六)拥有乐观精神

拥有乐观精神是使希望和快乐增长的关键。专家们研究出了一种讲授乐观的方法，帮助人们认识并摆脱不正确的情绪。这种"后天乐观主义"也可以预防不好的情绪。通过在中学生中讲授一些乐观的思维方法的讲座，大大降低了他们长大以后抑郁症的发病率，原本乐观的孩子也变得更加快乐。

"后天乐观主义"技巧的依据是，悲观主义者常把问题的责任归咎于自己，认为坏事会永远持续，让它们的阴影占据了自己生活的每个角落。而乐观主义者会寻找坏事发生的外部原因，认为它们不久就会过去，同时认为好事会不断出现。通过学习从新的角度来解释事物，悲观主义者会逐渐变得乐观，适应力增强，较多地看到事物好的一面，并较好地面对坏的一面。现在，在美国的一些学校中正有一些积极心理学家对教师进行培训，并对学生讲授拥有乐观精神的技巧和方法。

命运对快乐的影响常常遭到忽视。好消息(升职和彩票中奖)令我们在短时间内感到快乐，然后我们就习以为常了。坏消息(结束一段恋爱关系和失业)令我们在短时间内感到悲伤，然后我们又习以为常了。逐渐适应的机制解释了人们在赞成生理残疾的事故和其他悲剧后能够再次快乐起来的原因。

快乐的能力似乎受到生物和遗传的影响。研究表明，大脑额前皮层产生的电波活动越强，人就可能越快乐。我们在对同卵双胞胎的研究过程中发现，我们每个人天生有一个快乐的"设定点"，一个人的平均水平几乎总是遗传而来的。但是，这并不意味着我们总停留在上天赋予我们的水平上。我们可以采取增进快乐和消除不快的方法来超越"设定点"。

第四节　辅导方法与案例分析

一、幸福和快乐的辅导方法

已有大量证据表明，心理学可以缓解人们的消极情绪，但却极少有人论证心理学工作者可以使用哪些方法使人们更加幸福。积极心理学坚信这一状况需要发生变化：心理学家的确可以给人们的生活带来更多的快乐、投入和意义，而不仅仅是减轻抑郁、焦虑和愤怒；即使减轻消极因素的治疗开展得十分成功，"幸福"也不能自动产生；使人们实现快乐、投入和意义的技能是与抑郁、焦虑和愤怒进行斗争的技能的重要补充；未来心理学的工作将不仅仅是减轻人们的消极情绪，而是要帮助人们建构快乐的生活、投入的生活和有意义的生活，建构这三种生活的技术被称为"积极干预"。

福德斯是最早开始通过实证研究去发展和验证幸福干预的研究者之一。在一项研究中，他将从未接受过调查的某学院的班级随机分成两组：第一组参与者接受有关增进幸福的策略方面的详细指导(如保持忙碌，投入更多的时间参与社会活动)，第二组同学的学习与生活没有任何改变。学期末，将第一组与第二组的学生相比，第一组同学感到更幸福，并且焦虑与抑郁明显减少；在9～18个月后的回访中，大多数参与者报告感到幸福感的持续增加，这项研究揭示了幸福感持续变化的可能性。

伯顿也采用随机分组的实验设计，检验“书写干预对情绪和躯体健康的影响”。参与者被随机分成两组：第一组每天用20分钟记录自己强烈的积极体验，连续3天，第二组则记录一些相对中性的主题。结果表明记录积极体验可以导致情绪的短期促进，而且第一组参与者在随后的3个月中较少光顾健康中心。

埃蒙斯发现感恩干预能增进积极情感。他的实验分三组进行，随机分配：第一组参与者每周记录5件他们觉得需要感谢的事情，连续10周；第二组和第三组则分别记录每天的麻烦事或是中性的生活事件。所有的参与者都必须记下对生活的整体感受、对下一周的期望，并且对与他人的关系进行每周评估。与第二、三组相比，第一组参与者对生活普遍感觉更良好，对未来1周感觉更乐观，与他人的关系感觉更密切，有了更多的积极情感，消极情感减少。

在一项严格的随机分配、安慰剂控制的研究中，研究者们通过471名参与者对五种积极干预进行了比较。这五种积极干预分别为：

(1)“你的最美好时光”，写一则自己在最佳状态时的故事。

(2)记录每天发生的3件好事，为时1周。

(3)“感恩拜访”，写一封感谢信，约见所感激的对象，然后亲自大声地朗读感谢信。

(4)“认可你的力量”，通过测评获悉自己得分最高的性格力量。

(5)“使用你的力量”，通过测评获悉自己得分最高的性格力量，并且在1周内的每一天用一种新的方式使用一种不同的力量。

要求所有的参与者记录1周内他们每天晚上的最早记忆，并在完成随机分配的干预的：即刻、1周后、2周后、1个月后、3个月后、6个月后完成幸福与抑郁调查。

所有的参与者都比测试刚开始时感到更幸福而较少抑郁，这似乎表明带有获得的期望(提高幸福感)。1周后，安慰剂早年记忆控制组中参与者的幸福与抑郁病症状恢复到他们的基线水平，并在随后6个月一直保持在基线水平。

在目前有关积极干预的研究中，仅有一项研究是以临床患者作为研究对象，在这项小规模的、未受控制的读书疗法研究中，16位患有抑郁的个体通过阅读、讨论一些可以提高他们生活满意度的策略，其中的13人在完成干预后达到了减轻抑郁的效果。未来研究的1个中心问题就是那些设计用于建构积极情绪、投入、意义的干预是否有益于临床和亚临床的患者。另一方面，治疗通常是多种干预的组合，未来的研究需要探索积极干预的最佳组合和最佳顺序。研究者还需考虑的问题是在治疗中如何将这些“建构那些令人强大的元素”(Build-What's-Strong)的积极干预与传统的“纠正那些令人犯错的元素”(Fix-What's-Wrong)的治疗方法进行有效的结合。诸如去灾难化的抗抑郁技术将如何融入用以提升积极情绪、投入和意义的面谈中？针对抑郁的认知行为疗法与积极干预相结合是否有叠加效应？如何将抗抑郁药物与积极干预相结合？

二、案例分析

(一)案例基本资料

姓名：王丹

性别：女

年龄：20岁

教育程度：大学一年级

家庭状况：小学时和父母一起生活，初中后，父母经常在外地打工，并且有了弟弟，她不仅要照顾自己，还要照顾好弟弟。

(二)第一次面谈

当事人第一次进入咨询室时，穿着黑色的衣服，灰色的裤子，给人整体的感觉是比较阴暗；脸色暗黄，黑眼圈很明显，交流时不愿正视咨询师。

与众不同的是，她是和另外一位同学一起来的，她们在寝室里聊天时，觉得彼此的问题很相似，而且都不敢独自来咨询，因此就结伴而来了(这在咨询中是不允许的)。在咨询的过程中，她们都发觉，两个人的问题差距很大，主动提出以后分别来咨询。

这一次，王丹认为她最需要解决的问题是，高中以来都没有过朋友，每天失眠，生活过得很辛苦。

(三)第二次面谈

这次，她一个人来到咨询室，谈了她的具体情况。

她来自于一个比较偏远的小城镇。在小学时，一直都是尖子生，那时家里只有她一个孩子，她和父母在一起生活，在班级里事事都很优秀，性格非常开朗，对自己也非常满意。她回忆时说：“长这么大，能想起自己开心的日子就是小学的时候了。”

弟弟是在她上初中后出生的，为了姐弟有更好的生活，她的父母决定出去打工。家里的负担就落在了她的肩上，改变了她非常快乐、轻松的生活。她慢慢变得内向起来，虽然如此，她的学习成绩在班里依然名列前茅。

高中后，发生了更大的变化。她就读的高中在一座较大的城市，她在那里没有亲戚朋友，必须住校。宿舍有10个人，只有她是外地的，并且她的家庭条件也是最差的。看到别的同学下晚课后都回家了，总是剩下她一个人，她渐渐变得自卑起来。

她是一个很敏感的女孩，当发觉自己达不到自己想要的目标时，便对什么都失去了兴趣，成绩也从班级的前五名下降到了中下等。

有一次，老师在全班同学面前问她："最近在做什么啊？为什么成绩一下子有这么大的落差？"语气也许重了一点，但她的心好像被重重地打了一下，从此以后，学习成绩再也没有好起来，性格也从自卑到自闭，慢慢地，一个朋友都没有了，她形容自己像"空气"一样，宿舍里、班级里都没有人会在意她的存在。从那时起，开始每天失眠。

进入大学后，也是类似的情况。入学两个多月，很多同学都不知道她是这个班级的。班级的团支书甚至问过她六次"你是这个班的么？"本来就觉得孤独的她，更加感到自己的渺小。

她是这样形容的："我走在广场上，广场上有很多人，他们都看不到我，我却知道他们的存在，但是我一个人都不认识，我好像在广场上面一个黑色的隧道里走，不知道何时能走出这条黑色的隧道。"

她问得最多的就是："为什么开心那么难？"

这一次面谈主要是了解她的情况，增进当事人与咨询师之间的了解。

(四)第三次面谈

第三次面谈谈到了她这个星期遇到的具体问题与困难。她与寝室的另三位同学都发生了不同的矛盾，并且觉得整个班级的同学都对她很冷漠，甚至，她认识的所有人都无视她的存在。她觉得自己对每一个人都很好，有问题也是自己主动去缓解，但是大家都欺负她。

当一个人觉得整个世界都对她冷漠时，不一定是整个世界的问题，更应看看我们是怎样对待这个世界、对待别人的。而王丹恰恰没有想过这个问题，只是觉得自己对每个人都很好，而每个人都忽视她。

当她试着练习"照镜子描述自己"时，看着镜子里的自己，她一点都不喜欢：外表难看，性格难相处，只有缺点，没有优点。如果有哪个算是优点的话，那么就是这个世界上只要有人在这一点上比她强，但这也不是优点。

(五)个案评估

我们从这三次面谈中，发现这位当事人从小学时的自信，渐渐变得自卑。这种自卑可能来自于家庭，也可能来自于其他。她很缺乏安全感，在谈到交什么样的朋友时，她只是羡慕开朗的人，却觉得和这样的人在一起没有安全感。她一直在控制着自己的情绪，当谈到不开心的事情时，马上就转移话题，或者压抑自己的情绪，不让情绪表现出来。在和同学交往方面，没有主动性，害怕自己主动和别人交往会被拒绝而再次受伤害。咨询员需要继续了解当事人的性格结构与交往技能，有效地提高她的快乐与幸福感。

(六)咨询目标和方法

在咨询的前几次，我们了解到了她的主要困扰来自于人际交往。因此，咨询的目标定在两个主要的方面：一是建立起更加健康的心态；二是学习更多有效的人际交往方法。

在咨询的过程中，当事人很配合，与咨询师的关系慢慢地建立起来。她渐渐感受到，在孤独的路上，有一个人可以一直陪着她，陪她走出那个黑暗的隧道，找到光明。

第一个月里，她与咨询师一起了解自己，并确定了她在学习、生活，特别是人际交往等方面的目标，并将目标制定成长期目标与短期目标。

了解自己是改变自己的前提，她更多关注的是别人对待她的方式，而人与人之间的交往都是相互的。这段时间，她发现了一些自己在交往中的不足，例如，由于怕被拒绝，不敢主动帮助别人；如果是她的好朋友，就只能有她一个朋友；对于同学一些无意的动作非常敏感，等等。

她原来认为，所有人都忽视她，都不在乎她的感受，她却没有考虑过自己是如何对待别人的；同学在和她交往的过程中会有什么样的感受。换位思考，使她受益颇多，也使她的同学更乐于与她交往。

当事人与咨询师的关系建立起来后，采取了很多快乐与幸福的管理策略，且取得了较好的效果，她每天都要做这些作业：

(1)每天记下三件让自己开心的事，包括自己经历的、看到的，或者听到的任何使自己觉得有趣的事。

(2)每两天写一篇日记，题目是“令我感激的×××”。回忆从小到大，令自己感激的人，可以包括亲人、老师，朋友等。

(3)每天的日记里有一段要写“我可以做的事情：________”。每天写的内容可以重复，但是要坚持写。

王丹非常配合，每天都坚持做这三项“作业”。她一直都坚持运动。两个月后，她的脸上多了一份轻松，但偶尔还会失眠。认识了很多同学，班级的集体活动也有人找她一起去参加。快乐是可以自己争取的，在这个集体中，不仅仅找到了失去多年的安全感和集体感，也找到了自己的兴趣与奋斗的目标。

经过半年的咨询，她重新找到了阳光的感觉：衣着变得鲜艳，脸色红润，像其他同学一样开朗起来。

(七)后记

咨询结束后，当事人与咨询师在半年后有一次长谈。她加入了两个社团，积极地参与班级与社团的活动，找到了团体的快乐，并且在这些过程中认识了很多同学，交到了好朋友。当从灰暗的时光里走出来时，她经历了痛苦，也从这些痛苦中获得了成长，更加珍惜这重新找回的幸福和快乐。

【小结】

幸福是一种主观精神层面的情绪体验。它包括三个层次：第一个层次是快乐的生活，关注既往、当下和将来的积极情绪；第二个层次是投入的生活，发挥个体积极的特性，这些积极的特性包括性格力量与才能；第三个层次是有意义的生活，从属并服务于一些积极的制度。

主观幸福感就是指主体主观上对自己已有的生活状态且正是自己心目中的理想的生活状态的一种肯定的态度和感受。

快乐是一种主观上安乐的状态，平衡而满足的内在感受。

有关幸福的研究有：一个人是乐观还是悲观，不是后天养成的习惯，是与生俱来的；男女对幸福有不同的认识，不同的体验。

幸福的管理策略有：培养人文素质；重视人格塑造；增进社会支持；累积积极情绪；开展适当比较；确立奋斗目标。

快乐的管理策略有：在运动中寻找快乐；给自己制造个好心情；体会更多的快乐；突破快乐基准；培养积极情绪；拥有乐观精神。

【关键词】

幸福　主观幸福感　快乐　快乐中枢　积极干预

【思考题】

1. 什么是幸福？什么是主观幸福感？
2. 什么是快乐？
3. 关于幸福的研究有哪些？
4. 关于快乐的研究有哪些？
5. 幸福的管理策略有什么？
6. 快乐的管理策略有什么？
7. 怎样对幸福和快乐进行辅导？
8. 结合自己的经验，试着谈一下怎样能保持幸福和快乐的心态。

第五章　愤怒的管理与辅导

内容提要：

1. 愤怒的含义、种类与评估
2. 愤怒情绪的理论与相关研究
3. 愤怒产生的原因及如何看待愤怒
4. 实用的制怒方法
5. 愤怒的辅导方法和案例分析

愤怒(Anger)是人的一种重要的情绪。愤怒一般被定义为由于对某人的价值、信念、权利有侵害或与之相矛盾而激发的一种强烈而不舒适的情绪反应。在心理学中，称愤怒为被遗忘的情绪(Forgotten Emotion)，因为它一直被研究人员所忽略，特别是与关于焦虑、抑郁的研究相比较。但是近些年来，对愤怒的研究已受到越来越多的西方心理学家，尤其是美国心理学家的重视。其部分原因在于社会上暴力事件的显著增加，尤其是青少年暴力。据美国媒体联合会发布的报告显示，在13～17岁的青年中，暴力犯罪从1976年到1992年增加了126%。第二个原因在于，愤怒与大量负面的行为后果、情绪后果和生理后果相联系。例如，愤怒明显地与高血压、冠心病以及癌症等生理疾病相联系。研究表明，在健康人群中患冠心病以及高危冠心病人群与愤怒成正相关，并且像高血压、冠状动脉疾病、心脏病、胃肠疾病，甚至癌症等都与愤怒有关(Diamond，1982；Pennebaker，1992；Siegel，1984)。另外，愤怒也常常是抑郁、焦虑和发展紊乱等的临床征兆。愤怒也常常被认为是学校问题、职业困难、家庭暴力以及婚姻冲突等的原因。很多研究表明，愤怒情绪与心理健康、与人格和人际交往等心理和行为都有密切的联系。

第一节　愤怒的含义、种类与评估

一、愤怒的含义

愤怒，现代汉语词典解释为“因极度不满而情绪激动”。作为一种重要的情绪，愤怒受到了人们的广泛关注。但是，研究者们对愤怒的理解和界定却不尽相同。

当前对愤怒概念的界定大致有以下几个方面：

Thomas 把愤怒定义为：“在一些特定类型的激怒之后，强烈的、不满的或悲痛的情绪反应”，是对敌意的直接反应，是更普遍和更持久的、反对的心理态度。

Deffenbacher 等人认为，愤怒是一个普遍存在的情绪体验，从微愠到勃然大怒。

Horn 和 Towl 指出，“当一个人认为某事违背了他的权利和道德观念时就可能产生愤怒，同样，当一个人感到无助或受到威胁时，也可能产生愤怒”。

Kassinove 和 Sukhodolsky 认为，愤怒是“一种消极的内部情感状态”。

Lewis 认为，愤怒是“提供给组织能量以克服障碍的一种基本的情绪”。

综合以上几种对愤怒的界定，我们认为愤怒是个体在遭遇攻击、羞辱的刺激下，感受到愿望受压抑、行动受挫折、尊严受伤害时所表现出的一种情绪体验。在体验到这种情绪时往往伴随着攻击、冲动等不可控制的行为反应。

二、愤怒的种类

一般来说，愤怒有以下三种类型：主观愤怒、客观愤怒和人际愤怒。

主观愤怒是指你对自己生气；客观愤怒是指你对某一情境或对一群与你没有直接关系的人生气；人际愤怒是指你对某一特定的人生气并存在直接冲突的可能性。大多数人发现，同性格有关的愤怒特别难对付。例如同样一件事，外向人可能责怪别人，而内向人却可能生自己的闷气。开发愤怒能量的关键是识别最经常作用于你的愤怒类型。

(一)主观愤怒

为了缓解主观愤怒需要注意以下几点：

第一，要避免自责。任何人都可能因为寻找放错位置的物品浪费时间而感到气恼，但永远不要把怒火指向你自己。

第二，要对事物发展的后果保持客观态度。你忘记了邮信，是否因为你的确很忙？开会没有带文件夹，回去取一下是否非常不便？总之，要正确地观察每一事件。

第三，将你的愤怒引向积极方面。如果你因为把一封信放错位置而自感恼火，请把这份精力用于改善你的文件管理上；如果你因为自己不够果断而生气，就请参加一个果断训练班；如果你工作出了差错，请将你的精力用在重新检查自己的工作上，而不要为你的过失焦虑。

对自己生气也可能是由于其他问题引起的，诸如劳累过度、紧张等。因此，可以将愤怒作为一个警戒信号，以便探究并及时解决这些问题。

(二)客观愤怒

缓解客观愤怒的关键是问问自己："在这个问题上我能做点什么?"举例来说，一位经理开车上班，常常遇到交通堵塞。最初，在路上耽误时间使他暴怒、焦虑不安，并且精神紧张。后来，他问自己："在这种情况下，我能做些什么?"后来他通过电话对秘书口授信函和通知，尽管在路上耽误时间仍然令他恼火，但是他已经将愤怒的能量引到工作上，而不是浪费这种能量。

(三)人际愤怒

由于其他人的在场增加了情境中难以预料的因素，所以，人际愤怒是一种最难疏导的愤怒。比如，当一个人存心激怒你时，你很难将对他的愤怒转向积极方面。但是你可以从以下几个方面来消除或者缓解人际愤怒：

(1)控制你自己的愤怒，避免高声对骂。

(2)让对方知道你对他很关心，仔细倾听他说些什么。

(3)允许对方表达自己的愤怒。除非他蛮不讲理，否则，听他们把愤怒"喊出来"比说"到一边消消气"更好一些。

(4)移情。要设身处地地为对方想想：他为什么生气？他是否觉得受到了威胁？他们是否对你怀有恶意？

(5)同情。告诉他们：任何人都会被此所激怒。他们对这件事反应强烈，你完全能够理解。

(6)解决问题。询问对方："我们应该为这件事做些什么？你的建议是什么?"让对方知道你可以为这件事的解决施加影响。

三、愤怒情绪的评估

愤怒总是因为某种原因而发生，它是对本人尊严受侵犯时的正常的人类反应。但当它过于频繁、激烈、持久，自我控制困难时，就要进行适当的干预。有许多方法评估愤怒，包括非常有效的测量表，如 Spielberger 状态或特征性愤怒表达量表(SSTAES)。另外通过详细的临床会谈，可以了解某人的愤怒特质(Trait Anger)。愤怒特质程度较高的人比一般人更容易激动、发怒，激发愤怒的因素也较多。A 型性格问卷(Type A Inventory)中也有涉及愤怒敌对情绪的测量。

其次，可以评估愤怒反应的持续时间，是持续数分钟、数小时，还是数天？当沉思怨恨时，会因为想起所遭受的不公而一再重燃起怒火吗？再者还应当找出患者存在的对世界和别人不合理的信念，很多不必要的愤怒产生于别人的做法或现实社会的行为方式与自己的设想不符。再次，应检查个人愤怒表达的习惯方式，是压抑或以躯体行动还是口头行为直接发泄出来。如果是压抑着的，是什么阻碍了他情绪的表达？如果表现出来，这个人是向冒犯者清晰、坦白、直率地声明他的愤怒，还是大喊大叫、威胁或说话不干净？使用什么策略控制脾气以及冷静下来？在普通或亲密的人际关系中，愤怒情绪会产生多么严重的危害？会采取什么样的防御机制？比如怒火会转向同学或家人吗？

第二节　愤怒的理论与研究

一、有关愤怒情绪的理论

从心理分析的观点来看，情绪是有力的内在驱动力的反映，抑制或压抑情绪被认为是不健康的。所以有人建议用疏泄疗法处理愤怒和侵犯行为。但经验表明，有些通过发泄来排解愤怒的人变得更加愤怒，而不是减轻愤怒程度。

在认知行为理论中，愤怒不再被看作是一种内驱力而是一种对刺激的习得反应。但它并非简单的条件反射，它还取决于个体对事件的认识，如别人是故意粗鲁、不友好还是无意的。因此我们应该注意的是错误的或歪曲的认知在唤起不适当的情绪反应中的重要性。

传统的人文主义既不把情绪看作驱动力，也不看作习得的反应；相反，把情绪看作是一种对个体有用的定位系统，提供使之适应环境的重要信息。因此，愤怒可以使人对个人权利或价值的侵犯保持警觉，对自我丧失太多的情形的警觉，或正被别人遏制的环境的警觉。愤怒能提供改变自己或环境的动机。

愤怒作为一种初级情绪具有普遍性，但由于文化背景不同，表现方式也有巨大差别。日本人的妻子可以通过把花弄乱表达她的烦躁情绪，她的丈夫把它理解为愤怒的标志。在美国社会，愤怒的情绪可以被有权有势的人自由表达，但下属则必须克制这种情绪。由于情绪表现方式的种族和地域差异性，所以在考察和评估这种情绪时，要注意考虑个体的个性差异和文化背景。

二、愤怒的色度

愤怒本身不应是“全或无”“非黑即白”的，它应是粉红色的。例如，想象一根线条，开始是白色的，逐渐变为粉红色，到末端变为纯红色。在白色一端，没有任何情绪成分，任何事都无所谓；而在红色一端，则是暴怒。技巧在于将自己控制在线条的某一位置上，既不是白色区域，也不是红色区域。愤怒好比开车，你必须学会如何驾驶，既不能到哪儿都以每小时 100 公里的速度行驶，也不能因为害怕，把车锁在车库里。

有时，人们不知如何驾驭自己的愤怒，他们长期将愤怒锁起来，至多行驶到浅粉色区域，即最小程度地表达自己的愤怒。如果你很自信，无须表达自己的愤怒，这样的做法是非常好的。如果你需要表达自己的愤怒，并为自己的退缩而感到自卑、软弱，那么这样做就毫无益处了。如果你感到自己的怒气很快会丧失控制，你可以采用一些应对策略，学会如何在需要的时候刹车。例如，当冲突过于激烈时(处于纯红区域)，你应当从该情境中离开，找一个能使愤怒平静的地方。要学会控制怒气，而不要让愤怒控制住你。

从某种角度而言，愤怒是防御性的，是我们对阻碍、苛责、忽视以及驱逐的一种防卫反应。正如我们所知道的，处于防卫状态下，我们常常采用“安全胜于后悔”的思维模式，而我们的情绪却易被激发。这就是为什么许多心理学家认为，盛怒的外表下常常有一颗脆弱的心。自信的人由于较少受威胁，因此很少发怒。愤怒意味着我们感到我们所受到的阻力或威胁太“烫手”，难于控制。我们应当学会挖掘自己为何会感觉受到威胁，然后才能改变我们的情绪敏感性。

三、愤怒情绪的相关研究

(一)愤怒的性别差异

关于愤怒性别差异的研究由来已久，是多年来研究者倍加关注的一大课题。这些研究发现：在正常人身上，愤怒和愤怒的体验趋向于没有差异，而在一些特殊人群中则存在有性别差异。

Boman 研究了在校男女生之间愤怒三个维度上的性别差异，认为在愤怒的情绪体验上男女没有性别的差异，但在愤怒的表现方式和对学校的认知上有显著的差异。体现在愤怒的认知上，男性更具有敌意性，而在表现方式上女性更多地采用积极方式。这可能是因为女性在学校这样一个环境中更相信和依赖成年人，而更多地愿意与其分享情感。

Lewis 指出，婴幼儿时期，在愤怒的体验和表达方式上不存在性别差异。但在成年人和孩童身上的看法则不尽相同。

Fabes 和 Eisenberg，Zahn-Waxler，Cole，Richardson 和 Friedman 认为，在情绪体验上男女没有性别差异。Crick 认为在愤怒的表现方式上存有性别差异，其中男性更多地用身体攻击表现他们的愤怒。而 Swaffer 和 Epps 的观点与这种观点完全相反，认为成年男女在愤怒的体验和表现方式上都没有性别差异。Stabb 和 Hulgus 发现在校男生比女生更容易外向地表现他们的愤怒。

Averill，Stoner 和 Spencer 指出，成年人在愤怒的体验和愤怒的表达上不存在显著性的差异。Newman，Gray 和 Fuqua 指出，在测量愤怒状态和愤怒特质的六个分量表上，男性和女性不存在显著性的差异。然而，Biaggio 报告指出，在产生愤怒的情境上，男性愤怒的情境比女性明显要多。Sharkin 在对愤怒的性别差异研究进行总结回顾后指出，研究的结论不一致，甚至相互矛盾，这说明有必要再进行进一步的研究。

Suter 和 Byrne 经研究认为，愤怒在罪犯身上存在着显著的性别差异。其中，女性罪犯比男性罪犯更容易产生愤怒情绪，而在愤怒的控制上女性罪犯则显著低于男性。但从犯罪类型上来看，女性暴力罪犯比非暴力罪犯不易表现她们的愤怒，而男性则与此相反，即男性暴力罪犯比非暴力罪犯更易表现他们的愤怒。通过比较一次性暴力、重复暴力和非暴力女性罪犯，发现一次性暴力女性罪犯对愤怒事件有高控制能力，非暴力和重复暴力则没有，而这一现象在男性罪犯身上则正好相反。因此可以认为，男暴力罪犯是低控制型的，而女性则是高控制型的。究其原因，可能是女性愤怒的表现方式被社会规范所禁止，这促使女性内化了她们否定的情绪，而不是把愤怒表现出来或者直接朝着愤怒的目标发泄。同样，社会规范在阻碍女性表现她们愤怒的同时也阻止了愤怒情绪的调节发展。因此，女性被压抑的愤怒可能发展到较高的水平，而这种被压抑的愤怒表面上似乎得到了一些控制，实际上这不仅不利于愤怒情感的发展，而且也不利于合理地释放情感。而男女罪犯在成长过程中经历的不同也导致其有相当大的差异。研究表明女性罪犯比男性罪犯在童年时有更多的身体和性虐待。

Zlotnick 已经发现，女性童年和成年的这种经历对她们的情感与身体健康有重要影响。也有证据表明，男性和女性体验和表达愤怒的方式不同，这并非因为不同的神经生理方面的原因，而是因为性别的社会角色不同。在男性统治的社会，妇女的愤怒会损害她们的形象，因而一般认为女性不宜当众发怒，否则会影响其魅力。

最近实验结果表明，女性社会角色对女性洞察力影响明显。在录像带中，男女演员言行中的敌意行为，尽管客观程度相同，但女演员因为对性别角色期望的违背而被观众认为更富有敌意性。在成长过程中，女孩通过与好朋友的协作活动，学习到保持友谊的和谐是重要的。另一方面，男孩被鼓励有进取心、好斗以及竞争，他们的情感行为通过粗暴、跌撞的比赛被塑造，在这些运动中，他们拼力去获胜和征服。他们学会用拳头而非语言表达他们的感情。追踪研究显示，从少女时期到青春期，女孩愤怒情绪的无用性被不断强化。为了受欢迎和被接受，她们学会不去表达她们的真实感情。青年期，男女引起愤怒的原因和表达愤怒的指向不同。

(二)愤怒与暴力

人们从愤怒治疗的角度，对愤怒与暴力的关系进行了研究。Novaco 指出，忽略了对愤怒的关注就失去了对暴力行为的一个有力的预测，也就失去了对暴力行为进行初始干预的机会。研究发现，一部分罪犯中存在着周期性的愤怒和攻击性行为，这给监管人员、看护人员、犯人的同伴甚至是心理治疗者带来了许多伤害。虽然犯人的攻击性行为受到人们的广泛关注，但是有关的系统研究和干预却不多。愤怒在暴力行为的产生中扮演着一个非常重要的角色。敌意、好斗、好战在有习惯性暴力行为的犯人人群中是预测其暴力是否产生的一个显著因素。这些人的情感特点是烦躁、敌意、恐惧并伴随着言语混乱，随时准备发怒。

Novaco在控制年龄、性别和精神病症的前提下，证明了临床评价的愤怒水平是病人是否动用武力的一个显著的预兆，它与同时或继时发生的暴力行为有明显的联系。另外，在精神病人的研究中也有类似发现，如Craig对1000名精神病人进行研究，发现其11%的病人存在定期的暴力行为，而愤怒是与之联系最为显著的因素。在精神病人临床发生身体攻击时，愤怒是最强的预兆。可见，愤怒与攻击性行为、暴力性行为是紧密相连的。

从总体上来说，在对愤怒与暴力行为的理解上，认知的理论和观点占据了主导地位，其中较有影响的是Novaco等人提出的观点，这一观点认为对愤怒的症状虽然可以从环境、认知、生理、情感等多方面进行多元分析，并用多种方法进行治疗，但认知在其中起着重要的作用，强调愤怒的经验和行为认知维度的重要性。有的研究结果表明，在当代有关愤怒和其他情绪的理论中，一个主要的组成部分是评价过程理论，即认为评价的过程在事件和情绪间进行调节并且是理解在特定时刻由特定事件激发起某种情绪的重要线索，不同的情绪有着彼此之间非常不同的特殊评价模式。从这个观点出发，认知疗法在愤怒治疗中占有重要的位置。

也有人对认知的观点提出了异议。伊扎德尤其反对过分的认知主义的主张。伊扎德提出应根据多种途径理解情绪行为，其中包括神经系统的、感觉动作和动机的等各个方面。Berkowitz则认为愤怒中的认知因素可能被过分强调了，他指出尽管愤怒包括了对别人故意使坏的知觉，但不都是这样，愤怒好像出自一个自主化和自动化的系统，即在有习惯性暴力的罪犯身上，愤怒是被定型化了的情绪，经常自动地表现出来，这说明对他的治疗仅仅局限于认知的改变是不够的，掌握自我调节技能、控制愤怒情绪的自发反应、降低情绪对事件的敏感性等一系列的行为矫治、行为训练也是必需的。总之，愤怒治疗应该深深地植根于已经较好构建起的理论框架中，并应从更广泛的相关理论中汲取精华，以便突破局限，不断发展。

也有的研究者认为把愤怒与侵犯、暴力联系在一起是片面的，愤怒、敌意、侵犯以及暴力之间是有区别的。有的研究者认为愤怒是由一些较重要的事件引起，而不是因日常生活琐事而产生的烦恼、激惹或挫折等反应。愤怒通常指个人对某种特殊冒犯的反应。敌意是一种较持久的负性态度，富有敌意的人总是以对抗和不信任的态度来对待社会与别人。侵犯指实际危害或倾向危害别人，暴力涉及异乎寻常的武力或破坏行为。侵犯和暴力的确可以发生于无愤怒的、冷酷类型的人。但是研究显示大多数愤怒发作并未发展为侵犯行为。

(三)愤怒与自尊

强烈的自尊表现在情绪上，即一旦自尊受到威胁或伤害，自己就会产生强烈的不安、焦虑或愤怒。从文化意义上来说，自尊与愤怒是紧密相连的。研究者指出，人们的情绪与建立和保卫人们自尊的气质是毫无差别的。Saylor和

Denham(1993)发现，低自尊的人比高自尊的人更容易愤怒，低自尊的女性更容易产生愤怒。Saylor 和 Denham 指出，愤怒导致低自尊而不是低自尊产生愤怒。对许多女性来说，从小被教育愤怒是一种不可接受的情绪，所以，愤怒的表达会使其自尊降低。

(四)愤怒与自残行为

自残行为是不良情绪和攻击欲望的表达。近年来对青少年的调查表明，自残个体大多伴有攻击性行为，严重沮丧和恶劣心情以及孤独、绝望、愤怒等不良情绪。青少年自残前通常感觉非常糟糕，对家人或其他重要的人怀着不满和敌对，自残通过对自己的伤害来表达这些情绪，以便使自己从无法忍受的不好情绪中获得一种解脱。其他也有研究同样表明自残有利于个体心理紧张的释放，是个体情绪调节失败的不适应性反应。另外，自残有助于控制青少年的攻击性。在他们没有其他可利用的交流方式来表达攻击性，并且缺乏延迟满足和延缓敌对欲望的能力时，自残作为最后一种手段可以避免攻击他人的行为出现。因为攻击他人的行为可能会带来整个社会的排斥，因此自残者就将自己的身体作为攻击目标的替代品，来宣泄攻击的冲动。Fowler 等人(2000)通过罗夏墨迹测验对自残组和非自残组进行对比研究发现，有自残经历的一组的攻击倾向明显高于非自残组，这一结果说明，自残者将自己内部的攻击倾向压抑下来，而后以自残的形式表露出来，以这种歪曲的形式来缓解自己的不良情绪体验。

(五)愤怒与人格特质

Snell(1995)等人研究发现，临床愤怒量表(CAS)与两个人格测量工具——艾森克人格量表和 Goldberg 的大五人格量表存在相关。临床的愤怒与艾森克人格量表的 N 量表存在正相关，和艾森克人格量表的 E 量表存在负相关，和大五人格量表的外倾性(Extraversion)、宜人性(Agreeableness)和情绪稳定性(Neuroticism)存在负相关。这说明临床的愤怒感觉和人格特征是有联系的。

(六)愤怒与健康

健康包括身体和心理两方面的健康。世界卫生组织把健康解释为，“健康乃是一种身体上、心理上及社会上的完满状态，而不只是没有疾病和虚弱现象”。愤怒对人的身心健康有极大的影响，愤怒与大量负面的行为后果、情绪后果和生理后果相联系。在愤怒情绪的调动下，人体进入一种战争状态。肾上腺分泌出皮质醇(氢化可的松)、肾上腺素和其他紧张型荷尔蒙。同时心速加快，血压上升，呼吸短促而浅。肌肉紧张，大脑处于高度警觉状态，心脏输入四肢的血量增多，消化和免疫系统几乎完全关闭。在与他人合著的《夺命怒火》一书中，杜克大学医学中心的威廉姆斯教授指出，“愤怒造成的典型紧张反应使我们处于战斗或逃避的精神状态中。”

这种生理上的战备状态可能对身体造成无法估量的损害。由于大脑内负责传输的化学物质神经传递素在数秒之内就消失了，因而压力荷尔蒙便残留在了血流内。如果其含量长期居高不下，就可能导致冠状动脉中动脉硬化物质的形成，增加血栓的可能，抑制免疫功能，并使中风和心脏病突发的可能性成倍增加。

第三节 愤怒的管理策略

一、愤怒产生的原因

要学会管理我们的愤怒情绪，首先要了解愤怒产生的原因。与挫折感类似，我们既可能对外界(例如他人)发怒，也可能向自己发怒(内部折磨者)。换句话说，面对困难，我们可能会自责，也可能责备他人。表达愤怒的方式也是如此，有时它是向外的(例如指向他人)，有时它是向内的(例如指向自身)。当我们感到自己正在发怒时，我们指向自己的愤怒会愈发强烈。是什么引发了愤怒？

愤怒常见的导火索是：我们感知到，我们所珍视的东西正受到某种形式的威胁、破坏或阻碍。其中包括：

(1)自我观念(躯体或自尊心)。

(2)我们的所有物。

(3)我们的计划和目标。

(4)我们的生活方式。

通常，我们认为他人以某种方式侵犯了我们，或对我们做了某些不当做的事。但并不是所有的愤怒都与被侵犯有关系。愤怒最重要的来源是充满威胁的情境。这些威胁经常与被破坏、被伤害感相联系，它可以各种形式出现：

(一)挫折

挫折引发的愤怒，常产生于事不遂愿时。例如，早晨汽车发动不了，其直接的影响是我们不能按时上班。应激与抑郁能够降低我们的挫折耐受性，使我们易于发怒。在应激状态下，我们通常更容易对阻碍我们的事物发怒。另外，一些基本观念也会影响我们的挫折耐受性，例如，“这事不应该发生在我身上”“这将严重干扰或阻碍我的计划”。

(二)伤害

当他人威胁我们，或以某种方式伤害我们的时候，我们会感到愤怒。如果我们认为这种伤害是有意的，或是由对方粗心大意造成的，那么我们的愤怒将大于我们认为是无意或是不可避免的情况。我们的愤怒常表现为报复。报复动机是用口头或身体的方式伤害他人。

(三)被利用

愤怒最常见的主题是发现自己被利用。我们认为他人占了我们的便宜，利用我们或想当然地对待我们。正如我们所知道的，大多数人都希望自己被人欣赏，希望拥有平等的人际关系，如亲子关系、朋友关系、恋人关系，甚至是国与国的关系。任何被利用、被人捡便宜的感觉都会导致愤怒的结果。

（四）缺乏关注

如果他人没有给我们足够的关注，也会引发我们的愤怒。例如，艾玛希望克里斯能抽出更多的时间陪她，并帮她处理家务，但他说他太忙了，或者他答应了帮忙却没有兑现。艾玛会对克里斯感到气愤。一般在这种愤怒下，我们并不想伤害对方，只想做出某种表现(如大喊、尖叫)以使他不再忽视我们。我们想协调这种关系，而不是破坏它。

（五）嫉妒与吃醋

这种形式的愤怒，产生在我们认为他人在某方面比自己得到的更多的时候。琳达一心想在选美比赛上夺冠，却没有成功，她对得胜者感到气愤。嫉妒，是我们想获得他人拥有的东西，比如物质财富、社会地位、人缘、智力等。吃醋是我们认为我们所珍爱的人更喜欢与别人在一起。例如，一个已婚女人对另一个男人产生了兴趣，她丈夫就会吃醋。这种吃醋型的愤怒(如果压抑的话)表现为对女人的威胁：告诫她如果欺骗了自己就会尝到严重的后果。如果伴侣将对方看作是自己的财产，很容易出现吃醋现象。

（六）缺乏社会认同感

这种愤怒产生于别人未按照自己的要求做的时候。例如，父母对不听话的孩子发怒。这些愤怒背后潜在的观感是他人应认同并遵守我认为很重要的行为规范。从某种程度上说，如果我们以为他人的行为，潜在地影响了我们的利益或生活方式，我们就会愤怒。

（七）同情性愤怒

当我们看到他人受到伤害时，我们就会产生这种愤怒，这种愤怒会激发我们对他人采取某种行为。

以上这些情境有两点共同的地方：第一，事情未按我们希望的发展；第二，我们对愤怒的对象非常重视。如果它们的重要性降低，我们将不再那么容易发怒。例如，如果克里斯是否帮忙家务对艾玛不那么重要，那么她就不会为克里斯的行为感到愤怒。如果你认为自己的爱人会爱上他人，你将更容易摆脱婚姻关系，那么你就不可能吃醋。在帮助自己战胜愤怒的过程中，我们会发现：我们对某些方面过分在意，对某些情境所下的结论过于草率，或者过高地估计了潜在的伤害性。

二、正确看待愤怒情绪

愤怒是值得倾听的信号。它提示我们诸多可能的信息，如心灵受到伤害，我们的某些权利受到侵犯，我们的需要没有得到充分的满足，或者仅仅表明事情进展得不太顺利。愤怒可以告诉我们，我们在生活中压抑了自己的情感，或者在与人交往过程中牺牲了太多的自我，如信仰、价值观、愿望或者抱负；愤怒也可以告诉我们，我们付出了太多，已经超过了我们自己所能承受的；它还可以提示我们，别人越俎代庖，影响了我们能力的正常发挥和发展。正如身体疼痛可以促使我们将手从火炉上移开一样，愤怒保全了自我的整体性，它可以促使我们对别人强加于我们的事情说“不”，而迎合自己内心的真正感受。

愤怒是我们的情感，它的存在是有价值的，值得我们尊重和注意。我们有权利有自己的任何感受，愤怒当然也不例外。关于愤怒，反问自己下列问题会对我们有所帮助：

(1)我为什么生气？

(2)问题是什么，是谁的问题？

(3)我如何弄清楚负责人？

(4)我如何才能学会一种方式，既能表达自己的愤怒，同时又不会给自己带来无助感和无能感？

(5)我生气的时候，如何才能不攻击他人、不自我防御，而是将自己的情况清楚地表达给他人？

(6)如果我将自己的意思表达得更清楚、更肯定，我会遇到什么样的麻烦？

(7)如果发怒于事无补，我将采取怎样的策略？

我们的目的不是平息愤怒，或怀疑它的合理性，而是弄清楚愤怒的症结所在，以便采取全新的、完全不同的行动。

问题的另一个方面是：如果愤怒表明存在某种问题，那么发泄愤怒并不能解决该问题。发泄会维持原有的人际准则或者人际模式，甚至使其僵化，无法促成任何变化。当情绪的紧张度升高时，许多人徒劳无功地企图改变他人，其结果往往是无法理清思路并改变自我。古老的抑制愤怒或者发泄理论认为，发泄愤怒可以避免抑制愤怒造成的心理伤害。这一理论并非完全正确。当我们反抗后，仍不得不屈服于不公平的环境时，当我们抱怨后，仍不得不以一种与我们的梦想、价值观以及潜能相悖的方式生活时，抑或我们发现自己成为他人眼中标准的泼辣、啰嗦、恶毒、具有破坏性的人时，我们不可避免地会产生抑郁、自卑、自我背叛、自我憎恶等情绪。其实，不适当地发泄自己愤怒的人，与那些不敢发泄怒气的人一样，经受着同样的痛苦。

三、制怒二十法

愤怒在青年人中比较常见，特别是大学里的男学生，他们往往为了一点芝麻绿豆大的事情就大打出手，造成很大的危害，这在许多国家都一样。

即便认识到愤怒是一种很正常的情绪，它本身不是什么问题，但如何表达愤怒则易出问题。对大多数人来说，适当有效地表达愤怒是很困难的。一般来说，我们要么肆无忌惮、漫无目的地发泄愤怒；要么把愤怒埋在心底，任它发霉腐烂。暴雨倾盆的泄怒会对别人和自己造成伤害，并把我们带离自己原来的目标；而把愤怒强行压抑下去也是行不通的，因为压抑的愤怒不会消失，它会以头痛、抑郁、无缘无故的妒忌等形式表现出来。

制服愤怒的重点在于厘清愤怒来源，有效地表达它。下面的二十个方法会帮助你做到这一点：

(1)你之所以会愤怒，是因为你需要别人做什么事情。问问自己：我究竟希望他(她)做什么？我想通过愤怒来达到什么目的？不要被愤怒蒙住了眼睛，看看愤怒的背后你的那些欲望是什么。如果你希望和别人交朋友，而他(她)让你失望，你就扇人家耳光的话，那么你就永远失去了和他(她)亲近的机会。相反，你可以说出你真正的感觉："我很重视我们的友谊，但有些事情威胁到了我们的友谊，这让我很失望。我们谈谈，一起来解决这个矛盾怎么样？"

(2)问自己：我真的是对这个人感到愤怒吗？我愤怒的原因真的是我说的那些原因吗？有没有这样的可能，我之所以对他愤怒，是因为对他发火比较安全？找替罪羊没有任何用，相反会让你的情绪变成迷途羔羊。

(3)你的愤怒有多少是来自于你的基本需要和欲望不能满足？你对全世界都不满吗？有某人或某种情境让你感到深深地受伤或感到无助吗？你是要责备这个人或这种情境吗？你是否感到没人关心你，没人爱你？你感到在世界中孤零零的、感到世界充满了陌生人吗？你是否需要生活中有更多的快乐和关爱？在上述情况下，你需要找出获得爱和快乐的方法，愤怒才会消失。发泄愤怒只会让你更受伤。

(4)你所谓的愤怒是不是你用来掩饰自己受伤的一种高傲的方式？是你作为人的生存受到了威胁，还是你的自负受到了伤害？为自己的形象斗争有没有必要？有多少的必要性？为了面子而奋斗会让你时常感到失落，失落又会让你感到愤怒。

(5)如果你成了别人愤怒的目标和牺牲品，问自己："我一定要接受这个人给我安排的位置吗？我一定要为这种事感到受伤吗？"其他人和你一样也会寻找替罪羊。你可以去做志愿者，但不要做"志愿替罪羊"。即便别人选择了你，也可以避开。不要上钩，不要去打和你没关系、你也赢不到什么的战斗。

(6)很多时候愤怒来自于我们的不自信和不安全感。有效地表达愤怒会提高我们的自尊感，使我们在自己的生存受到威胁的时候能勇敢地战斗。

(7)愤怒并不排除爱、感激等积极情感。你可以深爱某人，为他或她感到怒不可遏，但仍然继续爱着他(她)。实际上，愤怒的产生往往是由于爱得太深，甚至有时候，愤怒是表达爱的一种方式。

(8)无论什么原因，你都要对自己的愤怒负责。不要给愤怒寻找假、大、空的理由，你需要的是解决问题，而不是空洞的胜利。

(9)关注愤怒。学会区分短期的愤怒和长期的怨恨。找个笔记本记下你在不同情境下对不同人的愤怒程度，并分清自己的愤怒共有多少种类。这会帮助你决定在什么时候、什么情况下表达愤怒，表达什么样的愤怒，如何表达愤怒。

(10)不要害怕愤怒。回想上次你暴怒的情况，世界毁灭了吗？愤怒本身并不是有害的——你的愤怒不会杀人，他人的愤怒也杀不了你。只有我们固执地坚持用那些有害的方式表达愤怒时，愤怒才能造成悲剧。

(11)真诚、负责地表达你的愤怒，不要用暴力的方式。暴力只会带来更多的愤怒、伤害和复仇。无论是口头的、还是躯体的攻击都不会熄灭怒火。告诉别人是什么让你感到愤怒或受伤害，告诉他们你真正希望他们做的是什么。

(12)那些老办法也是有用的：愤怒的时候从1数到10等。

(13)不要假装你没有愤怒。不要通过否认愤怒来麻醉自己。压抑自己不会让你得到你想要的，只会让你感到迷惑、内疚和抑郁。

(14)抓住让你愤怒的事件，而不是人。说“这件事情真的让我很生气”。是针对事件，说“你这混蛋，怎么做出这种事情。”就是针对人了。

(15)点缀那些让你烦闷的情境。如去排队就带上一本书，利用这段时间学习一下，塞车时就乘机放松一下，做做白日梦。

(16)愤怒的当时写一封信，可以是写给你发火的对象也可以是写给报刊、杂志或领导。这封信写得越详细越好。把这封信放一天再读一遍，再考虑是否真的值得发火。

(17)不要因为一时愤怒造成了不好的结果就指责自己。拿出你发泄愤怒时的勇气来，去道歉！

(18)每个人都有一些不能表达的愤怒，要替这些情绪找到出口。体育锻炼是一种很好的释放方式：慢跑、打球、在没人的地方大喊大叫等都可以。

(19)愤怒之后，试着去了解是什么真正让你愤怒，并把你的想法告诉另一个人。一个中立的倾听者能帮你理清情绪、认清目标。

(20)愤怒是一次学习的机会。通过了解自己愤怒的来源，我们可以把愤怒的能量转化为建设的动力。

第四节　辅导方法与案例分析

一、愤怒情绪的辅导方法

(一)摒弃“必须”和“应当”

很多时候，我们感到愤怒，是因为我们使用了“必须”和“应当”。很多人总认为：“其他人应当这样做。”不幸的是，我们无法为他人制定行动规范。然而，一不小心，我们就会在头脑中设想他人应当做什么、不应当做什么。有时，这些“应当”是与其他观念密切相关联的。如“如果×喜欢我、尊敬我，他将做……不做……”你可以通过下面的想法改变自己的观念：

(1)我宁愿他人不这样做。

(2)然而，我无权给他人制定行为规范。

(3)每个人都有权按自己喜欢的方式做事情。

(4)如果我不喜欢他们对我的态度，我就应当自信地表达自己的看法。

(5)我不应该将每一个冲突情境都人格化，并将其视为对自尊、个人价值、自我、男性气质等的攻击。

(二)我们该责备谁

一个小男孩跑到马路中间去玩，当危险过后，他妈妈对他又喊又骂。妈妈责备他，是因为他刚才把他们之间的关系置于危险境地，使她感到心惊肉跳；同时，她这样做也是为了让他能够记住这个教训。事后，妈妈会为如此粗暴地对待她的儿子感到羞愧。

愤怒的第一个反应是责备他人。你发如此大的怒气，还怎么可能友好地对待自己呢？因此，我们仍需要用理性、同情性思维来帮忙，它们会告诉我们如下的观念：

(1)发怒会令我们感到沮丧。

(2)这说明我们内心脆弱。

(3)但发怒并没有使我变得很糟糕，我如果那样认为，说明我是用了过分概括化、全或无的思维，并且给自己贴上了标识。

(4)只是在此时此刻，我的这种行为显得有些粗鲁。

(5)我得记住：有时我也会关心他人，为自己或他人做些积极的事。

有时，怒气过后，我们会感到内疚。为了弥补，我们常常允许他们做一些平时我们不允许他们做的事情。这样做的结果往往会事与愿违，因为别人可能会利用这一点，从而引发我们另一轮的怒气。因此，如果有可能，我们可以为自己的行为道歉，并学会控制自己的怒气。千万不要任内疚感妄为。

(三)由愤怒而来的憎恶

当我们感到自己受到了严重的伤害时，我们的愤怒会转化为憎恨。我们开始想伤害他人，这是很可怕的。芳芳因为过去母亲对她的虐待而憎恨她。她认为母亲长了一条“恶毒的舌头”，她曾幻想用石头阻住她母亲的嘴，看着她噎死。但是她渴望被爱，她把自己的憎恶，以及各种恶毒的想法看作是自己很坏的证据。她的想法如下：

(1)憎恶是不好的。

(2)我不应该那样想。

(3)这不正常，别人不会喜欢这样。

(4)我的憎恨如此强烈，说明我很恶毒。

(5)我不能把我的想法告诉别人，否则他们会认为我很恶毒。

(6)我憎恨自己这样恨别人。

医生没有注意到她的内心世界，这毫不奇怪。因为这种憎恨——愤怒感伴随着强烈的恐惧与羞耻，不易表露出来。后来，芳芳转变了自己的观念：

每个人都有憎恨的潜能，憎恨本身并不是异常的。事实上，历史书上经常讲述憎恨带来的结果，这说明很多人曾经像我现在一样。所以，我并非不正常。把我的憎恨看成是“恶毒”，是一种全或无的思维方式，也是一种自我标识，全然没有考虑我所受到的伤害。我从未感到恨我母亲是一件好事。我对母亲的憎恨来源于我的痛苦经历，恨一个给我造成如此严重伤害的人，是完全可以理解的。然而，我还是应当学会如何消除我的憎恨，我也要学会不再因自己恨他人而憎恨自己。因为憎恨伤害了我，阻碍了我的努力。

(四)避免生闷气

如果我们了解了愤怒的意义，并懂得愤怒的生物学含义在于帮助我们更勇敢地作战，那么，我们就会认识到生闷气的危险性。愤怒使我们身体的战斗—逃避系统开放，引起应激性荷尔蒙及其他化学物质在体内堆积，变得警觉而紧张。如果没有战斗—逃避行为出现，这些化学物质的堆积将给我们造成损害。

一位来访者被责令提前退休。新来的经理恢复了他在本部门改掉的一切做法，他与老板就此事争论了好几次，但都毫无效果，他陷入了抑郁状态，出现了睡眠障碍。我建议他在半夜醒来时监控自己的思维，结果，他发现自己头脑中的潜在观念是：“这群混蛋，我在这儿做了这么多年，他们竟然这样对我，我一定要阻止他们，我不能就这样走了，放任他们。”这些念头在他脑海中一出现，他就变得非常愤怒。他不停地在房间里踱步，一遍又一遍地想这个问题。他妻子劝他冷静一下，他就对她大声吼，然后又感到内疚。他对自己说：“他们甚至破坏了我和妻子的感情。”

我这样对他说：“一旦你有了这些想法，你体内本能的战斗—逃避系统就被激活了，该系统的功用是使你做好战斗或逃避的准备。然而，你已经尽力了，目前，你对这件事情束手无策——尤其是在夜里三点钟。因此，你处于这种备战状态却无处发泄，只能在屋里踱步、向妻子吼叫。其实，你已经意识到了，你对这件事无能为力。”他不情愿地点了点头。我继续说：“我们必须想个办法，使你不再激活你的战斗—逃避系统，因为它只能使你陷入抑郁状态。”

当这位来访者理解了他体内的变化后，开始考虑其他可能性。为此，我们制作了信号卡，以备他半夜醒来时参看：

- 我对这种境况感到很失望，但我必须面对现实。我已经尽力了，这就是未来的道路。
- 我为公司奉献了很多年，成绩不错，我应当为此感到骄傲。
- 也许我应当忘记目前的这一切，为下一步的生活作些打算。
- 所有这些东山再起的想法都只能伤害自己，毫无现实意义。

我们还分析了提前退休的利和弊，他同意：提前退休可以使他有更多的时间，这有利于他的身体健康。最后，他放弃了这场毫无胜利希望的战斗，开始考虑其他方案，如为退休争取最好的待遇。这样做对他而言并不容易，但一年后，他告诉我这是他一生中最明智的选择。

因此，问题的关键是要避免生闷气，想出好的应对计划。你能做什么就做什么，谁能帮助你就求助于谁。为不公正而生闷气，沉思默想于事无补。放弃必输的战斗只是策略中的一种，有时，你还需要学会自信，据理力争。

(五)避免痛苦的愤怒

小华对她的父母感到气愤，因为她认为他们不够爱她，她利用愤怒来掩藏内心的痛苦与悲伤。愤怒使她感觉自己很强大，而悲伤和痛苦会使她感觉自己很脆弱。

愤怒可以防止人们认识到自己受到了伤害，但是，这种伤害和羞耻需要医治。许多人建议我们要以牙还牙，勇敢地面对伤害我们的人。然而，尽管有时这种方法有帮助，但并不总是如此。内心里，我们仍希望自己被爱，被赞同。我记得，我的一个病人曾在另一位治疗师那里，花了很长时间学习如何勇敢地面对虐待她的父母。然而，她还是感到抑郁，对人缺乏信任感。她真正需要的是为自己失去的童年而痛苦，允许并接纳自己这种脆弱的情感。

在愤怒情绪治疗的过程中，你应当找一个能帮助你突破悲痛阶段的人。在悲痛阶段，我们能够认识到自己的痛苦和脆弱。在该阶段，愤怒是首先或最初的反应，我们需要进一步突破这一阶段，而非停留在这一阶段上。

二、案例分析

(一)个案资料

性别：男

年龄：22

教育程度：在读大学三年级

基本情况：来访者从小和母亲一起住，还有两个弟弟。小时候父亲经常暴力打骂母亲，很早的时候父母离异。作为长子的他对父亲有恐惧和压抑了的愤怒，但是以前他还很小。现在已经成为大学生，在去年春节回家看父亲又准备打母亲的时候，他终于第一次成功制止了。但从此以后不知道是愤怒还是恐惧让他无法正常生活，因为总有一种强迫性的暴力冲动让他无法控制，这种暴力冲动甚至重复出现在他的梦中。

(二)咨询过程

1. 第一次面谈

来访者是一个22岁的大三男生，他身材不高，穿着很朴素。来访者主述在学校中大家都看不起他，每个人都在针对他。在述说的过程中，来访者显得很气愤。来访者述说，在宿舍中，几乎和每个舍友都发生过争吵，有时还大打出手，当自己的意见在同学中得不到支持时，自己往往就会忍不住发脾气，而且自己无法控制这种愤怒的情绪。

咨询师：那你从什么时候出现这种情况的呢？

来访者：(思考了一会儿)大概从去年春节以后吧。

咨询师：那你之前和同学的关系如何呢？

来访者：还可以。

咨询师：能告诉我春节期间你发生过一些什么重大的事件吗？

来访者：(沉思了好一会儿)春节回家的时候，我父亲也回家了，但是他又打算打我妈妈，我当时很生气，居然就紧紧地握着他挥起来的手了！那是我第一次出手制止他打我妈妈！(来访者的情绪有点变化)

咨询师：那时候你有些什么感受呢？

来访者：我看到我父亲很惊讶，眼睛惊奇地瞪着我……我的心跳得也很快，很怕但也很开心……感觉自己有能力了，不需要害怕我父亲了！(来访者说话有点断断续续，每句话都需要沉思一会儿)

从第一次面谈中，大概可以了解到，春节期间他制止父亲打母亲这件事成了来访者人际关系问题的应激事件，为了更好地判断当事人的情况，应该对他的家庭情况作更深入的了解。

2. 第二次面谈

此次在咨询师的引导下，来访者更加具体地述说了其家庭情况。

咨询师：能给我讲讲你家里的情况吗？

来访者：……(沉默了一会儿)我家除了我，还有两个弟弟，我们从小就和母亲一起生活……

咨询师：(来访者一直没提起其父亲)那你的父亲呢？

来访者：(显得很气愤)我们从小就只和母亲一起生活，不知道他在哪里……(情绪显得很激动)

咨询师：……(保持沉默，等待来访者情绪恢复并继续发言)

来访者：(情绪有点恢复，但仍然激动)小时候父亲经常大声骂我妈妈，妈妈就只能不停地哭，有时候父亲喝醉酒了，或者工作时遇到不顺心的事情时，回到家就找我母亲发泄，暴力打我母亲(来访者越说越激动，语速也越来越快)……母亲在那大喊大哭，我就吓得和弟弟躲在桌子下面哭。父亲打得累了，上床睡了，然后母亲就抱着我们三个一起哭。(来访者显得伤心)……后来母亲和父亲就离异了，我们三个就跟着母亲一起生活(语气显得气愤)。我们基本上见不到父亲，不过这倒好！

从这两次的面谈中，可以看出来访者在日常生活的人际交往中表现出来的暴力冲动与其家庭环境有关系，特别是与他和父亲之间的相处有关，因此，需要和来访者一起探讨他和父亲之间的关系。

3. 第三次面谈

这次面谈主要围绕他和父亲之间的相处、父子关系来进行。

咨询师：你小时候看到父亲打母亲时，是什么样的心情？

来访者：很害怕……紧紧抱着弟弟……哭(来访者表情显得很受伤)……恨(显得气愤)。

咨询师：看见父亲生气的样子觉得很害怕，但是又因为自己年纪小而无能为力。

来访者：对！（回答得很斩钉截铁）我看见他打我妈妈，我就很讨厌他，很想阻止他，很想过去打他，但是我不敢。他打累了，睡了以后，妈妈抱着我们哭的时候，我就经常想象我像超人一样有超能力，能够一拳打倒他，但是他又无法打到我，然后哭着跪在地上向我求饶！我每次都会有这个想法，幻想着他向我们道歉求饶，感觉很痛快！（笑）

咨询师：这样想象会让自己舒服很多吧？

来访者：对啊！但是我去年春节回家时，看到我爸又准备打我妈，我就抓住他的手了！那一瞬间我自己很惊讶，我看见我爸也很惊讶，但是我虽然心里很害怕，但还是觉得很痛快。我觉得自己已经长大了！可以保护自己和母亲，不用再受父亲欺负了！不过我有时候还是会梦见我父亲。

咨询师：能否和我说一下你梦见父亲的梦是怎么样的？

来访者：……（思考）我梦见我父亲死了，我站在他的棺材旁边，但是他突然睁大了眼睛，伸出手握着我的手，我很害怕，然后就醒了。

咨询师：那你在梦中是什么感觉呢？

来访者：开始看到他死了的时候，并没有觉得伤心，反而有点高兴，但是后来他突然抓住我时，我就很害怕。就和春节期间制止他打我妈妈那时候的感觉一样！

在第三次面谈中，我们了解了当事人与其父亲的关系。当事人对其父亲一直存在着愤怒的情绪，这从他的梦中也可以看出，但小时候由于害怕不敢发泄，所以一直压抑着，或采用幻想的方式来解决。当事人现在已经是大三学生，可以说是个成年人了，当事人在去年春节时候第一次制止了他的父亲，这让他感觉到自我的强大，也终于第一次在父亲面前释放了长久的愤怒情绪的压抑，这让他感觉到了愤怒情绪释放的痛快，但还是对父亲的权威存在着害怕，于是便把这种愤怒的情绪转移到同辈之中去，引起了人际交往中各种无法控制的暴力冲动。

（三）后记

虽然当事人主述的是人际关系紧张的问题，但其根本原因是与父亲的关系问题，因此在咨询中应该先处理好当事人与其父亲的愤怒情绪的发泄问题，让当事人了解虽然愤怒情绪的发泄证明了他自我的强大但是同时也说明了自我的弱小，愤怒情绪的表达并不能解决当事人内心的冲突。他这种对父亲的愤怒会迁移到普通的人际关系中。另外，要让当事人明白愤怒是种正常的情绪，需要恰当的途径来抒发，压抑并不能使愤怒情绪消失，只会令它慢慢积攒。

【小结】

愤怒又称被遗忘的情绪，因为它一直被研究人员所忽略，特别是与关于焦虑、抑郁的研究相比较。但是近些年来，对愤怒的研究已受到越来越多心理学家的重视。

作为一种重要的情绪，愤怒受到了人们的广泛关注。但是，研究者们对愤怒的理解和界定却不尽相同。

愤怒总是因为某种原因发生。它是对本人尊严受侵犯时的正常的人类反应。但当它过于频繁、激烈、持久，自我控制困难时，就要进行适当的干预。有许多方法可以用来评估愤怒。

不同的理论对愤怒情绪的产生和消除有不同的理解，为我们了解愤怒情绪提供了不同的视角。愤怒情绪也和其他许多因素相关，如文化、性别、人格特质等。同时愤怒情绪也与自尊、自残行为、暴力、身体健康存在一定的相关性。

愤怒可以分为主观愤怒、客观愤怒和人际愤怒三种。而伤害、挫折、被利用、缺乏关爱、嫉妒等都可能导致我们的愤怒情绪。

正确地看待愤怒情绪的关键是要了解作为我们情感的一种，愤怒是值得我们倾听的信号，有它的存在价值，也值得我们尊重和关注。

对于愤怒的辅导方法，主要关注与认知的改变和愤怒情绪的安全宣泄。同时也要了解我们愤怒的根源是什么，这样才能积极地看待和处理我们的愤怒情绪。

【关键词】

愤怒　主观愤怒　客观愤怒　人际愤怒　色度　评估愤怒　性别　暴力　自尊　自残　制怒　伤害　挫折　缺乏关爱　嫉妒　责备　认知改变　安全宣泄

【思考题】

1. 你如何定义愤怒?
2. 愤怒可分为哪几种?请分别结合实例谈谈你对各种愤怒的认识。
3. 你如何评估你自己和他人的愤怒情绪?
4. 请简述有关愤怒的各种理论。
5. 哪些因素与愤怒情绪有关?分别有着什么样的关系?
6. 你认为该如何正确对待愤怒情绪?
7. 通过本章的学习，你打算如何管理自己的愤怒情绪?

第六章　抑郁的管理与辅导

内容提要：

1. 抑郁的含义与评估
2. 关于抑郁的理论和研究
3. 抑郁的管理策略
4. 辅导方法与案例分析

不开心、情绪低落、打不起精神，这些话是我们常常听到的。在大学生中，这些话也有着同样的频率出现，这种情绪是人的一种正常的情绪体验，不足为奇，人人都曾有过、体验过。但是，当这种情绪持续较长时间，严重干扰了个人的正常工作、学习与生活，甚至使个体产生厌世、轻生的想法时，我们也许就要警觉：我是不是陷入了抑郁情绪中，有抑郁表现了？那么，什么是抑郁，什么又是抑郁症，心理学家是怎样看待与研究它的？有没有什么方法来对付这种症状？这些，都是我们本章要讨论的内容。

第一节　抑郁的含义与评估

一、抑郁的含义

当某人的情绪状态长期陷入到低落的极端时，我们说某人比较抑郁。在临床心理学上，要诊断个体是否患有抑郁症，需要参考下列标准：

在精神疾病的诊断与统计（Diagnostic and Statistical Manual of Mental Disorders Fourth Edition，简称 DSM-Ⅳ）的分类系统中，认为在下列的九个主要特征中，个体至少符

合其中四项，同时，这些特征的持续时间至少有两周以上。

DSM－IV 给出的重度抑郁发作的主要特征如下：

(1)抑郁的心境。几乎所有出现严重抑郁的成年人都有某种程度的不幸感，其范围包括从轻度抑郁一直到完全绝望。

(2)丧失愉快感或对通常活动的兴趣。严重者甚至早晨无法起床。

(3)食欲紊乱。多数抑郁的病人都食欲不振，体重下降。但是，也有少数病人会吃得更多，体重上升。

(4)睡眠失调。失眠是抑郁症发作时最常伴随的现象，最常见的是病人期中型失眠(即半夜醒来而难以再入睡)或期末型失眠(即太早醒来而难以再入睡)，也可能发生期初型失眠(即入睡困难)。较少但也会出现的一些病人会出现睡眠过多(嗜睡症)的状况。

(5)心理运动迟滞或不安。心理运动迟滞是最常见的抑郁模式，病人的身体姿态和运动行为均迟缓而没有活力，语言、思考及身体动作变得缓慢；回答问题前有长时间的停顿，甚至陷入沉默状态；而心理运动不安则表现得相反，病人无法安静地坐着，不停地活动、说话等。与迟滞相比，不安较为少见。

(6)丧失活力。抑郁的病人常常报告说筋疲力尽，即使在什么也不做的情况下依然如此。

(7)无价值感和罪疚感。抑郁的病人常常对自己的价值有不实际的负面评价，对于自己小小的过失或失败有深深的罪恶感。

(8)思维困难。抑郁病人的思维过程就像身体过程一样，通常都比较缓慢，常常抱怨自己无法集中精力思考问题、记忆力下降。

(9)不断出现关于死亡或自杀的念头。抑郁症的病人常常觉得自己的死亡会对其他人是好事，根据抑郁症严重程度的不同，病人会有出现念头、选择实施的不同程度。

抑郁作为一种较持续、长久的负面情绪，对个体的身心健康、工作生活都会造成不可低估的负面影响，抑郁症最大的危害是会引发病人自杀。实际上，随着各种心理流派治疗理论与技术的不断完善与发展，抗抑郁药物的不断推出，抑郁症成了一种完全可以痊愈的心理疾病。但在生活中，许多重度抑郁症病人，因为种种原因，还是在康复之前就结束了自己的生命。联合国卫生组织研究表明，抑郁是 1990 年世界致残的主要原因，预测到 2020 年，将成为全世界人类死亡与残疾的第二大原因。

国外的研究显示，在一般人口中，大约有 25％的女性，10％的男性，在自己的生活经历中曾经有过抑郁症的痛苦，但多数的个体会在 1～3 个月内自然痊愈。在男女的性别比例上，女性得抑郁症的可能性是男性的两倍，之所以存在这种差异，心理学家研究认为，这可能与个体在遭遇生活困境时所采取的适应策略有关。女性生活圈往往较小，同时倾向于反复分析其抑郁的原因，易钻入牛角尖；而男性生活圈子较广，更易通过其他生活活动来转移注意力，这种差异造成了女性得抑郁症的风险要高于男性。

国内的研究显示，我国抑郁的成人流行率男性为16.7%，女性为19.5%。抑郁在高校学生群体中也是经常出现的，且成为影响大学生学习的主要原因之一。有关抑郁情绪的研究报告指出，大学生不同程度抑郁情绪的检出率较高。杜召云等调查了1597名大学生，发现大学生中轻度抑郁者有42.1%，而在刘宇宁等人的调查中，大学生有抑郁症状的达50.3%。这与西方青少年自我报告的流行率在25%～40%之间相比，我国的大学生抑郁比例略高。

作为在学校学习的大学生，正值18～25岁的青年期，本身就面临着自我统合的心理发展任务。同时很多同学第一次离开家庭，要学会与舍友相处，适应学校的文化与生活，面临新的学习方式与任务，这些都会给学生带来压力。同时，在大学期间很多同学会谈恋爱，要学习与体验在人际关系中最高、最难的一层：亲密关系的建立。在高年级的同学中，会面临求职面试的压力。这种种需要学习的任务与压力，对个体来说都是一个巨大的挑战。如果个体具有较好的人格基础、社会支持体系等，则可较好地度过大学生活。有些同学，由于个人从小的家庭与成长环境、个人的性格、社交支持体系与社交技巧的缺乏、应激事件的激发等，会面临许多挫折。其中一部分同学，会陷入抑郁的情绪状态中。这种情绪状态，个体通过自我调节，积极求助(如向心理咨询老师进行心理咨询)或自然痊愈，在1～3个月内会自然的消失，但也有少部分同学，会陷入较严重的抑郁状态中，需要进行长期的心理咨询与治疗。

二、抑郁的评估

在对抑郁的评估上，可利用一些量表进行自评，其中贝克抑郁量问卷(Beck Dcpression Inventory，BDI)是最常用的抑郁自评量表，它适用于成年的各个阶段。通过自己填写该量表的各个项目，得出分数，个体就可以自评自己的抑郁状况了。

贝克抑郁量问卷

这个问卷由许多组项目组成，请仔细看每组的项目，然后在每组内选择最适合你现在情况(最近一周，包括今天)的一项描述，并将那个数字圈出。请先读完一组内的各项叙述，然后选择。

①

0. 我不感到忧愁
1. 我感到忧愁
2. 我整天都感到忧愁，且不能改变这种情绪
3. 我非常忧伤或不愉快，以致我不能忍受

②

0. 我对于将来不感到悲观
1. 我对于将来感到悲观
2. 我感到没有什么可指望的
3. 我感到将来无望，事事都不能变好

③

0. 我不像一个失败者

1. 我觉得我比一般人失败的次数多些
2. 当我回首过去时我看到的是许多失败
3. 我感到我是一个彻底失败了的人

④
0. 我对事物像往常一样满意
1. 我对事物不像往常一样满意
2. 我不再对任何事物感到真正的满意
3. 我对每件事物都不满意或讨厌

⑤
0. 我没有特别感到内疚
1. 在相当一部分时间内我感到内疚
2. 在部分时间里我感到内疚
3. 我时刻感到内疚

⑥
0. 我没有感到正在受惩罚
1. 我感到我可能受惩罚
2. 我预感我会受惩罚
3. 我感到我正在受惩罚

⑦
0. 我感到我并不使人失望
1. 我对自己失望
2. 我讨厌自己
3. 我痛恨自己

⑧
0. 我感觉我并不比别人差
1. 我对自己的缺点和错误常自我反省
2. 我经常责备自己的过失
3. 每次发生糟糕的事我都责备自己

⑨
0. 我没有任何自杀的想法
1. 我有自杀的念头但不会真去自杀
2. 我很想自杀
3. 如果我有机会我就会自杀

⑩
0. 我并不比以往爱哭
1. 我现在比以前爱哭
2. 现在我经常哭
3. 我以往能哭但现在即使我想哭也哭不出来

⑪
0. 我并不比以往容易激惹
1. 我比以往容易激惹或容易生气
2. 我现在经常容易发火
3. 以往能激惹我的那些事情现在则完全不能激惹我了

⑫
0. 我对他人的兴趣没有减少
1. 我对他人的兴趣比以往减少了
2. 我对他人丧失了大部分兴趣
3. 我对他人现在毫无兴趣

⑬
0. 我与以往一样能作决定
1. 我现在作决定没有以前果断
2. 我现在作决定比以前困难多了
3. 我现在完全不能作决定

⑭
0. 我觉得自己看上去和以前差不多
1. 我担心我看上去老了或没有以前好看了
2. 我觉得我的外貌变得不好看了，而且是永久性的改变
3. 我认为我看上去很丑了

⑮
0. 我能像以往一样工作
1. 我要经一番特别努力才能开始做事
2. 我做任何事都必须作很大的努力，强迫自己去做
3. 我完全不能工作

⑯
0. 我睡眠像以往一样好
1. 我睡眠没有以往那样好
2. 我比往常早醒1～2小时，再入睡

有困难
3. 我比往常早醒几个小时，且不能再入睡

⑰
0. 我现在并不比以往感到容易疲劳
1. 我现在比以往容易疲劳
2. 我做任何事都容易疲劳
3. 我太疲劳了以致我不能做任何事情

⑱
0. 我的食欲与以前一样好
1. 我现在食欲没有往常那样好
2. 我的食欲现在差多了
3. 我完全没有食欲了

⑲
0. 我最近没有明显的体重减轻
1. 我体重下降超过 5 斤
2. 我体重下降超过 10 斤
3. 我体重下降超过 15 斤，我在控制饮食减轻体重(是)(否)

⑳
0. 与以往比我并不过分担心身体健康
1. 我担心我身体的毛病如疼痛、反胃及便秘
2. 我很着急身体的毛病而妨碍我思考其他问题
3. 我非常着急身体疾病，以致不能思考任何问题

㉑
0. 我的性欲最近没有什么变化
1. 我的性欲比以往差些
2. 现在我的性欲比以往减退了许多
3. 我完全丧失了性欲

总分＿＿＿＿＿＿

判断抑郁程度的临界值因研究目的而异，但对个体而言可按以下标准参考：≤4 分，无抑郁或极轻微；5～13 分，轻度；14～20 分，中度；21 分或更高，重度。

资料来源：汪向东、王希林、马弘，《中国心理卫生评定量表》，191～194 页，北京，中国心理卫生杂志社，1999。

通过自评得分较高的个体，可积极地自我调节，并向心理咨询师面谈咨询以确定自己是否处于较严重的抑郁状态。如果有，则要进行积极的心理求助与自助。在第三节中，我们将会讲到一些自助的减缓抑郁的方法。

第二节　抑郁的理论与研究

对于个体为什么会得抑郁症，心理动力学、行为主义、认知主义、社会文化、情绪治疗方法形成了各自的理论观点和治疗技术，下面分别给予呈现。

一、心理动力学对抑郁的理论与研究

(一)精神分析

精神分析心理动力学的代表人物是弗洛伊德，其理论发展为精神分析。精神分析及其后期发展的新精神分析认为抑郁症是一种丧失(Loss)的反应，个体

目前生活中的失落经验，引发了隐藏在潜意识中童年早期生活经验的痛苦，如自幼丧父或丧母、自幼在家庭中得不到父母的疼爱、在同伴中被伙伴欺侮、父母在家庭中偏爱其他孩子等，都会给个体留下痛苦的童年经历。这些童年经历在成长的过程中被压抑下来，但是在潜意识中始终需要这样一份爱，来弥补童年的丧失。因此，当个体面临困难与挫折而失败时，其失落感会较为严重，这种丧失与愤怒会转向个体的内部，个体会认为自己是无用的、差劲的、无能力的、无价值的。在这种情况下，个体会产生自我憎恨、无助与绝望，心理动力学认为这就是抑郁。

(二)依恋理论

在现代的精神分析发展中，依恋理论是应用较广的一个理论。该理论认为，在幼年时丧失父母并不是关键的风险因素，最关键的因素是父母不良的养育模式。有的父母在养育孩子时给予过度的保护，同时又缺乏真正的温暖与关心，父母养育孩子似乎只是为了控制孩子。在这种养育模式下长大的孩子，往往无法使其内心的心理能量启动，在与他人的人际模式上会重复其早年与父母的人际模式：既过度依赖又有强烈的无助感。这种人际模式被认为是一种“不安全”的人际模式，在个体成长过程中碰到应激时会出现各种问题，包括抑郁。

心理动力学的理论研究往往是治疗师在临床实践中根据临床经验总结而来，往往实证研究不足。近年来，心理动力学理论在加强此方面的工作，但是Kendler等1992年的研究显示，父母的不良养育模式与孩子成年的抑郁确实存在相关。

在临床的心理动力学治疗中，非常强调治疗关系的建立。因为在这种治疗关系中也会再现来访者与其早年养育客体的关系模式，治疗师要关注在治疗过程中发生的移情与反移情，利用移情与反移情进行工作，通过在咨询室中，改变来访者与治疗师在治疗中的关系模式，达到改变来访者在咨询室外与其他客体的关系模式，从而让其个人得以成长，修补与接受其早年的丧失。

二、行为主义对抑郁的理论与研究

著名的行为主义心理学家斯金纳，自己设计了著名的“斯金纳箱”，提出了操作性条件反射学习，其基本的操作原理如下图所示：小白鼠在箱内偶然地压了一下手柄，饵料就掉入饵料箱中，由此，小白鼠压手柄的行为得到了强化。斯金纳认为，“凡是使反应概率增加的，或维持某种反应水平的任何刺激”都可以称为强化物。在下图的实验中，饵料即为强化物。影响行为巩固或再次出现的关键因素是行为后所得到的结果，即强化。在下图的实验中，小白鼠再次出现按压手柄的行为，是受到了其得到饵料这个结果所影响的，这个过程即为强化。

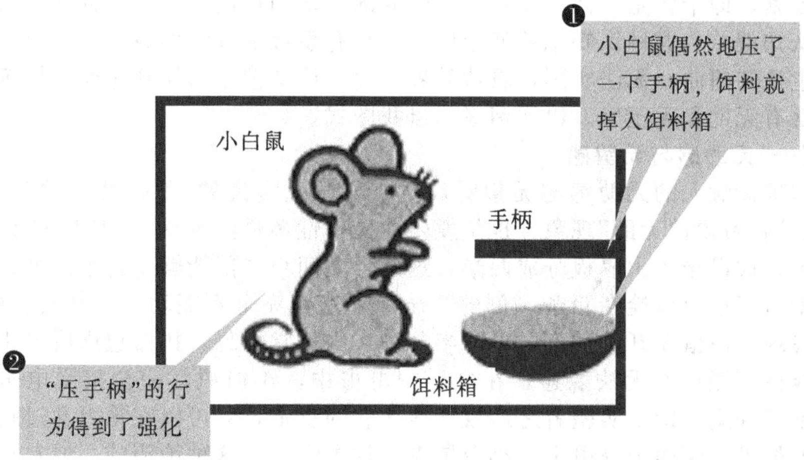

图 6-1　斯金纳箱

强化可以分为正强化和负强化。当环境中某种刺激增加而行为反应出现的概率也增加时，这种刺激就是正强化，如上图中小白鼠因为刺激物饵料的出现而增加按压手柄的概率，饵料就是正强化物。当环境中某种刺激减少而行为反应出现的概率增加时，此种刺激就是负强化，如上图中的小白鼠假设正在被电击，通过按压手柄，电击就解除，则小白鼠也会增加按手柄的次数，此时，电击即为负强化物。不管是正强化还是负强化，其最终结果都是促进行为的发生。

小白鼠在操作性条件反射中的学习过程可以推广应用到个体的学习过程。在对抑郁症的解释上，行为主义心理学家认为个体的抑郁是由于在生活中长期缺乏正强化而导致的一种消退行为。当个体长期无法从环境中获取正强化时，会使个体出现两种反应：

(1)无法根据以往的成功经验获得快乐，因此无法由此来建立自信心与自尊心。

(2)由于无法从生活中获取奖励与赞赏，使得个体无法取得动力来学习面对挫折与困境，从而无法形成社会化过程中需要的社交技巧与应对困难的能力。

那么是什么因素决定一个人能获得正强化呢？雷文森翰(Lewinsohn，1974)指出，是否缺乏产生正强化的环境及个人是否缺乏获取强化的技巧，是影响一个人能否获得足够正强化的原因。

因此，在针对抑郁症病人的治疗过程中，行为主义理论认为一个非常重要的方面是进行社交技巧的训练，通过一些基本的沟通技能与技巧，来增加其与人沟通的能力，从而提高个体的社会化程度，来获得在社交活动中的正强化。

三、认知主义对抑郁的理论与研究

认知理论家们认为，在影响个体抑郁的众多因素中，最关键的一个因素是认知因素，即个体是如何看待自己与外界的。认知理论家认为，抑郁症病人有一种认知偏差，这种认知偏差使个体一贯且有系统地以负面看法判断事情，同时产生认知扭曲，无法实际地看待外界。由于认知偏差与认知扭曲，抑郁症病人常常有无助和无望感，以及消极的自我图式。

(一)无助感与无望感

抑郁症病人的无助感与无望感，与心理学上常说的“习得性无助”非常类似。所谓“习得性无助”现象，也是发生在操作性条件反射中，如图 6-1 的斯金纳箱中，假设箱子由隔板分成两半，这两半之间小白鼠能够跳过去。如果在实验开始时将小白鼠拴在箱子一侧的架子上，使其完全不能动，对其实行电击，结果发现小白鼠在开始受到电击的半分钟之内非常惊恐，拼命想逃脱电击，但因被拴住不能动而无法躲避，在之后的电击中，小白鼠就完全接受电击的痛苦，不再躲避。即使实验者之后放开拴住它的皮带，它可以在箱内通过跳到箱子无电的另一侧而免受电击，小白鼠也不肯去尝试。这种绝望的心情是在操作性条件反射过程中习得的，因此被称为“习得性无助”现象。认知心理学家认为抑郁症病人对消极事件就具有“习得性无助”心理，认为消极性的事件无法逃避，也无从通过自己的努力来改变。

那么在面临相同的消极事件时，为何唯独抑郁症病人会有“习得性无助”心理呢？认知理论家经过研究认为，这是由于抑郁症病人存在一种“内在地、稳定地、全面地归因于失败经验”的归因模式。那么个体是如何获得这种消极模式的呢？研究认为，通过观察学习、社会学习及儿童期被虐待等创伤性经历，都会导致个体倾向于将消极事件内归因。

(二)消极自我图式

1961 年，美国宾州大学的阿伦·贝克(Beck)经过临床的研究，出版了《贝克抑郁量问卷》，我们在上一节所用的自评问卷就是 BDI。该问卷经过 200 多项研究的使用，说明了他的用途和有效性。随着贝克对抑郁症研究的深入，其在临床的实证研究过程中，总结出了一本治疗抑郁症的手册——《抑郁症的认知疗法》。贝克的抑郁症认知模式认为，个体有一种负性的、适应不良的图式，这种图式是在早期的学习经验中建立起来的，这种图式是内隐的，如若不是外在的生活事件激发，个体不会觉察到此种图式。

抑郁症病人的个人图式往往反映了失落、剥夺、无价值、失败。当抑郁个体的图式被启动后，会使个体体验到悲观、哀伤与自责；同时由于个体的认知扭曲与偏差，会使个体只接受负性信息，变得冷漠。悲观、自责与绝望，会使个体减少与社会的接触，然后又把自己的不良表现归因于自己的失败和无价值，从而强化了个体消极的自我图式。此过程即为一个循环。

抑郁总是伴随着负面悲观的想法：“我真蠢”“我跌到了谷底”“没有人能够帮助我”“我的病再也好不了了”……这种想法与念头反复出现，不可抑制，这种现象在临床上被叫做“自动思维”。贝克发现，中断这种负面的自动思维对抑郁症的治疗与预防复发有重要作用。

贝克创造了“认知三位一体”来描述在抑郁症中被激活的致抑郁方程式：抑郁症个体的自我观是“失败”；世界观是“充满敌意、令人受挫”；未来观是“没有希望”。

在此基础上，贝克设计了一系列的技术，通过认知再训练来改变抑郁病人的消极自我图式与自动思维。在认知再训练中，来访者和治疗师一样，在治疗过程中被要求是主动参与的，要主动负起较大的责任，在治疗中参与行为设计与问题解决，以达到训练来访者在生活中也能对自己的错误自动思维作自动监测。

在对抑郁症的治疗疗效上，贝克的认知疗法是目前通用的心理治疗方法。多布森在1989年所作的研究表明，认知疗法的疗效和抗抑郁剂的疗效相当或者超过抗抑郁剂治疗。同时，认知疗法在预防抑郁病人复发方面效果最好，国外有六项研究显示，认知疗法在预防抑郁症复发方面甚至优于药物治疗。

四、情绪治疗方法对抑郁的理论与研究

全新的情感医学认为，在我们大脑内有两个脑部在不断地争取平衡状态，一方是认知脑，是有意识的、理性的，倾向于适应外在世界的；另一方是情绪脑，是无意识的，主要关心生存，同时情绪脑与身体紧密相连。这两个紧密联结，共同协作，来对我们个体的生命起到作用。此研究发现与心理分析创始人卡尔·荣格(Jung)的研究认为，个体在处理外部信息时有思维(Thinking)与情感(Feeling)两个维度，有的个体偏向思维，有的偏向情感，而一个人格发展达到“自性化”的个体必须使思维与情感达到平衡且相一致。

抑郁和焦虑，在现代社会中广泛蔓延。在美国，十种最常用的药物处方里有八种是用来治疗和压力有关的疾病的：抗抑郁药、抗焦虑药、安眠药、胃药、高血压药。在我国，抑郁与焦虑病人的比例也在逐年增加，大学校园里学生跳楼自杀的新闻也频频见报。

对于这种种状况，情绪治疗专家认为，这是由于我们过于看重我们的认知脑，而忽略了我们的情绪脑，我们的身体。身体状况与心理状况是紧密相连的，最新的研究认为个体通过自然的方法，可让我们的情绪脑与认知脑达到平衡，从而有效地缓解个体的抑郁和焦虑情绪。这些自然的方法包括快速眼动疗法(Eye Movement Desensitization and Reprocessing，简称EMDR)、心率协调训练、同步协调生物钟节奏、针灸、营养、运动、情感沟通以及培养超越个人的人际沟通等。在下一节的抑郁管理策略中，我们会详细地谈到其中的几种。

五、社会文化观点对抑郁的理论与研究

在美国的20世纪80年代，研究者从城市和乡村中随机抽取了9500人进行调查，看有多少人在生活中出现过严重的抑郁。研究的结果显示，在美国抑郁的普遍程度是逐渐升高的，在过去100年里抑郁首次发作时的年龄已经急剧

下降。社会学家认为这可能与社会的快速变迁有关，在现代社会，人员可以自由流动，这带来了自由，但同时也带来了问题。个体无法再像在传统社会中那样有固定的传统、风俗习惯和生活，这种对现代社会支持体系的缺失，使得个体必须紧紧地依靠自己。如果个体无法在生活中找寻到新的支持体系，很容易在碰到挫折与困境时产生孤独与无助感，从而使个体患抑郁症的风险加大。

在我国，以往的社会是传统的农业社会，个体在社会中生存，体验到的文化是连续的，个体在这种连续的文化中可形成自己稳固的价值观、世界观与人生观。在改革开放后，商品经济的快速发展、城乡人员的大流动、都市的工业化、社会的多元化，使得文化发生断层。生活于社会中的个体面临许多心理、文化的冲撞与矛盾，现代社会又处处讲究竞争，使得个体的压力、不安全感与无助感陡生。

在大学里，许多学生由农村考入城市，会发现自己面临城乡文化、价值观的巨大冲击；许多本身就在城市里求学的学生，也会面临许多父母的过往经验无法指导自己的困境。

社会文化在大学生身上的显现，再加上在青年期这个心理阶段，个体自身在追求自我统合中碰到的种种心理冲突与困惑，使得大学生群体中不同程度的抑郁情绪检出率较高。

第三节　抑郁的管理策略

在生活中，如何预防抑郁，得了抑郁后如何缓解与消除抑郁，这是大家最关心的问题。如果你已经得了抑郁症，那么接受专业心理人员的心理治疗，在其帮助与指导下共同面对抑郁，是你应该最先做的选择。心理治疗流派与技术发展到现在，各个流派都有自己治疗抑郁症的方法。同时，最新的很多研究表明，个体通过一些自助手段，也能非常好地预防与缓解抑郁。本节的主要内容即为呈现这些自助方法。

一、社交技巧训练

由行为主义对抑郁的理论和研究可知，患有抑郁症的个体，在社交生活中往往由于缺乏一些基本的沟通技术与技巧，而无法获得在人际交往中的正强化，及在此基础上克服挫折情景的能力，长此以往，往往容易使个体产生强烈的无助感与无价值感。针对这些现象，一些针对社交中细节的小技巧有助于抑郁个体更加社会化。

(一)SOLER 技术

在人与人的沟通中，有言语与非言语的沟通，非言语的沟通包括我们的语音、语调、身体语言、面部表情等。Hall 认为，沟通有 10%是言语的，有 90%是一种所谓“隐藏的文化语法”。其他的研究者也认为，在人际沟通中，

65%或更多的信息是通过非言语来传递的。而SOLER技术是个体在与他人进行良好沟通时非言语沟通的一个非常好的桥梁。

SOLER是由下列每个英文字的第一个字母所组成：S(Squarely)——面对对方；O(Open)——身体姿势开放；L(Lean)——身体稍微倾向当事人；E(Eye)——良好的目光接触；R(Relaxed)——身体放松。

在我们与他人沟通时，如果能够抓住SOLER技术的五点，应用在与他人的交往上，那么将会获得良好的沟通效果。下面就这几点分别给予阐述。

1. 面对对方

在社交活动中，与他人交谈时，面对对方，是对对方的一种基本尊重。在与他人交谈时，我们可以选取面对面、并排、90度角的站姿或坐姿。面对面的位置往往表示一种对峙，并排表示亲密，而90度角则可进可退，既保持较亲密的关系，又可保留各自的缓冲空间。因此，在选择位置时，根据你与他人的心理空间来确定你们的人际位置较为合适。

2. 身体姿势开放

在我们与他人的交往中，一些身体姿态如手心向上、放松拳头、身体不过度摆动等代表你的包容与接纳，愿意向对方开放自己，也会使对方愿意开放自己。

如若你的身体姿势是双手放平、手心向下或双手抱胸、跷起二郎腿等，则显得萎缩封闭，会使对方也表现退缩、不愿表达和开放自己。

3. 身体稍微倾向当事人

在与他人沟通中，你的身体稍微倾向对方的姿势，传达出你对对方的关心、尊重和接受，会让对方也愿意开放自己。

如果你在与他人沟通的过程中身体后倾、紧贴椅背，不仅拉大了你与对方的空间距离，而且显得冷漠、疏远和蔑视，会使对方感觉不被尊重而不愿将谈话深入。

4. 保持良好的目光接触

在与他人交谈或倾听对方谈话时，你与对方的目光接触，传递出你正在认真聆听对方的意思，表达了对对方谈话内容的重视，通过这种眼神的接触，对方可感受到被尊重。

如果你在与对方交谈时，目光闪烁不定，让对方的眼神无法凝视，会使对方感觉你不认真倾听他的谈话，不在乎他的感受。

同时，在与人交谈中，目光不要始终接触对方。一般而言，当你在倾听对方谈话时，接触可以多一些，当自己谈话时，视线可有短时间的离开。如果对方主动地看着你，你应该迎合他的目光，当发现对方有意避开你的目光时，就不要一直盯着，这样会使对方感到局促不安。此外，个体还要恰当地控制目光的注意范围，一般情况下，目光落在对方的额头、面颊和下巴构成的区域比较好，这样显得亲切、轻松、自然。目光范围过小会使对方有压迫感，范围过大则会显得散漫、随便。

5. 放松的身体姿势

在与他人沟通时，你放松的身体姿势，传达出你身心的平静，对方受到你这种姿态的感染，也能够放松下来，和你进行放松而自然的沟通。如果你在交往过程中双拳紧握、双眉紧锁、双肩紧扣，这种紧张的姿态，不仅不能让对方放松下来，还会使对方感受到紧张与压抑，从而不愿继续沟通。

在与他人的交往中，个体可以有意识地练习这五点，在刚开始练习时，个体会体会到一些不自然，但随着练习次数的增加，个体很快就可以很自然地在与人沟通时运用 SOLER 技术。这对个体与他人进行良好沟通有较大的帮助，因为在我们与他人交往时，人们倾向于相信非言语表情与动作。个体可在与人交谈中注意自己的语音语调，保持语音语调的柔和与坚定，因为人际影响常常取决于你如何说而不是说的是什么。

(二)利用"镜子"理论使他人迅速地感受到友好之情

所谓镜子理论，是指当你对着镜子笑时，镜中人也会对你笑；当你对着镜子哭时，镜中人也会对你哭。在人际交往中，你与他人的关系好比你与镜中人的关系，通过遵守一些简单的规则，你可使他人迅速地感受到你的友好之情。

1. 在人际交往中，人际关系经常陷入僵局，是因为每个当事人都担心首先采取第一步行动

恐惧对方不喜欢自己，是人们常见的思维担心。在人际关系领域中，镜子理论常常反映了这一点：如果你最初假设"别人是不喜欢我的"，那么如同有魔力的镜子那样，对方的反应会验证这一点；如果你最初假设"大多数人是友好的，他们想对我友好"，那么对方的反应同样也会验证这一点。

由此，在与人交往中，你应抓住时机，率先伸出友谊之手。

2. 在人际交往中，放松开来，并且理所当然地认为对方会喜欢你

在刚开始这样时，会有点困难，但通过 SOLER 技术的运用，给自己暗示对方会喜欢自己，让自己放松下来。你会发现，对方会喜欢上放松而自然的你，并且他也会变得放松而自然下来。

3. 培养自己真诚的微笑，在说话前，先微笑

微笑是我们随身携带的巨大财富，在人际交往中，微笑表达了许多含义：

(1)当你给别人赞美时——微笑会使你的赞美扩大许多倍。

(2)当你不得不说一些可能会伤害对方的坦率直言时——微笑会让这种刺伤减小。

(3)当你请求对方帮忙时，并伴以微笑——他几乎不得不接受下来。

(4)当你从别人那里接受了一次恩惠时，伴以微笑——会使对方更深切地感受到你的感激之情。

因此，让自己拥有真诚和善的微笑，会使你在人际关系中获得许多润滑，你可在镜子前练习你的微笑，当你自己感觉舒适时，别人也能体会到这种舒适。

(三)STABEN：处理冲突的六个要点

在日常生活中，我们都会面对一些人际冲突的场景：如与舍友因为公共卫生打扫的问题发生冲突、和父母发生了争吵、在购物时与售货员发生争执等。在这些场景中，如何处理这些冲突，是需要学习的。心理学家总结了六个要点，可帮助个体最大机会地取得你想要的结果。

1. S代表根源(Source)

首先要确定你要处理的人是问题的根源，而且有解决问题的方法。此话怎么理解呢？例如，你的舍友在其他宿舍说你常常不遵守宿舍的公共卫生，自己的垃圾乱丢，不懂得尊重他人。如果你的反应是自己生闷气或在其他同学面前抱怨这位同学才是不懂得尊重他人，那对于解决你和舍友之间的冲突是没有帮助的。这样做，对方永远听不到你的意见，同时，其他同学还可能将你的话添油加醋地传给舍友，造成你和舍友之间新的误会与隔阂。

因此，要改变舍友的行为，你要做的是面对舍友，他(她)才是问题的根源，也是改善你们关系的唯一源泉。

2. T代表时间(Time)和地点

要确定在适当的时间、适当的地点讨论问题。面对一些冲突问题时，要选择能保护个人隐私的空间，同时要选择双方都较心平气和的时间。例如你想和舍友谈谈这个问题但心中带着怒火，同时选择在宿舍大家都在的时候，恐怕不是一个好的场合，双方的隐私都得不到保护，你们的会谈很可能会失败。

3. A代表友善(Amicable)的态度

在交谈开始时，如果你直接同你的舍友说："我听说你在别人背后讲我的坏话，说我乱丢垃圾，不懂得尊重别人，这话是不是你说的?"我们几乎可以肯定你的舍友会反过来攻击你，他会一边举起盾牌抵挡你射过来的箭，一边向你发放利箭。

如何在交谈中打开对方的耳朵，让他(她)体会到你友善的态度？心理学家总结出最简易的方法是：叫对方的名字，同时向他说一些正面的话，保持真诚的态度。这有些难，但值得去尝试。回到你与舍友的交谈，你可以与舍友说："某某，这几个月来我们相处融洽，大家都很开心。"

4. B是客观行为(Objective Behavior)

接着，你要直达核心，向对方描述发生的事，而不要附加任何道德判断。例如，你要说："你在其他宿舍说我常常不遵守宿舍的公共卫生，自己的垃圾乱丢，不懂得尊重他人，你在公众场所谈论了我的隐私。"而不是"你这个人真是太差劲了，你知不知道什么叫尊重别人啊?"

5. E是情绪(Emotion)

在描述完客观事实后，你要表达自己在这件事中的情绪与感受。此时你要学会用"我"，而非"你"来表达，例如你可以说："这让我感到受到了伤害。"而非"你这样做我很愤怒!"后者会让对方又把盾牌举起来，而你的目的是要摘掉双方的盾牌，顺畅沟通。

这样做很难，会与我们常常体会到的自然反应不同，正是如此，我们需要在生活中学习这些可以有效解决冲突的技巧，来帮助我们更幸福地生活。

6. N是需要(Need)

当你表达了你的情绪后，整个过程就可以结束了。但是如果你感觉对方没有理解你的需要，你可以将其明确表示出来："如果你对我有建议，请直接与我沟通，我希望我们之间能友好相处，共同住在一个宿舍，我希望我们能愉快、自然地生活。"

通过这六个步骤，我们可以不用争吵与生闷气来解决问题，使我们的情绪得以表达，问题得以解决，并且这会为我们争取到更多的社会资源，让我们生活在更融洽的人际环境中。

以上的SOLER技术、镜子理论、STABEN冲突处理法，可以有效地帮助个体获得许多社交技巧，增强社会化的程度。通过社会技巧的获得、社会化程度的提高，个体在社会交往中可以得到正强化，获取社交愉快的奖赏；同时个体在这个过程中可通过与周围的人保持友善的关系而获得社会支持系统，当个体遇见挫折或困难时，良好的社交技巧、多层次的社会支持，会使个体获得克服困难的能力，从而减少无助感，有效地降低得抑郁症的可能性。

二、运动——不花钱的抗抑郁方法

爱好慢跑、快走、骑自行车等运动的同学可能会发现，每次自己在运动后会体验到一种愉悦感与幸福感，这成了促使一些同学保持运动的重要原因，为什么会这样呢？真的是这样吗？运动为什么会带来这样的感受？

科学研究发现，人在运动的过程中，大脑内会分泌出一种物质叫"内啡肽"，这种物质会激发人体获得快感，同时使个体变得更加敏感，可以从食物、爱人、朋友的友谊那里体会到更多的快乐。因此经常运动的人会有更多的幸福获取源。经常运动的同学在运动时还会发现，自己在运动的过程中往往会忘记当时正在烦心的事，慢慢进入一种专心运动的状态。在运动的这段时间内，个体似乎进入了另一种状态，在这种状态中，个体能更积极、更有创造性地看待事物。有些人把这种状态称之为"运动的飘飘然状态"。

患有抑郁症的个体缺乏获得快乐的能力，同时脑海中总是出现自动的负性思维，如我没有价值、我不值得爱、我有病等。而在运动中，个体愉悦感的产生、正性思维的出现，都与抑郁症个体的感受相反。因此，杜克大学研究者们最近的一个研究，是将慢跑与服用左洛复(一种普及而有效的抗抑郁药)的两组抑郁病人进行比较，四个月后，他们发现接受两种治疗法的病人都有同样的抗抑郁效果。抗抑郁药物与定期练习慢跑相比，并没有特别的优势。即使同时结合药物和跑步，也没有增加病人的抗抑郁效果。然而，一年之后，两种治疗的效果出现了重大的差别。服用左洛复的抑郁病人，超过1/3的人旧病复发，可是在指导下跑步的人，92%仍然情况良好。即使研究结束后，他们仍愿意保持运动。

那么，是不是每个抑郁病人都能从运动中获益呢？它会只针对特定人群吗？杜克大学的另一个研究计划，是针对50～77岁的抑郁病人的。研究发现，这些抑郁病人通过一星期三次快速步行(不是跑步)所得到的好处，和服用抗抑郁药一样，因此并非只有年轻或者健康的人才可以从运动中获益，只要坚持运动，个体都可以从中获益。与坚持运动相比，抗抑郁药只是能较快地舒缓症状，并不能更有效地解决抑郁问题。

既然运动对于预防和治疗抑郁如此有效，那么是不是只要运动就可以了呢？为了使运动能有效地抵抗抑郁，对如何运动有如下几个要求。

1. 需要定期运动

每周最少运动3次，每次不能少于20分钟。只有定期运动，才能获得运动的愉悦感。在刚开始运动时，不管你选择何种运动，都需要记住循序渐进，不要让自己筋疲力尽。有的同学喜欢要么不动，要么狂动，这样的运动法对于抵抗抑郁帮助不大。

2. 运动的方式

运动的方式没有限制，慢跑、快走、跳舞、瑜珈、打球、游泳……只要选择一种你感兴趣的运动去坚持即可。如果你觉得自己对运动都不感兴趣，那么就坚持慢跑或快走吧，这两种运动最简单，也不需要技能的学习。

3. 运动的人数

是一个人运动，还是和别人一起运动？大部分的研究显示，群体一起运动往往能起到督促的作用，比一个人运动往往更能持久。因此，如果能找到志同道合的同伴彼此帮助与支持，那不妨群体运动。

如果你觉得自己最近情绪比较低落，想自我调节一下，那么最简便和有效的方法，便是每周坚持运动3次，每次20分钟，就可以有效地改善你的情绪，使你体会到愉悦与幸福感。

三、食物抗抑郁

说食物可以帮助我们抵抗抑郁，这似乎有些不可思议，但是国外最新的研究表明，抑郁病人在只服用一种含有奥米加－3的鱼油后，抑郁症状在几周内明显缓解。这是由于奥米加－3具有平衡个体情绪的神奇功效。

在我们的食物中含有奥米加－3和奥米加－6两种必须脂肪酸，奥米加－3主要来自于藻类、浮游生物和某些植物；而奥米加－6主要来自谷物，奥米加－6食用过多时，会导致身体的发炎反应。因此，我们通过调整饮食，可有效地调整情绪。

在日常的生活中，要多食用深海鱼、香蕉、葡萄柚、蔬菜、南瓜、大蒜、低脂牛奶和全麦面包等富含奥米加－3的食物；同时要少吃煎炸食品与奶油、全脂食品，这些食物中含有大量的奥米加－6。

许多同学在心情不好时常爱吃辛辣、油炸食品，来缓解心情。其实，此时这样进食，只会使个体情绪更加糟糕。现代心理学越来越发现身体与心理是相通的，身体的不舒服会传达到心理，反之亦然。也正是因为这个原因，发达的西方科学越来越与传统的东方医学相结合。东方医学讲究身心合一，过去我们视之为不可信的传统知识，正在被西方最先进的科学研究证明是有效的、低成本的治疗方法。

四、阳光抗抑郁

在抑郁症中，有一种叫做 SAD(Seasonal Affective Disorder)(季节性情感障碍)的抑郁症。研究发现，对于约 3/4 的 SAD，每天在人工光线下照射几个小时，其抑郁症状就会大大缓解。研究者们认为这与个体生理上的节律有关。因此，每天适当晒晒太阳，也可以有效地预防抑郁。

五、其他

正是由于抑郁症与个体的情绪低落有密切的关系，一些能够帮助个体获得安宁心境的传统方法，都被发现可以有效地抵御抑郁。中国传统的针灸、太极，印度的瑜珈、冥想等，在练习的过程中都能使个体获得舒缓、平和、愉快的情绪体验。因此，作为生活的多种体验与补充，在条件允许的情况下，大家可以多尝试一些这样的方法来舒缓情绪。

第四节　辅导方法与案例分析

在抵抗抑郁时，除了第三节所讲的自助方法外，同心理咨询师进行面谈咨询，也是一种非常有效地治疗抑郁的方法。一些同学在出现较严重的抑郁状况时，情绪非常低落，对许多活动都提不起兴趣，思维也无法有效地集中。此时通过面谈咨询，咨询师与之建立良好的治疗关系，纠正其错误的自动思维，通过沙盘游戏、认知技术等方法，再配合来访者自助的练习，可以有效地帮助来访者走出抑郁，走进痊愈。

一、咨询关系的建立

心理咨询师在咨询室内，首先要与个体建立良好的咨询关系，询问个体的家庭状况与成长史，以此来了解个体是否有早期的童年诱因。如果存在早期童年诱因，咨询师可通过咨询中的互动，自己在治疗过程中产生的反移情工作，来帮助个体修补其早年客体关系。

二、具体理论流派的技术运用

（一）沙盘游戏治疗(Sandplay Therapy)

沙盘游戏治疗是在卡尔·荣格分析心理学的基础上，结合威尔斯“地板游戏”、洛温菲尔德“游戏王国技术”，由多拉·卡尔夫(Kalff)命名的一种心理治疗方法，其理论基础属于心理动力学派的一个分支。

在沙盘游戏治疗中，有一个干沙盘、一个湿沙盘、两千多个沙具。在治疗过程中，治疗师陪伴在来访者身旁，来访者可以挑选自己喜欢的沙具在沙盘中摆出自己的心灵花园；也可以不用沙具，只用沙子来创造。

在抑郁症个体的治疗中，抑郁个体通过用手接触沙子，重新学会玩与创造，情绪被激发与释放。通过这个玩与创造的过程，使抑郁个体受创的内在儿童得到关爱与成长，亲身感受这个创造的过程，最终帮助个体达到内心被压抑的自性的发展，获得人格的成长。

（二）认知治疗技术

抑郁病人常有认知偏差与认知扭曲、无助和无望感，以及消极的自我图式。这是认知理论家对抑郁病人的理解，在此基础上，相应地产生了认知再训练，来改变抑郁个体的认知偏差、认知扭曲及消极自我图式。

认知治疗技术常用的认知技术有许多，这里仅简谈图示的早期记忆及所用的表格。

抑郁个体对自己的负性图式往往起源于其早期生活，如儿童或青少年时发生的事情。此时治疗师可通过激活图式源泉——早期记忆，给图示的“始作俑者”写信等方法来找出早年的负性图式起源。

我们同样很重视对你个人图式相关联的早期记忆进行确认。在一个没有任何干扰的安静房间中，闭上你的眼睛，并将注意力集中在最让你感到困扰的图式上。在你的脑海中不断重复这个图式，例如“我是无能的”，或是“我不被别人所爱”。

试着去接触隐藏在这一图式后面的感觉，并让这种感觉更加直接和强烈。现在，一旦在脑海中拥有了这种感受和想法，试着去回忆你童年的相关经历，或是生命中其他拥有这些感觉和想法的时候。尽量让自己看到那些场面的细节。究竟发生了什么？人们都是怎么表现的？他们在做什么？将注意力集中在你的躯体感觉上(例如味觉、心跳、是否流汗、是否感到冷)，放在你的情绪上(例如愤怒、无助、恐惧、悲伤等)，以及将注意力放在你对这些影像的想法上。现在睁开你的眼睛，并把你的这些经历写在下面(见表 6-1)。

表 6-1 图式的早期记忆

个人图式	关于第一次拥有这种感觉和思维的记忆	由这种记忆所伴随引发的感觉和想法

资料来源：[美]Robert L. Leahy，《认知治疗技术从业者指南》，张黎黎、陈曦、聂晶、章晓云、叶冬梅译，施承孙审校，273 页，北京，中国轻工业出版社，2005。

给一些造成了你对自己或是他人产生负性信念的人(或社会中的人群)写一封信，语气要肯定和强烈。告诉为什么他们是错的，以及你与他们所看待的自己具有哪些不同。告诉他们，你坚定地站在自己的立场上。告诉他们，他们是怎样失败的。在表的最后，把你在做这项练习时所产生的想法和感受写下来(见表 6-2)。

表 6-2 给图式的始作俑者写信

给引发你图式的根源写的一封坚决的信：
在我写这封信时所引发的感觉和想法：

资料来源：[美]Robert L. Leahy，《认知治疗技术从业者指南》，张黎黎、陈曦、聂晶、章晓云、叶冬梅译，施承孙审校，273 页，北京，中国轻工业出版社，2005。

三、案例分析

下面结合一个具体的抑郁症案例来进行说明。

姓名：小山

性别：男

年龄：21 岁

小山，是一个清瘦、秀气的男孩子，中等个儿，给咨询师留下的第一印象是神情显得有些犹豫、无力，脸上有着害羞的表情，比较消瘦。

1. 一般情况与主述

小山是某大学大三学生，在同学陪伴下来到咨询室要求咨询。经过访谈，咨询师了解到由于助学金贷款没有被批下来，小山已经失眠四天，无法入睡，集中不了精力，整个人感觉快要崩溃了，因此前来求助。

小山从高三起就有失眠史，因为当时学习压力太大。但从未像这次一样连续四天完全无法入睡，情绪低落，不想干任何事情，看书也看不进去。这种状况已经持续有近半年了，正是因为这样，本来在班上成绩还不错的小山，上学期期末考试名次下滑了近 20 名。

除了失眠外，小山明显的躯体反应还有胃疼，特别是这半年，胃疼更加厉害。胃疼犯起来时疼得小山在床上翻来覆去，为此也去看了不少次校医，后来校医要求其转诊到市医院，做了胃镜，并未发现什么问题。医生最后建议其去看看心理医生，是不是由情绪问题引起的。

小山当时并未听进去，只是这次因未贷下助学贷款，想到家中的经济状况已很难再支付他这个学期的学费，姐姐每个月给自己寄生活费都已有很大压力。小山出现了连续四天不能入睡的情况，同时胃部疼痛厉害，虽然吃了胃药，仍无作用，才想到来学校的心理咨询中心咨询一下。

2. 家庭状况

小山在家中排行老二，上面有一个姐姐，下面有一个弟弟和一个妹妹。现在姐姐外出打工，弟弟与妹妹均在读书。父母均为农民，父亲原做生意，但前几年被人骗了，生意亏了本，现身体不好，在家做点小买卖，母亲在家做农活及小生意，家中经济状况不好。现在的生活费是由姐姐支付的。

3. 治疗过程

咨询师在第一次咨询中，主要是倾听来访者的问题，针对来访者现在连续四天无法入睡，同时又胃部疼痛厉害，未去看生理医生的情况。首先缓解其情绪，指出连续四天不睡眠，并不会给个体在生理上造成明显的影响，但会使个体在心理上压力非常大。小山现在非常希望能进入睡眠，如果是这样的话，是否可以去看看校医，能否开一些有助于入睡的药物，来解决这一次小山的入睡问题。

咨询师询问了小山这段时间的食量如何，小山说常常感觉吃不下饭，只好每餐逼自己吃一两个菜，这几个月瘦了不少。针对小山的这种状况——出现了持续近半年的情绪低落、丧失愉快感、食欲紊乱、睡眠失调、思维困难等症状，可诊断其有抑郁倾向；同时小山的外部支持环境不好，面临经济困难，压力很大。请小山作了贝克抑郁量问卷 BDI，其得分在 19 分，已经在中度抑郁接近重度抑郁，因此咨询师询问小山能否坚持每周做一次咨询，在最开始的三周，坚持每周做两次咨询，不要随意中断咨询。小山答应能做到，因为这样的失眠与胃痛实在是太难受了。

与小山的前两次咨询主要是建立咨询关系，了解小山的个人成长史，共同分析小山现在遇到的难题，让小山做一些自助训练，开始坚持每周三次以上的30分钟慢跑。

小山在成长过程中，学习成绩一直都非常好，也非常愿意帮家里干活，为家里分忧解难。但不知为什么，从小山有记忆起，就觉得妈妈不喜欢自己，偏爱自己的弟弟，每次小山和弟弟一起干活，妈妈总是表扬弟弟批评他，而实际情况往往正好相反，是他做得比弟弟好，小山为此非常伤心与生气。本来家中爸爸还比较喜欢自己，自己也通过拼命学习与干活，来向家人证明自己是值得爱的。可在自己读高三时，父亲做生意被人骗，家中经济一下变差，没多久，父亲又查出得了肝病，不能干重活，脾气变得越来越差，对自己也越来越不好。这种状况使得小山觉得只有考上大学才有出路，这种巨大的压力，使得小山拼命学习，但也正是从高三起，小山开始失眠。

考上大学后，小山本以为父母会多些喜欢自己，因为自己是家中唯一能上大学的，在家乡也没有几个。可父母对自己并无改变，倒是外出打工的姐姐每月给自己寄生活费保证生活。来到大学后，小山看到周围的同学常常会很多东西，而自己会得并不多，比较自卑，但也一直努力慢慢学习，同时外出做家教赚一些生活费，减轻家庭的压力。

近一年来，家中经济状况越来越差，小山的失眠和胃疼开始加重，上学期成绩的大幅滑落，让小山觉得自己什么也不行了。这个学期的学费家中实在拿不出，小山就向学校申请了助学贷款，却想不到学校批了，银行未批下来。想到交不出学费很丢人，自己的成绩又不好了，小山一下陷入了严重的失眠。

从这几次的咨询中，咨询师发现童年时母亲对其的冷落给小山造成了很大的心理创伤；同时由于家庭经济环境的恶化，让小山的无助感增强。因此，咨询师在咨询中询问小山有没有什么途径可以帮助自己减缓学费的压力？有无向其他同学和辅导员咨询过？小山说自己不太与同学和老师交往，不过可以问一下。针对小山缺乏基本的社交技能，咨询师给予了其一些与他人沟通的建议。在下一次咨询中，小山说辅导员告诉他针对他这种状况，他可以申请暂时不交学费，只要在毕业前能把学费交齐给学校即可。这样极大地缓解了小山目前的压力，同时使小山体会到积极沟通带来的正性效果。

咨询师在治疗中针对小山常常觉得自己无价值开展工作，在几次咨询后，小山说起了自己最伤心的一件事：因为从小妈妈不喜欢自己，小山常感觉孤单、难受，在小学四年级时，小山自己拥有了一架亲戚送给他的小飞机模型，小山非常喜爱它，常常在不开心时对着它说话。有一次，妈妈又无故地骂小山，小山实在气不过，就跑到他们家三楼去和小飞机说话，不想妈妈冲上楼来，指着小山骂道："你这个样子，还不如死了好！"然后从小山手中夺过飞机模型，狠狠地从三楼扔了下去。小山在讲述这段经历时，痛哭了起来，当时给咨询师的感觉是小山似乎就是这架飞机模型，被妈妈彻底抛弃了。这次经历给小山带来了非常大的心理创伤，从那以后，小山觉得自己不值得被人爱。

针对小山这样的经历，咨询师询问小山愿不愿意进行沙盘游戏治疗，这种治疗通过玩的方式，可以非常好地发挥个体的创造性，让个体获得痊愈。小山在初次体验了沙盘后就对沙盘起了兴趣，他最喜欢选择的沙具就是飞机模型，在这个治疗师陪伴的包容与自由的空间中，小山慢慢地开始修复早年受创的内在儿童。对小山的治疗持续了半年时间，在这期间，谈话咨询与沙盘游戏交替进行，视小山的需要而定。同时，小山坚持每周都运动5次以上。半年后，小山的抑郁状况明显减轻，再做BDI测试，其得分为7分。双方都觉得可以结束治疗，咨询师希望小山继续保持运动，并结束了这一次的治疗。

【小结】

当某人的情绪状态长期陷入在低落的极端时，我们说某人比较抑郁。临床心理学上，个体至少符合下列九个主要特征中的四个，且持续时间至少有两周以上，可被诊断为抑郁：抑郁的心境、丧失愉快感或对通常活动的兴趣、食欲紊乱、睡眠失调、心理运动迟滞或不安、丧失活力、无价值感和罪疚感、思维困难、不断出现关于死亡或自杀的念头。

对于个体为什么会得抑郁症，心理动力学、行为主义、认知主义、社会文化、情绪治疗方法形成了各自的理论观点和治疗技术。

社交技巧训练、运动、食物、阳光、其他传统东方技术如针灸和瑜珈等都是个体可以通过学习，在生活中加以应用的自助抗抑郁策略。

在心理咨询室中与来访者进行咨询时，通过面谈咨询，咨询师与之建立良好的治疗关系，纠正其错误的自动思维，通过沙盘游戏、认知技术等方法，再配合来访者自助的练习，可以有效地帮助来访者走出抑郁，走进痊愈。

【关键词】

抑郁　丧失愉快感　食欲紊乱　睡眠失调　心理运动迟滞不安　丧失活力　无价值感　罪疚感　思维困难　自杀　心理动力学　行为主义　认知主义　情绪治疗方法　社交技巧训练　SOLER技术　镜子理论　沙盘游戏　认知技术

【思考题】

1. 什么叫做抑郁？其诊断标准是什么？如何评估？
2. 不同的理论是如何看待抑郁的？
3. 在抑郁的管理策略中有哪些方法可以帮助个体抵抗抑郁？
4. 什么叫SOLER技术？
5. 什么叫镜子理论？
6. 什么叫处理冲突的STABEN法？
7. 面对抑郁，哪些辅导方法是临床用的？

第七章　焦虑的管理与辅导

内容提要：

1. 焦虑的含义、种类与评估
2. 焦虑的理论和研究
3. 焦虑的管理策略
4. 焦虑的辅导方法与案例分析

我们在电视上常常看到一些新闻报道：有些人由于心理原因，不敢到人多的场所活动与讲话，严重的甚至会长达几个月或几年不敢出门。在我们的周围，常常有些同学，明明平时学习非常认真、努力，可每到考前就紧张得过头，手心出汗、脸发红、心跳很快，个人压力非常大，结果每次都考不出理想的成绩，这些大家常看到的现象是不是心理学上所说的焦虑？究竟什么是焦虑？我怎么知道自己有没有较严重的焦虑问题？心理学家们都是怎么看待焦虑的？如果我想解决困扰我的焦虑问题，该如何办？这些问题就是我们本章要谈的问题，让我们来看看心理学家是怎样看待与研究焦虑的。

第一节　焦虑的含义、种类与评估

一、焦虑的含义

什么叫焦虑？我们常常说感到烦躁不安，不知为了什么就是很烦，心神不宁、紧张、害怕，这些反应都是在表达个体的一种焦虑。我们每个人在生活的某个时刻都会或多或少地体验到这些情绪状态。

在临床心理学中，对焦虑的定义往往有以下三个条件：

①焦虑是一种烦躁、急切、提心吊胆、紧张不安的心境。②焦虑者往往伴有植物神经功能紊乱的症状。③焦虑往往是没有相对固定的对象和明确的内容。

与一般的恐惧不同，焦虑的对象往往是模糊的、未被明确化的威胁和困难，而恐惧往往有特定的对象。

焦虑是生活中的一把“双刃剑”，轻微的焦虑情绪是有意义的，它会成为个体的推动力，使个体积极寻找办法解决焦虑，从而使心智更加敏锐，推动人格的发展。但是当焦虑集中到一定程度，成为焦虑症的时候，就会表现出其“伤人”的一面。它会使个体高度敏感、暴躁易怒，出现精神不振甚至记忆力下降的现象，从而使个体在适应生活与学习方面出现问题，对个体的心理状况与身体都造成不好的影响与困扰。

二、焦虑的种类

焦虑的表现有哪些种类？对此，心理学界有不同的划分方法。一种常见的划分是将焦虑分为状态焦虑(情境焦虑)和特质焦虑。如此划分，是因为个体的焦虑有两种来源：来源于个体内在的、天生的气质或人格类型的，被称为特质焦虑。特质焦虑相对稳定，且有个体差异。如在相同的外在环境下，有的个体会比其他人表现出更易紧张、害怕，这种差异与个体天生的气质类型有关；来源于外在环境、外在压力的，被称为状态焦虑或情境焦虑，这种焦虑是一种短暂性的、不愉快的情绪体验，表现为紧张、恐惧、忧虑，及身体植物神经系统的功能亢进。

在状态焦虑上，大学校园中常见的有以下两种：一些同学在面临考试这种场景时，会满头大汗、脸色苍白、心跳加快，严重者还会表现出腹疼、晕倒等生理与心理现象。但是离开了考场这种场合，其在日常生活中并不会出现上述的种种现象。这就是一种典型的状态焦虑或情境焦虑，被称为考试焦虑。这种焦虑的种种表现也被称为考试焦虑综合征，是考生对考试产生的一种焦虑不安、紧张恐惧的心理，并伴有失眠、头晕、头痛、胸闷、注意力不集中、记忆力减退、食欲差、胃肠不适、噩梦夜惊、睡后易醒，以及复习功课不能集中精力等表现。考试时，考生有心慌、手抖、呼吸加快、口干、尿频、多汗，乃至出现晕倒等症状。

除了考虑焦虑综合征外，在日常生活中，也常见一些同学在与人的日常交往时，表现得自然、放松，但是一旦在人多的场合，如上讲台演讲、社团自我推荐这样的场合，或是在与权威人物如老师、面试官交谈时，就表现得与平时大相径庭：说话结巴、表情紧张、词不达意，这种状况也是一种较典型的状态焦虑，我们称之为社交焦虑。

除了此种划分方法外，还有一种划分方法是按照临床心理学上常见的焦虑综合征来划分的。按照精神疾病的诊断与统计(Diagnostic and Statistical Manual of Mental Disorders Fourth Edition，DSM—IV)的分类系统，将各种与焦虑有关的心理症状统称为焦虑障碍，包括：恐惧症(Phobia)、惊恐发作(Panic Attack)、广泛性焦虑障碍(Generalized Anxiety Disorder，GAD)、强迫症(Obsessive Compulsive Disorder，OCD)和创伤后应激障碍(Post-Traumatic Stress Disorder，PTSD)。这些症状在学校咨询中，个体出现的概率较小，但也有一些同学会因为下面的许多心理症状而苦恼。

(一)恐惧症(Phobia)

恐惧症是指个体在知道了一个物体或一种场合实际并不真正具有威胁的情况下，仍然会有强烈的、持续的恐惧，从而躲避引起恐惧反应的刺激物的一种心理症状。

常见的恐惧症可以分为两种：特定对象恐惧症和社交恐惧症。

(1)特定对象恐惧症(Specific Phobia)：一种没有明确理由就对特定物体或场合感到的恐惧。常见的有恐高症、幽闭恐惧症、恐水症、血液恐惧症和动物恐惧症(如蛇、狗、猫等)。

(2)社交恐惧症(Social Phobia)：对社交中的不安感到恐惧，表现为对一种或多种人际环境持久的强烈恐惧(显然是异常过分和不合理的)和回避行为。社交恐惧最常见的对象是在公共场合讲话，包括与他人进行简单的对话。

在对恐惧症的诊断中，往往会根据个体的恐惧时间有无达到 3 个月作为一个诊断标准。

(二)强迫症(OCD)

强迫症分为强迫观念与强迫行为，是指病人强迫自己反复完成某些特定的动作，或强迫自己反复思考某些特定的观念，以减轻痛苦。

(1)强迫观念：持续的意念、思想、冲动、或影像，这些观念的出现常常是突然闯入与不合时宜的，并且造成明显的焦虑或痛苦。如反复出现的家庭中其他成员的安全问题、反复出现的污染观念、反复出现的歌曲声等。

(2)强迫行为：重复的行为(如洗手、排序、检查)或心智活动(如祈祷、计数、重复默写健康字句)，其目的是避免或减少痛苦，而非得到快乐或满足。如有的病人会出现一天洗 200～300 次手，最后双手被洗破、流血，却仍无法停止这种洗手行为。

在我们的日常生活中，自己有时出现轻微的强迫观念与强迫行为非常常见，几乎我们每个人都有反复检查有无带钥匙、有无锁门、触摸了自己觉得很脏的东西反复洗多次手的情况。

普通人在从事这些强迫观念与行为时，同强迫症个体一样，是为了减轻不从事这种行为所产生的巨大压力，只是在程度上，要远远地小于强迫症个体。有强迫观念或行为的个体其频率更高、更为严重，并且带来的压力也更大。

(三)广泛性焦虑症(GAD)

其特征是持续性、弥漫性的焦虑，以及由此引起身体和心理上的持续不适。广泛性焦虑症是持续存在的，而非发作性的，DSM-Ⅳ-TR 在定义这种焦虑症时认为其持续时间至少应为 6 个月。病人常常报告说：自己非常心烦意乱，完全集中不了精神干任何事。这种长期的、持续的焦虑会从心理与身体两方面折磨病人，有的病人会出现躯体症状和失眠困扰。

患有广泛性焦虑症的大学生个体，会在学习与同学交往方面遇到困难，严重者甚至可能丧失学习与生活的信心。

（四）创伤后应激障碍（PTSD）

这是一种非常严重的心理反应，至少会持续 1 个月，是对严重的创伤事件如天灾人祸、战争、目睹他人死亡、被强奸等所产生的强烈的恐惧感、无助感或厌恶感。

PTSD 有急性与慢性之分：急性的 PTSD 其症状时期小于 3 个月，即在 3 个月内自然缓解、愈合；慢性的 PTSD 其症状时期达到 3 个月或更长而无法自愈。

2001 年 9 月 11 日发生在美国恐怖分子劫持飞机撞击“纽约世贸中心”的事件中，有 3000 多人丧生，而那些在世贸中心上班但得以生还的人们会表现出 PTSD 的症状，大部分人的这些症状在 3 个月内会慢慢消失，3 个月内无法痊愈的小部分人则需要心理专家的干预。

在大学生活中，极少数同学会遇上亲人、朋友逝世等事件，这种与亲人、好友的永久分离对个体是一种强烈的创伤。但一般的个体在 3 个月内都能慢慢地接受现实，适应现在的生活。如果个体在 3 个月内仍不能接受现实，或消除无助感，则需要主动向心理咨询师求助，帮助自己回到正常的生活状态。

在大学生的咨询工作中，最常见的是考试焦虑、社交焦虑和择业焦虑。这些常见的焦虑往往会对学生的日常工作与生活造成持续的困扰，那么，如何评估自己是否有上述的焦虑表现，或自己是否在一种焦虑状态中呢？

三、焦虑的评估

个体在日常生活中体验到自己常常有焦虑的体验与表现时，如何评估呢？在心理学中，有一些常用的自评量表，可以帮助个体完成这个工作，下面呈现的考试焦虑自评量表、交往焦虑量表和焦虑自评量表即是此类量表。

（一）考试焦虑自评量表

几乎每个学生在考前都会感到紧张、焦虑，那么什么程度的焦虑是正常范围内的？什么样的焦虑又应该去作相应的调试呢？考试焦虑自评量表可对考试焦虑心理作客观的诊断。

考试焦虑自评量表

请根据自己的实际情况，在题目前面填上相应的字母，每题只能选择一个答案，其相应字母的意义如下：

A：很符合自己的情况；B：比较符合自己的情况；

C：较不符合自己的情况；D：很不符合自己的情况。

(　　)①在重要考试的前几天，我就坐立不安了。

(　　)②在临近考试时，我就泻肚子了。

(　　)③一想到考试即将来临，身体就会发僵。

(　　)④考试前，我总感到苦恼。

(　　)⑤考试前，我感到烦躁，脾气变坏。

(　　)⑥在紧张的温课期间，常会想："这次考试要是得个坏分数怎么办?"

(　　)⑦越临近考试，我的注意力越难集中。

(　　)⑧想到马上就要考试了，参加任何文娱活动都感到没劲。

(　　)⑨在考试前，我总预感到这次考试将要考坏。

(　　)⑩在考试前，我常做关于考试的梦。

(　　)⑪到了考试那天，我就不安起来。

(　　)⑫听到开始考试的铃声响了，我的心马上紧张地急跳起来。

(　　)⑬遇到重要的考试，我的脑子就变得比平时迟钝。

(　　)⑭考试题目越多、越难，我就越感到不安。

(　　)⑮考试中，我的手会变得冰凉。

(　　)⑯考试时，我感到十分紧张。

(　　)⑰遇到很难的考试，我就担心自己会不及格。

(　　)⑱在紧张的考试中，我却会想些与考试无关的事情，注意力不集中。

(　　)⑲在考试时，我会紧张得连平时记得滚瓜烂熟的知识也回忆不起来。

(　　)⑳在考试中，我会沉浸在空想之中，一时忘了自己是在考试。

(　　)㉑考试中，我想上厕所的次数比平时多些。

(　　)㉒考试时，即使不热，我也会浑身出汗。

(　　)㉓在考试时，我紧张得手发僵，写字不流畅。

(　　)㉔考试时，我经常会看错题目。

(　　)㉕在进行重要的考试时，我的头就会痛起来。

(　　)㉖发现剩下的时间来不及做完全部考题，我就急得手足无措、浑身大汗。

(　　)㉗如果我考了个坏分数，家长或教师会严厉地指责我。

(　　)㉘在考试后，发现自己懂得的题没有答对时，就十分生自己的气。

(　　)㉙有几次在重要的考试之后，我腹泻了。

(　　)㉚我对考试十分厌烦。

(　　)㉛只要考试不记成绩，我就会喜欢进行考试。

(　　)㉜考试不应当像在这样的紧张状态下进行。

(　　)㉝不进行考试，我能学到更多的知识。

计分与评价：

填完量表后，统计所填的各个字母的次数，其中A计3分、B计2分、C计1分、D计0分。

总得分=3×填 A 的次数+2×填 B 的次数+填 C 的次数。

0～24 分：说明个体面对考试镇定自若；

25～49 分：说明个体有轻度焦虑；

50～74 分：说明个体有中度焦虑，需要进行自我调节；

75～99 分：说明个体有重度焦虑，需要进行个别心理辅导。

(二)交往焦虑量表(Interaction Anxiousness Scale，IAS)

大学生在大学的学习与生活中，除了学好书本知识外，还有一个非常重要的任务是对与人交往知识的学习。现代社会不仅讲智商，更讲情商。心理学家研究发现，在社会上取得优异成绩的，往往不是班上的第一名，而是第十名左右的学生，这被称为“第十名现象”。之所以会出现如此情况，心理学家认为，是由于与第一名相比，第十名左右的学生不仅注意书本知识的学习，也非常注意与人交往知识的学习，而进入社会后，决定个体成功与否的往往是其与人交往的能力。因此在大学中，因为社交恐惧或社交焦虑而前来咨询的学生也占了一定的比例。下面的交往焦虑量表(IAS)，可帮助你自我测试是否在与人交往上存在焦虑。

交往焦虑量表

请认真阅读下面的每个条目，并决定其陈述对你适用或其真实的程度。根据以下标准在相应条目前面的空格上标出分数(1～5)：

1=本条与我一点儿也不相符；2=本条与我有一点儿相符；3=本条与我中等程度相符；4=本条与我非常相符；5=本条与我极其相符。

________①即使在非正式的聚会上，我也常感到紧张。

________②与一群不认识的人在一起时，我通常感到不自在。

________③在与一位异性交谈时我通常感到轻松。(R)

________④在必须同老师或上司谈话时，我感到紧张。

________⑤聚会常会使我感到焦虑及不自在。

________⑥与大多数人相比，我在社会交往中可能较少羞怯。(R)

________⑦在与我不太熟悉的同性谈话时，我常常感到紧张。

________⑧在求职面试时我会紧张。

________⑨我希望自己在社交场合中信心更足一些。

________⑩在社交场合中，我很少感到焦虑。(R)

________⑪一般而言，我是一个害羞的人。

________⑫在与一位迷人的异性交谈时我经常感到紧张。

________⑬给不太熟的人打电话时我通常觉得紧张。

________⑭我在与权威人士谈话时感到紧张。

________⑮即使处于一群和我相当不同的人群之中，通常我仍感到放松。(R)

注：将注有(R)标记的评分倒序(即 5 改为 1，1 改为 5)后再计算总分。

IAS有15条自陈条目，这些条目按5级分制予以回答，“与我一点儿也不符合”计1分，“与我极其符合”计5分，量表的部分在15～75分之间，分数越高，表示焦虑程度越严重。一般如果个体的总分超过60分，即表明你的交往焦虑较为严重，可主动地向心理咨询老师咨询，来帮助自己缓解焦虑。

资料来源：汪向东、王希林、马弘，《中国心理卫生评定量表》，230～232页，北京，中国心理卫生杂志社，1999。

(三)焦虑自评量表(Self-Rating Anxiety Scale，SAS)

焦虑自评量表是由Zung于1971年编制的，它是一个含有二十个项目，分为四级评分的自评量表，用于评出焦虑病人的主观感受。适用范围是具有焦虑症状的成年人，具有较广泛的适用性。

在自评者评定之前，有几点是需要注意的：

(1)要清楚整个量表的填写方法及每条问题的含义，然后作出独立的、不受任何人影响的自我评定。

(2)在评定时间范围内，要注意是“现在或过去一周”。

(3)一次评定，一般可在10分钟内填完。

(4)量表的四个等级评分，分别为A：没有或很少时间；B：少部分时间；C：相当多时间；D：绝大部分或全部时间。

焦虑自评量表(SAS)

表2-1　1908年比奈—西蒙智力测验量表部分项目举例

填表注意事项：下面有20条文字，请仔细阅读每一条，把意思弄明白，然后根据您最近一星期的实际感觉，在适当的方格里画一个勾，每一条文字后有四个方格，表示：A没有或很少时间；B少部分时间；C相当多时间；D绝大部分或全部时间。				
	A	B	C	D
①我觉得比平常容易紧张或着急	□	□	□	□
②我无缘无故地感到害怕	□	□	□	□
③我容易心里烦乱或觉得惊恐	□	□	□	□
④我觉得我可能将要发疯	□	□	□	□
⑤我觉得一切都很好，也不会发生什么不幸	□	□	□	□
⑥我手脚发抖和打颤	□	□	□	□
⑦我因为头痛、颈痛和背痛而苦恼	□	□	□	□
⑧我感觉容易衰弱和疲乏	□	□	□	□
⑨我觉得心平气和，并且容易安静坐着	□	□	□	□
⑩我觉得心跳得很快	□	□	□	□

续表

填表注意事项：下面有20条文字，请仔细阅读每一条，把意思弄明白，然后根据您最近一星期的实际感觉，在适当的方格里画一个勾，每一条文字后有四个方格，表示：A没有或很少时间；B少部分时间；C相当多时间；D绝大部分或全部时间。				
	A	B	C	D
⑪我因为一阵阵头晕而苦恼	□	□	□	□
⑫我有过晕倒发作，或觉得要晕倒似的感觉	□	□	□	□
⑬我吸气和呼气都感到很容易	□	□	□	□
⑭我的手脚麻木和刺痛	□	□	□	□
⑮我因为胃痛和消化不良而苦恼	□	□	□	□
⑯我常常要小便	□	□	□	□
⑰我的手脚常常是干燥温暖的	□	□	□	□
⑱我脸红发热	□	□	□	□
⑲我容易入睡并且一夜睡得很好	□	□	□	□
⑳我做噩梦	□	□	□	□

备注：其中A、B、C、D分别计1、2、3、4分，将所有得分相加，再将总分乘以1.25，取整数即可得标准分。其中⑤⑨⑬⑰⑲条共5个项目的计分，必须反向计算。

判断：以50～55分为界，超过55分为异常，说明你的情绪处于焦虑状态。

资料来源：汪向东、王希林、马弘，《中国心理卫生评定量表》，235～238页，北京，中国心理卫生杂志社，1999。

第二节　焦虑的理论与研究

在心理学上，不同的心理学流派对焦虑有不同的理解与理论，我们按照这些流派发生、发展的时间顺序对心理动力学、认知—行为疗法分别予以介绍。

一、心理动力学对焦虑的理论与研究

心理动力学派的代表人物有弗洛伊德、荣格、克莱因等。心理动力学派的共同特点是，认为焦虑症产生于潜意识过程和个体的内心冲突，个体的焦虑往往可以追溯到其儿童早期与父母的关系上。

按照弗洛伊德本人思想体系的发展，其焦虑理论的发展可分为两个主要阶

段：第一阶段是力比多理论时期。在这一阶段，弗洛伊德认为个体的焦虑是由被压抑的力比多转化而来的，本我是焦虑的根源。个体的本能冲动被抑制，而力比多能量必须得到释放，于是就通过形成焦虑而得以释放。第二阶段是自我理论时期。在这一阶段，弗洛伊德的人格理论进一步发展，他认为个体由本我、自我与超我构成。焦虑是一种来自自我的情绪，其起源于超我和本我之间的冲突。焦虑说明个体潜意识中存在着危险的信号，为了回应此危险，自我会自动地运用一系列的防御机制，以防止那些不为人所接受的冲动和欲望进行到意识层面。当作为信号的焦虑不能激发自我的防御或防御失败时，个体就会出现持续的焦虑状态或其他神经症的症状。所以，焦虑既是冲突的产物，又是自我为消除冲突所作的努力。

客体(一个人由于情感纽带而依附的人，对孩子而言，最重要的客体是母亲)关系学派的代表人物克莱因认为，焦虑是决定精神疾病的重要因素，同时也是推动健全精神生活继续发展的重要动力，她认为焦虑不仅仅来自于主体离开客体所造成的对危险的体验，更来自于死的本能。个体现在的焦虑可追溯到其早年的客体关系中，特别是与父、母亲的客体关系中。

近期对焦虑症的一种心理动力学解释来自于鲍尔比(Bowlby)的依恋理论，该理论重视人际关系的影响，认为亲子关系的失调会使孩子出现“焦虑性依恋”，表现为缺乏安全感，有依赖性。依恋理论指出，早期亲子关系失调的孩子在长大后更易患焦虑症，尤其是惊恐发作和恐惧症。

针对上述理论研究，心理咨询师在与焦虑症的个案进行面谈时，首先要注意治疗关系的建立，给予个体以支持与理解，从而通过与治疗师关系的发展，改变其早期的客体关系模式或依恋模式。

二、行为主义对焦虑的理论与研究

由巴甫洛夫的经典性条件反射而形成的学习理论认为，焦虑可看作是对刺激的反应(R)，是在至焦虑刺激(S1)和中性刺激(S2)之间建立了条件联系，从而形成了焦虑，如果再发生对条件刺激的泛化，则焦虑的对象将更为广泛。

在对焦虑的研究中，行为主义的代表人物有华生和班杜拉。

(一)华生的焦虑习得实验

在行为主义中，华生有关焦虑的最有名的实验是其在1920年冬进行的一次被称为心理学史上最著名的实验，其根据行为主义的条件性反射人为地制造了小阿尔伯特对白鼠的恐惧与焦虑，以此来证明焦虑是可以习得的。

在该实验中，11个月大的小阿尔伯特对放在其面前的老鼠并不害怕，并伸手去摸，就在其手碰到老鼠时，他的脑后响起敲铁棒的声音，小阿尔伯特表现出害怕、恐惧的反应，掉倒在床上，脸深深地埋进床垫里；第二次将老鼠放在小阿尔伯特手边时，他又伸手去抓，此时敲铁棒的声音又在其身后响起，这一次，小阿尔伯特跳起来扑倒在地，哭叫起来。如此重复五六次后，孩子出现了习得性的焦虑：老鼠一出现，孩子就开始哭，并躲避老鼠。此后更进一步的实验显示，小阿尔伯特对其他毛乎乎的东西全都产生了恐惧，由此对恐惧的刺激泛化。在实验一个多月后，孩子面对刺激仍会出现类似的焦虑、恐惧反应。此实验即为“小阿尔伯特实验”。

从现在的角度来看，当年实验的道德性受到怀疑，同时也并未采取措施消除小阿尔伯特习得的焦虑与恐惧。

(二)班杜拉的观察学习

另外一种关于焦虑形成的行为主义学说是班杜拉的观察学习。他认为儿童不需要经过自己的直接经验，只通过观察别人的行为和结果即可获得学习。如母亲对黑暗特别害怕，在黑暗的环境中会非常紧张，孩子观察到母亲的这种行为反应，通过观察学习，也会对黑暗感到紧张与害怕，从而学会了焦虑。

在行为主义对焦虑的理论中，个体体会到焦虑体验后之所以不会消除，是由于人们学会了“逃避”，从而使焦虑被强化。学习理论认为，个体通过长期接触引起焦虑或恐惧的情境，并看到这些情境其实并不危险，焦虑就会自然减退。但个体由于担心再次体验焦虑而学会了逃避引起焦虑的情境，如此虽使焦虑得以缓解，但同时也被强化，当下一次再遇到能激发焦虑的情境时，焦虑又会出现。

由此，行为主义认为焦虑的个体应通过重新学习，重新建立刺激与反应之间的关系，将刺激所引起的不良反应(如在黑暗中感到非常恐惧)，改变为另一恰当的反应(在黑暗中不感到非常恐惧)来达到去除焦虑的作用。在行为主义理论指导下，发展得较为常用的技术是系统脱敏法。此方法在使用时，采用以下四个步骤：

(1)确定焦虑阶层。

(2)实施放松训练。

(3)在想象中试验。

(4)在现实中验证。

具体的步骤将在下一节焦虑的辅导方法中详述。

(三)最新研究：快速眼动疗法

目前，非常有效的一种行为疗法叫眼动脱敏和再加工，也叫快速眼动疗法(Eye Movement Desensitization and Reprocessing，EMDR)，由其创始人夏皮罗(Shapiro)博士在1987年创立，最初仅为眼动脱敏(EMD)，1991年发展为EMDR。其中眼动脱敏仅是EMDR中双侧刺激的一种，其作用机理是用双边刺激使当事人因某事与有害情绪反应分离，通过左右脑神经活动重组，或两类情绪记忆系统重组，使有害情绪与刺激源之间脱敏，降低有害情绪成分，最后消除此种有害情绪。其医治理念是建立在“适应性信息处理系统”上，它存在于我们的神经系统，其功能是帮助我们心理成长。

快速眼动疗法的重点是通过创伤记忆的全部组成部分来唤起它：视觉、情感、认知，最重要的是身体的记忆。治疗师的手在个案面前迅速来回挥动，引导其做出适当的眼部运动，而病人的眼睛只需要跟着治疗师的手来回活动。如果先天的"适应性信息处理系统"本身无法成功地对出现机能障碍的记忆进行新陈代谢处理，那么，通过这个过程可以刺激它的活动，以此来促进心理创伤的自然痊愈过程。

快速眼动疗法需要个体在治疗师的辅导下完成，而使用此种技术的治疗师则需要接受专业的技术培训。

三、认知主义对焦虑的理论与研究

认知理论家认为，焦虑症病人的基本问题，是高估了危险并且固执地用自败的方式来处理他们的恐惧。决定个体感觉多么焦虑的不只是一个情境中客观危险的水平，而且还有个体对危险的评估，也就是说认知理论认为个体对外在情境的认知是存在歪曲的。

在认知疗法中，其代表人物为发明理情治疗法(Rational-Emotive Psychotherapy)的埃利斯和认知疗法(Cognitive Therapy)学派创始人贝克。

(一)理情疗法

理情疗法是通过帮助个体将情绪困扰理性化，从而达到治疗目的的一种心理治疗方法，1955 年埃利斯首次宣布其治疗方法时，称其为理性心理治疗(Rational Psychotherapy)，后在治疗过程中发现一切心理异常多表现在情绪上有困扰，因此在 1962 年将其疗法改为现在的理情疗法。

理情治疗中有 A—B—C—D 的理论，如图 7-1 所示。

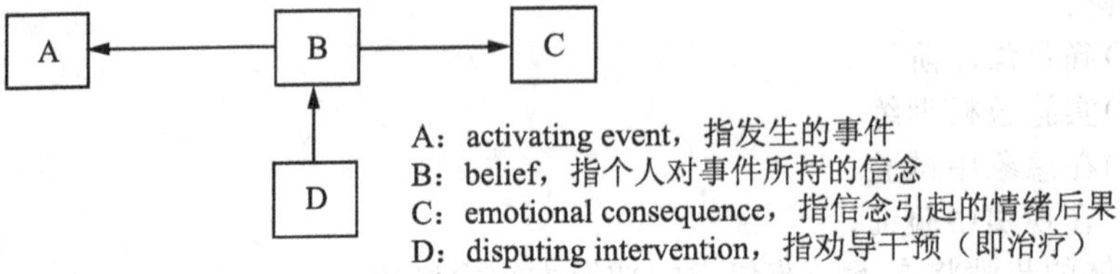

图 7-1　理清疗法理论示意图

上述图解，即可说明理情疗法的实际应用。A 代表发生的与自己有关的事件，例如可能是已成的客观事实(如考试失败)，也可能是别人的态度或行为(如同学与自己对某事的看法不一致)，或者是与别人关系的改变(如刚与女友或男友分手)。C 代表个人对事实的情绪反应后果。个人对事件的情绪反应，可能是正面的(如喜爱、接受)，也可能是负面的(如焦虑)；可能是适当的，也可能是不适当的。如上图中箭头所示，无论个人的情绪反应 C 如何，均不是由事件 A 引起的，而是由个人对事件所持的信念 B 引起的。由此可以说，事件 A 本身，并不是引起个体情绪 C 的真正原因，个人对刺激情境的认知解释，才是引起个人情绪反应的原因。在心理咨询与治疗中，咨询与治疗人员的责任，是从旁指导，从而纠正案主对事件本身所产生的错误信念(D)，从而达到心理咨询与治疗的目的。

埃利斯认为，焦虑起源于人们的不合理信念，个体在从小受家庭和学校教育的过程中，无时无刻不在接受着“做好人，做好事”的理念的影响，从而“苛求”自己，形成一些对自己过分要求的理念，这些理念主要有以下七点：

(1)在个人与他人的关系上，个人必须受到他人的接纳、爱护和支持。

(2)一个人若想有自我价值，其必须是十全十美、无所不能的。

(3)社会上有些为非作歹的坏人，必须受到法律的严格制裁。

(4)如果个人所希望的事情不能实现时，那将是可怕的。

(5)个人的不幸，均由环境或别人所造成，个体对这些不幸，实在无能为力。

(6)在生活中，逃避与面对现实解决问题，前者要比后者容易。

(7)个人现在的痛苦是由过去的不幸所造成的；而现在的不幸又会对将来造成影响。

心理咨询师的工作，即针对上述不合理信念进行纠正，从而让个体更好地适应生活，解决心理困扰。

(二)认知疗法

20 世纪 70 年代，认知疗法(Cognitive Therapy)学派创始人贝克(Beck)提出了一种新的认知疗法，其影响巨大。作为认知治疗学派创始人的贝克自身曾经有过恐血症、演讲焦虑、害怕被遗弃的恐惧等焦虑症状。他首先客观地观察与内省自己，同时在临床治疗中接触大量焦虑症案例，由此总结与描述出焦虑症的生理过程与认知过程。

贝克认为焦虑是一个正常过程的夸大或过动，其理论建立在信息加工模式上。贝克认为人类从环境中获得信息，然后回应信息，以维持生存。在这个过程中，焦虑的个体常常会出现自动的不合理思维，如“陌生人总是轻视弱者”“我刚做了蠢事”“如果我表现出我的不安，其他人都会认为我没有能力”等，这些思维自然会引发人们的焦虑。认知疗法建立了一套质疑和挑战这些不合理思维的程序，包括三个步骤：识别不合理思维、挑战不合理思维、寻找合理思维方式代替不合理思维。在这些步骤中均有具体的、可操作的步骤可以应用。

在贝克的理论中，他赞同来访者与治疗师是合作的关系，来访者可以积极地参与治疗，运用治疗师教给其的方法，通过在生活中运用这些方法，来达到自助的目的。

常见的考试焦虑的形成过程，如图 7-2 所示，是一种对考试情境知觉的夸大与错误反应。

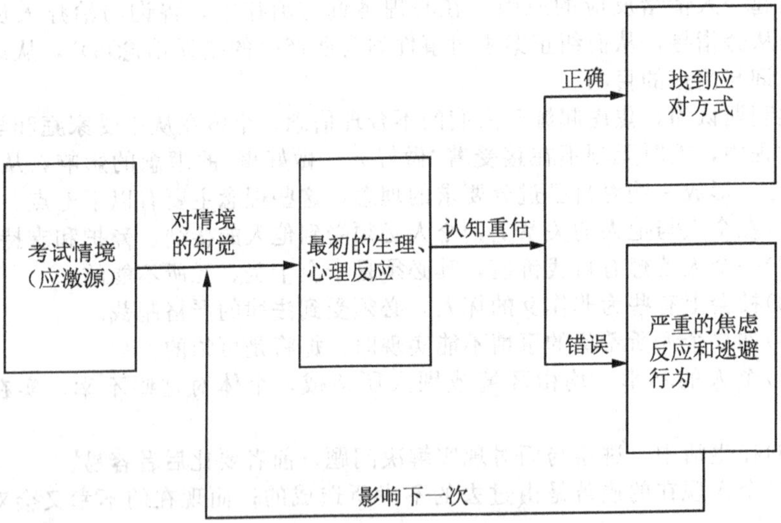

图 7-2　考试焦虑形成示意图

第三节　焦虑的管理策略

在心理咨询与治疗业内，目前的趋势是整合，心理咨询师或治疗师往往需要对心理动力流派和认知—行为流派都有所学习与掌握。在与来访者进行咨询的过程中，首先必须注意咨询关系的建立，让来访者能够信任治疗师，建立良好的治疗同盟。注意在治疗的过程中、治疗关系转换中移情与反移情的出现，利用来访者的客体关系模式工作，同时，也需要结合认知—行为疗法中的理论与技术，针对来访者的不合理思维开展工作。

针对在校的大学生，高校一般都按一定比例配备心理咨询室，有专业的心理咨询老师进行学生的咨询工作。因此受考试焦虑、交际焦虑、择业焦虑、强迫症、恐惧症等心理症状困扰的学生，均可主动地进行面谈咨询。在咨询的过程中，在心理咨询老师的帮助下，缓解自己的心理焦虑，更好地适应大学的学习与生活。

在有焦虑问题时，除了积极地向心理咨询老师咨询外，还有一些心理自助的方法，也可以非常好地缓解焦虑状况。同时，在心理咨询室内，咨询老师也可对个体进行初始的个体指导，通过其在生活中不断地练习，熟练掌握，从而有效地缓解自己的焦虑，积极解决问题，良好地适应学校生活。

常用的缓解焦虑的自助方法有以下几种。

一、放松法

焦虑会使人感到紧张、肌肉酸痛、无法集中精力，或者有一些躯体上的症状。这种种反应，都会使焦虑的个体感觉非常难受，如长期处于这种紧张状态，又会加速个体的焦虑症状，形成恶性循环。因此学会放松、能够放松，对于焦虑的个体而言，是一种有效舒缓焦虑的方法。

“身心合一”是大家常说的一句话，事实上心理学上的许多研究发现躯体的紧张与心理的紧张常常是相互作用的。因此放松躯体，可以起到放松心理的作用。

常用的放松法有渐进性肌肉放松法(PMR)、简单放松法和暗示性放松法。

(1)渐进性肌肉放松法(PMR)：最早是由美国生理学家杰克勃逊(Jacobsen)于20世纪30年代创立的，后来逐步完善，被广为应用。其基本原理是：紧张你的肌肉，保持这种紧张感3～5秒，并注意这种紧张的感觉，之后放松10～15秒，最后，体验放松时肌肉的感觉。在放松训练中，一般是从下向上放松，即从脚趾到头顶的放松。通过这种全身主要肌肉收缩—放松的反复交替训练，可稳定个体的情绪，提高学习效率。长期坚持训练，可以使个体总是处于一种心态较平静的状态，对个体的性格及生活适应均有较大的帮助。

(2)简单放松法：首先找到一个让你心情平静和放松的目标，如你喜欢的一幅画，或默念“放松、放松”，在练习的过程中，将注意力集中在自然、放松的呼吸上，想象自己的身体逐渐放松。

(3)暗示性放松法：找到一个供你放松的标志物，如一件你常见的物体。当你看到这件物体时，就提示自己做放松训练，基本过程仍是注意呼吸和放松全身肌肉。

二、调整呼吸法

当个体处于焦虑状态时，会发现自己的呼吸变得急促与费力，在各种焦虑反应中，都会出现这种呼吸上的变化。呼吸的加快，会使个体出现呼吸困难、胸部疼痛或胃部紧张、疼痛、反呕、疲劳感等身体上的难受反应，而这种身体上的反应，又会加重个体在心理上的焦虑感。由此可见，我们日日时时都在进行的呼吸，由于其频率的变化，对我们的身体与心理都会造成很大的影响。针对这种现象，研究发现训练用全肺呼吸，可有效地帮助个体舒缓与控制焦虑。全肺呼吸的基本要求是缓慢、均匀地用肺部呼吸，从而使个体慢慢地放松。

在刚开始练习全肺呼吸时，个体以躺着的姿势最容易练习，随着对这种呼吸方式的掌握，个体可在任何姿势时进行这种呼吸方式。

针对放松法与全肺呼吸，个体可自行学习，也可在心理咨询师的指导下进行。现在许多大学都开设有瑜珈课程或太极课程，瑜珈和太极这两种古老的艺术即是将放松与调节呼吸联合起来使用，使个体体会到在保持腹式呼吸的同时体会紧张与放松的感受。焦虑的个体也可将练习瑜珈和太极作为一种放松与调整呼吸的方法。

三、运动调整法

在对抑郁的自助方法中，提到运动是一种不花钱的抗抑郁方法，针对个体的焦虑情绪，运动同样有效。焦虑的个体会体验到心神不宁、紧张、害怕等负性情绪，在运动过程中，体内“内啡肽”物质的分泌会使个体体验到愉快、平和的正性情绪，从而有效地进入一种与焦虑相反的松弛状态。运动的方法仍要求一周至少 3 次，每次 20 分以上；运动的方式可自己选择；如果可以，最好结伴运动，以相互鼓励与支持，维持长期的运动。

四、问题解决法

许多大学生在面对学习与生活中的许多困难和挫折时，虽然具有要解决问题的决心，但是由于缺乏问题解决的技巧与步骤，而无法动手真正解决问题，随着时间的推移，使焦虑加重。下面的问题解决法，可通过直接面对问题，从而减少逃避的心理与行为，通过成功地解决问题，加强大学生的自信心，从而减轻焦虑，其具体步骤如下：

(1)确定问题。

(2)列出解决问题的方法。

(3)评价每一个解决方法的利弊。

(4)选择一种解决方法，制订付诸行动的计划。

(5)实践行动。

(6)回顾结果。

下面结合具体要求案例进行说明：

例如，小李在今年刚考上大学，在录取时报了英语专业，在读了一个学期的英语后，感觉自己非常不喜欢与不适应英语专业，想转到物流专业。听说学校有同学可以转专业，因此也想申请转专业，但又担心自己转不成，由此非常焦虑与担心，最近常常失眠，压力很大，因此前来咨询。

确定问题：

想在这个学期内申请由英语专业转至物流专业。

列出解决问题的方法：

向成功申请的同学请教，需要如何申请；

与班主任老师沟通，以获得信息与资料；

分析自己是否符合转专业申请的条件；

给自己一段时间，为自己符合转专业的条件而努力；

决定放弃转专业。

评价每一个解决方法的利弊：

仔细考虑每一个解决方法，评价每一个解决方法的利弊，并决定舍弃不合理或无法实现的方法，然后思考剩下的方法，根据它们有效性的大小排列。

放弃的方法：决定放弃转专业；

接受的方法：向成功申请的同学请教，需要如何申请；

与班主任老师沟通，以获得信息与资料；

分析自己是否符合转专业申请的条件；

给自己一段时间，为自己符合转专业的条件而努力。

选择一种解决方法，制订付诸行动的计划：

在选择一种解决方法时，需要用十分明确和具体的语言，描述如何完成所选择的方法：

我准备找到小刚，听说他刚刚转了专业，向他请教他是如何申请成功的，如果他太忙，就转向小周请教。

实践行动：

回顾结果：

如果完成了，需要表扬自己，并记住成功的经验；如果未完成，分析与了解原因，可再选择另一种解决方法。

五、社交技巧训练

许多同学在咨询室中因为舍友和同学关系紧张、恋爱受挫而前来咨询；还有一些同学会在人多的场合恐惧、焦虑。个体之所以会因为这些问题而苦恼、焦虑，是因为我们人是一种群体性动物，离开社会便无法生存。

马克思曾对什么是人，有过这样的描述："人，在其本质上，是现实社会关系的总和。"西方的先哲亚里士多德也对人有过类似的阐述，他认为："人，在其本质上，是一种社会性动物，那些不需要与人交往的人，要么是上帝，要么是疯子。"在我们中国文化中，更是自古就重视人际关系、人际往来。许多同学都想与同学保持良好关系、与恋人享受恋情的甜蜜，但是由于种种原因(在成长的环境中缺乏观察学习的榜样或缺乏一些必要的社交技巧)，都会使个体在人际交往中感到焦虑而紧张，往往弄巧成拙，使自己非常苦恼。

在我们上一章对抑郁的管理中，详细介绍了SOLER技术、"镜子"理论、与处理冲突六个要点的STABEN方法。这些方法与技巧对焦虑的个体同样适应，同学可以通过阅读与实践这些方法来帮助自己。

六、改善睡眠

很多焦虑的学生都会有睡眠不佳、失眠等症状。处于焦虑状态的个体，在晚上睡眠不好，会使个体第二天感到精力不足，同时，对失眠的担忧，更为加重个体的焦虑。因此，针对失眠，个体首先需要消除对睡眠的一些误区。

(一)睡得越多越好，睡眠时间低于6小时即认为是失眠

事实上，在睡眠时间上存在极大的个体差异，每个人对睡眠时间需求量的差异也很大。有的人把一昼夜的一半时间用于睡觉，也有的人每昼夜只需3～4小时就足够了。甚至有极个别人每昼夜睡眠时间不到1小时，仍然生龙活虎。睡眠质量比睡眠时间更重要。

其实，衡量睡眠好坏除了根据睡眠时间外，更主要的是看个体的身体有无感受到不适，是否会严重影响白天的工作和学习效率。

此外，睡眠时间常随年龄增长而逐渐减少。所以说，睡眠时间的长短并不能说明睡眠质量的好坏。

(二)失眠直接危害身体

事实上，失眠主要损害人的精神和心理。许多睡眠实验的研究结果一致表明，即使强制剥夺睡眠，也不会损害人的身体器官。

在剥夺睡眠(到了睡眠时间不准睡或自愿不睡)的实验中，时间最长的纪录是200小时(8天多)，结果发现：受试者除了感到极度疲劳、昏昏欲睡外，在其身心功能方面，并无显著的异常现象发生。

失眠对健康的危害远没有人们想象的那么严重，许多失眠或睡眠质量不好的个体，本身睡眠时间的减少并未对身体造成很大的影响，但是对于失眠的担心和恐惧，反而加重了睡眠不好的现象。

(三)睡眠不好会得精神病

有些同学由于缺少一些科学的信息，连续有几天休息不好，就担心自己患了精神病，使自己心理负担很重，从而加重睡眠问题。应该说很多种精神疾病都会伴随有失眠的问题，但普通的失眠症是不会变成精神分裂等精神病的。

(四)别人从来不失眠

有些同学性格较内向，对自己的失眠非常焦虑、担心，认为自己是唯一失眠的人。其实如果和同学有过沟通，就会发现，身边的每个人几乎都有过偶尔的失眠。个体在生活中总会遇到压力或挫折，当这些负面情绪影响到自己，或由于睡前喝茶、酒、进食过多而出现失眠状况，一般而言，我们的身体会有自动的修复功能，当连续几晚失眠时，身体会主动地要求你恢复睡眠。因此，对失眠或睡眠不好不过分担忧，会使个体更好地进入睡眠中。

那么，在消除睡眠误区后，通过什么方法能改善睡眠呢？可以了解你自己的睡眠习惯，在什么状况下你较易入睡，什么状况下你的睡眠会较受影响。一般而言，遵守以下几条建议，会有效地帮助你改善睡眠质量：

(1)使自己的身体与心理处于较为放松的状态。首先，不要过于担心失眠问题，接受自己会偶尔失眠的状态；其次，可在入睡前1～2个小时通过洗热水澡、听轻音乐等方法让自己松弛；当你躺在床上时，可自己通过放松的方法或调整呼吸的方法使自己的身体达到松弛。

(2)适当地进行体育运动。在晚上睡觉前2个小时进行半小时的运动，特

别是快走或慢跑，可使个体感到舒适与放松，有助于睡眠。

(3)睡觉前不要进食刺激性的食物如喝酒、喝茶、喝咖啡、喝可乐、吃巧克力。这些食物中含有可使人体兴奋的物质咖啡因，因此不要在睡前食用这些物质。睡前吃得过饱或过饥，都不利于入睡。在睡觉喝一杯热牛奶，可有助于睡眠，但一般也要在入睡前半小时喝，这样才能使个体的身体较为舒适地入睡。

(4)不要在床上看书、看报、吃东西，只在你想睡觉时才上床，把床与睡眠紧密地联系起来，将床只看作睡觉的地方，做到这一点非常重要。

(5)如果在床上躺了15～20分钟仍未入睡，则可起床做一些其他的事情，但此时不要做过于激烈的运动，可做一些简单和轻微的事情如看看书和杂志，当你有了睡意时再重新上床，这样可减轻躺在床上不能入睡所带来的焦虑和压力。

能遵从这些建议，同时配合放松训练和呼吸调整，可有效地帮助你有一个较好的睡眠状态。

第四节 辅导方法与案例分析

在心理咨询室中，当心理咨询老师碰见种种因焦虑而前来咨询的同学时，首先是做到能认真地倾听同学的具体状况，在咨询的过程中，通过这种认真的倾听与共情，与来访者建立良好的治疗同盟。在这种治疗同盟关系中，心理咨询老师通过具体的技术与方法，来帮助来访的同学缓解焦虑，适应大学生活，在此过程中，不仅需要心理咨询老师运用心理治疗各理论流派的知识与技术，更需要心理咨询老师具有健康的人格，将人格与技术结合起来，才能对来访者的焦虑状况有所帮助，使其最终能自助。

一、系统脱敏法

针对上节所讲述的考试焦虑与社交焦虑，系统脱敏法是一种具有较好效果的治疗方法。该方法可在咨询师的指导下，个体在实践中的运用，以帮助个体减轻与舒缓焦虑。

在上一节中讲到，系统脱敏方法在使用时，常采用以下四个步骤。

(一)确定焦虑阶层

例如，小张是某大学二年级学生，由于在中考、高考中均因过于紧张而考试失误，使小张现在每逢大考就如临大敌，出现了考试焦虑症的种种症状。再过一个多月又要期末考试了，小张很担心，前来咨询。针对小张的这种状况，心理咨询老师使用系统脱敏法对其恐惧对象进行工作。

在系统脱敏法中，最重要的是确定焦虑等级。咨询师请小张将自己在面临考试时最恐惧的时刻列为100分，最不恐惧的时候列为0分，在0～100分之间，划出不同的恐惧等级。这个阶层可由小张自己完成，也可由小张和咨询师二人共同完成，在制作等级时，一定要注意需要细分等级的划分。

小张划分的恐惧评分如下：

考试前一个月	0
考前两周	10
考前一周	20
考前 3 天	30
考前 1 天	50
考试当天清晨	60
走到考场外	80
坐在椅子上等发卷子	100
开始做卷子	100
答卷过程	90
交卷	60
考完回家的当晚	80
考试后 3 天	50
考试后一周	30
考试后一月	10

(二)实施放松训练

在确定了焦虑等级后，在咨询师的引导下，小张在咨询室内练习放松训练，并在日常生活中、在宿舍内自己练习，练习时间为一周。

(三)在想象中试验

小张在咨询师的引导下进行想象中的脱敏，先从考前两周开始，渐渐进行到开始做卷子。在想象的过程中，每次进行 3～4 个等级即可。

(四)在现实中验证

小张通过在教学楼自己进行模拟考试来验证，当感到焦虑与紧张时即进行放松，从而最终达到能在真正的考试中面对考试而不至于过度焦虑。

面对个体在社交场景中出现的焦虑，系统脱敏法也是一种较好的方法。此方法需要在咨询室内、在咨询师的引导下完成。

二、案例分析

在咨询室中，除了考试、社交和择业焦虑外，一些学生还会有其他的焦虑表现，下面结合一个具体的广泛性焦虑障碍的案例来进行说明。

(一)来访者给咨询师的第一印象

姓名：小芳

性别：女

年龄：23 岁

她走进咨询室时，给咨询师留下的第一印象是安静、温和，看上去较为干练，但眼神有时较为空洞，非常爱抿紧嘴唇。

(二)一般情况与主述

小芳是某高校大二学生，主动来到咨询室要求咨询。小芳自述常年焦虑。从高中时起，因为一次考试前突然的头痛，小芳在那次考试中发挥失常。自那之后，小芳逐渐出现睡眠不好、头痛、紧张、无法集中注意力等状况，学习成绩下降，常感觉身体不舒服。父母带其去作了全面的身体检查，并无发现器质性问题，但小芳的这种状况一直存在。这种焦虑与紧张极大地影响了小芳的学习，使其高考时发挥得很不好，没有考上大学。而其在初中三年与高一时成绩均名列班级前茅，并担任班干部与学校的学生会干部。自从那次头痛后，一切都变了，在高三时小芳居然考不上大学。后来小芳复读了一年，才考上了目前的专科学校，但在复读的那一年中，小芳自述不知道是怎么熬过来的，在学习时常常完全无法集中精力，因为无法吸收书本知识，常常看了一两个小时的书一页也翻不动。同时在高三复读期间，其失眠、头痛与胸疼状况加重，常常感到头脑昏昏沉沉，呼吸困难。小芳的这种情况也使其父母非常担心，多次到医院进行身体检查，最终结果都是无器质性身体疾病。

来到大学后，小芳希望能适应学校的环境，一方面，积极学习；另一方面，参与到社团活动中。但困扰了其 3 年的症状一直未有消失。入学第一年小芳在系里竞选上了系学生会主席，工作干得还不错，但学习成绩因为无法集中精力上课、看书而一直较差，在上学期的期末考试中，更是有两门功课不及格。这让小芳非常紧张与难受，因为她认为同学都会因此而笑话她，看不起她。虽然她担当着学生会主席的职位，却常常感到自己说出的话轻飘飘的，任何人说的反驳她的话她都不敢回应，因为担心别人发现她的状态其实很差，因此在这一年中，她辞掉了学生会主席的工作，专心学习。

进入大学后，小芳的失眠加重了，为此专门申请调到了一个较早睡觉、较为安静的宿舍，睡眠状况有所改善，但睡眠质量还是不佳。

小芳此次前来咨询的问题是：如何能集中精力看书、学习，这种无法集中精力学习的状况使小芳极为痛苦，常感到自己毫无价值，更是担心毕业后找工作的事情，期末考试马上就要来了，小芳非常担心这一次的考试，因此前来咨询心理老师，希望能找到解决的办法。

(三)家庭状况

小芳有一个弟弟和一个妹妹，正在读初中，家中父亲以做生意为生，母亲主要是家庭妇女，照顾一家人的生活，父母的文化程度均不高。小芳觉得父亲还比较能干，但母亲就只是个家庭妇女，虽然很疼爱自己，但并无法在很多方面帮到自己，与弟弟、妹妹感情不好不坏。自己这几年来不停地生病，也使父母经济与心理压力很大。目前家庭经济状况也很不好。

(四)治疗过程

在经过最初两次的面谈后，心理咨询师初步了解了小芳的状况，发现其并无明确的焦虑对象，而是持续性、弥漫性的焦虑，同时有明显的躯体反应如感觉胸闷、头疼。这种状况已持续了近5年，长年的这种焦虑使小芳无法集中精力去干任何事情，从心理和身体上都感觉非常疲惫。在面谈中，小芳说自己在经过很多次的身体检查没有问题后，开始怀疑自己是心理上有问题。在上了大学后，曾经到一所专科医院进行过心理咨询与检查，医生给其下的诊断为“广泛性焦虑障碍”。同时由于其症状较重，建议其住院治疗，但小芳参考了父母的意见，并考虑到家庭经济压力，拒绝住院，而是服用了近1个月医生开的抗焦虑药物。吃了一个月药后，因自觉药费太贵，而自己断了药，之后症状一直未有减轻，还有加重趋势。在面谈的过程中，小芳透露出由于常年生活在这种焦虑中，又常常为睡眠和学习而苦恼，小芳常萌生出轻生的念头，特别是最近，被焦虑折磨得没有办法时，常常担心自己无法控制住从楼上跳下去的冲动，因此非常害怕，前来咨询。

从小芳的自述中，咨询师可确诊小芳为“广泛性焦虑障碍”，但是由于小芳的病程较长，同时现在有自杀意向（咨询师经过评估后，认为其有自杀意向，但并无自杀计划）。针对这种严重心理障碍的学生，已超出了学校心理咨询老师的工作能力范围，需要由医院的精神科医生对其现在的心理状况给予确定的诊断。因此咨询师做了两方面的工作：一方面，同小芳交谈，要求其作一个长程的心理治疗，不要随意中断心理治疗，保持一周一次或两次的咨询时间，通过在咨询老师的陪伴下走过这一段时间，来减轻小芳在心理和身体上所受到的痛苦。另一方面，要求小芳到专科医院里再作一次诊断，请精神科医生给出诊断，看需不需要配合药物治疗。

这两方面的工作同时进行，在去医院作专科检查方面，由于小芳家的经济已经很困难，因此小芳与其辅导员沟通，申请先由学校出检查费用和医药费，之后再由个人支付；在心理咨询方面，咨询师在咨询过程中，和其充分共情，与其建立良好的咨询关系。针对小芳的胸闷和头痛，咨询师告诉小芳这些症状是无害的，胸闷是由于肌肉紧张所造成，头痛起源于神经过于兴奋和紧张，通过放松训练，可能有效地缓解这些躯体反应。在咨询室内，在咨询师的引导下，对小芳进行渐进性肌肉放松法的训练，在开始的几次，小芳常感到难以将整个放松训练进行下去，无法集中精力体会紧张与放松的感觉。针对这种情况，咨询师要求小芳配合调整呼吸，运用全肺呼吸来减轻身体的难受感。小芳表示能够接受与体验全肺呼吸，因此咨询师要求其每天进行8次呼吸练习，每次3～5分钟，特别是当其感到焦虑无法控制，产生轻生念头时，要马上调整自己的呼吸方式，让自己身体的不适感降低下来。

同时，要求小芳每天进行半个小时的慢跑或快走，通过运动来调整情绪，通过在运动中体内释放“内啡肽”，来体验运动所带来的松弛与舒适感，对比长年焦虑给身体的感受，以此体会紧张与松弛的不同。在调整了呼吸与运动两周后，心理咨询师再在咨询室内引导小芳进行放松训练，小芳渐渐地能够接受这种肌肉放松法，并开始在日常生活中练习。

在专科医生确诊方面，医生下的诊断是“广泛性焦虑障碍”，并要求小芳一定要进行药物治疗，同时吃药后要不间断地坚持服用药物3个月，否则中途中断后对小芳的焦虑反而会有加重可能。小芳因为上次自己已经中断过一次，体会到对自己焦虑症的坏处，因此这一次表示一定坚持将3个月的药物吃完，同时坚持作心理咨询，双方面同时进行。

咨询进行到三周时，小芳开始打破设置，经常一周3～5次地来找心理咨询师，并且不预约时间。因为面临期末考试，老师将同学自己复习功课的时间加大，小芳自己可支配的时间增多；同时小芳担心考试，焦虑加重；因此常常跑来心理咨询室，看见咨询老师没有预约同学就要求和咨询师谈谈，表示自己目前实在太焦虑了，非常害怕。在第一、二次时，咨询师打破了设置，与小芳交谈，但马上发现这种打破设置对双方都非常不好。小芳将咨询师在心理上当作“母亲”似的救命稻草，起到了其早年母亲不够强悍的客体替代，自己的任何事均与咨询师商量，要求咨询师出主意。而咨询师方面，打破设置，小芳的拼命要求，也使其体会到了强烈的焦虑和无助感。咨询师马上就自己在治疗中出现的这种反移情和打破设置情况进行了督导，调整自己的治疗。

在下一次的咨询中，咨询师与小芳沟通，咨询师表示非常愿意帮助小芳，坚持长期的心理咨询，但现在这种随时来随时咨询的状况，让咨询师感到似乎成了小芳心目中一个无所不能的“母亲”替代。因此一周最多只能进行2次的咨询，并且要预约好时间。小芳说自己现在确实把咨询师当作唯一的救命稻草，尤其是现在又面对马上要考试的状况，压力太大，因此每逢碰到焦虑时，第一时间就想到找心理咨询师。针对这种状况，咨询师与小芳沟通后，发现小芳目前碰到的最大压力首先是两周后的考试，其次是暑假后要交的学费家庭目前无力支付。在咨询过程中，咨询师询问小芳，在考试方面，小芳目前的这种状况，在集中精力进行学习上确实非常困难，如果两周后考试不及格，对小芳有什么影响？小芳能有哪些方法和资源来解决这个困难？小芳认为，自己很可能会在考试中出现考试不及格现象，这会让自己感到很沮丧，但通过咨询，已明白要给自己一段时间调整心理与身体状况，因此会尽力准备。同时，学校每年假期后均有补考，自己可在假期慢慢地复习，在假期后补考。在暑假后交学费方面，小芳该怎样面对这个问题？小芳说自己家里的经济状况不好，可将自己的这种状况与班主任和辅导员沟通，申请助学贷款和学费减免，这些工作都可在放假前完成。咨询师与小芳共同制订了面对问题的解决计划，同时要求小芳在碰到焦虑情况时一定要运用已经学会的调整呼吸和放松法让自己放松下来，同时在日常生活中寻找一些朋友，坚持体育运动，每周一次或两次的咨询也一定要坚持。小芳同意这些，并许诺会坚持这样做。

期末考试结束后，小芳7门功课里有2门没考及格，但小芳感觉能承受这个结果，同时通过和辅导员的沟通，申请贷款和学费减免方面的情况小芳已比较清楚。面临暑假，小芳答应咨询师在假期坚持自己调节，在暑假后再来咨询室咨询。

假期过后，小芳再次来到咨询室，看上去情况有所好转，经过交谈后咨询师得知，小芳在假期一面坚持吃药；一面坚持学习、运动和放松训练，情况有了较大的好转，自己感觉不再像以前那样常常感觉烦躁、难受了，身体的胸闷和头疼也好了很多。因此想再作一段时间的咨询，巩固效果，咨询师祝贺其取得的进步，与小芳的咨询又进行了2个月，小芳基本上能适应学习生活，虽然有时仍感吃力，但已能接受自己的这种状况，让自己慢慢地康复。

【小结】

焦虑的定义往往有三个条件：焦虑是一种烦躁、急切、提心吊胆、紧张不安的心境；焦虑者往往伴有植物神经功能紊乱的症状；焦虑往往是没有相对固定的对象和明确的内容。

对焦虑症有不同的划分标准，常见的划分是将焦虑分为状态焦虑(情境焦虑)和特质焦虑，考试焦虑即是一种典型的状态焦虑。按照DSM的分类，认为焦虑障碍包括了恐惧症、惊恐发作、广泛性焦虑障碍、强迫症和创伤后应激障碍。个体对焦虑的自评可通过考试焦虑自评量表、交往焦虑量表和焦虑自评量表获得。

焦虑的理论可分为心理动力流派和认知—行为流派。在心理动力流派，其代表人物有弗洛伊德的两种焦虑理论、克莱因的客体关系理论和鲍尔比的依恋理论；在行为主义理论方面，华生用刺激反应理论、班杜拉用观察学习理论解释了焦虑如何习得，同时在治疗焦虑方面，行为主义的系统脱敏疗法应用较广，最新发展的快速眼动疗法(EMDR)被证明在焦虑和抑郁症治疗上效果较好。

面对焦虑，个体应积极地帮助自己，包括心理咨询与自助策略。其中放松法、调整呼吸法、运动调整法、问题解决法、归因方式训练、社交技巧训练、改善睡眠法均可由个体通过在日常生活中自我练习而达到自助；系统脱敏法可在心理咨询师的帮助下共同完成。

【关键词】

焦虑　状态焦虑(情境焦虑)　特质焦虑　考试焦虑恐惧症　惊恐发作　广泛性焦虑障碍　强迫症　创伤后应激障碍　心理动力　认知—行为　客体关系理论　依恋理论　刺激反应　观察学习　快速眼动疗法　放松法　调整呼吸法　运动调整法　问题解决法　归因方式训练　社交技巧训练　改善睡眠法　系统脱敏法

【思考题】

1. 焦虑的定义是什么？
2. 按照常见及DSM的划分标准，焦虑症可分为哪些类型？
3. 对于焦虑，不同的心理流派在理论上有何不同？
4. 面对焦虑，个体有哪些途径可以缓解？其中哪些是自助的，哪些是临床的？

第八章　恐惧的管理与辅导

内容提要：

1. 恐惧症的含义、种类与评估
2. 引发恐惧的原因
3. 治疗恐惧的理论
4. 恐惧的自我管理
5. 系统脱敏疗法在恐惧症中的应用

随着生活节奏的加快，我们每个人在一生中的某个时间阶段，都或多或少要经历恐惧。恐惧作为一种情绪体验，是对客观存在危险的一种正常的心理反应。它对正常人来说是一种有益的防御反应，对于保存个体有重要意义。但如果这种恐惧情绪影响到个体的行为和社会适应能力，那就是一种病态，即恐惧症。恐惧症一旦形成，就可能会持续终身，而且病程越长，治疗效果越差。因此及时进行治疗是很重要的。

目前，我国高校的学生中部分人存在不同程度的心理障碍，大学生因心理问题而休学、退学的占总退学人数的70%。学生患病后，学生及其家长由于缺乏对病情的了解，因此在求治过程中，存在着各种各样的问题，或者不知道应该去治疗，或者不知道该去哪里治疗，或者把该病看得过重，或者因为经济原因放弃治疗。焦虑症、恐惧症，其实并不是想象中那样难治，在心理学分类中它们属于神经症，是一种轻微心理异常，还不到住院治疗的地步。患者及家属在日常生活中进行积极的自我治疗尤显重要。

第一节　恐惧的含义、种类与评估

一、恐惧的含义和种类

(一)恐惧的含义

恐惧是对真实的危险或想象的威胁的一种心理反应。有一些恐惧是我们成长中不可避免的副产品，随着年龄的增长它们通常就消失了，其他一些恐惧是由创伤性事件或者接触不适宜的社会环境造成的。还有一种导致恐惧的因素就是变化，不论这种变化是积极的还是消极的，它总会产生一定的情感突变。比如工作中的提升同一次车祸一样会产生压力。

一旦恐惧在我们头脑中出现，就会成为我们感情经历的一部分。恐惧对于身体和精神的影响非常大，它会使身体产生很大变化，甚至对于一个旁观者也是如此。我们可以看到一个人受到惊吓时的紧张、脸色变白等过程，但比这些外部反应更重要的是身体内部的变化：体内发生了一些重要的化学反应，严重的会在某种程度上打破身体平衡，如果经常经历恐惧，就会产生疾病。首先让我们来看一下恐惧积极的一面和消极的一面。

(二)积极恐惧和消极恐惧

当我们感到处于危险的环境中时，恐惧是作为一种警戒信号的情感反应。当环境确实危险并危及我们的生活或身体健康时，恐惧是有益的。当一阵强风吹过来，你会远离悬崖的边缘，这时的恐惧是有用的和救命的；避开朝你咆哮的大狗，这也是一种具有正面效果的恐惧；当你的房子失火，恐惧会促使你迅速逃脱。在所有这些事例中，恐惧是作为一种积极而具有保护性的冲动动员你逃走，以便从危险的环境中脱身。

但是现代社会把另外一种恐惧施加给了我们，这是一种保护我们免受那些失去价值、不能被爱或者被抛弃的情感威胁的恐惧。当身体处于不安全状态时，你没有很多时间去为这些事情担心，因为自杀率最低的环境就是在战争期间。当我们身体的基本安全需求得到满足时，我们才允许自己对一些不很可怕的环境感到焦虑不安。事实上，我们今天所经历的恐惧，主要与我们想象中发生的事情有关，而与这些正在发生的事情无关，想象中的未来不幸事件充斥了我们的大脑。比如“如果明天让我在大会上发言我将怎么办”“如果我喜欢的人拒绝我怎么办”，这些消极的预测经常使我们不能活在当下，过多地担心明天。

就在这一点上，恐惧就可能失去了其积极的一面，而变成消极的力量。只要你把恐惧作为一种警戒信号，并采取行动去克服困难，恐惧依然会保持其积极的作用。一些人能够创造性地利用他们的恐惧去达到他们的目的。他们把焦虑作为一种动力来推动他们向前，获得新的、更加美好的事物，来帮助他们集中精力增强感知机遇的能力。换句话说，恐惧充当了一种动力。而消极的担忧者们拒绝去解决问题，他们只是坐等、忍耐，对可能发生的事情感到害怕，这种恐惧是真正消极的。由于恐惧没有通过行动而缩减，它将一直存留在人们的大脑中，直到他们开始解决这个问题为止。如果你延迟或拉长了处于被动状态的时间，你就会处于恐惧忧虑的紊乱状态，这会产生大量有害的作用。

恐惧能产生消极力量的另一面是它能在某种程度上打乱你的情绪平衡，使你的身体机能不再正常地发挥作用。如果恐惧没有释放，你就会困惑、不安，很难作出决定。你会感到悲痛或更有挑衅性、失控，严重者还会导致神经衰弱。

(三)恐惧症

恐惧症(又称恐怖症)是恐惧的一种特殊形式，是一种以对某特定物体、活动或情境产生持续的和不合理的恐惧为特征的心理障碍，患者常不得不回避其害怕的对象或情境。持续的恐惧对人体健康危害很大，它会使人的神经中枢受到强烈的刺激，影响其正常功能的发挥，并可能导致个体出现生长发育减慢，语言障碍，听、视力下降及消化系统疾病。恐惧患者明知其反应不合理、没必要，但却反复呈现，难以控制。恐惧症起病较急，往往在某一事物或情境面前引起一次焦虑和恐惧发作之后，该物体或情境就可能成为恐惧的对象。研究显示：83%的恐惧症患者最初是由于经历了个人灾难(如疾病等)所致。恐惧症多起病于青少年期或成年早期，并以青年期与老年期患者居多。20 世纪 80 年代末，美国的一项流行病学调查显示特定恐惧症和社交恐惧症的患病率分别为 11.25%和 2.73%。研究表明，在儿童中，大约有 15%的人有与焦虑相关的问题，其中有大约 5%的儿童患有特定恐惧症。最近的一项调查研究显示，在现代化社会中，恐惧症的发生率有明显增加的势头。美国著名心理学家 Durand 和 Barlow 认为，约有 11%的人，其恐惧程度严重到了能被确诊某种障碍的程度，并能贴上“恐惧症”标签，而且这一数字还在不断增长。因而，要对其进行有针对性的治疗，了解其成因就显得尤为重要。

(四)恐惧的种类

依据人的个性特点、诱发恐惧环境的严重程度、个人当时的境遇以及他人对其恐惧问题的反应，恐惧可以分为以下四种。

1. 对失败的恐惧

这种类型的恐惧包括你必须在正式的场合展示一种你特殊的知识或技能，比如考试、测验、面试、公共演说等。在所有这些事例中，其他人将对你的表现给予慷慨或者相反的评估，而恰恰是这种“相反的评估”让你担忧。

对失败的恐惧是一种忧虑与恐惧症的混合，它就像是一种特殊情况的夸大了的忧虑，与恐惧症唯一的区别就在于对失败的恐惧所惧怕的情况被认为是真正很困难，恐惧症中的恐惧却是没有理由的。这种恐惧的共同点在于，只要没有外人在场，都可以表现得很出色。

对失败的恐惧总是与缺乏自信和生活失控感相伴而生，这也会产生一般的焦虑。对失败的恐惧有各种原因。比如孩子为了总是求得出色的表现而面临巨大压力，或因无法超过别人而遭白眼，或因过分地强调学业、运动成绩及其他有价值的事而产生对失败的恐惧。一个知道他(她)的名气决定于他(她)在学校的表现的孩子，会比一个无论在学校做得好还是不好都可得到无条件关爱的孩子更容易产生对失败的恐惧。

如果童年时父母给孩子施加很大的压力，孩子所做的没能达到父母要求的标准，这个人在以后可能会成为工作狂，仍然继续追求完美以使父母亲满意(即使他们已经去世很久)。或者这个人干脆放弃不干，退回到自己能够胜任的工作上，因为他们不能或拒绝再去追求完美，于是他们变得害怕成功，因为一旦成功了，他们就会担心不能保持住这种高水平的成绩。

2. 对分离的恐惧

我们可以马上联想到孩子刚到幼儿园时的情形，在妈妈要离开时，他哭喊着紧抓住妈妈不放。其实在一个家庭中不仅仅是孩子们经受过这种分离的恐惧，父母也一样感到让孩子们离开自己是一件很难的事情，正是因为孩子依赖父母，所以父母亲也变得更依恋他们的孩子。当孩子们搬走后，父母亲总要经历一次危机。最终，大多数家庭都会在允许孩子分居并与他们保持一种新的密切关系之间找到平衡。

对分离的恐惧在大学生关系中也发挥着作用，并产生非常消极的后果。建立一种关系就像自己形成的一种习惯，在这种关系中生活一段时间后，你就会习惯周围的人群。一些人甚至变得有些着迷，每天必须接触一下他人，尽管他们之间的关系可能不是很好。只有这种关系变得令人无法忍受时，人们才会去克服分离的恐惧而采取积极的行动。解决这些依赖关系的关键在于思考一下你生活的长远目标，如果你发现离开这种有害的关系很困难，那就考虑一下保持现状的后果。当然，作出最终的决定是需要信心和勇气的。

3. 对失去的恐惧

今天，威胁许多家庭的恐惧主要是养家的人对可能失去他(她)的工作的恐惧。对大学生来说，是对失去可以依赖的父母独立生活的恐惧，并要面临找工作的挑战。失去工作和安逸的生活是一种“创伤性”事件，对一个人来说是很大的考验。另外一种可能产生对失去的恐惧的情况是看到自己关系密切的人因患有艾滋病、癌症或其他形式的绝症即将死去等情况。与即将死去的人要经历各种情感阶段一样，和他们最亲近的人也要经历同样的感情阶段。

还有一种非常不同的对失去的恐惧就是嫉妒。与这种恐惧伴随出现的不是悲伤而是愤怒。一个嫉妒的人会生活在恐惧之中，他(她)害怕他(她)的伴侣找到更有魅力的人而舍他(她)而去。这种嫉妒是一种具有破坏性的占有行为，它是由于没有自爱和不能自我评价而产生的。嫉妒最终会破坏你们的关系。当你试图去监视你伴侣的每一个行动，公开怀疑他(她)对你的忠诚时，你就会把事情搞得越来越糟而陷入困境。

4. 对未来的恐惧

我们无法预测未来，但许多人却花大量的时间担心未来。对未来过分害怕的人在他们的私人生活中也备受焦虑之苦，他们对未来的悲观同样源自于他们目前的焦虑问题。在管理自我生活中越感到力不从心，未来就会看起来更加令人担忧，自己内心的恐惧就会转化为外部所看到的每一件事情——其他人变得可怕，因为他们更加自信。发生在周围的消极事情会进一步地加深你的失望和绝望。

(五)恐惧症的分类

恐惧症的分类很多，以下只介绍几种常见的恐惧症。

1. 广场恐惧

患者担心焦虑发作(恐慌发作)时会出现难以预料的后果，所以很害怕待在以下场所：因病情发作易失体面的场所；发作时难以迅速脱离及难以得到救助的场所。另外，因为在这类场所待着他们会很痛苦，所以他们尽量避开这类场所。如果没人陪伴，他们往往不敢涉及此类场所。

2. 社会恐惧

患者因担心会在众人面前出丑或因在众人面前会感到害羞而感到高度焦虑或极度痛苦，从而尽量避开这类场合，这就是社会恐惧。社会恐惧包括在众人面前不敢开口的对人恐惧，一抬头就满脸通红的赧颜恐惧，不敢和人视线相对的视线恐惧。有时，社会恐惧症患者会因极度的恐惧场面而引起恐慌发作。

3. 特定恐惧

所谓特定恐惧即对某种特定场所或特定食物持有异常的恐惧感。其中包括害怕待在高处的高处恐惧(恐高症)、害怕待在隧道里的幽闭场所恐惧、害怕蛇类的蛇类恐惧、害怕小刀与菜刀等尖锐物的锐器恐惧以及一见血液就极端恐惧而昏倒的血液恐惧(恐血症)等。

(六)恐惧症的表现形式

以上是恐惧症的简单分类，现实生活中的恐惧症多以恐慌发作的形式表现出来。恐慌发作，指的是极度焦虑状态的突然出现，并通常伴有一些躯体症状和灾难临头的想法。发作一般持续 20～30 分钟——但当时的感觉仿佛会永远持续下去。发作过后，患者会感到全身虚弱，筋疲力尽。如果不进行治疗，恐慌发作可能在每周或每天发作几次。恐惧症通常出现的症状有：呼吸困难或气短；窒息感；胸部发紧，有压迫感和疼痛感；发抖、震颤，而且体质虚弱；掌心出汗或出汗过多；手脚出现刺痛感或感到麻木；心跳加速、加剧；感到虚弱、眩晕或站立不稳；恶心、反胃以及肠胃不适；感到发热、发冷或脸红。

伴随恐慌的这些躯体症状，人们一般还会出现多种令其苦恼的想法，如：我要发疯或发晕了；我将失去理智；我将昏厥；我要崩溃了；我会犯心脏病；我会生病；我要大声尖叫而且将会犯傻。

二、恐惧症的评估

对恐惧症的评估，国际上有DSM(美国精神疾病诊断和统计手册)和ICD(国际疾病分类)的系统评估和诊断标准，国内也有CCMD(中国精神疾病分类)可供参考。这里我们主要介绍可以参考评估的一些症状表现。

像其他所有情绪一样，恐惧会导致身体、精神和情感上的变化，以下是可观察到的相关症状(见表8-1)。

表8-1 恐惧症的身体症状

头发	恐惧出现时头发竖起
下颚	牙关紧闭，磨牙
喉咙	喉咙紧缩感，吞咽困难，嘴干，梗塞，发音紧迫
肩膀/颈部	时有锁肩感，肩颈部僵硬，活动或静坐时疼痛，触觉敏感，伴随头痛
背部	症状见肩膀/颈部，但在背部局部或整个区域可有刺痛感
呼吸	呼吸浅短不规则，忧郁横膈膜痉挛，气体只能填充上部肺叶，不明原因的换气过度可导致头晕、眼花和晕倒
心脏	心悸，心脏有撕抓感，胸闷，与心脏病发作的感觉相似
胃	轻度恶心，胃部不适，功能紊乱，食欲欠佳，反胃，害怕呕吐，还可因吸烟、喝酒诱发胃溃疡
肠	肠功能紊乱表现胃便秘或腹泻、肠激惹症等，尿频
自身免疫系统	有生病倾向，忧郁使身体对病毒和其他致病因素的抵抗力减弱，生病的可能性更大，已有病情恶化，伤口不能很好地愈合或者需要更长的时间治愈
月经阵痛	经期疼痛加重，月经不调会持续更长时间
疲劳	打哈欠多，不论睡多少觉也缺乏活力，总的感觉身体在逐渐恶化
皮肤	出现湿疹，如已经有湿疹，则会恶化，有麻木感

由于在特殊的时刻感到害怕，因此所有身体症状都可能发生，或者长期受引起恐惧的环境的影响，或者过去没有解决的问题引起对每天事情的恐惧反应，这些症状都可能发生。然而，身体的症状只是经历恐惧的一个方面，同时也有一些精神和情绪上的影响，它们比最初的身体症状更加严重(见表8-2)。

表8-2 恐惧症的精神和情绪症状

不能集中精力	记不住你所听到的事情，必须重复多次谈同样内容
记忆力	记忆力减退，不能回忆简单的日常事情
身心不宁	不能放松，无所事事，沉思和做瑜珈也感到不舒服
坐立不安	不能安静地坐着

续表

沮丧	不想再面对外界，逃避社交活动
挑衅和攻击	苛求，易怒，对小事斤斤计较
脆弱	易流泪，躲避产生压力的任何事情，听任他人摆布，多疑，感到受到虐待，过度自责
反复无常地行为	难以用正常的方式做事，做事虎头蛇尾，笨拙，犯低级错误，重复犯同样的错误，什么事都想立即去做
强迫症	总有一些不现实的消极想法，总是把每件事整理得井然有序，过度要求整洁，重复检查锁、水龙头和炊具
感到不能胜任	道歉多，低调
承受挫折限度低	当不能立即达到预定得结果时很快就会放弃
期望值过高	对自己或他人期望值过高
缺乏激情	冷漠，对于生存之外不必要的事情缺乏兴趣
说话	结巴，口吃
睡眠	睡眠很轻，失眠，梦魇
人格解体	感到与自己脱离，感到不是自己
迷向	容易迷路

这些精神和情绪上的症状是否只存在于一个人身上，或者它们是否在以后的生活中出现，都无关紧要，但它们却预示着恐惧以某种形式存在着。

第二节　恐惧的理论与研究

有关恐惧的理论是多方面的，本节主要介绍有关恐惧产生的原因以及与恐惧症有关的治疗理论。

一、引发恐惧的原因

尽管对于引发恐惧症的主要原因是什么目前仍存有争议，并且不同的学者对此的解释也是各不相同的，但越来越多的证据显示，恐惧症与其他心理障碍一样，其产生的原因是多方面的。现在，人们越来越倾向于认同心理病理学中的“生理—心理—社会”三维立体模式。

（一）生理因素

有研究表明，假使父母中有一人曾患恐惧症，则子女可能也有患此症的倾向。尽管关于恐惧症是否具有遗传性的研究较少，但研究结果却非常一致：恐惧症很有可能具有遗传性，尤其是双生子的研究更加证实了这一点。有人在做双生子调查之后，发现在 13 对双卵双生子中，其同病率为 0。这就说明广场恐惧症可能与遗传有关。另一项双生子研究也证实恐惧症与遗传具有较高相关。还有研究发现，患有 Williams 综合征(一种由于 DNA 倒位导致的非遗传性病症)的人患恐惧症的比例要远远大于正常人群。几乎 96%的 Williams 综合征患者都患有恐惧症，这表明恐惧症与个体的生物化学因素关系密切。有的研究甚至还发现恐惧症患者大脑内的化学物质也与正常人不同。而进化论者认为，人类在进化过程中为了防止灭种，会有选择性地对某些有潜在威胁的物体和情境产生恐惧，从而激活“逃跑”机制，使人类远离危险的伤害，也就是说这些“预备好的”恐惧是天生的、本能的。这有助于解释恐惧症的某些非理性方面。

(二)心理因素

弗洛伊德曾把恐惧看作是由于童年期的性心理冲突所造成的。他认为，恐惧来自于自我对危险的反应，反应水平的差异是由于最初的归因所致。因此，这种危险体验的唤起，并非完全是由于外部情境造成的，它还与内驱力的影响以及自我所受到的挫折和被拒绝有关。恐惧作为一种信号表明自我在竭力组织潜意识驱力给意识造成的挫折体验，从而允许自我对造成其挫折体验的本能加以有效的监控和管理。在弗洛伊德的理论中，恐惧症又称之为“焦虑性歇斯底里”，是由儿童早期的恋母情绪冲突所致。到了成人阶段，由于性驱力继续表现出强有力的恋母或恋父色彩，从而激起了一种关于被阉割的恐惧和焦虑。行为主义则认为恐惧情绪的出现是由于形成了不良条件反射(或行为学习)的结果。依据条件反射的原理，行为主义者认为恐惧症是由于某些无害的食物或情境与令人恐惧的刺激多次联合出现而形成了条件反射，因而引起恐惧的性质，使这些物体和情境成为恐惧的对象。在经典的刺激一反应理论中，条件反射被看作是在很大程度上依赖于无条件刺激物的定期强化而维持存在的。也就是说，一旦强化消失，这种条件反应也就随之减弱。但是，在恐惧症中，这种情况却是例外，患者可以在长达几年的时间中维持这种恐惧症状，而不需要其他外部强化物的影响。在今天，条件反射理论已经被接受用来解释那些以情境刺激为主要原因造成的恐惧症。此外，有研究还表明，恐惧症患者病前性格多为胆小、羞怯、被动、依赖、高度内向、容易焦虑、恐惧、有强迫倾向等。因此有人认为恐惧症的发病可能也与性格有关。

(三)社会因素

不良的社会环境、家庭及学校不良的教育等都可以成为恐惧症的发病原因，而其中又以父母的行为方式、教育方法的不当为主，尤其是父母的溺爱、吓唬、威胁等容易造成孩子的恐惧心理疾患。此外，家庭成员的不和睦也会给孩子带来惊恐与焦虑。更深入的研究则暗示恐惧症与家庭结构、家庭教养方式、父母文化程度以及出生次序等都有密切关系。另外，恐惧症与文化也有密切关系。Swanson 发现，不同种族、不同文化程度的群体，不仅其恐惧症的发病率有差异，而且其恐惧的内容、恐惧的表现方式也各不相同。他发现恐惧感在某些文化圈中似乎比在别的文化团体中更常见。这就进一步说明了恐惧症的发生与社会文化的关系极为密切。

总之，恐惧症与其他心理障碍一样，成因是多方面的。因此在进行诊治时应将生理、心理和社会三方面的因素进行综合考虑，以达到对症治疗的目的。

二、相关的治疗理论

在对恐惧症的治疗实践过程中，各学派发展出了独特的治疗恐惧症的方法，有心理分析方法、行为疗法、催眠疗法、认知领悟疗法、森田疗法、药物治疗和联合治疗等。

(一)心理分析方法

根据恐惧症的病因采用“精神分析”的“领悟”手段引导患者运用“自由联想”的方式对过去经历中被遗忘了的创伤体验即原始冲突加以回忆，并再现到现今的意识中来，重新领悟。以成人的态度重新认识幼年的心理创伤，并从中找出与本次发病的关系。发掘患者潜意识内的矛盾冲突或导致疾病的情结，把它带到意识领域中来，在现实原则的指导下进行矫正或消除，从而建立起一个正确的心理结构，使病情痊愈。尽管心理分析是治疗恐惧症的好方法，但需要耗费治疗者的大量时间，患者通常会因缺乏反复就诊的耐心而焦急。因此，培养患者进行自我分析就显得尤为重要。这样不仅可以节省治疗者的时间，而且还可以减少患者的就诊次数，从而有利于提高患者进行心理治疗的信心。

(二)行为疗法

根据条件反射原理，我们可知，人类的许多恐惧情绪都是通过后天习得的。因此恐惧情绪也可以通过后天的重新学习而被克服。所以，行为疗法的主旨就是让患者暴露在引起其恐惧情绪的情境中去，从而使其逐渐地消除对该情境或物体的恐惧。行为疗法主要有暴露疗法和系统脱敏疗法两种。暴露疗法治疗成功的关键是在医生的指导下定期自我暴露，同时应注意暴露的时间、进程和全面性。随着研究的深入，暴露疗法发展出了除现场暴露外的其他许多方法，主要有想象暴露、替代暴露、虚拟暴露、自我暴露等，而且其疗效也同样不错。随着治疗实践的深入，人们逐渐认识到患者依从性对治疗成败的影响。因此许多研究者在使用暴露疗法的同时，都要结合放松训练等方法来加强患者对暴露疗法的依从性。当我们在使用暴露疗法的同时，又运用了放松训练，那便是行为疗法中的系统脱敏疗法。系统脱敏疗法最早起源于20世纪50年代，由一位叫Wolpe的南非人创立，现在已经成为使用最广泛的用以治疗恐惧症的技术。它旨在破坏引起恐惧情绪的刺激与反应所建立的条件反射。其目的是帮助患者减低对某些刺激情况的敏感反应，从而免除焦虑的痛苦，以恢复正常的生活。具体说来，这种技术包括三个方面的内容：放松训练、建立焦虑登记和实际操作系统脱敏。这个技术的基本假设是恐惧的心理状态不会与不紧张的身体状态(如肌肉放松)并存，而且认为这种不紧张的身体状态能够组织与恐惧相联系的反应。系统脱敏疗法是在暴露疗法的基础上，结合放松训练逐级进行的。因此，运用系统脱敏疗法又发展出了眼动脱敏与再生的方法以及认知行为情绪加工法，研究结果均证明这些新的治疗方法同样具有很好的疗效。

(三)催眠疗法

催眠疗法治疗恐惧症就是催眠者使用心理暗示的方法使被催眠者产生一种特殊的意识活动状态即催眠状态；被催眠者在催眠者的暗示下，身心处于松弛状态，外来的刺激被隔绝，敏感度下降，从而除去恐惧症。它是心理治疗中的一门重要技术，可以有效地接触患者的恐惧、戒备和羞耻感。当患者进入催眠状态时，许多处于无意识或潜意识中的记忆便会浮现脑际，从中引出心灵中压抑患者的困扰，找出心理症结即恐惧的象征意义，然后运用催眠法，分析其错误的思路，破坏其治病的缘由，教以正确的适应方法。由于催眠法不是就病论病，而是追本溯源，寻根究底的治疗，因此效果较好。催眠疗法被认为是治疗恐惧症，尤其是场所恐惧症和特定恐惧症的好方法，而且不少实证研究也都证明了催眠疗法的疗效。

(四)认知领悟疗法

认知领悟疗法认为，思维、感受和行为是具有内在联系的；各种认知活动对于了解个人的心理病理状况以及寻求治疗机遇都是重要的。认知和行为是彼此呼应的，一方面，认知可以引发与转换各种各样的行为模式；另一方面，认知又来源于行为操作。认知治疗的工作就是与患者一道来评价已经扭曲的认知过程与行为，同时设计出一个新的，可以治疗不适当认知、行为和情感过程的学习策略。一般而言，认识领悟疗法治疗恐惧症病人，要采用病人容易理解的、符合其生活经验的解释。并要指出恐惧持续存在的根源在于患者无意识的愿望得不到满足。因此，治疗师通过引导病人分析症状的性质，把症状背后无意识的愿望引导到意识中来，病人领悟了症状的实质，症状也就失去了存在的意义而消失。认知领悟疗法治疗的最基本目标就是教会人们识别和改变那些导致他们发生错误行为的不合理信念，进而能够用更加合理的方式去对待他们自己。实验表明认知领悟疗法治疗恐惧症具有不错的疗效。

(五)森田疗法

森田疗法是由日本森田正马教授从他亲身的神经症体验和多年的医疗实践中总结出来的。该疗法的治疗原理主要是“顺其自然”和“为所当为”。所谓“顺其自然”就是让患者承认并接受症状及与之相伴的苦恼和焦虑，不把症状当作心身异物进行排斥，以消除主客观之间的冲突，不把注意力集中在“症状”上，听其自然，不予理睬。所谓“为所当为”就是除了对症状采取顺应的态度外，还应该把注意力集中在行动上，即一面接受症状不予抵抗，一面进行正常的工作和学习。一般地，森田疗法采用固定的四期实施程序：卧床期、轻体力期、重体力期和回归期。患者经过体力期的训练后，忍耐力进一步提高，患者也重新看到了自己的潜力，认识到在心理上、身体上有许多优势没有发挥，是因为没有去做或因顾虑而不敢去做，从而坚信了积极生活的行为准则。重体力活动锻炼了患者的意志力，使其自制力增强，性格逐渐坚强，心理素质在不知不觉中得到提高。患者在承受能力增强、忍耐力提高、身体素质改善、获得一定自信心后，再与“恐惧”对象接触时，不安、恐惧和焦虑就会减轻，因此信心更加增强，也会主动、积极地接触恐惧对象。这样，恐惧症状就会逐渐消除。

(六)药物治疗

对恐惧症的西药治疗主要是通过影响大脑的化学成分而减少焦虑障碍的症状，临床上主要是让患者服用一些抗抑郁或抗焦虑的药物。尽管有研究证实药物疗法对恐惧症亦有不错的疗效，但事实上，对恐惧症进行的药物治疗，只能在当时起一种减轻焦虑症状的作用，其最终效果是不理想的。而且药物治疗还会带来一系列的副作用，并引发患者的药物依赖。基于抗抑郁与抗焦虑药物的不足，近来有研究者开始试图从中医着手，对恐惧症患者进行中药治疗。研究者们根据中医辨证论治的观点，认为恐惧症的发生主要是由情志因素或身体衰弱、五志过极所致。在情志刺激下，机体五脏气机失调，经气运行不畅，阴阳失去平衡，无咱所藏之神不安，或所主失常，致气血阻滞，因而引发了恐惧症。因此在对恐惧症患者的治疗中，主张进行以清热泻火、平肝安神、疏肝解郁、健脾化痰、养心安神、益气健脾为主的中药治疗，研究结果显示对治疗恐惧症有很好的疗效，而且具有费用低、副作用小、预后理想的优点，因此被认为是一种较满意的治疗方法。

(七)联合治疗

联合治疗就是将两种或两种以上的心理疗法或将心理疗法和药物疗法结合起来对恐惧症患者进行治疗的一种治疗方式。早在 20 世纪 80 年代就有运用心理支持疗法结合暴露疗法治疗恐惧症的成功案例。事实上，人们早就认识到单纯使用认知重构的方法对恐惧症进行治疗，其作用甚微，因为大多数恐惧症患者都清楚他们的恐惧是非理性的。因此，有研究者开始将认知疗法与行为疗法相结合，发展出认知行为治疗。运用该法对恐惧症进行治疗，不仅能取得满意的疗效，而且也能节省不少治疗时间。有研究者将接触式脱敏疗法与认知重构以及家庭治疗的方式相结合治疗恐惧症并获得成功。此外，还有研究者以中医辨证论治配合心理辅导方式治疗恐惧症，也取得了很好的疗效。随着治疗的深入，针灸结合心理疏导的方法治疗恐惧症也开始受到人们的关注。

总之，在恐惧症的治疗实践中，我们应根据患者的实际情况，采用合适的治疗方法，帮助患者走出恐惧阴影，从而使其从恐惧症中康复过来。

第三节　恐惧的管理策略

在我们身边，有许多方法可用于控制甚至消除恐慌发作。一些患者或许并未意识到这些方法对自己有帮助效果。下面我们先介绍一下预先对付焦虑不安的步骤。

一、预先对付焦虑不安的步骤

(1)承认你的恐惧，接受它。

(2)谈论你的恐惧，让人分担它。

(3)分析你的恐惧有些什么情感成分。

(4)搜集你可能需要的资料、信息。

(5)增大自信和自爱，回想你的成就，列举你的品质才能，在谈论自己的时候要有自尊和感情，深入你的童年，找出从小使你恐惧的原因并消除它。

(6)要求亲人与你做身体接触，如果他(她)贴着你的背，把手搭在你肩膀上，你会感到他(她)胸腹的体温，他(她)就在你身后，你可以面对他(她)，他(她)会给你以支持，当你经受“考验”时，回想这种感觉，以便让自己走出恐惧状态。

(7)给你自己一定的空间，以便预先做出积极的想象，努力设想自己时刻按自己的愿望而活动、生存。

(8)在行为中始终记住自己的理想、预先的积极想象以及亲友的支持。

(9)当你成功地经受了“考验”，压下恐惧之后，回想所做过的努力，对比做出努力之前和之后的感觉，记住成功的快乐。

这九条是逐步消除恐惧、增强自信，做出积极准备的基本步骤。

二、自助方式

应对恐慌障碍的有效技能是可习得的。有些自助方式与心理健康专业人员提供的更为周密的治疗结合使用更为可取。在日常生活中有意识的自助训练更有助于恐惧症患者康复。

只要你害怕，你的呼吸就变得更加急促而浅短，你的身体也会紧张起来，这种生理反应总会自动发生。如果这种反应不明显，我们甚至感觉不到紧张。我们可能在上班时担忧一种情况，但只有在晚上我们才会感到颈部有些不适。然而当我们对看牙医感到非常焦虑时，我们就会马上意识到这种身体的紧张——身体仿佛被“锁定”，心跳加速，嘴巴干燥，两手出汗，想要呕吐。

1. 基础呼吸训练

(1)把手放在肚脐的上方，收紧胃和腹肌，保持紧张一会儿。

(2)让肌肉放松，感受不同的感觉。

(3)重复做第 1、2 步，你就会开始知道在那个位置所感受的紧张和放松有什么区别。

(4)现在从鼻子吸气，用手向上推扩张的胃和腹部，屏住呼吸一会儿。

(5)用嘴呼气，注意你的胃腹部是怎样收缩的，并怎样使你的手向下滑动。

(6)重复做第 4、5 步 20 次，注意观察你在做这个练习时怎样逐渐安静下来。

如果你对一些事情感到紧张或者你发现恐惧向你袭来，就立即把手放在胃部，开始正确地呼吸，这种方法能更好地控制恐惧，你会经常发现你使恐惧消失了。

2. 数数

这个训练是在前一训练的基础上进行的，听起来似乎有些简单，但它却需要大量的注意力。

(1)闭上眼睛。

(2)吸气，使你的胃腹部膨胀，然后呼气，在大脑中装那个数“1”(只注意你的呼吸，不要想其他)。

(3)继续吸气、呼气，每次呼气时，在大脑中数下一个数(只注意你的呼吸，别让大脑走神)。

在你发觉大脑走神时，有一些方法可以使你更容易地数到更多的数字。

方法一：当你在大脑中数一个数时，同时也想一下这个数，就像电梯上现实的楼层数一样，在你的大脑中形成一个图像，直到下次呼气，然后再用下一个数字取代它，这样你把注意力集中在这件事上就会占去你大脑的部分空间，而防止其他想法侵入这个空间。

方法二：当你呼吸时，集中注意身体的各种感觉和变化，你会对所感觉到的细节和这些细节是如何产生的感到吃惊。

数呼吸次数不仅能帮助你调节呼吸，而且对你的精神状态也有效果。由于你把注意力集中在呼吸上，就会自动地清除大脑中的其他想法，尤其是一些令人不快或恐惧的想法，这就意味着你正开始放松，不单是身体的放松，你的大脑也开始感到很平静，当你的大脑仍受白天的琐事和问题困扰时，这样做会帮助你更容易入睡。由于你的身体和精神达到了一种休眠状态，你就建立了需要入睡的所有条件。

任何一种呼吸训练都会自动地使你身体的其他部分放松。现在你可以通过使用下面这种训练进一步放松身体。

3. 分级放松

分级放松指逐渐地、一步步地放松你的身体。

(1)坐着或躺着。如果你坐着，确保你能把头舒适地靠在椅子背上，或者靠墙放一个垫子，把头靠在垫子上。如果没有可依靠的东西，那么就必须使头部处于适当的位置，但这样去放松颈部肌肉会很困难，而这些肌肉也是最常紧张区域之一。

(2)闭上眼睛，你就能更好地把注意力集中在你所做的事情上。

(3)开始慢慢收紧你的脚部肌肉，直到脚部有明显的紧张感为止。保持一会儿这种紧张，以便你能完全地感受到它，现在让你的紧张感慢慢消失。如果你平躺，在放松脚部时，把你的脚向外自如地放下。

(4)现在开始把注意力集中在你的小腿肌肉上，慢慢地使它们紧张起来，同时尽可能不要干扰其他肌肉，保持紧张一会儿，现在再慢慢地释放肌肉直到放松的状态。

(5)继续按大腿、腰部、胸部、手、胳膊、肩膀和颈、脸(皱眉、叩齿)的顺序做相同形式的训练。

(6)完成所有的训练后休息一会儿，以便你能完全享受一下放松的感觉。

在这个训练中，技巧就是非常从容地去做，在身体各部分紧张起来时、保持紧张状态时、在放松过程中以及它们最终完全放松下来后都要集中精力注意身体各部分的感觉。

在你完成全部训练后，你就会知道身体放松的感觉，也会认识到你放松的标志是什么，有些人会有四肢或全身沉重感，而其他人则会感到很轻松，仿佛飘起来一样。注意观察你的呼吸是怎样变得更加平静而均匀，留心你大脑中的思绪是怎样慢慢平静下来的。其他放松的标志还包括没有肌肉痉挛，胃里没有咕咕叫的声音。

4. *想象*

另外一种间接放松方法就是心理幻想，这种幻想是专门用来满足你的需要，所以为了找到你理想的幻象，你要先坐下来静静地待一会儿，心里默念“一个平静、闲适而又安全的地方，在那里我感到放松和安静”。过一会儿，然后再重复这个想法，看哪一种幻象将会出现。你可能会自然迸发出一个想法，或者你不得不让大脑想到很多可能，然后选择一种最吸引你的，这里有一些你可能会想到的室内或室外的好地方：一间能够眺望美丽乡村的小房间；一套阁楼公寓，有一个远离喧嚣熙攘生活的房间；一片热带沙滩等。

一旦选定了你的幻象，就按以下步骤去做：

(1)舒服地坐(躺)下来，闭上眼睛。

(2)想象出你幻想的地方，假定你就在这个地方。

(3)开始仔细观察这一地点，你看到了什么？尽可能地注意更多的细节(比如：如果你选择了沙滩，就观看棕榈树和它们伸向天空的庞大叶子；观看沙子和大海；观察波浪冲向沙滩时在沙子中形成的波纹；看波浪顶部的白色浪花；注意天空和海洋的颜色)。

(4)把自己沉浸在周围环境的各种声音之中，波浪翻滚而来的声音、波浪退去时轻微的嘶嘶声、树上鸟鸣的声音、棕榈叶在微风中吹拂发出的沙沙声。

(5)也想象一下其他的感觉，感受一下脚下细腻的沙子，感受一下波浪冲击脚的感觉。

(6)尽可能地让这些幻象和感受保持在你的大脑中，完全地放松。

(7)睁开眼睛，检查一下放松的标志(沉重，或更顺畅的呼吸等)。

至少结合两种训练进行放松，这是个好办法。先做分级放松训练，然后再进入想象，或者只做其中一种呼吸训练，最后再与想象或分级训练结合来做。

所有训练都有一个累积的效果，你练习得越多，训练就会变得越容易，你就会越快达到放松的状态。

5. *身体锻炼*

由恐惧引起的身体症状会帮助延续那种恐惧，形成一种恶性循环，使你更难摆脱恐惧。因而，身体锻炼是解决恐惧问题非常重要的一步。经常进行体育锻炼会积极地影响你的身体，因而产生舒适感。锻炼后你的肌肉会放松下来，增高情绪紧张水平的肾上腺素被耗尽，使身体“感觉良好”的物质上升，你的血液循环和新陈代谢将得到改善，你的活力会提高(尽管在锻炼中或锻炼后感到疲惫)，胆固醇和血压下降，血糖浓度变得更加适宜，因而，你会感到更加平静、睡眠更好、控制力更强，从而减少焦虑。

有许多锻炼方式可以选择，如散步、慢跑、场地跑、跳绳、蹦床、举重训练、游泳、骑马、划船、骑自行车、滑冰、轮滑、滑雪、打网球、踢球、打篮球和排球等。

第四节 辅导方法与案例分析

我们在第二节中已讲到，辅导恐惧症的方法有很多，诸如心理分析方法、行为疗法、催眠疗法、认知领悟疗法、森田疗法、药物治疗和联合治疗等。针对大学生恐惧的特点，以及行为疗法短、平、快的优点，以下着重介绍在认知领悟疗法中较为突出的系统脱敏疗法。

一、系统脱敏疗法及其治疗原理

系统脱敏疗法又称交互抑制法，主要是诱导求治者缓慢地暴露出导致神经症焦虑和恐惧的情境，并通过心理的放松状态对抗这种焦虑和恐惧的情绪，从而达到消除神经症焦虑和恐惧习惯之目的。

系统脱敏疗法是由美国学者沃尔帕创立和发展的。沃尔帕认为，人和动物的肌肉放松状态与焦虑和恐惧情绪状态是一种对抗过程，一种状态的出现必然会对另一种状态起抑制作用。例如，在全身肌肉放松状态下的机体，各种生理生化指标，如呼吸、心率、血压、肌电、皮电等生理反应指标，都会表现出同焦虑和恐惧状态下完全相反的变化。

(一)放松疗法及其理论假设

放松疗法又称松弛疗法、放松训练，它是一种通过训练，有意识地控制自身的心理生理活动，降低唤醒水平、改变机体紊乱功能的心理治疗方法。

放松疗法是基于下述理论假设：认为一个人的心情反应包括“情绪”与“躯体”两部分，假如能改变“躯体”的反应，“情绪”也会随着改变。至于躯体的反应，除了受自主神经系统控制的“内脏内分泌”系统的反应不易被随意操纵和控制外，受随意神经系统控制的“随意肌肉”反应，则可由人们的意念来操纵。也就是说，经由人的意识可以把“随意肌肉”控制下来，再间接地把“情绪”松弛下来，建立轻松的心情状态。在日常生活中，当人们心情紧张时，不仅“情绪”上“张皇失措”，连身体各部分的肌肉也变得紧张僵硬，即所谓心惊肉跳、呆若木鸡；而当紧张的情绪松弛后，若僵硬肌肉还不能松弛下来，即可通过按摩、沐浴、睡眠等方式使其松弛。

(二)治疗步骤

1. 建立恐惧或焦虑的等级层次

通过诱导，使患者报告出使其感到焦虑或恐惧的事件，并报告出对每一事件感到焦虑或恐惧的主观程度，主观程度可用主观感觉尺度衡量，这种尺度为0～100，一般分为10个等级。根据患者报告出的焦虑或者恐惧的事件等级程度由小到大排列。

2. 进行放松训练

训练时要求在一个安静、整洁、光线柔和的房间；声音要求低沉、轻柔、愉快。

在进入放松前让患者尽量使自己舒适地靠在沙发上。具体步骤如下：

(1)引导患者闭眼深吸气，并保持约10秒再缓慢吐出，重复进行4～5次。

(2)患者通过皱眉及用力握手体验到肌肉紧张，从而再体会到放松的感觉。

(3)脚(用力使脚趾抓地面约10秒后体会放松约5秒)—大腿(脚跟向下紧压地面绷紧大腿肌肉保持约10秒后体会放松约5秒)—额头(皱紧额头肌肉持续约10秒后体会放松约5秒)—双眼(紧闭双眼保持约10秒体会放松约5秒)—牙齿(咬紧牙齿保持约10秒后体会放松约5秒)—舌头(用力顶上颚保持约10秒后体会放松约5秒)—头(向后紧靠沙发保持约10秒后体会放松约5秒)—下巴(向内收紧下巴保持约10秒后体会放松约5秒)—双肩(用力向后扩展、上提、内合各保持约10秒后体会放松约5秒)—双腿(抬腿后用力弯腰保持约10秒后体会放松约5秒)—臀部(绷紧保持约10秒后体会放松约5秒)—全身(体会全身各个肌肉群放松时温暖、愉快的感觉1～2分钟)—睁眼(体会平静、安详、精神焕发的感觉)。

照此顺序依次放松4～5遍，每天1～2次，每次历时半小时，以能够比较自如地进入松弛状态为合格。经过1周训练后患者基本上能够掌握此方法并自如地进入放松状态。

3. 进行想象脱敏训练

当患者进入放松状态后，由家人或朋友从引起来访者焦虑或恐惧的最低层次的刺激物开始作尽量生动、形象的口头描述，要求来访者对所描述的情境进行生动、形象的想象，在能清楚地想象此事时，伸出一个手指头来表示，此时该家人或朋友要求患者保持这一想象中的场景30秒左右。想象要求生动逼真，像演员一样进入角色，不允许有回避停止行为，一般忍耐1小时左右视为有效。当患者报告实在无法忍耐而出现严重恐惧时，让其采用放松疗法对抗。如果在某一级训练中采用放松疗法对抗后仍出现较强的情绪反应，则降低重新训练。然后，按照上面划分的等级层次逐一递增，每次训练递增不超过4个等级层次，直到对最高级的恐惧事件的情景也不出现惊恐反应或反应轻微但能忍耐为止。每周照此做1～2次训练。

4. 进行实地适应训练

从最低层次开始到最高层次逐级训练，一般要重复多次，直到焦虑或恐惧的情绪反应完全消除时才可以进入下一等级。每周训练1～2次，每次30分钟左右。比如对一个十分害怕猫的人，在治疗中，便先让她看猫的照片，谈猫的事情；等到看惯了，不害怕了，便让她接触形象逼真的玩具猫；再让她靠近笼子里的猫，接着慢慢伸手去摸猫，最后抱猫。

二、案例分析

(一)求助者一般资料

来访者为女性，21岁，高校在读大三学生。主诉害怕熟人，特别是老师，回避和人交往，只要有这些人在场就会出现出汗、发抖等植物神经功能失调症状。上课注意力不能集中，经常失眠，学习和生活明显受影响。总病程已有两年多，感到非常痛苦。

自诉家庭较困难，父亲是工人，性格怯懦，但对家人很好。母亲是文盲，无正式工作，脾气特别不好，很霸道，家里人都怕她。17岁那年父亲因病去世，家里经济更加困难。自己完成中学学业全靠亲戚借钱相助，每一次借钱她都感到特别自卑，都会偷偷地哭一次。入学后就想一定要好好学习，争取找个好工作，所以平时做事和与人打交道总是小心翼翼。有一次特别害怕老师的问题同学答不上来，我就主动站起来回答了，结果老师说："就你显摆!"课下同学们也议论我爱出风头、出卖同学、不够意思。我感到很委屈，也觉得自己很笨，不会和同学、老师搞好关系。从此以后，只要在教室里上课，就会出现心悸、手抖、出汗、胸闷现象，非常痛苦，注意力也不能集中，效率很低，学习成绩迅速下降，并且越想克制，反而症状越严重，如此形成恶性循环。慢慢地，发现只要碰到老师和同学就会紧张害怕，出现心跳、气急、出汗。所以生活中总是找借口回避他们，上课时坐角落里，也不敢抬头。近一年已发展到几乎害怕所有的人，也不和任何人交往，并伴有失眠，为此非常焦虑痛苦。

成长史：幼时生长发育好，身体健康，无重大器质性疾病。高考和大学入学体检未发现躯体疾病。7岁上学，从小学到高中，读书成绩好，这也是她唯一值得骄傲的地方。家中两姐妹，她是老大。平时性格较内向、胆小敏感，做事追求完美，朋友不多。

心理测试：SCL-90量表总分为111，强迫、抑郁、焦虑、敌对、恐惧、躯体化、人际关系七项因子分均高于正常，其中恐惧分高于正常的4倍。EPQ测试结果中E量表分为40，表明偏向内向。

(二)评估及诊断

1. 原因分析

社会原因：家庭经济状况较差，自幼目睹家庭拮据，使其下决心通过自己的努力改变生活状况，把本该由父母承担的责任自己承担下来，产生了压力。

父母文化水平不高，妈妈脾气又不好，缺乏正确人际交往技能指导，自己以学习为中心，很少与同学交往，缺乏社会支持系统的帮助。

心理原因：在认知方面，存在不合理的思维方式和观念，认为自己没考好就无颜见人，对他人的评价过于关注。窘迫的生活、亲戚的冷落和同学老师的负性评价则更加强化了她的自卑和挫败感，产生了对自我的不适当评价和对他人的错误认知，这成为了本病的一个重要诱因。在情绪方面，受紧张、恐惧困扰不能很好地自我调节，形成恶性循环。在行为模式上，缺乏解决问题的策略和技巧，不能成功与人沟通、交流，当被误解时不知所措，行为退缩。在人格方面，自幼性格内向、自卑、胆小敏感、爱面子，个性追求完美，争强好胜又屈服于权威，来访者的人格特征是产生该症状的主要因素。

2. 心理状态评估

根据病与非病的三原则，该来访者的知、情、意是统一的、一致的，对自己的心理问题有自知力，有主动求医的愿望和行为，无逻辑思维混乱，无感知异常，无幻觉、妄想等精神病的症状，因此可以排除精神病。

根据来访者紧张、不安、恐惧、心慌、出虚汗、注意力不集中等症状，持续时间达两年多，出现了泛化及回避行为，且影响了社会功能，不属于一般心理问题范畴。根据CCMD-3心理测验结果，可以考虑诊断为社交恐惧症。

3. 诊断

排除来访者器质性疾病，发现来访者近几年内有明显社会心理因素的应激，症状表现两年有余，并出现泛化，主要表现为害怕和人交往，并伴有明显的植物神经紊乱症状和抑郁情绪；恐惧程度和实际情况不相称，知道恐惧过度、不合理和不必要，但控制不住，由此反复采取回避行为。自知力存在，有求治要求，学习和生活明显受影响。因此诊断为社交恐惧症。心理测验结果支持本诊断。

(三)咨询目标的制定

1. 具体目标

通过治疗改变来访者错误的认知，形成对自我的一个适当的评价，以消除恐惧情绪，恢复正常的人际交往，保证正常的学习和生活。

2. 近期目标

建立良好的咨询关系，取得来访者的信任，在明确诊断的基础上，让来访者共同参与目标的制定并配合咨询方案的实施。

3. 最终目标

能运用所学到的、建设性的应对方法和认知模式调试心理状态，正确处理日常生活中的困扰和问题。

4. 长远目标

促进来访者心理健康发展，协助其自我认识和自我成长。

(四)咨询方案

依据咨询目标，治疗的重点在于改变来访者的不合理思维方式、行为等，因为认知过程是行为和情绪的中介，不适应行为和不良情绪应从认知中找原因。只有当认知中的不良成分被揭示出来，进行正确合理的再认识，并配合行为治疗给以调整，不良的情绪和行为才随之得到改善。所以，本例选择认知领悟疗法、支持性治疗、系统脱敏治疗等综合方案对来访者进行心理干预。

(五)咨询过程

1. 咨询初期

第1～3次，每周1次，每次1小时。重点是收集信息，建立良好咨询关系，调节来访者紧张和恐惧情绪。

为了消除来访者的紧张情绪，增强她的信任感，从而能配合心理咨询的实施。特别重视会谈技巧。晤谈中咨询师合理地应用了倾听、询问、鼓励、同情等技巧，使来访者消除了紧张情绪，详细地叙述了病史。然后向她剖析了本病的本质及发生发展的因果关系，解释了如何治疗等，消除了顾虑，来访者表示愿意接受咨询并积极参与了方案的制订。

另外，因为来访者精神紧张、焦虑痛苦，所以对来访者进行了松弛训练。第一步是对她进行放松技术的指导，使她掌握正确的放松方法。第二步是进行30分钟放松训练，患者反应，精神不那么紧张了，情绪放松多了。第三步是让来访者回宿舍后坚持每日早晚训练1次，每次10～20分钟，体验放松的感觉。

2. 咨询中期

第4～12次，每周1次，每次1小时。重点帮助来访者纠正不合理的认知，并进行系统脱敏训练。

(1)认知领悟疗法。针对来访者存在的幼稚的认知方式和不合理观念，采用了认知领悟疗法。首先告知其相关知识，并让来访者找出了自己不合理的信念，从而使来访者认识到自己的想法是不合理的，同学和老师对她是友好的，没有嘲笑她之意。她之所以会出现这些恐惧症状，是一种自我不良的暗示在作怪，原因在于她的童年使其自卑心理发挥作用。用童年的思维看待问题，过分关注他人的评价就会体验到强烈的不安全感和委屈，才会出现这些不合理的恐惧心理。通过几次的论证，使来访者领悟了，人无完人，应学会积极自我关注，对自己的弱点要坦然面对，对别人的评价也应理智接受，学会了用承认应有的心理来思考问题、解决问题、与人交往。

(2)系统脱敏疗法。在认知领悟基础上，为其讲解系统脱敏疗法的原理及对恐惧症的作用。然后，根据其恐惧程度的高低，确定了恐惧等级，并配合已掌握的放松技术，由低级向高级逐渐实施了脱敏训练，在很大程度上减低了她的社交恐惧程度。

(3)合理的生活指导。在咨询过程中，始终给来访者提供一些生活上的指导。比如，“顺其自然的生活态度”“降低个人期望值”，建议培养自己的兴趣爱好，多参加集体活动，多和人沟通，提高社交技能，消除不良情绪等。

3. 咨询末期

第13～14次，每2周1次，每次1小时。这个阶段主要的工作是强化来访者的正性行为，继续巩固已有的疗效，并做好结束准备。

来访者在最后一次咨询时称，“睡眠已明显改善，也能和同学、老师一起沟通，虽仍会感到紧张，但程度轻多了，并且能通过深呼吸来调整。对自己也有了正确的认识，觉得别人对自己还是肯定的”。

(六)结果

经过14次的咨询治疗，来访者的问题基本解决，恐惧症状消失，情绪稳定，能正常地学习和生活。SCL-90测试量表总分为98，恐惧、强迫、焦虑等因子分明显下降。说明来访者已达到所定的具体目标。新学年开始，当事人自述学习情况大有好转，听课能集中精力，效率也很高，和人相处较融洽，感到生活充实了，对自己很有信心。

(七)讨论

通过该案例咨询的全过程，可以看出心理咨询方法繁多，没有专一的固定措施，主要是依据来访者问题的性质、核心症状、来访者的性格特征、文化和社会环境等因素统筹考虑，研究和选择咨询方法和制订咨询方案。咨询师通过心理学指示和治疗技术，来改变患者的认知和行为障碍。但是，不论用什么学派的理论和方法，首要条件是取得患者的充分信任和合作。某一心理咨询治疗理论和技术对解决某些心理障碍问题有很好效果，但在实际操作中需要发展性、创造性的运用。在本案例中，认知领悟在治疗过程中发挥了关键性作用。在认知领悟疗法的总体框架下，一些具体的心理学技术的运用对治疗是有益的，但就大学生来访者而言，及时给予心理健康知识指导，促进其个性成长远比单纯地使用心理学技术更重要。在对大学生进行咨询的过程中，充分发挥大学生领悟快、自我管理能力强等特点，努力提高来访者的动机和信念对治疗快速成功也有很大帮助。

【小结】

恐惧是我们成长中不可避免的副产品。平常我们所体验到的恐惧有积极的恐惧也有消极的恐惧。

恐惧症(又称恐怖症)是恐惧的一种特殊形式，是一种以对某特定物体、活动或情境产生持续的和不合理的恐惧为特征的心理障碍，患者常不得不回避其害怕的对象或情境。

依据人的个性特点、诱发恐惧环境的严重程度、个人当时的境遇以及他人对其恐惧问题的反应，恐惧可以分为对失败的恐惧、对分离的恐惧、对失去的恐惧和对未来的恐惧四种。恐惧会导致身体、精神和情感上的变化。

恐惧症与其他心理障碍一样，其产生的原因是多方面的。现在，人们越来越倾向于认同心理病理学中的“生理—心理—社会”三维立体模式。

在对恐怖症的治疗实践过程中，各学派发展出了独特的治疗恐怖症的方法，有心理分析方法、行为疗法、催眠疗法、认知领悟疗法、森田疗法、药物治疗和联合治疗等。

应付恐慌障碍的有效技能是可习得的。有些自助方式与心理健康专业人员提供的更为周密的治疗结合使用更为可取。

系统脱敏疗法又称交互抑制法，主要是诱导求治者缓慢地暴露出导致神经症焦虑和恐惧的情境，并通过心理的放松状态对抗这种焦虑和恐惧的情绪，从而达到消除神经症焦虑和恐惧的习惯的目的。

【关键词】

恐惧　积极恐惧　消极恐惧　恐惧症　对失败的恐惧　对分离的恐惧　对失去的恐惧　对未来的恐惧　广场恐惧　社会恐惧　特定恐惧　身体症状　精神和情绪症状　心理分析方法　行为疗法　催眠疗法　认知领悟疗法　森田疗法　药物治疗　联合治疗　自助方式　辅导方法　系统脱敏疗法

【思考题】

1. 什么是积极的恐惧？什么是消极的恐惧？
2. 现实生活中有哪些恐惧？
3. 什么是恐惧症？常见的有哪几种？表现形式有哪些？
4. 引发恐惧症的原因有哪些？
5. 治疗恐惧症有哪些疗法？请分别作简要说明。

第九章　哀伤的管理与辅导

内容提要：

1. 哀伤的含义、种类与评估
2. 哀伤的理论与研究
3. 哀伤的管理策略
4. 大学生的哀伤辅导

在我们的信念里，得与失往往是同一个钱币的两面，任何损失的背后都有等待着我们去挖掘的收获，同样，任何得到的背后也往往会伴随着一些损失，这也是中国明哲早已领悟的道理："塞翁失马，焉知非福？"只是损失带来的得到、成长、积极意义与祝福，往往不容易使正在悲伤哀悼中的人体察、认同甚至欣赏。因为这种反思的能力并非一般哀悼者在面临失丧初期可以运用。

在中国特有的文化基础上，面对高度发展的全球化经济文化，中国大学生作为最敏锐的群体承载着不同观念、不同文化的统一和摩擦，使得现代大学生在其独特的年龄阶段——青春期晚期独立与依赖的挣扎越演越烈。此外，家庭人口的核心化和独生子女家庭的普遍化，使得家庭在遭受死亡打击的承受力减弱，尤显对大学生哀伤辅导的重要性。

第一节　哀伤的含义、种类与评估

一、哀伤的含义

(一)什么是哀伤、悲伤与哀悼

在查看与哀伤咨询有关的资料中，我们会遇到三个与哀伤有关的词：Bereavement，Grief，Mourning。哀伤(Bereavement)指的是人们在失去所爱或所依附的对象(主要指亲人)时所面临的情况，这种情况既是一个状态，也是一个过程，其中包括悲伤(Grief)与哀悼(Mourning)的反应。悲伤是哀伤的一部分，主要指一个人在面对损失或丧失时出现的内在生理、心理反应。内在心理方面则主要包括情感与认知的部分。哀悼是哀伤的一部分，主要指一个人在面对损失或丧失时，因身心的反应而带来的外在社交、行为表现。

(二)什么是损失或丧失

一些咨询员和学者观察到，人过去所经历的损失，往往会影响他后来面对丧失时的反应，同时，每一次损失的经历都会带来相关的其他损失，称为"次损失"。过去压抑的悲伤可以让现在的哀伤经验变得更复杂，这样的情况在我们辅导的经验里也屡见不鲜，咨询员如果能敏锐地认识到过去与未来潜在损失的影响力，就可以更好地帮助哀悼者走出低谷。

一个人从出生到死亡，失去或破灭的东西数不胜数，失去的可以是人，有生命的动植物，或者没有生命甚至无形但却灌注了很多情感的事物，比如一张照片、一件花了很长时间才做成的手工、一间伴着我们一起成长的小卖店、一个跟自己情同手足的老同学、一次机会、一段关系、一份工作、一个身份角色、名誉头衔、社会地位，以至于个人尊严、权利与自由等。Machin(1990)曾为人生中所经历的各样损失作了以下三种简单而又全面的归类。

1. 成长性损失(Developmental Loss)

人出生以来第一次体验到的损失就是出生，失去的是停留在母体里那种舒适和安全的感觉；随之而来的，可能是弟妹的出生，失去的是过去那种无需与别人分享的母爱与父爱；入学象征着我们与父母进一步的分离；青春期的种种身体变化提醒着我们儿时不再；失恋、单恋或暗恋都带来不同程度关系上的损失，因为付出了的情感得不到回报；毕业、就业和失业、下岗都因为告别了一个曾为我们提供保护与哺育的学习和工作环境。

在中国传统文化中，往往要等男女结婚以后才被父母真正看待为成年人，加上随着小康家庭的普及，结婚就意味着婚后难以尝到来自原生家庭父母的照料；儿女的出生带来二人世界的终结；工作上的变迁；搬家；子女离家上学、工作、结婚；父母离世；自己身体机能退化、空巢、年老、患病、退休、老朋友与配偶陆续辞世……在这些发展型的损失中，有些是出于人无法控制的自然规律，也有一些是源自人所作的选择和取舍，但都是人生在世有机会遇上，或者周而复始、循环不息地发生着的经历。

2. 创伤性损失(Traumatic Loss)

相对于成长性损失，创伤性损失并不是每一个人必然会经历或者常有的体验，这种损失带来的压力与创伤源于它的突发和不可预测性，比如天灾人祸、战争、矿难、工业及交通事故、股灾、被虐待、遗弃、出卖、非礼、强奸、性侵犯、乱伦、夫妇分居、离婚、不育或生下有先天残疾的婴儿、堕胎、小产、婴儿夭折、“白发人送黑发人”等。有一点需要留意的是，成长性损失同时也可能具有创伤性特质；而创伤性损失的影响也会有程度上的差异。

3. 预期性损失(Anticipatory Loss)

除了发展性和创伤性损失之外，有一些损失还没有真正发生，但又在人的预期之内，我们称之为预期性损失。这些预期的损失会为人带来预期性悲伤的反应(Anticipatory Grief)，这些反应常见于被诊断患上长期疾病或不治之症的病人和家属之中。虽然死亡的威胁并没有迫在眉睫，但是病者和家属已经预感到随着病情的恶化，知道病者不能再像以前一样过正常、独立、自主的生活。他们不再期待病者可以有正常人的寿数，预想病者会失去选择饮食、活动的自由，病者的恋爱、婚姻、就业前途等也将受到限制。只是这些预期的损失并不一定会像病者或家人所想的那样——实现。

预期性悲伤的反应也有它的适应性作用，就是帮助病者与家人储备心力，准备去面对真正到来的损失。然而为时过久的预期悲伤可能会导致过早的情感抽离与耗尽，对病者和亲友都会带来一些负面的影响，比如产生很深的内疚、愤怒、绝望、自暴自弃及其他复杂的情绪。

二、哀伤的种类

根据引起哀伤的事件来源，可以将哀伤分为广义的哀伤和狭义的哀伤。

(一)广义与狭义的区分

1. 广义的哀伤——任何丧失带来的哀伤

在日常生活中，人人都在面对不同的分离、失落和变化。小时候不见了心爱的玩具或者几次搬家而失去了一起玩的伙伴，这些回忆都会储藏在身体的不同部分。很多日常面对的分离经历都可以成为丧失带来的哀伤感。如果这种广义的哀伤没有正面得到宣泄或表达，很快便累积成为包袱或者情绪上的负担。如果广义的哀伤有人分担，可以正面表达，那么人就会成长和变得成熟。

2. 狭义的哀伤——因死亡带来的哀伤

人生充满着生离死别的情境。当小孩在成长的过程中看见大自然新陈代谢和亲朋好友病重死亡时，他们会问很多“为什么”。当小孩观察到成人的反应和哀悼的行为时，他们会潜移默化地模仿适当的行为——公众和私底下的哀伤。

(二)儿童与青少年的哀伤

不同年龄的人对待丧失与死亡的理解及态度不同，哀伤的表达方式也不同。这里只探讨儿童与青少年经验哀伤的方式(见表 9-1)。

儿童与青少年经验哀伤的方式与成年人不同，哀伤需要在儿童和青少年的成长背景、他们对死亡的理解以及家庭的动力下去理解。探讨他们面对不同形式死亡的反应，以及一些帮助他们的实际方法，将有助于增强我们的敏感度及关注的能力。

表 9-1 青年前各成长期的哀伤

年龄组别	哀伤的特征
学行者阶段 （数月～3 岁）	自发的行为及感应，对他人感觉和动机的觉知有限或很少 需要具体的行为才能感受到爱，如拥抱及亲吻 死亡不是终极的，并可以逆转
学前/幼儿园阶段 （4～6 岁）	对行为及感觉的觉知较以前更多 对感受的表达及沟通需要某些指引及媒介（如游戏、布偶、绘画等） 年龄较大者或会明白死亡是终极的及不可逆转的
小学阶段 （7～11 岁）	掌握某种感受，并能有限度的感知自身的行为对他人带来的影响 需要关怀的关系，以获取信任、支持及联系 明白死亡是终极的、普及性的、不可逆转及平常的
青少年阶段 （12～19 岁）	更能掌握较复杂的情绪，但常因其他充满冲突的成长任务而压抑和独自挣扎 需要情感上的联系和指引，以明白他们所面对的复杂发展阶段，并在各发展层面上得以支持 明白死亡是终极的、普及性的、不可逆转及平常的，但某些视转世轮回为正常或视死亡为解除痛苦方法的文化则另作别论

1. 对死亡的认知及成长背景

六岁或七岁以前的儿童也许不会了解死亡是终极的、普及性的、不可逆转的以及永久的。成年照顾者需要特别注意儿童在经历丧失以后所作的举动及提出的问题。这时哀伤的举动或许会告诉我们更多有关他们对死亡的看法及他们所处的成长阶段。儿童在处理哀伤时，多会保存过世的人的遗物、常常提到和想起过世的人、感到过世的人仍然活着或者梦见过世的人、在想象中与过世的人保持互动的关系，并视自己为父母的活遗产。儿童需要安全的联系，去发展健康的自我意识及社会关系。同时，他们会持续地以象征的方式或实际的关系去保持与重要逝者的联系。

青少年也许会用较哲学的方式来重新定义丧失，他们会寻问生命的本质、自身生存的意义，他们甚至会表现得更加独立，好像再不需要其他人似的，以免经历另一次被遗弃的感觉或哀痛。对意义的发问及追寻不单是哲学性的，同样是心灵性的。

2. 家庭动力

哀伤不单是个人的事情，也是整个家庭系统的事情。在亚洲文化中，我们发现个人是否能够很好地处理哀伤，直接受到家庭其他成员的影响。对于长幼有序的家庭，孩子需要经历丧失后哀伤的挣扎，以得到具有影响力的家庭成员的接纳及认同。对于这种家庭而言，这种情况很普遍。成员关系紧密的家庭往往会一起哀痛，若家庭中的男主人或女主人能公开地哀悼，其他家庭成员也能公开他们的哀痛。可是，若一个家庭陷入冲突与逃避的模式里，家庭成员或许会表达不合时宜的愤怒，陷入纷争甚至逃避交往。在一个不沟通、不表达的家庭里，一切在表面上都会很平静，但哀痛会在潜藏下表达，如身心症、冲突的关系或过多的投入活动以致身心疲惫、精神崩溃。

3. 对应不同形式的死亡所需的特别关注

因灾难性事件而出现的突然死亡以及丧失，会引起过度的症状表现。年龄较大的儿童及青少年会经历片段回闪、梦魇、强烈的情绪及急剧的生理症状。帮助这样的儿童和青少年舒缓症状，使他们的生活恢复正常及增强适应技巧都是帮助青少年处理哀痛的策略，年纪越小的丧亲者越需要陪伴。同时，身体检查及关注也是不容忽略的。

对某些儿童及大部分青少年，他们需要知道死亡为什么会发生及如何发生的。假若他们的好奇心及能控制的意欲未被满足，则他们会产生冲动的行为，如赶到事发现场、寻求报复、向自己或他人以暴力的方式发泄焦虑及愤怒。因此，与青年人建立一个建设性及彼此共鸣的对话是很重要的，家长式或不尊重的响应只会使他们更加趋向以行动而非感受或反思去处理事情。

如果儿童的家庭成员中有人正患长期疾病或疾病的晚期，他们需要人帮助处理预期性悲伤。阶段或任务模式都能有效地帮助我们了解儿童如何处理他们的哀痛，然而这些模式只是一个指引，并不是企图将人套进一个模子里。儿童及青少年会不断调试自己以迈向成为一个良好适应的个体。但他们中间亦有些是需要专业介入及关注的，特别是在他们开始沮丧低落、学业退步及从各种社交关系中退缩的时候。

(三)现代中国大学生的哀伤

1. 发展心理学角度

大学生处于成人前期，又称青年晚期，是指 18～34 岁这个年龄阶段的个体发展。Wolf 认为，青少年是调整自我的重要阶段。一方面，他们亟须肯定自己日益成长的能力；另一方面，家庭以外的生活逐渐成为重心，父母不再像过去那么神圣、完美，需要从同辈、老师、公众人物中寻求新的理想化对象。社会文化希望青少年离开家庭去寻找工作和伴侣，但青少年仍然在经济上、情感上依赖自己的家庭。独立与依赖的冲突变得非常的突出，如再面临亲人的死亡，无疑是雪上加霜，如何去处理和整合哀伤都需要专业的指导。

2. 社会文化背景

现代生活在商品经济发展和日新月异的科技推动下，使得个体参与社会生活的竞争性和变动性加剧。日益扩大着参与社会的难度，更使步入社会的年青一代面临着接受社会规则与被社会接受的冲突。

此外，中国家庭人口的核心化和独生子女家庭的普遍化，使家庭在遭受非正常死亡和过早病患死亡的打击下承受能力减弱。为减弱非正常死亡的家庭震荡，减少不必要的非正常死亡，除了加强社会控制之外，死亡准备教育对家庭成员中的青少年显得尤为重要。

而从某种意义上讲，中国死亡文化研究还是我国传统文化研究的一处荒原，导致这种情况的原因是多方面的，最重要的是我国传统文化对死亡问题有很多的禁忌。毫无疑问，这样的死亡观念对青少年处理哀伤毫无益处。

三、哀伤的评估

(一)正常哀伤

正常哀伤是一段个人成长与医治的过程，压抑与逃避无助于它的消失，放下本能的防备，让自己经历这一过程中的种种甘苦反而有助于人们将哀伤的力量升华。每个人步出哀伤状态所需要的时间不一样，哀伤的表达方式也会因人而异。表 9-2 是正常哀伤的阶段模式。

表 9-2 哀伤阶段模式

	逃避新现实	面对新现实	接受新现实
哀伤的内在特征 ·生理反应	·震惊	·生理剧变，失去活力，压力的生理症状，非理性行为通常会一浪接一浪地出现，并持续 20～60 分钟。 ·心理生理病，通常与逝者的病征相似	
·情绪反应	·否认 ·麻木 ·虚浮感 ·不肯相信	·乱七八糟 ·惊慌、恐惧 ·追究责任，愤怒(对逝者、医生等愤怒) ·损失、空虚、伤心、解脱、释放 ·哀伤地宣泄(哭泣、疲乏) ·忧郁或悲伤 ·失去自信及肯定 ·罪疚 ·孤单感 ·把逝者理想化	·能面对现在的处境 ·分离的感觉能允许自由的行动 ·感到现在可以享受社交接触 ·建立新的健康的关系 ·有能力开放自己接受生命的改变
哀伤的外在特征 ·外在因素	·死亡形式及葬礼的安排 ·家庭	·经济上的损失或得益 ·社会地位的丧失 ·周年纪念 ·社会对情绪宣泄及死亡的禁忌	·有能力组织及计划自己生命朝向未来 ·接纳新社会地位的团体组织如支持小组 ·义工团体

续表

	逃避新现实	面对新现实	接受新现实
·哀悼期 ·哀悼者首要的需要	·一个多星期至两个月不等 ·自我保护 ·心理震惊的化解	·数月至两年不等 ·去经历和表达死亡的现实 ·去忍受情感上的痛苦	·2～3年不等 ·把已故者的关系转为记忆 ·建立新的自我身份 ·从丧失中寻找意义
·辅导者的角色	·支持性的陪伴 ·在实际的事情上帮助	·鼓励思想与感情的表达 ·稳定性、安慰性的陪伴	·支持性的鼓励 ·了解对方而乐于相助

资料来源：Alan D. Wolfelt, *Death and Grief: A Guide for Clergy*, 1988.

(二)复杂哀伤

“复杂哀伤”一词源于美国心理学会前一个版本的精神疾病诊断准则手册(Diagnostic and Statistical Manual, DSM-Ⅲ R)中，是用来描述不正常及病态的悲伤，最近期版本的DSM-Ⅳ则将另一种哀伤(Bereavement)归类为：“可能成为临床关注焦点的额外状况……当临床的焦点放在丧失挚爱的反应时……某些悲伤的人士会出现重抑郁病的病征……除非这些病征损失两个月后仍然持续，否则不能将之判断为重郁症……”

此外，DSM-Ⅳ还提出其他准则去分辨哀伤反应与重郁症，若有以下症状出现，“不正常”哀伤的诊断便可能成立：

(1)感到罪疚，但不是因为逝者死时已做和没做的事情而感到罪疚。

(2)有寻死的念头，但不是源于死了更好或认为应该与逝者同时死亡的感受。

(3)病态地认定自己一文不值。

(4)身心运动显著迟滞。

(5)持续并显著的功能性损伤。

(6)出现幻觉，但不是觉得自己听到逝者的声音或短暂地看到逝者的影像。

根据Worden的观点，复杂与正常哀伤的区别，在于当事人反应的强度及持久度，我们可以按照这个准则把复杂哀伤归为四类：

(1)长期的哀伤反应。

(2)延迟的哀伤反应。

(3)夸大的哀伤反应。

(4)伪装的哀伤反应。

这些反应从不同层面都体现了不同于“正常”的表现。我们尝试把诊断复杂哀伤的指标和预测复杂哀伤的高危因素分别归纳于以下几个方面。

复杂哀伤的诊断指标有以下几点：

(1)过度否认。①对逝者怀着强烈的罪疚或矛盾的感觉，并拒绝接受逝者已死的事实。②强烈感到逝者仍然生存，以致不合理地长期保存遗体或遗物。

(2)持续、长期的哀伤。①经过一段相当长的时间，却依然对损失的经验产生强烈并无法消解的反应。②久久未能恢复正常的社交或工作的机能。

(3)延迟、压抑、夸大的哀伤。①原初的损失经验并未带来实时及适当的悲伤反应，但在往后的损失中却引发出夸大或程度超出预料的反应。②可能会引发身心疾病(如背痛、胸口痛、肠胃毛病、皮肤敏感等)。③夸大的病症可被诊断为精神失常(抑郁症、创伤后压力症、焦虑症、哀伤引发的短暂重性精神病、饮食失常等)。④病症会持续，直至哀伤得到某种程度的缓解。

(4)伪装的哀伤。①高涨的情绪、过度活跃的行为、冲动控制问题(冲动的决定、药物滥用、滥交、违法行为、不理智的投资、愤怒及暴力行为、躁狂的思想和说话、睡眠的需要减少等)。②可能发展出与逝者死前病症相似的生理症状。

与复杂哀伤形成有关的高危因素有以下一些：①突然死亡。②丧夫。年轻的丧夫者会比年长的丧夫者表现出较多的病态哀伤表征；但是，年长者稍后会因衰老及改变而比年轻者有更多孤单绝望感和病痛。③丧妻。男士最初看来可能似乎比较平静，但如果失去群体的支持与联系，则会出现较不理想的后果。④性格障碍。某些人的性格较容易倾向抑郁、沮丧、否认、依赖或自我形象低落，以致哀伤过程复杂化，因为这些性格特质会阻碍他们的资源运用及调整的速度与弹性。⑤持久的个人生活技能不足。⑥家庭关系模式失去功能。⑦先前损失经历的不良适应。⑧过去有精神疾病、身心症的历史。⑨损失的性质(因失踪而带来暧昧、不确定的死亡、不名誉的死亡或与逝者生前有冲突或矛盾的关系)。⑩缺乏支持系统。⑪经济困难。可能导致减少社交参与或接受适当治疗的机会，延误康复进程。⑫同时发生其他压力事件。

诊断复杂哀伤的其他线索有以下一些。

线索一：当事人谈到逝者就感到无可抑制的哀痛，多年前的哀伤仍犹如昨天发生一般。

线索二：一些“芝麻绿豆”的小事便引发出不合比例、强烈的哀伤反应。

线索三：避免谈及逝者。

线索四：从不提及逝者(家中也没有逝者的照片……)。

线索五：面谈时出现丧失的主题。

线索六：谈论逝者时仿佛对方还在世。

线索七：不愿意放弃、送走遗物。

线索八：发展出类似逝者去世前的生理症状。

线索九：对生活作出重大而超乎实际需要的改变。

线索十：当事人表现出长期的沮丧、持久的罪疚感和低落的自我形象。

线索十一：有模仿逝者的举动。

线索十二：有难以解释的苦恼及抑郁，重复企图自杀(或有自杀倾向)。

线索十三：不断有人际关系上的问题和困难。

线索十四：有长期酗酒和滥用药物的历史。

线索十五：每年固定某个时间内有不能说明的哀伤。

线索十六：对疾病及死亡有莫名的恐惧。

第二节 哀伤的理论与研究

哀伤工作理论(Grief Work Theory)对于了解丧亲者的反应和需要，拟定哀伤咨询的治疗方案以及进行相关的科学研究相当重要。虽然哀伤工作理论对于了解哀伤现象很有帮助，但没有一种理论可以解释哀伤现象的全部。从多个理论角度去观察洞悉，可以使我们有更开阔的视野，这需要学者及临床咨询，治疗师不断努力整合各种理论带来的洞见，去加深我们对哀伤这复杂多变现象的理解。

一、弗洛伊德关于哀伤的理论

弗洛伊德早在1910年就已经对忧郁与哀悼的现象作出比较和观察性研究。往后从他的理论变化出来的心理动力学说，焦点也在于强调割断生者与逝者关系连结的重要性，这一理论基于一个假设，就是过去投资于逝者的心力需要被释放，并转而投注于新的对象身上。

弗洛伊德认为，当旧有的连结由于逝者离世而消失时，如果心力从关系中被抽离释放出来的话，过度性精神投入(Hypercathexis)的过程便会开始。生者的情感会随着重温与逝者有关的每一个记忆，并持续地发现逝者不再存在这个现实而产生波动与抽离。然而，随着时日的流逝，这些经过不断投入与抽离的精力会逐渐转移到新的对象身上，直到生者的哀伤最终画上休止符。可是，假如这一自然过程遇到异常的外在或内在干扰，如当事人仍停留在某种与逝者矛盾或被内疚支配的关系下，那生者的精力将难以转移，因而形成延迟、夸大或病态的悲伤，这种复杂的哀伤便需要特别的关注和处理了。

弗洛伊德也曾指出幽默有舒缓过多紧张精力和转化痛苦为快乐的功能。虽然这方面的科学化研究至今只处于萌芽阶段，但从这些有限的发现里，我们或许可对哀伤中的幽默与笑产生新的认识。

二、依附理论

Bowlby(1971，1975，1980)是心理动力学派中以研究亲子依附关系为重点的学者，他的理论建构是从对适应不良的孩子、青少年罪犯与他们的母亲分离时间长短所作的临床观察开始。Bowlby 指出，依附是从出生婴孩及其母亲身上本能的产生，而这种亲密的连结稍后会扩展至其他重要的人。任何连结关系的瓦解，均会导致焦虑、愤怒、对抗或寻找的行为。对 Bowlby 来说，悲伤基本上是分离焦虑的一种。当一个人失去所爱的时候，尝试重获与逝者的亲密关系会自然成为当事人的焦点及动机，如果丧亲者最终未能打破过去的连结，则可被视为适应不良。

20世纪60年代，Bowlby与另外一位从事依附理论研究的学者Ainsworth通过实验和观察性研究，归纳出三种亲子依附的类型(Attachment Types)。后来Welch(1988)、Main和Solomon(1990)又加上第四类。虽然他们所描述的是孩童期的表现，但我们相信一个人早年与重要他人的依附模式有相当的稳定性，并能影响一个人成年以后的人际关系，包括面对丧亡、分离、陌生环境与人物时的反应。因此，对这些依附类型的认识，一方面，将有助于我们对一个人面临丧失的反应有更深入的了解；另一方面，也促进我们帮助有哀伤困难的人找出问题的根源与治疗入手点。

(一)安全型(Secure Type)

孩子在母亲/主要照顾者同在时可以自由地对环境进行探索，当母亲离开并且有陌生人进入时，孩子会表现出焦虑的情绪及寻找母亲的行为。当母亲/主要照顾者回来作出安抚，彼此再次接触后，孩子又会安静下来，继续他们的活动。这些孩子的依附模式主要来自有足够多爱的童年，他们有足够的安全感，不会常常依赖别人，对环境充满好奇心，也不怕跟陌生人接触，在面对压力的时候，情绪也比较稳定。

(二)回避型(Avoidant Type)

孩子对母亲(主要照顾者)的离开没有明显的焦虑表现，也不会在母亲(主要照顾者)回来时寻求亲近与安抚，他们对待母亲(主要照顾者)跟对待陌生人似乎没有什么大的区别。这些孩子的依附模式可能来自缺乏身体接触，甚至是虐待与疏忽照顾的亲子关系，他们对陌生人往往比对母亲/主要照顾者更友善，对环境的兴趣比对人的兴趣更大，社交上比较孤立，不喜欢守规矩，容易发怒，缺乏同理心，如非必要，他们大概不会求助于他人。

(三)矛盾型(Ambivalent Type)

孩子对母亲(主要照顾者)的离开表现非常不安，即使母亲(主要照顾者)回来后尝试作出安抚，也难以平复孩子的情绪。这些孩子的母亲(主要照顾者)在处理孩子的哭闹方面可能比较不够敏锐和一致，原因可能是母亲(主要照顾者)自己也有情绪或心理方面的困扰。有矛盾型依附倾向的孩子往往表现出既渴望亲近，又抗拒接触的矛盾，他们通常比较依赖，需要讨好别人。很难与人建立健康的界限、缺乏自信、容易感觉被拒绝和背叛。

同样，Mahler(1975)的理论对了解病态哀伤的某些方面有很重要的贡献。其中的重点是，Mahler指出：足够的连结可以带来正常的分离与独立。简而言之，这理论强调了母子发展亲密关系时期连结的重要性。唯有建立了足够的连结，小孩才有安全感去探索外在世界，Mahler称这一时期叫共生时期，母子融为一体，这个互相喂哺的关系成为建立足够连结的环境。接着，孩子会脱离这个茧，这个“孵化”时期会把孩子带到各种新的刺激和关系中，而孩子会开始运用从母亲那里学来的技巧去回应周遭的关系。在这个试验阶段，孩子会不断折返与母亲再联系以作“补给”，无论孩子所需要的是肯定或是安慰，这个“重建关系”(Rapprochement，法语，指和谐关系的建立)都会帮助孩子巩固他的经验，孩子会因而变得有安全感和自信。这个已个体化的孩子会在信任、创新和自信下成长，并会把这份安全感扩展至其他的关系中。从这一角度看，如果母子间的连结未能产生或建立得不足够，孩子可能会害怕探索，因而形成一种依赖的关系，遇到分离的时候，便会出现害怕、焦虑、罪疚和愤怒。已有某程度成长的人在面对永久分离时则会适应得较好，并能以安全感和自信建立新的关系；但如果一个人未能从他(她)的首要关系中分离出来的话，那么他(她)在适应与其他重要他人分离时将会出现较大的困难，且复杂的悲伤(如延迟、夸大)或长期悲伤等可能是这些人的结局。某些丧亲者习惯了与逝者共生的关系，依赖和矛盾的感觉因而变得十分强烈，甚至可能有自杀倾向的产生。

三、其他理论

Winnicott(1953)提出过渡客体(Transitional Object)的观念帮助认识哀伤的一个现象，就是人在成长中会与身边的人和对象以情感和意义来作为连结，以建立有意义的关系。当面对改变和失落时，我们更会寄情于身边的人和物。例如：小孩成长中的洋娃娃、宝贝玩具、好朋友和男女朋友等。当面对改变而又失落时，我们的情感会渐渐地从失去的人或物身上继而投资在新的人或对象上。这些人或物可称之为过渡客体。这种过渡客体(人或对象)可以是短暂的或长期的。在正常情况下，人会将已断了的关系重建在新的人或事物上。

Parkes(1971)将死亡引发的哀伤看作是一项重大的心理社交转移(Psycho-Social Transitions，PSTs)。人们需要重新审视他们的世界观及对各种关系的假设，这些改变牵涉痛苦并会引发出人的心理防卫机制以帮助适应紊乱的情绪。如能够帮助人面对转变、作出调整的适应技巧和方位机制是非常有用的。Parkes(1990)亦从不同的临床经验中列出了那些帮助预测 PSTs 结果的因素，PSTs 的结果与 PSTs 发生的环境、当事人作出调试的程度和可供使用的资源有关。PSTs 发生的环境关乎事件是否已预期、有否带来重大和多样的转变及事件有多大创伤性；调试的程度则决定了性格因素和过去适应的方式及历史；可供使用的资源，如支持网络、建立新角色或地位的机会，会影响及帮助预测哀伤的结果。

Walters(1996)为打破连结的理论提出了另一建议，作为一个曾经历过个人哀伤的社会学家，他提出了社会学的观点。悲伤被视为一个故事的构建，帮助当事人把对逝者的回忆整合于生活中。与朋友倾诉，一方面，帮助减轻痛苦；另一方面，则帮助生者重建没有逝者的新身份。这一观点对于现代社会的贡献是植根于人在重要人物丧失后如何在高流动性的社群中建立身份，哀伤被视为在自传式叙述中为自我关系寻找意义的过程。

此外，还有其他理论解释。因战争、灾难或突然死亡等带来的急剧悲伤。Lindermann(1944)研究与第二次世界大战有关的丧失，列出了由生理症状至人际侵略等不同的悲伤反应。Caplan(1964)视哀伤为一个人生命中的危机和压力，丧亲者需要学习新的认知及社交调试技巧，并寻找足够的社会支持，丧亲者适应良好与否均依靠这些资源。

从家庭角度来看哀伤，每一次哀伤会带动家庭从一个平衡点到另一个平衡点。不同家庭治疗模式可以帮助咨询员去评估、辅助个人和家庭面对哀伤。当一个人哀伤时，他的家人也会受影响。再加上整个家庭都同时哀伤，这个家庭系统能否有足够资源来面对是一个重要课题。举一个例子：这个家庭系统是很亲密的，甚至是过度依赖的。当做头儿的不容许其他人再提哀伤之事时，整个系统就将情感思维压下去。不久，加重某一成员变成问题人物或替罪羔羊，跳出这一压迫感极大的环境。所以个人的哀伤，特别是在东方社会中，也变成了家庭系统的哀伤。

第三节 哀伤的管理策略

一、正常的哀伤过程

(一)第一项任务：体认失落

体认失落(Recognize，承认)是 Rando“六 R”模式中的第一个 R，是“逃避时期”的唯一任务，也是 Worden 所说的第一项任务，即“接受失落的事实”。这项工作包括在认知和情感层面承认死者已矣的事实，并放下可与逝者重聚的幻想。一般人对失落事实的否定都只是对现实作轻微的扭曲，但也有少数人会严重到妄想程度，如认为死者仍然在世、将尸体停放在家多天、继续为逝者摆放碗筷等。Worden 还观察到其他生者赖以逃避现实的意识、前意识或潜意识机制，包括否定或贬低逝者对自己的重要性或选择性忘记与逝者有关的事实及资料等。

(二)第二项任务：体会哀痛

这是 Rando 所说属“面对时期”的第二、三个 R，也是 Worden 所说的第二项任务，即“体验悲伤的痛苦”。第二个 R(React，响应)是指生者须充分体验失落与分离带来的痛苦，辨别和哀悼失落带来的次损失，并为这一系列的情绪寻求合适的表达。第三个 R(Recollect)是指生者须通过回顾、追忆去再经验与逝者的关系。Worden 指出生者拒绝停留在这项任务的几种途径，包括不去感觉、断绝感觉、逃避痛苦的思想、将逝者理想化、避免解除可能想起逝者的事物、到处旅行或通过使用药物和酒精来停止思想、麻醉感觉等。

(三)第三项任务：体验新生

这是 Rando 所说属“面对后期”和“适应时期”的第四、五六个 R，也是 Worden 所说的第三、四项任务，即“重新适应一个逝者不存在的新环境”和

“将情绪的活力投注在其他关系上”。第四个 R(Relinguish，舍弃)是指放下与逝者旧有的依附和对这个世界的一些假设。第五个 R(Readjusting，再调整)则指适应一个新世界而不用忘却旧的。第六个 R(Reinvesting，再投资)的意思是将个人的内在资源，如时间、心力、情感等再投入于另一些对象或关系里。Rando 的这三个 R 与 Lindermann 的三项任务十分相似，即“解除与逝者在情感、心理上的依附”“适应一个没有逝者的环境”和“重建新关系”。

Worden(1991)指出，要重新适应一个逝者不存在的新环境往往牵涉到生者在几方面的调节，包括生者所扮演的角色(如父兼母职)、自我观念(如对于那些通过照顾他人来界定自我价值的人而言，被照顾者的去世也意味着生者自我价值的降低)、个人的世界观(如生者每每感到失去人生方向；过去从家庭教育和生活经验中所累积的信念亦受到挑战等)。Schuchter 和 Zisook 的一段话道出了 Worden 对“再投资”这个观念的另一些理解：“生者是否准备好进入新的关系，不在于对逝去伴侣的放弃，而有赖于再生者的心理生命中为对方选择一个适当的处所……同时也为他人保留空间。”

任务模式假设了每一任务的逻辑顺序性和必要性，但正如不是每一个丧亲者都会经历阶段模式中所描述的各种经验一样，我们也要避免以“处方”式的头脑期待哀悼者必须彻底完成任务模式中所提的每一项工作。Bowlby 也认同某些所言，“哀悼永远不会结束，只有随着失去的岁月减轻”。Schuchter 和 Zisook 的研究则发现大多数丧偶者会在两年左右稳定下来，建立新的认同。Parkes 的研究更显示出，丧失者通常得花 3～4 年的时间才能把生活安顿下来。

对 Worden 而言，四项哀伤任务的完成便是哀悼结束之时，虽然承认要明确地界定何谓“未完成第四项任务”并不容易，但他提出的“不再去爱”或可作为一个简洁和可观察的参考指标，正如弗洛伊德曾经说过的：“我们必须开始去爱才能免予生病。”

二、幽默的作用

在精神疾病诊断准则手册 DSM-Ⅳ里，“幽默”被列为人类使用的心理防卫机制之一，当人遇到压力的时候，往往会通过强调事件中具娱乐或讽刺性的一面来处理压力源或内在的冲突。它的绕道性作用与另一种心理防卫机制“白日梦”有相似之处。

传统的哀伤理论模式大多视哀伤中表现的正面情绪为一种对现实的否定，且有碍于悲伤的化解。然而，近年开始，有一些学者、临床工作者和作家尝试探索在哀伤中的正面情感，如幽默与笑的适应性效能。

在 1990 年的一个小规模研究里，幽默被认为有助于过半数的临终病人改变对本来具有淹没性的处境的看法。另一更近的研究显示，牵涉颧骨以上肌肉活动的笑使成人在哀伤中感受到愤怒的减少、享受的增加、忧伤苦恼的脱离和社交关系的增进。哀伤中幽默与笑的产生似乎主要源自一个认知过程的改变与重建，就像一两个月大的婴孩会因为新鲜刺激的出现而笑一样。

也许除了病人与丧亲者外，从事善终服务的前线医护人员或哀伤辅导的工作者也需维持一份幽默感去面对每一天沉重的工作，才不致过早耗尽自己的能量。在哀伤辅导的过程中，我们除了要容许当事人有哭的空间外，同样也要容许他们有笑而不感到愧疚或困窘的自由。事实上，幽默感的运用，是一门不易掌握的艺术，它要求咨询员对当事人有敏锐的触觉、深度的认识、小心的措辞、清醒的自觉和辨别才不致让当事人有落井下石、人身攻击之感，或被默许继续以笑作逃避哀伤的“挡箭牌”之嫌。恰当地运用幽默感可为长期受压抑的丧亲者带来一刻的轻松，并尝试从一个新的角度看内在与身外的事物。只有笑没有泪或只有泪没有笑往往使哀伤的经验变得不完整。因此作为辅导员的其中一个角色，就是要帮助面对重要丧失的人从两极中寻找那微妙的平衡。

三、哀伤心理咨询的一般原则

正如我们在上一节中所提到的，哀伤是一段个人成长与医治的历程，压抑与逃避无助于它的消失，放下本能的防卫，让自己经历过程中的种种甘苦反而有助于人们将哀伤的力量升华。每个人步出哀伤状态所需的时间不同，哀伤的表达方式也会因人而异。所以，我们认为，咨询员的介入须以当事人独特的需要为中心。除此之外，下列一些经临床经验过滤与融合的原则，也是哀伤咨询工作者可以作为参考的：

(一)帮助生者体认失落

鼓励生者谈论逝者，与生者一同看生活照，拜访墓地、逝者临终时所住的医院病房和存有遗物的地方，皆有助于增加生者对亲人亡故的现实感。

(二)帮助生者界定及表达情感

向家人表达愤怒对大多数中国人而言是不容易的事。这可能与中国文化宣扬“以和为贵”“大事化小、小事化了”“家和万事兴”等代代相传的核心伦理观念有关。加上生者往往不愿丑化逝者，当咨询员要帮助生者表达愤怒时，可能需采用一些较间接和中性一点的字眼，例如，“想到已死的丈夫时，他有些什么地方是你不愿去回想的呢?”相反，若生者对逝者只有负面情绪，咨询员则可协助生者发掘对逝者的正面情感。至于生者对死者的罪疚感，咨询员在有效的表达同感了解之余，或须帮助生者进行现实测试，让生者辨别和放弃一些非理性或无根据的自责。

(三)让生者无拘束地哭泣

咨询员急于递纸巾或趋前安慰有时是反映咨询员本身的不安。对不少人而言，此举亦可传递“不要哭”的信息。生者若敏感地意会出这些隐藏的意思，可能为了迎合咨询员的行动而终止宣泄。若生者哭得太久太激动，为避免生者过分虚耗体力而出现不支的情况或引发生者潜在的生理疾病(如血压、心脏等问题)，咨询员仍可按照其专业判断采取适当行动，以帮助生者平复过激的情绪。

(四)加强生者独立生活的能力

问题解决的指导或角色扮演等往往可帮助生者提高开展新生活的能力与自信。一般而言，咨询员不会鼓励生者在丧失初期作任何重大的转变，如搬家、变卖财产、转换工作、再婚等，因悲伤的情绪会暂时削减一个人正常的判断能力，且这些转变往往会带来多一重的压力与损失，结果可能反而延缓或复杂化了正常的哀伤过程。

(五)说明“正常的”哀伤行为

由于丧失重要亲人初期所引起的混乱有别于日常生活的体验，因此丧亲者总是担心到自己的感觉和表现是否失常。这种不寻常的经历和“快要发疯”的感觉若能被咨询员肯定为“自然”与“正常”的反应，将可让生者减少这方面不必要的忧虑。

(六)持续的支持

丧亲者在某些日子特别需要关怀与支持，例如，丧礼过后，节日、假期、结婚周年、生者和逝者的生日、忌日等。咨询员需敏感地体察到生者是否有足够的支持去度过这些艰难的时刻(特别是丧亲后的第一年)，并在预计有潜在需要与危机的情况下作出适当的支持与介入。

(七)允许个别差异

每个人哀伤的表现与步伐都是独特的，所以咨询员要避免为生者的哀伤预设太多标准，“不领导、不随从、只陪伴”可作为哀伤咨询的主要步伐，迦密斯(Camus)的一段话可能道出了不少哀悼者的心声：“不要走在我前头，因为我会跟不上；不要走在我后边，因为我不一定能领路；只要走在我身旁，做我的朋友。”

(八)评估转介的需要

咨询员需了解自己在经验和能力方面的限制，在遇上出现病态和复杂哀伤而自己不适宜继续处理时，便需寻求督导及作出适当的转介。

第四节　辅导方法与案例分析

一、哀伤咨询的关系

正在经历哀伤和有哀伤方面困难的人，每每带着不同的期望和需要前来寻求咨询。比如任何的心理咨询或辅助关系，咨询员在第一次与来访者接触时所传递的关怀、开放式的聆听和积极的支持都非常重要。可惜，有时助人者太急迫，往往有意识和无意识地将自己的看法投射到来访者身上。这种常犯的错误可能会加强受助人的阻抗(Resistance)，需要多加避免，并以尊重当事人为主导，因为在哀伤的灰暗中寻找曙光是需要时间的，焦急不得。

二、促进咨询成效的因素

要使咨询产生治疗性效果，咨询员不能缺少两种基本素质和技巧：共情(Empathy)和积极的倾听(Active Listening)。这两种素质含有通情达理的成效和治疗的影响力。

(一)共情的定义与功能

林孟平曾将共情定义为：共情是咨询员乐意放下个人主观的参照标准，尝试设身处地地从当事人的参照标准来看事物，并体会由此而生的感受。有效地向当事人传递同感可带来以下的帮助：

(1)让当事人感到被尊重，这一点对治疗性咨询关系的建立相当重要。

(2)让当事人感到被理解和接纳，因而有足够的安全感进行更深入的自我探索。

(3)让咨询员检查自己对当事人的理解是否准确。

(4)减少咨询员作太多不必要的提问或时机未成熟的忠告。

(5)为进一步的介入铺路。

(二)表达共情的先决条件：积极倾听

倾听什么，即咨询员倾听和了解自己与当事人的言语及非言语信息。非言语信息包括：

(1)身体行为。如坐、立的姿势、四肢的移动与其他举止、动静等。

(2)面部表情。如皱眉、泪光、瞳孔放大与收缩或双唇紧闭等。

(3)声音语调。如说话频率的快慢、声音的高低、语句的流畅、停顿和沉默等。

(4)可观察的生理反应。如呼吸急促、面红、苍白、震颤、出汗、体重变化等。

(5)整体仪容。如衣饰装扮和个人卫生等。

言语信息包括四个部分：经验、思想、感受与行为。有研究显示，非语言信息的可靠性往往比言语信息高出10倍以上。然而，有好多因素可以妨碍有效地倾听：

(1)外来干扰。如电话、电视、收音机、手机、背景音乐、活跃的动物或小孩、噪音、房间的大小、摆设，甚至座椅的高低等。

(2)内在干扰。如当咨询员：①忙着思考预备怎样回应当事人的说话。②被当事人吸引。③生病、疲惫。④太着急要帮助或解决问题。⑤被自己的问题缠绕。⑥发现自己有与当事人相似而又未解决的问题。⑦只顾着诊断当事人相似而又未解决的哀伤。⑧选择性的倾听或者转换话题。⑨自己滔滔不绝或让当事人无边际地唱独角戏。⑩意识不到自己因个人年龄、生活背景、身份地位、文化传统、社会习俗、伦理道德标准等对当事人产生偏见或审判的态度。

(三)如何倾听

Egan提出了五项有助于咨询员进行第一层次有效倾听的要点：

(1)面向当事人。如果正面较有压迫感，咨询员可采取稍侧的体态，但需尽量保持在90°角范围内。

(2)开放的姿态。避免交叉接叠双手或双脚，因这样的姿势可能会让当事人感觉咨询员对他(她)有所防卫或不够投入。

(3)身体向当事人方向前倾。咨询员稍微将身体向当事人前倾会让对方感到咨询员对他(她)的兴趣和关注；反之，往后仰的姿势则反映出咨询员的沉闷、漠不关心或优越感。

(4)眼神接触。这并不代表咨询员目不转睛地盯着当事人。但若咨询员发现自己经常将目光转离当事人，可能正反映着咨询员抗拒与当事人一起或不安于与当事人共处。

(5)放松。在进行上述行为时，咨询员需让自己处于一种自若与放松的状态，一个紧张的咨询员往往难以作积极倾听，且会把焦虑传染给当事人。

(四)共情的表达

有效的倾听和准确的观察有助于咨询员辨识出当事人语言及非语言信息所蕴含的思想和感受。咨询员要将倾听过程中产生的共情向当事人传递，表达可以有不同的方式。

由于共情的表达是一种亲密的行为，太快向当事人传达太多共情会令对方感到不安。此时，咨询员可先集中在经验、思想与行为的探索和反应上，稍后才渐进到感受层面的讨论。若共情表达适宜，当事人的反应会很正面，例如点头，告诉咨询员“正是这样”“你说得对”或继续透露更多、更深的情绪，更充分地澄清自己的问题处境等。相反，若同感表达失当，当事人可能会转换话题、停止对话、东拉西扯、支吾以对或直接告诉咨询员“我不是这个意思”。

有时候，当事人因不擅辞令或处于被情感淹没的状态而无法清晰地辨别和表达思想感受。此时，咨询员切忌假装明白。真诚的咨询员可承认自己有迷失混乱的时候，并从迷失中与当事人一起作出必要的澄清。面对那些不敏感或不善于表达情感的当事人，咨询员可以尝试为他们寻找合适的字句，若用词准确，当事人往往会感到被了解、接纳和肯定。

在表达共情时，咨询员要：

(1)给予自己一点思想的时间，避免草率过急的响应，即使大师级的治疗师也会在响应或采取行动前停下来思考。

(2)响应要简短，避免长篇大论。必要时咨询员的响应可以稍频繁，但必须简短和明确。

(3)避免完全不作响应或持久的缄默。

(4)避免在当事人正在表达感受时间问一些数据性的问题，或将当事人的专注力由心转移到头脑的层面。

(5)避免说教和提出时机未成熟的忠告。

(6)在能准确地理解及反映当事人的处境、感受之前，避免对当事人的说话或问题作出诠释。

(7)避免机械化或鹦鹉学舌式地复述当事人的话。

(8)避免混淆共情、同情和同意。共情的表达有别于认同当事人的思想和行为，共情也有别于同情，共情产生于咨询员与当事人之间的平等关系之中，同情则意味着当事人处于卑微的位置，需接受他人的施舍，同情的态度往往会使遭遇伤痛而受损的自我形象更显低落。

三、案例分析

(一)案例基本资料

性别：女

年龄：21 岁

教育程度：大学一年级

家庭状况：现在和 15 岁就读中学的弟弟住在一起。父母相继在一年前的车祸中丧失，她现在要处理家里一切事务。

(二)第一次面谈

当事人穿着整齐，衣着体面，说话清晰及有条理。她表达现在有许多情绪困扰。在大学的生活情况和学业上大致没有问题，但在人际关系上则比较退缩，不愿参与任何活动。当谈及父母在一年前的车祸中相继丧生时，她痛哭起来，大约有 15 分钟之久。她一边痛哭，一边诉说内心的痛楚和悲哀。她心里一直念念不忘和父母的关系，也表达出她的愤怒和不平。

(三)第二次面谈

当事人这一次穿着比较休闲的衣服，并没有作任何打扮，看起来比较憔悴。这次她谈到自己和父母的亲密关系，也形容姐弟两人跟父母以前过着幸福和谐的生活。在这一年里，每当她想起已经离世的父母时，就会联想那份亲密的感觉以及父母的指引和教导。在这次面谈中，当事人表达有自杀的意念。

同学：……我最近觉得很累，以前下课回到家里总会看到母亲在厨房做饭的背影，听到她切菜、洗衣服的声音。那时，我和弟弟什么都不用管，只需要专心读书，等开饭……很舒服，爸妈在吃饭时也会听我们说学校里发生的事情……但他们走了以后，这一年我要一手包办家里的大小事情，每天都要花最少一个小时才可以安顿下来应付学校的功课……有时还要帮弟弟处理功课上的难题，生活上常常要节衣缩食，电器坏了、水管堵了也要自己想办法去解决。昨天晚上我躺在床上，觉得很静、很黑、很孤单、很苦，也很累，我真情愿跟爸妈一同走，前面的路实在是太长、太难走了……(哭泣)

咨询员：这一年对你来说实在很不容易，你觉得自己正背着一个难担的重担，却没有人能够帮忙，很寂寞无助……

同学：(泣不成声，点头)……

咨询员：刚才你提到曾经想到情愿与爸妈同走，你可有想过要自杀?

同学：……有，试过好几次……

咨询员：那你想过要用什么方法来结束自己的生命吗?

同学；我真的曾经想过服毒或者煤气中毒……这样可能比跳楼容易和舒服一点……

咨询员：想过要在什么时候行动吗？

同学：那倒没有想过，我曾经把这些想法告诉弟弟，弟弟很紧张，把这秘密告诉了老师，后来老师跟我阿姨通电话了解情况，阿姨第二天就来给我们做饭，又劝我千万别做傻事……

咨询员：阿姨跟你们的关系一向怎么样？

同学：妈妈生前跟阿姨的感情很不错，阿姨没有结婚，一个人住，还在工作，妈妈走了以后她差不多每个月都给我们一点儿钱和煲点儿汤。她住得不远，只是我们不敢总是麻烦她，但她说我们是她第二亲的人，有事情就要找她商量……

咨询员：今天听了你的谈论，我实在有点替你和弟弟担心，虽然我不是你的亲人，但我也希望你在作性命攸关的决定之前可以先跟两个人联络，第一个是阿姨，第二个是我……我提议我们共同立一个契约，这契约保证你在有寻死冲动时会给我打电话(咨询员展示一张防止自杀合约，上面有咨询员的 24 小时联络号码)。另外，我也需要请你在合约上留下阿姨的联络号码，在需要的时候让我跟她联系……

(四)第三次面谈

再次评估当事人的心灵状况和她的自杀危险度。当事人也提及内心中的“黑洞”，咨询员从“黑洞”这一比喻去探讨当事人的内心世界，并继续鼓励当事人使用社交支持网络及资源。

建立关系：因当事人主动来寻找咨询和辅导，所以比较开放地去分享她内心的重担。由于当事人是长女，一直比较独立和喜欢逞强。在这么大的打击下，她一方面尝试独自咬紧牙关去面对；另一方面也觉得支撑得很辛苦，并且开始崩溃和耗竭。在咨询员的反移情中，包含着对当事人孤单疼痛的认同以及被她拒之于门外的感受。

(五)个案评估

我们会发现当事人的三个自身层面(认知、情绪和行为)正常。当事人有条理地形容过去一年所发生的事情，也在学着以正面的态度去接受父母亡故后落在自己肩头上的责任和重担；情绪方面，她有很强的语言表达能力和丰富的想象力，也没有太多的压抑，能容许自己流露对父母的缅怀和自己的伤痛；在行为层面上，当事人在寻求帮助方面大致主动，但有时候会怕麻烦别人或增加他人的负担。在跟进的评估中，发现没有任何心理、家庭和社会文化的负面因素在困扰当事人的自我技能调整。咨询员需要继续观察当事人怎样调整她的自我技能，去处理她的哀伤。

(六)咨询目标和方法

两大咨询目标：第一是处理目前紧急的问题；第二是从自我技能模式的角

度去探讨和促进哀伤历程。

在处理当前紧急的问题上，咨询员需要及时评估当事人的自杀风险。当事人的情绪呈现抑郁症状，咨询员需要和当事人设立防止自杀合约，并提供适当的医疗转介和药物辅助。此外，咨询员需要鼓励她强化社交支持网络，养成健康的饮食和运动习惯，以增强抗压免疫力。

与此同时，咨询员尝试帮助当事人认识正常哀伤的现象，帮助她回想当初意外发生时的感受，让她重整对意外事件的看法，并处理剩余被压抑的情绪。咨询员继续探讨当事人的心理文化如何影响不同时刻的哀伤经验，接纳和扩展当事人的防卫机制，认同她有时候也需要逃避压力的来源，需要通过幽默与升华把忧伤的力量转化。

咨询员也从家庭文化的角度去促进当事人的哀伤过程，帮助当事人从过去对父母的依赖，过渡到与弟弟和阿姨的互相依赖关系。从社会文化的角度去探索，咨询员发现当事人的社交圈子里其实有很多朋友，但都是过度关心的，而当事人一直缺乏的是安静的空间，咨询面谈就成为了她独处的空间，因为在咨询员面前，当事人不需要扮演任何角色，或者装出任何表情去应付他人，因而可以开始面对自己内心的挣扎、矛盾和痛苦。总括来说，这三大文化动力牵引着当事人的自我机能，借着调整这三种文化动力，可帮助当事人渐渐走出抑郁的低谷。

(七)后记

经过三个月的定期面谈以后，当事人与咨询员建立了有效的治疗关系，情绪渐趋稳定，抑郁的征象也渐渐减少。同时，当事人对哀伤的过程有了更个人化和深入的体会，并且变得更懂得爱惜自己和身边的人。

【小结】

哀伤指人们在失去所爱或所依附的对象(主要指亲人)时所面临的情况，这种情况既是一个状态，也是一个过程，其中包括悲伤与哀悼的反应。

根据引起哀伤的事件来源，我们可以将哀伤分为广义的哀伤和狭义的哀伤。

正常哀伤是一段个人成长与医治的历程，压抑与逃避无助于它的消失，放下本能的防卫，让自己经历过程中的种种甘苦反而有助于人们将哀伤的力量升华。复杂哀伤要比正常哀伤更复杂，哀伤反应更持久。

哀伤工作理论对于了解丧亲者的反应和需要、拟定哀伤咨询的治疗方案以及进行相关的科学研究相当重要。但没有一种理论可以解释哀伤现象的全部。这需要学者及临床咨询、治疗师不断努力整合各种理论带来的洞见，去加深我们对哀伤这复杂多变现象的理解。

正常的哀伤有一个自我治愈的过程，可以通过自我放松等方法自我管理。在处理复杂哀伤时，咨询员应能做到较好的共情和积极的倾听，以更好地达到治愈的效果，帮助来访者走出哀伤的低谷。

【关键词】

哀伤　悲伤　哀悼　丧失　次损失　成长性损失　创伤性损失　预期性损失　广义的哀伤　狭义的哀伤　儿童与青少年的哀伤　现代中国大学生的哀伤　正常哀伤　复杂哀伤　哀伤工作理论　正常的哀伤过程　幽默　情绪管理　哀伤咨询的一般原则　促进咨询成效的因素

【思考题】

1. 成长性损失是什么？创伤性损失是什么？预期性损失是什么？
2. 在初步评估中，有哪方面的数据可以帮助咨询员更有效地帮助当事人？
3. 有什么理论、模式和观念帮助咨询员作初步诊断？
4. 用什么技巧和方法可促进哀伤咨询过程？
5. 在每次结束哀伤咨询时需要注意什么事情？
6. 怎样处理哀伤咨询结束时的分离情绪(尤其是好的咨询关系)？

第十章　嫉妒和羡慕的管理与辅导

内容提要：

1. 嫉妒和羡慕的含义与评估
2. 嫉妒的来源与危害
3. 嫉妒和羡慕的精神分析理论观
4. 嫉妒和羡慕的分类
5. 大学生嫉妒的表现及其成因
6. 大学生克服嫉妒的方式
7. 辅导嫉妒心理的方法

小时候，我们或许都有过这样的经历，女孩子嫉妒爸爸对妈妈的爱，男孩子跟爸爸向妈妈争宠，以及与自己的兄弟姐妹争抢父母的重视和关心，而这些经历可能会影响到一个人是否能够容忍伙伴关系的存在。嫉妒作为一种消极情绪体验和行为表现，既影响个人的感受，也涉及社会文化，一直受到文人学者的关注。而嫉妒并非完全是坏事，适度的嫉妒会让你察觉原来自己不甘心现状，会鼓励你去改变自己；但是当嫉妒失去控制时就会变成负面和伤害的力量，不仅令你痛苦，损害你的自信心，还会因为心理不能平衡而对自己所嫉妒的人大肆诋毁。关于羡慕，芭芭拉认为“嫉妒与羡慕是一对双胞胎，而嫉妒意味着失去，羡慕预示着收获”。

第一节　嫉妒和羡慕的含义与评估

一、嫉妒和羡慕的含义

（一）嫉妒的含义

嫉妒是什么？嫉妒的英文是 jealousy，该词的起源可追溯到希腊语 zelos，它意味着争胜、热情和强烈的情感。对嫉妒的定义很多。嫉妒，两字都用女字旁，中国古人发现，嫉妒的情绪变化表现最明显的是女性。并不是说男人没有嫉妒心，男人同样嫉妒得厉害，凡是众生都有嫉妒心，不过女性表现最显著。弗洛伊德认为嫉妒是一种情绪状态，如果它表现为一个人人格及行为的迷失，那么必定是他屈从于强烈的压抑，并且把这种压抑深埋于自己的潜意识之中。日本《广辞苑》为嫉妒下的定义是："嫉妒是在看到他人的卓越之处以后产生的羡慕、烦恼和痛苦。"该定义的特色是把羡慕引进到嫉妒之中，认为羡慕心理是嫉妒心理产生的基础之一。《牛津英语词典》对嫉妒下的定义是："由于怀疑、忧虑，或知道有竞争者而产生的心理状态，表现在爱情等方面：惧怕在感情上被别人替代，或者对心上人忠诚的不信任，尤其是对妻子、丈夫和恋人。"这一定义是从竞争出发，从爱情方面所作的一个嫉妒定义，可见局限性较大。Mathes(1985)将其定义为个体和另一个人(指伙伴)之间已有的某种重要关系面临丧失，而被第三者(通常指人)得到时，个体所体验到的一种情绪。如"无助的婴儿会嫉妒一切可能转移妈妈注意力的东西"，Stern 在她发表于《时尚》(*Vogue*)杂志的一篇文章中提到。这种关系的丧失，如果不涉及其伙伴与第三者建立类似关系时，个体就不会产生嫉妒。一个人不会因为他(她)的伙伴死亡或搬到他乡时体验到嫉妒。朱智贤主编《心理学大词典》中对嫉妒的定义是："与他人比较，发现自己在才能、名誉、地位或境遇等方面不如别人而产生的一种由羞愧、愤怒、怨恨等组成的复杂情绪状态。"综合看来：嫉妒在比较中产生，其必涉及第三者的态度；嫉妒具有普遍性；嫉妒具有很强的对抗性，由此使嫉妒成为一种危害极大的情绪或感情。此外，还要值得注意的是：地位相等，年龄相仿，程度相同的人之间最可能发生嫉妒。是否出现嫉妒心理还与思想品质、道德修养有关。

嫉妒是一种复杂反应，同时具备内部构成和外部构成。谈及嫉妒，我们通常会想到另一个常混用的词——妒忌。嫉妒与妒忌有时互通，但又有所差异，是一种不同的表达方式。从定义上，妒忌是由于别人胜过自己而引起抵触的消极情绪体验，妒忌发生在一个人缺乏另一个人所拥有的高人一等的能力、成就或者某件物品时的情绪体验，妒忌者既羡慕别人，又希望别人也和自己一样缺乏那些东西。黑格尔曾说，妒忌是"平庸的情调对于卓越才能的反感"。一个大学生当看到别人比自己强时，心里就酸溜溜的不是滋味，于是就可能产生一种包含着憎恨与羡慕、愤怒与怨恨、猜疑与失望、屈辱与虚荣以及伤心与悲痛的复杂情感，这就是妒忌。两者区别在于，嫉妒必须发生在人际关系情景中，且涉及第三者，即使第三者可能是想象中的；而妒忌是发生在缺乏存在于自我定义的范畴之内，它会强化自我的不满足感。

最常见的嫉妒现象往往出现在恋情关系中，但在其他类型的人际关系中也会有嫉妒发生。嫉妒是一种可怕的情绪，它可能会产生强烈的力量，来冲击我们的人际关系和生活。英国科学家培根说："在人类的一切情欲中，嫉妒之情恐怕要算最顽强、最持久了。"但是嫉妒会引导人们产生两种截然相反的行为：一种叫建设性行为；一种叫破坏性行为。建设性行为就是在产生上述心理后个体认为别人超过自己，自己一定在一些方面不如别人，就要努力学习别人完善自我然后超越别人；破坏性行为是指个人认为别人没有理由超过自己，别人和我一样，哪一点比我强，于是就要设法诬赖别人，拆别人的台，给别人制造障碍，期望别人失败，应该说这是弱者或者卑劣者所为。

(二)嫉妒的来源与危害

1. 嫉妒的来源

嫉妒来源于什么呢？弗洛伊德相信"很容易看见"嫉妒是由以下成分组成的：

(1)想到失去我们所爱的什么人而引起的悲伤、痛苦。

(2)得不到我们想要的东西的痛苦的认识，即使我们非常想要并觉得应该得到它。

(3)对成功对手的仇恨感。

(4)或多或少对我们丧失负责的自我批评。

弗洛伊德进一步说，"虽然我们可以把它看作是正常的""这种嫉妒毫无疑问是绝对理性的，这即是说，它形成于真实的情况，和真实的环境相称，处于自我意识的完全控制之下。"换句话说，即使在合乎常情的嫉妒中——我们曾经都体验过的，也有一些非常理性的成分。其原因在于，嫉妒"深深地植根于无意识中，是童年生活最早搅动的延续"。弗洛伊德认为，嫉妒主要来源于和俄狄浦斯冲突相联系的童年事件之中。他认为男孩和女孩由于在生殖发育方面的不同，使他们所遇到的问题也不同。弗洛伊德在其著名的名言"人体就是命运"中，承认了这一事实对于男孩、女孩心理发展的重要性。弗洛伊德举出的最为突出的一个例子就是，孩子们在大多数时间和家庭成员在一起。对于他们来说，常常把第一性感觉放在一个人身上是唯一自然的。对于男孩来说，这个人很可能是"母亲"；而对于女孩来说，这个人很可能是"父亲"。男孩爱"母亲"，女孩爱"父亲"，两者都有一人很难战胜对方。当孩子们陷入到这种关系之中，由此产生的悲伤、压抑都有可能压在他们心理之中，导致孩子在长大成人后若出现同样的情况，这些东西就会重新出现。

曾有心理学家将嫉妒的根源追溯到人类进化史。我们都知道，男人嫉妒与女人嫉妒是完全不同的。女人通常在感觉到伴侣不忠的时候才开始嫉妒；而男性只要他们看到有任何不忠的迹象就会嫉妒。据俄罗斯《真理报》报道，德国心理学家发现产生这种嫉妒的根源是人类早期的进化。女人比较注意她们的伴侣第一次见到另外一个女人时的感觉，男人则对女人的不忠行为反应激烈。德国比勒费尔德大学心理学家们对206名志愿者进行了一项测试，他们认为嫉妒的根源可以追溯到人类早期的进化历史，那一段历史对今天仍产生着巨大的影响。在测试中，志愿者们必须选择那些他们暗示出来的最无法忍受的一些情形。女人们认为，她们最不能忍受的就是伴侣的情感失真。而如果女人有了新欢，男人们则更加难以忍受。Shutzwohl认为，可以通过事实解释这种产生差别的原因：男人有外遇，不会消极地影响女性的生殖功能，与女人的关系不大。可是，在人类进化的早期历史中，如果一个男人不能好好地照顾他的女人和孩子，就可能导致他们全家死亡。在人们的思想中，无意识的恐惧仍然存在。Shutzwohl说："男人的进化情形是绝对不同的，伴侣对他们的忠诚至关重要。在这种意义上来说，他必须确定他是孩子的父亲。男人们总是害怕对下一代投入巨大的精力，而这个下一代却是另外一个男人的。"

2. 嫉妒的危害

嫉妒心理的危害很大，一是打击别人；二是贻误自己；三是腐蚀风气，对人、对己、对社会都有害。嫉贤妒能者只能是"搬起石头砸自己的脚"。具体危害如下所述：

(1)嫉妒对人际关系的危害。经常性的嫉妒心理会导致嫉妒成为一种习惯化的行为方式，随之转化为消极的性格特征，这给人们的人际交往带来了很大的危害。首先，具有嫉妒心理的人心胸非常狭窄，看待事物目光短浅，与这样的人交往，友情一般很难维持、很难真诚，因为对方的长处总是被他嫉妒，和他交往的人，时常也会成为嫉妒的对象。其次，嫉妒心理会中伤被嫉妒的人，有损于他人的自尊心，打击他们在某一方面的进步。再次，嫉妒心理的危害面广泛，同时也危害自己。怀有强烈嫉妒心理的人不仅自己不能进步，同时也容易产生怨恨、气愤、疑虑等不良心理特征；这些情绪有碍身心健康，如果不注意加以克服，久而久之可能会转化为心理变态。这种心理变态有两种表现：一种是满腹狐疑，认为各种烦恼和困境都是别人有意加害于自己的圈套；另一种是谵妄，一旦嫉妒达到谵妄的程度时，嫉妒者所有的胡言乱语都是围绕着一个虚幻的情景臆想出来的。在临床上，这种心理变态被称为"第三想象的综合病症"。

(2)嫉妒对身心健康的危害。现在精神免疫学研究揭示，脑和人体免疫系统有着密切的联系。嫉妒导致的大脑皮层功能紊乱，可引起人体内免疫系统的胸腺、淋巴腺和骨髓功能的下降，造成人体免疫细胞与免疫球蛋白的生成减少，因而使机体抵抗力大大降低。嫉妒的危害，我国的传统医学早就有过论述。《黄帝内经·素问》明确指出："妒火中烧，可令人神不守舍，精力耗损，神气涣失，肾气闭塞，淤滞凝结，外邪入侵，精血不足，肾衰阳失，疾病滋生。”嫉妒心强的人容易得身心疾病，研究结果表明，嫉妒能造成人体内分泌紊乱，消化腺活动能力下降，肠胃功能失调，经常腰酸背痛和胃痛腹胀，血压升高，脾气暴躁古怪，性格多疑，情绪低沉，久而久之，高血压、胃溃疡等疾病就会降临。

可见，嫉妒不仅破坏人际关系，损害团结与信任，给他人带来损失与痛苦，更会贻害自己的心灵和殃及自己的身体健康。

（三）羡慕的定义

羡慕，《新华》对它的定义与解释是：“因喜爱别人有某种长处、好处等优越条件而希望自己也有，而努力去争取到。”如羡慕别人的童年幸福甜美。自懂事开始，人们就开始羡慕他人，也开始不停地变换着羡慕对象。羡慕的感觉都是相似的，羡慕的对象却各有不同。羡慕虽然对别人没有伤害性，但对我们自己的心理平衡却有着一定的破坏性。因为我们花了大量的时间和精力来比较自己与别人的不同，如果我们无法体会到自己的成就感，那么我们就会变得更无力和羞愧，而且更不知道自己真正要追求的是什么，只会继续为别人所得到的东西而感到怨恨、不平衡，继续把自己弄得不快乐。

（四）嫉妒与羡慕的关系

嫉妒和羡慕很容易被混淆，其实它们有很大的区别：羡慕是二元关系，即我眼红你有我没有的东西，而这东西我又特别想得到；嫉妒是三元或者二元关系，即我憎恨你对另一个人比对我还好，或我憎恨你拥有我没有的东西。嫉妒和羡慕之间有一条不是非常清楚的界线，羡慕在一定情况下就会变成嫉妒，如羡慕情绪的不断积累与加深促使了不平衡心理的加剧，从而使嫉妒之情滋生。

二、嫉妒和羡慕的评估

（一）嫉妒的表现

嫉妒在日常生活中随时可见，比如一对夫妻在问自己的独生子(女)一个问题：“爸爸妈妈再给你生一个小弟弟(或小妹妹)，跟你一块玩，好不好?”几乎所有的回答是：“不!”为什么？这是嫉妒。在临床工作中，李曙光曾遇到这样的一位精神分裂症患者，当她 16 岁时，父母生下了她的弟弟。每当她精神病发作时总少不了一个精神症状——或者扬言或者动手欲将其小弟弟掐死，这是嫉妒的表现。

一个班里，两个同学，时间长了，在不知不觉中一个同学对另一个同学产生了嫉妒；兄弟之间的嫉妒，情敌之间的嫉妒，夫妻之间的嫉妒——嫉妒妄想：即怀疑自己的配偶对自己不忠；对权力的嫉妒、地位的嫉妒、才能的嫉妒、容貌的嫉妒。

（二）嫉妒的评估

目前，七种嫉妒评估量表在美国和西欧的研究和使用广泛，并对其进行了信度和效度的研究。这七种嫉妒评估量表分别为：Mathes 人际嫉妒量表、Bringle 自我报告量表、Bringle 投射嫉妒量表、Hupka 爱情嫉妒量表、White 习惯性和关系嫉妒量表、Rosmarin 人际嫉妒反应量表、Bunnk 嫉妒量表。Bryson 定义嫉妒行为范畴的研究，Hupka 界定激起嫉妒的文化情境的研究，Bunnk 界定文化背景中的嫉妒因素研究，均采用这些量表作为研究工具。

以下是心理小测试，测测你的嫉妒心：（①得 1 分；②得 2 分；③得 3 分）

1. 我觉得命运对我不公平。

①不符合　②有点符合　③很符合

2. 我是个多事好问的人。

①不符合　②有点符合　③很符合

3. 我渴望得到大家的注意。

①不符合　②有点符合　③很符合

4. 别人的快乐使我更加苦恼。

①不符合　②有点符合　③很符合

5. 我不像别人那样有好运气。

①不符合　②有点符合　③很符合

6. 我讨厌轻易取得成功的人。

①不符合　②有点符合　③很符合

7. 你曾被你的普通朋友、密友甚至至交所嫉妒。

①不符合　②有点符合　③很符合

8. 我嫉妒你得到了提升而我没有。

①不符合　②有点符合　③很符合

9. 当你的恋人突然收到异性的求爱讯号时……

①无所谓　②有点嫉妒　③非常嫉妒

10. 当你的恋人和异性好友交谈时……

①无所谓　②有点嫉妒　③非常嫉妒

11. 当你的恋人带有称赞和羡慕的神气讨论异性时……

①无所谓　②有点嫉妒　③非常嫉妒

12. 当你的恋人在人际关系中比你处理得更好时……

①无所谓　②有点嫉妒　③非常嫉妒

13. 当你的恋人受到众人的交口称赞时……

①无所谓　②有点嫉妒　③非常嫉妒

14. 当你的恋人受到领导器重而升职时……

①无所谓　②有点嫉妒　③非常嫉妒

15. 当你的恋人在经济收入上超过你时……

①无所谓　②有点嫉妒　③非常嫉妒

16. 当你的恋人在事业和工作上取得优异成绩时……

①无所谓　②有点嫉妒　③非常嫉妒

17. 当你的恋人对你提起他(她)以前的恋人或曾经追求的异性时……

①无所谓　②有点嫉妒　③非常嫉妒

18. 当你的恋人与他(她)的知己好友玩得尽情尽趣而你被冷落一旁时……

①无所谓　②有点嫉妒　③非常嫉妒

以上题目中，1～8 题的总得分超过 14 分时，你的嫉妒心是需要引起你的注意了。9～18 题测感情嫉妒：29～30 分说明你的嫉妒心过于强烈，不利于爱情健康成长。要消解你的嫉妒感，全靠别人的帮助是不够的，根本办法在于自我洞察和内省。只有建立自我开放的心理结构，才能摆脱自私的囚室，得到真诚幸福的爱情。20～29 分说明你的嫉妒心过于淡漠，对爱情生活将会丧失关切感，进而与爱侣关系松散。因为没有嫉妒的爱情就不成为真正的爱情。只有不时地向恋人或配偶显露出你的一丝妒意，才能显出你的爱心。10～19 分说明你善于使用合理嫉妒的艺术。并能建构起你的和谐温馨的爱之天地。对于了解自己，也了解爱侣的人来说，合理嫉妒是伟大的存在。

第二节　嫉妒和羡慕的理论与研究

一、精神分析学派嫉妒的理论观

精神分析学派创始人弗洛伊德提出的精神分析学嫉妒理论是现代六大嫉妒理论之一，也是系统研究嫉妒心理、行为和治疗方法的早期理论。这一理论不仅具有系统研究人类嫉妒心理及行为的独特视角，亦对其他嫉妒理论学派产生了巨大的影响。

(一)精神分析学派对嫉妒的研究历史

1922 年，弗洛伊德撰写的《嫉妒、妄想症和同性恋的若干神经机制》刊登于 *International Teitschrift for Psychoanalyse* 杂志，此篇著名的论文主要解释了妄想症与同性恋之间的关系和嫉妒的概念及分类两个问题，论文中有三分之一的篇幅专门讨论嫉妒。该论文构建了精神分析学派的嫉妒理论基本框架。在弗洛伊德之前，19 世纪精神医生对嫉妒研究和治疗的兴趣主要偏向于变态嫉妒方面，而嫉妒妄想症又是变态嫉妒研究中的焦点。1911 年，德国精神病学家佛里德曼撰写了第一部关于嫉妒心理学的著作，佛里德曼关于嫉妒的观点是：嫉妒是源于竞争的一种情绪或情感，抑或是源于主体在参与情绪被加重强调的某个活动领域中，它通常被表述为一种痛苦的敌意，并与压抑竞争的冲动有着莫大的关系。这与弗洛伊德认为嫉妒是一种受压抑的情绪状态观点类似，同时佛里德曼的观点揭示了当时正统精神病学与精神分析学之间的差异。近年来，国内也出版了不少嫉妒方面的论文，较多是对嫉妒现象进行描述和研究分析，也有对弗洛伊德精神分析学嫉妒理论进行的研究与评价。

(二)理论建构和嫉妒成因

精神分析学嫉妒理论是弗洛伊德精神分析理论的一个重要组成部分，是弗洛伊德将其理论观点建构在实际治疗领域的成功尝试之一。其理论建构渗透着许多弗洛伊德精神分析学的重要理念，如意识、潜意识、压抑、冲动、童年经验、本我、自我、超我、俄狄浦斯情结、伊莱克拉情结等。70多年来，尽管该理论不断发展，但仍沿袭精神分析学的基本理论框架。

在嫉妒概念上，弗洛伊德认为嫉妒是一种情绪状态，很像悲痛，如果它表现为一个人人格及行为的迷失，那么必定是他屈从于强烈的压抑，并且把这种压抑深埋于自己的潜意识之中。精神分析学理论始终把嫉妒看作是意识和潜意识的关系冲突。嫉妒既表达又掩饰了人类一些最深层的恐惧和欲望，嫉妒的这种动力特征能够解释那些难以理解的，且加剧了嫉妒者痛苦的心理和行为，如寻找最强烈恐惧证据的意象、将伴侣推向对立面的冲动。所以，分析和了解人的潜意识中的内容始终是精神分析学嫉妒理论的研究中心。在嫉妒成因上，弗洛伊德认为成人的嫉妒并非与生俱来，而是童年潜意识创伤经验的复现。在每一个人的心灵深处，都有未被意识到的冲动、欲望、恐惧和创伤性记忆。这些潜意识经验，常常是有意识行为的对立影像，成人的生活模式往往受其童年的潜意识经验支配，无论在人格定型上，抑或在伴侣选择上从来都不是随意的，而是为了满足他们在童年时代没有满足的情感需求。弗洛伊德认为，只有在与童年创伤经验相似的情境下，才可能引发成人的嫉妒。这就解释了为什么人们并不是事事嫉妒的疑问。弗洛伊德的嫉妒观点，对西方艺术创作思路产生了极大的影响，英国电影《爱德华医生》、美国电影《七宗罪》等一系列艺术作品都带有深深的童年潜意识经验影响成年行为模式的印迹。对于人的嫉妒发生于何时，弗洛伊德作了明确的回答：嫉妒发生于性器官成为儿童注意和快乐中心的生殖器崇拜阶段。这期间，男孩和女孩发现他们的性器官外形不同，因此他们遇到的困惑也不同。女孩由于没有男孩明显的外部性器官而产生的“阴茎嫉羡”情结是女性嫉妒的原发因素。弗洛伊德在其著名的《爱情心理学》中对此作了详尽的分析。

嫉妒主要根植于人的第一性欲时期的俄狄浦斯情结和伊莱克拉情结，大约在2～3岁。弗洛伊德认为，每一个孩子都会体验到俄狄浦斯式或伊莱克拉式的痛苦。男孩“爱”其母亲，女孩“爱”其父亲。但是，两者都有一个难以战胜的对手，男孩的对手是父亲，女孩的对手是母亲。男孩担心父亲因发现儿子觊觎他的妻子而恼怒，他通过对父亲的认同，即成为一个像父亲那样的男人而逃避这种焦虑。女孩嫉羡她母亲的优势，通过对母亲的认同而克服焦虑。当儿童“陷入”这种最初的“三角”关系时，他们把对所体验到的悲伤、丧失的痛苦、无能为力和他们得不到想要的东西的认识全都压在心里，形成潜意识创伤经验，在成人阶段一旦发现自己处于类似的三角关系时，潜意识中的相关内容被唤起，嫉妒即被引发。按照弗洛伊德的说法，儿童注意和快乐中心的生殖器崇拜阶段，大约发生在2～3岁期间。这一年龄与加拿大心理学家布里奇斯对儿童表情观察的结果相吻合，布里奇斯观察到，儿童大约在16～18个月开始出现嫉妒表情。奥地利精神分析学家梅拉妮·克莱因把弗洛伊德的嫉妒发生年龄大大地提前了。克莱因认为，每个儿童在其襁褓中都有一种被遗弃的恐惧。例如，肚子饿了，而母亲未能及时喂奶，或者醒来时发现母亲不在身边，儿童本能上会产生一种被遗弃感。这种感觉既是产生嫉妒(失去被爱的体验)的决定条件，又作为一种童年经验深深根植于潜意识中。因此，儿童的嫉妒在出生几个月时就开始萌芽了，而不是晚至2～3岁。但是，可观察的嫉妒表情是儿童刚出现就被观察到的，还是这一表情已相当成熟才被观察到的，如是后者，应该认可弗洛伊德的年龄发生阶段；如是前者，克莱因的年龄分法更合理。目前，还没有进一步的实证研究证明克莱因观点的正确性。

(三)嫉妒和羡慕的分类

1. 嫉妒的分类

弗洛伊德认为嫉妒可以分为三个层面：一是竞争或一般嫉妒；二是投射嫉妒；三是妄想嫉妒。竞争或一般嫉妒指个体在竞争中失去了爱的对象，从而遭受到的一种心理体验。弗洛伊德列举了竞争或一般嫉妒的几种感觉：①失去爱的客体而产生的痛苦。②自尊的丧失。③对竞争者的愤恨。④由人际交往失败而导致的自责。他似乎故意遗漏了嫉妒的攻击心理。他的遗漏是有理由的，因为首先，无论男性还是女性，在身处嫉妒漩涡时，攻击或者潜在的攻击反应似乎是嫉妒的一般特征，它倾向于将嫉妒反应“移情”到他人身上，而不仅仅是主观体验，这种非主观体验的情况本不是弗洛伊德所关心的。其次，“爱”对弗洛伊德来说总是矛盾的，恨总是包含在爱中。尽管爱有一个功能就是补偿恨的伤害，但同时，单独的爱是不真实的、抽象的，而陷入这种矛盾争论会冲淡弗洛伊德强调的嫉妒是一种主观体验的主题。再次，弗洛伊德所特有的关于内心冲突实际上是内心要求的论点，与“正常的”嫉妒相联系，因为对爱人的憎恨可能会太多地牵涉外部矛盾及他人的经历。恰恰是这一点遗漏，使精神分析学嫉妒理论有失偏颇，为其他嫉妒理论的批评制造了口实。弗洛伊德指出，一般嫉妒也是由于自恋或自尊达到一定程度而被他人疏远所导致的伤害性情感，它构成了对竞争者的敌意，并或多或少地成为希望自我对爱的丧失承担责任的自责因素。这种嫉妒起源于客观现实，与情境的真实性成正比，所以是正常的；它完全受制于潜意识中的本我，是最早的不忠冲动的延续，所以并非完全合乎理性。最初，弗洛伊德将嫉妒看为一种基本情绪，一种正常的并与痛苦相平行的情绪，因为每个人都认为嫉妒是一个普遍的事实。后来，当他用潜意识理论分析嫉妒时，看到了更深层的东西：有些看来不嫉妒的人，并不是没有嫉妒，而是压抑了嫉妒，但同时带来的负面效应就是增加了潜意识心理生活中痛苦的成分。在这方面，弗洛伊德显然反省了自己的精神和社会状况以及自身的历史和个性。比如，在他订婚时，自己就陷入了嫉妒的泥潭。

从临床角度来看，弗洛伊德并不认为正常或竞争嫉妒是一种病症，嫉妒者可以通过自我治疗缓解嫉妒，重新享受成就和体验快乐，恢复工作和爱的能力。投射嫉妒是一种产生于嫉妒者对现实事件的经历或对不忠实行为的观察，再由嫉妒者投射到被嫉妒者身上的过程。例如，当一个人坐在办公室里，想象着与一个漂亮的异性幽会时，他几乎立刻会想到是否有一个地位比自己高的人也有这种想法；进一步推理，他会认为自己的配偶一定也会有这种想法，并且可能已经做了。弗洛伊德解释说，投射嫉妒来自于生活中男人或女人各自的实际不忠或压抑的不忠冲动。这是一种每天都会产生的体验，在婚姻中最常见，只有在拒绝经常性诱惑的情况下才能保持平衡。那些强烈否认自己内心压力的人是非常乐意引进一种潜意识心理机制来作为他们的慰藉物的。当他们把自己的不忠冲动投射给对他忠诚的另一方时，他便将这种慰藉物看作是自我意识的赎罪礼物，从而得到真正用自己的意识获得的缓和。同时，这种强烈的动机能够利用明显的事实欺骗具有同样潜意识冲动的他人(如伊阿古欺骗奥塞罗)，并猜测另一方并不比自己好多少来调节自己。弗洛伊德指出，这个层面的嫉妒既不在于澄清别人的清白，也不试图揭示自己实际或幻想的不忠实，它涉及的是治疗学上的问题。妄想嫉妒产生于对同性吸引力的防卫机制，在对同性吸引力排斥的认可中，将其投射到异性身上，从而导致嫉妒的产生。例如，某先生吸引我，这是假的，所以我拒绝认可。如果这位先生吸引像我一类的人，那么我的配偶一定、可能或者已经与他发生了关系。弗洛伊德说，妄想嫉妒的根源也是压抑的不忠冲动，只是在这类情况下，主体和客体是同性。而妄想症的典型症状却是离开了导致它产生的同性，当他试图防御可能产生的不适当的同性冲动时，可以归结为以下形式："我不爱他，她爱他!"弗洛伊德感到由于妄想嫉妒是妄想症的组成部分，而妄想症是一种"极端病症"，是一种严重的精神病，在激烈发作期间能使痛苦的个体完全丧失能力，并对他人和自己形成真正的威胁，所以用精神分析法治疗妄想嫉妒预后不良。

嫉妒现象纷繁复杂，为了更加清晰地认识嫉妒，在科学研究的基础上，其他流派的心理学家对嫉妒进行了分类。Hupka(1989)认为，不同的嫉妒体验必然伴随着不同水平的关系威胁情境。对关系的威胁分为轻度威胁、中度威胁和高度威胁，所对应的嫉妒自然分为轻度嫉妒、中度嫉妒和高度嫉妒。Parrott(1991)基于嫉妒激发情景的不同把嫉妒分成猜疑性嫉妒和事实性嫉妒两类。他认为，不同嫉妒最重要的区别在于对原有关系所造成威胁的本质性情境。嫉妒可能出现于威胁处于假设的状态，其威胁性可能不甚清楚，或者出现于威胁确凿无疑，对关系的影响也显而易见的状态。当威胁不甚清楚或仅仅处于猜测阶段时，我们可以把这种嫉妒称为"猜疑性嫉妒"(Suspicious Jealousy)，当威胁确凿无疑，并具有伤害性时，称之为"事实性嫉妒"(Fait Jealousy)，因为威胁是一个完成了的现实事件。

根据激发嫉妒动机的不同，Bringle(1991)把嫉妒分为猜疑性嫉妒和反应性嫉妒两种基本类型。Bringle 的嫉妒交互模型理论认为，嫉妒反应是内源性变量(如个体)和外源性变量(如环境、文化)之间交互作用的结果。然而外源性和内源性变量并不在决定嫉妒反应中总是起着同等重要的作用，当每种变量在个体身上表现的不一样时，就可能出现不同的嫉妒类型。如果内源性变量在决定嫉妒反应中特别重要，那么就属于猜疑性嫉妒；如果外源性变量是重要决定因素，那么就属于反应性嫉妒(Reactive Jealousy)。

2. 羡慕的分类

羡慕分为以下四种类型：

(1)钦佩型羡慕：你有我没有的，我佩服你。

(2)矛盾型羡慕：我对你表达了钦佩，但听上去是酸溜溜的。

(3)攻击型羡慕：凭什么你有我没有，这不公平。

(4)抑制攻击破坏型羡慕：我丝毫不表露对你的羡慕，但我会巧妙地贬低你自以为豪的地方。

二、认知现象学的嫉妒理论模型

Mathes 以情绪认知现象学理论为基础，经过多年的研究，提出了嫉妒的认知现象学理论(见图 10-1)。Mathes 首先描述了作为嫉妒引发的 P—B—R 三角关系(P，Person，即嫉妒者；B，Beloved，即情侣，亦称伙伴；R，Rival，即竞争者，亦称第三者)。面对新的 P—B—R 三角关系，P 首先会进行初级评估(Primary Appraisal)，以决定这个情境对于个人幸福是积极/有益的，相关的，或者属于应激性的。

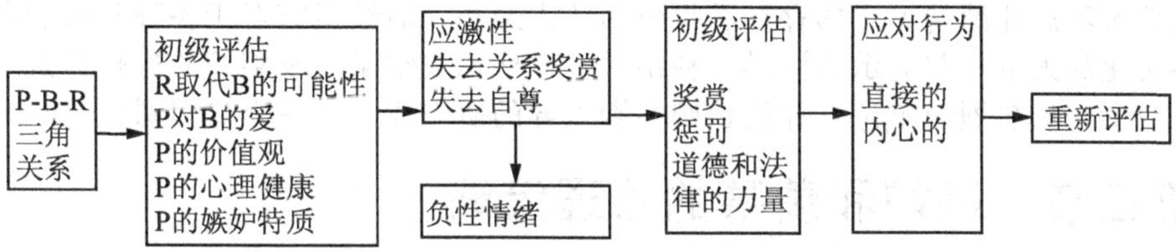

图 10-1　嫉妒的认知现象学模型示意图

P 的初级评估涉及以下几个方面：R 成功地从 P 身边夺走 B 的可能性、P 对于 B 的爱恋、P 的价值观、P 的心理健康水平、P 的嫉妒特质水平。经过初级评估，如果 P 觉得 P—B—R 三角关系属于应激性事件，我们就可以推断 P 必然会产生嫉妒体验，然后进入次级评估(Secondary Appraisal)过程。在这个过程中，P 试图确定是否有合适的策略来消除 R 的存在，而保留 P 和 B 的关系，而且要考虑到不能付出太多的代价。这些策略包括奖赏、惩罚、道德和法律的力量。次级评估之后，将考虑实施应对策略，作出应对行为，此后对于应对行为给以重新评估以确定其有效性。如果行动是成功的，便转而考虑其他事务；如果失败了，则需要调整策略，实施新的策略，并力求保住面子。

作为对认知现象学理论的完善和有益补充，Bauerle 等考虑了个体在什么条件下容易出现嫉妒，根据 Weiner 的归因理论，对从应激性事件到嫉妒反应之间的认知过程进行了归因分析。

Bauerle 等作了两项研究：研究一，根据 Weiner 归因理论的四个维度，通过设置不同的脚本，让 156 名大学生考虑嫉妒情绪在何种条件下会更加强烈，结果显示：嫉妒在伴侣的行为属于个人化、可控性、有意性的结果下，受伤者的嫉妒显得更为强烈；另一方面，如果伴侣的行为属于外归因(非个人化)、不可控性、疏忽性和存在相对温和的环境条件下，嫉妒的强度会比较小。研究二，改变归因对嫉妒的联系，让 128 名被试回忆生活中的嫉妒事件，然后根据 Weiner 的归因维度对事件进行归因和分类。研究结果显示：归因的可控制性维度得到了证实，如果伴侣被认为对于不忠行为具有足够的控制能力，那么嫉妒者将体验更加强烈的嫉妒；基于伴侣的原因比基于环境的原因出现的不忠行为，会使得嫉妒更加强烈；有意图的情境比随意性情境更容易激发嫉妒。

这些研究的结论意味着，归因理论能够成功地应用在嫉妒的认识上，特别说明了谴责性条件在恋情嫉妒反应强度上起着中介作用。这也丰富了嫉妒认知现象学理论中的初级评估过程的有关细节。

关于嫉妒的性别差异，Buss 提出了生物进化论，也称之为“性别差异进化论”(ESD，Evolution-Predicted Sex Difference)，这种理论提出了引起嫉妒心态的两种类型：一是性事不忠(Sexual Infidelity)；二是感情不忠(Emotional Infidelity)。Buss 的研究采用迫选回答的方式对大学生进行了提问，结果显示，女性倾向于把感情不忠比性事不忠的存在看得更加让人悲伤，男性倾向于把性事不忠比感情不忠的存在看得更加让人悲伤。后续研究对于各种年龄和各种文化的人群，都显示出同样一种结果。这些调查结果以及嫉妒的进化论观点引发了一场热烈的争论，并使嫉妒性别差异的研究成为了一个热门课题。

第三节　嫉妒和羡慕的管理策略

大学生处于人生的青年期，一个动荡不安的时期，面临着升学就业、选择人生道路、恋爱婚姻等人生的重大事件，在这些过程中非常容易产生嫉妒心理。部分大学生时常存在嫉妒与羡慕心理，这在一定程度上阻碍了他们与他人建立良好的人际关系。

一、大学生嫉妒心理的行为表现

一般来讲，大学生的嫉妒心理有以下五个方面的表现。

(一)嫉妒的对象

大学生嫉妒的对象多为与自己处于同等条件而又有共同志向或目标的人。“同等条件”是指在受教育程度、学习成绩、经济状况、生活圈等有着高度一致性或相似性。大学生是同龄人中的精英，正是由于他们在受教育程度、学习成绩、经济状况、生活圈存在着一致性或相似性，因而在面对大学里学习上、学生工作上等方面的竞争时就容易引发嫉妒心理。部分学生认为，“我的条件和他差不多啊，为什么他能够脱颖而出而我却不能呢?”等类似的疑问，这样就容易产生嫉妒心理。在大学里，同一个寝室里的同学，拥有共同的生活圈，彼此很了解对方的情况，具有很大程度上的同质性。一旦其中一位室友在某一方面取得了成绩，其他的室友很快就会知晓，取得成功的室友往往兴高采烈，另外的室友则冷眼看待，甚至心里会产生不舒服的感觉，这就容易滋生嫉妒心理。

(二)嫉妒的表现形式

大学生嫉妒的表现形式分为攻击性和愤怒性两种。攻击是对外的，即产生嫉妒的大学生发泄心里的不满情绪。具体表现为恶意诽谤对方，比如四处散布流言蜚语，说风凉话，打小报告，讽刺挖苦，编造是非，指桑骂槐等。这种攻击性行为是失去理智控制的表现，在这个时候，产生嫉妒心理的学生会做出许多令人难以意料的中伤他人的事情，有的甚至造成非常严重的后果。愤怒则是对内的，是产生嫉妒心理的大学生把嫉妒的发泄转向自己的一种表现。有些学生产生了嫉妒心理之后，并没有表露在外，而是深埋内心。外表看似谈笑风生，内心却装满了怨恨和怒气。性格较为内向的学生在产生嫉妒心理时常会采取这种表现形式。

(三)嫉妒与恐惧、忧虑和愤怒紧密关联

据研究发现，嫉妒情绪和惧怕、忧虑和愤怒这三种情绪都有关联，不过不同的嫉妒者在产生嫉妒情绪时由于嫉妒者本人的性格和嫉妒的程度不同，而造成上述三种情绪构成的比例有所不同，有的是忧虑大于恐惧，有的是恐惧大于忧虑，但一般来说愤怒的成分都比较重。嫉妒的产生一般都源于外部原因，这些原因通常会涉及自己和他人的利益，往往具有社会性。在这种情况下，嫉妒一般会与恐惧、忧虑、愤怒三种情绪相伴而生。在这三种情绪中，恐惧和忧虑一般是针对自己的，而愤怒则是针对他人的。例如产生了嫉妒心理的优等生，恐惧和忧虑的是自己学习成绩的进步还是退步。

(四)嫉妒之心主要针对对方强于自己的方面

产生嫉妒心理的大学生总是很不愿意别人强于自己。对别人强于自己的方面，嫉妒的学生会想尽办法，运用各种手段诋毁别人的长处和夸大对方的弱点，并加以夸张和扩大化。

嫉妒的人会提防他人嫉妒自己。由于怀有嫉妒心理的大学生深知被他人嫉妒的痛苦，因此时刻提防着自己不要被别人嫉妒，否则就会被别人伤害。有这种心理的大学生总是疑虑重重，因为怕遭到别的同学的嫉妒，而不敢断然冒尖，争先进；一旦有了成绩和荣誉也是终日忧心忡忡，害怕别人诋毁自己，或是担心别人后来居上，超过自己。

二、嫉妒心理的形成过程及其原因

(一)嫉妒心理的形成过程

嫉妒是在与他人比较中产生的。人们在生活中往往通过与别人的幸福进行比较来评估自己的幸福感。按照嫉妒的程度，可以将嫉妒的形成过程划分为三个阶段。

第一阶段：萌芽阶段(羡慕阶段)。这是最早的、程度较浅的阶段。此时嫉妒心开始滋生，但是深藏在人的潜意识里，还未显露出来。

第二阶段：发展阶段(嫉忧阶段)。是程度较深的嫉妒。其特征是对人物的嫉妒不再潜藏在心里，而是自然或不自觉地以外在的行为表现出来。如对嫉妒者作直接或间接的冷嘲热讽、恶语中伤、任意歪曲事实等。

第三阶段：深化阶段(嫉恨阶段)。这是嫉妒发展的最高阶段，此时人的嫉妒心非常强烈，在强烈的敌意和憎恨情绪的驱使下，可能会丧失理智，做出一些极端的暴力行为，如杀人、放火、强奸等对社会造成不良影响的犯罪行为。

(二)大学生嫉妒心理形成的原因

从嫉妒心理的以上表现我们可以看出，大学生嫉妒心理是大学生在面对与自己处于同等条件而在某方面强过自己的同学时产生的一种带有破坏性的危险情感，是通过与其他同学进行比较而产生的一种消极心态。总的来说，嫉妒心理是敌视别人荣誉的一种消极的情感。其中，大学生过于强烈的自尊心又是产生嫉妒心理的主要原因。大学生嫉妒心理的具体原因可以分为以下几个方面。

1. 来自学业方面的嫉妒

学习活动是大学生的主要活动。学习活动强烈地影响着大学生的心理过程和心理特征。学习过程中遇到的考试、竞争、评优、升学等问题，如果处理不好，就会产生嫉妒心理。它不仅表现在差生对优生的嫉妒，而且也产生于优生群体之中。特别是优生，在学业上得到的赞誉比较多，伴随着的总是鲜花与掌声，已经习惯了自己的“优越”和“拔尖”地位，一旦成绩下滑，成为“一般者”或是“较差者”，就会心理不平衡，产生一定的心理紧张与压力，出现嫉妒心理。

2. 来自人际关系方面的嫉妒

青年期面临着认同的危机。由于缺乏基本的人际交往知识和技巧，部分大学生在班级中地位偏低，竞选不上“班干部”，评不了“三好学生”，或者在评优、评先进中名不列次，在集体中长期受到忽视和排斥，看到其他同学学习成绩优秀、工作出色，且人缘好，总是受到老师的好评，心里产生苦恼，甚至妒火中烧，产生莫名其妙的怨恨之情，有被抛弃和愤怒感，并可能产生交往障碍，与同学关系紧张，出现自卑、焦虑等不良情绪。成绩优异、人际交往能力强、工作出色、人缘好的同学往往成为他们嫉妒的对象。

3. 来自感情方面的嫉妒

嫉妒是大学生恋爱中常出现的一种心理状态。爱情中的嫉妒心理是由于爱情的排他性、占有心理、过度关注、自卑猜疑心、缺乏安全感等原因引起的。处于恋爱中的青年男女，常把对方看作是属于自己的。一旦发现自己的恋人同其他异性接触，就感觉浑身不自在，心里顿生无名之火，限于痛苦之中。更有甚者就连自己的恋人谈异性朋友的优点，也会引发猜疑，甚至会这样想："他(或她)是否在给我一个暗示，我们的关系是否能长久保持下去?""他(或她)会移情别恋吗?"从而产生嫉妒心理。失恋者带着羞愧和愤怒对抛弃自己的负心者进行的报复行为，也是嫉妒心理的一种极端表现。

4. 来自容貌方面的嫉妒

爱美之心，人皆有之。男大学生希望自己长得一表人才，女大学生希望自己长得亭亭玉立，但同处于一个集体，有的大学生英俊、天生丽质，可有些人却相貌平平。这时，那些相貌漂亮的大学生就特别容易成为被嫉妒的对象(在女大学生身上表现尤为突出)。特别是因自己的容貌、身材、生理缺陷成为前进的绊脚石时，有些大学生就对自己的相貌和魅力缺乏信心，觉得自己低人一等，认为是别人给自己制造并带来了痛苦，对相貌出众者产生无名的嫉妒之火，采取贬低、冷落甚至恶意中伤他人的行为来消除内心的不平。

5. 来自经济方面的嫉妒

大学生是经济不独立或不完全独立的群体，日用开支和求学、求职费用还需家庭支付。来自贫困地区的大学生因此增添了许多烦恼，不得不靠勤工俭学、贷款和领取贫困补助支付昂贵的费用。部分大学生认为参加勤工俭学既累又影响学习，而且担心被别人看不起，即使申请贷款、贫困补助也会在同学面前丢脸。部分大学生在贪图享受、追求高消费的同时，物质上的要求经常受到阻碍，看到经济条件好的同学花钱大方，而自己却囊中羞涩，便产生了"学好数理化，不如有个好爸爸"的自卑心理，怨天尤人，苦闷失望，并对家境条件优越者产生一种包含着憎恨与羡慕、愤怒与怨恨、屈辱的复杂心情。

6. 来自求职择业方面的嫉妒

择业方面的嫉妒心理通常出现在即将毕业的大学生身上。大学生就业制度的改革，人才市场供需见面、双向选择、自主择业的实行，给大学生就业带来了机遇，但也带来了许多挑战。由于当前就业机制的不健全、不规范，靠拉关系、走后门、凭人情、靠钞票找到待遇优厚、工作清闲职位的就业者大有人在，这也在一定程度上给大学生的心理造成了巨大的打击。恨有权、有钱、有势者，以致排斥、挖苦、疏远、为难比自己取得优越职业的同学，以此宣泄自己的嫉妒不满情绪，求得心理平衡。

三、嫉妒的管理策略

(一)克服嫉妒

大学生的嫉妒心理必须引起重视，嫉妒心理不仅阻碍大学生建立良好的人际交往，甚至使他们做出一些极端行为。嫉妒心理，首先不可能消除，同时不可以压抑，压抑了可能导致心理问题与心理病变，唯一的途径是认识嫉妒情绪，并承认它，正确处理和调试嫉妒心理。克服嫉妒要做到以下几点。

1. 提高认知，认识嫉妒

科学的价值观念与正确的思想意识是人们产生良好心理和行为的前提。在与同类人比较过程中，要提高对嫉妒情绪的认知与觉察。在此过程中，需要有正确的人生观、价值观作支持，比较后产生的“落差”会导致认识上的偏差，进而因难以接受客观事实而产生嫉妒心理。只有认识到嫉妒所带来的危害，才能在思想与行动上表现出与之划清界限的自觉性。因此，大学生们要树立积极的人生信念、顽强的意志，正确看待名、权、利，战胜本能诱惑，意识到自己身上的嫉妒心理，从而自觉地克服嫉妒心理，提高心理素质。

2. 正确认识自己，悦纳自己，建立丰富的自我内涵

许多大学生不能客观地认识和评价自己，因而盲目地和他人相比较而产生嫉妒心。俗话说“人比人，气死人”。一个人在各方面都不可能十全十美，“金无足赤，人无完人”“尺有所短，寸有所长”，关键是人怎么看待自己，能否正视现实。诸如身材、相貌、家庭经济条件、生理缺陷等先天素质方面的差距是客观存在的，并非由自己的主观因素所造成。大学生应该建立起正确的自我观点，常进行自我反省和再认识，接纳现实的“我”，正确对待自我，积极悦纳自我(包括自己的体型、容貌、能力与水平等)，平静而理智地看待自己的长处和不足，宽容地对待得与失，既不自满自负，也不自卑自责。大学生要学会爱自己，欣赏自己，学着去体验价值感、愉悦感、幸福感，使自己的内心世界完善、充实。只有这样，嫉妒才能失去存在的空间与舞台。

(二)让嫉妒化为进取力

如何让嫉妒化为进取的动力？这需要正确看待嫉妒的两重性。嫉妒是一种消极情绪，同时它又可以产生一种令人提升自我的动力。英国哲学家罗素指出：“嫉妒尽管是一种罪恶，它的作用尽管可怕，但并非完全是一个恶魔。它的一部分是一种英雄式的痛苦的表现；人们在黑夜里盲目地摸索，也许是走向一个更好的归宿，也许只是走向死亡的毁灭。”曾有人这么形容东西方处理嫉妒心理的方式，东方式嫉妒遵从的原则是你行我千方百计地阻止你不让你行，而西方式的嫉妒遵从的原则是你行我想尽一切办法超过你。这句话的意思是阻止别人不如超越自己，随着自己对嫉妒的深刻理解，进而影响到自己的行动。所以，嫉妒并非在任何情况下都是坏事，在某种程度上讲，有嫉妒心，正是力求上进的一种表现。当一个人嫉妒别人时，每当别人哪方面比自己强时，不妨虚心向他请教，不断给自己施加压力，暗自下工夫，争取去超越别人。适度的嫉妒可以促使人去奋斗进取，焕发出一种勇于超越别人的力量。面对别人所取得的成就和地位，与其产生不满、敌视和嫉恨之心，倒不如与之看齐，采取恰当的竞争行为，把嫉妒心理变成一种行为的内部驱力，通过努力拼搏来缩小彼此间的差距。当自己取得成功后，嫉妒心理也随之烟消云散。只有对嫉妒心有意

识地控制和调节，才能将嫉妒心理变为积极进取的动力。

第四节　辅导方法与案例分析

一、嫉妒的辅导方法

如何有效地预防和克服嫉妒、辅导学生，周杨认为学校、学生工作者、学生本人都要采取相应的措施，具体可以采取以下辅导方式：

第一，学校要建立倡导良好的竞争机制，建立心理健康监护系统和大学生自助机制。大学生的嫉妒心理是在学校特定的环境中产生的，学校不仅应该有效地防止和克服嫉妒心理，还应该建立心理健康监护系统，创造合理的竞争机制，尽量减少引发学生产生嫉妒心理的导火索。建立心理健康监护系统，是在大学生刚进入学校时，通过一系列科学的测量方法，对每个学生的心理状况有所了解，然后建立心理档案，并对一些有心理问题的学生时刻关注。在建立了学生的心理健康档案之后，还应该采取有效措施，比如发挥心理健康中心在心理咨询和教育方面的作用。与此同时，建立大学生自助机制，利用对大学生影响面比较大的媒介，例如校园论坛，在论坛上开设心理板块供学生进行交流和探讨，比如华南师范大学校园"南方心理在线"的"心理沙龙"版面，就为大学生心理问题提供了交流与自助的场所。

第二，学生工作者要重视个别辅导，采取有效措施积极引导个别嫉妒心理严重的学生。学生工作者通过走访和观察确定个别嫉妒心理严重的学生，并走进他们的生活，充分了解学生的心理问题，建立心理档案，关注其心理变化，随时对出现的问题进行解决。嫉妒心理可以分为两种情况，即是嫉妒他人和被他人嫉妒。怀有嫉妒他人心理的学生，一般来说传达了对自己不满的信息，是对自己更高的要求。这些要求，一些是符合学生自身状况的，学生可以通过自己不懈的努力最终达到。对于这样的学生，学生工作者要积极地开导，尽量将他们嫉妒他人的原因转化成上进的动力，不断鼓励学生努力奋斗。另一些要求是学生远不能达到的，是学生自身能力范围之外的，比如丰裕的家庭经济状况，仅仅依靠学生本人的努力很难实现。对于这种情况，学生工作者应该教导学生学会正确看待自己，学会接受不完美的事实，并且鼓励学生在其他方面取得进步，获得心理安慰。一旦学生出现被人嫉妒的情况，学生工作者就应该让学生之间采取必要的沟通，调整双方的注意中心，教导被嫉妒的学生不要过多地炫耀自己，以此来消除在嫉妒方心里造成的威胁感。

第三，学生个人要保持良好的心态，预防和克服嫉妒心理。首先大学生要客观地认识自己，看待同学，正确地与处于同等水平且有相同目标的同学作比较。在大学的学习生活中，每个学生都要在具有竞争氛围的学习生活中客观地对待自己，摆正自己的位置。不能把有同样目标又处于同等水平的同学仅仅看成自己竞争的对手，而应该看成是促使自己进步的动力。其次，怀有嫉妒心理的学生要开阔视野，走出自我狭隘的圈子，做个心胸宽广的人。再次，大学生要虚心好学，从源头上预防嫉妒心理的产生。培根说过："每一个埋头沉入自己事业的人，是没有工夫去嫉妒别人的。"最后，大学生还要严于律己，自我克制。嫉妒是一种自尊心过强，过于突出自己的心理表现。在这种嫉妒心理的支配下，大学生在待人处世的时候常常是以自我为中心的，无论何事，首先考虑自身的得失，这是非常不好的。学生本人如果发现自己出现嫉妒苗头时，应该积极进行自我约束，努力克服嫉妒心态，使自己的内心变得"心底无私天地宽"。

二、案例分析

姓名：阿雅

性别：女

年龄：22 岁

教育程度：大学三年级学生

(一)来访者主诉问题

阿雅跟宿舍同学关系差，感觉总是被人孤立；同时，她感到男朋友也不太理会她，却时常与一个她比较讨厌的女生说话，觉得异常的郁闷，晚上失眠，情绪低落，所以到学校的心理咨询中心求助。希望通过咨询让自己开心起来，并能处理好与室友、男朋友的关系。

(二)家庭背景及成长过程

阿雅来自广东的某城镇，父母都是普通工人，在家中是长女，下面有妹妹和弟弟。阿雅的妈妈很贤惠能干，脾气较好，父亲个性随意，比较以自我为中心。阿雅的父母一直非常想要男孩，所以对第一个女孩——阿雅的要求似乎很高，期望也非常高。阿雅的爷爷奶奶从小就没怎么带过阿雅，因为她是女孩。所以自阿雅懂事开始，她就变得非常乖巧，嘴巴甜，做事又勤快，是父母眼中的乖女儿，渐渐地爷爷奶奶也开始喜欢懂事的阿雅。上了小学，阿雅非常努力，年年第一，是老师眼中的优等生。

妹妹是在阿雅三岁之后出生，阿雅觉得妹妹很令人讨厌，长得又丑。妹妹慢慢长大了，长得越来越水灵，父母对妹妹的爱越来越多，阿雅心里难受极了。阿雅开始有意无意地把妹妹气哭，甚至打妹妹，但每次都被父母骂一顿，阿雅觉得十分委屈，"明明是妹妹不懂事，我才教训她的嘛"！几年之后，父母喜得贵子，这个弟弟几乎把全家人的目光都吸引走了。阿雅顿时觉得自己成了"孤儿"，没有人疼爱，只有干家务的份。有几次，她在照顾弟弟的时候，看着弟弟天真无邪的眼睛，越看越来气，一恼之下，拿了枕头闷着弟弟的头，直到弟弟的哭声引来了妈妈，结果免不了她又被挂上"照顾弟弟不周"的罪名。晚上，她开始做噩梦，梦见带着弟弟在商场乘电梯，由于自己的失误，弟弟卡到了电梯，眼看着弟弟被卷到电梯里面，就像电视里的动画片一样变成纸人。她害怕极了，害怕弟弟真的死去。她的童年就在照顾弟妹，无意地欺负他们，以及当父母的“乖乖女”中度过。

阿雅的成绩在班中是比较好的，但阿雅喜欢跟比自己成绩差的人一起玩。面对比自己成绩好的同学，她总觉得浑身不自然，有酸溜溜的感觉。如果有比她差的人考试好过她，她与那人的关系就会变得微妙，不自觉地远离她。阿雅有一个很要好的朋友，一个温柔的女生，成绩比她差些。她很护着这个朋友，开始时有什么问题也能耐心解答。但慢慢地，她发现这个女孩很受其他同学的喜好，有人夸她漂亮，她开始嫉妒这个女孩，解答问题时也不再耐心，总是不耐烦。她总觉得，别人在夸奖这个女孩，就等于贬低她似的，她总希望自己成为众人的焦点。进入大学之后，阿雅发现很不适应宿舍生活，这个住着八个人的大宿舍有着不同地方的同学。而且她发现宿舍的同学都很有个性，不买她的账，做事方式总是冲突。同时，宿舍同学有几个长得很漂亮，而且会打扮，用的护肤品都是名牌，这些都是阿雅渴望拥有却得不到的东西。干脆她就早出晚归，避免与同学的接触。慢慢地，宿舍里其他的同学高高兴兴地一起去吃饭，唯独她是一个人；其他人愉快地聊着天，她一进来，就没有了话说。她觉得自己被孤立了，甚至怀疑室友是否在背后说她坏话。大学生活就这么不甜不咸地过着。大学生活的一个转机是有个男孩子追求阿雅了，这让阿雅觉得生活还是那么美好，自己是有人爱的。阿雅在很长一段时间都沉浸在自己的恋爱当中，直到最近发生的一些事又让她以前的焦虑、不安情绪回来了。阿雅的一个室友得了奖学金，正兴高采烈地请大家吃东西，但忘了请她。本来不请她是无所谓的，但这个女生偏偏是阿雅的竞争对手，而阿雅此次却差了一点点而没有得到奖学金。她回宿舍后，就酸酸、冷冷地面对宿舍同学，一片愉快的情景就此消失，取而代之的是尴尬与寂静。此时，宿舍一位性格直爽的同学终于忍不住了，批评阿雅不该如此，阿雅此时正憋着气呢，于是舌战开始了。争吵结束后，阿雅跟男友抱怨了一通，晚上一宿没睡。连续几天，她与宿舍同学的关系都处于冷战中，由于多次与男友抱怨此事，男友觉得她有些“祥林嫂”了。于是她尝试着跟妈妈说说，结果妈妈也觉得她不对，她该跟室友们道歉。她觉得纳闷极了，为什么没有人同情她？理解她？有一天看到男朋友居然跟她的一个室友聊了很久，两人似乎非常开心的样子。她更是妒火中烧，愤怒、嫉妒、憎恨集聚于一身。她开始失眠了，整个人的精神状态一下子陷入了抑郁躁狂中。

(三)分析过程

从来访者自己透露的信息中，显然嫉妒的情绪一直伴随着她，但她还未意识到嫉妒对她的消极影响。嫉妒，一种非理性的情绪成分，在阿雅的童年早期就深深扎根了。由于她父母重男轻女的观念，使得她嫉妒男孩，讨厌自己的女孩身份，但她压抑了这份嫉妒与愤怒，让自己变乖，来获取爱与关注。阿雅对爱的需要没有问题，而是寻求需要的方式有问题。

阿雅的嫉妒同时表现在二元关系和三元关系中，如在争夺父母的爱时，嫉妒妹妹与弟弟；在学习上，嫉妒比自己优秀的同学。总之，这两种嫉妒都源于竞争，而这个过程对阿雅来说是痛苦的。为了争夺父母的爱，她不得不在现实中变得乖巧，压抑对弟妹的敌意，但却在梦中显露害死弟弟的愿望。可见，在此过程中，她还掩饰了深层的、害怕失去爱的恐惧，总觉得自己处于孤立与孤独之中，这些都加剧了阿雅的痛苦。阿雅曾体验到在家中是多余的感觉，父母不再关注她，使得她感受到失去被爱的滋味，这又是一种童年经验深深根植于阿雅的潜意识中。弗洛伊德认为成人的嫉妒是童年潜意识创伤经验的复现，那么在阿雅身上我们看到这种重复：她与同学的关系，尤其是那个要好的女生，后来因为竞争而远离那位女生，这有可能当阿雅与某人亲密到一定程度时，就认同成她的亲人——如妹妹，这种对妹妹的嫉妒就会在某种竞争情景下重现，从而破坏她们之间的关系。阿雅对大学室友的嫉妒更多的是二元的嫉妒。这些嫉妒的情绪，阻碍了阿雅与人真诚地进行交往，因为在关系的处理中她对他人有更多的敌意与竞争感。而阿雅对男朋友的态度，因为受到另一个女生的影响而改变，当然这个过程更多的是阿雅的幻想。此时，她再次陷入失去被爱的恐慌中，觉得男朋友对自己的感情不忠，同时对那个女生产生了深深的憎恨与嫉妒。阿雅的嫉妒属于猜疑性嫉妒，因为现实中的威胁处于假设的状态，而且威胁性可能并不清楚。

从阿雅的行为表现上来分析，阿雅嫉妒的对象包括跟她争夺爱的人和与她处于同等条件又有共同志向的人(如获取奖学金的室友)。同住一个宿舍，拥有共同的生活圈，彼此也了解对方，属于同质人群。所以在室友获得奖学金后，她非常的愤怒与嫉妒，冷眼看待。同时，她的冷言冷语和蔑视态度是一种敌对与攻击的方式。阿雅对他人的嫉妒主要集中于学业方面的嫉妒、感情方面的嫉妒、容貌方面的嫉妒。

(四)解决问题

咨询的第一步是共情来访者此时的愤怒、委屈与焦虑的情绪，让她觉得此时不是孤身一人，让她觉得被人理解。在建立良好的咨访关系之后，通过提问的方式让阿雅开始认识她的嫉妒心，嫉妒的来源，从而理解嫉妒的行为。嫉妒给她带来了困惑与焦虑，同时也给她带来了积极的影响，就是她在嫉妒心的驱动下取得了好的学习成绩，考入了重点的大学，既让阿雅全面理解嫉妒的意义，又让阿雅客观地认识和评价自己，进行反省和再认识，从而接纳现实的自己，积极悦纳自我的一切。同时引导阿雅体验生活中的由于嫉妒带来的积极影响，从而在接下去的一段时间内支持她嫉妒行为的延续。最后，通过认知重建，阿雅认识到她如果能运用得好，嫉妒将成为她积极进取的动力。

【小结】

嫉妒是一种强烈的情感，由于怀疑、忧虑，或知道有竞争者而产生的心理状态，使个体和另一个人(指伙伴)之间已有的某种重要关系面临丧失，而被第三者(通常指人)得到时，个体所体验到的一种情绪。嫉妒现象常出现在恋情关系、人际关系中。嫉妒会引发建设性行为和破坏性行为。嫉妒有害于人际关系，更有害于嫉妒者的身心健康。嫉妒一词的近义词羡慕，是指眼红别人有自己没有的东西。嫉妒与羡慕存在很大的差异，但又存在一定的关系。

精神分析学派、认知现象学对嫉妒有不同的解释与理解。精神分析学派认为，嫉妒源于竞争的一种情绪或情感，它通常被表述为一种痛苦的敌意，并与压抑竞争的冲动有着莫大的关系，是意识与潜意识之间的冲突。弗洛伊德认为嫉妒是童年的潜意识创伤经验的复现。弗洛伊德将嫉妒分为三个层面：一是竞争或一般嫉妒；二是投射嫉妒；三是妄想嫉妒。在科学研究基础上，心理学家将嫉妒分为：猜疑性嫉妒和事实性嫉妒(Parrott)；轻度嫉妒、中度嫉妒和高度嫉妒(Hupka)；猜疑性嫉妒和反应性嫉妒(Bringle)。羡慕分为四种：钦佩型、矛盾型、攻击型、抑制攻击破坏型。认知现象学认为嫉妒存在于嫉妒者—伙伴—竞争者三者之间。

对嫉妒和羡慕的管理策略。首先描述了大学生嫉妒心理的行为表现，嫉妒的形成过程及其产生的原因，提出了克服嫉妒需要做到认识嫉妒与提高认知，认识自我与悦纳自我。接着是进一步地将嫉妒化为进取的动力，这是将嫉妒转化为一种积极力量的方式。

对嫉妒的辅导方式中提到学校、学生工作者、学生本人需要采取相应的措施。

【关键词】

嫉妒 羡慕 建设性行为 破坏性行为 投射嫉妒 妄想嫉妒 猜疑性嫉妒 反应性嫉妒 钦佩型羡慕 矛盾型羡慕 攻击型羡慕 抑制攻击破坏型羡慕 精神分析 行为现象学 人际嫉妒 爱情嫉妒 克服嫉妒

【思考题】

1. 什么是嫉妒？嫉妒和羡慕的差异？
2. 嫉妒产生的来源有哪些？
3. 嫉妒和羡慕的区别？
4. 精神分析的嫉妒理论观？
5. 嫉妒的成因与具体表现？
6. 克服嫉妒的方法有哪些？
7. 在高校，如何辅导学生的嫉妒心理？

第十一章 羞耻和内疚的管理与辅导

内容提要：

1. 羞耻和内疚的含义与评估
2. 羞耻和内疚的理论观
3. 羞耻和内疚的管理策略
4. 羞耻和内疚的应对方式
5. 羞耻和内疚的功能
6. 案例辅导与分析

羞耻和内疚是日常生活中经常出现的两种十分相似的情感，难以对此作出明确的区分。羞耻包含了被认为低人一等、没有价值或在某方面很糟糕，羞耻直接危及到人的自我感觉。内疚则关注于他人，我们认为自己伤害了他人，希望有机会弥补。羞耻使我们想去隐藏某些东西，而内疚使我们想去弥补某些东西。有时，羞耻与内疚是交织在一起的。例如，妈妈打了自己的孩子，她为此深感内疚。然而，她无法主动修补与孩子之间的关系，因为她为自己的行为感到羞耻。她没有认真考虑自己打孩子的原因，只是觉得自己不是一个好母亲，甚至不是一个好人。羞耻感阻碍了她认真地看待自己的行为，使她无法在今后做得更好。当我们表现很差的时候(我们时不时会这样)，我们应当反思自己的行为。如果我们自我攻击，认为自己内心罪恶，那么我们将丧失解决这些问题的能力，也无法成长、改变、适应以及更好地处理问题。

第一节　羞耻和内疚的含义与评估

一、羞耻和内疚的含义

(一)羞耻和内疚的含义

羞耻又叫羞愧，与羞怯(Shyness)、害羞(Bashfulness)是非常相似的情感。中国文化一向重视通过荣辱观教育向人传授尚荣知耻的理念。耻，原写作“耳心”。从心理学角度看，一个人的耳朵只有听到了来自良心的判断，其心中才会产生“羞耻心”这种负面的情绪体验或心灵知觉(指“觉察到”或“意识到”之义)；假若一个人由于种种原因没有听到来自良心的声音，那么这个人一般是不会产生羞耻心的，相应地，也就没有羞耻心或羞耻感。可见，一个人在遇到或做了一件从伦理道德角度看是羞耻之事后，其心中到底会不会产生羞耻心或羞耻感，以及能产生多大强度的羞耻感，取决于此人的良心发展程度或水平。韦纳(Weiner)把它描述为是个体把消极的行为结果归因于自身能力不足时，而产生的指向整个自我的痛苦体验。韦纳认为羞耻方面的情感对退缩和抑制行为有增强作用；而内疚方面的情感对探索行为和动机活动有增强作用。羞耻是一种更内隐的自我意识情绪，它能够驱动人类的行为。羞耻可以产生于道德情景，如违规行为；也可以产生于非道德情景，如操作失败、社会行为不当等。羞耻的概念涉及羞耻产生的诱因情景、意识水平、主观体验、行为反应等。

内疚这个词在中英文词典里的解释为：在中文词典里，“内疚”被解释为“悔恨、内疚”“罪行、有罪”“罪责、责任”。在英文词典里 guilt 被解释为：① The fact of being responsible for the commission of an offense. ② Law ③Culpability for a crime or lesser breach of regulations that carries a legal penalty. ④Remorseful awareness of having done something wrong. ⑤Self-reproach for supposed in adequacy or wrong doing. ⑥ Guilty conduct；sin. “内疚”通常包含的意思是：做了错事，感到自责。内疚是一种自我意识情绪，指个体危害了别人的行为或违反了道德准则而产生良心上的反省，对行为负有责任的一种负性体验。根据 Kagan 的观点，儿童从 2 周岁左右开始，就能够根据某些社会规则对自己的行为及行为的结果进行评价。徐琴美等的研究表明，5 岁儿童已经具备了 Michael 等人认为的产生自我意识情绪包括内疚情绪在内的认知能力。儿童对道德评价的归因，随着年龄的增长，从社会规则角度进行评价的比例也在不断增加。因此，儿童期便具有了内疚的情绪。有研究认为，内疚常常发生于不道德的或自私的行为之中，内疚感一旦发生，即能采取补偿行为的动机力量。它的社会价值在于内疚感被唤起后经常导致帮助受害者的行为倾向。

(二)羞耻和内疚的区别

羞耻和内疚都是社会化的高级情感，它们有许多共同之处，即由于在人际间非常重要的社会规则或社会标准上公开暴露出缺点或作出了违规行为，个体对自我作出了消极及自我责备，由此产生了自我反省的羞耻和内疚。但是，它们是截然不同的两种情绪。羞耻和内疚有一段有趣的历史，具有内疚支配心理的治疗师可能会把羞耻误解为内疚，而具有羞耻倾向的临床医生会把内疚当作羞耻。内疚包括内心邪恶力量、深深的毁灭和罪恶感。相比之下，羞愧则包括脆弱感、被批判及被蔑视的慢性危机感。正如弗索和玛森的精辟概括：内疚是打破道德规则时的内心体验，羞耻则是被社会贬低时的内心体验。两者具体的区别如下。

1. 概念上的差异

根据分化情绪理论，伊扎德(Izard)认为羞耻和内疚都是复合情绪，在一般诱发情况下，包含着多种不同的情绪成分，如羞耻中包含较多的是害怕成分，也有厌恶、痛苦，以及兴趣和快乐；而在内疚中更多的是痛苦，也有害怕、害羞等成分。

羞耻和内疚之间还存在文化上的差异，西方国家被认为是内疚取向的文化，而东方社会(尤其是中国)被认为是羞耻取向的文化。因此在亚洲国家中，羞耻的含义要广泛得多，它包括了许多种不同的感受，如害羞、脸红、难堪、痛苦、哄笑等。而在西方国家，羞耻的含义是很狭义、极端的，感到羞耻是一种严重的事情，它包含一种极端的痛苦和社会耻辱感，羞耻本身就是一件让人感到可耻的事情，人们都尽力避免它。

2. 诱发情景上的差异

从诱发情景的整体内容看，分为“羞耻事件”和“内疚事件”，但现在的很多研究者并不认同。而引发内疚情感有三个因素：①不指向特定个人的违规行为(如考试作弊)。②伤害他人(如使他人代自己受过)。③辜负了他人的信任(将别人的秘密和隐私透露给他人)。引发羞耻情感有两个因素：①不适当的社会行为(如在公开场所大小便)。②公开暴露的无能(如演讲时结巴)。有研究表明，羞耻是更为“公开化”的情感，起源于公开暴露和不为他人所赞同，是在有他人在场的情景中发生的；而内疚是更为私人化的情感，源于个人意识中产生的痛苦，是在没有他人在场时体验到的。从情景的道德性上看，内疚是一种道德色彩更浓的情感体验，多是个体意识到自己违反了道德标准而引起的良心的不安；羞耻则是因个体没有达到理想标准和目标的失败而引起的。

3. 认知评价上的差异

Lewis 认为羞耻和内疚的主要区别在于对事件的主观解释不同。羞耻的体验是直接针对自我的，自我是负性评价的中心，“坏事”(负性行为或失败)常被看作为一种“坏自我”的反应。而对于内疚来说，不是自我，而是所做的事或未做的事才是负性评价的中心目标，内疚者对“我做了坏事”感到悔恨。当内疚时，自我由于与某事物相联系而受到负性评价，但他本身并不是评价的焦点。根据 Lewis 的观点，是强调自我还是强调行为的差异导致了不同的情感体现。

一些关于羞耻和内疚的研究认为，在同样的负性情境中，某些人可能表现为羞耻，而另一些人可能表现为内疚，也就是说人们在羞耻或内疚的表现方面存在着稳定的个体差异。Lewis 认为，易羞耻者具有场依存性(Field-Dependence)的特征，他们的行动动机和行为方向易受各种外界环境的影响，他们易为他人的评价所影响，场依存者的这种整体自我图式易于出现羞耻的体验。相反，易内疚者具有场独立性(Field-Independence)特征，场独立者的行动动机和行为方向不易受各种外界环境的影响，对所谓“坏事”往往表现为内疚。

Lewis 以个体归因这种特定的认知方式来解释羞耻和内疚的产生，她的观点与 Abrmason 所提的抑郁归因模型是相类似的，即对消极事件作自身的、稳定的、整体的归因易产生羞耻，而作他人的、暂时的、局部的归因易产生内疚。Tangney 在易羞耻者和内疚者归因方式的比较研究中，证实了 Lewis 的观点。

情绪认知理论认为，对同样一件事件或行为，不同的人表现不同的情绪反应，如学生考试作弊被发现，有的感到羞耻，有的感到内疚或窘迫，这是由于人们对环境事件不同认知评价(归因)的结果。Weiner 在他的情绪认知理论里也论述了羞耻和内疚的差异，他认为羞耻与内疚感一样，都是经常失败而引起的沮丧、痛苦、指向自我的消极情感，也都与控制性特性相联系。不同的是，羞耻与不可控制特性相联系，内疚则与可控制特性相关。在他的一项研究中发现，羞耻感通常在行动者将失败归因于能力弱时出现，能力弱属于不可控制的原因；而内疚感在将失败归因于缺乏努力时产生，缺乏努力属于可控制的原因，此时行动者意识到自己能够选择和控制行为的原因，这样才可能有责任心，才可能责备自己，从而感到内疚。

从这些研究可见，对失败或违法的行为出现羞耻反应还是内疚反应，主要取决于行为者对事件的认知评价(归因)，即羞耻与强调自我有关，内疚与强调行为有关。

4. 情感体验和外显表现上的差异

羞耻和内疚是一对十分相似的负性情感，在外显形式上都表现出一种低头、视线转移、目光回避的姿态，在情感体验上均有指向自身的痛苦感受。但许多研究都表明他们两者之间存在着许多不同之处。

在羞耻时，人们关心的目标是直接针对完整的自我，这一完整的自我被痛苦地审察并作负性评价。在审察自我的过程中，会出现一系列相应的感受，主要表现在三个方面：①退缩渺小、无价值和无力感，甚至觉得躯体都在缩小。“我干了蠢事，我就是一个毫无价值的人、一个无能的人”。②退缩的自我常体验到羞耻感，在虐待经历与抑郁的关系上起到中介作用。而有的研究则把它看作是许多心理障碍(如抑郁症、躁狂抑郁症、自恋症、精神分裂症)的重要组成部分之一。

目前大多数人趋向于认为羞耻比内疚更易造成心理障碍，但还有少数研究者认为羞耻和内疚在病理心理学上的作用无多大差异，这说明对羞耻和内疚在病理心理学上的作用还有待于进一步研究。

从以上研究结果来看，羞耻和内疚在概念、认知评价、情感体验和外显表现等方面都有着明显的差异，而且易羞耻者比易内疚者更容易造成心理障碍。在社会生活的适应过程中内疚比羞耻更有效，内疚是一种更好的“道德情感”。这些研究无疑对我们更清楚地认识这两种情绪，以及对一些心理障碍的临床治疗都起到了积极的作用。

5. 现象学的差异

与内疚相比较，当个体体验到羞耻时，情感体验更痛苦、反应更强烈，他们更想逃避当时的情景和掩饰自己的行为。内疚是对自己的行为更后悔、生气，更希望自己没有做不该做的事，常将自己行为的不好场景在脑海里一遍遍地过滤。羞耻感与“自己受到了伤害”有关，个人对其他人更为生气，表现出一种谴责；而内疚感则是因为意识到“自己伤害了他人”，集中于自己的行为违反道德标准而给他人造成了伤害，感到懊恼和悔恨。羞耻是通过谴责归因于自我以外的因素而增加自我修复的力量，内疚者则会采取措施补救自己的行为所带来的负性后果。羞耻对自我的负性评价直接针对自我，内疚则针对所做的事。

二、羞耻和内疚的评估

羞耻感，作为一种强烈的个体道德调节机制的负性情绪，是一种指向自我的痛苦、难堪和耻辱的经验。其现象学的特点和内疚的特点明显不同。羞耻感表现在个人生活的不同方面，如对身体的羞耻感和个体的进食障碍和抑郁情绪直接相关；同时，东方人对家庭的关注，很可能使家庭成为中国人羞耻感的一个重要指标；而个体的个性和行为特征使个体平时对羞耻的测量随着国外对羞耻研究的重视而日趋多样化，自评法主要包括有三种：形容词表的直接自评、问卷形式的间接自评和假定情境中预期出现的情绪的评定。这几种测量都具有较好的信度和效度，但目前尚无直接的自评问卷。

目前国内外尚无成熟的羞耻感自评问卷。国内心理学家钱铭怡等人根据量表是否适用于中国的人群，并提供中国大学生样本的常模，据此对有关问题加以进一步的讨论和分析。

羞耻感量表由钱铭怡等编制，由个性羞耻、行为羞耻、身体羞耻和家庭羞耻四个因素构成，共由 29 个项目构成，被试分数越高，说明其羞耻感越强。

第二节　羞耻和内疚的理论与研究

一、羞耻的理论与研究

(一)羞耻的精神分析理论观

弗洛伊德认为羞耻涉及意识和无意识冲突以及对本能的压抑，主要是对性冲动尤其是暴露和偷窥的控制。认为羞耻在性潜伏期(6～11岁)发展，帮助压抑恋父或恋母情绪的儿童暴露自己或窥视别人身体的欲望。但这一观点过于强调个体内部作用而忽视了社会环境对羞愧的影响。Singer后来(1971)提出了羞愧与理想自我有关，即羞愧是在个体不能满足理想自我的期望时产生的。因而它更关注于缺点，依赖于外在评价和权威人物，这在某种意义上与艾里克森(1963)提出的羞愧源于害怕失去爱的社会焦虑类似，承认在儿童早期就存在着羞愧，它的产生可能依据理想自我中的各种标准，而不止是性冲动。但是他们和Lewis(1987)以及Schore(1991)一样都没有关注实际的外部行为。Schore(1991)进一步强调了羞愧可先于言语发展(最早在10～12个月)，认为在母婴交往中，当母亲忽视婴儿的需要而误解婴儿的意愿时就激发了儿童的羞耻，羞耻是对过度高兴或兴趣、兴奋的抑制。他还提到不同的发展阶段儿童应该得到不同的满足才能度过危机，羞愧对于儿童进入下一个自我发展阶段是必需的。Nathanson(1987)则认为原始羞愧在两个半月时就出现了，强调早期的羞愧产生于一种人际背景，儿童在与他人交往时，由于得不到期望的反应而产生羞愧，同时认识到别人超过了自己，并通过自我和他人的区分促进自我意识的发展。

(二)羞耻的认知理论

认知理论强调体验羞耻时认知评价的重要作用。Buss(1980)的自我意识理论中提到，在5岁以后儿童认知的自我得到发展时羞耻才出现，之前父母对儿童羞耻行为的观察报告表现出的只是一种类似于弗洛伊德提出的社会焦虑的假羞愧。Kagan(1984)也认为情绪并不绝对由认知决定，但认知水平决定了儿童对特定动机作反应的能力，因为情绪往往由动机引起，所以认知能力是情绪体验必需的。不同的意识、认知决定了不同的情绪状态，也就是说背景对于特定情绪的产生是很重要的。Lewis(1991)将羞愧看作一种自我意识情绪，它的出现与自我意识的发展，规则、标准、目标的发展，依据标准对个体行为进行评价的能力，关注整体自我或具体行为有关。羞愧不是由具体的情景直接引发的，而是在个体参照已有的标准评价事件时，将消极结果归因于整体自我的不足而体验到的。

(三)羞耻的机能主义理论观

机能主义理论强调羞耻产生时包含的认知不是独立评价环境或自我，而是评价环境相对于自我的重要性。在某种程度上来说对机体与环境关系的认知对于适应是有意义的。个体羞耻时就将自我评价为没有满足社会群体的标准。这种认识有利于人类的适应性发展。

羞耻是社会情绪，从社会功能上来说，对于个体有内在、人际和行为指导功能。羞愧的产生满足了人际交往中对他人尊重的需要。比如羞耻驱使个体远离环境，远离重要的他人，而同时表现出的低头，调整姿势等表明了个体的渺小和低下，传递了对他人尊重和顺从的讯息，以便与他人协调。羞耻体验表现的是“镜像自我”，即别人看到的自我，它要求个体从主体的位子独立出来观察并评价自我，帮助个体获得自我作为客体的知识，进而发展其自我观。儿童最早的羞愧体验产生于他人的出现，随着自我感觉的发展，羞耻体验会引导儿童将他人对自己的认识与自己的信念相比较，这会使儿童对自我的认知更复杂、精细，并逐渐明白标准的重要。也就是说羞耻的评价标准来源于儿童在社会适应过程中习得的一种模式。

(四)羞耻心的特点

根据羞耻心产生的心理机制结合皮亚杰与柯尔伯格对道德认知发展的研究对现实生活中儿童的心理与行为所作的大量观察和相关学科的研究成果就可发现，羞耻心的产生具有三个典型特点。

1. 羞耻心是后天习得的，因而具有浓厚的社会性

从个体的角度看，无论是皮亚杰的研究还是柯尔伯格的研究都肯定了个体在真正进入道德发展阶段之前，有一个“非道德发展阶段”(所谓“非道德发展阶段”指生活在这一阶段的个体的言行无好坏善恶之分)。因此，在皮亚杰儿童品德发展的四个阶段理论中，第一阶段的年龄阶段界定在2～5岁——“自我中心阶段”，这意味着2岁之前的个体处于“非道德发展阶段”，也就没有羞耻心。而柯尔伯格的道德发展“三水平六阶段说”严格说起来应是“三水平七阶段说”。因为依柯尔伯格的解释，在道德发展的第一阶段——服从与惩罚取向之前还有一个阶段“零：前道德阶段”，许多学者后来对皮亚杰和柯尔伯格理论所作的验证研究也都证实，至少在0～2岁阶段的婴儿，其言行不具有道德性，这就很有说服力地表明：一个人的羞耻心不是与生俱来的。

作为一个道德概念羞耻心既然是个体在后天习得的，相应地，它就具有浓厚的社会性。从这个意义上说，只有人类才有羞耻心，而自然界里生存的其他动物是没有羞耻心的，例如饥而欲食本是一切生命的本能或共性，但是面对嗟来之食，有高尚气节的人则宁愿饿死也不会去吃。

2. 羞耻心既有相对性又有普遍性

由于道德中的一些内容具有文化相对性，所以，不同文化对于羞耻之事的界定是有差异的。羞耻心具有文化的相对性是由于世界上各个民族都有自己的文化传承和生活习俗，对于道德的规范与要求也不尽相同。

当然，由于道德中也包含一些超越时空的规定性，这意味着有些事情一旦做了，任何有良知的人都会认为是可耻的。例如，危害祖国、愚昧无知、好逸恶劳、损人利己、见利忘义、骄奢淫逸、偷窃与乱伦等。在这个层面上，羞耻心或羞耻感又具有普遍性或超文化性。因此，既不可以羞耻心的相对性来否定羞耻心的普遍性，也不可以羞耻心的普遍性来否认羞耻心的相对性。

3. 羞耻心既有他律性更有自律性

羞耻心往往与他人是否在场有很大关系，具有明显的他律性。例如一些小偷在偷他人财物时，若没有被他人当场捉住，往往不会为自己的不道德行为感到羞愧，反而觉得自己有本事。而只有在偷东西时，被他人当场捉住，在他人

的谴责中良知被唤醒的小偷才会产生程度不一的羞愧感。但是，对于一个有高尚道德素养的人而言，无论他人在场与不在场，只要自己做了一件让自己的良心感到羞耻的事情，随即自己就会产生强度不一的羞耻感，并促使自己想方设法地去弥补自己的过失。从这个意义上说，羞耻心又具有明显的自律性。由此可见，从自觉水平的高低看，存在着他律之耻和自律之耻两种羞耻心。并且，个体的羞耻心遵循着他律之耻向自律之耻方向发展的规律。

二、内疚的理论与研究

(一)精神分析的内疚理论观

弗洛伊德是西方心理学界最早对内疚进行论述的学者。但是，他所指的内疚并非源于伤害他人，而主要是指个体在幼儿时受到父母惩罚或遭到抛弃后所引发的一种焦虑状态。当个体焦虑由敌对的情绪激发后，首先指向的是他的父母，然后再指向其他人。如果焦虑没有由敌对的情绪激发出来，那么它就会转化为指向幼儿自己的内疚。按弗洛伊德的话说，“源于外部的具有威胁性的不愉快、爱的丧失以及外部权威的惩罚，当转变为内部持续的不愉快的时候，一种具有内疚感的紧张就产生了”。弗洛伊德认识到了这种内疚的病理特征，同时指出人类也能体验到一种更加真实基础上的内疚。可惜的是，他未对这种不具病理特征的内疚作进一步的说明。有的学者认为，正是因为弗洛伊德所指出的病理特性的存在，才造成了经院心理学家对内疚的坏印象与忽略。

在弗洛伊德之后的精神分析学家认为，内疚产生于本我与超我之间的矛盾，是由于违反了超我所规定的品行的价值观或标准。内疚的发展是出现于个性的基本结构(本我、自我、超我)形成之后。最先发展的是本我，它主要是先天的冲动、本能或者驱力，大部分表现为性和攻击性；自我的出现是随着儿童可以区别自身与他人的概念之后而发展出来的，表现为会思考和选择问题或处理问题，以及对环境作出相应的反应；超我，通常被视之为良心，它是随着儿童将适宜的品德(对与错的行为规则)内化或接受并随之转化为自身的品德之后而发展起来的，是与他们父母或相关团体接受的规则一致的或大体相似的。这一理论认为，超我的发展主要是借助于投射机制(将其他人的想法或感情当作是自己的)和认同机制(儿童假装得到父母的认同或不断对自己说“我和他/她一样”的过程)。通过这两个机制，超我吸收了父母的标准和价值观。一旦儿童的品行违反了超我的限制，内疚就产生了。

(二)存在主义的内疚理论观

存在主义学者May(1958)的观点是，内疚是丧失或分离的结果。他提出了“存在内疚”(Existential Guilt)的概念，并提出了三种形式。第一种形式是“潜力丧失”的结果。发展的潜力存在于智力、社会、情绪和生理这些方面。个体“存在”(Being)的能力表面上是无限的，但人们并非总是选择发展他们的能力个体可能忽略或完全放弃他生活中某个方面的潜力。对人类潜力的羞耻与内疚的管理策略的放弃导致了内疚的第一种形式，存在内疚的第二种形式是与同伴分离的结果。

由于个体和他人相处不可能达到完美，分离(并非指距离上的分离，而是指同伴关系的分离)是难免的，而这种分离所导致的隔绝会产生个体间相互关系的障碍和冲突。存在内疚的第三种形式是与自然分离的结果。以上 May 的观点主要体现在两个方面：一方面，把内疚视同为焦虑，认为它也是人的基本存在。由于人的一生总要面临各种各样的选择，如果为了避免焦虑而置选择的责任于不顾，或者把自己的选择权交给别人，由他人任意支配自己的行为，那么，个体必然会因为这种不负责任的做法而感到内疚。但是，如果进行自我选择，又会患得患失，为错误的选择或失去的机会而产生内疚感。因此，内疚感是永远无法避免的。另一方面，May 也指出，只有那些竭力想逃避焦虑的人，才会体验到更多神经症的内疚感。一个心理健康的人，如果能够勇敢地正视焦虑，承认个人的各种局限和不足，并且始终充满信心地追求人生的存在价值，他就能在心中发展起 May 所谓"自我的积极方面"。也就是说，个人忍受焦虑的能力和毅力越大，他就越能获得更多的自由，并更大地扩展其活动范围。这样，他对自己的自信心就显得越充足，自我肯定的存在感力量就越强，内疚感也就相应减少了。

Khanna(1969)对存在内疚的概念提出了质疑。对于潜力丧失，他认为，新生儿具有大量的，实际上是无限的潜力，为了他们的成长、社会关系及生活情境，他们不可避免地要放弃一些而去发展另一些。然而个体必须发展潜力的存在主义阐述，但标准过高很难实现，因而是毫无意义的。对于同伴分离，他认为人类需要认识和接受这种分离，而不应将其视为内疚的一个原因：其他人有必要认识到我们潜力的主要方面；其他人有必要认同但不必有意地完全认同它们。在人类生存及个体发展的过程中，不可能与他人达成在言语与情感上的完全和谐，所以不必为此而内疚。对于与自然分离，他指出这种内疚是以一个价值系统的假设为前提的，即个体与自然的关系是和谐的、重要的，人类通过某种途径与自然相分离。因为从出生之日起，我们就是自然的、真实的、天然的一部分，所以这一定义中需慎重处理的问题是该如何界定"结合"与"分离"。Khanna 发现，当人们的行为违背了他们所接受和发展的价值等级和标准时，存在内疚的概念是有意义的。因而指出，存在内疚的概念描述了人类生活的某些重要方面，但在论述内疚的普遍性以及对人类的相同的意义和价值时，却显得很无力。可以看出，Khanna 对存在内疚的比较和批评，是参照了标准的或传统的概念，即情绪的产生是因为个体背离了品行的标准，而情绪促使个体回到征途或遭受惩罚。

(三)霍夫曼的虚拟内疚理论

霍夫曼在 20 世纪 60 年代，提出了一种更具结构性的，基于移情基础上的人际交往间的内疚理论。他认为，内疚是"个体对他人痛苦的移情性反应"与

“个体对引起他人痛苦原因的认知”二者之间的结合。他将内疚定义为一种轻视，厌恶自己的痛苦体验，通常伴有迫切、紧张和后悔的情绪。

霍夫曼的理论认为虚拟内疚是尽管人们实际上并没有做伤害他人的事情，或所作所为并没有违反公认的社会道德规范，但如果他们以为自己做了错事或与他人所受到的伤害有间接关系，也会感到内疚而自责。他将虚拟内疚分为四大类。

1. *关系性内疚*

指具有亲密关系的个体，当同伴表现出不明原因的悲伤时，不仅会产生移情性悲伤，也会为同伴的不快而责备自己，因为他(她)主观上认为对方的悲伤和沮丧是自己造成的。

2. *责任性内疚*

指团体的领导者或组织者有时会为下属所受的意外伤害而责备自己疏于预料和阻止。

3. *发展性内疚*

指当个体取得了超越同龄人的成就或利益时，认为是自己把别人“比”下去并使别人“相形见绌”时所体验到的内疚。

4. *幸存性内疚*

指由不可抗力造成的灾害过后，幸存者对死者抱有隐约的内疚。有时在激烈的竞争中，由于最强有力的对手发生意外退出竞争而获胜的成功者也会在侥幸和不安之后体验到一丝幸存性内疚。

霍夫曼分析了儿童和成人产生虚拟内疚的影响因素，认为虚拟内疚是移情性悲伤与认知归因相结合的产物，主要受既往经验、移情能力、道德水平和关系程度的影响。移情是一种特殊观点的采择能力，采择能力与自我中心相对立，它使个体能够推测或考虑别人是如何想的，因此采择能力是道德判断和道德行为的重要中介变量。既往指由于自身行为失误造成对别人的伤害或在违反道德规范时体验到内疚的经验，如果实际的内疚体验很多，那么当个体主观上认为自己伤害了他人(事实并非如此)时，他也会产生内疚感，即虚拟内疚。

霍夫曼关于虚拟内疚的研究，不仅拓展了内疚研究的领域，丰富了内疚研究的内容，而且从新的角度揭示了道德情感在个体道德发展中的自我调节和自我教育作用。

(四)其他内疚理论观

在伊扎德的情绪分化理论中，内疚是一种基本情绪，与其他情绪一样，是在生物进化的过程中产生的。内疚体验，与对恐惧的体验一样，是不学就会的。它具有一些天生的或先天的线索，在极微弱的赞许的社会文化环境下起作用。内疚是良心中的主要情感，良心中的认知成分是与人类伦理道德有关的每一种文化、每一种情境(如家庭、宗教组织)所规定的一定的品行和规范。成熟的良心状态是与情绪相联系的，组成情感—认知结构以指导行为，称之为道德和伦理行为。内疚之所以成为良心中的重要情感是因为，内疚体验是将个体与内疚原因联系起来，除非努力恢复社会协调，不然内疚体验就不会减弱。

伊扎德之后，心理学对内疚的界定基本上已经统一，多是从道德的角度出发强调内疚是个体违反了道德标准后而产生的一种情绪状态，是个体良心的发现。在心理学词典上对“内疚”是这么解释的：第一，指个人自觉违反道德规范时的一种内心感受。平常做了错事受到良心的惩罚，就是罪恶感。第二，一种认识到自己违反了行为道德规范后而产生的情绪体验。第三，内疚是一个人觉察到自己对所做的消极行为负有个人责任时，产生的一种带有痛苦的、自责的情绪体验。

大部分心理学家认为像内疚感这种情绪状态，只有当个体具有内化了的社会行为道德规范时才会有；因此它不同于简单的害怕来自外部的惩罚，从某种意义上说，内疚感是一种对自我执行的惩罚。

第三节　羞耻和内疚的管理策略

一、羞耻和内疚对人类行为的影响

(一)羞耻的诱因

羞耻的产生有哪些诱因呢？Buss(1980)关于社会性焦虑对此作了很好的分析。他认为人们感到羞耻的难易和强烈的程度是不同的。害臊、发窘、社交恐怖、怯场(听众焦虑)等，这些成为社会性焦虑，与羞耻感有密切的相关。容易产生社会性焦虑的人是过分“自我意识的”，他们倾向于把自己当作周围人注意的对象而不断地进行自我分析，尤其是分析自己的缺点和短处，这类人群容易产生羞耻感。另外，具有以下三种情况的人容易产生羞耻：

(1)身体缺陷与相貌丑陋。

(2)个人有不光彩的历史，如有过偷窃行为或进过监狱。

(3)不是本人因素的身份背景，如私生子等。

羞耻感并非生来就有，是人们在社会交往中产生的，人们对何事感到羞耻与教育文化和文化背景及环境因素有关。如在中国文化背景下，男性的性无能使人感到羞耻，而女性的性冷淡很少引起羞耻。而就同一文化而言，父母感到什么事最可耻，对子女的羞耻感影响很大。

使人感到羞耻的诱因，常见的有以下几种：

(1)失败。令自己或群体失望的行为，在竞争中失败。

(2)任何不符合道德规范的行为被人揭发或当场被抓，如不正当的性行为、说谎、偷东西等。

(3)怯懦无能(尤其指男性)，为大众所不耻的自私行为，当这种行为清楚暴露在他人面前时，往往令人感到羞耻。

(4)性的羞耻，如在公共场合暴露生殖器。

(二)羞耻对人类行为的影响

羞耻对人的行为影响很大，对人的行为有约束作用。羞耻感使人在行动上从众从俗，有所规范。如性的羞耻感可维持正常的性秩序，道德的羞耻感可抑制人们不现实的欲望和行为。羞耻感也可称为人们进取的动力，如“知耻近乎勇”。但是过度的羞耻感是不利于人的心理健康发展的，它可使人的行为偏离正常，甚至导致精神障碍。以下是与羞耻感有关的非常态行为。

1. 过分的代偿行为

对羞耻感的过分压抑会产生代偿行为，如好面子、争强好胜、虚荣心强等，其直接动机是避免羞耻感的痛苦。这些人似乎总是为别人活着，看别人的脸色行事，对别人的评价过敏，害怕被他人说中要害，甚至把赞扬歪曲为挖苦讽刺。

2. 社交障碍及抑郁

过度的羞耻感使人过分注意自己的缺点和错误，感到内疚和可耻。他们很自卑，自我评价过低，甚至觉得前途灰暗。同时，由于缺乏自信使他们过分注意他人的态度，他们在人群中显得很不自在，严重者可出现社交障碍。

3. 怯懦依赖

羞耻感较强的人由于害怕自己的行为和思想会遭到别人的讥笑和批判，常常没有勇气面对现实，做事没有主见，缺乏独立性，在很多事面前处于从属被动地位，缺乏果断性。他们像软体动物一样，没有人扶就站不起来。

4. 嫉妒报复

嫉妒实际上是羞耻感的变形，在嫉妒者看来，别人比他强就意味着自己将不被人尊重或不被人爱。他们一方面感到很痛苦，同时很清楚自己怎样努力也不会赶上别人，于是就打击别人相对地抬高自己，只有这样他们的心理才能平衡。这些人常常是低等级羞耻感较强而道德羞耻感淡漠，这是羞耻感结构不平衡造成的。嫉妒者很爱面子，然而常常是为了面子丢尽脸皮，嫉妒报复心理的危险是很大的。

(三)内疚对人类行为的影响

内疚是对行为负有责任的一种负性体验，是对自己具体行为违反了规则的消极评价，是一种内心的不舒适，由内疚激发的动机和行为倾向于指向弥补行为，如道歉、弥补等。Barr 和 Tangney 等认为内疚经常与个体的矫正性行为联系在一起，个体可以通过这些矫正性行为来纠正错误，同时防止这样的错误再犯。20 世纪 60 年代的研究者们发现，违规产生的内疚会激发随后的助人行为，以及违规者的顺从。20 世纪 80 年代开始的研究发现，导致内疚的原因有三个：人际冲突、忽视同伴、不公平的分享。可见生活中基本上会存在两种内疚感：一种是健康的，就像是功能完好的“心理警报器”，它提示人们犯了错，伤害了他人；另一种是不健康的习惯性行为，当事人可能并没有做错事，却要为之所苦。

(四)羞耻心的功能

从心理学角度看，羞耻心的唤醒与激发，在培育人的善心与善行方面具有三个重要功能。

1.“礼义廉耻、国之四维”：知耻心理的社会规范功能

所谓知耻心理的社会规范功能，是指知耻心理具有调节、规范和约束人的心理与行为方式的作用。根据羞耻心产生的心理机制可知对于个体而言，一个人一旦产生了羞耻心或羞耻感，则它对于个体的心理与行为均具有巨大的调节规范和约束作用。个体如此，对于民族与国家来说也是这样，因为民族与国家也是由一个个个体所组成的，人民有耻，社会风气才能美善。《论语·为政》中说：“道之以政，齐之以刑，民免而无耻，道之以德，齐之以礼，有耻且格。”

2.“如知耻，则洁己励行”：知耻心理的导善功能

所谓知耻心理的导善功能，是指羞耻心具有激发和维持个体善心与善行的功能。在中国人看来，知耻心理具有强烈的导善功能。因为从理论上讲，一个人有了羞耻之心，就是其品德发展的开端，正如《孟子·公孙丑上》所说：“恶之心，义之端也。”同时，从羞耻心产生的心理机制可知羞耻心与良知之间存在密切的正相关，一个有着强烈羞耻心的人往往其良知的觉醒水平也越高，反过来一个人越有良知，就越有羞耻心。而从心理学的角度来看也可以说良知实际上是一个人的道德自我。这样，一个人若知羞耻，内则心存善念，思学正人；外必洁身自好，不做一切不道德的念头与不道德的行为，反之皆在于一个人丢失了羞耻心。

3.“知耻而后勇”：知耻心理的激励功能

所谓知耻心理的激励功能，是指羞耻心具有激发和维持个体进行活动，并导致该活动朝向某一积极目标的功能。中国民谚“知耻而后勇”表达的也是这个道理。中国历史上有无数“知耻而后勇”并最终彻底洗去先前所受耻辱的动人故事。据《史记·卷四十一·越王勾践》记载，当越王勾践兵败会稽山而被吴王拘禁到吴国后，忍气吞声地为吴王养了三年的马，直到公元前491年。回到越国的越王勾践每想起会稽之耻，就油然而生艰苦奋斗、自强不息之动力。经过多年的精心准备，越王勾践最终于公元前494年打败吴王，逼吴王夫差自杀，一雪在会稽山所受的耻辱。

二、羞耻感对应对方式的影响

情绪与应对策略的选择关系十分密切，正性情绪可以扩展个体的注意和行为选择范围，可以使个体在应激条件下有更多可以利用的社会、身体、智力资源；而负性情绪往往使个体的注意力固着于问题的某一方面，缩小行为选择的范围。羞耻作为一种情绪，对人们的应对方式有很大影响，从而影响个体的心理健康，在人们正常和病理行为中起重要作用。易羞耻者比不易羞耻者有更多的心理障碍，如抑郁、焦虑、某些神经症等。

研究者发现易羞耻者对实际可控性较高的坏事件常作消极的归因。羞耻直接影响人们的应对方式，使得人们在遇到困难和问题时使用否认、回避等应对方式。钱铭怡等(2003)的研究表明，大学生在面临羞耻事件时，倾向于采用接受事件结果、直接面对问题和让时间冲淡一切的应对方法，而较少使用否认和逃避的方法。这样表明大学生在面对羞耻的事件时应对策略是相对积极的，能够去面对和承受事件本身及其造成的影响。

羞耻易感性较高的个体较之羞耻易感性低的个体更可能使用回避、隐藏感情、等待的应付方法；羞耻易感性低的个体较之羞耻易感性高的个体更可能使用寻求社会支持的方法。高羞耻感者在应对方法上的这种倾向性可能与羞耻感本身的特点有关，羞耻感涉及对自我的负性评价，个体在这种体验中就倾向于逃避和退缩，而非采取积极的行动。同时研究者认为：高羞耻感的个体对羞耻事件很敏感，事件引起的强烈负性情绪往往使他们的注意范围变窄，固着于对事件后果的恐惧、后悔、焦虑中，且会出现长期、持续的自责，对某些令人不快的行为过度反复回想，很难冷静下来分析事件的过程，也很难考虑利用自己身边可以利用的资源。为了减轻自己不愉快的情绪体验，他们只有采用回避出现问题的情境、等待的方法，通过减少对外部环境刺激的接受来减缓应激源对自己造成的影响。隐藏感情是一种以情绪为中心的行为应付策略。这种方法的使用可以减少外界对自己的关注、询问，同样起到逃避问题的作用。而低羞耻感者在面对相同的事件时，产生的羞耻情绪较低甚至没有，在这种情况下个体能够更全面地考虑解决问题的方法，更开放地接受每种方法，而且由于没有强烈的负性情绪的影响，他们不必隐藏自己的感情，可以充分利用身边的社会支持网络，寻求多方面的帮助。应付方式作为羞耻感与心理健康之间的机制，有助于理解与羞耻感相关的心理障碍，并可指导实际的临床治疗和咨询。

第四节　辅导方法与案例分析

一、羞耻和内疚的辅导方法

(一)培养羞耻心

羞耻心出自人们辨别是非、善恶的良知，是一个道德行为的内部动力之一，也是自我检查的力量。通过了解羞耻心的功能，可以善用羞耻心来约束人们的道德行为。因此，在教育上，我们应该培养学生羞耻心。

1. 创设情境，诱发羞耻心

人在一定的道德情境中可以诱发情绪体验，学生羞耻心的培养可结合具体的情境刺激。为此，可以创设特定的情境氛围，如班风、校园文化氛围等，通过集体与舆论赞扬或谴责某种行为，使学生发生强烈的道德情感体验，把舆论变为学生羞耻心产生的催化剂。学生会在同伴或集体面前因自己的不良行为感到羞耻，还会为了力图避免再次产生那种令人不愉快的羞耻体验，而牢牢记住产生羞耻的情境。如此可使羞耻心正常健康地发展，同时也有效地控制了不良行为。

2. 提高明辨是非与善恶的能力

只有明辨是非、善恶的人，才会对自己的过失行为感到羞耻。大学生处于青春发育期，有时冲动，多未成熟，他们可能缺乏判断能力与感知力，对自己做错事却不知晓，久了就成为习惯，更无法感到羞耻。对大学生的羞耻心培养，学校与家庭需要紧密配合，正面引导，帮助他们树立正确的是非观与善恶观，从而提高道德评价能力。

3. 培养自尊心，形成羞耻心

自尊心与羞耻心是道德情感中相辅相成的两个方面，两者相互依存。“人贵知所贵，然后知所耻”，一个自尊自爱的人，会因为做了不道德的事而感到羞耻。培养大学生的羞耻心，必须增强他们的自尊心。可以通过组织各种班级、集体等活动，增强学生的集体荣誉感、自豪感，并努力造成同学之间、师生之间相互了解与理解，互相尊重的和谐气氛。同时，要肯定、表扬学生的积极行为，否定、批评他们的消极行为。尊重他们，尤其是有过错行为的学生，更要保护好他们敏感的自尊。

4. 鼓励道德勇气，升华羞耻心

这一点上，我们认为对于有一些事应该做却没有做到时，也应感到羞耻。羞耻心不仅可以限制人们做坏事，更可以积极地鼓励人们做好事。教育者应随时激励学生的道德勇气，升华羞耻心，使他们更好地发展羞耻心，知耻从而超越羞耻，形成良好行为。

(二)发挥内疚的道德功能

内疚感是个体在感觉到自己的行为不符合社会道德准则或给社会、给他人造成损失时，个体做出的道德行为和利他行为的感情动力。心理学家的研究表明，由于做出过失行为而产生“内疚感”的被试者，与没有产生“内疚感”的被试者相比较，前者更加乐于服从他人的需要，愿意主动帮助他人，特别是帮助那些因自己的过失行为而受到损伤的人。因此，在大学生教育中，要发挥好“内疚感”的德育功能。

1. 善于唤起学生的“内疚感”

根据青少年的生理、心理特点，首先应该告诉他们哪些行为是对的，哪些行为是错的，应该遵守什么样的道德准则、行为规范。一旦学生出现了错误行为，就要引导他认识到自己的行为是不符合社会公德的，甚至给他人造成了损害，把他从无意识引发到有意识状态，以唤起他的“内疚感”。教师在唤起学生“内疚感”的时候要注意方式、方法，像前面提到的苏霍姆林斯基启发他的学生那样，直观形象，虽“和风细雨”，但学生的心理反应却“雷霆万钧”。教师可根据具体情况，利用说服、明理、示范、假想、类比等方法巧设情境，引发“内疚感”。

2. 善于保护学生的“内疚感”

学生的内疚感被唤起之后，教师要注意保护。但有的教师却不注意这点，当看到学生的考试成绩不好时，就当众大骂其“笨蛋”“蠢驴”，严重地伤害了学生的自尊心。态度的蛮横、教育方法的简单粗暴等不科学的做法，很容易使学生的心理反应从“内疚”转向“逆反”。正确的做法应该是给学生留有余地，给他改过的机会，用鼓励的话语、亲切的目光热情期待着学生的进步。

3. 善于利用学生的“内疚感”

内疚感的存在，特别当学生给他人造成损害的时候，自愧自责的心境就能产生巨大的力量，促其采取一定的行为方式加以补偿。例如学生打碎了玻璃，由于内疚，干活时就格外地小心仔细。教师要及时施以激励的手段，给予肯定和表扬，培养学生健康的心理。德育教育中最有效的教育方式是学生的自我教育，而利用学生的内疚感就是促成学生自我教育的一种有效方法。

二、案例分析

(一)来访者主诉问题

慧妍是理科二年级的学生，性格温和，人缘好，但时不时会莫名地感到自责与内疚。很多时候，在出现一些情况时，她就感到不安，她常常说“都是我不好，都是我的错”。如果身边朋友哭了，伤心了，她也会有点内疚，是不是自己做错了什么，令别人不开心了，似乎总是在看别人的脸色行事，觉得好累。尤其是最近发生的事情让她不能再忍受。慧妍跟她的好朋友一起喜欢上同一个男生，这个男生最后选择了慧妍，但在他们的恋情开始之后，慧妍跟这个好朋友就一直处于微妙的关系。慧妍在有这个好朋友在场的场合下，一直很节制自己的言行；她与男朋友在一起时，即使这个好朋友不在场，她也担心这个好朋友是否在附近，从而小心翼翼。她的男朋友起初很理解她，但渐渐地觉得她过于敏感，偶尔几次为了这事吵架。慧妍觉得很伤心，自己也是为朋友着想，但又得不到男朋友的理解与支持。同时，她不知道找谁去倾诉这件事，所以最近一直郁郁寡欢。希望心理咨询能够帮助她自己开心起来，合理地处理好男朋友和好朋友的关系。

(二)家庭背景及成长过程

慧妍出生在一个普通的农村家庭，家中有三个孩子，一个妹妹和一个弟弟。爸爸的性格相对外向，有时候会发发脾气，情绪不稳定；妈妈是个内向的人，性格温和。总体来说，家庭还算和睦，但小时候，爸爸妈妈因为一些事情会吵架，甚至打架。在爸妈打架的时候，家里的东西被乱扔一地，慧妍很害怕地站在一旁，抱住爸爸的腿希望阻止他们的争吵。从那时起，慧妍开始变得很乖，好好地照顾弟弟妹妹，她觉得只要她乖了，爸妈以后就不会吵架、打架了。从小到大，一旦长辈们生气，她都很害怕，心中忐忑不安，常常会责备自己，她常在心里想：“会不会是我做了什么，令大人们不高兴了?”所以慧妍在长辈们面前，从不顶撞，向来听话，给人的感觉就是慧妍是个温顺的好孩子。慧妍的弟弟在家很受宠，当然在人前慧妍会对弟弟很好，但是没人的时候慧妍会有意无意地把弟弟弄哭，有些很泄恨的感觉，但马上她会感到很恐慌、内疚。

跟同学、朋友交往的时候，慧妍从不生别人的气，一直客客气气的。朋友有什么需要她帮忙的时候，她也从不拒绝。有时，她实在帮不上忙，就会不断地跟别人说明理由，不断地道歉，而且她会对这个朋友有些愧疚，下次无论如何都要帮到他，或者无形中对他作出很多补偿的行为。慧妍也觉得很奇怪，为什么自己总是这么委屈自己，其实有时候也并非自己的错。这么多年，慧妍很少与人谈起自己的心事，每当心情郁闷时，慧妍会想，她的忍耐使得她得到了长辈与朋友的肯定与赞美，值得。

高中的时候，慧妍学习成绩不错，尤其是英语，而且她是有问必答。所以班上的同学，都喜欢向她问问题。其实她感受到自己的学习经常被打断、干扰，但每回自己又不得不耐心讲解。有一次，她的好朋友向她咨询怎么学好语法，那天她特别烦躁，因为这次的英语考得很差，而她这位朋友这回却考得相对较好。她突然对好朋友不耐烦地说："你自己不是英语也学得很好吗？干吗还问我?"当时，这位好朋友就惊呆了，连慧妍自己也对自己的行为感到奇怪，她很少这样，尤其当着别人的面说这样不礼貌的话。慧妍赶紧为自己的行为道歉，自那以后，每次见到这个好朋友，她也是觉得不好意思，之后会时常问她的英语学得怎样，是否需要帮助。而在这件事后，慧妍更加谨慎了，担心自己再次做出伤害朋友的事。由于忙碌的学习，这件事也就慢慢地被淡忘，朋友也原谅了慧妍，相信她当时是心情不好才会这样。

上了大学后，由于课余时间宽松，慧妍开始思考自己的性格问题，自己到底是什么样的人呢？最近这件事的发生，让她更加困扰与烦恼。为什么自己为别人忍受了那么多，还是得不到他人的谅解与体谅？自己在感情这件事上，需要内疚吗？是自己的错吗？自己为别人活了那么久，如果为自己而活，又是怎样的一番景象呢？

（三）分析过程

从当事人的来访问题中可以看出，是因为内疚这种情绪给她带来了烦恼，带来了自我谴责的煎熬，从而做了那么多累人、累己的事。内疚是一种内隐的自我意识情绪，指的是做错事，感到自责。首先，结合弗洛伊德的理论，从当事人成长的经历来看，当她的弟弟出生后，父母由于精力不够，曾将她送到奶奶家寄养，这就使得她长期处于遭到抛弃后引发的焦虑状态。其次，弗洛伊德之后的精神分析家认为，内疚产生于本我与超我之间的矛盾。在处理与弟弟的关系时，当事人将某种焦虑投射在弟弟身上，攻击弟弟，此后又非常后悔与自责，这是当事人的本我与超我之间的冲突导致的。对弟弟，她既恨又爱，恨的是弟弟夺去她应有的父母的爱，爱是因为毕竟是弟弟。但当事人很多时候实际上并没有做错事，也感到自责，这则属于霍夫曼所描述的虚拟内疚。与霍夫曼的内疚定义符合，当事人非常厌恶自己的痛苦体验，常伴随迫切、紧张与后悔的情绪。当事人常以为自己做错了事，以为他人所受的伤害与自己有间接的关系。比如父母吵架，她会认为那是因为自己不乖，长辈生气了，或者认为是自己做得不好导致的。当事人的内疚属于关系性内疚，指具有亲密关系的个体，当同伴表现出不明原因的悲伤时，不仅会产生移情性悲伤，也会为同伴的不快而责备自己，因为她主观上认为对方的悲伤和沮丧是自己造成的。

霍夫曼认为，虚拟内疚是移情性悲伤与认知归因相结合的产物，受到既往经验、移情能力、道德水平和关系程度的影响。从当事人叙述的情况看，她容易对跟自己关系亲密的朋友或亲人感到内疚。她是个容易移情的人，总是推测、考虑别人的想法，应合别人的想法。同时她受"先人而后己""尊敬长辈""礼貌待人"等道德观念的影响很大，而且每当冲突的情景发生时，她使用合理化的机制，压抑自己的情绪。她选择的观点与做法就是先人后己，别人的事是放在第一位的。只要他人开心了，她也开心，因为她至少不会被拒绝。

在男朋友与好朋友之间，她难以处理好，是因为她想兼顾两个人的情绪。而此时的她，就将自己陷入了一个两难的处境，无法凭借以往的经验来处理目前的处境。她的超我与本我，也很冲突。因为她毕竟是喜欢这个男生的，但在良心上她是绝不愿意因为自己而令好友伤心。从这点看，当事人的自我意识还不够强大，没有能力去协调本我与超我的冲突。

（四）问题解决

首先理解当事人的矛盾与焦虑的情绪，理解她目前的处境。由于当事人长期处于谨慎、察言观色的状态，因此在建立咨询关系的时候就需要时间。她可能会因为谈话时间的延长而觉得耽误了治疗师的时间，从而感到不安与自责；会因为自己的直接而顶撞了治疗师，从而感到焦虑与不安。此外，她也可能对治疗师感到愤怒。从这些移情关系来进行分析，与当事人讨论她的认知与处世方式。当事人十分压抑自己的情绪，从而也导致了她不能恰当地表达自己的情绪，阻碍生命能量的流动。曾有一次，当事人放声大哭，似乎从来没有这么爽快地哭过，把心中的不满、愤怒都宣泄出来。通过几次访谈，当事人认识到自己的问题所在，开始正视自己的问题，自己内疚是因为自卑与消极的认知，总是依赖外界来评估自我价值。她开始寻求各种关系的支持，将自己的心声告诉父母，父母理解她，并鼓励她与好朋友面对面地去沟通。

她终于鼓起勇气，约好朋友面谈。当事人发现好朋友确实很伤心，因为男生没有选择她，刚开始也确实有些怪她，但后来她也明白自己这样是不对的，爱情毕竟要两情相悦。但她由于心中有愧，也不知道怎么去面对当事人。这次面谈后，好友之间的误会消除了，当事人情绪好了许多。

这件事的风波过去了，而当事人深知自己的内疚依然潜在，但她深信自己以后有信心也有这个能力去应对这个问题。

【小结】

羞耻，是一种内隐的自我意识情绪，韦纳(Weiner)把它描述为是个体把消极的行为结果归因于自身能力不足时，而产生的指向整个自我的痛苦体验。羞耻可以产生于道德情景，如违规行为；也可以产生于非道德情景，如操作失败、社会行为不当等。内疚也是一种自我意识情绪，指个体危害了别人的行为或违反了道德准则而产生良心上的反省，对行为负有责任的一种负性体验。羞耻和内疚都是社会化的高级情感，但存在概念上、诱发情景上、认知评价上、情感体验和外显表现上以及现象学的差异。

精神分析学派、认知理论、机能主义等对羞耻有不同的解释与理解。弗洛伊德认为羞耻涉及意识和无意识冲突以及对本能的压抑，主要是对性冲动尤其是暴露和偷窥的控制。认知理论强调体验羞耻时认知评价的重要作用。机能主义理论强调羞耻产生时包含的认知不是独立评价环境或自我，而是评价环境相对于自我的重要性。精神分析、存在主义、霍夫曼、伊扎德等对内疚有着不同的解释。弗洛伊德所指的内疚并非源于伤害他人，而主要是指个体在幼儿时受到父母惩罚或遭到抛弃后所引发的一种焦虑状态。存在主义学者的观点认为，内疚是丧失或分离的结果。霍夫曼认为，内疚是“个体对他人痛苦的移情性反应”与“个体对引起他人痛苦原因的认知”两者之间的结合。伊扎德认为，内疚是良心中的主要情感，良心中的认知成分是与人类伦理道德有关的每一种文化、每一种情境(如家庭)所规定的一定的品行和规范。

对羞耻和内疚的管理策略是：首先，提出羞耻的诱因；其次，分析羞耻与内疚对人类行为的影响；再次，分析羞耻对应付方式的影响。

对羞耻和内疚的辅导，需要利用羞耻心的功能及内疚的道德功能。

【关键词】

羞耻　内疚　羞愧　负性评价　情感认知理论　认知评价　道德情感　焦虑　机能主义　羞耻心　丧失与分离　虚拟内疚理论　代偿行为　怯懦依赖

【思考题】

1. 简述羞耻和内疚的含义与结构。
2. 羞耻和内疚的异同有哪些？
3. 简述关于羞耻的理论观点。
4. 简述关于内疚的理论观点。
5. 羞耻的成因及对人类的影响有哪些？
6. 如何利用羞耻和内疚的功能？

第十二章　大学生压力的应对与辅导

内容提要：

1. 压力的含义、种类与评估
2. 压力的心理发生机制
3. 大学生的压力源
4. 影响大学生压力的因素
5. 大学生的压力应对
6. 大学生的压力辅导

列夫·托尔斯泰告诉我们："人生不是一种享乐，而是一桩十分沉重的工作。"但贝弗里奇说："人们最出色的工作往往在逆境下做出来。思想上的压力，甚至肉体上的痛苦都可能成为精神上的兴奋剂。"而居里夫人则提醒我们要"使生活变成幻想，再把幻想化为现实"。大学生是社会的人才，不仅需要个人发展，也肩负着祖国发展的重任，所以心理压力不可避免。那么，究竟什么是压力？当今社会，大学生都面对着哪些压力？心理学家对压力及其应对的研究都有哪些？大学生怎样才能身心健康地适应压力呢？本章我们来谈谈这些问题。

第一节　压力的含义、种类与评估

一、压力的含义

现在英语里 stress 这个词是从古法语 destresse 发展而来的。古法语 destresse 的意思是置于狭窄和压迫之中。而在中世纪时，表示压力的词语是 distresse，可见其中的渊源。的确，压力给人的就是一种受紧迫、受限制的要求，可又是难以达到要求的身心感受。然而，这只是常识性的说法，要想给压力下一个为学术界公认的、科学性的定义却并不容易。实际上，压力是一个在多个领域里被不同的人赋予不同意义的概念，比如物理学家、医生、管理学者、语言学者，甚至普通百姓的常识等就有对它不一样的理解。同样，在心理学里，压力究竟是怎么样的一个概念也并不一致。可见，对于心理学来说，压力是一个复杂的问题，有待于更多的研究和发现。下面介绍某些认识压力的心理学观点。

加拿大内分泌学家 Selye 被认为是"压力研究之父"，因为他是当代第一位研究持续的严重压力对身体影响的人，是他将压力概念引入了医学和心理学，开创了压力研究的先河。Selye 认为，压力，或者也可以叫做应激，是机体对任何紧张刺激的一种非特异性的适应性反应。他打破了病因学局限于生理病理的狭隘，通过对病人的观察发现，许多患不同疾病的人却有着相似的症状，如食欲减退、体重下降、萎靡不振等。也就是说，在不同刺激下个体会表现为一般性的、非特异性反应，于是他提出了"一般性适应综合征"(The General Adaptation Syndrome)的观点，这个所谓的综合征就是人在对外界刺激进行身体反应时所进行的一整套表现过程，分为三个阶段(见图 12-1)：

(1)警觉。这是一个短暂的生理唤醒过程，为了应对外界刺激而唤起预备防御。

(2)抵抗。当持续地暴露于刺激之下时，身体进入持续抵抗状态，维持一种相对适度而稳定的唤醒状态。

(3)衰竭。刺激的作用强度和时间长度等超过了承受度，则人将进入衰竭状态。

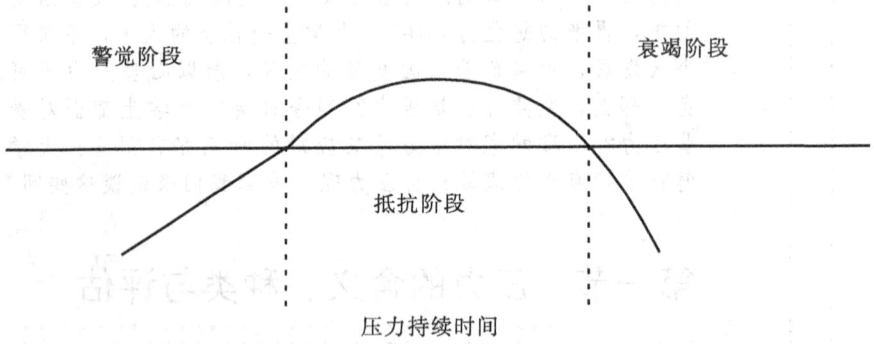

图 12-1　压力反应过程图

Selye 的理论对后继的相关研究起到了基础性作用，但是很显然，他忽略了应激的心理、社会成分。后继学者将这些思想进行了扩展。Mason 经过观察研究发现，任何对刺激的反应都伴有心理反应，而并非只有生理反应。Lazarus 进一步认为，压力是人的主观感受，依赖于个体如何看待自己与环境的关系，于是那些挑战和成长很可能就被认为是困难和阻碍。当然这也与人的自身能力、素质等因素有关，当外界环境对人的能力要求超出了人的能力范围时，压力就产生了。因此，Lazarus 对压力的看法是辩证的，压力可以是正面的，也可以是负面的，当压力成为了促进人能力发展的动力时，就产生正性作用；当大大超过个人实质的能力时，就产生负性作用。因而，心理或认知因素是压力是否产生的关键因素。心理学家 Palmer 说："压力是个人在感知到他所面临的要求和满足要求的能力之间失衡时，在心理上、生理上以及行为上所产生的反应。如果持续一段时间就会有损健康。"可见，这些诸多的要求既可能来自外界客观性的要求和规范，也可能来自自身内在的期望和欲望等，而当要求与满足要求之间不匹配、不平衡时就产生了压力。

从上面的介绍我们可以看到，压力包含了三个水平上的含义：

一是外在的客观存在导致压力产生的刺激，我们可以称作压力情境事件。可分为急性事件，比如突发的重大创伤、事故、变故等，还有慢性事件，比如日常生活中频繁的琐事，或对人类普遍造成生存压力的事件，像环境污染、能源危机、人口膨胀等问题。

二是心理压力感，这是人对压力事件的主观感受，是对客观压力情境所产生的主观上的心理紧张状态。Lazarus 认为，只有当客观压力事件对人构成了威胁的时候，压力才真正地产生。并且，这种压力感的产生是依赖于人的认知的，当人认识外界压力情境为威胁时就感受到了心理上的压力。例如，有人对你的穿着品头论足，说你的衣服不是名牌而是杂牌的，虽然表面上这并没有对你构成什么直接伤害，但如果你将这样的谈论视为对自己的一种攻击或一种威胁，那么它就足以产生对你的压力，也许你会因此而感到深刻的自卑、嫉妒或是愤怒，你也可能为了与他一样能够穿名牌而拼命工作，但是却压力重重。可以说，是否导致压力不是决定于外在事件本身，而是看个人如何看待和认识事件，因而，同一件事情对于不同的人就可能有不同的意义。同样的一个失败或是一项工作对于某些人是压力，而对于另一些人则可能是令人兴奋的挑战，是一件"痛并快乐着"的事情。

三是生理反应，即生理上产生紧张的状态。面临压力情境，身体会积极地做出反应，以便对压力进行应对。这种生理反应一般是不受人主观控制的，而是自然而然就发生的适应性的反应，是机体的自发应对。比如，一时的压力可能会使人感觉肌肉紧张，试想，当两支篮球队比分差之毫厘，而比赛又接近结束时刻，这时队员们都非常有压力，因为一方要保持略胜一筹，而另一方则试图要在最后的关键时刻至少将比分逼平。这时队员们全身的肌肉、细胞似乎都在拼命，压力很大。而也有长期压力导致的生理表现，比如教师患胃溃疡的比率更大，这是因为长期的教学工作情境，使老师要保持长时间的头脑机敏，以致能够对学生的问题给出更好的答复，所以总是很紧张，这样的压力就是使人患慢性病的主要原因之一。换个角度看，这种机体的生理反应不仅是机体的被动应对，也是积极的应对，而且是对人的警告，告诉人自己已经承受了压力，需要人做出调节了。

可见，压力是否产生涉及一种平衡问题，也就是，压力情境事件对人的要求与人的应付能力之间的平衡。当个人能够应对的时候，既是压力也是动力，而当人的应对能力很有限时，则压力就过大，令人身心疲惫，难以应对。这种平衡发生在一个复杂的系统内，即在外界压力情境事件、个体认知判断以及自身能力的认识之间，那么当内外各方面处于“供求平衡”时，就不会感到压力，也无所谓压力的产生，而当力不从心之时就会有压力产生，也就是平衡被打破了，要求人作出适应性反应以达到新的平衡状态，于是压力解除。

二、压力的种类

对压力进行分类的方法很多，比如从压力产生的客观事件来源分，有经济压力、情感压力、学业压力、就业压力等；也可以将其分为外在压力与内在压力，因为压力产生的主要原因可能是由于客观实际状况，也可能是由于人的主观认知、判断，甚至可能是无根据的臆想，比如杞人忧天。

经典的研究分类是把压力模式分为巨砾模式和细砾模式。

巨砾模式研究的是巨大的压力，比如死亡、离婚和破产等灾难性事件，虽不经常，但是却巨大而难以处理，还常常会引发躯体疾病。霍尔姆斯与瑞赫于1967年编制了一个著名的“生活事件量表”。该量表列有43种不同的生活事件或生活经历，并配合了相应的分值，最高100，最低11；内容涉及范围很广，从失去亲人等不幸事件到结婚、过节等幸运事件。量表中的得分高低表示人所正在承受的心理压力的程度。细砾模式研究的是一些小麻烦、小烦恼的积累，细砾虽然小，但却积劳成疾，正如谚语中“压断骆驼脊梁的最后一根稻草”。在日常生活中，细砾压力几乎无处不在，比如每天的课业、考试、看似平常的人际交往、牙疼、噪声、交通堵塞、空间狭窄、环境卫生差等，这些小问题的强度也许不大，但是频度却高，都可以使人产生长期的、挥之不去的压力感。这些小压力同样会使人的精力、体力消耗，积累到一定程度也会引发健康问题。

压力也可以分为长期压力和短期压力。有的压力是由于一些短期事件造成的，比如期末考试、等级考试等学习任务，这些是短期的客观要求，只要你已经完成了就不会再感受到这个任务带给你的压力感；可是有的压力却是长期的，比如现在很多学校对教授都有淘汰制度，每年都要对其进行资格审查，如果达标就继续保持教授的头衔，如果没有达标那就不客气地被开除了。学生也有淘汰制度，比如有的学校有所谓快班和慢班之分，一般是按照月考考试成绩来进行淘汰，如果某快班学生该次考试没有达到要求，那么他就要被淘汰到慢班学习了，直到下次月考他的成绩达标了，他才有资格返回快班学习。虽然教育不提倡这种做法，可是事实上，即使没有这样的快慢班之分，也仍然有很多类似的淘汰制度在给人施加着不可摆脱的压力，一直促使人去拼搏，所谓逆水行舟，不进则退，长期压力就是这样地在折磨着人。

还有的长期压力来自于灾难或困苦，比如身患不治之症、下岗失业，或者生活条件、经济状况艰苦，度日如年。为了摆脱这样的不幸就使人承受了一定程度的压力，毕竟这样的状况是难以轻易改变的。但是也有的压力来自于看似积极的、幸运的事件，比如学生学习成绩优异、影视演员成为了明星，但是对于这样的个人来说，要想保持这种好成绩或明星地位，他所要做的努力也不是轻而易举的，那么，荣誉和炫耀随后的就是压力和挑战。于是我们似乎也不妨把压力分为趋利压力和避害压力。

Selye还认为压力具有相对的积极和消极两种性质。可将其命名为积极的压力和消极的压力。前者可以增强人的知觉觉察力，进而有良好的认知和行为，可以促进个体的成长与发展；后者则使人产生痛苦的、焦虑的体验，具有阻碍性和破坏性。Selye认为人若完全脱离压力就等于死亡，过高或过低的压力对个体都是不利的。

不同的压力的确对人造成不同的影响。那么，对于不同的人，压力是起到了积极的促进作用还是消极的倒退作用，压力对人造成的影响会有哪些表现呢？

三、压力对人健康的影响

各种各样的压力对大学生造成了复杂而广泛的影响，使大学生的身体、心理、社会功能等都产生了问题。我国的心理学者有调查显示，大学生的身心健康在很大程度上与所承受的压力有因果关系，由于压力而导致的身心疾病甚至自杀现象每年都有惊人的数字。大学校园里的流行词语之一就是“郁闷”或者“压力大”。事实上，正如浙江大学心理咨询中心主任马建青所说，如今整个人类社会已经进入心理重负时代，甚至包括小朋友都觉得压力大。对于那些好胜心强、过分追求完美的人，更容易觉得压力大。

运用Selye的压力(应激)理论，我们可以理解压力对机体疾病的致病过程。人受到持续的或接连的紧张刺激后，从警觉反应期到抵抗反应期，如果外界的压力刺激持续下去，那么进入衰竭期后，身体就会受到损伤。来自德国海德堡大学附属医院的彼得·纳罗特等人介绍说，此前科学家已发现，人们在压力情况下血液中会出现肾上腺素等浓度升高，长期处于这种情况会对血管造成不良影响。他们与杜塞尔多夫的心理学家合作试验，对19名受试者进行系列观测。在试验中，这些受试者必须当众进行一些表演并演算数学题等，这会给他们带来不同程度的心理压力。这些受试者试验前后的血液测试结果表明，除肾上腺素浓度变化外，19人中有17人体内一种名为“NF-kappaB”的蛋白质分子明显增多，而该物质会对一些慢性病症及人体衰老起到重要作用，从而引起一些炎症，并对人体内一些正常代谢过程起阻碍作用，以致损害健康。科学家据此介绍说，“现在可以首次证实，心理压力造成激素变化会引起链式反应，并导致细胞核中的分子变化”。可见，压力是威胁健康的无形杀手。

也有人研究发现，压力可以引发抑郁。那些日常生活中所频频发生的慢性压力事件，长期的、断断续续但却经常光顾的慢性压力没有精确时间限定地发生着，如长期的经济或婚姻困扰、工作成果苛求等很容易使人产生抑郁，似乎慢性压力具有累积效应。Kessler 总结了许多研究成果指出，长期的慢性生活事件和严重抑郁的产生存在着显著的联系。

Otrar 等(2003)研究发现，按照压力测验的得分所划分的高分组在很多项身心健康测验上的得分比低分组与中分组都要高，比如抑郁、焦虑水平等，健康状况比较差。Shaikh 等人(2004)的研究中，医科大学生自我报告，当他们处于压力情境中时，他们情绪低落、注意涣散、爱发脾气，而且女生比男生的症状更多。

事实上，压力对人身心的影响还有很多，下面简单地将这些消极影响进行分类介绍。

(一)认知表现

思维狭窄

注意稳定性差

记忆力差

(二)情绪表现

焦虑

愤怒

自卑

嫉妒

抑郁

(三)行为及社会表现

睡眠障碍：如入睡困难、易惊醒、失眠无法入睡或嗜睡等；

攻击倾向：如嫉妒他人比自己强、恶意中伤他人，甚至行为暴力等；

退缩逃避：如逃学、人际疏远、网络成瘾、沉于幻想等；

物质滥用：如吸烟、酗酒、吸毒等；

自杀倾向。

(四)身体反应

(1)泌尿生殖系统。男性如尿频尿急等，女性如痛经、月经失调等。

(2)免疫系统。如易感冒、发炎、“腺体热”(传染性单核白细胞增多症)，易感流行病等。

(3)消化系统。如消化性溃疡、肠炎等。

(4)血液循环系统。如心脏病、高血压等。

(5)神经系统。如耳鸣、头痛、偏头痛等。

(6)内分泌系统。如甲状腺机能亢进、糖尿病等。

这些问题也许是急性或慢性压力导致的，但是有的急性压力事件也会导致更加严重的心理问题，如精神分裂症、创伤后应激障碍(PTSD)等。所以，急性的与慢性的压力导致的后果不一定一样。

以上只是简单地介绍了其中几类而已，我们知道，身心是交互作用的，而压力又涉及身心多方面的反应，所以，压力对人的影响也是十分复杂的，压力是人很多健康问题的根源之一。

但是，压力的作用是多变的，这与压力的程度有关。这里我们大致将压力分成三个程度，低、中、高。一般来看，当压力很低时，身心都没有什么压力感受，而对于人的活动达成和个人发展也同样没有什么明显的作用。当压力适中的时候，压力给人一种唤醒的、积极的促动力量。所谓“压力即是动力”就是这个道理，这时人可以在一定的压力推动之下进行积极的活动并得以进步，积极的压力使人锐意进取、增强自信心和成就感、增强适应能力、激发创造力，超越自我、突破自我。相反，当压力很大时，压力的消极作用就淋漓尽致地发挥了，它将对人的身心各方面造成不良影响。所以，压力的影响是可以为我们一定程度干预的。

四、压力的评估

我们也许时时刻刻都说自己在承受着压力，让人喘不过气来，这也许是事实，同样也许有人说自己没有感觉到任何压力，没有焦虑和烦躁，这也许也是事实，那么到底自己是处于怎么样的心理状态呢？压力对自己已经构成影响了吗？我们不妨用简单容易的量表来帮助我们认识自己的心理压力状态。

美国心理学研究者于1983年编制了一个大学生压力问卷。该问卷由30个题目组成，可以测量出大学生所面临的潜在的压力来源。问卷指导语如下：“这个调查的目的是了解下列问题是否代表你的压力来源，请指出它们各自对你的压力程度是怎样的。其中，0＝无压力，1＝轻度压力，2＝中度压力，3＝重度压力。”

该问卷可以帮助大学生自己测查自己的压力来源及程度，以针对性地做出改善行动。各个题目回答后计算总分即可，分数越高表明压力越大，各个单独项目的得分高则表明压力的主要来源是这个方面。

附：大学生压力问卷

题　目	无压力	轻度压力	中度压力	重度压力
对某些功课缺乏动力	0	1	2	3
课堂不安静导致心情沮丧	0	1	2	3
不太了解教师对功课标准的要求	0	1	2	3
缺乏当前学习计划	0	1	2	3

续表

题　目	无压力	轻度压力	中度压力	重度压力
学校设施不好(图书、仪器等)	0	1	2	3
父母亲的要求太多	0	1	2	3
理解功课有困难	0	1	2	3
考试压力	0	1	2	3
不喜欢学校的规则	0	1	2	3
在家里学习时很难集中精力	0	1	2	3
某些课程的考试要求太多	0	1	2	3
坚持学习有困难	0	1	2	3
个人问题	0	1	2	3
担心将来的职业	0	1	2	3
父母对学校里的事担心太多	0	1	2	3
在学校很难集中注意力	0	1	2	3
看电视太多影响学习	0	1	2	3
与男(女)友的关系发生问题	0	1	2	3
学校每天排课太多	0	1	2	3
父母亲不理解学校里的事情	0	1	2	3
没有足够的职业指导	0	1	2	3
日常生活单调	0	1	2	3
不理解考试题目的措辞	0	1	2	3
理解书本中的问题有困难	0	1	2	3
使父母失望的后果	0	1	2	3
每晚的作业太多	0	1	2	3
与父母对生活的态度不同	0	1	2	3
教师对学生的要求太高	0	1	2	3
当他人总是得到高分时	0	1	2	3
与功课有关的压力	0	1	2	3

资料来源：何金彩、唐闻捷，《大学生心理健康与发展》，91页，杭州，浙江大学出版社，2005。

第二节　大学生压力源及压力的影响因素

一、压力源

(一)什么是压力源

压力源(stressor)也叫做应激源，是指那些要求人做出适应性身心行为反应的、来自内在外在环境的刺激或事件。首先提出该概念的也是压力研究之父Seyle。能引起人压力感的刺激包含广泛，生活中常见的挫折和冲突都会使大学生产生压力。研究者将其进行了分类。

(二)压力源的种类

压力有急性和慢性之分，实际也是由于压力源有急性和慢性之分：①紧急性压力源，如意外事故、急性疾病、突发的灾难等。②长期慢性压力源，如多年的债务或责任、剥夺自由或权利、长期紧张的人际关系等。

还有人将其划分为如下几种。

1. 躯体性压力源

指经由人的躯体直接发出的刺激作用，如发烧、发炎、呕吐、抽搐等。都是由于躯体的生理的、化学的或物理性变化而导致的。如SARS盛行期令人恐怖，我们一旦咳嗽或发烧就紧张起来，处于压力状态。

2. 心理性压力源

指直接来自人心理上的紧张状态，如心理冲突、挫折、奢望、不祥预感、高度责任心等。心理性压力源也许是由于真实的外界刺激而导致，但是也有可能是人自行想象出来的，比如杞人忧天。

3. 社会性压力源

主要是指人的生活方式、状况、社会联系等内容，比如居住环境、工作性质及工作环境、个人习惯(贪睡、吸烟、酗酒)、活动、交往等，也包括这些方面发生的任何变化，比如移民的人发生了关于文化生活的巨大社会性变化，就很可能使人产生文化冲突。

(三)大学生压力源

国外的研究发现，大学生主要的压力源是学习、社会、情绪或个人方面；国内调查结果一般是：学校环境、情绪失调、职业选择和人际交往。2006年张林、车文博等几位心理学者调查了解了当前大学生群体心理压力的主要来源及其流行病学特征，对13所高校的2007名大学生调查的结果表明，心理压力程度中等的占49.3%，程度较重的临界人群占8.4%，压力程度很重的占0.3%；大学生压力源排前5位的是学习任务、学校环境、职业选择、人际交往、情绪失调。

综合国内很多心理学工作者对我国大学生压力源的调查分析认为，他们的主要压力源可以概括为以下几个方面。

1. 学习和学业的压力

即使是今天在素质教育、情感教育、体验教育的教育思想指导下的大学校园里，期末考试、资格考试、学位考试仍然是令大学生们头疼和“郁闷”的学业任务，这个话题似乎永远是他们的心情要害。由于功课重、难度大、要求高、时间紧等客观原因，还有方法不当、学习适应不良、目标不明确、动机和意志力缺乏等主观原因，加之父母和老师的高期望、同学之间的激烈竞争和完美主义等，学习就成了负担。学习压力常表现为考试焦虑、失眠、注意力不集中、记忆力减退等，于是这些状况又恶性循环地影响学习效率。

2. 适应大学生活的压力

怀着憧憬和好奇进入大学后的孩子们可未必真正马上就能享受到大学梦成真的快乐，因为，他们缺乏足够的心理准备、经验和能力来适应全新的学习、生活、工作。甚至对自己所选择的专业根本就不喜欢，无法激发学习热情，再加上突然远离亲人的支持环境，要自己管理生活，就更加感到了压力。所以有一些大学生由于大学新生活不适应而退学，由于专业不理想而重新高考或是干脆放弃上学。这样的学生要做的是积极适应新生活，调整自己的目标。

3. 人际关系的压力

俗话说，相见好，同住难。来自不同地区、不同家庭、性格迥异的学生同住一室，难免会有干扰或摩擦。如有人习惯早睡，有人则喜欢熬夜；有人拖拉懒散，有人勤快整洁；有人好静，有人好动等。这些日常的小干扰、小摩擦如不被及时适当地通过沟通而得到处理，久而久之就积累成了大问题，影响同学间的情感融合，影响心情和生活，更影响人处理人际事务的能力。

4. 成长方面的压力

个人成长的压力是由于大学生自身而导致的压力源。

(1)社会成长的压力。学会交往，是大学生的成长课题之一。大学生们也很重视个人交往能力的锻炼。但由于交往实践少，缺乏人际技巧、经验，年轻气盛缺乏平和心态和修养，所以常常处理不好人际关系。有的人以自我为中心，总是看别人在干扰自己、侵犯自己；还有的人是以他人为中心，而代价就是丢失了自己，比如自己总是想取悦他人，迎合别人，对他人的要求总是不会说“不”，而反过来却不会争取他人的支持、帮助。总之这两个极端状况都是不利于人际交往的，于是产生了压力。

(2)自我成长的压力。如今社会的青年大学生们讲求个性化、独特化，“我的地盘我做主”的精神大有张扬，这正是大学生自我意识发展、自我完善、自我塑造的方式。但是人人都想保持美好的形象、个性，在行为举止、学习成绩、道德品质上显示出优势，就出现了竞争和攀比，于是就必然导致了压力，有时会遇到失败和挫折，令他们灰心丧气。

(3)情感成长压力。性生理发展已经成熟的大学生们，一方面，感受到性的自然冲动；另一方面，却有相当一部分人对它持否定、批判态度。据对319名大学生的调查发现：平时有性冲动的占87%，但对自己的性冲动感到羞愧的占36%，自责的33%，苦恼的26%，困惑的22%，厌恶的17%，恐惧的12%(浙大，马建青，1992)。这正体现出了大学生们在性心理方面受到的压力。此外，青少年有异性交往的需要，恋爱是自然的心理需求，但同时又受到道德、经济和心理承受能力的限制以及缺乏正规渠道的相关知识，所以恋爱也容易产生心理压力。这些问题表现在单相思、失恋、多角恋爱、恋爱中的争吵和爱与性的冲突上，以及因偷尝禁果、手淫和性幻想等而带来的罪恶感和内心冲突。

5. 前途压力

急剧变革的社会环境、日益加快的生活节奏、身不由己的名利竞争，强烈地冲击着人们的传统观念和生活方式，带来了空前的压力。大学生正值青春年少，血气方刚，在这样的大潮之下是势必要加入的。但是，又由于年轻，没有足够的竞争能力和雄厚的实力以及经验，所以，可以说是现实与理想幻想之间的差距给大学生造成了压力，这样的压力是弥散性的、渗透性的和潜移默化的。这种压力就直接体现为大学生对未来前途生涯的担忧和焦虑，这是一种很现实的压力。

6. 经济压力

在大学，很多学生是借助学校的勤工助学活动自筹学费和生活费的，但面对富裕学生的高消费和社会上越来越多奢侈品的诱惑，他们想提高生活质量就不得不面对更大的经济压力。有人的学生时代也是兼职时代，为了赚钱，甚至严重影响了学业和身心健康。

二、压力作用机制与相关影响因素

(一)压力产生的认知机制

在Selye的开创性研究以及其他心理学家的研究成果基础上，压力的理论逐渐完善和丰富，心理学家日益认识到个人认知评价、应对方式、社会支持等个人心理、社会因素对压力产生与应对的关键作用。目前，其理论比较受到认可和接受的是美国心理学家Lazarus，他指出，人是在对刺激进行了主观的评价之后才做出相应反应的，评价有三步：

(1)评价压力源是否有威胁；回答“是否有威胁?”

(2)确定自身能否应对威胁；回答“我能否应对这种威胁?”

(3)对第一、二两种评价的信息进行再加工、再评价，并判断这种潜在的压力源是否成为一种现实的压力源。

而在这个反复评价的过程中，不仅仅是心理的认知功能在工作。事实上，人的心理是一个统合的整体系统，任何对信息的反应都是整个人格在进行工作，并且人的社会性、文化性等因素也都潜在地起作用，所以，看似单向的评价过程，实际是一个有多种因素影响的复杂过程。

(二)影响压力的相关因素

影响压力产生的因素是复杂多面的，从压力源到认知评价再到反应，过程极其复杂，意识与无意识共同作用，我们有意无意地进行着估计和判断，最后做出反应，那么这些潜在的诸多影响因素是什么呢？对压力的产生及处理应对有什么影响呢？

影响大学生心理压力知觉和应对处理的相关因素研究表明，负性情绪、自我效能、社会支持、个性、应对方式等都与压力呈一定相关。

1. 负性情绪

有的人情绪稳定性差，经常由于一些小事而不开心，于是形成了连锁反应，也就是说，由于一点小事而导致整个人都焦虑烦躁，使人的整个工作生活受到了影响，进而形成了恶性循环，使人感觉到压力重重。

北京师范大学的林春梅调查发现大学生情绪稳定性差，主要体现在自卑感、抑郁性、强迫性、自主性、疑病症、自罪感六方面。积极的压力处理与情绪稳定性有正性相关。所以，负性情绪严重影响压力的知觉和处理。

2. 自我效能

自我效能是心理学家 Bandura 提出的概念，指的是个体相信自己有能力达到预期目的的信念。研究发现，自我效能的高低可以预测很多健康行为的实行，比如戒烟、减肥、运动等。还有研究发现，自我效能不仅可以影响到我们的毅力和努力程度，而且还影响我们追求目标时的身体反应，因为，自我效能高的人进行困难的工作时焦虑较低，压力较低，免疫系统良好。

3. 社会支持

社会支持(Social Support)是指个体拥有的社会各方面包括亲友、同事、家庭等所为之提供的精神上和物质上的资源。在压力研究领域，社会支持是人在压力应对过程中可利用的资源。社会支持内容广泛，可以是有形的，例如直接的物质援助或信息提供。也可以是无形的情感支持，比如爱、关心、鼓励、理解等。

多项研究证明，社会支持与压力事件引起的心身反应具有负相关，有支持性社会关系的人能较好地应对问题、处理压力，以及防止心身障碍。

关于社会支持的作用，研究者有两种观点：

(1)缓冲作用假说。认为社会支持本身对健康没有直接的作用，而是通过提高个体对伤害性刺激的应对和适应能力，从而缓冲了应激事件带来的冲击。良好的社会支持网络可以消除和分散压力源的负性效应。

(2)独立作用假说。认为社会支持并非只对心理应激起作用，而是其本身就能够维持个体良好的情绪进而促进健康。社会支持低下可能导致个体产生不良心理体验，如孤独感、无助感，从而使心理健康水平降低。而广泛的社会网络对压力应对有防护作用。

Thomas等研究了256名成人的血胆固醇水平、血尿酸水平及免疫功能。通常压力会使血胆固醇水平升高，血尿酸水平升高，免疫机能降低。他们发现，如果社会相互关系调查表(ISSI)的密友关系部分社会支持得分高的话，则血胆固醇水平及血尿酸水平低，免疫反应水平高。

动物实验也证明了社会支持与身心健康之间的肯定联系。有人发现在实验压力情境下，如果有同窝动物或动物母亲存在、有其他较弱小动物存在、或有实验人员的安抚时，可以减少小白鼠的胃溃疡、地鼠的高血压、山羊的实验性神经症和兔的动脉粥样硬化性心脏病的形成。相反，扰乱动物的社会关系，如模拟的"社会隔离"可导致动物行为的明显异常。

对于大学生来说也是一样。亲密的人际关系所提供的社会支持可以缓解压力的不良后果，降低青少年的压力感，提高个体适应各种压力和生活变迁的能力。研究发现，面对生活事件，青少年选择支持者及获取支持的能力与其压力感知度显著相关。

最新的研究揭示，领悟社会支持是区别与社会支持的一种心理因素，对压力应对也有影响。实际社会支持(Received/Enacted Social Support)指的是个体实际获得的支持，是个体在面临压力时周围人实际提供的帮助行为；而领悟社会支持(Perceived Social Support)则是指个体对社会支持的期望和评价，是对可能获得的社会支持的信念。这两种社会支持对个体的心理健康可能发挥着不同的作用。Brissette、Scheier等研究发现，领悟社会支持更可能表现出对个体心理健康的增益性功能。许多研究者将领悟社会支持看成是一种类特质的个人属性。

4. 个性

已有研究发现，内向、外向、坚韧性、乐观性等多种个性特质均对个体感知和应对压力具有显著影响。在压力情境中，个性是一种发挥稳定作用的心理资源。一项长达35年的追踪研究发现，身心适应状况与25年前的乐观水平仍然相关，其中开朗、果断者同期的各类压力均显著低于拘谨、温和者的同类压力。外在的压力刺激并不是直接影响人们的身心健康，而是通过个人的某些中介变量而发生作用的。面对压力，那些拥有坚强、自信、乐观等个性特征的人采取的是积极的处理方法，从而战胜压力；而有些人性格软弱、性情悲观、缺乏自信，于是面对压力时他们要么束手无策，要么消极逃避，被压力所征服。积极的个性品质可以起到抵抗和缓冲压力的作用。

大量文献认为，个性品质对压力源有的易感、有的对抗，故分别称之为易感应激(Stress-Prone)和对抗应激(Stress-Resistant)个性类型。比如，A/B型行为类型(Type A/B Behavioral Pattern)是Friedman及Rosenman(1959年)提出的。典型的A型行为类型(TABP)者面对压力情境时争强好胜、缺乏耐心、带有敌意情绪、控制欲强，喜欢急于求成地工作。一般认为TABP者属于易感应激个性，B型行为者则相反，这种人通常有耐心，比较放松。

还有非理性的不合逻辑人格(Irrational, Illogical Personality)，当具有该类型人格的人面临激活性事件时，他们采用的是非理性的思维。Ellis 说，“非理性信念自身就是激活事件，一旦发生，即使仅仅想到激活性事件，也能触发应激反应或另一种负性结果”。非理性信念归纳为四类：

(1)庸人自扰状态，加剧一种情境的负性效应。

(2)一定/必须/应该，将不合逻辑的需求锁定于自身或他人。

(3)价值状态的评价，认为某人或某事毫无价值或完全是浪费时间。

(4)需要状态，希望达到不现实的、不可能获得的需要。

另一种是焦虑反应个性(Anxious-Reactive Personality)，这是 Girdano 等(1993)提出的一种个性类型。这种个性的人遇事易于焦虑紧张，不必要地、强迫性地给自己施加压力，心理烦躁，还易于被激惹。

5. 应对方式

压力理论的认知观点认为，应对方式是压力与心理健康问题的中介作用因素。有关大学生压力、应对和心理健康三者之间关系的研究很多，结果也较为一致：压力事件、应对方式与心理健康之间存在着显著的两两相关。

我国心理学家姜乾金先生总结了多年的研究经验后提出，应激是多因素的系统。应激不仅仅是从生活事件到应激反应的“过程”：生活事件是原因，认知评价是过程，应对反应是结果。而事实上，三个方面是相互影响的。即认知评价、应对方式和社会支持等作为“过程论”的“中间因素”，同样也分别受其他各种因素的互相影响和制约，可以是“原因”，也可以是“结果”。因此，心理应激(或压力)不仅仅是简单的因—果或刺激—反应过程，而是多因素相互作用的系统(见图 12-2)。

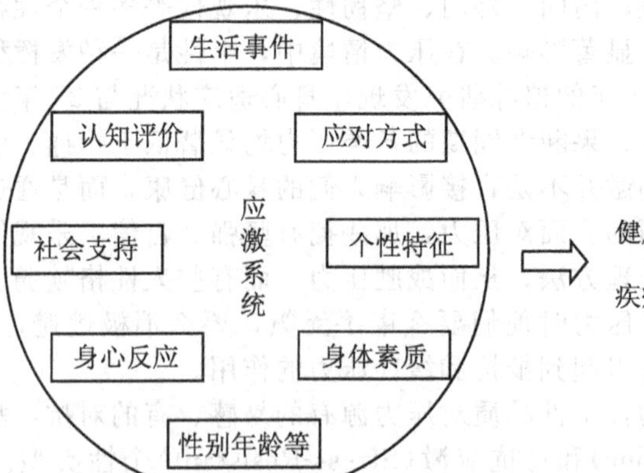

图 12-2 心理应激系统模型

可见，压力是很复杂的躯体、心理、社会现象。下一节我们继续探讨压力应对的问题，也就是怎么解决压力。

第三节 压力应对

一、应对的含义

应对一词最早由精神分析学派提出，被认为是解决心理冲突的自我防御机制。随着压力研究的发展，应对也成为该领域的研究核心之一。应对(Coping)也称应付，Folkman 和 Lazarus(1986)将应对定义为：当一个人感到与环境的交互作用可能会为自己带来负担，甚至超出自己的资源承受度时，他为处理(降低、消除)这种交互作用的内、外需求而采取的认知和行为上的努力。应对方式(Coping style)也称应对风格，是指个体在面对压力情境时所采用的认知和行为方式。Eisenberg 及其同事(1997)将应对定义为自我调节的一个方面，特指个体面对压力时的自我调节，并区分了三个方面的自我调节：情绪调节、行为调节和由情绪驱动的行为调节。认为应对是有努力参与的过程，但并非总是有意识和意志参与的。Compas 等(2001)认为应对是压力反应的一系列过程的一个方面，将其定义为个体在面对压力事件和情境时调节情绪、认知、行为和环境的有意识的意志努力。这些调节过程依赖于个体的生理、认知、社会和情绪的发展，同时，又受它们的限制。各研究者对应对的定义虽不相同，但基本含义一致。

二、应对的种类

关于压力应对的类型，Lazarus 和 Folkman(1984)等人分为：

(1)问题指向的应对(Problem-Focused Coping)是以直接指向解决问题为目的，通过直接的行动来改变压力源。

(2)情绪指向的应对(Emotion-Focused Coping)是为了减轻和消除压力产生的情绪不适，其应对行动是改变自己以受益，但是并没有改变压力源或是解决问题。一般来说，问题指向的应对策略在可控性压力情境中可降低焦虑，而在非可控性压力情境中可引起更多的焦虑和紧张；而情绪指向的应对策略缓解压力的作用体现在非可控压力情境中，而在可控性压力情境中却可能增加压力。所以，不同的应对策略适合不同的压力情境。

Denorah 和 Gloria(1998)从问题—情绪两个功能维度将应对策略分为四种：问题评价、问题管理、逃避和情绪方法。Connor-Simith(2001)在综合前人对青少年研究的基础上提出了应对分层模型，将应对反应分为三个层次：第一层次是努力获得对环境和个人情绪的控制感，称为初级控制应对；第二层次是适应情境需要，主要是对压力情境重新进行认知评估，采用积极的想法或活动，称为次级控制应对；第三层次指试图回避压力源和个人情绪，称为不参与应对。可见，前两种是比较积极的，而后者是消极的逃避反应。

有心理学家对应对进行了拓展性研究，提出了前瞻性应对。他们认为，应对可分为对过去所经历的压力源的应对和指向对未来的、潜在的压力源的应对，后者可以称作前瞻性应对。已有的应对研究一般集中于人们如何处理过去已发生的或当前正在发生的压力事件。而前瞻性应对可以帮助人们减少未来事件潜在的负面影响，并使人们获益的机会尽可能最大化。1997 年，Aspinwall 和 Taylor 正式提出了预先应对(Proactive Coping)这一新的应对模型，指的是人们提前采取措施以阻止潜在的压力事件发生或者预先改变其形式。它属于前瞻性应对类型之一。可以预先应对的潜在压力源可能是单位即将进行员工裁员、接受医疗手术、加入新的合作团队、即将进行的淘汰选拔考试等。面对诸如此类的事态变化，人们采取积极的预先应对将是势在必行和有备无患的。预先应对的过程包括五个相互关联的成分：①确定某些资源(包括时间、金钱和社会支持等资源)储备的可利用性，可用于防止和抵消未来的实际损失。②认识潜在压力源。③对潜在压力源的最初评价。④初步的应对尝试。⑤对他人成功的应对尝试进行评价、反馈，在合适时加以借鉴和利用。可见，预先应对是人的主观能动性充分发挥的行为方式，它不仅能使人积极地朝向挑战性目标前进，还可以借此促进个人成长。

三、应对的测量

关于压力应对的测量和评估，早期的有 Folkman 和 Lazarus 1980 年编制，1985 年修订的应对策略量表(Ways of Coping)，该量表将应对分为 8 种：面对问题、淡化和疏远问题、自我控制、寻求社会支持、责任承担、逃避、计划问题解决和正向再评估，显然这些应对策略也是可以被划归为问题指向性应对和情绪指向性应对两大类的。Lazarus 还认为，压力事件的性质、主体个人因素、应对的可利用资源都会影响应对策略的选择。认知能力比较高的人对压力的感知较高，于是可以做出及时的准备进行问题指向性应对，而认知能力较差的人则倾向于逃避实际的问题所在而采取情绪指向性应对，或者干脆就自欺欺人地逃避问题，消极应付。

Patterson 和 McCubbin 编制了青少年问题经验应对取向量表(Adolescent Coping Orientation for Problem Experience，A-Cop)，经过因素分析得到九个应对策略：宣泄情绪；转移注意；发展自信和乐观；发展社会支持；寻求精神支持；建立亲密友谊；寻求专业支持；积极的家庭沟通；逃避问题。

国内肖计划等(1995)参考 Folkman 等人的研究，筛选出包括解决问题、自责、求助、幻想、退避和合理化六种应付方式的应付方式问卷。沈晓红等(2000)修订的 Feifel 医学应对量表包含病人的三种疾病应对策略：面对、回避和屈服。这三种应对方式代表了人们在遇到疾病威胁时的基本行为方式。

四、我国大学生的压力应对现状

目前对大学生应对方式的调查国内外都有很多，主要是为了了解当今大学生都在以什么样的态度和方法应付生活中的各种压力。从调查结果看，大学生的压力应对方式有积极的也有消极的，有的是促进其进步和成长的途径，而有的则是使之一蹶不振的原因。

Shaik 等人(2004)研究发现，学生们经常用运动、听音乐、与朋友出去玩、睡觉、参加社团活动等来应对压力。车文博等人(2005)采用自编的大学生压力应对方式问卷，考察了全国各地 2007 名大学生心理压力应对方式的特点，结果表明：大学生总体上以心理调节为主，自我防御和外部疏导机制使用较少；在压力的应对方式上，大一学生以寻求帮助、压抑、幻想和调整情绪方式为主，大二、大三学生以自我防御方式和总结经验为主，大四学生则较多采用心理调节机制的方式；女生的应对方式比男生更积极；农村来源的大学生倾向于压抑自己和总结经验，城市来源的学生更喜欢宣泄压力，独生子女的应对方式以消极防御机制居多。杨俊茹等(2005)的研究采用“简易应对方式问卷”对北京 552 名大学生进行调查，结果发现：当前的大学生面临压力时以积极应对方式为主；男生在积极应对因素上显著高于女生。对于不太严重的压力，大学生自己也能解决，但大学生进行专业心理咨询的很少。

可见，目前我国大学生普遍感受到了心理压力，而其应对策略则是既有积极的也有消极的，还存在着群体差异性，不同的学生群体倾向于采取不同的应对策略。那么如何更有效地应对压力呢？通过前几节对压力及应对的知识介绍，相信大学生们已经对压力既有亲身体验又有知性了解了，下面介绍一些基本的应对策略，提供参考。

五、引导大学生积极地应对压力

(一)认识现实(认知方面)

我们感知到压力是应对压力之前的步骤，那么如果采取不同的认知方式，把原来所谓的压力源通过不同的角度进行重新认知的话，那么就可以获得不同的甚至是相反的信息，同时把事情进行多方面的考察就可能使压力事件变成普通的事件。比如面对考试，如果把考试仅仅看作是威胁自己的事情，是负担的话，那就是极端地把考试恶化，给自己额外增加了心理负担；但是把考试看作是对自己一段时间以来学习成果的考核和检验，看看自己学到了什么、没学好什么、还要怎么学，那么我们似乎还要感谢学校和老师不惜花费精力来为我们安排机会考试呢。并且给自己积极暗示，相信自己是学得好的，取得好成绩是一定的。正如广告上说的“我能”“我看行”“一切皆有可能”。

辩证地看待压力，把压力看作是动力，这本身就可以减轻压力对你的消极作用。也就是说，客观地接受压力源对你的压力作用，而绝对不要因为自己的主观想象而将压力感强化。

（二）体验情绪（情绪方面）

在应对方式中我们提到有问题指向的应对和情绪指向的应对，那么，在难以改变压力源及解决问题的时候，采取情绪指向的应对方式是合适的。情绪指向的应对一般包括情绪趋近的应对（Emotional Approach Coping）和情绪回避的应对（Emotional Avoidance Coping）。情绪指向的应对包括对情绪的处理和表达，情绪指向的应对的新发展是在压力过程中，要求人越来越多地觉察到积极情绪的存在。这与当今流行的积极心理学的理念是一致的。

心理学家研究发现，实际上，对于发生的任何事件，我们都是可以既感受到消极情绪也感受到积极情绪的，但是人们往往过分地敏感和强调消极的一面。许多研究证实，即使在最极端的压力情境下，积极情绪也能以相对较高的频率发生，如在抑郁和悲伤的情况下也可能产生积极的情绪。如果积极情绪和消极情绪是同一个维度的相反两端，那么在减少消极情绪的同时也能增加积极的情绪，反之亦然；在反复性压力条件下，人们可以对压力事件进行积极的再评价，即有意识地赋予压力事件以积极意义或用积极意义使普通的事件获得活力，从而使人从这些事件中获得积极的情感，这反过来会使人们的痛苦得以减轻，有助于补充资源并维持进一步的应对。

另外要平实地接受情绪经验的发生。情绪经验是相当正常的，任何悲伤的或愉快的情绪的产生都是有原因的，我们不该将不好的情绪回避掉，而且也根本回避不了。如果能够觉察和深入体验情绪的过程，那么面对情绪，反而可以使情绪平静下来，从而起到真正避开情绪干扰和被牢牢卷入的作用。所以，我们逃避情绪反而被情绪左右，而面对情绪则可以控制情绪，不是扭曲情绪、强化情绪，而是适当地宣泄出去，比如找知音倾听，则是上策。

（三）制订计划（行为方面）

这是问题指向的应对方式。许多压力事件之所以导致压力不是因为它们不能被解决，而是由于我们缺乏解决问题的能力。主动筹划与行动是面对压力时自主性、控制性、能动性优势的表现，立足于直接解决问题、消除压力源。比如针对问题制订详细可行的计划，采取一切可能的行动，积极关注事态的发展和有利方面，提高处理问题的能力和积累经验等，积极地思考和调查，才能做好准备和努力来处理问题。制订切实可行的行动计划需要我们以往的经验积累，不仅是自己的亲身经验，更需要别人的成功经验以及失败的教训，所以，要制订计划之前，去寻求他人的建议与意见是有利的。比如同学、老师，还有我们的父母。而且也有许多其他的信息来源和知识支持，例如我们可以学会利用网络资源。

另外，所谓可行的计划是那些针对问题的、适合自己的，不可操之过急。步骤应该尽量细致而步伐小，一点一步，步步为营。而且要及时反馈和检查，适时修改计划，所谓“计划赶不上变化”，随着事态的发展而计划才可以把握它。

(四)寻求社会支持(社会方面)

在面对心理压力时，主动寻求社会支持是非常有益的。我们可以时时记住，“你不是一个人”！你的身边有很多人与你并肩，而且大家都有类似的经验或遭遇，可以有共同语言和可靠的建议。所以大学生要学会建立自己的社会支持网络，在这个网络中有亲人、朋友、同学、师长和很多专家，还有社会组织机构，甚至法律，都是我们的社会支持来源。这些社会支持能够满足我们安全、自尊、归属和爱的需要。而当大学生面对心理压力时，就可以获得他们的支持，比如同情、理解、照顾，或是金钱帮助，还可以是信息上的支持，主要指别人给予的忠告、建议或指导，这一切对减轻心理压力十分重要。一个人手里的资源越多，就越容易应付压力。还可以寻求专业人士的支持，而且这个渠道是信息和情感支持的最佳来源之一，比如，由于心理困扰和压力问题而找心理咨询师是最恰当的，而关于择业、前途规划不妨去咨询一下职业指导专家，他们科学的观念和客观的态度可以给我们切实的帮助。

第四节　心理压力的日常调适与临床辅导

一、大学生常用的减压方法

大学生是自主自立、个性鲜明的青年，当面对生活压力时，他们更愿意自行解决，通过经验积累和观察学习以及个人喜好来处理压力。但结果是，有时积极有效，有时又适得其反，甚至有害身心。

(一)积极健康的方法

国内外都有调查显示，大学生们处理日常生活压力感的调试方法有很多是积极的、长期奏效的，比如经常结伴打球、散步，成立兴趣组，听音乐，跳舞，聊天，或是建立自己的网站、博客，外出旅行，了解祖国的山水和各地的风土人情，丰富生活内容。女生们可能还学习一些编织技巧、插花艺术、茶道或是书法。他们也寻求心理卫生知识，看心理健康杂志和网站，以及经典的心理学书籍，必要的时候去心理健康机构寻求帮助。这些都是维持和维护大学生日常心理健康的好办法。

(二)消极有害的方法

但是也有很多人是消极表现的。比如物质滥用，用抽烟、喝酒、吸毒来麻痹自己；或寻求感官刺激，这些方法的确给人以暂时的轻松自在，但是并没有真正地针对问题来解决情绪困扰，而仅仅是逃避罢了。还有就是比如逃避责任、退缩、封闭，似乎事不关己似的，或是放弃努力或者是干脆放弃了自己。也有的处于幻想之中，想的多做的少，终究一事无成。

另一些人则似乎是长期地自我制造紧张，那就是拖延。拖延也可以暂时逃避压力，但是早晚还要承担，以致拖到最后使自己紧张得要命。拖延是要付出代价的，已有实验证实。心理学家已经设计了一套测量方法，称为拖延量表(Lay，1986)，用以区分那些习惯上将事情拖延的人和不拖延的人。在学期初，两位研究者在健康心理学课堂上将这个量表给学生测验，并布置了学期末要交的论文。在学期初与学期末学生们都被要求报告他们体验到了多少身体不适的症状。结果是，拖延者交论文的时间平均晚于不拖延者，得分也普遍偏低。而且，在学期初，拖延者所报告的身体症状比不拖延者较少，但是在学期末，拖延者所报告的身体症状明显多于不拖延者(Tice & Baumeister，1997)(引自菲利普·津巴多《心理学与生活》，366 页，北京，人民邮电出版社，2003)。可见，拖延也是消极怠工的、不利身心的减压办法。

二、健康的压力调适自助方法

实际上，有很多可供选择的好办法为大学生们的日常压力调试服务，它们简便易行、科学实用。

(一)有规律的作息和定期运动

正常的作息，保证充足和高质量的睡眠是健康的基本需要，精力充沛的你与困倦乏力的你工作效率当然不可相比了，这是我们日常就有体会的。那么，根据自己的工作量和身体情况，制定作息时间表和有规律的体育运动内容是恰当的。体育运动对于减压有重要的作用。我们在人际和工作中遇到的紧张和不安都沉淀在身体中，而通过体育运动就可以把这些能量给释放出去，无论是肌肉的紧张还是心情的紧张，都可在运动中释放。需要多少运动量是合适的呢?锻炼初始坚持每天锻炼，如果已经比较健康了就可以每周三次，每次至少坚持 20 分钟，时间短了反而不利。锻炼过程中，心律要达到一定水平才有效，简单的计算方法是 190 减去你的年龄数目，得到的是不可逾越的上限，再减 20 就是下限。初始锻炼时保持在大致下限水平，以后随着锻炼增加，可以逐渐朝上限发展。此外每天最大限度地转动每一处关节以使得身体柔软。可以选择的运动比如瑜珈、游泳、羽毛球等。毋须赘言，大家都知道运动的好处，就像都知道吸烟的害处一样，问题是我们要付诸行动，坚持下去。

(二)冥想

汉语“冥想”的意思是“闭着眼睛进行深思”。在冥想过程中的脑波会变得安定，心情逐渐变得平和，全身肌肉变得放松，而体内的 β-内啡肽、吗啡、多巴胺等激素的分泌反而越来越活跃，因此人体的免疫力会逐渐加强。而且，在冥想过程中我们会不知不觉地改善平时不好的性格和行为，让自己更客观和安定，而且记忆力、思考力、创造力都会有所提高。成功的冥想能够清除脑子里所有分散精神的东西，包括紧张、不舒服、烦恼、疼痛和恐惧。冥想的支持者说，长久的冥想能够产生更高的警觉，更有效的心智，更敏感的知觉，以及深深的感应和心灵的成长。英国泰晤士报也曾报道，“冥想是解除压力最好的一种方式”。另有实验证明，经过 8 周冥想治疗的人比正常人更容易感到幸福和变得积极向上。冥想的基础方法有：

(1)要穿宽松的衣裤，然后进行简单的解压运动。先轻握拳头，轻柔地按摩腹部，让身体逐渐放松。然后，平躺于地板，左右滚动躯体，让整个身体的肌肉都得到放松。最后，想象自己被包裹在明亮的光芒之中，感觉安逸感和幸福感。

(2)选择瑜珈中的静坐方式坐定，然后双手的大拇指和食指相抵，其余三个手指伸直放松，最后把双手放在膝盖上，掌心朝上。而后，放松全身肌肉，逐渐缓解身体的紧张。

(3)专注自己的一呼一吸，找到呼吸和身心的统一。另外，也可以借助一件旧物、山谷明月、林中溪水、鸟语花香等外界事物进行冥想。

(4)经过 20 分钟左右的静逸感觉之后，用 5 分钟的时间进行腹式呼吸。仰卧，将手轻轻放在肚脐上，随着呼吸的节奏收缩腹部的肌肉，尽量把所有废气从肺部全部呼出来。当熟练了腹式呼吸之后即可进入到冥想的状态。这时，伴有冥想音乐更有助于我们进入到忘我的冥想境界。

(三)放松训练

一般的放松方法我们也经常做，天天做，比如散步、慢跑、洗澡、静坐、钓鱼或是听音乐，这些活动都可以使我们感觉到一定程度的身心放松。而放松训练是有一套操作动作和步骤的。放松训练是为达到肌肉和精神放松目的所采用的一类行为治疗方法。首先是选择一个安静的环境，并且你有充足的时间(你一定不要在抽空和抓紧时间的情况下急忙来做，这样反而不会放松了)，然后找到一个合适的姿势坐好(如果有一个柔软的坐垫会更好)。当你坐好后，闭上眼睛，平静而均匀地呼吸，一切都是那么自然而缓慢。你把注意力放在自己的呼吸上，一呼一吸都清晰可观。然后握紧右手、右臂，直到肩膀也感觉到僵直了，接着再轻轻地松弛下来，这时你感觉到从手指尖到肩膀在一步步地松弛；然后换左手，如此这样地紧张再松弛，如此进行几次。依此类推，你也可以做全身的放松。

(四)情感开放

这里的释放不仅是要向外宣泄和表达，还包括向内深入地体验。意思是说，我们可以通过放声痛哭、向知音倾诉等方式把不良的情绪适当地排解出去，也应该学会把生活中分秒的、点滴的积极情感与美好感受深入地体会和吸收进来。我们热爱生活与生命，立志向前，有理想，还有亲情、爱情和友谊，我们享受着生活中的美好，开怀地笑和奔跑。开放自己的情感世界，与他人、与环境、与整个世界都有情感交流和贯通。这样的境界和感受可以使人逐渐培养起积极乐观的心态、陶冶情操、悦纳自己、和谐人际。这样的生活当然使人愉快而振奋，并对压力的感知和应对都有好处。

(五)自我心态的调整

很多压力都来自于“发现梦想与现实之间的差别”，一个好办法就是站在现实的基础上怀有梦想。心理学家艾里克森提出了“最近发展区”的观念，他告诉人们，个人发展的最佳目标是，比现有水平略高而通过中等程度的努力就可达到的。而那些好高骛远、完美主义、急于求成的人则势必是在给自己添麻烦。所以，有合适自己的奋斗目标，并欣赏自己和相信自己的能力，暗示自己可以成功，努力行动，再以平常心对待结果，并享受奋斗过程的人则是智慧的、幸福的。而这些内心状态的保持的确需要我们的“修炼”，这是生活减压与人生感悟的功课。

积极心态是我们日常生活中长久需要保持的，不仅为了对付压力，也为了获得更好的生活质量和主观幸福感，而且这样积极的心态也将成为人格的一部分，稳定而潜在地对我们的人生都起到作用，是我们改变性格和命运的法宝。

三、压力的临床心理辅导方法

除了给大学生提供日常的压力调试方法，心理学工作者也有一些心理咨询、辅导以及治疗的方法，在临床上广为应用，其中不乏近期新发展的理论和方法，有利于大学生的心理减压与心灵成长。

(一)沙盘游戏治疗

20世纪60—80年代，多拉·卡尔夫(Kallf)结合容格分析心理学与中国道家文化思想，创造性地构建了沙盘游戏心理治疗，起初是针对在心理治疗中难以用语言表达的儿童而使用该法的，经过后继者的发展和充实，它已经成为各类人群心理治疗、心性发展和自性化的途径之一。

最近，国际沙盘游戏治疗协会对沙盘游戏进行了完善的定义：沙盘游戏治疗是一种以容格心理学原理为基础，由多拉·卡尔夫发展创立的心理治疗方法。沙盘游戏是采用意象的创造性治疗形式，“集中提炼身心的生命能量”(容格)在所营造的“自由和保护的空间”(治疗关系)气氛中，把沙子、水和沙具运用在富有创意的意象中，便是沙盘游戏之心理治疗的创造和象征模式。一个系列的各种沙盘意象，反映了沙盘游戏者内心深处有意识和无意识之间的沟通与对话，以及由此而激发的治愈过程和人格发展。

“一沙一世界”，沙盘中展现的是心理的奇妙世界，也是在沙盘之外人们所难以了解的世界。通过来访者对沙盘中的沙进行塑形，以及使用各种微型沙盘游戏的玩具(简称沙具)来布景以呈现意象，则沙盘中的布景就是心灵的图画，把无形的心理内容以创造性的象征性意象表现了出来，沙盘游戏强调创造过程本身的自发性和自主性，充分利用了非言语交流和象征性意义。可见，沙盘游戏治疗既是艺术治疗、表现性治疗，也是创造性治疗方法。

目前，沙盘游戏治疗在中国已经颇有发展，很多中小学、高校，甚至监狱都在运用该方法帮助人们缓解压力、治疗各种情绪疾病。

（二）舞蹈治疗

美国舞蹈治疗协会将舞蹈治疗定义为：运用运动进行心理治疗，将有节奏的运动与自我表达相整合，以使人的情绪情感、认知等更好地整合，并通过身体与心灵的整合而引发身体反应并达到康复。

事实上，舞蹈治疗所指的“舞蹈”并非文艺节目等艺术表演，也不需要规范的舞步，而是人身体自然的动作和反应。因此，走路、说话，甚至纯粹休息、呼吸都可以视为美丽的舞蹈、自然生命的舞蹈。该疗法已广泛用于焦虑、抑郁等心理问题的治疗。

舞蹈治疗是一种创造性的治疗方法，墨西哥社会保障研究院研究员、舞蹈疗法的积极推动者刘易斯·费尔南德·马丁内斯说：“伴随着音乐声，病人在一种近乎潜意识状态下用肢体语言宣泄自己的感情和内心冲突，从而达到缓解心理压力的目的。”该研究院目前已经完成了对600名压力症患者的舞蹈疗法实验，其中95%的患者恢复了正常的心理状态。

舞蹈治疗研究者认为身心是互相影响的，悲哀时身体蜷缩，恐惧时身体发抖，开心时身手轻捷。在舞蹈治疗中，用身体的动作舒展去带动心理来释放心中的各种情绪情感，从而解决心理困扰。台湾舞蹈治疗协会理事长李宗芹说：“创造性的舞蹈最主要的意图是希望经由不设限的动作表达出一个人经验的全部，次而将注意力放在自我表达及寻求新方法上。简单扼要地说，它是一种无止境的探索过程，以适合自己的方法，将个人潜藏的内在资源转化为外在身体直接而清楚的陈述。”

（三）音乐治疗

前美国音乐治疗协会主任Bruscia在1989年提出的定义为：音乐治疗是一种系统化的介入过程，音乐治疗师运用种种医疗经验以及在其间发展出来的各种关系作为改变的动力，来帮助病人获得健康。从大量文献中可以看出，我国多数学者比较认同Bruscia的说法。并在此定义的基础上进一步提出了音乐治疗学的基本要素：一个有明确治疗需求的病人、一位受过训练的音乐治疗师、一段有目标导向的音乐历程、音乐素材，以及一份有关治疗效果的评估。

音乐能直接触及人心灵深处，影响情绪、身体以及行为，对人身心压力的舒解大有帮助。现在，音乐治疗师大量使用抑郁、悲伤、痛苦、愤怒和充满矛盾情感的音乐来激发被治疗者的各种情绪体验，帮助他们尽可能地把消极情绪发泄出来。而当消极的情绪发泄到一定程度时，人内心深处的积极力量就会开始抬头，这时音乐治疗师就会逐渐使用积极的音乐，以支持和强化被治疗者内心的积极情绪力量，最终帮助他们摆脱痛苦困境。对被治疗者来说，在音乐感染下，痛苦的情感体验和生活经历逐渐转化为一种悲剧式的审美体验得到升华，最终成为自己人生不可多得的精神财富，其人格也因此走向成熟。

合适的音乐对生理也产生影响。比如，可以刺激和增加人体激素性物质大脑多巴胺、肾上腺激素、去肾上腺激素、内啡肽等；可以增加体内免疫球蛋白(LgA)的含量，调节脑电流、脑垂体；可以对大脑皮层产生刺激，调整血压、心跳、皮肤温度，降低肌肉电位、皮肤电阻值等；还可以调整植物神经，其对生理的作用远不止于此。音乐治疗针对的对象主要是心理解压、心理疾病、身体功能障碍康复三类群体(摘自 http://www.cmta.com.cn/zjmusic/20060626/09034670.shtml)。

除上述介绍的几种方法以外，心理辅导与治疗还有很多方法，比如认知学派的理性情绪疗法，行为流派的放松疗法等；还有绘画治疗、阅读治疗、梦的工作、意象对话等多种技术和方法，而哪些方法适合你的需要，则要看你所选择的治疗师以及流派的不同，他们会给你合适的建议。

【小结】

压力又称为应激，有三层含义：引起压力的内外环境刺激；内部紧张或唤醒的心理状态；机体的生理反应。压力有急性压力和慢性压力等分类。压力可导致各种身体、心理、行为、社会功能方面的疾病或问题。

大学生面临的压力源有多种，主要是：学习和学业、适应大学生活、人际关系、发展方向、未来前途和经济。影响大学生感知和处理压力的相关影响因素有：负性情绪、自我效能、社会支持、个性和应对方式等。

应对也称应付，应对可分为问题指向的应对和情绪指向的应对。大学生的应对策略有积极的也有消极的。健康的应对方式有认识现实、体验情绪、制订计划和寻求社会支持。

大学生处理心理压力可以有日常自助的方法，如有规律的作息和定期运动、冥想、放松训练、情感开放、自我心态的调整。临床上心理辅导的方法也比较多，比如有沙盘游戏治疗、舞蹈治疗、音乐治疗等。

【关键词】

压力　应激　压力源　急性压力　慢性压力　压力应对　问题指向的应对　情绪指向的应对　前瞻性应对　预先应对　社会支持　领悟社会支持　积极情绪体验　冥想　放松训练　沙盘游戏治疗　舞蹈治疗　音乐治疗

【思考题】

1. 正确理解压力和应对方式的含义与种类。
2. 当代大学生有哪些主要的压力源？
3. 影响压力感知和应对的因素有什么？
4. 健康的应对方式有哪些？
5. 以自己的亲身经历为例，考虑自己面对压力的状况。
6. 大学生日常减压的自助方法有哪些？临床方法又有哪些？

第十三章　情绪健康的中医学认识与调养方法

内容提要：

1. 中医学对情绪健康的认识
2. 中医学辨证施养在情绪健康管理中的应用
3. 各种中医药学情绪健康调养方法介绍
4. 调节情绪的中药使用及中医养生方法

提高健康水平、注重精神心理保健是人体维持生命健康的重要环节。不良情绪波动引起机体疾病的发生，良好的精神状态可以增强机体适应环境的能力以及抵抗疾病的能力。大学生处于青春期与成年过渡的特殊阶段，机体日见成熟，在认知上逐渐形成较为稳定的世界观和人生观。在此期间，紧张的学习、丰富的课外活动和社会实践导致脑力和体力相对消耗旺盛，由于自身体质、性格原因以及对外界环境的不适应，许多学生出现了情绪异常波动，产生心身症状，严重影响了学习和生活。

专业精神心理临床治疗需要充分沟通和对治疗坚持性地使用针对性的化学药物。这容易产生依赖性，对于大多数高校学生来说，也伴随着额外的费用支出和外出就诊的烦琐。因此，寻找到适合自身的具有方便、简单、有效等特点的心身自我调节方法，是现代社会环境下个体维护情绪健康、达到心身契合的自发需求。

中医药学有关情绪健康的内容，是在“天人相应”整体观念的指导下，通过怡养心神、调摄情志、调剂生活等丰富多彩的方法，保护和增强人的心理健康，以达形神的高度统一。由于中医药学是在以中华民族文化为主体的背景下发生发展起来的，因此具有独特的东方色彩和民族风格。那么，中医学对情绪健康的理论特色如何？如何理解结合高校学生个体特点辨证施养？具有显著治疗效果的中医调养方法是哪些，又如何实践操作呢？本章节就相关内容作以介绍。

第一节　中医学对情绪健康的认识

一、中医学对情绪健康的认识

情绪是指一个人对客观事物是否符合自己的需要而产生的主观态度体验，中医理论将其概括为“七情”，包括了通常我们所说的喜、怒、忧、思、悲、恐、惊七种内心体验。

正常情绪变化是机体生理与本能精神状态的表现，在正常范围内的各种情绪的活动能够抒发自身的感情，调畅身心；人的精神状态正常，机体适应环境的能力和抗病能力增强，可以减少疾病的发生。患病之后，良好的精神状态可以加速机体的修复过程，适当的心理活动可以缓解甚至消除身心疾病症状。

异常的情绪若长期压抑且不能充分疏泄，或者情绪变化波动过大，超越了正常的限度，可引起身体多种机能紊乱，伤及内脏，导致疾病的发生，此即中医所称的“七情内伤”。

二、情绪健康与身心的关系

现代精神认知学人的精神意识思维活动是大脑的生理功能，即大脑对外界的反应。中医学相关理论认识到内藏于体内的各个脏腑的生理活动与精神情志密切相关，超过正常范围的情志变化会影响所联系的脏腑正常机能的发挥。七情六欲过则害人，其中“怒伤肝，喜伤心，思伤脾，忧伤肺，恐伤肾”(《素问·阴阳应象大论》)，具体联系见表13-1。

表13-1　七情与中医藏象关系

七情	相关脏腑	生理影响	疾病影响
喜	心	促进血液循环、维护机体健康	喜乐过度，引起心悸、注意力不集中、甚至失神狂乱、哭笑无常等情绪变化
怒	肝	七情致病较严重的一种，怒则气上，肝阴血不足	出现头晕头痛、面赤耳鸣、急躁暴怒，甚则呕血或昏厥的病变。肝血不足，心血亏虚，可见惊骇多梦、卧寐不安、梦游以及出现幻象
恐、惊	肾、心	非良性刺激；恐则气下、惊则气乱	出现心神不定、手足无措、失眠多梦、小儿夜啼的情绪混乱状态，甚至精神错乱

续表

七情	相关脏腑	生理影响	疾病影响
忧、悲	肺	非良性刺激；悲则气消，消耗机体精微能量物质	影响呼吸功能，出现叹息饮泣、懒言少气、精神萎靡、意志消沉等症状；肺生理功能异常时，对不良刺激耐受性下降，产生悲忧情绪
思	脾、心	常则无害，过则气结	出现心悸、健忘、失眠、多梦等阴血耗伤的心神耗伤表现；兼不思饮食、腹部胀满、头目眩晕等脾胃症状

三、影响情绪变化的相关因素

(一)社会因素

七情是人对显示的对象是否符合自身需求和社会要求而产生的体验。在现实生活中，社会的动荡、个人政治地位、经济条件的变迁、亲朋之相聚别离、人际关系的复杂性、个体不良的生活方式，以及自然环境的变迁等复杂的社会生活事件、客观事物及其变化作用于人体，均可导致各种复杂情绪变化。若这种不良刺激过激过久，而个体又不能以正确的思想观点、合适的行为方式来控制和调整，这些情绪所带来的负性能量压抑于机体而不能充分疏泄，就会导致机体多种机能的紊乱。

值得注意的是，七情之中，喜、怒、恐、惊多因突如其来的情志刺激，如意料之外的巨大打击、重大的收获、巨大的事变或自然灾难，以及难以忍受的伤痛。就其刺激的程度和强弱而言，属于爆发性的刺激。这些突发性的强烈刺激使人体气血逆乱，以刺激量过大、过猛为致病条件。

悲、忧、恐多数属于渐进性刺激，多为某些问题在较长时间内没有得到解决或实现所造成，因而在这一段时间内出现了持续性的异常精神状态。这样的精神刺激损伤人的精气，积久成疾，表现为以刺激时间长为导致发病的条件。

(二)环境因素

人禀天地之气生、四时之法成，环境和人类是不可分割的有机整体，环境因素也是影响人情绪变化的重要方面。在自然环境中，外界环境的特异性刺激因素作用于机体，影响人体的生理功能活动，可导致情绪发生相应变化。

气象相关变化对正常人和精神病人的思维、行为、情感的障碍都有影响。可见光对高级神经系统有明显的作用，红光具有兴奋作用，可振奋人的精神，加速神经反应，增加肌肉张力。蓝色、紫色光可降低机体的神经反应，镇静人的精神状态。气流可以影响人的精神活动，强烈的气流引起神经精神的兴奋，温和的气流还能使人精神焕发，提高人的紧张性。如当地低气压中心控制，出现气压下降和气温相对升高等天气变化时，部分人因为天气闷热在精神上出现不知所措、沮丧、抑郁等情绪波动，表现为坐立不安，学习工作效率低下等行为特征。

精神异常的患者，常有周期性行为紊乱、焦虑不安、攻击性、暴怒等情绪波动，且具有一定季节性。精神分裂症、抑郁症、神经官能症患者对某些天气更为敏感，其中抑郁症患者对暖锋及暖空气特别敏感；神经官能症病人在天气变化前感到烦躁，出现睡眠障碍。

(三)病理因素

“人有五脏化五志，以生喜怒悲忧恐”，中医的藏象学说认为：脏腑功能活动主要靠“气”的温煦、推动和“血”的濡养，情绪活动以五脏精气为物质基础，情绪变化与内脏气血密切相关。大脑的精神情志与意识思维活动，也有赖于五脏生理功能的平衡协调。当五脏的功能活动异常时，大脑的精神情志和意识思维活动也必受到影响，不同的情绪变化影响着不同脏腑功能，表现为癫、狂、脏躁、百合病、客忤、梅核气、健忘、不寐等病症。脏腑气血的变化，也会影响情志的变化，具体情况如下：

如果喜乐无度，可伤及肺所藏的“魄”，形成狂症，表现为意识丧失、旁若无人、语无伦次。

惊恐不安，思虑太过，则伤及心所藏的“神”，神伤则恐惧心理时时流露于外，遇事失去主张；或因恐惧不释而导致心神涣散。

脾因忧愁不解而伤其所藏的“意”，意伤则出现心情苦闷、烦乱等症状。

肝因悲哀太过，伤及内脏并伤其所藏之“魂”，魂伤则出现狂妄、神志妄乱、行为失常等变化。

肾因大怒而伤及所藏的志，志伤则记忆力减退，喜忘其前言。

(四)年龄与性别的差异

在不同年龄段，人体发育与生理代谢水平不同，对外界环境刺激的情绪反应也不同。一般来说，儿童中枢神经系统发育不完备，脏腑娇嫩，气血未充，多因外界刺激而有恐惧、惊吓等情绪变化；老人脏腑衰弱，肾气亏虚，常有孤独感，容易发生有忧郁、悲伤、思虑的情绪变化；成年人机体代谢处于旺盛期，体格较健壮，故血气方刚，又因是社会主体人群，处于各种错综复杂的关系变化中，往往容易出现愤怒、思虑过度等疾病。

青年期也称成年初期，年龄范围大约为17～35岁，正是人生的黄金时期。大学生虽然已脱离了孩子群体，但尚不能履行成人的责任和义务，因此常常被排斥在承认行列之外，但除学习之外，还要从事工作和社会交往。从生理上讲，青年期开始进入身体健康的顶峰时期，身体各系统的生理机能，包括感知能力、心肺功能、体力和速度、免疫力和性机能都达到最佳状态，疾病的发生率最低。个人认知能力、情感和人格发展日趋完整，开始形成稳定的人生观和价值观。但由于青年初期所形成的自我意识还很不稳定，个体必须通过自我的社会实践和他人的客观评价，对自我不断进行修正，因而对他人有关自己的评价非常敏感。

进入青年期后，随着性意识的迅速发展和生理、心理的成熟，青年人开始有恋爱情感和结婚愿望与婚姻现实，如果青年初期没有恋爱的关系，则容易产生孤独感。若在恋爱、友谊的建立和维护中遭受挫折，则容易产生苦恼和悲痛的情绪变化。

男女性别以阴阳来分，男性属于阳，以气为主，性多刚强，外界的刺激或不易引起强烈变化，或表现为亢奋形式，出现狂喜或大怒的情绪变化；女性属于阴，以血为先，其性多柔弱，因其心理和身体特点，故多因外界情绪刺激发生抑郁不畅的情绪变化，而以忧虑、悲伤导致疾病为多见，因此女性多发生情志性疾病。

第二节　中医学辨证施养在情绪健康管理中的应用

一、有关概念的介绍

(一)气质与症

人体内气的素质，因先天遗传和后天营养、经历、学识、生活环境等不同，使其体内气血(包括体液、血液、内分泌、生物电磁场等)结构成分和运动状态表现出差异，从而影响个体生理、心理状态。根据中医阴阳、五行学说、体质等相关理论，气质可分为勇、怯等不同情绪气质类型。

在中医学的临床诊断和治疗、养生学等基础中强调“症”的概念，症是机体在疾病发展过程中某一个阶段的病理概括，包括了病变的部位、原因、性质，以及邪正的关系，反映了疾病发展过程中某一阶段的病理变化的本质。与症状相比，症能更加全面、深刻，更加准确的反映疾病的本质。

(二)勇者和怯者的区分

个体的性格差异是人体重要的个性心理特征，性格差异和情志疾病有一定的关系。古人根据人的勇、怯等不同性格，结合体态、生理特征等，将人分为勇者与怯者两大类型(《素问·论勇篇》)。

体质健壮者勇，心、肝、胆功能旺盛，勇者气血畅行，可以防御或消除惊恐等精神刺激的不良影响，外界的刺激造成暂时的情绪波动，事过则已，不会引起更大的、持久的情绪变化，亦不会进一步影响生理机能。

体质孱弱者怯，心、肝、胆功能衰减，怯者心虚胆怯，容易发生惊恐等情绪变化，导致气血壅滞停留，外界刺激可造成较长时间的情绪波动，容易引起情志疾病的发生。

二、阴阳五行学说在气质分类中的应用

在自然界中，相互关联的事物或现象中对立的两个方面，具有截然相反的

两种属性，并可以用阴阳来概括。阳具有积极、进取、刚强等特质，而阴具有消极、退守、柔弱的特性。

阴阳是中国古代哲学的基本范畴，在中医学中，《黄帝内经》确立了中医阴阳学说，具有不同特征的事物或现象可规定为阴阳，中医学对自然界中天地日月、四季昼夜、地理方位、天干地支、人的性别、形态，以及病因、征候、药物分为了阴阳两类。如此推演，以说明事物的阴阳属性(见表13-2)。

表13-2　阴阳属性归属表

属性	空间	时间	季节	温度	重量	亮度	事物运动状态		
阳	上外左南天	昼	春夏	温热	轻	明亮	功能上升	动	兴奋亢进
阴	下内右北地	夜	秋冬	寒凉	重	晦暗	物质下降	静	兴奋抑制

《灵枢·通天》认为人们的体质有阴阳之气禀赋的不同，属于阳性体质者，在性格气质特征上多呈现自信、兴奋、多喜、无忧无虑、多怒、外向性；属于阴性体质者，在性格气质上多呈现抑郁、悲伤、沉静、内向性等特征。由于个体性格和体质等的差异，在同一外界事物的刺激下，有的人不会出现剧烈的或持久的情绪状态，有的人因为体质的因素容易罹患情志内伤的疾患。对于人体所含阴阳之气的多少而分为太阴、少阴、太阳、少阳之人，又因为“多阳者多喜、多阴者多怒”，因此不同体质特点的人对情绪刺激产生的好发性各不相同。

古人在长期的生活和生产实践中，在对木、火、土、金、水五种物质的朴素认识基础上，进行抽象而逐渐形成的“五行”理论概念，是用来分析各种事物的五行属性和研究事物之间相互联系的基本法则。对人体而言，即是将人体的各种组织和功能，归结为以五脏为中心的五个生理、病理系统。以五行配属五脏、五官、五体、五志，阐释了其间相互生克制化的整体关系，用以解释人和自然的关系(见表13-3)。

表13-3　中国古代关于人体内气及其运动的性质与人气质类型关系分析对照表

内气性质	分型	情绪刺激产生的好发性	内气运动的性质	五行	性格	五志五脏	五行生克
	太阴	精神易抑郁		金型	沉着稳静，感情内向，善于思考	怒为肝志	木克土，怒胜思
阴性	少阴	故心胸狭窄，多忧愁悲伤，郁郁不欢	弱(喜静)	木型	死板固执，感情内向，主意不易改变	喜为心志	火克金，喜胜忧
	阴阳和平			土型	平和中庸，处世随和，可塑性强	思为脾志	土克水，思胜恐

续表

内气性质	分型	情绪刺激产生的好发性	内气运动的性质	五行	性格	五志五脏	五行生克
阳性	少阳	爱慕虚荣，自尊心强	强(喜动)	水型	活泼机智，感情外向，善于交际	悲为肺志	金克木，悲胜怒
	太阳	感情易爆发		火型	浮躁好动，感情外向，主见容易改变	恐为肾志	水克火，恐胜喜

五行学说在中医诊断与治疗上的应用比较广泛，也同样是指导情志疾病的精神治疗方法。情志生于五脏，五脏之间有着生克关系，因此，在生理上，人的情志变化具有相互抑制的作用。情绪波动在病理上与内脏生理密切联系，因此可以利用情志的相互制约关系达到调节情绪及相关疾病的目的。

阴阳学说和五行学说，各有特点，彼此相联，而在实际应用中则强调二者的综合运用，以阐释人的生命活动，认识情绪之间的相互关系。

三、临床倾向性体质分类

体质为人群中不同个体在生长发育过程中形成的代谢、机能与结构上的特殊性。这种特殊性是在遗传的基础上，在机体生长、发育和衰老的过程中形成的。因此，不同个体对某些致病因子具有易感性，体质往往能决定所产生的包括情绪疾病的病变类型的倾向性，可以提供与病人整体健康情况和生活方式相关的资料。在临床上，可根据体质类型、研究体质与人格、气质等心理特征关系，有效地指导中医相关诊断、治疗和养生(见表 13-4)。

表 13-4 人体体质分型及其临床特征

	生理特征	产生原因	体型表征	治疗原则	常用成药
中性体质	无明显阴阳胜衰	先天禀赋良好，后天也调养得当	不急不躁，对致病刺激反应不明显，对外界情绪变化适应力好，精力充沛		
阴虚体质	体质偏热、机能虚亢等	先天禀赋，经常熬夜，性格内向，情绪长期压抑抑郁；情绪波动；睡眠时间短	形体瘦削、性格急躁易怒，情绪波动，睡眠时间短，时有熬夜、噩梦	清降虚火，镇静安神	六味地黄丸、杞菊地黄丸、知柏地黄丸、天王补心丹、金水宝

续表

	生理特征	产生原因	体型表征	治疗原则	常用成药
阳虚体质	阳气偏衰、机能减退、热量不足、抗寒能力低弱	先天禀赋不足或后天调养不当所致	性格多沉静、内向，不事张扬；有时神疲倦怠、消沉、悲观；不喜运动；缺乏性欲	温补脾肾，振奋阳气，温化水湿，畅达气血	参茸丸、金匮肾气丸、龟鹿二仙膏等
气血虚体质	脾胃消化功能不佳	大病久病后，气血不足	体型白胖；说话有气无力，四肢倦怠乏力，头晕目眩，心悸失眠、胆小，反应慢	益气生血健质	补中益气丸、乌鸡白凤丸
痰湿体质	水分代谢功能减退、痰湿停滞在体内	先天禀赋，饮食不节，少运动	形体肥胖，精神疲倦嗜睡，头脑昏沉，睡觉易打鼾	除湿化滞利质法	五花茶、二陈汤等
湿热体质		先天禀赋，嗜烟嗜酒，滋补不当，情志抑郁，消化道慢性炎症，妇科慢性炎症等。	性情多急躁易怒，烦闷懈怠	健脾去湿、疏肝利胆	薏苡仁、赤小豆、陈皮、杏仁、茵陈、车前草、淡竹叶等泡水
淤血体质	血行迟缓不畅	情绪意志长期抑郁，或久居寒冷地区，以及脏腑功能失调	常有身上局部疼痛症状；七情长期压抑不得舒展，较少运动，表情抑郁或呆板	行气消淤活血	逍遥丸、血府逐淤口服液、生化汤、丹七片等

人的体质在一生中也会改变，社会环境、心理、饮食、气候等多方面因素可影响体质的变化。具体来说，青春期前后、生育前后、中年向老年过渡期间，人体内部气血阴阳变化较为剧烈，体质也将随之发生一定改变，尤以女子更为明显。这种体质改变是缓慢的、部分的，仍有其相对恒定的一面。

第三节　中医学情绪健康调养方法概述

一、调养心神是养生之本

传统的中医学理论认识到精神活动和“心”密切相关，是脏腑功能活动与外界环境相适应的反应。过分拥挤等外界环境刺激会引起机体产生相应的情绪变化，如机体产生紧张、焦虑、急躁、心烦、注意力难以集中等心理不良反应。人的神经长期处于紧张状态的时候，还会引起内脏反应，导致相关各种生理疾病的发生。

“精神内守、病安内守”，在传统医学中，“清静养神”是养生的重要环节。只要保持身心的清净，内心就不会被各种杂乱的想法思虑所困扰，并有助于神气的潜藏内守(《素问·痹论》“静则养神，躁则消亡”)。

大脑是心理活动的物质基础，身体健康才有健康的精神。如何面对社会各种生活压力，保持机体和情绪健康是目前高校大学生所面临的迫切问题。除了可以采用饮食营养、药物滋补等方法外，以养神为目的，以清净为调神原则，是维护个体情绪健康的首要的环节。

(一)中医的调神之法概括起来有以下的认识

1. 清静养神

经常保持思想清净，调神养生，可以有效地增强抗病能力，减少疾病的发生，有益于身心的健康；如何达到清净养神的状态，传统文化认为：一要少私寡欲，减少私心，减低对名利和物质的嗜欲，这样可以减轻不必要的思想负担，使人心地坦然、心情舒畅。二要养心敛思，即保养心神、专心致志，才能排除杂念、驱除烦恼。

2. 立志养德

意志具有统帅精神、调和情志、抗邪防病的作用。事实证明，信念意志坚定的人，能较好地控制和调节自己的情绪，保持良好的精神状态，现代生理学和生物信息反馈疗法研究结果证实，坚强的意志和信念能够影响内分泌因子的变化，改善生理功能。

3. 乐观开朗

情绪的稳定，对一个人的健康起着重要的作用，情绪乐观不仅是人体生理功能的需要，也是人们日常生活的需要。乐观的情绪与开朗的性格是密切相关的。因此，凡事从大局着眼，宽以待人，心胸开阔，科学合理安排自己的工作、学习和业余生活，丰富生活内容，陶冶性情，生活才能愉快。

4. 保持心理平衡

长期的、高节奏的竞争环境，容易产生焦虑、心力疲劳、神经质等心理现象，剧烈的竞争容易产生失败、自卑感、嫉妒等心理现象。在实践中不断总结经验教训，挖掘自身潜能，扬长避短，科学安排工作和学习，可增加成功率。消极的嫉妒情绪状态，表现为对他人优势的不甘心，甚至怨恨的心理，培养正确的拼搏精神，欢迎别人超过自己，更有勇气超过别人的正确观念，是消除嫉妒影响的有效方法。发挥自身所长，在可能的范围内达到最佳水平。

(二)具体的传统调摄情绪方法简介

1. 节制法

所谓的节制，就是调和、节制情感，防止情绪过极，从而达到心理平衡。

重视精神修养，首先要节制自己的感情才能维护心理的协调平衡，对于负性情绪的节制和调节，尤为重要。

(1)遇事戒怒。怒是历代养生家最忌讳的一种情绪，被认为是情志致病的罪魁祸首。对于“怒”的情绪管理，首先为以理制怒，在日常生活中，遇到可怒之事，需要想一想其不良后果，可理智控制自己过激反应。此外，可以运用提醒法制怒，随时提醒自己可以取得良好的效果；怒后反省、吸取教训，可逐渐减少发怒的次数，并逐渐养成遇事不怒的习惯。

(2)宠辱不惊。对于重大的事件变故，保持稳定的心理状态，得失不过于计较。对于外界的事物刺激，既要有所感受，又要思想安定，七情平和，明辨是非，保持安和的处世态度和稳定的心理状态。

2. 疏泄法

把积聚、抑郁在心中的不良情绪，通过适当的方式宣达、发泄出去，以尽快恢复心理平衡，称之为疏泄法，具体可采用以下几种方法：

(1)直接发泄。用直接的方法把心中的不良情绪发泄出来，如遭逢挫折、心情压抑时，可以通过急促、强烈、无拘无束的叫喊，将内心郁积发泄出来，从而使精神状态和心理状态恢复平衡。发泄不良情绪，必须学会正当的途径和渠道，而采用不理智的、冲动性的行为方式，反而会带来新的烦恼，并引起严重的不良情绪。

(2)疏导宣散。当出现不良情绪时，可以借助别人的疏导，把闷在心里的郁闷宣散出来，所以，扩大社会交往、广交朋友、相互尊重、相互帮助，是解忧消愁、克服不良情绪的有效方法，是医治心理不健康疾病的良药。

3. 转移法

又称移情法，即通过一定的方法和措施改变人的思想焦点，或改变其周围环境，使其与不良刺激脱离接触，从而从情感纠葛中解放出来，或转移到另外事物上。古代的“祝由”疗法，实际上就是通过转移患者的精神，达到调整气机、精神内守的作用。转移法可采用以下几种方法：

(1)升华法。所谓的升华，就是用顽强的意志战胜不良情绪的干扰，用理智战胜生活中的不幸，并把理智和情感化为行为的动力，投身于事业中，以工作和事业的成绩来冲淡感情上的痛苦，寄托自己的情思。升华是排除不良情绪，保持稳定心理状态的一条重要的保健方法。

(2)超脱法。即超然，指在思想上把事情看淡一些，在行动上脱离导致不良情绪的环境，在心情不快、痛苦不堪的时候，可以到环境优美、视野开阔的场所漫步、散心，这样就可以驱除烦恼，产生豁达明朗的心情，并使精神愉快、气机舒畅、忘却忧烦、美化心灵。

(3)移情易性。即排遣情思，改变内心情绪的指向性，通过排除内心杂念和抑郁，改变不良情绪和习惯。移情易性是中医心理保健法的重要内容，可根据不同人的心理、环境和条件等，采取不同措施，进行灵活运用。琴棋书画、体育锻炼甚至体力劳动等活动都有影响人情感，转移情志、陶冶性情的作用。

4. 情志制约法

又称以情胜情法，是根据情绪变化及五脏存在的阴阳五行生克原理，用相互制约、相互克制的情志，来转移和干扰原来对机体有害的情绪变化，借以达到情绪管理的目的。其中，五脏情志制约法，是建立于精神因素与形体内脏、情志之间，以及生理病理上相互影响的辩证关系，是以"以偏救偏"的原理创立的"以情胜情"的独特方法。后世医家对情绪的调摄非常重视，并创立了许多行之有效的情知疗法。具体包括了以悲制怒、以喜治悲、以恐治喜、以怒治思、以思治恐等方法。在使用该种方法的时候，需要注意情绪刺激的总强度，要超过或压倒致病的情志因素，或是采用突然强大的刺激，或是采用持续不断的强化刺激，总之后者要适当地超过前者，否则就难以达到目的。

人的情感活动相当复杂，往往多种相互交错，很难明确区分其五脏及五行属性。中医理论认为，情绪异常多导致的气机异常，具有两极倾向，如喜与悲、怒与恐、惊与思、爱与恨等，其性质相反，对人体的阴阳气血调节也正好相反，可以运用阴阳属性来分别，采用使之产生有针对性的情志变化的刺激方法，通过相反的情绪变化，可以调节整体气机，从而起到协调情绪，维护机体的阴阳平衡。

二、实用的传统中医运动养生方法

(一)对于传统中医运动养生的认识

保持心身的挈合是东方传统运动养生方法的终极目的，八段锦、易筋经、太极拳，以及气功为我国特有的传统运动养生方法，为糅合了导引、气功、武术和医理为一体的具有中华民族特色的养生方法。这些功法一方面，通过各种运动方式锻炼了四肢关节的灵活度，强壮了肌肉，增强了机体的反应能力，促进了机体的气血流通，对身体机能和体能具有很好的"炼形"作用；在另一方面，通过"炼形"，调畅呼吸，提高机体对本体的感觉，具有"炼神"的作用，通过这样的精神内修和体格的锻炼，可提高对外界的适应能力。

与现代体育竞技项目相比较，代表传统东方文化的中医运动养生无明显的竞技性，对场地等运动条件相对宽泛，可广泛应用于健康人的健身保健、不同年龄阶段的人群健康保健、胃病、睡眠障碍等慢性疾病患者的康复，便于社区广泛开展。

(二)传统中医运动养生方法简介

对于传统养生功法的选择体现了因人、因地、因时的灵活性，可以根据个体体质、身心状况、环境大小、体格强弱等因素选择相应功法进行锻炼。

1. 静功

为气功的一种，指在形体不动保持坐、卧、站等姿势的条件下，通过闭目、止语、止听等关闭与外界环境相联系的信息通道的条件下，进行呼吸的自我调节，减少外来信息干扰，使大脑处于放松入静的状态。此外，通过对于人体自我内脏等器官的自我肌肉收缩运动，对人体植物神经及其调控的脏器进行功能锻炼。

传统功法中的静功以静神养身为用，适合身体较弱的人在空间狭小的环境中锻炼，其中放松功、内养功、强壮功等为常见。对于高校学生来说，选择一些简单的静功，是可以随时进行的。通过这样的方法，能够及时通过呼吸吐纳等调整机体，减少甚至避免外界环境中各种不良刺激因素对机体的应激损伤。

2.动功

亦为气功的一种，包括八段锦、太极拳等。在练功的时候，形体要做各种动作，同时保持“调息、调身、调心”，强调身心的统一，讲究松静平衡。动功具有增强体质、愉悦精神的作用，需要较大的活动环境，多在户外进行。在进行动功锻炼的过程中，意随体动，身心能够体会到机体和外界环境、机体内部各部位的细微的感受，身体的控制能力和注意力的提高对于内心的稳定和保持愉悦的心情具有非常重要的作用。

现代研究显示八段锦、太极拳等传统养生功法对提高机体肺活量、改善机体的柔韧性和平衡能力，增加血色素、调整植物神经系统的状态、免疫系统功能状态有显著的正性调节作用。动功养生方法的动作柔和、动静交替，讲究松静自然，对保持心情畅快、振奋精神、消除不良情绪应激及免疫抑制有一定影响。可以提高人体神经系统协调能力，对大脑皮层起着抑制性保护作用，改变机体的各种应激反应，提高交感神经和副交感神经的协调能力，使植物神经系统保持动态的平衡稳态度。

(三)使用注意

“养生之道，常欲小劳，但莫大疲及强所不能堪耳”。古代养生家的这些主张都是传统体育养生整体性的具体要求，传统体育养生健身原则在于：生命在于运动，调身按摩、摇动肢节、导引行气都是人体运动的法则、方法和作用，但运动不宜过量，不宜大强度，而且要经常不懈地坚持体育养生锻炼。

三、食疗保健对情绪调节的作用

(一)中医与现代营养学相关认识

食物是人体赖以生存的基础，一个人一生中摄入的食物要超过自身体重的1000～1500倍，这些食物中的营养素(水谷精微)，几乎全部转化成为人体的组织和能量，满足机体各项生命活动的需要。中医学理论认为，不同的食物具有寒、热、温、凉之气以及酸、苦、甘、辛、咸、淡的不同性味，分别与机体的特定的脏腑和经络相作用，支持人体各脏腑功能活动，也是人体思维、意识活动的物质基础。因此，运用食物疗法，避免了药物的毒副作用，能有效的治疗疾病，并且具有简单易行、久服无副作用，具有营养价值的作用。

传统的中医食物养生方法历史悠久，根据历代中医中药的有关文献统计，常用的近百种食物具有补益养生的作用，其中聪耳、明目、益智、安神等种类的食物对于调整身心健康，改善情绪健康有帮助，如莲子等可安定精神，帮助睡眠功效的食物属于安神类；荞麦、茶等可增强精神，改善疲劳症状的食物属于增神类；山药等可增强个体志气的食物属于增志类；龙眼等可提高智力，属健脑类食物。

表 13-5 为日常生活中常见兼备中医食疗作用的食物，在掌握了自身情绪状态和体质情况的前提下，可以根据自身体质、养护需求以及相关原则，根据这些食物的性味功效选择适应自己的食疗方法，作到辨证施养，起到调整自身身心状态、促进情绪的健康发展的目的。

表 13-5 有助于情绪调整的常用健康食物简表

食品功效	食物名称	食疗作用	现代研究及应用
抗焦虑	小麦	养心除热、除烦止渴；和缓神经	含谷缁醇、卵磷脂、各种消化酶、维生素 B，维生素 B_1 和蛋白质，含有谷胱甘肽，是儿童、老人和脑力劳动者的保健佳品；用于治疗末梢神经炎等
	小米	养心安神	色氨酸促进大脑神经细胞分泌五羟色胺，增强大脑抑制过程
	醋	镇静催眠	诱发机体产生五羟色胺，增强大脑抑制过程
	生菜	清利肝胆、养胃	镇痛催眠，治疗神经衰弱的功效
	茼蒿	养心安神	含有特殊香味的挥发油，稳定情绪、防止记忆力减退
	百合	清心安神	补益兼清润，对虚火之神经衰弱者最为适宜
	橙橘	调理气机	气味缓解人们尤其是女性的心理压力，提高工作效率，克服紧张情绪，缓解失眠、头痛的症状，因此称之为疗疾佳果
	虾皮	镇定	治疗神经衰弱、植物神经紊乱等病症
	菊花	疏风、平肝	香气具有良好的神经镇静作用、轻松四肢、醒脑提神，为减压怡神良药
	莲子	养心补肾	经常有心神不宁、心悸，并兼有腹泻、遗精、带下者可用
	苦瓜	清心明目	素体蕴热者，可作为辅助食疗之品
	茶叶	清心提神	红茶温脾胃、畅中焦；绿茶清心神、涤热；失眠者忌服

续表

食品功效	食物名称	食疗作用	现代研究及应用
抗抑郁	金针菜	清热除烦，养血安睡	情志不舒、烦热少寐者，可长时间使用；精神过度疲劳的人可以长期使用
	绿豆芽	清热解毒	人体所需要的氨基酸，含维生素 C，对平时有心胸烦闷或肝气郁滞者具有疏肝解郁、宽胸行气作用
	梅花	疏肝理气	常用于治疗神经官能症
	生姜	发表散寒健胃	挥发油可刺激胃液分泌，促进消化，有健胃功用
振奋精神	苹果	生津润肺、消炎止渴	增强人的记忆力。对于缓解紧张、忧郁的心情大有帮助。有效的减缓人体疲劳
	香蕉	清热润肠	富含 5-羟色胺，欧洲人因它能解除忧郁而称之为“快乐水果”，是最符合营养标准的又能为人脸上增添笑容的水果
	猕猴桃	解热止渴	血清促进素具有稳定情绪、镇静心情的作用，所含有的天然肌醇，有助于脑部活动，帮助忧郁症状的消除
	巧克力		能够缓解情绪低落，使人兴奋，对于集中注意力、加强记忆力和提高智力有作用
	茉莉花茶	理气、舒肝解郁	对精神抑郁、心烦易怒、食纳减少等症状有效。对特殊时期女性的身体情绪调节具有良好的理气调经作用
	咖啡		提高兴奋性，集中注意力
抗疲劳、解压	牛乳	补虚益肺胃	含有 L-色氨酸，具有松弛神经的功效；对于压力较大、睡眠困难的人，睡前喝一定量的牛奶有增加体力，健脑的作用
	小白菜	解毒清热	缓解精神压力，含较多矿物质和维生素；考试前多吃小白菜，有助于保持心态的平静
	青椒	温中下气、散寒除湿	青椒能够增强人的体力，缓解因工作、生活压力造成的疲劳
	莴笋	清热利水	长期食用可促进碘元素基础代谢、心智和体格发育，减轻紧张，帮助睡眠，对情绪的调节有作用
	蜂蜜	补中润燥、营养心肌	迅速补充体力，解除疲劳，增强人体对疾病的抵抗力。失眠患者可以在睡前口服蜂蜜凉开水，对助眠有很好的帮助。

续表

食品功效	食物名称	食疗作用	现代研究及应用
健脑增智	葡萄干	补气血、强筋骨、除烦	大量葡萄糖、多种矿物质和维生素、氨基酸，对神经衰弱和过度疲劳有较好的补益效果
	菇类	防疲劳、促生长发育	菌糖、甘露醇糖、激素等，可改善人体新陈代谢、增强体质、调节植物神经功能；赖氨酸与锌，可有效增强机体的生物活性
	葵花子	甘平降压	较多的不饱和脂肪酸，不含胆固醇，是维生素 B_1 和 E 的良好来源；稳定情绪，治疗失眠和增强记忆力
	芝麻	滋养肝肾	良好的滋润补养强壮剂，含不饱和脂肪酸，被誉为芬芳的补药
	蚕豆	健脑、增强记忆力	大脑和神经组织的重要组成成分磷脂、胆碱，含丰富的赖氨酸。对于考试者和脑力工作者具有一定保健功效
	龙眼	养心安神	用于思虑过度所导致的心悸、失眠、健忘等症具有疗效
	海鱼	滋阴补虚健胃	丰富的氨基酸类物质能够帮助机体产生大脑神经递质，集中注意力、活跃思维
	猪心	安神定惊，养心补血	高蛋白低脂肪，含有较多的钙、磷、铁、维生素、烟酸等成分。可用来加强心肌营养，增强心肌收缩力。可治惊悸、怔忡、自汗、失眠等症

(二)饮食禁忌

(1)中医饮食养生学认为，食物的五味必须调和，不能偏胜，否则会造成疾病的发生，其中也包括了心理及身心疾病的发展发生。从常见的三百多种食物来看，寒凉性的食物多有清热、泻火解毒的作用，而温热性的食物有温经、助阳、活血、通络、散寒的作用。在使用时需要注意食物因其四气五味而有性味偏颇的影响。在应用饮食方法调养心身时，需要注意的是，由于饮食疗法起效较慢，因此需要坚持应用，不可半途而废。

(2)五脏之中，情绪的管理与变化与肝联系密切，五行之中，肝木克脾土，情绪的好坏显著影响机体的消化功能。若情绪不好，脾胃受约制，食欲功能便受到影响；安静愉快的情绪增加食欲，有利于胃液的分泌和食物的分解。因此，进食物前后要保持乐观调畅的情绪非常重要，研究表明，宁静整洁的进食环境、合适的音乐、放松的话题对进食过程有好的影响，可以使人身心愉悦。

(3)人体对饮食的消化、吸收、输布，主要靠脾胃来完成。如果进食定量、定时、饥饱适中，则人体消化、吸收功能运转正常，营养物质能及时充分供应给机体各脏器，从而保证各种生理活动的正常进行。晚上若进食过饱，容易使饮食停滞，增加胃肠负担，引起消化不良，影响睡眠质量。因此对于睡眠障碍的患者，晚餐进食七八分饱、小有活动之后再入睡，是提高睡眠质量的前提条件。

第四节 调节情绪的中药使用及中医养生方法

一、简介

凡具有安神镇静功能的药物称为安神药。现代药理研究证明：安神药有镇静、催眠、镇痛、抗惊等作用，与现代医学中的镇静药、抗焦虑药的作用大致相同。一般而言，安神药可分为二类：一类为重镇安神药，多为质地沉重的矿石类或介壳类，常用于易惊、易怒、不宁、狂乱等实证临床表现；一类为养心安神药，多为植物性药材，主要用于面色淡白少华、心悸、健忘、失眠、多惊、心烦易怒、五心烦热等实证临床表现。

某些补益中药具有安神补脑的作用，如首乌具有补肝肾、益精血之功效。首乌内的卵磷脂是构成脑细胞的重要原料，因此是一味很好的补脑佳品；胡桃肉含卵磷脂、维生素 AD、E 等矿物质及蛋白质，具有很好的营养脑细胞功能，也是一味较好的补脑药；益智仁和补骨脂具有温补脾肾的作用；女贞子能补肝肾、乌发、明目、补脑；酸枣仁有养肝、安神、宁心之功效；合欢皮能解郁、治健忘症；桂圆能养血安神；柏子仁能安神宁心，治疗失眠健忘。以上这些中药都是具有很好的补肾健脾、补脑安神的作用。

除以上中药外，还有一些中药，如鹿茸、党参、人参、甘草、杜仲、狗脊、仙灵脾、桑葚、桑寄生、菟丝子、肉苁蓉、枸杞子、山茱萸等也都具有较好的补肾、益肝脾、生髓、补脑的作用。在中医治疗肾虚症、健忘、失眠、神经衰弱、耳聋、眼花、记忆减退等脑虚诸症时可酌情选用。

二、常用有助于调节情绪的中成药的应用

中成药是中国百姓用于防病治病的有效药物，它既可以通过医生诊断处方，也可以由患者自行购买使用，因此比其他的医疗手段简便，更具有广泛的实用价值。由于成药体积小、便于储存携带，具有服用方便、效果显著的特色，可以适合大学生群体中自行购置、服用。

表 13-6 介绍了可用于调整情绪相关疾病的临床常见中成药情况。需要注意的是，传统的中成药，其引申应用较多，这些中成药组方严谨、配伍科学，并含有多种方面的功效。然而中成药应用虽然广泛，但需要在中医理论指导下进行，而不是毫无根据地胡乱使用。

表 13-6　调整情绪相关疾病的临床常见中成药简介

情绪问题	名称	功效与使用范围
缓解焦虑、清热安神	六味地黄丸	对于神经衰弱、甲状腺技能亢进、肝肾阴虚、虚火上炎等有治疗效果
	知柏地黄丸	滋阴降火；用于头晕耳鸣、咽喉发干、疼痛、耳鸣、耳聋、梦遗滑精
	磁朱丸	重镇安神、潜阳明目；用于水火不济、心悸失眠、耳鸣耳聋、癫痫
	龙胆泻肝丸	清泻肝火、利水渗湿，用于治疗情绪郁怒等剧烈情绪刺激，症见头痛晕胀、目赤肿痛、耳聋耳肿等实火症状
	牛黄清心丸	清心化痰、镇惊祛风；有增强记忆力、改善睡眠之功效；用于治疗因疲劳过度、紧张所出现的健忘、注意力不能集中、精神恍惚等临床症状
	珍珠层粉	清心明目，内服可以治疗心神不安、烦热消渴、神经衰弱
促进睡眠	天王补心丸	滋阴养血、补心安神；对于心悸健忘、失眠多梦、大便干燥等症状有治疗效果
	归脾丸	补养气血、健脾安神；用于神经衰弱、失眠健忘并有不思饮食、便血、月经过多等症状
	七叶神安片	益气活血、安神止痛；对于心气不足、失眠、心悸、并有胸痹心痛症状者有治疗效果
	补中益气丸	中气不足、脾胃虚弱；用于气短倦怠、少气懒言等临床表现的神经衰弱、睡眠障碍、慢性疲劳综合征等病症
调节抑郁	逍遥丸	疏肝清热、理血调经；用于治疗情致抑郁，月经不调、胸腹胀痛、午后发热、头晕目眩
	金嗓利咽丸	燥湿化痰，疏肝理气；用于治疗神经官能症所导致的咽部不适、异物感、声带肥厚
	乳康片	疏肝解郁、理气止痛、活血破淤；用于治疗乳腺增生疾病
缓解疼痛	风油精	祛风、除湿、活血消肿及止痛，少许风油精点在双侧太阳穴和风池穴处，外用有助于睡眠
	正天丸	疏风活血、养血平肝、通络止；治疗神经性头痛、颈椎病型头痛等多种头痛

三、有效的针灸、按摩调节情绪的方法

经络学说是中国医学理论的重要组成部分，由此发展的针灸、穴位按摩等经络治疗方法是中医治疗学中重要的手段，是中医养生学的重要保健措施和方法。选用合适的穴位，利用针、灸、按摩相应方法进行保健治疗，可以发挥机体自身调节情绪、缓解压力的能力，是中医精神养生与情绪保健疗法的特色内容。

(一)经络理论在情绪保健中应用

经络是运行全身气血、联络肢节、沟通上下内外的通路。经络系统是由经脉和络脉组成，内属于脏腑，外连属于筋肉、皮肤。经络的功能活动，被称为“经气”，其功能主要表现在沟通表里上下，联系脏腑器官，通行气血，濡养脏腑组织，感应传导以及调节人体各部分机能等方面。

精神情绪的相关病症所涉及的针灸疗法和按摩疗法，主要是对于情绪精神相关病症。首先要按经络学说来进行辨证，断定疾病归属何经，再根据经络的循行分布路线和联系范围选定穴位，通过针灸或按摩，来调整经络气血的功能活动，以达到治疗目的。

经络穴位常见的治疗方法主要包括了针刺、艾灸、穴位按摩等方法。其中，针刺疗法用毫针刺激相应的穴位，用传统的补泻手法激发经气，调整人体机能；灸法是采用艾绒或其他药物，借助药物的烧灼、温熨等温热刺激，以温通气血、调整机体。按摩则是用手指、掌，或辅助按摩器械对人体经络、腧穴、肢体、关节等部位，给予按、点、揉等手法，以舒筋活血、和调表里。三种方法各有所长，针刺有补有泻、灸法长于温通、按摩则侧重于筋骨关节，属于中医外治中三种不同的类型方法。

(二)具体调整情绪经络治疗方法介绍

1. 耳穴刺激调节情绪

耳与脏腑、经络联系相当密切，分布在耳廓上的穴位可以作为刺激点治疗各部位的病症，同时出现在耳廓的阳性反应点，如压痛、变形、水疱、结节、丘疹、凹陷、脱屑等就是耳针治疗的刺激点，也叫做耳穴。常见的耳穴按摩、耳穴埋豆疗法，对于不愿接受针刺的患者尤为适合。

皮质下，能调节大脑皮层兴奋和抑制功能。

交感，可调节植物神经功能紊乱。

缘中，为脑垂体代表区，可调节内分泌功能紊乱。

失眠穴，主要治疗神经衰弱、入睡困难。

2. 涌泉穴温和灸治疗失眠

灸法是借助火的热力给人体以温热性的刺激，通过经络腧穴的作用，达到治疗疾病的作用。施灸多以艾叶为主，艾叶气味芳香，易燃，作为灸料，具有温通经络、行气活血、祛湿除寒、消肿散结、防病保健的作用。

艾灸有多种形式，其中使用艾卷灸进行相关穴位的温和灸法具有使用简单

方便、价格低廉、疗效显著等优点，是作为个人家庭保健使用的较好的方法，值得在高校大学生群体中推广。涌泉温和灸即是用于治疗神经衰弱、失眠等情绪相关疾病的家庭保健灸法。

涌泉温和灸方法：施行灸法时将艾条的一端点燃，对准应灸的腧穴（足底二、三趾趾缝纹头端与足跟连线前 1/3 与后 2/3 交点上约距皮肤 2～3 厘米）进行熏烤，以局部有温热感而无热痛为适宜，一般每个穴位灸 5～7 分钟，以局部皮肤红晕为度。

需要注意的是：灸法不适宜实热症、阴虚发热者。对于颜面、五官、有大血管的部位也不宜采用灸法。在进行灸法操作时，注意艾灸勿烧伤皮肤或衣物，用过的艾条应装入小口的玻璃瓶内或铁筒内，以防止复燃。

3. 头部推拿

推拿手法的机械性刺激直接作用于头部，可使毛细血管扩张、脑部血流增加、脑血液循环得到改善，同时较为轻柔的节律性柔和按摩可以调节植物神经系统，使大脑抑制过程增加，产生镇静作用。以下手法对失眠头痛、头晕、耳鸣、神经衰弱等有效。

抹额：两手食指屈成弓型，第二指节内侧面，紧贴印堂，由眉间向前额两侧抹，约 40 次。

抹颞：以两手拇指罗纹面，紧按两侧鬓发处，由前向后往返用力抹，约 30 次，以酸胀为度。

拿五经 10 次：单手五指从前发际至后发际抹。

按揉脑后：以两手拇指罗纹面，紧按风池，用力做旋转按揉，随后按揉脑空约 30 次，以酸胀为度。

振耳：两手掌心紧按两耳，然后做快速有节律的鼓动，30 次左右。

拍击头顶：人正坐，眼睛睁开前视，牙齿咬紧，用手掌心在头顶处做有节律的拍打动作，约 10 次。

搓手浴面：先将两手搓热，然后掌心紧贴前额，用力向下擦到下颌，连续约 10 次左右。

头顶热敷：热毛巾放于头顶 10 分钟。

四、有助于改善精神状态的娱乐养生方法

传统的娱乐养生，通过轻松愉快、活泼多样的活动，在美好的生活气氛和高雅的情趣环境下，使人们舒畅情志、怡养心神；娱乐活动形式多样、动静不拘，具有形神兼养之用，其中，琴棋书画是传统娱乐养生的主要方式，亦被古人称为四大雅趣，各具特色。

（一）音乐的调神作用

“诗言其志也，歌咏其声也……”（《礼记·乐记》），音乐不仅能够表达情感，而且还能够通过旋律的起伏和节奏的强弱调节人的情志，因其特殊的语言

形式，满足了人们内心情怀的适当抒发。现代医学研究显示，音乐的活动中枢在大脑皮层右侧颞叶，轻松、愉快的音乐能使人体分泌有益于健康的乙酰胆碱等活性物质，调节血液流量和兴奋神经细胞，改善人体神经系统、心血管系统、内分泌系统和消化系统功能。

古人认为，在五声音阶中的宫、商、角、徵、羽五音，分别对人体五脏有不同的调节作用，具体见表 13-7 所示。

表 13-7　五音对情绪调节的作用

五音类别	五行联系	五脏	特性	对情绪的作用
宫	属土	脾	悠扬协和	促进消化功能
商	属金	肺	铿锵肃劲	善制躁怒、使人安宁
角、徵	属木	肝	调畅平和	善消忧郁、帮助入睡
徵	属火	心	抑扬咏越	通调血脉、抖擞精神
羽	属水	肾	柔和透彻	发人遐想、启迪心灵

值得注意的是，在练习和演奏乐曲时，当心闲气静时候，方能达到养心目的，若情绪波动，忧伤恼怒之时，以暂不弹奏为佳。

(二)中国书画的清心调神作用

中国书画是具有浓郁民族特色的艺术表现形式，具有怡情悦性、变化气质、修养身心的作用，也是养生的有效手段。习书作画必须保持正确的姿势，如需要保持头部端正，两肩平齐，胸张背直，两脚平放。同时必须集中精力，心正气和，灵活自若地运用手、腕、肘、臂，在站、坐方法上以及要求四肢“松”“圆”“虚”，调动全身气力，使全身的血气畅达，五脏和谐，百脉疏通，从而调整体内各部分功能，平衡大脑神经兴奋和抑制状态，促进血液循环和新陈代谢。同时，作画习书以意为先，在心手合一的过程中，通过集中注意力，来消除机体紧张情绪，进而稳定情绪，排除不良因素的干扰。

1. 书体与养生

中国文字历经长期的历史发展演变，形成了数十种书体。各种书体的书法，因形式结构、用笔方法的不同，对人机体内气运动、视觉的信息感受以及生理、心理的影响不同。不同气质特征之人可根据自身机体和养生需要选择合适的书体(选择参考见表 13-8)。

表 13-8　不同书体调节情绪情况

书体	特点	养生作用	适应对象	代表碑帖
篆书	书体狭长、结构平稳对称、笔画劲挺连贯、中锋用笔、书写缓慢	通经活络、助气强心，可增娴静之气	脾气急躁或性情暴戾者	《石鼓文》《毛公鼎》《泰山刻石》

续表

书体	特点	养生作用	适应对象	代表碑帖
隶书	线形减少篆书盘曲，笔以中锋为主，逆入平出，结构删繁就简	书写舒适，宽胸益气、活跃气血	气血亏虚、心胸狭窄者	《石门颂》《乙瑛碑》《华山碑》
正书（楷书）	不偏倚、规矩方正、笔法结构严谨多变	调整体内阴阳，平和性情、可扶人正直之气、开阔心胸；颜、柳字助气、活血、提神；欧、赵字平灭火气，降低血压、怡养静气	可修养心身之中正之气。欲强雄者宜习颜体；欲谨慎者习欧体；欲柔秀者习赵体，欲俊拔者习柳体	《多宝塔碑》《柳书金刚经》《黄庭经》
草书	结构省简　笔画纠连，书写流畅、	活气行血，抒散胸中闷郁之气，振奋精神、焕发灵心、变化气质	性格孤僻、气质呆板、迟钝者；因气滞血淤造成的各种慢性疾病	《真草千字文》《夏热帖》《书谱》
行书	具有平和与流畅两种特性	具有正书和草书的共同优点		《兰亭序》《圣教序》《快雪时晴帖》

2. 怡情悦性题材的选择

(1)书法字义内容与养生。传统中国文化习俗常用一些养生的哲理，或具有怡情悦性、健康长寿以及优美意境内容的字、词等写成书法，悬挂于楼堂、亭院卧室、客厅或案头，这种利用书法的字义对书写者和观赏者的生理及心理进行的暗示和启发，是养生书法意念导引的重要手段。有研究者为传统养生书法提出了“八十字养生经”，可供参考。

八十字养生经

清净淡无　正大光明　怡乐逸雅　纯朴实诚
虚寂久安　气神和畅　玄理精一　智慧圆亨
信礼敬爱　志忍妙藏　仁义道德　刚柔阴阳
常炼心丹　悟真善美　动定微易　如仙寿长
云涛泉峰　梅兰竹松　龟鹤龙虎　春夏秋冬

(2)题材与情绪的改善作用。中国传统书画的题材十分广泛，许多题材直接与养生有关，有些题材注重在精神方面潜移默化地改变人的品质、道德、气质和性情，有的则在于改变人的心理和生理状态，有利于心身健康。不同主题对绘画者和欣赏者的生理和心理上都会有不同的影响，因而对情绪的调整具有不同的养生作用。因此，我们可以根据自身情绪调节的需要，对绘画题材进行必要的选择(见表 13-9)。

表 13-9 不同绘画主题对情绪的调整作用

梅花	活跃机体气血，养灵动之气质
兰草	宽心舒气，排忧解愁，养舒畅娴雅之气
竹叶	生发和发散内气
菊花	聚气，可收敛心神
荷花	聚气理气，畅神
松树	强壮身心，复制正气
鹰、龙、虎	助人阳刚雄壮之气
奔马	增添奔腾豪迈之性
云雾山水	增加灵秀
平沙落雁	闲雅安静
包拯、钟馗	方正雄强
贤姬淑女	添温柔性情
麻姑献寿、彭祖炼气	长寿有益

(三)色彩对情绪调节的影响

色彩不仅对烘托主题有重要作用，而且对于养生作用，也是一个不可忽视的因素。色彩分为冷、暖两大调子，冷色调包括了蓝、绿、紫，暖色调包括了红、黄、橙等色彩。暖色调给人以温暖躁动感，冷色调使人冷清安静，从情绪养生作用来看，暖色调有活气血、动性情作用；冷色调有静气安神的效果(见表 13-10)。

表 13-10 不同色彩养生效果

颜色	给人的感觉	养生效果
红	热烈、兴奋、欢乐、喜庆	振奋精神、活气血、增血压，养阳刚奔放之气
黄	光明、稚幼、温暖	提神、畅心，可养奔放豪迈之气
蓝	广阔、纯洁、安静	安神、静气、降血压，有催眠效果，可养阴柔谨慎之气
橙	增添食欲、令人急躁不安、好动	活气血
绿	令人精神振作、气血平和	有养神明目之效
紫	令人冷僻、高贵不俗	气盛者可增添雅气，气弱者可增添怯弱之气
赫	令人温暖、沉着	养高雅士气

续表

颜色	给人的感觉	养生效果
青	含蓄沉着	养正静之气
金色	华丽高贵	养雍容之气
银	平静	养幽雅之气

五、其他调整情绪的养生方法

(一)睡眠与情绪保健

人的一生中，大约有 1/3 的时间在睡眠中度过，睡眠是消除疲劳的主要形式，当睡眠的时候，人体代谢率降低，大脑在睡眠状态中耗氧量降低，这利于脑细胞能量储存，可以恢复精力，提高脑力效率。采用合理的睡眠方法和措施，可以保证睡眠质量、恢复机体疲劳、养蓄精神。在睡眠的过程中，机体可以产生更多的抗原抗体，这增强了机体抵抗力，加速了各组织器官的自我修复过程，对于顽固性疼痛和精神性疾病也具有治疗作用。

由于心理因素造成的失眠是睡眠障碍相当重要的因素。白天的紧张、压力感、悲伤、愤怒、抑郁等能造成大脑皮层兴奋抑制失常；临睡时强烈的情绪刺激可造成大脑局部兴奋灶强烈而持久的兴奋，引起失眠。另一方面，睡眠不足者，表现出烦躁、激动或者精神萎靡、注意力分散、记忆力减退等精神神经症状，因此长期缺眠会导致幻觉。

中医认为失眠的基本原因是脏腑不和、阴阳失调。当机体活动剧烈或情绪激动时，肝脏就会把所储存的血液向机体的外周输布，以供机体的需要。当人体在安静休息及情绪稳定时，全身活动少，机体外周血液需要量减少，部分血液藏之于肝。肝的藏血功能正常，则魂有所舍；若肝血不足，心血亏虚，可见惊骇多梦、卧寐不安、梦游以及出现幻象。

1. 睡眠质量的标准

决定睡眠是否充足，包括了对量和质的要求。实际生活中可用以下方法检测是否为较好的睡眠质量：

(1)入睡快。上床 5～15 分钟进入睡眠状态。

(2)睡眠深。睡中呼吸均长，无鼾声、不易惊醒。

(3)无起夜。睡中梦少，无梦惊现象，很少起夜。

(4)起床快。“早晨起床身体轻盈”精神好。

(5)白天头脑清晰，工作效率高，不困倦。

2. 中医改善睡眠的养生方法举例

(1)子午觉

子(晚上 11～1 点)午(中午 11～13 点)之时，阴阳交接，体内气血极不平衡。每天于子时、午时入睡，安静侧卧以候气复，具有颐养天年作用。现代研究也发现，夜间0～4点，机体各器官功能降至最低，中午12点～1点，是人体交感神经最疲倦的时间，因此子午觉对于机体阴阳平衡有很好的调节作用。

(2)保健药枕

根据中医的辨证原则，采用不同的药物加工制成枕心，由此作成的枕头因具有治疗保健功能而称为保健药枕。枕内内容物多为碾碎的具有挥发性的中药、花、叶等。中药微粒子借头温和头上毛窍孔吸收作用透入人体，经过经络疏通气血、调整阴阳；另一方面，通过鼻的吸收，经过肺的气血交换进入体内。对于神经衰弱、心脏病患者，可选用琥珀枕、柏子仁枕；脾气暴躁者可选用夏枯草、蚕沙枕；而菊花枕、绿豆枕、黑豆枕等具有安神清心的作用，对于神经系统具有较好的辅助治疗效果。

(二)日光浴

日光浴是指通过晒太阳以健身治病的一种方法，我国古代称之为“晒疗”，照射到地面的太阳光中，含1%中、长波紫外线，40%可见光和59%红外线。日光浴包含了空气浴和三种光线的照射治疗。古人不仅单纯地晒太阳，而且与呼吸吐纳练功结合在一起，作为健身防病的重要方法。

可见光为太阳辐射中能使人产生光觉或色觉的部分，其波长为762～400毫微米，并表现出红橙黄绿蓝紫等不同波段间的颜色。可见光照射人体时，通过视觉和皮肤感受器，作用于中枢神经，再通过反射调整各组织器官的功能，产生不同的作用。可见光对高级神经系统有明显的作用。有关的研究结果显示：红光具有兴奋作用，可振奋人的精神、加速神经反应、增加肌肉张力。蓝色、紫色光降低机体的神经反应，能镇静人的精神状态。对人体分别在暗室及可见光刺激下进行脑电图实验得出的不同研究结果则说明了机体高级神经系统对可见光能产生一定的反应。

日光浴的时间，夏季建议选择早上8～10点、下午3～5点；其余三季最好在上午9～12点。日光浴的地点可以选择空气清洁的海滨、公园和绿地。

凡患有严重心脏病、高血压、甲亢、出血倾向者、浸润性肺结核，或临床症状属于阴虚阳亢者，不宜适用日光浴。

(三)矿泉浴

温泉是大自然能提供的能健身祛病的宝贵资源。我国对矿泉浴健身防病的文献记载很多，对矿泉的分类也作过很多的探索。现代研究认为，矿泉浴的水和水温可扩张人的毛细血管、加快血液循环。沐浴时，由于水的机械力与静压作用，可以起到按摩、收敛、消肿、止痛等效能。矿泉中特殊的化学成分对人体有不同的作用，其中硫化氢泉有兴奋作用，含镁的矿泉对神经系统有镇静作用。

对于健康者、健康状况较好的神经衰弱和抑郁症患者，可以使用兴奋性的半身浴法调整情绪。方法为：开始温度可为38～39℃，随着机体的适应程度，每浴1～2次把矿泉水温度降低0.5～1℃，在沐浴中用力摩擦皮肤同时向背部浇水，整个过程可持续3～5分钟，随即擦干皮肤防止受凉。

对于神经兴奋性增高的人，可以使用镇静性半身浴治疗相关病症，这种浴法的水温可以从38～39℃开始，随着治疗次数的增加和个体的耐受力，把水温略降2～3℃，沐浴时，安静地浸泡在矿泉水中10～15分钟。

【小结】

"七情"，包括了喜、怒、忧、思、悲、恐、惊七种精神情志变化。过激过久的情志刺激，往往会伤及内脏，此即中医所称的"七情内伤"。内藏于体内的各个脏腑的生理活动与精神情绪相关。

影响情绪变化的相关因素包括社会、环境、机体生病理、年龄与性别的差异等方面。

根据人们具有不同的生理、心理特质辨证施养特色；气质的判断可根据勇怯者、阴阳、五行学说以及临床倾向性原则进行相关判断。

"清静养神"是情绪养生的重要环节。传统调摄情绪方法包括了节制、疏泄、转移、情志制约等方法。

特有的传统运动养生方法，根据个体体质、身心状况、环境大小、体格强弱等因素选择相应功法。

食物对于调整身心健康，改善情绪健康的帮助，根据自身体质、养护需求以及饮食禁忌等方面问题，选择适应自己的食疗方法。

安神中药与某些补益中药具有调节情绪及相关疾病作用；临床常见中成药使用简介。

经络理论在情绪保健中应用，耳穴、艾灸、按摩等调整情绪经络治疗方法简介。

传统娱乐养生的主要方式；五音、书体、书法字义、题材、色彩对情绪的调整作用。

中医对睡眠的认识，睡眠质量的标准评判，中医改善睡眠的养生方法举例：日光浴与矿泉浴介绍。

【关键词】

七情　脏腑　辨证施养　气质　阴阳　五行学说　清静养神　调摄　运动养生　食疗　安神　中成药　经络理论　耳穴　艾灸　按摩　娱乐　养生　五音　书体　书法　字义　题材　色彩　子午觉　药枕　日光浴　矿泉浴

【思考题】

1. 如何理解"七情"与"七情内伤"？
2. 如何应用中医相关理论对自身个体心理特征的判定依据？
3. 如何理解"清静养神"的含义，在情绪健康调节中如何应用？
4. 如何根据自身特点，选择合适的中医情绪调节方法？

参考文献

1. H. C. Global. Survey Examines Impact of Depression. Science, 2000, 288 (7): 39.

2. Viktor E. Frankl. The Doctor and the Soul: From Psychotherapy to Logotherapy. New York: Bantam Books, 1965.

3. Robert C. Leslie. Jesus and Logotherapy. New York: Abingdon Press, 1965.

4. Viktor E. Frankl. Psychotherapy and Existentialism: Selected Papers on Logotherpy. New York: Penguin Books, 1973.

5. Steven K Huprich. Object Loss and Object Relations in Depressive. Bulletin of the Menninger Clinic, 2001.

6. Eva Shaw. What to do When a Loved One Dies. Writeriffic Publishing Group, 2005.

7. Kim Thompson. Object Seeking and Object Loss. Smith College Studies in Social Work, 2003.

8. Freud, S. Some Neurotic Mechanisms in Jealousy. Paranoia and Homosexuality. In J. Strachey. The Standard Edition of the Complete Psychological Works of Sigmund Freud. Vol. 18. London: Hogarth Press, 1955, 221-232.

9. Hildegard. Baumgart Jealousy-Experiences and Solutions. Chicago: The University of Chicago Press, 1985.

10. Bringle R. G. Psychosocial aspects of jealousy: transactional model. In Salovey P. The Psychology of jealousy and Envy, The Guilford Press, 1991, 103-127.

11. Mathes L. W. Jealousy: The Psychological Data, University Press of America, Inc, 1992.

12. Parrot W. G. The Emotional Experiences of Envy

and Jealousy. In Salovery P. The Psyhology of Jealousy and Envy. The Guilford Press, 1991, 3-28.

13. Bauerle S. Y., Amirkhan J. H., Hlupka R. B. An Attribution Theory Analysis of Romantic Jealousy. Motivation and Emotion, 2002, 26: 297-319.

14. Desteno D., Bartlett M. Y., Braverman J., Salovey P. Sex Differences in Jealousy: Evolutionary Mechanism or Artifact of Measurement? Journal of Personality and Social Psychology, 2002, 83: 103-116.

15. O. J. Harvey, Harvey Frank, etc. Relationship of Belief System to Shame and Guilt. Personality and Individual Differences, 1998(25).

16. O. J. Harvey, Edmond J. Gore, etc. Relationship of Shame and Guilt to Genderand Parenting Practices. Personality and Individual Differences, 1997 (23).

17. Edmond J. Gore, O. J. Harvey. A Factoranalysis of a Scale of Shame and Guilt Dimensions of Conscience Questionaire. Personality and Individual Differences, 1995, 19: 769-771.

18. Tangney J. P. Recent Advances in the Empirical Study of Shame and Guilt. American Behavioral Scientists, 1995(8).

19. Weiner B. An Attributional Theory of Achievement Motivation and Emotion. Psychological Preview. 1985, 92: 548-573.

20. Lewis. H. B. Shame and Guilt in Neurosis. New York: International Universities Press, 1979.

21. MorrisonA. P. Shame: The Undersidc of Narcissism, Hillssade. NJ: Analystic Press, 1989.

22. Shi C., Qian. M. The Differences of Shame and Guilt in Chinese. Journal of Development in Psychology, 1999, 7(1): 35-38.

23. Folkman S., Moskowitz J. T. Positive Affect and the Other Side of Coping. American Psychologist, 2000, 55(6): 647-654.

24. Somer field M. R., Mc Crae R. R. Stress and Coping Research. American Psychologist, 2000, 55(6): 620-625.

25. Liang B., GuoY. Ways of Coping and Personality in Chinese. Chinese Journal of Clinical Psychology, 2004, 9 (1): 127-139.

26. Tangney J. P. Situational Determinants of Shame and Guilt in oung Adulthood. Personality and Social Psychology Bulletin, 1992, 18(2): 199-206.

27. [美]Phillip L. Rice. 健康心理学. 胡佩诚等译. 北京：中国轻工业出版社，2000.

28. [新西兰]K. T. Strongman. 情绪心理学. 王力主译. 北京：中国轻工

业出版社，2006.
29. 朱建军，邓基泽. 大学生心理健康. 北京：中国农业大学出版社，2004.
30. 张宏如，曹雨平. 当代大学生心理学. 北京：首都经济贸易大学出版社，2004.
31. 欧晓霞，曲振国. 大学生心理健康. 北京：清华大学出版社，2006.
32. 申荷永，高岚著. 心理教育. 广州：暨南大学出版社，1995.
33. 谢炳清，伍子强，秦秀清. 大学生心理健康教程. 武昌：华中科技大学出版社，2004.
34. 潘玉腾，孙建平，杨林香等. 走向阳光——大学生心理健康指导. 杭州：浙江大学出版社，2005.
35. 彭聃龄. 普通心理学. 北京：北京师范大学出版社，1988.
36. 林春梅. 大学生压力应对方式与情绪稳定性的相关及民族差异比较研究. 中央民族大学学报：哲学社会科学版，2002，29(3).
37. 李虹. 大学生的情感状况研究. 清华大学教育研究，2002(6).
38. 邓丽芳，郑日昌. 大学生的情绪向性、表达性与心理健康关系的研究. 心理发展与教育，2002(2).
39. [美]Richard J. Gerrig，Philip G. Zimbardo. 心理学与生活. 王垒等译. 北京：人民邮电出版社，2003.
40. [英]朱莉娅·贝里曼，戴维·哈格里夫. 心理学与你. 北京：北京大学出版社，2002.
41. [英]Grahame Hill. 心理学专业英语基础. 上海：上海外语教育出版社，2000.
42. [美]L. A. 珀文. 人格心理学. 周榕等译. 上海：华东师范大学出版社，2004.
43. [美]James O. Lugo，Gerald L. Hershey. 生活心理学. 哈尔滨：黑龙江人民出版社，1988.
44. [英]John Mcleod. 心理咨询导论. 潘洁译. 上海：上海社会科学院出版社，2006.
45. [瑞士]Verena Kast. 克服焦虑. 陈瑛译. 北京：生活·读书·新知三联书店，2003.
46. 张春兴. 现代心理学. 上海：上海人民出版社，2004.
47. 许远里. 元情绪理论的建构及其作用. 信阳师范学院学报，2001，21(2).
48. 赵利娜，程鲜彩，徐玉圣. 情绪理论浅述. 和田师范专科学院学报，2007，27(1).
49. 乔建中. 情绪的社会建构理论. 心理学新进展，2003，11(5).
50. 罗峥，郭得俊. 当代情绪发展理论述评. 心理科学，2002，25(3).
51. 蔡秀玲，杨智馨. 情绪管理. 合肥：安徽人民出版社，2001.

52. 孟昭兰. 情绪心理学. 北京：北京大学出版社，2005.
53. 蔡秀玲，杨智馨. 情绪管理. 合肥：安徽人民出版社，2001.
54. 余玲艳. 员工情绪管理. 北京：东方出版社，2007.
55. 王路. 我的情绪我做主. 北京：海潮出版社，2004.
56. [美]丹尼尔·戈尔曼. EQII——工作 EQ. 耿文秀，查波译. 上海：上海科学技术出版社，2000.
57. 北京市社会科学界联合会. 解读心灵——心理健康手册. 北京：东方出版社，2005.
58. [美]丹尼尔·戈尔曼. 情感智商. 耿文秀等译. 上海：上海科技出版社，1997.
59. [美]Dennis Greenberger，Christine A. Padesky. 理智胜过情感. 张忆家译. 北京：中国轻工业出版社，2000.
60. 许若兰. 论情绪管理. 理论与改革，2001(6).
61. 刘玉梅，徐建军. 论大学生的情绪管理. 长沙铁道学院学报：社会科学版，2004，5(3).
62. 彭正敏等. 情绪智力的能力模型. 心理科学进展，2004，12(6).
63. 任俊. 积极心理学. 上海：上海教育出版社，2006.
64. 汪向东，王希林，马弘. 心理卫生评定量表手册. 北京：中国心理卫生杂志社，1999.
65. Paul Pearsall. 快乐处方. 董利晓，常晓玲译. 北京：中国轻工业出版社，2000.
66. 金祥，友亮. 快乐享受人生的 8 大技巧. 北京：中国华侨出版社，2003.
67. 吴娟瑜. 快乐哲学创造快乐的神秘力量. 北京：中国对外翻译出版公司，2002.
68. 李子勋. 幸福从心开始. 北京：中国广播电视出版社，2006.
69. 李放. 快感. 北京：中国商业出版社，2005.
70. 孙建霞，李琼鑫. 主动快乐. 北京：清华大学出版社，2006.
71. 吴岩. 别让快乐擦肩而过. 北京：北京工业大学出版社，2007.
72. 张忠仁. 积极心理学的幸福能力观. 文化论坛，2006，5(13).
73. 崔丽娟，张高产. 积极心理学研究综述. 心理科学，2005，28(2).
74. 欣平. 积极心理学让人快乐和成功. 中国青年科技，2002(2).
75. 江雪华，申荷永. 积极心理学在临床实践中的运用. 中国健康心理学杂志，2007，15(3).
76. 丁园园. 大学生主观幸福感研究. 芜湖：安徽师范大学，2005.
77. 董广杰. 大学生心理健康教育与应用. 北京：中国纺织出版社，2004.
78. [美]哈丽雅特·勒纳. 愤怒的艺术. 侯玉波等译. 北京：中国大百科全书出版社，2003.

79. [美]Dr Windy Dryden，Jack Gordon. 情绪的管理. 何湾岚译. 中国台北：联经出版事业公司，1999.

80. 樊富珉，王建中. 大学生心理健康教程. 武汉：武汉大学出版社，2006.

81. 崔乐美. 心海导航 青少年心理辅导. 上海：复旦大学出版社，2004.

82. [美]Richard J. Gerrig，Philip G. Zimbardo. 心理学与生活. 王垒等译. 北京：人民邮电出版社，2003.

83. 金迎浩. 大学生愤怒情绪及其与人格特质的相关研究. 开封：河南大学心理学系，2005.

84. 孔繁钟. 精神疾病的诊断与统计. 中国台北：合计图书出版社，1987.

85. [美]劳伦·B·阿洛伊，约翰·H·雷斯金德，玛格丽特·J·玛诺斯. 变态心理学. 汤震宇，邱鹤飞，杨茜译. 上海：上海社会科学院出版社，2006.

86. [美]Rita Sommers-Flanagan，John Sommers-Flanagan. 心理咨询面谈技术. 陈祉妍等译. 北京：北京中国轻工业出版社，2001.

87. [英]Helen Kennerley. 战胜焦虑. 施承孙，宫宇轩译. 北京：中国轻工业出版社，2000.

88. [美]马裘丽，韦夏. 认知学派创始人——贝克. 廖世德译. 上海：学林出版社，2007.

89. [法]大卫·塞尔旺—施莱伯. 痊愈的本能. 黄钰书译. 顾海燕校订. 北京：中国轻工业出版社，2006.

90. [美]赖斯·吉布林. 人际交往的艺术和技巧. 孙健敏，刘健译. 张厚粲校订. 北京：农村读物出版社，1988.

91. [美]Robert L. Leahy. 认知治疗技术从业者指南. 张黎黎，陈曦，聂晶，章晓云. 叶冬梅译，施承孙审校. 北京：中国轻工业出版社，2005.

92. 张春兴. 现代心理学. 上海：上海人民出版社，1994.

93. 杜召云，王克琴. 1597名大学生抑郁的流行病学调查. 中国行为医学科学杂志，1999，8(3).

94. 刘宇宁，金月兰. 大学生抑郁情绪及相关因素的初探. 中国临床心理学杂志，2001，9(3).

95. 刘珺，白乙拉. 抑郁理论研究现状及其预防策略. 内蒙古师范大学学报(哲学社会科学版)，2006，35(2).

96. 王卫. 青少年抑郁的预防：青少年应变力辅导计划简介. 心理科学，2000，23(4).

97. 李双，吴卫东. 大学生的抑郁特点及其与自尊的关系. 宜宾学院学报，2007(7).

98. [美]David G. Myers. 社会心理学. 张智勇，乐国安，侯玉波等译.

北京：人民邮电出版社，2006.

99. 吴忠才. 精神分析焦虑理论的发展简析. 西昌学院学报：社会科学版，2007，19(1).

100. 卢起凤. 论大学生考试焦虑及其调适. 中国成人教育管理论，2007(7).

101. [美]Derrick Silove，Vijaya Manicavasagar，Overcoming Panic. 克服恐慌. 迟立忠，施承孙译. 北京：中国轻工业出版社，2000.

102. 贝谷久宣. 如何克服焦虑症、恐怖症. 曾鹏译. 北京：中国纺织出版社，2000.

103. [美]Vera Peiffer，Positively Fearless. 徐景春译. 北京：军事科学出版社，2006.

104. [美]Isabelle Filliozat，L'intelligence Du Coeue. 青年情商养护基本方案. 关宏等译. 长沙：湖南文艺出版社，2002.

105. 侯凤莲等. 森田疗法对社交恐怖症的康复效果评价. 齐鲁护理杂志，2006，12(5).

106. 蒋瑞格. 系统脱敏疗法结合放松疗法治疗一例恐怖症. 陕西教育，2006(22).

107. 郭念峰. 咨询心理学. 北京：中国科学技术出版社，1992.

108. 张博源等. 心理咨询和行为治疗. 北京：北京团结出版社，1990.

109. 王贵香. 以精神分析疗法解析社交恐惧症. 科教文汇，2006 年 4 月下半月刊.

110. 钱铭怡. 心理咨询与心理治疗. 北京：北京大学出版社，1994.

111. 李艳荣. 认知领悟疗法治疗 3 名女大学生对人恐怖症的体会. 中国校医，2005，19(4).

112. 陈宗仁. 悲伤辅导的原则[EB/ OL]. http:/ / cn. netor. com/ memorial/ anwei/ 5/ 5. htm.

113. 郑晓江，钮则诚. 解读生死. 北京：社会科学文献出版社，2005.

114. [德]海德格尔. 存在与时间. 陈嘉映，王庆节合译. 北京：生活·读书·新知三联书店，1987.

115. [奥]维克托·E·弗兰克尔. 活出意义来. 赵可式等译. 北京：生活·读书·新知三联书店，1991.

116. 贾晓明. 从民间祭奠到精神分析——关于丧失后哀伤的过程. 中国心理卫生杂志，2005，19(8).

117. 杨渝川等. 悲伤辅导方案的设计与实施. 中国青年政治学院学报，2004(5).

118. [美]David Carroll. 生死大事：如何帮助所爱的人走完人生旅程. 陈芳智译. 中国台北：远流出版事业股份有限公司，1994.

119. [美]南希·弗赖达. 嫉妒：男女情感的困惑. 文楚安，唐义均译. 成都：四川文艺出版社，1992.

120. 冯永刚. 大学生嫉妒心理的实质、成因及教育对策. 青少年研究，2006(3).

121. 周杨. 大学生嫉妒心理分析及对策. 四川教育学院学报，2006，22(8).

122. 史占彪，张建新，李春秋. 嫉妒的心理学研究进展. 中国临川心理学杂志，2005，13(1).

123. 王晓钧. 精神分析学派的嫉妒理论观. 深圳大学学报：人文社会科学版. 2001，18(1).

124. 王晓钧. 七种嫉妒评估量表的信度与效度研究. 心理科学，2001，24(5).

125. 王晓钧.《奥赛罗》嫉妒心理研究. 深圳大学学报(人文社科版)，2000，17(4).

126. 王晓钧. 嫉妒研究的现状、特点和趋势分析. 心理科学，2000，23(3).

127. 王晓钧. 现代嫉妒理论的分歧与契合研究. 心理科学，1999(22).

128. 谢波，钱铭怡. 中国大学生羞耻和内疚之现象学差异. 心理学报，2000，32(1).

129. 钱铭怡，戚健俐. 大学生羞耻和内疚差异的对比研究. 心理学报，2002，34(6).

130. 施承孙，钱铭怡. 羞耻和内疚的差异. 心理学动态，1999，7 (1).

131. 彭迈克. 中国人心理学. 中国台北：顶渊文化事业有限公司，1989.

132. 徐琴美，瞿春艳. 羞愧研究综述. 心理科学，2004，27(1).

133.[美]弗兰西斯·威尔克斯. 理智与情感——任何通过调适获得成功. 北京：世界知识出版社，2001.

134. 朱宝荣，王通理，钱铭怡. 大学生羞耻感和心理健康以及自我效能、自尊的相关研究. 中国心理卫生杂志，1999(4).

135. 施承孙，钱铭怡. 易羞耻者的归因方式和应对风格. 中国心理卫生杂志，1998(4).

136. 梁宝勇，郭倩玉. 关于应付的一些思考与实证研究：Ⅲ、应付方式与人格. 中国临床心理学杂志，2000，8(1).

137. 俞国良，辛自强. 社会性发展心理学. 合肥：安徽教育出版社，2004..

138. 王文. 善待孩子的“羞耻心”. 合肥晚报，2003-11-30.

139. 田秀之. 社会道德与个体道德. 北京：人民出版社，2004.

140. 裴光昭. 试论良心感、羞耻感、自尊感在预防犯罪中的作用. 兰州工业高等专科学校学报，1999，6(1).

141. 徐海蓉. 知耻教育探析. 科技创业月刊，2004(10).

142. 金芳，杨丽珠. 儿童责任心研究述评. 辽宁师范大学学报(社会科学版)，2004(3).

143. 武红艳，马新玲. 必须注重孩子责任的培养. 中原精神医学学刊，

1998，4(3).

144. 郑照顺. 青少年生活压力与辅导. 广州：世界图书出版公司，2003.

145. 樊富珉. 大学生心理健康教育研究. 北京：清华大学出版社，2002.

146. 何金彩，唐闻捷. 大学生心理健康与发展. 杭州：浙江大学出版社，2005.

147. 樊富珉，王建中. 大学生心理健康教程. 武汉：武汉大学出版社，2006.

148. 申荷永，高岚. 沙盘游戏：理论与实践. 广州：广东高等教育出版社，2004.

149. [美]Thomas L. Creer. 心理调适实用途径. 张清芳等译. 北京：北京大学出版社，2004.

150. [美]Earl Hipp. 对付看不见的老虎——青少年心理减压自助手册. 赵霞，李文道译. 北京：新华出版社，2005.

151. 张旭东，车文博. 挫折应对于大学生心理健康. 北京：科学出版社，2005.

152. [美]E. Aronson. 社会心理学. 侯玉波等译. 北京：中国轻工业出版社，2005.

153. 丰塔纳，帕里. 如何面对压力和危机. 北京：生活·读书·新知三联书店，2003.

154. 凤四海，黄希庭. 预先应对：一种面向未来的应对. 心理学探新，2002，22(2).

155. 张林，车文博，黎兵. 大学生心理压力感量表编制理论及其信效度研究. 心理学探新，2003，23(4).

156. 范忠有. 师范类大学生心理压力的调查研究. 山西师范大学学报(自然科学版)，2002，16(2).

157. 陈宇红，舒琥. 大学生心理压力及其相关影响因素的研究现状与思考. 中山大学学报论丛，2005，25(5).

158. 李虹，梅锦荣. 大学校园压力的类型和特点. 心理科学，2002，25(4).

159. 刘玉新，张建卫，金盛华. 社会支持与人格对大学生压力的影响. 心理学报，2005，37(1).

160. 郑红. 运用积极心理学教育理念建构大学生压力应对策略. 中国健康教育，2007，23(4).

161. 李恒. 大学生压力及其应对研究综述. 科技信息，2007(9).

162. 叶俊杰. 大学生领悟社会支持的影响因素研究. 心理科学，2005，28(6).

163. 李江雪，申荷永. 沙盘游戏疗法的理论与应用. 大庆高等专科学校学报，2004，24(3).

164. M. S. Gazzaniga. 认知神经科学. 沈政译. 上海：上海教育出版社，1998.

165. 王玉川．中医养生学．上海：上海科学技术出版社，1992.
166. 印会河，张伯讷．中医基础理论．上海：上海科学技术出版社，1984.
167. 翁维健．中医饮食营养学．上海：上海科学技术出版社，2003.
168. 匡调元．中医体质病理学．上海：上海科学普及出版社，1996.
169. 刑玉瑞．中医方法全书．西安：陕西科学技术出版社，1995.
170. 奎如琴等．气功和太极拳对中老年人肺功能的影响．中国康复医学杂志，1990(3).
171. 吴京梅．中西方体育养生之比较研究．上海体育学院学报，2004，6(3).
172. 中国烹饪协会美食营养专业委员会．家庭营养全书．北京：北京出版社，2005.
173. 俞大方．推拿学．上海：上海科学技术出版社，1985.
174. 贺正泉．中成药新用．上海：上海中医学院出版，1992.
175. 邱茂良，张善忱．针灸学．上海：上海科学技术出版社，1985.
176. 邓丽芳，郑日昌．大学生的情绪向性、表达性与心理健康关系的研究．心理发展与教育．2003(2).